सशस्त्र सीमा बल

सब इंस्पेक्टर (SI) भर्ती परीक्षा

नवीनतम संस्करण
अभ्यास किट

10 टेस्ट्स
10 मॉक टेस्ट्स

वास्तविक परीक्षा प्रारूप पर आधारित टेस्ट

✓ पूर्णतः संशोधित और अद्यतन

✓ सभी बहुविकल्पीय प्रश्नो का विस्तृत विश्लेषण

शीर्षक	: सशस्त्र सीमा बल सब इंस्पेक्टर (SI) भर्ती परीक्षा
लेखक का नाम	: **Mr. Rohit Manglik**
प्रकाशक	: **EduGorilla Community Pvt. Ltd.**
प्रकाशक का पता	: 12/651 प्रथम तल, अरविन्दो पार्क के सामने, निकट जामा मस्जिद, इंदिरा नगर लखनऊ, उत्तर प्रदेश, 226016, भारत।

कॉपीराइट EduGorilla

अस्वीकरण EduGorilla

Compiled and created by EduGorilla Community Pvt. Ltd

EduGorilla Community Pvt. Ltd. द्वारा मुद्रित

रोहित मांगलिक
सीईओ, **EduGorilla**

प्रिय छात्रों,

एक बहुत ही प्रचलित कहावत है कि "सफलता उन्हीं को मिलती है जो उसके लिए कड़ी मेहनत करते हैं।" लेकिन मैंने लोगों को उनकी परीक्षाओं के लिए दिन-रात एक करके मेहनत करते हुए देखा है, पर फिर भी वे सफल नहीं हो पाते। तो वहीं दूसरी ओर, कुछ लोग बस आधी मेहनत करके परीक्षा में सफलता प्राप्त करते हैं। तो, क्या वे किस्मत वाले हैं? नहीं मेरा मानना है, कि ऐसा इसलिए है क्योंकि वे सिर्फ कड़ी नहीं बल्कि कुशल तरीके से अपनी तैयारी करते हैं। इसी तरह आपको भी अपनी परीक्षाओं की तैयारी के लिए अपनी योजना बनानी चाहिए, ताकि आपकी भी सफलता की संभावना बढ़ सके। तो तैयार हो जाइये **EduGorilla** के साथ अपनी परीक्षा में चयन होने की संभावना को 16 गुना बढ़ाने के लिए।

EduGorilla आपको न केवल कड़ी मेहनत करने में मदद करता है, बल्कि एक स्मार्ट और योजनाबद्ध तरीके से तैयारी करने में भी सहायता प्रदान करता है। **EduGorilla** की तैयारी पैकेज के साथ आप अपने परीक्षा में चयन होने के रास्ते को सहज और मनोरंजक बना सकते हैं। अपनी तैयारी के लिए सही रास्ता खोजना मुश्किल हो सकता है, यदि आप ये नहीं जानते कि आपको किस दिशा में जाना है। चिंता न करें हम आपके साथ खड़े हैं! **EduGorilla** आपकी सफलता में आपका मार्गदर्शक बनेगा। हमारे तैयारी पैकेज के साथ आप रणनीतिक रूप से तैयारी कर, अपनी परीक्षा में सिर्फ एक ही प्रयास में सफल हो सकते हैं।

EduGorilla के तैयारी पैकेज में शामिल हैं-

- टेस्ट सीरीज़
- किताबें

हमारे तैयारी पैकेज को सभी तरह के नये बदलवों, विशेषज्ञों की राय एवं छात्रों के प्रतिक्रिया के अनुसार तैयार किया गया है। जो आपको परीक्षा के प्रत्येक चरण की चयन प्रक्रिया को पार करने के योग्य बनाता है।

हमारी किताबें शिक्षकों और विशेषज्ञों द्वारा आपकी परीक्षा के लिए तैयार की गई हैं, 150+ वर्षों के अनुभव के साथ; ताकि आपको आसान, कुशल और प्रभावी शिक्षण प्रदान किया जा सके। हमारी स्मार्ट किताबें न सिर्फ आपको प्रश्नों के उत्तर देने की समझ देती हैं, अपितु आपके अभ्यास के लिए समान रूप के प्रश्न भी प्रदान करती हैं।

EduGorilla की सक्षम टेस्ट सीरीज आपको वास्तविक अनुभव और आत्मविश्वास प्रदान करती हैं, जिसके माध्यम से आप केवल एक प्रयास में अपनी ऑफलाइन अथवा ऑनलाइन परीक्षा पास कर सकते हैं। वर्तमान में हम 83,000+ मॉक टेस्ट्स और 1,440+ प्रतियोगी एवं शैक्षणिक परीक्षाओं की तैयारी कराते हैं।

अर्थात, **EduGorilla** आपकी तैयारी में आपकी सहायता करने का कोई भी मौका नहीं छोड़ता है और परीक्षा के सभी चरणों को कवर करता है, ताकि परीक्षा की तैयारी के लिए आपको कहीं और भटकना ना पड़े।

हम आपको डिफेन्स, बैंकिंग, टीचिंग और अन्य राष्ट्रीय एवं राज्य स्तरीय परीक्षाओं के लिए सम्पूर्ण तैयारी पैकेज प्रदान करते हैं। अतः इससे कोई फर्क नहीं पड़ता कि आप किस परीक्षा के लिए तैयारी कर रहे हैं, क्योंकि आप सफलता हासिल करेंगे।

आपको परीक्षा की शुभकामनाएं!

रोहित मांगलिक,
संस्थापक और मुख्य कार्यकारी अधिकारी, **EduGorilla**

प्रस्तावना

EduGorilla छात्रों को उनकी परीक्षा में सफल होने के लिए मार्गदर्शन प्रदान करता है। जिसको ध्यान में रखते हुए हमारे कुल 150+ वर्षों का अनुभव रखने वाले प्रतिष्ठित विशेषज्ञों ने कड़े प्रयासों के द्वारा "सशस्त्र सीमा बल : सब इंस्पेक्टर (SI) भर्ती परीक्षा" को तैयार किया है। इस किताब के प्रश्नों को हाल ही में परीक्षा के पाठ्यक्रम और पैटर्न में हुए सभी बदलावों को ध्यान में रखकर बनाया गया है। वो प्रश्न जिनकी SSB Sub-Inspector (SI) परीक्षा में आने कि संभवना काफी प्रबल है, उनको इस किताब मे रखा गया है। आप EduGorilla की "सशस्त्र सीमा बल : सब इंस्पेक्टर (SI) भर्ती परीक्षा" के माध्यम से अपनी सफलता की संभावना को 16 गुना बढ़ा सकते हैं।

EduGorilla ये अपनी संपूर्ण तैयारी पैकेज के माध्यम से साकार करता है। इस किट में आपको प्रश्न अच्छी तरह अवधारित एवं संरचित रूप मे मिलेंगे जिन्हे आपकी जरूरतों के अनुसार बनाया गया है। इसके माध्यम से आपको स्मार्ट तरीके से परीक्षा के लिए अभ्यास करने में मदद मिलेगी। साथ ही आपको सहायक, समाधान और स्मार्ट उत्तर पत्रिका भी प्रदान की जायेंगी। जिससे आप अपना मूल्यांकन स्वयं कर सकते हैं। आप स्वयं की समीक्षा कर, उन सभी बिन्दुओं पर खुद को बेहतर तरीके से तैयार कर सकते हैं।

EduGorilla आपको अपनी परीक्षा में सफलता दिलाने और आपके लक्ष्य को हासिल करने में आपकी सहायता करने का वादा करता हैं। हम अपने प्रतिभागियों पर पूरा भरोसा करते हैं और उन्हें मेरिट सूची के शीर्ष पर देखते हैं। शीर्ष स्थान की ओर आपका पहला कदम है हमारे साथ तैयारी शुरू करना। EduGorilla की "सशस्त्र सीमा बल : सब इंस्पेक्टर (SI) भर्ती परीक्षा" की विशेषताएं कुछ इस प्रकार हैं।

➤ अच्छी तरह से शोध किया हुआ पाठ्यक्रम

➤ उच्च गुणवत्ता

➤ विस्तृत उत्तर और विश्लेषण

➤ स्मार्ट उत्तर पत्रिका

➤ परीक्षा सुसंगत प्रश्न

इस प्रकार EduGorilla आपकी तैयारी को मजबूत और आपको परीक्षा में सफल होने के योग्य बनाता है।

SSB Sub-Inspector (SI)
परीक्षा की योग्यता, परीक्षा पैटर्न, विषय को जानने
के लिए QR कोड को स्कैन करें।

Book ID: 0845

Q.1 विश्व कैडेट जूडो चैंपियनशिप 2022 में स्वर्ण जीतने वाले पहले भारतीय कौन बने हैं?

A. अवतार सिंह
B. लिंथोई चनंबम
C. पूनम चोपड़ा
D. कल्पना देवी

Q.2 अर्थशास्त्र में नोबेल मेमोरियल पुरस्कार 2022 तीन वैज्ञानिकों को किस क्षेत्र में उनके शोध के लिए दिया गया है?

A. व्यवहार अर्थशास्त्र
B. वैश्विक गरीबी
C. बैंक और वित्तीय संकट
D. मात्रात्मक विधियां

Q.3 जून 2022 में किस देश के संगठन ने भारतीय वायु सेना (IAF) हेलीकॉप्टरों के लिए एयरबोर्न डिफेंस सूट की आपूर्ति के लिए भारत इलेक्ट्रॉनिक्स लिमिटेड (BEL) के साथ एक समझौता ज्ञापन पर हस्ताक्षर किए है?

A. जापान
B. संयुक्त राज्य अमेरिका
C. बेलारूस
D. फ्रांस

Q.4 निम्नलिखित में से किसने भारत का पहला 'स्मार्ट मैनेज्ड' EV चार्जिंग स्टेशन चालू किया है?

A. टाटा पावर दिल्ली वितरण
B. दक्षिण गुजरात विज कंपनी
C. सीईएससी लिमिटेड
D. बीएसईएस यमुना पावर लिमिटेड

Ques (5-9):निर्देश: नीचे दी गई जानकारी का अध्ययन करें और निम्नलिखित प्रश्न का उत्तर दें:
विभिन्न क्षेत्रों से किसी देश के कार्बन डाइऑक्साइड CO_2 उत्सर्जन (मिलियन मीटरी टन) निम्नलिखित तालिका में दिए गए हैं।

CO_2 उत्सर्जन (मिलियन मीटरी टन)				
वर्ष/ क्षेत्र	विद्युत	उद्योग	वाणिज्यिक	कृषि	घरेलू
2005	500	200	150	80	100
2006	600	300	200	90	110
2007	650	320	250	100	120
2008	700	400	300	150	150
2009	800	450	320	200	180

Q.5 वर्ष 2005 से 2009 के दौरान विद्युत क्षेत्र से CO_2 उत्सर्जन की प्रतिशतता वृद्धि (प्रतिशत) क्या है?

A. 60
B. 50
C. 40
D. 80

Q.6 वर्ष 2005 से 2009 के दौरान CO_2 उत्सर्जन में किस क्षेत्र में अधिकतम वृद्धि दर्ज की गई है?

A. विद्युत
B. उद्योग
C. वाणिज्यिक
D. कृषि

Q.7 वर्ष 2005 से 2009 में CO_2 का कुल उत्सर्जन किस प्रतिशतता (प्रतिशत) तक बढ़ा है?

A. 89.32%
B. 57.62%
C. 40.32%
D. 113.12%

Q.8 2005 से 2009 तक बिजली की औसत वार्षिक वृद्धि दर क्या है?

A. 12.57%
B. 16.87%
C. 30.81%
D. 50.25%

Q.9 वर्ष 2008 में कुल CO_2 उत्सर्जन में विद्युत क्षेत्र का प्रतिशत योगदान कितना है।

A. 30.82%
B. 41.18%
C. 51.38%
D. 60.25%

Q.10 एक स्कूल के खेल में भाग लेने वाली लड़कियों और लड़कों की संख्या का अनुपात 4: 5 है। यदि लड़कियों की संख्या 212 है, तो खेलों में भाग लेने वाले लड़कों की संख्या ज्ञात करें।

A. 256
B. 265
C. 251
D. 263

Q.11 एक दर्जन पेन की लागत 180 रुपए और 8 बॉल पेन की लागत 56 रुपए है। एक बॉल पेन की लागत कीमत से एक बॉल पेन की लागत कीमत ज्ञात कीजिए।

A. $\frac{15}{7}$
B. $\frac{15}{8}$
C. $\frac{17}{15}$
D. $\frac{8}{15}$

Q.12 आजाद ने एक कॉस्मेटिक की दुकान में पूरे साल के लिए 55000 रुपये का निवेश किया। आजाद के 4 महीने के बाद, हिंद उसके साथ जुड़ गया और 70000 रुपये का निवेश किया। अगले साल आजाद ने 10000 रुपये अधिक निवेश किए और हिंद ने 10000 रुपये वापस ले लिए और दो साल के अंत में आजाद द्वारा अर्जित लाभ 32375 रुपये है। कुल लाभ ज्ञात करें यदि वे आधा वितरित करते हैं कुल लाभ समान रूप से और शेष पूंजी अनुपात में।

A. 89600 रुपये
B. 75600 रुपये
C. 52800 रुपये
D. 62900 रुपये

Q.13 उष्णकटिबंधीय अभिसरण के बारे में निम्नलिखित में से कौन सा कथन सही है?
1. इसे संक्षेप में ITCZ कहा जाता है
2. यह कर्क रेखा और मकर रेखा के बीच का निम्न दाब वाला क्षेत्र है
3. स्थिति में मौसमी परिवर्तन पाए जाते हैं

A. 1, 2 और 3
B. 1 और 2
C. 2 और 3
D. 1 और 3

Q.14 'अम्फान' ने मई 2020 में पश्चिम बंगाल और उड़ीसा के एक हिस्से में दस्तक दी। यह एक उदाहरण है:

A. उष्णकटिबंधीय चक्रवात
B. शीतोष्ण चक्रवात
C. बहिरूष्ण कटिबंधीय चक्रवात
D. प्रतिचक्रवात

Q.15 ऊपर से नीचे तक वायुमंडल की परतों को व्यवस्थित कीजिए।

A. क्षोभमंडल - समतापमंडल - मध्यमंडल - तापमंडल
B. आयनमंडल- क्षोभमंडल - समतापमंडल - मध्यमंडल
C. आयनमंडल- मध्यमंडल - समतापमंडल - क्षोभमंडल
D. क्षोभमंडल - समतापमंडल - तापमंडल- मध्यमंडल

Q.16 न्यूरोसाइंस के जनक के रूप में किसे जाना जाता है?

A. सैंटियागो रेमन वाई काजल
B. एलेसेंड्रो वोल्टा
C. सलीम अली
D. इनमें से कोई नहीं

Q.17 सुरक्षा ब्रेक का आविष्कार किसने किया, जो लिफ्ट को दुर्घटनाग्रस्त होने से बचाता है?

A. थॉमस एडीसन
B. एली व्हिटनी

C. हेनरी फोर्ड   **D.** एलीशा ओटिस

D. एक राजनीतिज्ञ बनें

Q.18 दो अलग-अलग रंगों (देखिए आकृति) के कपड़े के 10 त्रिकोणीय टुकड़ों को सिलाई करके एक छाता बनाया जाता है, प्रत्येक टुकड़ा 20 सेमी, 50 सेमी और 50 सेमी मापता है। अब छाते के लिए हर रंग के कितने कपड़े चाहिए

A. 5   **B.** 10   **C.** 15   **D.** 20

Q.19 एक फर्श पर एक पुष्प डिजाइन बनाया गया है: 16 टाइलें जो त्रिकोणीय हैं, त्रिभुज की भुजाएँ 9 सेमी, 28 सेमी और 35 सेमी हैं (आकृति देखें)। 50 पैसे प्रति सेमी² की दर से टाइलों को चमकाने का खर्च ज्ञात कीजिए।

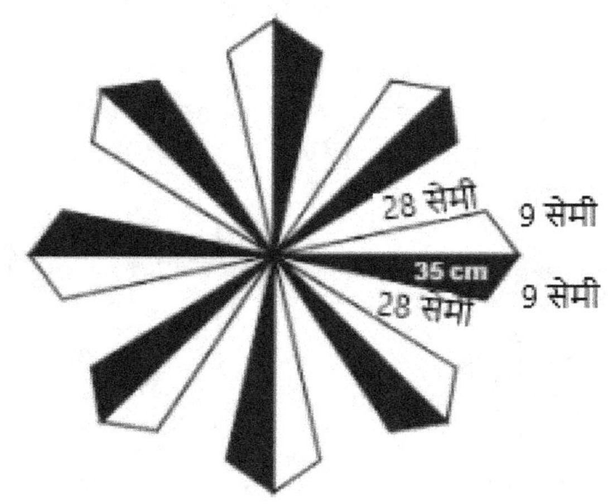

A. 700 रु.   **B.** 705.60 रु.
C. 709 रु.   **D.** 701 रु.

Q.20 आयताकार मैदान की एक भुजा 15 मीटर है और इसका एक विकर्ण 17 मीटर है, मैदान का क्षेत्रफल ज्ञात कीजिए?
A. 75 मी²   **B.** 120 मी²   **C.** 240 मी²   **D.** 350 मी²

Q.21 निर्देश: सबसे उपयुक्त विकल्प का चयन करके निम्नलिखित प्रश्न का उत्तर दें।
गणित में नैदानिक परीक्षा में, छात्रों की पृष्ठभूमि और प्रदर्शन दोनों .... में उनकी सहायता करने के लिए आवश्यक है।
A. कक्षा में पहला स्थान प्राप्त करना
B. JEE, NEETआदि जैसी प्रतियोगी परीक्षाओं को पास करना
C. बौद्धिक आदतों का अधिग्रहण और सीखने का विस्तार

Q.22 जम्मू-कश्मीर की आठ-वर्षीया ताजाम्मुल इस्लाम किस खेल से संबंधित है?

[Madhya Pradesh Public Service Commission (MPPSC), 2017]

A. स्कॉश   **B.** किकबॉक्सिंग
C. तैराकी   **D.** फुटबॉल

Q.23 सुल्तान अजलान शाह कप निम्नलिखित में से किस खेल से संबंधित थे?
A. बैडमिंटन   **B.** हॉकी
C. टेबल टेनिस   **D.** गोल्फ

Q.24 राजस्थान 'जाखम 'बहुउद्देश्यीय परियोजना किस जिले में स्थित है?

[Rajasthan Police Sub Inspector, 2016]

A. टोंक   **B.** बांसवाड़ा   **C.** भरतपुर   **D.** प्रतापगढ़

Q.25 'समाजशास्त्र' शब्द दो शब्दों से मिलकर बना है। ये हैं-
A. सोसाइटी और लॉजि
B. सोसाइटिया और लॉजिसिया
C. सोशियस और लोगोस
D. सोशिया और लोगोस

Q.26 समाजशास्त्र का उदय हुआ:
A. अमेरिका   **B.** यूरोप   **C.** एशिया   **D.** अफ्रीका

Q.27 दिए गए समीकरण में ' ?' का मान ज्ञात कीजिए।
$$72 \times 25 + 45 \times 20 = 15^3 - ?$$
A. 525   **B.** 675   **C.** 575   **D.** 625

Q.28 493, 527 तथा 697 का महत्तम समापवर्त्य ज्ञात कीजिये।
A. 27   **B.** 51   **C.** 17   **D.** 23

Q.29 भारत की पहली महिला प्रधान मंत्री कौन थी?
A. श्रीमती उन्नति शर्मा   **B.** श्रीमती इंदिरा गांधी
C. सरोजिनी नायडू   **D.** रेखा सैनी

Q.30 किसी कारखाने में श्रमिकों की कमी की वजह से उसके उत्पादन में 25% कमी आती है। कार्य अवधि को कितना % बढ़ाया जाये, कि उत्पादन पूर्ववत बना रहे?
A. $53\frac{1}{3}\%$ **B.** $23\frac{1}{3}\%$ **C.** $40\frac{1}{3}\%$ **D.** $33\frac{1}{3}\%$

Q.31 किसी परीक्षा में 40% छात्र गणित में असफल हो जाते है, 30% अंग्रेजी में असफल हो जाते है। 10% दोनों विषयों मे असफल हो जाते है। तो दोनो विषयों में उत्तीर्ण होने वाले छात्रों का % बतायें।
A. 36%   **B.** 20%   **C.** 50%   **D.** 40%

Q.32 भारत सरकार ने किस वर्ष केंद्र-राज्य संबंधों पर सरकारिया आयोग की स्थापना की थी?
A. 1980   **B.** 1983   **C.** 1987   **D.** 1992

Q.33 राज्यसभा के बारे में निम्नलिखित में से कौन सा कथन सही नहीं है?
A. राज्यसभा एक स्थायी निकाय है।
B. इसका पहली बार यथोचित गठन 3 अप्रैल 1952 को किया गया था।
C. राज्यसभा के बारह सदस्यों को राष्ट्रपति द्वारा मनोनीत किया जाता है।
D. इसके एक तिहाई सदस्य प्रतिवर्ष सेवानिवृत्त होते हैं।

Q.34 निम्नलिखित में से कौन गणितीय तर्क का सूचक है?

[CTET Paper - I, 2019]

A. गणितीय अवधारणाओं की परिभाषा प्रदान करने की क्षमता
B. गणितीय प्रक्रिया के लिए औचित्य प्रदान करने की क्षमता

C. कुशलता से गणना करने की क्षमता
D. विभिन्न स्थितियों में सही सूत्रों को याद करने की क्षमता

Q.35 पर्यावरण अध्ययन पढ़ाने की छात्रों की शैक्षणिक उपलब्धियों तक पहुँचने के लिए निम्नलिखित में से किस मूल्यांकन संकेतक का उपयोग नहीं किया जाना चाहिए?
A. अवलोकन
B. विचार - विमर्श
C. प्रयोग
D. उपचारात्मक शिक्षण

Q.36 निम्नलिखित में से विश्व का सबसे संकरा जलडमरूमध्य कौन सा है?
[NCHM JEE (Hotel Mgmt & Catering), 2018]
A. टार्टर जलडमरूमध्य
B. बाब-एल-मंदेब
C. डारडेनेल्स जलडमरूमध्य
D. फोवेक्स जलडमरूमध्य

Q.37 निम्नलिखित में से कौन सा कार्यक्रम भारत में विश्व बैंक की सहायता से लागू नहीं किया जा रहा है?
[NCHM JEE (Hotel Mgmt & Catering), 2018]
A. राष्ट्रीय वेक्टर जनित रोग नियंत्रण और पोलियो उन्मूलन
B. राष्ट्रीय ग्रामीण आजीविका परियोजना
C. पीएमजीएसवाई ग्रामीण सड़क परियोजना
D. दिल्ली मुंबई औद्योगिक कॉरिडोर परियोजना

Q.38 किस प्रकार के परीक्षण में एक छात्र के प्रदर्शन की तुलना दूसरे छात्र से की जाती है?
[UGC NET Home Science, 2019]
A. मानदंड-संदर्भित परीक्षण
B. नैदानिक परीक्षण
C. योगात्मक परीक्षण
D. सामान्य-संदर्भित परीक्षण

Q.39 रचनात्मक मूल्यांकन का मुख्य उद्देश्य क्या है?
A. छात्रों को अगली कक्षा में प्रमोट करने के लिए
B. छात्रों की शिक्षा को बढ़ाने के लिए
C. कक्षा में सहयोग बढ़ाने के लिए
D. सीखने की कठिनाइयों को समझने के लिए

Q.40 यामिनी कृष्णमूर्ति का सम्बन्ध किस शास्त्रीय नृत्य से है?
A. भरतनाट्यम
B. कथकली
C. ओडिसी
D. कुचिपुड़ि

Q.41 लीला सैम्सन का सम्बन्ध किस शास्त्रीय नृत्य शैली से है?
A. भरतनाट्यम
B. कुचिपुड़ी
C. ओडिसी
D. कथकली

Q.42 Direction: In the following question, some part of the sentence may have errors. Find out which part of the sentence has an error and select the appropriate option. If a sentence is free from error, select 'No Error' option.

In emerging economies, the private credit market (A)/ remains highly segmented and thus (B)/ weaken the power of monetary policy. (C)/ No error (D)
A. (A)
B. (B)
C. (C)
D. (D)

Q.43 संख्या 98243 में छोटी से छोटी वह कौन सी संख्या जोड़ी जाए ताकि संख्या 3,5,7 और 8 से पूर्णतया विभाजित हो जाए?
A. 27
B. 33
C. 37
D. 47

Q.44 वांडीवाश के युद्ध में अंग्रेजी सेना ने ___ को हराया था।
A. जर्मन
B. फ्रेंच
C. भारतीय
D. अमेरिकन

Q.45 राष्ट्रीय शिक्षा नीति (2020) में प्रस्तावित राष्ट्रीय अनुसंधान संस्थान (NRF) के बारे में निम्नलिखित में से कौन सा कथन सही है?
A. यह राज्य के विश्वविद्यालयों में अनुसंधान गतिविधियों को निधि नहीं देता है।
B. यह विज्ञान के साथ-साथ गैर-विज्ञान विषयों में अनुसंधान परियोजनाओं के लिए धन प्रदान करता है।
C. इसकी अध्यक्षता शिक्षा मंत्रालय के सचिव करेंगे।
D. इसका उद्देश्य सरकार के अनुसंधान और विकास (R & D) पर खर्च को जीडीपी के 2.5 प्रतिशत को 2025 तक बढ़ाना है।

Q.46 भारत में बीमा क्षेत्र के संबंध में, निम्नलिखित कथनों पर विचार करें:
1. 2021-22 के बजट में बीमा क्षेत्र में एफडीआई सीमा को बढ़ाकर 74 प्रतिशत कर दिया गया है।
2. कृषि बीमा कंपनियों में विदेशी स्वामित्व और नियंत्रण की अनुमति नहीं है।
ऊपर दिए गए कथनों में से कौन सा सही है/हैं?
A. केवल 1
B. केवल 2
C. 1 और 2 दोनों
D. न तो 1 और न ही 2

Q.47 मंगल पर किसी जीव की उपस्थिति के लिए निम्न में से कौन सी स्थिति प्रासंगिक है?
A. ज्वालामुखी रचना
B. थर्मल स्टेट्स
C. आइस बीम और बर्फ के पानी की उपस्थिति
D. ओजोन की उपस्थिति

Q.48 मानव रक्त में आरबीसी की आयु कितनी है?
A. 30 दिन
B. 7 दिन
C. 120 दिन
D. 15 दिन

Q.49 $Al_2(SO_4)_3$ में ऑक्सीजन का प्रतिशत कितना है?
[RRB/RRC Group D, 2018]
A. 57.7%
B. 56.1%
C. 53.1%
D. 52.6%

Q.50 _____ गैस का उपयोग प्रकाशयुक्त गैस के रूप में किया जाता है।
[RRB/RRC Group D, 2018]
A. मिथाइल
B. प्रोपेन
C. ब्यूटीन
D. एथाइन

Q.51 विवर्तन के संबंध में इनमें से कौन सा सही है?
A. विवर्तन एक अवरोध के कोनों के चारो ओर प्रकाश का झुकना है
B. प्रकाश का विवर्तन दो प्रकार का होता है
C. विवर्तन के लिए, अवरोध का आकार प्रकाश की तरंग दैर्घ्य के बराबर होना चाहिए
D. उपर्युक्त सभी

Q.52 दीपक में तेल ऊपर की ओर क्यों बढ़ता है?
A. दबाव में अंतर
B. केशिका क्रिया
C. तेल की कम श्यानता
D. प्रकाश का गर्म होना

Q.53 9 सेमी, 12 सेमी और 15 सेमी त्रिज्या की तीन गोलाकार गेंदों को एक नई गोलाकार गेंद बनाने के लिए पिघलाया जाता है। नई गेंद की त्रिज्या (सेमी में) क्या है?
A. 17 सेमी
B. 28 सेमी
C. 18 सेमी
D. 16 सेमी

Ques (54-56):Direction: In the following question, sentences of a paragraph have been jumbled and labeled as A, B, C and D. You are required to rearrange the jumbled sentences of the paragraph and mark your response accordingly by selecting the correct option.

Q.54 A: This is where their senses of touch and smell come in.

B: The sense of smell is located in the antennae or feelers which are always moving.

C: Many kinds of ants are blind, so how they find their way home?

D: These senses are of big help to them.

A. ABCD　　**B.** DCBA　　**C.** CADB　　**D.** BDAC

Q.55 A: Wars always give rise to patriotic feelings, however, in times of peace, they lie dormant.

B: They, rather, covertly urge society to work.

C: This does not mean they are absent.

D: After all, a good economy is also a deterrent to detrimental foreign forces so we should focus our energies on the holistic development of our nation.

A. CABD　　**B.** DABC　　**C.** BDCA　　**D.** ACBD

Q.56 A: When we wish to do a great thing, we cannot expect success right away.

B: The Taj Mahal in Agra did not achieve its glory all of a sudden—it took several years to be recognized as a world heritage site.

C: We should carry on our work with patience and perseverance and the recognition and appreciation will follow soon.

D: The same is true of any great achievement.

A. ABCD　　**B.** BDAC　　**C.** DCBA　　**D.** CABD

Ques (57-59):Direction: Each of the following items has a sentence with a blank space and four words or groups of words given after the sentence. Select whichever word or group of words you consider most appropriate for the blank space and indicate your response on the Answer Sheet accordingly.

Q.57 I only have a __________ of respect for her after she lied about her background.

A. Scintilla　　**B.** Garrulous

C. Galore　　**D.** Revile

Q.58 Instead of showing his mother his paper, the boy chose to ______ it up.

A. Refine　　**B.** Crumble　　**C.** Nurture　　**D.** Flourish

Q.59 All I need is a __________ of money to pay for my basic needs.

A. Deviate　　**B.** Modicum

C. Podium　　**D.** Pandemonium

Q.60 निम्नलिखित में से कौन सा मीर बख्शी का एक कार्य नहीं है, जो मुगल शासन के तहत सैन्य विभाग का प्रमुख था?

A. वह सभी आय और व्यय के लिए ज़िम्मेदार था तथा खलीसा, जागीर और इनाम भूमि पर नियंत्रण रखता था।

B. वह साम्राज्य के राजमार्गों पर विदेशी यात्रियों की सुरक्षा के लिए जिम्मेदार था।

C. वह सम्राट से मनसबदारों की नियुक्ति के लिए सिफारिशें करता था।

D. वह साम्राज्य की खुफिया और सूचना एजेंसियों की रिपोर्ट एकत्र करता था और उन्हें दरबार में सम्राट को प्रस्तुत करता था।

Q.61 दिया गया वेन आरेख निम्नलिखित में से किस विकल्प को प्रदर्शित करता है:

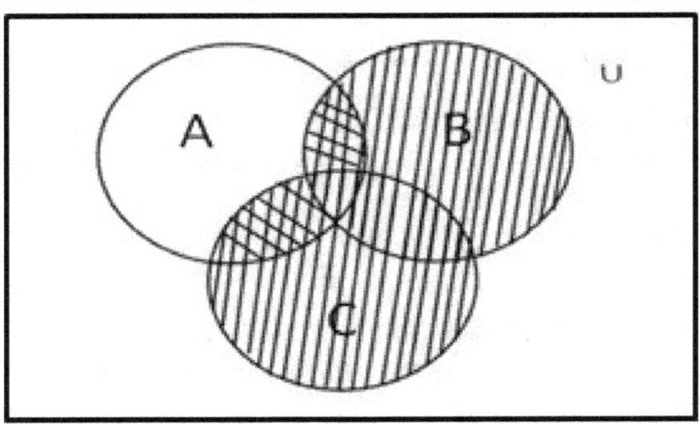

A. $A \cup (B \cap C)$　　　　**B.** $A \cap (B \cup C)$

C. $(A \cap B) \cup C$　　　　**D.** $(A \cup B) \cap C$

Q.62 एक परीक्षा में प्रश्न 8 को 67 परीक्षार्थियों ने हल किया था। प्रश्न 9 को 46 ने और प्रश्न 10 को 40 ने। 28 परीक्षार्थियों ने प्रश्न 8 और 9 दोनों हल किये थे, 8 ने प्रश्न 9 और 10 दोनों, 26 ने प्रश्न 8 और 10 दोनों और 2 ने तीनों प्रश्नों को हल किया, तो बताइये कि, कितनों ने प्रश्न 8 हल किया था, किन्तु प्रश्न 9 और 10 नहीं?

A. 16　　**B.** 17　　**C.** 15　　**D.** 19

Ques (63-64):Direction: Each item in this section consists of a sentence with an underlined word followed by four options. Select the option that is nearest in meaning to the underlined word.

Q.63 He is always <u>anxious</u>.

A. worried　　　　**B.** dispassionate

C. sluggish　　　　**D.** torpid

Q.64 The poems of Kabir are <u>ecstatic</u> in nature.

[UPSC NDA, 2019]

A. efficacious　　　　**B.** eerie

C. rapturous　　　　**D.** reverential

Q.65 निम्नलिखित में से कौन सा उपन्यास शैलेश मटियानी द्वारा नहीं लिखा गया है?

A. कबूतरखाना　　　　**B.** कमीने

C. जयमाला　　　　**D.** महाभोज

Q.66 निम्नलिखित में से किसे 'उत्तराखंड के गांधी' के रूप में जाना जाता है?

A. गोविंद बल्लभ पंत　　　　**B.** हेमवती नंदन बहुगुणा

C. इंद्रमणि बडोनी　　　　**D.** बद्री दत्त पांडे

Q.67 'उत्तराखंड के विश्वकोश' के रूप में किसे जाना जाता है?

A. मंगलेश डबराल　　　　**B.** शिव प्रसाद डबराल

C. वीरेन डंगवाल　　　　**D.** गोविंद चातक

Q.68 यदि $k(3$ माध्यक - बहुलक$)$ = माध्य है, तो k का मान क्या है?

A. 2　　**B.** $\frac{1}{2}$　　**C.** $\frac{1}{3}$　　**D.** 3

Q.69 यदि x आकड़े $6, x, 2$ और 4 के माध्य है, तो बहुलक क्या है?

A. 6　　**B.** 2　　**C.** 4　　**D.** 3

Q.70 A 4 दिनों में एक कार्य कर सकता है और B उसी कार्य को 5 दिनों में कर सकता है। काम का अनुबंध 9000 रुपये है। यदि वे मिलकर काम करेंगे तो B का हिस्सा क्या होगा?

A. 4000　　**B.** 5000　　**C.** 1000　　**D.** 4500

Q.71 30 पुरुष 25 दिनों में एक कार्य पूरा कर सकते हैं। 15 पुरुष उसी कार्य को कितने दिनों में पूरा कर सकते हैं?

A. 50 **B.** 30 **C.** 20 **D.** 75

Q.72 दी गई आकृति में, रेखा PQ और ST एक दूसरे को O पर प्रतिच्छेद करती हैं। यदि ∠ROQ = 90° और a : b = 4 : 5 है। कोण c का मान क्या है?

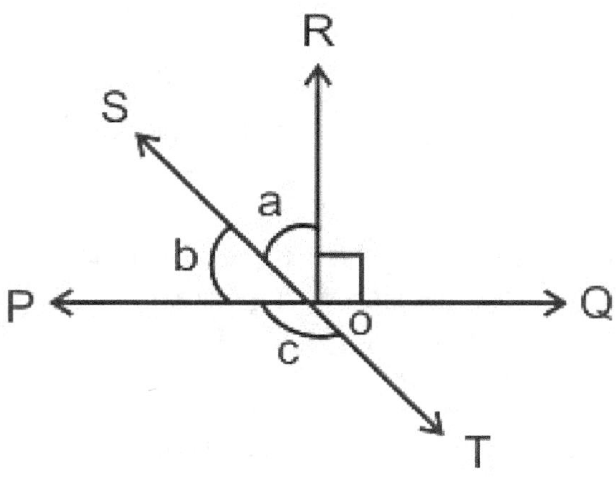

A. 120° **B.** 100° **C.** 130° **D.** 145°

Q.73 निम्नलिखित स्वरूप में चार और तर्कसंगत संख्याएँ लिखें
$$\frac{1}{-6}, \frac{2}{-12}, \frac{3}{-18}, \frac{4}{-24}$$

[RRB/RRC Group D, 2018]

A. $\frac{5}{6}, \frac{7}{8}, \frac{9}{10}, \frac{11}{12}$

B. $\frac{5}{30}, \frac{6}{36}, \frac{7}{42}, \frac{8}{48}$

C. $\frac{5}{-6}, \frac{6}{-12}, \frac{7}{-18}, \frac{8}{-24}$

D. $\frac{5}{-30}, \frac{6}{-36}, \frac{7}{-42}, \frac{8}{-48}$

Ques (74-75):Direction: In the following question, a sentence has been given in Active/Passive Voice. Out of the four alternatives suggested, select the one which best expresses the same sentence in Passive/Active Voice.

Q.74 Students asked many questions to their teacher.

A. Many teachers were asked questions by the students.

B. The teacher was asked many questions by their students.

C. Their teacher was asked many questions by the students.

D. Their teachers were asked many questions by the students.

Q.75 Your mother called you many times.

A. You was called many times by your mother.

B. You were being called many times by your mother.

C. You called many times by your mother

D. You were called many times by your mother.

Q.76 निम्नलिखित में से किस दिन को 'विश्व शिक्षक दिवस' के रूप में मनाया गया?

A. जून, 24 **B.** मई, 24
C. सितंबर, 5 **D.** अक्टूबर, 5

Q.77 इस वर्ष निम्नलिखित में से किस दिन को 'विश्व कैंसर दिवस' के रूप में मनाया गया?

[KVS Trained Graduate Teacher, 2017]

A. फरवरी, 1 **B.** जनवरी, 26
C. फरवरी, 4 **D.** फरवरी, 14

Q.78 भारत के सांस्कृतिक इतिहास के अनुसार 'पंचायतन' _______ है

A. गांव के बुजुर्गों की सभा

B. एक धार्मिक संप्रदाय

C. मंदिर निर्माण शैली

D. एक प्रशासन का कार्यवाहक

Q.79 एक व्यक्ति 15% की हानि पर एक वस्तु बेचता है। यदि उसने इसे 450 रुपये में बेचा होता, तो उसे 10% का लाभ होता। इस वस्तु की लागत मूल्य ज्ञात कीजिए।

A. 1800 **B.** 1600 **C.** 1700 **D.** 1500

Q.80 एक कांच का विक्रय मूल्य 1965 रुपये है और हानि 25% है। यदि विक्रय मूल्य 3013 रुपये है तो लाभ प्रतिशत कितना है?

A. 13% **B.** 10.4% **C.** 15% **D.** 20%

Q.81 28 सेमी व्यास वाले एक अर्ध-वृत्ताकार शीट से दो वर्गों को इस प्रकार काटा जाता है जिससे उनके विकर्णों की लम्बाइयों का योग 32 सेमी है। यदि वर्गों के विकर्णों की लम्बाई का गुणनफल 252 सेमी^{2} है, तो शेष शीट का क्षेत्रफल ज्ञात कीजिए। $\pi = \frac{22}{7}$ प्रयोग कीजिए।

A. 48 सेमी ^{2} **B.** 56 सेमी ^{2} **C.** 64 सेमी ^{2} **D.** 72 सेमी ^{2}

Q.82 नीचे दी गयी आकृति में, d_1 बाहरी वृत्त का व्यास है, जबकि d_2 तीन अर्ध-वृत्तों का व्यास है। यदि छायांकित भाग का क्षेत्रफल अछायांकित भाग के क्षेत्रफल का $\frac{3}{8}$ गुना है, तो अनुपात $d_1 : d_2$ ज्ञात कीजिए।

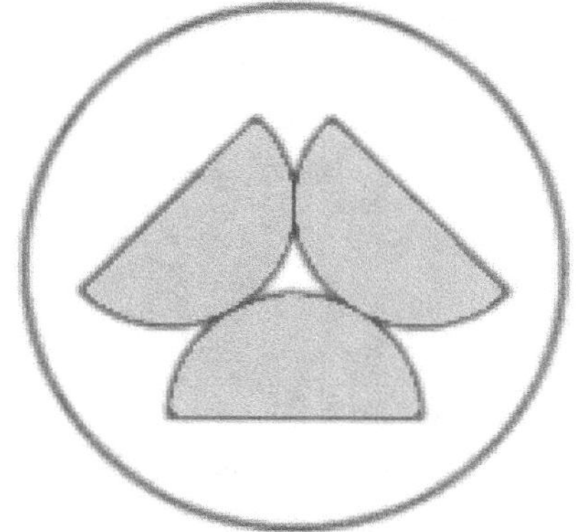

A. $\sqrt{5} : \sqrt{2}$ **B.** $\sqrt{8} : \sqrt{5}$
C. $\sqrt{11} : \sqrt{2}$ **D.** $\sqrt{11} : \sqrt{8}$

Q.83 यदि $a + b = 13$ तथा $ab = 42$ है, तो $a^3 + b^3$ का मान ज्ञात कीजिये?

A. 595 **B.** 565 **C.** 559 **D.** 556

Q.84 संख्या 569387 में 9 के स्थानीय मान और 9 के वास्तविक मान में क्या अंतर है?

[MPTET Paper I - Varg 3, 2012]

A. 8919 **B.** 8991 **C.** 1989 **D.** 9891

Q.85 निम्न संख्याओं का योग है:
1856, 3287, 8432, 9.999, 18.888

[MPTET Paper I - Varg 3, 2012]

A. 10453.887 **B.** 10435.887

C. 10435.878

D. 13603.887

Ques (86-90):Direction: For the following question, you have one brief passage with 15 questions. Read the passage carefully and choose the best answer to each question out of the four alternatives.

Buddha was one of the world's great religious teachers. His real name was Gautam Siddharth. He was born in the year 500 B.C. He was born a prince. His father was the King of Kapilavastu. But he did not want to become a king. He wanted to find out the meaning of life. He left his place as a young man. He went out to seek the truth. For years he lived the hard life of poverty. He went to many teachers. But they could not help him. At least, the light came to him. He was thinking deeply under a Bodhi tree near Gaya. He became the 'Buddha' or the 'Enlightened One'.

Q.86 Who was Buddha?

[MPTET Paper I - Varg 3, 2012]

A. Buddha was God
B. Buddha was a saint
C. Buddha was a great religious teacher
D. Buddha was a great political leader

Q.87 What was the real name of Buddha?

[MPTET Paper I - Varg 3, 2012]

A. Gautam Siddhartha
B. Mahatma Gautam
C. Hiuen Tsang
D. Vardhaman

Q.88 Buddha was:

[MPTET Paper I - Varg 3, 2012]

A. Born a Muslim
B. Born in a poor family
C. Born a teacher
D. Born a prince

Q.89 Buddha was born:

[MPTET Paper I - Varg 3, 2012]

A. After the death of Christ
B. Before the birth of Christ
C. Two thousand years ago
D. At the same time as Mahavir

Q.90 The land of Buddha's birth is:

[MPTET Paper I - Varg 3, 2012]

A. Gaya
B. India
C. The palace
D. Kapilavastu

Q.91 विश्व पर्यटन दिवस मनाया जाता है:

A. 25, सितंबर
B. 26, सितंबर
C. 27, सितंबर
D. 28, सितंबर

Q.92 सऊदी अरब की राजधानी क्या है?

[RBI Office Attendant, 2017]

A. काबुल
B. येरेवान
C. रियाद
D. हेलसिंकी

Q.93 एक वस्तु 7,600 रुपये में सूचीबद्ध है और इकाई पर दी जाने वाली छूट 10% है। 5814 रुपए का शुद्ध विक्रय मूल्य लाने के लिए कितनी अतिरिक्त छूट दी जानी चाहिए?

A. 15%
B. 12%
C. 8%
D. 10%

Q.94 गणना कीजिए: $\sqrt{41 - \sqrt{21 + \sqrt{19 - \sqrt{9}}}}$

A. 3
B. 5
C. 6
D. 6.4

Q.95 यदि $x = 5$ और $y = x + 7$, है तो $\sqrt{x^2 + y^2} =$ का मान

A. 65
B. 26
C. 17
D. 13

Q.96 लोक देवता के बारे में निम्नलिखित कथनों पर विचार कीजिए:

1. रामदेव जी ने कामड़िया पंथ की शुरुआत की।
2. देव नारायण ने 24 वनिया की रचना की।

सही कथन का चयन कीजिए?

A. केवल 1
B. केवल 2
C. 1 और 2 दोनों
D. इनमें से कोई नहीं

Q.97 Select the most appropriate meaning of the given idiom.
A penny saved is a penny earned

[Delhi Forest Guard, 2021]

A. What you have is worth more than what you might have later
B. Better to show than tell
C. Money you save today you can spend later
D. Saving money for later

Q.98 Select the most appropriate meaning of the given idiom.
Birds of a feather flock together

[Delhi Forest Guard, 2021]

A. Comparing two things that cannot be compared
B. People with differences can also unite under something common
C. Believe what people do and not what they say
D. People who are alike are often friends

Q.99 एक व्यक्ति 2.5% प्रति माह की दर से कुछ राशि ऋण पर लेता है। यदि वह अपना बकाया कम करने के लिए 6 माह के बाद 13110 रुपये का भुगतान करता है, तो व्यक्ति द्वारा भुगतान की गई ब्याज की राशि ज्ञात कीजिए।

A. 1840 रुपये
B. 1690 रुपये
C. 1710 रुपये
D. 1660 रुपये

Q.100 एक बैंक साधारण ब्याज पर व्यवसाय ऋण देता है, पहले 2 वर्षों के लिए ब्याज की दर 8% है, अगले 3 वर्षों के लिए यह 10% है और 5 वर्ष से अधिक की अवधि के लिए यह 12.5% प्रति वर्ष है। यदि किसी व्यक्ति ने 20 लाख रुपये ऋण लेकर कुछ वर्षों में 36.7 लाख रुपये का भुगतान किया। उन वर्षों की संख्या ज्ञात कीजिए जिसके बाद उसने ऋण चुकाया।

A. 7 वर्ष
B. 9 वर्ष
C. 8 वर्ष
D. 10 वर्ष

// स्मार्ट उत्तर पुस्तिका //

सही उत्तर — उन छात्रों का प्रतिशत जिन्होंने प्रश्नों का सही उत्तर दिया था। **छोड़ दिया** — उन छात्रों का प्रतिशत जिन्होंने प्रश्नों को छोड़ दिया था।

प्रश्न संख्या	उत्तर	सही उत्तर %	छोड़ दिया %	प्रश्न संख्या	उत्तर	सही उत्तर %	छोड़ दिया %	प्रश्न संख्या	उत्तर	सही उत्तर %	छोड़ दिया %
1	B	64.13 %	1.2 %	18	A	14.7 %	4.08 %	35	D	54.2 %	1.44 %
2	C	68.86 %	1.61 %	19	B	18.37 %	4.61 %	36	A	41.84 %	1.09 %
3	C	56.29 %	1.93 %	20	B	69.37 %	1.61 %	37	D	46.9 %	1.0 %
4	D	55.95 %	1.78 %	21	C	82.13 %	0.0 %	38	D	62.24 %	1.65 %
5	A	61.01 %	2.0 %	22	B	87.19 %	0.0 %	39	B	41.53 %	1.9 %
6	D	54.02 %	1.68 %	23	A	60.96 %	1.93 %	40	D	68.9 %	1.86 %
7	A	59.15 %	1.08 %	24	D	69.56 %	1.76 %	41	A	49.75 %	1.18 %
8	A	61.84 %	1.38 %	25	C	76.23 %	0.0 %	42	C	84.26 %	0.0 %
9	B	68.96 %	1.56 %	26	B	43.78 %	1.51 %	43	C	87.44 %	0.0 %
10	B	41.81 %	1.07 %	27	B	79.04 %	0.0 %	44	B	88.3 %	0.0 %
11	A	57.91 %	1.15 %	28	C	77.05 %	0.0 %	45	B	52.07 %	1.15 %
12	D	14.92 %	3.56 %	29	B	76.31 %	0.0 %	46	A	60.97 %	1.98 %
13	A	43.9 %	1.59 %	30	D	49.18 %	1.9 %	47	C	47.42 %	1.02 %
14	A	52.3 %	1.03 %	31	D	51.55 %	1.52 %	48	C	49.55 %	1.68 %
15	C	80.73 %	0.0 %	32	B	43.35 %	1.26 %	49	B	60.9 %	1.23 %
16	A	44.9 %	1.37 %	33	D	40.77 %	1.83 %	50	B	77.02 %	0.0 %
17	D	40.22 %	1.85 %	34	B	50.79 %	1.27 %	51	D	76.03 %	0.0 %

प्रश्न संख्या	उत्तर	सही उत्तर %	छोड़ दिया %	प्रश्न संख्या	उत्तर	सही उत्तर %	छोड़ दिया %	प्रश्न संख्या	उत्तर	सही उत्तर %	छोड़ दिया %
52	B	48.84 %	1.57 %	69	C	54.59 %	1.1 %	86	C	59.77 %	1.46 %
53	C	48.01 %	1.39 %	70	A	81.3 %	0.0 %	87	A	45.79 %	1.4 %
54	C	48.75 %	1.05 %	71	A	77.94 %	0.0 %	88	D	41.52 %	1.06 %
55	D	64.54 %	1.04 %	72	C	68.67 %	1.38 %	89	B	45.58 %	1.6 %
56	B	50.83 %	1.51 %	73	D	77.81 %	0.0 %	90	D	47.69 %	1.56 %
57	A	64.68 %	1.56 %	74	C	61.02 %	1.7 %	91	C	78.74 %	0.0 %
58	B	66.46 %	1.82 %	75	D	62.88 %	1.66 %	92	C	42.59 %	1.97 %
59	B	43.37 %	2.0 %	76	D	78.29 %	0.0 %	93	A	68.32 %	1.43 %
60	C	60.23 %	1.08 %	77	C	50.55 %	1.47 %	94	C	65.28 %	1.02 %
61	B	80.25 %	0.0 %	78	C	81.59 %	0.0 %	95	D	48.65 %	1.08 %
62	C	51.25 %	1.84 %	79	A	48.8 %	1.66 %	96	A	65.47 %	1.98 %
63	A	76.72 %	0.0 %	80	C	59.71 %	1.3 %	97	C	42.87 %	1.13 %
64	C	65.4 %	1.55 %	81	A	84.35 %	0.0 %	98	D	62.3 %	1.11 %
65	C	51.79 %	1.11 %	82	C	50.27 %	1.8 %	99	C	60.04 %	1.01 %
66	C	86.2 %	0.0 %	83	C	27.01 %	4.13 %	100	C	69.59 %	1.14 %
67	B	51.35 %	1.27 %	84	B	82.39 %	0.0 %				
68	B	68.33 %	1.57 %	85	D	83.64 %	0.0 %				

//संकेत और समाधान//

1. भारतीय जूडो खिलाड़ी लिंथोई चनंबम ने इतिहास रचते हुए बोस्निया के साराजेवो में महिलाओं के 57 किलोग्राम वर्ग में विश्व कैडेट जूडो चैंपियनशिप 2022 में स्वर्ण पदक जीता है। 16 वर्षीय चनंबम किसी भी वर्ग में विश्व जूडो चैंपियनशिप में स्वर्ण पदक जीतने वाली पहली भारतीय बन गई हैं।

अतः विकल्प (B) सही है।

2. अर्थशास्त्र में नोबेल मेमोरियल पुरस्कार अमेरिकी फेडरल रिजर्व के पूर्व अध्यक्ष बेन एस बर्नानके, डगलस डब्ल्यू डायमंड और यूएसए के फिलिप एच डायबविग को बैंकों और वित्तीय संकटों में शोध के लिए दिया गया था।

समिति के अनुसार, 'पुरस्कार विजेताओं ने हमारी आधुनिक समझ के लिए एक आधार प्रदान किया है कि बैंकों की आवश्यकता क्यों है, वे कमजोर क्यों हैं, और इसके बारे में क्या करना है'।

अतः विकल्प (C) सही है।

3. भारत इलेक्ट्रॉनिक्स लिमिटेड (BEL), भारत सरकार के रक्षा मंत्रालय (MoD) के तहत एक रक्षा सार्वजनिक क्षेत्र की इकाई (PSU) ने रक्षा पहल (डीआई), बेलारूस और रक्षा पहल एयरो प्राइवेट लिमिटेड इंडिया के साथ एक समझौता ज्ञापन पर हस्ताक्षर किए हैं। डीआई बेलारूस की सहायक कंपनी। MoU तीन कंपनियों को भारतीय वायु सेना (IAF) हेलीकॉप्टरों के लिए एयरबोर्न डिफेंस सूट (ADS) की आपूर्ति पर सहयोग करने का आह्वान करता है। हेलीकॉप्टरों को सुरक्षा प्रदान करने के लिए ADS का उपयोग किया जाता है।

अतः विकल्प (C) सही है।

4. BSES यमुना पावर लिमिटेड (BYPL) ने भारत का पहला 'स्मार्ट मैनेज्ड' EV चार्जिंग स्टेशन चालू किया है।

- चार्जिंग स्टेशन, जो एक साथ पांच ई-वाहनों को चार्ज कर सकता है, मयूर विहार एक्सटेंशन फेज I, नई दिल्ली में BYPL के सब-स्टेशन परिसर में सह-स्थित है।
- BSES यमुना पावर लिमिटेड रिलायंस इंफ्रास्ट्रक्चर और दिल्ली की NCT सरकार के बीच एक संयुक्त उद्यम है।

अतः विकल्प (D) सही है।

5. 2005 से 2009 के दौरान बिजली क्षेत्र से CO_2 का विकास $= 800 - 500 = 300$ (सिर्फ 2009 और 2005 के मूल्यों को लें और उन्हें घटाएं)

प्रतिशत वृद्धि $=$ {(2009 में मूल्य - 2005 में मूल्य) /2005 में मूल्य } $\times 100\%$

प्रतिशत वृद्धि $= \frac{(800-500)}{500} \times 100\%$

$= \frac{300}{500} \times 100 = 60\%$

अतः विकल्प (A) सही है।

6. प्रतिशत वृद्धि $=$ {(2009 में मूल्य $-$ 2005 में मूल्य) / 2005 में मूल्य } $\times 100\%$

पावर: $\% = \frac{(800-500)}{500} \times 100\% = 60\%$

उद्योग: $\% = \frac{(450-200)}{200} \times 100\% = 125\%$

वाणिज्यिक: $= \frac{(320-150)}{150} \times 100 = 113\%$

कृषि: $\% = \frac{(200-80)}{80} \times 100 = 150\%$

घरेलू: $\% = \frac{(180-100)}{100} \times 100 = 80\%$

इसलिए, CO_2 में अधिकतम वृद्धि कृषि की है।

अतः विकल्प (D) सही है।

7. 2005 में CO_2 का कुल उत्सर्जन $= 500 + 200 + 150 + 80 + 100 = 1030$

2009 में CO_2 का कुल उत्सर्जन $= 800 + 450 + 320 + 200 + 180 = 1950$

प्रतिशत वृद्धि $=$ {(2009 में मूल्य $-$ 2005 में मूल्य) / 2005 में मूल्य } $\times 100\%$

वृद्धि हुई $= \frac{(1950-1030)}{1030} \times 100\% = 89.32\%$

अतः विकल्प (A) सही है।

8. 2005 से 2006 में: $\frac{100}{500} \times 100 = 20\%$

2006 से 2007 में: $\frac{50}{600} \times 100 = 8.33\%$

2007 से 2008 में: $\frac{50}{650} \times 100 = 14.28\%$

2008 से 2009 में: $\frac{100}{700} \times 100 = 14.28\%$

औसत वार्षिक विकास दर $= \frac{50.30}{4} = 12.57\%$

अतः विकल्प (A) सही है।

9. वर्ष 2008 में कुल CO_2 उत्सर्जन में विद्युत क्षेत्र का $\%$ योगदान $= \frac{700}{1700} \times 100 = 41.18\%$

अतः विकल्प (B) सही है।

10. दिया गया है,

लड़कियों और लड़कों का अनुपात 4: 5 है और लड़कियों की संख्या 212 है।

माना, लड़कियों की संख्या 4x और लड़कों की संख्या 5x है।

फिर प्रश्न के अनुसार,

4x = 212

x $= \frac{212}{4}$

x = 53

लड़कों की संख्या 5x है

फिर,

$\Rightarrow 5 \times 53 = 265$

अतः विकल्प (B) सही है।

11. एक दर्जन पेन की लागत = 180 रु

1 पेन की लागत $= \frac{180}{12}$

= 15 रुपए

8 बॉल पेन की कीमत = 56 रुपए

एक बॉल पेन की कीमत $= \dfrac{56}{8}$

$= 7$ रुपए

आवश्यक अनुपात $= \dfrac{15}{7}$

अतः विकल्प (A) सही है।

12. आजाद ने एक साल के लिए 55000 रुपये और अगले साल के लिए 65000 रुपये का निवेश किया।

हिंद ने 8 महीने के लिए 70000 रुपये और अगले साल के लिए 60000 रुपये का निवेश किया।

पूंजी अनुपात= 55000 × 12 + 65000 × 12 : 70000 × 8 + 60000 × 12

= 660000 + 780000 : 560000 + 720000

= 1440000 : 1280000

= 9 : 8

माना कुल लाभ = x रुपये

आजाद का लाभ = x × 50% × 50% + x × 50% × $\dfrac{9}{17}$

$32375 = \dfrac{x}{4} + \dfrac{9x}{34}$

$32375 = \dfrac{35x}{68}$

x=62900

अतः विकल्प (D) सही है।

13. दक्षिणी गोलार्ध में दक्षिण-पूर्व व्यापारिक पवनें और उत्तरी गोलार्ध में पूर्वोत्तर व्यापारिक पवनें भूमध्य रेखा के पास एक-दूसरे से मिलती हैं। इन हवाओं के मिलन स्थल को अंतः उष्णकटिबंधीय अभिसरण क्षेत्र (ITCZ) के रूप में जाना जाता है।

उष्णकटिबंधीय अभिसरण क्षेत्र (ITCZ) से संबंधित विशेषताएं:

- उष्णकटिबंधीय अभिसरण क्षेत्र (ITCZ) विषुवत गर्त में स्थित होता है।
- एक स्थायी निम्न दाब इसकी विशेषता है जहां ऊष्मा और नमी से लदी हुई धरातलीय व्यापारिक पवनें मिलती हैं, और संवहनिय वर्षा, बादल और वर्षा करती हैं।
- यह कर्क रेखा और मकर रेखा के बीच का निम्न दाब वाला क्षेत्र है।
- यह ऊपर उठती वायु, अधिकतम बादल और भारी वर्षा का क्षेत्र है।
- आईटीसीजेड का स्थान भूमध्य रेखा के उत्तर और दक्षिण में मौसम के परिवर्तन के साथ बदल जाता है।
- गर्मियों के मौसम में, सूरज कर्क रेखा पर लंबवत चमकता है, और ITCZ उत्तर की ओर बढ़ता है।

इसलिए, ITCZ या उष्णकटिबंधीय अभिसरण क्षेत्र के बारे में सभी कथन सही हैं।

अत: विकल्प (A) सही है।

14.

- 'अम्फान' ने मई 2020 में पश्चिम बंगाल और उड़ीसा के एक हिस्से में दस्तक दी । यह एक उष्णकटिबंधीय चक्रवात का एक उदाहरण है।
- एक उष्णकटिबंधीय चक्रवात एक तेज गति से घूमने वाली तूफान प्रणाली है जिसमें एक कम दबाव केंद्र, एक बंद निम्न-स्तरीय वायुमंडलीय परिसंचरण, तेज हवाएं और गरज के साथ एक सर्पिल व्यवस्था होती है जो भारी बारिश और / या अल्पकालिक झंझावात लाती है।
- इसने मई 2020 में पूर्वी भारत, विशेष रूप से पश्चिम बंगाल, ओडिशा और बांग्लादेश में व्यापक नुकसान पहुंचाया।

अत: विकल्प (A) सही है।

15. ऊपर से नीचे तक वायुमंडल की परतों को व्यवस्थित क्रम: आयनमंडल - मध्य मण्डल - समतापमंडल - क्षोभमंडल।

पृथ्वी को घेरती हुई जितने स्थान में वायु रहती है उसे वायुमंडल कहते हैं।

वायुमंडल के निचले भाग को (जो प्राय: चार से आठ मील तक फैला हुआ है) क्षोभमंडल, उसके ऊपर के भाग को समतापमंडल और उसके और ऊपर के भाग को मध्य मण्डल और मध्य मण्डल से ऊपरी भाग को आयनमंडल कहते हैं।

अत: विकल्प (C) सही है।

16. सैंटियागो रेमन वाई काजल न्यूरोसाइंस के जनक के रूप में जाना जाता है और उन्होंने 1906 में अपने न्यूरॉन सिद्धांत के लिए फिजियोलॉजी या मेडिसिन के लिए नोबेल पुरस्कार जीता।

न्यूरोसाइंस (या तंत्रिका जीव विज्ञान) तंत्रिका तंत्र का वैज्ञानिक अध्ययन है। यह एक बहु-विषयक विज्ञान है जो न्यूरॉन्स और तंत्रिका सर्किट के मौलिक और आकस्मिक गुणों को समझने के लिए शरीर विज्ञान, शरीर रचना विज्ञान, आणविक जीव विज्ञान, विकासात्मक जीव विज्ञान, कोशिका विज्ञान, कंप्यूटर विज्ञान और गणितीय मॉडलिंग को जोड़ता है।

अत: विकल्प (A) सही है।

17. ओटिस ने सुरक्षा ब्रेक का आविष्कार किया, जो कि रस्सी टूटने पर अचानक गिरने से सक्रिय होने पर लिफ्ट को दुर्घटनाग्रस्त होने से रोक देगा।

लिफ्ट में इलेक्ट्रोमैग्नेटिक ब्रेक भी होते हैं जो कार के रुकने पर लगे होते हैं। इलेक्ट्रोमैग्नेट वास्तव में ब्रेक को बंद करने के बजाय खुली स्थिति में रखते हैं। इस डिज़ाइन के साथ, अगर लिफ्ट बिजली खो देती है तो ब्रेक अपने आप बंद हो जाएंगे।

अत: विकल्प (D) सही है।

18. प्रत्येक त्रिभुजाकार टुकड़े की भुजाएँ हैं:

a = 20 सेमी

b = 50 सेमी

c = 50 सेमी

$\therefore s = \dfrac{a+b+c}{2}$

$= \dfrac{20+50+50}{2}$ सेमी

$= \dfrac{120}{2}$ सेमी

= 60 सेमी

$\therefore$ प्रत्येक त्रिभुजाकार टुकड़े का क्षेत्रफल $=$

$\sqrt{s(s-a)(s-b)(s-c)}$

$$= \sqrt{60(60 - 20)(60 - 50)(60 - 50)} \text{ सेमी}^2$$

$$= \sqrt{60 \times 40 \times 10 \times 10} \text{ सेमी}^2$$

$$= \sqrt{6 \times 10 \times 10 \times 4 \times 10 \times 10} \text{ सेमी}^2$$

$$= \sqrt{6 \times 10^2 \times 2^2 \times 10^2} \text{ सेमी}^2$$

$$= 10 \times 2 \times 10\sqrt{6} \text{ सेमी}^2$$

$$= 200\sqrt{6} \text{ सेमी}^2$$

$\Rightarrow$ एक रंग के 5 त्रिभुजाकार टुकड़ों का क्षेत्रफल $= 5 \times 200\sqrt{6}$ सेमी^{2}

$$= 1000\sqrt{6} \text{ सेमी}^2$$

अन्य रंग के 5 त्रिभुजाकार टुकड़ों का क्षेत्रफल $= 1000\sqrt{6}$ सेमी^{2}

कुल त्रिकोणीय टुकड़े 10 हैं, यानी प्रत्येक रंग के लिए पांच त्रिकोणीय टुकड़े।

अतः विकल्प (A) सही है।

19. 16 बराबर त्रिकोणीय टाइलें हैं।

त्रिभुज की भुजाएँ हैं:

a = 9 सेमी

b = 28 सेमी

c = 35 सेमी

$$\therefore s = \frac{a+b+c}{2}$$

$$= \frac{9+28+35}{2} \text{ सेमी}$$

$$= \frac{172}{2} \text{ सेमी}$$

$$= 36 \text{ सेमी}$$

प्रत्येक त्रिभुज का क्षेत्रफल $= \sqrt{s(s-a)(s-b)(s-c)}$

$$= \sqrt{36(36-9)(36-28)(36-35)} \text{ सेमी}^2$$

$$= \sqrt{36 \times 27 \times 8 \times 1} \text{ सेमी}^2$$

$$= \sqrt{9 \times 4 \times 9 \times 3 \times 2 \times 4 \times 1} \text{ सेमी}^2$$

$$= \sqrt{3^2 \times 2^2 \times 3^2 \times 3 \times 2 \times 2^2 \times 1} \text{ सेमी}^2$$

$$= 3 \times 2 \times 3 \times 2\sqrt{3 \times 2} \text{ सेमी}^2$$

$$= 36\sqrt{6} \text{ सेमी}^2$$

$$= 36 \times 2.45 \text{ सेमी}^2 \text{ (लगभग)}$$

$$= 88.2 \text{ सेमी2 (लगभग)}$$

16 त्रिभुजों का क्षेत्रफल:
सभी त्रिभुजों का कुल क्षेत्रफल-

$$= 16 \times 88.2 \text{ सेमी}^2 \text{ (लगभग)}$$

$$= 1411.2 \text{ सेमी}^2 \text{ (लगभग)}$$

टाइलों को चमकाने की लागत-

पॉलिश करने की दर = 0.5 रु. प्रति सेमी^{2}

$\therefore$ सभी टाइलों को चमकाने की लागत-

$$= 0.5 \times 1411.2 \text{ रु.}$$

$$= 705.60 \text{ रु. (लगभग)}$$

अतः विकल्प (B) सही है।

20. दूसरी भुजा $= \sqrt{(17)^2 - (15)^2}$

$$\Rightarrow \sqrt{289 - 225}$$

$$\Rightarrow \sqrt{64} = 8 \text{ मी}$$

इसलिए,

क्षेत्रफल $= (15 \times 8)$ मी^{2}

$$\Rightarrow 120 \text{ मी}^2$$

अतः विकल्प (B) सही है।

21. नैदानिक परीक्षण में, छात्रों की पृष्ठभूमि और प्रदर्शन दोनों बौद्धिक आदतों और अनुशासन के रूप में विभिन्न शक्तियों के अधिग्रहण में मदद करने के लिए आवश्यक हैं। गणित में नैदानिक परीक्षा का उपयोग शिक्षक द्वारा जोड़,घटाव,गुणन,विभाजन जैसे गणितीय संचालनों के दौरान की गई त्रुटियों का पता लगाने के लिए किया जाता है। ये जांच प्रकृति में गुणात्मक होती है न कि मात्रात्मक। ये परीक्षण विद्यार्थियों द्वारा की गई त्रुटियों को खोजते हैं और उन्हें सही करने के लिए उनकी सीखने में मदद करते हैं।

अतः विकल्प (C) सही है।

22. जम्मू कश्मीर की ताजाम्मुल इस्लाम ने इटली में विश्व किकबॉक्सिंग चैम्पियनशिप जीती।

आठ साल की कश्मीरी लड़की तजामुल इस्लाम ने शुक्रवार को अंडर-8 वर्ल्ड किकबॉक्सिंग चैंपियनशिप में गोल्ड मेडल जीतकर इतिहास रच दिया। इस्लाम ने इटली के एंड्रिया में फाइनल में यूएसए से अपने प्रतिद्वंद्वी को हराकर स्वर्ण पदक जीता। भारत का प्रतिनिधित्व करने वाला इस्लाम युद्धग्रस्त कश्मीर घाटी से यह उपलब्धि हासिल करने वाला पहला किकबॉक्सर बना।

टूर्नामेंट में 90 देशों ने भाग लिया था। 2015 में नई दिल्ली में राष्ट्रीय सब-जूनियर वर्ग में स्वर्ण पदक जीतने के बाद इस्लाम किकबॉक्सिंग सर्किट पर प्रमुखता से आया। "पांच दिनों में, तजामुल इस्लाम ने छह गेम जीते," उनके कोच फासिल अली डार ने द हिंदू के हवाले से कहा था।

अतः विकल्प (B) सही है।

23. सुल्तान अजलान शाह कप मलेशिया में आयोजित एक वार्षिक अंतरराष्ट्रीय पुरुष फील्ड हॉकी टूर्नामेंट है। यह 1983 में द्विवार्षिक प्रतियोगिता के रूप में शुरू हुआ था। 1998 के बाद इसकी वृद्धि और लोकप्रियता के बाद यह टूर्नामेंट एक वार्षिक आयोजन बन गया। टूर्नामेंट का नाम मलेशिया के नौवें यांग डि-पर्टुआन अगोंग (राजा) सुल्तान अजलान शाह के नाम पर रखा गया है, जो फील्ड हॉकी के शौकीन थे।

अतः विकल्प (A) सही है।

24. 'जाखम' बहुउद्देशीय परियोजना प्रतापगढ़ में स्थित है।

जाखम सिंचाई परियोजना:

- सिंचाई परियोजना में प्रतापगढ़ के धरियावद तहसील के ग्राम अनूपपुरा के पास जाखम नदी पर एक भंडारण बांध शामिल है।

- यह वर्ष 1986 में पूरा हुआ था।

- इसका निर्माण जाखम नदी पर किया गया है, जो माही नदी की सहायक नदी है।
- यह परियोजना धरियावद तहसील के 104 गांवों और प्रतापगढ़ तहसील के 3 गांवों से मिलकर क्षेत्र के आदिवासी लोगों को सिंचाई लाभ प्रदान करती है।

अतः विकल्प (D) सही है।

25. 'समाजशास्त्र' शब्द दो शब्दों से मिलकर बना है। ये सोशियस और लोगोस हैं।

शब्दकोश समाजशास्त्र को समाज और सामाजिक संपर्क के व्यवस्थित अध्ययन के रूप में परिभाषित करता है। शब्द "समाजशास्त्र" लैटिन शब्द सोशियस (साहचर्य) और ग्रीक शब्द लोगो (भाषण या कारण) से लिया गया है, जिसका एक साथ अर्थ है "साहचर्य के बारे में तर्कपूर्ण भाषण"।

अतः विकल्प (C) सही है।

26. यूरोप में समाजशास्त्र का उदय हुआ।

18वीं शताब्दी के यूरोप की सामाजिक, आर्थिक, राजनीतिक और बौद्धिक पृष्ठभूमि ने समाजशास्त्र के उद्भव को सुगम बनाया। यह यूरोपीय समाज में अपनी सामाजिक-ऐतिहासिक पृष्ठभूमि के अनुरूप उभरा, जिसकी उत्पत्ति प्रबुद्धता काल में हुई थी।

अतः विकल्प (B) सही है।

27. दिया गया समीकरण है:

$$72 \times 25 + 45 \times 20 = 15^3 - ?$$

उपरोक्त समीकरण को सरल करने पर,

$$1800 + 900 = 3375 - ?$$

$$\Rightarrow ? = 3375 - 2700$$

$$\Rightarrow ? = 675$$

अतः विकल्प (B) सही है।

28. महत्तम समापवर्त्य के लिए,

493 का गुणनखंड = 17 × 29 = 1, 17, 29, 493

527 का गुणनखंड = 17 × 31 = 1, 17, 31, 527

697 का गुणनखंड = 17 × 41 = 1, 17, 41, 697

∴ (493,527,697) का महत्तम समापवर्त्य = तीनों के उभयनिष्ठ गुणनखंड = 17

अतः विकल्प (C) सही है।

29. श्रीमती इंदिरा गांधी भारत की पहली महिला प्रधानमंत्री थीं।

इंदिरा प्रियदर्शिनी गांधी (19 नवंबर 1917- 31 अक्टूबर 1984) एक भारतीय राजनीतिज्ञ और भारतीय राष्ट्रीय कांग्रेस की केंद्रीय हस्ती थीं। वह भारत की तीसरी प्रधान मंत्री थीं और भारत की पहली और आज तक की एकमात्र महिला प्रधान मंत्री थीं।

अतः विकल्प (B) सही है।

30. दिया गया है,

किसी कारखाने में श्रमिकों की कमी की वजह से उसके उत्पादन में कमी = 25%

अतः कार्य अवधि = $\frac{25}{100-25} \times 100$

$$\Rightarrow 33\frac{1}{3}\%$$

अतः विकल्प (D) सही है।

31. दिया गया है,

किसी परीक्षा में 40% छात्र गणित में असफल हो जाते है,

30% अंग्रेजी में असफल हो जाते है,

10% दोनों विषयों मे असफल हो जाते है,

कुल असफल हुए छात्र = 40% + 30% - 10% = 60%

अत: दोनो विषयों में उत्तीर्ण होने वाले छात्र = 100 - 60 = 40%

अतः विकल्प (D) सही है।

32. सरकारिया आयोग की स्थापना जून 1983 में केंद्र सरकार द्वारा देश में राज्य और केंद्र सरकारों के बीच संबंधों और शक्ति संतुलन की जांच करने और भारत के संविधान के ढांचे के भीतर बदलाव का सुझाव देने के लिए की गई थी। आयोग का नाम इसलिए रखा गया क्योंकि इसकी अध्यक्षता भारत के सर्वोच्च न्यायालय के सेवानिवृत्त न्यायाधीश न्यायमूर्ति राजिंदर सिंह सरकारिया ने की थी। समिति में अन्य दो सदस्य श्री बी शिवरामन और डॉ एसआर सेन भी थे।

अतः विकल्प (B) सही है।

33. विकल्प (D) गलत है क्योंकि इसके एक तिहाई सदस्य हर दो साल में सेवानिवृत्त होते हैं। राज्यसभा एक स्थायी निकाय है। इसका पहली बार यथोचित गठन 3 अप्रैल, 1952 को हुआ था। राज्यसभा के बारह सदस्यों को राष्ट्रपति द्वारा नामित किया जाता है।

अतः विकल्प (D) सही है।

34. गणितीय तर्क में, हम दिए गए कथन के मूल्य की सच्चाई का निर्धारण करते हैं और सभी मापदंडों को सही ठहराते हैं।

गणितीय तर्क एक गणितीय प्रक्रिया के लिए औचित्य प्रदान करने की क्षमता है। इसमें तार्किक और व्यवस्थित रूप से सोचने की क्षमता भी शामिल है।

यह समस्याओं को हल करने और गणित सीखते समय विचारों को व्यक्त करने में महत्वपूर्ण भूमिका निभाता है।

रीजनिंग छात्रों को गणित सीखने में मदद करती है।

गणितीय तर्क में, परिभाषाओं और सूत्रों में कोई भूमिका नहीं है।

अतः उपर्युक्त बिन्दुओं से यह स्पष्ट हो जाता है कि गणितीय तर्क एक गणितीय प्रक्रिया के लिए औचित्य प्रदान करने की क्षमता है।

अतः विकल्प (B) सही है।

35. पर्यावरण अध्ययन शिक्षण की छात्रों की शैक्षणिक उपलब्धियों तक पहुँचने के लिए उपचारात्मक शिक्षण मूल्यांकन संकेतक का उपयोग नहीं किया जाना चाहिए।

उपचारात्मक शिक्षण एक शिक्षण पद्धति है जिसका उपयोग पिछले पाठों के कमजोर वर्ग को पढ़ाने या समस्या वाले विशिष्ट छात्रों को पढ़ाने के लिए किया जाता है। किसी समस्या के निदान के बाद उपचारात्मक शिक्षण किया जाता है।

अतः विकल्प (D) सही है।

36. टार्टर जलडमरूमध्य दुनिया की सबसे संकरी जलडमरूमध्य है।

तातार जलडमरूमध्य सबसे संकरी जलडमरूमध्य है। यह सबसे संकरे बिंदु पर 7.3 किमी चौड़ा है। यह प्रशांत महासागर में एक जलडमरूमध्य है जो सखालिन के रूसी द्वीप को मुख्य भूमि एशिया (दक्षिण-पूर्वी रूस) से विभाजित करता है, जो उत्तर में ओखोटस्क सागर को दक्षिण में जापान के सागर से जोड़ता है।

अतः विकल्प (A) सही है।

37. दिल्ली मुंबई औद्योगिक गलियारा परियोजना कार्यक्रम विश्व बैंक की सहायता से भारत में लागू नहीं किया जा रहा है।

दिल्ली-मुंबई औद्योगिक गलियारा परियोजना (डीएमआईसी) भारत की राजधानी, दिल्ली और इसके वित्तीय केंद्र, मुंबई के बीच एक नियोजित औद्योगिक विकास परियोजना है। डीएमआईसी परियोजना दिसंबर 2006 में भारत सरकार और जापान सरकार के बीच हस्ताक्षरित एक समझौता ज्ञापन के अनुसरण में शुरू की गई थी।

अतः विकल्प (D) सही है।

38. शिक्षकों को दो महत्वपूर्ण कार्य करने होते हैं, अर्थात शिक्षण और परीक्षण। शिक्षण के बाद छात्रों के प्रदर्शन को मापने के लिए परीक्षण किया जाता है ताकि यह पता लगाया जा सके कि अधिगम हुआ है या नहीं। छात्रों के प्रदर्शन को ग्रेड के रूप में दर्ज किया जाता है और उनकी व्याख्या की जाती है।

एक ही मूल्यांकन पर समान आयु के छात्रों के प्रदर्शन की तुलना में एक छात्र के प्रदर्शन को मापता है। इसका उद्देश्य विशिष्ट पाठ्यक्रम उद्देश्यों की प्राप्ति का आकलन करने के बजाय छात्रों की सापेक्ष रैंक या स्थिति प्रदान करना है।

अतः विकल्प (D) सही है।

39. मूल्यांकन शिक्षार्थियों की क्षमताओं का आकलन करने, प्रदर्शन का विश्लेषण करने, प्रत्येक शिक्षार्थी को उचित प्रतिक्रिया प्रदान करने और उन्हें प्रगति करने में मदद करने का एक व्यवस्थित तरीका है। रचनात्मक मूल्यांकन छात्रों के प्रदर्शन का आकलन करता है, शिक्षा की अवधि के दौरान विभिन्न प्रकार के प्रश्नों से युक्त परीक्षणों का निर्माण और प्रशासन किया जाता है।

रचनात्मक मूल्यांकन का उद्देश्य:

इसका मुख्य उद्देश्य शिक्षक और छात्र दोनों को सीखने की सफलताओं और असफलताओं के संबंध में निरंतर प्रतिक्रिया प्रदान करना है, जबकि निर्देश प्रक्रिया में है।

इसका उपयोग निर्देश की अवधि के दौरान छात्रों की सीखने की प्रगति की निगरानी के लिए किया जाता है।

छात्रों को फीडबैक सफल सीखने को पुष्ट करता है और विशिष्ट सीखने की त्रुटियों की पहचान करता है जिन्हें सुधार की आवश्यकता होती है।

शिक्षक को फीडबैक अधिकतम जीवित निर्देश और समूह और व्यक्तिगत उपचारात्मक कार्य निर्धारित करने के लिए जानकारी प्रदान करता है।

प्रारंभिक मूल्यांकन परीक्षण, प्रश्नोत्तरी गृहकार्य, कक्षा कार्य, निर्देश के प्रत्येक खंड के लिए तैयार किए गए मौखिक प्रश्नों पर निर्भर करता है।

यह मूल्यांकन छात्र को निर्देशात्मक उद्देश्यों को प्राप्त करने में उसकी सफलता या विफलता के बारे में प्रतिक्रिया प्रदान करता है।

अतः विकल्प (B) सही है।

40. कुचिपुड़ि आंध्र प्रदेश की एक स्वदेशी नृत्य शैली है जिसने इसी नाम के गाँव में जन्म लिया और पनपी, इसका मूल नाम कुचेलापुरी या कुचेलापुरम था, जो कृष्णा ज़िले का एक कस्बा है।

अतः विकल्प (D) सही है।

41. शास्त्रीय नृत्य का यह एक प्रसिद्ध नृत्य है। भरतनाट्यम, भारत के प्रसिद्ध नृत्यों में से एक है तथा इसका संबंध दक्षिण भारत के तमिलनाडु राज्य से है। यह नाम 'भरत' शब्द से लिया गया तथा इसका संबंध 'नृत्यशास्त्र' से है।

अतः विकल्प (A) सही है।

42. Use 'weakens' in place of 'weaken'. The subject is singular so a singular verb is used.

Correct sentence: In emerging economies, the private credit market remains highly segmented and thus weakens the power of monetary policy.

Hence, the correct option is (C).

43. $3, 5, 7$ और 8 का सबसे छोटी बहु $= 840$

$98243 \div 840 = 116$ शेषफल $= 803$

इसलिए वह छोटी से छोटी संख्या जो जोड़ी जानी चाहिए $= 840 - 803 = 37$

अतः विकल्प (C) सही है।

44. वांडीवाश की लड़ाई, 1760 यूरोप में सात साल के युद्ध का स्थानीय संस्करण था। इसने भारत में एक औपनिवेशिक साम्राज्य बनाने के लिए फ्रांसीसी की महत्वाकांक्षाओं को समाप्त कर दिया।

फ्रांसीसी सेना का नेतृत्व कोंटे डी लिली ने किया था। ब्रिटिश सेना का नेतृत्व सर आयर कूट द्वारा किया गया था। 1760 में वांडीवाश की लड़ाई में अंग्रेजो ने फ्रेंच को हराया।

अतः विकल्प (B) सही है।

45. राष्ट्रीय शिक्षा नीति (2020) में प्रस्तावित राष्ट्रीय अनुसंधान संस्थान (NRF) के बारे 'यह विज्ञान के साथ-साथ गैर-विज्ञान विषयों में अनुसंधान परियोजनाओं के लिए धन प्रदान करता है।' कथन सही है।

एनआरएफ की प्राथमिक गतिविधियां निम्नलिखित होंगी:

- सभी प्रकार के और सभी विषयों में कोष प्रतिस्पर्धी, सहकर्मी-समीक्षा अनुदान प्रस्ताव। (यह चार प्रमुख विषयों में अनुसंधान परियोजनाओं को निधि देगा-विज्ञान; प्रौद्योगिकी; सामाजिक विज्ञान; और कला और मानविकी)।

- शैक्षणिक संस्थानों में अनुसंधान, विशेष रूप से विश्वविद्यालयों और कॉलेजों में शोध, जहां इस तरह के संस्थानों के सलाह के माध्यम से वर्तमान में एक नवजात अवस्था में है, जो बीज बनाना, विकसित करना और सुविधाजनक बनाना

- शोधकर्ताओं और सरकार की प्रासंगिक शाखाओं के साथ-साथ उद्योग के बीच एक संपर्क के रूप में कार्य करें, जिससे अनुसंधान विद्वानों को लगातार सबसे जरूरी राष्ट्रीय अनुसंधान मुद्दों के बारे में जागरूक किया जाए, और ताकि नीति निर्माताओं को लगातार नवीनतम अनुसंधान सफलताओं से अवगत कराया जा सके; ताकि सफलताओं को नीति और/या कार्यान्वयन में उत्कृष्ट रूप से लाया जा सके और उत्कृष्ट अनुसंधान और प्रगति को पहचाना जा सके।

- बजट 2021-22 में, एनआरएफ को अगले 5 वर्षों में 50,000 करोड़ रुपये आवंटित किए गए हैं।

अतः विकल्प (B) सही है।

46. भारत में बीमा क्षेत्र अपनी क्षमता से काफी नीचे है और बीमा पैठ और घनत्व के मामले में, हम विश्व औसत से नीचे हैं। प्रतिस्पर्धा और बेहतर बीमा उत्पादों, सेवाओं आदि के माध्यम से इसे संबोधित करने के लिए, भारत सरकार बीमा क्षेत्र में FDI सीमा बढ़ा रही है।

बजट में 2021-22 सरकार ने बीमा क्षेत्र में FDI सीमा को बढ़ाकर 74 प्रतिशत कर दिया। इसलिए, कथन 1 सही है।

बीमा क्षेत्र में एफडीआई बढ़ाने के लाभ:

- यह कम लागत पर बेहतर उत्पादों के संदर्भ में बीमा क्षेत्र के विस्तार, बढ़ी हुई पैठ, प्रतिस्पर्धा का एक उच्च स्तर और ग्राहकों के लिए मूल्य का नेतृत्व करेगा।

- बजट 2021-22 में सरकार ने कुछ निश्चित सुरक्षा उपायों के साथ कृषि बीमा कंपनियों सहित विदेशी कंपनियों के स्वामित्व और नियंत्रण की अनुमति दी है। इसलिए, कथन 2 सही नहीं है।

अतः विकल्प (A) सही है।

47. मंगल ग्रह समान दिन का तापमान और पृथ्वी के समान वातावरण वाला एकमात्र ग्रह है। मंगल पर जीवन की उपस्थिति के लिए सबसे अधिक प्रासंगिक स्थिति आइस बीम और बर्फ के पानी की उपस्थिति है।

अतः विकल्प (C) सही है।

48. मानव लाल रक्त कोशिकाओं का निर्माण एरिथ्रोपोइज़िस नामक एक प्रक्रिया के माध्यम से किया जाता है, जो लगभग 7 दिनों में परिपक्व लाल रक्त कोशिकाओं के लिए प्रतिबद्ध स्टेम कोशिकाओं से विकसित होता है। जब परिपक्व होता है, तो एक स्वस्थ व्यक्ति में ये कोशिकाएं लगभग 100 से 120 दिन (और पूर्ण अवधि के शिशु में 80 से 90 दिन) तक रक्त परिसंचरण में रहती हैं।

अतः विकल्प (C) सही है।

49. दिया गया यौगिक, एल्युमिनियम सल्फेट $Al_2(SO_4)_3$ है।

एल्युमिनियम (Al) का परमाणु द्रव्यमान $= 13 \times 2 = 26$

सल्फर (S) का परमाणु द्रव्यमान $= 16 \times 2 = 32$

ऑक्सीजन (O) का परमाणु द्रव्यमान $= 8 \times 2 = 16$

यौगिक का कुल अणु भार $(26 \times 2) + (32 \times 3) + (16 \times 12) = 342$ ग्राम / अणु है।

ऑक्सीजन का अणु भार $= 12 \times 16 = 192$ ग्राम / अणु।

कुल यौगिक में ऑक्सीजन का प्रतिशत $= \left(\frac{192}{342}\right) \times 100 = 56.140\%$

इसलिए, एल्यूमीनियम सल्फेट में ऑक्सीजन का प्रतिशत 56.1% है।

अतः विकल्प (B) सही है।

50.

- **प्रोपेन गैस** का उपयोग प्रकाशयुक्त गैस के रूप में किया जाता है।
- प्रोपेन का आणविक सूत्र C_3H_8 है।
- प्रोपेन एक ऐसी गैस है जिसका इस्तेमाल आम तौर पर तरल प्राकृतिक पेट्रोलियम (एलपीजी) के रूप में पकाने हेतु किया जाता है।

यौगिक	आण्विक सूत्र
मिथाइल	CH_3
ब्यूटीन	C_4H_8
एथाइन	C_2H_2

अतः विकल्प (B) सही है।

51. प्रकाश का विवर्तन एक रेखाछिद्र या अवरोध के तेज कोनों से प्रकाश के झुकने और ज्यामितीय छाया के क्षेत्र में फैलने की घटना है। विवर्तन तभी हो सकता है जब प्रकाश की तरंग दैर्ध्य रेखाछिद्र के अवरोध या चौड़ाई के आकार के बराबर हो।

विवर्तन दो प्रकार के होते हैं:

फ्रेसेल विवर्तन- यह विवर्तन का प्रकार वह है जो तब होता है जब प्रकाश स्रोत छिद्र से एक सीमित दूरी पर स्थित होता है।

फ्राउनहोफर विवर्तन- एक प्रकार का विवर्तन है जो तब होता है जब रेखाछिद्र पर एक समतल तरंगाग्र का आपतन होता है और रेखाछिद्र से निकलने वाला तरंगाग्र भी समतल होता है।

अतः विकल्प (D) सही है।

52. एक दीपक में तेल बाती तक केशिका क्रिया के कारण पहुँचता है।

यह प्रभाव तरल पदार्थों की पृष्ठ तनाव के कारण होता है। यहाँ बाती एक केशिका नलिका का काम करती है।

केशिका क्रिया एक तरल की क्षमता है जो सहायता के बिना या गुरुत्वाकर्षण जैसी बाहरी शक्तियों के विरोध में संकीर्ण स्थानों में प्रवाहित होती है।

अतः विकल्प (B) सही है।

53. दिया है:

9 सेमी, 12 सेमी और 15 सेमी त्रिज्या की तीन गोलाकार गेंदों को एक नई गोलाकार गेंद बनाने के लिए पिघलाया जाता है।

गोले का आयतन $= \frac{4}{3} \times \pi \times r^3$

जहाँ r = गोले की त्रिज्या

तीन गेंदों के आयतन का योग $= \frac{4}{3} \times \pi \times \{(9)^3 + (12)^3 + (15)^3\}$

$\Rightarrow \frac{4}{3} \times \pi \times (3)^3\{(3)^3 + (4)^3 + (5)^3\}$

$\Rightarrow \left(\frac{4\pi}{3}\right) \times 27 \times 216$

माना कि नए गोले की त्रिज्या 'r' है।

इसलिए, $\frac{4}{3} \times \pi \times r^3 = \left(\frac{4\pi}{3}\right) \times 27 \times 216$

$\Rightarrow r^3 = 27 \times 216$

$\Rightarrow r = 3 \times 6$ सेमी

$\Rightarrow r = 18$ सेमी

∴ नई गेंद की त्रिज्या 18 सेमी है।

अतः विकल्प (C) सही है।

54. C is the sentence that establishes the subject matter 'blind ants'. Hence, it will be the first sentence of the arrangement. A contextually follows C because it explains how they can go about even though they are blind. The third sentence is D as the phrase "these senses" refer to the 'sense of touch and smell'. B follows D because it connects with D by explaining where the sense of smell is located i.e. in their antennae.

Thus, the correct arrangement would be: CADB

Hence, the correct option is (C).

55. A is the sentence that establishes the subject matter- patriotic feelings. Hence, it will be the first sentence after rearrangement.

Sentence C is the logical successor of sentence A as it connects with it by stating that patriotic feelings are not absent in times of peace—they are only inactive. B follows C as it states what dormant patriotic feelings do—they urge people to work for the development of society in times of peace. D is the closing

statement as it summarises the entire paragraph by talking about the 'focus on the overall development of the nation'.

Thus, the correct arrangement would be: ACBD

Hence, the correct option is (A).

56. B is the sentence that establishes the subject matter by giving an example of the Taj Mahal. Hence, it will be the first sentence after rearrangement. D contextually follows B as it compares an achievement to the Taj Mahal. A is the logical successor of D because it further explains D. Sentence C gives a suggestion and concludes the passage. It states that instead of being concerned with glory from the beginning, we should just work hard and glory will follow.

Thus, the correct arrangement would be: BDAC

Hence, the correct option is (B).

57. I only have a _scintilla_ of respect for her after she lied about her background.

Scintilla means "a small amount" is the only option that fits in the given blank.

Hence, the correct option is (A).

58. Instead of showing his mother his paper, the boy chose to _crumble_ it up.

Crumble means break or fall apart into small fragments, especially as part of a process of deterioration, it is the only option that fits in the given blank.

Hence, the correct option is (B).

59. All I need is a _modicum_ of money to pay for my basic needs.

Modicum means a small amount of, it is the only option that fits in the given blank.

Hence, the correct option is (B).

60. सम्राट को मनसबदारों में नियुक्ति के लिए सिफारिश करना मीर बख्शी का कार्य नहीं था।

अतः विकल्प (C) सही है।

61. दिया गया वेन आरेख $A \cap (B \cup C)$ को प्रदर्शित करता है। अतः विकल्प (B) सही है।

62. माना प्रश्न 8 को हल करने वाले परीक्षार्थियों का समुच्चय A है,

प्रश्न 9 को हल करने वाले परीक्षार्थियों का समुच्चय B है,

तथा प्रश्न 10 को हल करने वाले परीक्षार्थियों का समुच्चय C है, तो

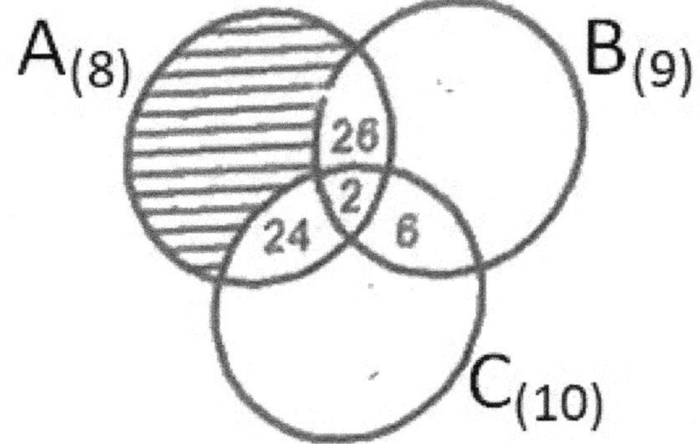

$n(A) = 67$
$n(B) = 46$
$n(C) = 40$
$n(A \cap B) = 28$
$n(B \cap C) = 8$
$n(A \cap C) = 26$
$n(A \cap B \cap C) = 2$

उन परीक्षार्थियों की संख्या जिन्होंने प्रश्न 8 हल किया था, किन्तु प्रश्न 9 और 10 नहीं $= 67 - (26 + 24 + 2)$

$= 67 - 52$
$= 15$
अतः विकल्प (C) सही है।

63. Anxious means feeling or showing worry, nervousness, or unease about something.

Worried means anxious or troubled about actual or potential problems.

The option that is nearest in meaning to the underlined word 'anxious' is 'worried'.

Hence, the correct option is (A).

64. Ecstatic means feeling or expressing overwhelming happiness or joyful excitement.

Rapturous means characterized by, feeling, or expressing great pleasure or enthusiasm.

The option that is nearest in meaning to the underlined word ' ecstatic' is 'rapturous'.

Hence, the correct option is (C).

65. जयमाला लेखक ब्रजकिशोर दीक्षित द्वारा लिखित उपन्यास है। वह बृजेश के रूप में भी जाने जाते हैं।

शैलेश मटियानी एक प्रसिद्ध हिंदी लेखक और भारतीय राज्य उत्तराखंड के कवि हैं। उनका जन्म उत्तराखंड के अल्मोड़ा जिले में हुआ था। उनके नाम पर मध्य प्रदेश में 'शैलेश मटियानी स्मृति कथा पुरस्कार' शुरू किया गया था। कबूतरखाना, कमीने और महाभोज शैलेश मटियानी द्वारा लिखित उपन्यास हैं।

अत: विकल्प (C) सही है।

66. इंद्रमणि बडोनी एक राजनीतिज्ञ, स्वतंत्रता सेनानी और उत्तराखंड के सामाजिक कार्यकर्ता हैं।

- उनका जन्म 25 दिसंबर 1924 को टिहरी गढ़वाल के अखोड़ी गाँव में हुआ था।
- उन्हें उत्तराखंड राज्य आंदोलन में अग्रणी भूमिका के लिए जाना जाता है।
- वह 1994 के राज्य आंदोलन के वास्तुकार थे।
- अहिंसा और सत्याग्रह के अभ्यास के कारण उन्हें 'उत्तराखंड का गांधी' कहा जाता है।
- वे क्षेत्रीय राजनीतिक दल उत्तराखंड क्रांति दल के संस्थापक सदस्य थे।
- उन्होंने उत्तराखंड को अलग राज्य बनाने के लिए आंदोलन शुरू किया था।
- उन्हें 2016 में उत्तराखंड रत्न पुरस्कार (मरणोपरांत) से सम्मानित किया गया था।

अत: विकल्प (C) सही है।

67. शिव प्रसाद डबराल को 'उत्तराखंड के विश्वकोश' के रूप में जाना जाता है। प्रख्यात इतिहासकार शिव प्रसाद डबराल का जन्म 12 नवंबर 1912 को उत्तराखंड के पौड़ी गढ़वाल जिले में हुआ था। वह 18 संस्करणों, 2 कविता संग्रह, 9 नाटकों तथा हिंदी और गढ़वाली में कई संपादित संस्करणों में उत्तराखंड के स्मारकीय इतिहास के लेखक हैं। उनका उत्तराखंड का इतिहास विद्वानों द्वारा संदर्भ कार्य के रूप में व्यापक रूप से उपयोग किया जाता है।

अत: विकल्प (B) सही है।

68. माध्य माध्यक और बहुलक के बीच का संबंध:

माध्य– बहुलक = 3 (माध्य – माध्यक)

चूँकि हम जानते हैं,

माध्य – बहुलक = 3 (माध्य – माध्यक)

⇒ माध्य – बहुलक = 3माध्य – 3माध्यक

⇒ 3माध्यक - बहुलक = 2माध्य

⇒ $\frac{1}{2}$ (3माध्यक - बहुलक) = माध्य

∴ $k = \frac{1}{2}$

अत: विकल्प (B) सही है।

69. दिए गए आकड़े $6, x, 2,$ और 4 हैं।

∴ माध्य $= \frac{\Sigma x_i}{N} = \frac{6+x+2+4}{4}$

⇒ $x = \frac{12+x}{4}$

⇒ $x = 4$

अब आकड़े निम्न हैं: $2, 4, 4, 6$

बहुलक $= 4$ (∵ 4 सबसे अधिक बार होता है)

अत: विकल्प (C) सही है।

70. दिया हुआ,

A द्वारा लिया गया समय = 4 दिन

B द्वारा लिया गया समय = 5 दिन

कार्य का अनुबंध = 9000 रुपये

जैसा कि हम जानते हैं,

कुल कार्य = दक्षता × दिन

A का एक दिन का कार्य $= \frac{1}{4}$

B का एक दिन का कार्य $= \frac{1}{5}$

∴ उनकी मजदूरी का अनुपात $= \frac{1}{4} : \frac{1}{5} = 5 : 4$

∴ B का हिस्सा $= (9000) \times \frac{4}{9} = 4000$ रुपये

अत: विकल्प (A) सही है।

71. दिया हुआ,

प्रारम्भ में, 30 पुरुष 25 दिनों में कार्य को पूरा कर सकते हैं।

जैसा कि हम जानते हैं,

$M_1 \times D_1 = M_2 \times D_2$

जहाँ M_1 पुरुष D_1 दिनों में एक काम पूरा कर सकते हैं और M_2 पुरुष उसी कार्य को D_2 दिनों में पूरा कर सकते हैं।

$M_1 = 30$

$M_2 = 15$

$D_1 = 25$

$(30 \times 25) = (15 \times D_2)$

⇒ $D_2 = \frac{(750)}{15} = 50$

∴ 15 पुरुष उसी कार्य को 50 दिनों में पूरा कर सकते हैं।

अत: विकल्प (A) सही है।

72. दिया है:

∠ROQ = 90°

a : b = 4 : 5

गणना:

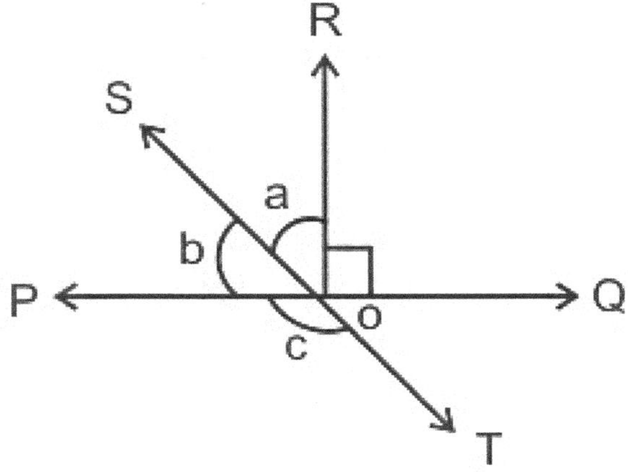

माना कि ∠a व ∠b क्रमशः 4x व 5x हैं।

प्रश्नानुसार, हमारे पास है

a + b = 90° (एक सीधी रेखा पर अंतरित कोण 180° है और∠ROQ = 90°)

⇒ 4x + 5x = 90°

⇒ 9x = 90°

⇒ x = 10°

∠b = 5x

∠b = 5 × 10° = 50°

अब,

∠b + ∠c = 180°

⇒ 50° + ∠c = 180°

⇒ ∠c = 130°

∴ ∠c का मान 130° है।

अत: विकल्प (C) सही है।

73. $\dfrac{1}{-6}, \dfrac{2}{-12}, \dfrac{3}{-18}, \dfrac{4}{-24}, \dfrac{5}{-30}, \dfrac{6}{-36}, \dfrac{7}{-42}, \dfrac{8}{-48}$

अंश-गणक लगातार प्राकृतिक संख्याएं हैं और हर के गुणक 6 है।

अत: विकल्प (D) सही है।

74. Basic rules to be followed for Active/Passive conversions are:

1. The object of the active verb becomes the subject of the passive verb.

2. The finite form of the verb is changed (to be+ past participle).

3. The subject of the active sentence becomes the object of the passive sentence (or is dropped).

4. Preposition "by" is used before the object.

The given sentence is in the active form of simple past tense. The structures for active/passive voices are:

Active: Subject + verb (IInd form) + object.

Passive: Object + was/were + verb (IIIrd form) + by + subject.

So, with the help of the above structures, we can convert the given sentence into passive voice:

Their teacher was asked many questions by the students.

Hence, the correct option is (C).

75. The given sentence is in the active form of simple past tense. The structures for active/passive voices are:

Active: Subject + verb (IInd form) + object...

Passive: Object + was/were + verb (IIIrd form) + by + subject...

So, with the help of the above structures, we can convert the given sentence into passive voice:

You were called many times by your mother.

Hence, the correct option is (D).

76. विश्व शिक्षक दिवस 5 अक्टूबर को संयुक्त राष्ट्र के तत्वावधान में मनाया जाता है। इस दिन अध्यापकों को सामान्य रूप से और कतिपय कार्यरत एवं सेवानिवृत्त शिक्षकों को उनके विशेष योगदान के लिये सम्मानित किया जाता है।

इसे संयुक्त राष्ट्र द्वारा साल 1966 में यूनेस्को और अंतर्राष्ट्रीय श्रम संगठन की हुई उस संयुक्त बैठक को याद करने के लिये मनाया जाता है जिसमें अध्यापकों की स्थिति पर चर्चा हुई थी और इसके लिये सुझाव प्रस्तुत किये गये थे।

इसे 1994 के बाद से प्रतिवर्ष लगभग सौ से अधिक देशों में मनाया जा रहा है और इस प्रकार वर्ष 2019 में यह 25वाँ विश्व शिक्षक दिवस होगा। इस अवसर को एजुकेशन इंटरनेशनल नामक संस्था "गुणवत्ता परक शिक्षा के लिये एकजुट हों" के नारे के साथ मनाने जा रही है। एक अन्य संस्था इसे "भविष्य में निवेश करें, शिक्षकों में निवेश करें" के विषय के साथ मनाने की तैयारी में है।

अत: विकल्प (D) सही है।

77. विश्व कैंसर दिवस 4 फरवरी को कैंसर के बारे में जागरूकता बढ़ाने और इसकी रोकथाम, पहचान और उपचार को प्रोत्साहित करने के लिए मनाया जाता है। विश्व कैंसर दिवस, 2008 में लिखे गए विश्व कैंसर घोषणा के लक्ष्यों का समर्थन करने के लिए यूनियन फॉर इंटरनेशनल कैंसर कंट्रोल (यूआईसीसी) के नेतृत्व में कार्यरत है। विश्व कैंसर दिवस का प्राथमिक लक्ष्य कैंसर और बीमारी के कारण होने वाली मौतों को कम करना है। बहुत से लोग कैंसर को दूर करने के लिए आध्यात्मिकता का भी सहारा लेते हैं।

अत: विकल्प (C) सही है।

78. भारत के सांस्कृतिक इतिहास के अनुसार 'पंचायतन' मंदिर निर्माण शैली है।

एक मंदिर पंचायतन के केंद्र में एक मुख्य मंदिर होता है जो मंदिर का आधार बनाता है और चार अन्य मंदिरों से घिरा होता है। इसके चारों कोनों में से प्रत्येक पर चार अधीनस्थ मंदिर भी हैं।

अत: विकल्प (C) सही है।

79. प्रश्नानुसार,

व्यक्ति जब नुकसान में वस्तु बेचता है,

हानि प्रतिशत = x% = 15%

लागत मूल्य = 100

विक्रय मूल्य = 100 - x = 100 - 15 = 85

अब, यदि वह 10% का लाभ अर्जित करने के लिए वस्तु बेचता है,

लाभ प्रतिशत = x% = 10%

लागत मूल्य = 100

विक्रय मूल्य = 100 + x = 100 + 10 = 110

विक्रय मूल्य में अंतर = 110 - 85 = 25

और प्रश्न में वाक्य कहता है "यदि उत्पाद 450 रुपये में बेचा गया था" जिसका अर्थ है कि राशि का अंतर 450 रुपये है।

इसलिए, 25% = 450

और हमें लागत मूल्य निर्धारित करने की आवश्यकता है जो कि 100% है, इसलिए

100% = ?

गणना के लिए समीकरण

$$\dfrac{450}{25} \times 100 = 1800 \text{ (लागत मूल्य)}$$

इस विधि को सूत्र के रूप में याद किया जा सकता है:

लागत = (अधिक लाभ×100)/प्रतिशत में अंतर

अत: विकल्प (A) सही है।

80. प्रश्नानुसार,

कांच का विक्रय मूल्य = 1965 रुपये

और हानि = 25%

$$\therefore CP = \frac{1965}{75} \times 100 = 2620 \text{ रुपये}$$

यदि विक्रय मूल्य = 3013 रुपये

$$\therefore \text{लाभ } \% = \frac{(3013-2620)}{2620} \times 100$$

$$= \frac{3930}{262} = 15\%$$

अतः विकल्प (C) सही है।

81. दिया गया है,

शीट का व्यास = 28 सेमी

विकर्णों की लम्बाइयों का योग = 32 सेमी

विकर्णों की लम्बाई का गुणनफल = 252 सेमी^{2}

माना कि दो वर्गों की भुजा x सेमी और y सेमी है।

$$\therefore \text{वर्ग का विकर्ण} = \sqrt{2} \times \text{वर्ग की भुजा}$$

वर्ग के विकर्णों की लम्बाई $x\sqrt{2}$ सेमी और $y\sqrt{2}$ सेमी है।

दिया गया है, विकर्णों की लम्बाई का गुणनफल $= 252$ सेमी^{2}

$$\Rightarrow x\sqrt{2} \times y\sqrt{2} = 252$$

$$\Rightarrow 2xy = 252 \ldots\ldots(1)$$

साथ ही, विकर्णों की लम्बाइयों का योग = 32 सेमी

$$\Rightarrow x\sqrt{2} + y\sqrt{2} = 32$$

$$\Rightarrow x + y = \frac{32}{\sqrt{2}} = 16\sqrt{2}$$

दोनों पक्षों का वर्ग करने पर, हम प्राप्त करते हैं

$$(x+y)^2 = \left(16\sqrt{2}\right)^2$$

$$\Rightarrow x^2 + y^2 + 2xy = 512$$

समीकरण (1) से मानों को रखने पर, हम प्राप्त करते हैं

$$x^2 + y^2 = 512 - 252 = 260$$

जैसा कि हम जानते हैं,

$$\text{वर्ग का क्षेत्रफल} = (\text{भुजा})^2$$

$$\text{वर्ग के क्षेत्रफल का योग} = x^2 + y^2 = 260 \text{ सेमी}^2$$

अब,

$$\text{अर्धवृत्त का क्षेत्रफल} = \left(\frac{\pi}{8}\right) \times (\text{व्यास})^2$$

$$\Rightarrow \text{अर्ध-वृत्ताकार शीट का क्षेत्रफल} = \frac{22}{7} \times \frac{1}{8} \times 28 \times 28 = 308 \text{ सेमी}^2$$

$$\therefore \text{शेष शीट का क्षेत्रफल} = 308 - 260 = 48 \text{ सेमी}^2$$

अतः विकल्प (A) सही है।

82. दिया गया है,

छायांकित भाग का क्षेत्रफल अछायांकित भाग के क्षेत्रफल का $\frac{3}{8}$ गुना है।

$$\text{वृत्त का क्षेत्रफल} = \frac{\pi}{4} \times (\text{व्यास})^2$$

$$\text{बाहरी वृत्त का क्षेत्रफल} = \frac{\pi}{4} \times d_1^2$$

$$\text{अर्धवृत्त का क्षेत्रफल} = \frac{\pi}{8} \times (\text{व्यास})^2$$

$$\text{छायांकित भाग का क्षेत्रफल = तीन अर्धवृत्त का क्षेत्रफल} = 3 \times \frac{\pi}{8} \times d_2^2$$

अब,

$$\text{छायांकित भाग का क्षेत्रफल} = \frac{3}{8} \times \text{अछायांकित भाग का क्षेत्रफल}$$

$$\text{छायांकित भाग का क्षेत्रफल} = \frac{3}{8} \times (\text{वृत्त का क्षेत्रफल – छायांकित भाग का क्षेत्रफल})$$

$$\Rightarrow \frac{11}{8} \times \text{छायांकित भाग का क्षेत्रफल} = \frac{3}{8} \times \text{वृत्त का क्षेत्रफल}$$

$$\Rightarrow 11 \times \text{छायांकित भाग का क्षेत्रफल} = 3 \times \text{वृत्त का क्षेत्रफल}$$

$$\Rightarrow 11 \times 3 \times \frac{\pi}{8} \times d_2^2 = 3 \times \frac{\pi}{4} \times d_1^2$$

$$\Rightarrow 11 d_2^2 = 2 d_1^2$$

$$\Rightarrow \frac{d_1^2}{d_2^2} = \frac{11}{2}$$

$$\Rightarrow \frac{d_1}{d_2} = \frac{\sqrt{11}}{\sqrt{2}}$$

$$\therefore d_1 : d_2 = \sqrt{11} : \sqrt{2}$$

अतः विकल्प (C) सही है।

83. दिया है:

a + b = 13

ab = 42

हम जानते हैं कि,

$$(a+b)^3 = a^3 + b^3 + 3ab(a+b)$$

हमारे पास है,

$$(13)^3 = a^3 + b^3 + 3 \times 42 \times (13)$$

$$\Rightarrow a^3 + b^3 = (13)^3 - 3 \times 42 \times 13$$

$$\Rightarrow a^3 + b^3 = 2197 - 1638$$

$$\Rightarrow a^3 + b^3 = 2197 - 1638$$

$$\Rightarrow a^3 + b^3 = 559$$

$$\therefore a^3 + b^3 \text{ का मान } 559 \text{ है।}$$

अतः विकल्प (C) सही है।

84. 9 का स्थानीय मान = 9000

9 वास्तविक मान = 9

अंतर = 9000-9

= 8991

अतः विकल्प (B) सही है।

85. 1856, 3287, 8432, 9.999, 18.888 का योग

= (1856 + 3287 + 8432 + 9.999 + 18.888)

= 13603.887

∴ अपेक्षित उत्तर = 13603.887

अतः विकल्प (D) सही है।

86. The given passage is all about one of the world's great religious teachers- The Gautam Buddha.

The first line or sentence of the passage says "Buddha was one of the world's great religious teachers".

Hence, the correct option is (C).

87. Real name of Buddha was Gautam Siddhartha.

The second line or sentence of the passage says "His real name was Gautam Siddhartha". Here, the possessive pronoun 'his' is used for the 'Buddha'.

Hence, the correct option is (A).

88. Buddha was born a prince.

The fourth line or sentence of the passage says "He was born a prince". Here, the personal pronoun 'he' is used for the 'Buddha'.

Hence, the correct option is (D).

89. Buddha was born before the birth of Christ.

The third line or sentence of the passage says "He was born in the year 500 B.C". Here, the personal pronoun 'he' is used for the 'Buddha'.

In the sentence, the term "B.C" means "Before the birth of Jesus Christ".

Hence, the correct option is (B).

90. The land of Buddha's birth is Kapilavastu.

The fifth line or sentence of the passage says "His father was the King of Kapilavastu". Here, the possessive pronoun 'his' is used for the 'Buddha'.

Hence, the correct option is (D).

91. विश्व पर्यटन दिवस, प्रत्येक वर्ष 27 सितंबर को मनाया जाता है, यह वैश्विक अवलोकन दिवस है जो पर्यटन के सामाजिक, सांस्कृतिक, राजनीतिक और आर्थिक मूल्य के बारे में जागरूकता को बढ़ावा देता है और यह क्षेत्र सतत विकास लक्ष्यों तक पहुंचने में योगदान दे सकता है। विश्व पर्यटन दिवस का रंग नीला है।

पर्यटन के तीन मूल रूप हैं: घरेलू पर्यटन, इनबाउंड पर्यटन और आउटबाउंड पर्यटन। पर्यटन के निम्नलिखित अतिरिक्त रूपों को प्राप्त करने के लिए इन्हें विभिन्न तरीकों से जोड़ा जा सकता है: आंतरिक पर्यटन, राष्ट्रीय पर्यटन और अंतर्राष्ट्रीय पर्यटन।

अतः विकल्प (C) सही है।

92. रियाद सऊदी अरब की राजधानी है।

रियाद सऊदी अरब का सबसे बड़ा शहर और देश की प्रशासनिक राजधानी है। रियाद नाम अरबी शब्द "रॉउह" के बहुवचन रूप से लिया गया था, जिसका अर्थ है उद्यान या घास के मैदान। यह शहर रियाद प्रांत की राजधानी के रूप में भी कार्य करता है और अरब प्रायद्वीप के केंद्र के पास स्थित है। रियाद एक बंद रेगिस्तानी गांव से एक आधुनिक महानगरीय शहर में तेजी से विकसित हुआ, और बाद में 1932 में सऊदी अरब की राजधानी बन गया।

अतः विकल्प (C) सही है।

93. सूचीबद्ध मूल्य का अर्थ है कि वस्तु का अंकित मूल्य 7600 रुपए है।

छूट = 10%

10% छूट के बाद मूल्य = ($\frac{90}{100}$) × 7600 = 6840

अंतिम विक्रय मूल्य 5814 है।

दूसरी छूट = (6840 - 5814) =1026

6840 रुपए के मूल्य पर दी गई अतिरिक्त छूट = ($\frac{1026}{6840}$) × 100 = 15%

∴ 5814 रुपए के शुद्ध विक्रय मूल्य को लाने के लिए 15% अतिरिक्त छूट दी जानी चाहिए।

अतः विकल्प (A) सही है।

94. प्रश्नानुसार,

$$\sqrt{41 - \sqrt{21 + \sqrt{19 - \sqrt{9}}}}$$
$$= \sqrt{41 - \sqrt{21 + \sqrt{19 - 3}}}$$
$$= \sqrt{41 - \sqrt{21 + \sqrt{16}}}$$
$$= \sqrt{41 - \sqrt{21 + 4}}$$
$$= \sqrt{41 - \sqrt{25}}$$
$$= \sqrt{41 - 5} = \sqrt{36} = 6$$

अतः विकल्प (C) सही है।

95. दिया है, $x = 5$

अब, गणना करने पर $y = x + 7 = 5 + 7 = 12$

प्रश्नानुसार, दिए गए $x = 5$ और $y = 12$ पर इसका मान इस प्रकार है,

$$\sqrt{x^2 + y^2} = \sqrt{5^2 + 12^2}$$
$$= \sqrt{25 + 144}$$
$$= \sqrt{169}$$
$$= 13$$

अतः विकल्प (A) सही है।

96. लोक देवता के संबंध में निम्नलिखित कथन सत्य हैं:

- रामदेव जी ने कामड़िया पंथ की शुरुआत की।
- रामदेव जी ने 24 वनिया की रचना की।
- प्रतीक के रूप में उनकी पगलिया (पैरों के निशान) की पूजा की जाती है।
- कामड़ियों द्वारा तेरह ताली नृत्य प्रस्तुत किया जाता है।
- रुनिचा (जैसलमेर), भाद्रपद शुक्ल द्वितीया से एकादशी तक रामदेव जी का मेला लगता है।

इसलिए केवल कथन 1 सही है।

अतः विकल्प (A) सही है।

97. A penny saved is a penny earned means Money you save today you can spend later.

A penny saved is a penny earned This common phrase is used to encourage people to save money. It's as useful to save money that someone already has as it is to earn more money. Money spent is gone forever.

Hence, the correct option is (C).

98. The correct idiom is "Birds of feather flock together."

Flying is something birds do in groups or single units. Birds cannot dance and tweet together always. But when it comes to gathering, birds of the same species can generally be found in a group. Ornithologists deem there is safety in numbers for this avian species while on land if they flock together. The idiom was coined by William Turner in 1545.

Hence, the correct option is (D).

99. दिया गया,

ब्याज दर $= 2.5\%$ प्रति माह

6 महीने के बाद भुगतान की गई राशि $= 13110$ रुपये

राशि, $A = P + SI$

साधारण ब्याज, $SI = \frac{P \times R \times T}{100}$

जहां $P \rightarrow$ मूलधन, $R \rightarrow$ ब्याज की दर, $T \rightarrow$ समय

मान लीजिए ऋण ली गई राशि x रुपये है

$$SI = \frac{x \times 2.5 \times 6}{100} = 0.15x$$

$$A = x + 0.15x = 1.15x$$

$$1.15x = 13110$$

$$\Rightarrow x = 11400$$

$$\Rightarrow \text{ब्याज की राशि} = 0.15 \times 11400$$

$$= 1710 \text{ रुपये}$$

अतः विकल्प (C) सही है।

100. दिया गया,

पहले 2 वर्षों के लिए ब्याज की दर 8% है

अगले 3 वर्षों के लिए यह 10% है

5 वर्ष से अधिक की अवधि के लिए यह 12.5% है

मूलधन $= 20$ लाख

भुगतान की गई राशि $= 36.7$ लाख रुपये

राशि $= P + SI$

साधारण ब्याज, $SI = \frac{P \times R \times T}{100}$

जहां $P \rightarrow$ मूलधन, $R \rightarrow$ ब्याज की दर, $T \rightarrow$ समय

कुल $SI = A - P = 36.7L - 20L$

कुल $SI = 16.7$ लाख

पहले 2 वर्षों के लिए साधारण ब्याज $= 20L \times 2 \times \frac{8}{100} = 3.2L$

अगले 3 वर्षों के लिए साधारण ब्याज $= 20L \times 3 \times \frac{10}{100} = 6L$

तो, पहले 5 वर्षों के लिए कुल साधारण ब्याज $= 9.2L$

फिर, शेष ब्याज 12.5% की दर से प्राप्त होता है।

शेष ब्याज $= 16.7L - 9.2L = 7.5L$

अगले N वर्षों के लिए साधारण ब्याज $= 20L \times N \times 12.5\% = 7.5L$

$$N = 7.5L \times \frac{8}{20}L \quad \left(12.5\% \rightarrow \frac{1}{8} \text{ fraction}\right)$$

$$N = 3$$

अर्थात्, कुल वर्ष $= 2 + 3 + 3 = 8$ वर्ष

अतः विकल्प (C) सही है।

Q.1 2022 लॉरियस स्पोर्ट्समैन ऑफ द ईयर किसे चुना गया है?

[Delhi Forest Guard, 2021]

A. मार्सेल ह्यूगो
B. मैक्स वर्स्टपिन
C. राफेल नडाल
D. रॉबर्ट लेवानडॉस्की

Q.2 चल रहे सिंगापुर इंटरनेशनल में भारोत्तोलन में स्वर्ण पदक किसने जीता?

[Delhi Forest Guard, 2021]

A. मीराबाई चानू
B. स्वाति सिंह
C. कुंजारानी देवी
D. कर्णम मल्लेश्वरी

Q.3 29 अप्रैल 2022 को किस मिशन के तहत INS घड़ियाल महत्वपूर्ण जीवन रक्षक दवाएं वितरित के लिए कोलंबो पहुंचा?

A. MAITRI-22
B. DOSTI-IV
C. MISSION DOSTI
D. SAGAR IX

Q.4 3 साल की अवधि के लिए सेबी के नए अध्यक्ष के रूप में किसे नियुक्त किया गया है?

A. अरुंधति भट्टाचार्य
B. कल्पना मोरपारिया
C. गीता गोपीनाथ
D. माधबी पुरी बुच

Q.5 सत्रीय नृत्य के संबंध में निम्नलिखित कथन पर विचार करें और नीचे दिए गए सही कूट का चयन करें:

1. सत्रीय नृत्य, नाटक और संगीत का मिश्रण है।
2. यह असम के वैष्णवों की पुरानी जीवित परंपरा का पालन करता है।
3. यह तुलसीदास, कबीर और मीराबाई के भक्ति गीतों के विभिन्न रागों और तालों पर आधारित है।

A. केवल 3
B. दोनों 1 और 2
C. दोनों 1 and 3
D. ऊपर के सभी

Q.6 निम्नलिखित में से किस स्थान के देशांतर के संदर्भ में भारत का मानक समय निर्धारित किया जाता है?

A. इंदौर
B. कानपुर
C. मिर्जापुर
D. वाराणसी

Q.7 शनि ग्रह के छल्ले ______ बने होते हैं ।

A. उपग्रहों से
B. हाइड्रोजन और हीलियम से
C. छोटे बर्फ और चट्टान के कणों से
D. इनमें से कोई भी नहीं

Q.8 किस उद्देश्य के लिए चुंबकीय कम्पास का उपयोग किया जाता है?

A. प्रतीक दिखाने के लिए
B. दिशाओं की खोज के लिए
C. दूरी मापने के लिए
D. उपरोक्त में से कोई नहीं

Ques (9-11):Direction: Rearrange the following six sentences, (A), (B), (C), (D), (E) and (F), in a proper sequence to form a meaningful paragraph, then answer the questions that follow.

(A) While these disadvantages of biofuels are serious, there are numerous advantages as they are the only alternative energy source of future and the sooner we find solutions to these problems, the faster we will be able to solve the problems we are now facing with gasoline.

(B) This fuel can also help to stimulate jobs locally since they are also much safer to handle than gasoline and can thus have the potential to turnaround a global economy.

(C) These include dependence on fossil fuels for the machinery required to produce biofuel which ends up polluting as much as the burning of fossil fuels on roads and the exorbitant cost of biofuels which makes it very difficult for the common man to switch to this option.

(D) This turnaround can potentially help to bring world peace and end the need to depend on foreign countries for energy requirements.

(E) Biofuels are made from plant sources and since these sources are available in abundance and can be reproduced on a massive scale, they form an energy source that is potentially unlimited.

(F) However, everything is not as green with the biofuels as it seems as there are numerous disadvantages involved which at times overshadow their positive impact.

Q.9 Which of the following sentence should be the THIRD after rearrangement?

A. (A)
B. (B)
C. (C)
D. (D)

Q.10 Which of the following sentence should be the FIFTH after rearrangement?

A. (A)
B. (B)
C. (C)
D. (E)

Q.11 Which of the following sentence should be the SIXTH (LAST) after rearrangement?

A. (A)
B. (C)
C. (D)
D. (E)

Q.12 किस वैज्ञानिक/वैज्ञानिकों ने सापेक्षता का सिद्धांत प्रस्तुत किया था?

A. वॉटसन और क्रिक
B. अल्बर्ट आइंस्टीन
C. चार्ल्स डार्विन
D. जॉन डाल्टन

Q.13 डीएनए फिंगरप्रिंटिंग के जनक कौन थे?

A. जेम्स वाटसन
B. हरगोबिंद खुराना
C. एलेक जेफ्रेयस
D. निरेनबर्ग

Q.14 यदि $a = 0.1039$ तो, $\sqrt{4a^2 - 4a + 1} + 3a$ का मान होगा:

A. 0.1039
B. 0.2078
C. 1.1039
D. 2.1039

Q.15 समीकरण $\frac{4050}{\sqrt{x}} = 450,$ में x का मान क्या है?

A. 81
B. 49
C. 9
D. 100

Q.16 प्रियंवदा मोहंती का सम्बन्ध किस शास्त्रीय नृत्य कला शैली से है?

A. कथकली
B. भरतनाट्यम
C. ओडिसी
D. कूडियाट्टम

Q.17 मृणालिनी साराभाई का सम्बन्ध किस शास्त्रीय नृत्य कला से है?

A. कथकली   **B.** भरतनाट्यम
C. कूडियाट्टम   **D.** कुट्टी अट्टम

Q.18 किस तारीख को 'मुख्यमंत्री चिरंजीवी स्वास्थ्य बीमा योजना' शुरू की गई थी:
A. 1 मई 2021   **B.** 31 मई 2021
C. 30 जून 2021   **D.** 1 जुलाई 2021

Ques (19-20):Directions: In each of the following questions, an idiomatic expression is followed by four alternatives. Choose the one which best expresses the meaning of the given idiom.

Q.19 A gentleman at large
[NCHM JEE (Hotel Mgmt & Catering), 2018]

A. a reliable person
B. a fat person
C. an unreliable person
D. a sophisticated person

Q.20 Like a fish out of water
[NCHM JEE (Hotel Mgmt & Catering), 2018]

A. in an easy situation
B. near a beach
C. in a dream state
D. in a very difficult and unsuitable situation

Q.21 वेनेजुएला के अलावा, दक्षिण अमेरिकी देशों में से कौन ओपेक का सदस्य है?
[NCHM JEE (Hotel Mgmt & Catering), 2018]

A. अर्जेंटीना   **B.** ब्राज़िल   **C.** इक्वेडोर   **D.** बोलीविया

Q.22 रेडिसन ग्रुप ऑफ होटल्स का मुख्य मुख्यालय किस देश में है?
[NCHM JEE (Hotel Mgmt & Catering), 2018]

A. अमेरीका   **B.** ब्राजील
C. ऑस्ट्रेलिया   **D.** फ्रांस

Ques (23-24):Direction: In the following question, a sentence has been given in Active/Passive Voice. Out of the four alternatives suggested, select the one which best expresses the same sentence in Passive/Active Voice.

Q.23 They broke the box.
A. Have the box broken?
B. Break the box.
C. The box was broken by them.
D. They have broken the box.

Q.24 The class was not attended by some students.
A. Some students do not attend the class.
B. Some students are not attending the class.
C. Some students was not attend the class.
D. Some students did not attend the class.

Q.25 यदि $f : R \rightarrow R$ तथा $g : R \rightarrow R$ दो प्रतिचित्रण हैं जो $f(x) = 2x$ और $g(x) = x^2 + 2$ से परिभाषित हैं, तो (fog) 2 का मान होगा :
A. 4   **B.** 6   **C.** 12   **D.** 10

Q.26 $(\cos 2p\pi + i\sin 2p\pi)(\cos 2q\pi + i\sin 2q\pi)$ का मान होगा:

A. 1   **B.** i   **C.** $\frac{1}{2}$ **D.** -1

Q.27 एक ट्रैफिक सिग्नल बोर्ड, जो 'स्कूल अहेड' को दर्शाता है, एक समबाहु त्रिभुज है जिसकी भुजा 'a' है। हीरोन के सूत्र का प्रयोग करते हुए सिग्नल बोर्ड का क्षेत्रफल ज्ञात कीजिए। यदि इसका परिमाप 180 cm है, तो सिग्नल बोर्ड का क्षेत्रफल क्या होगा?

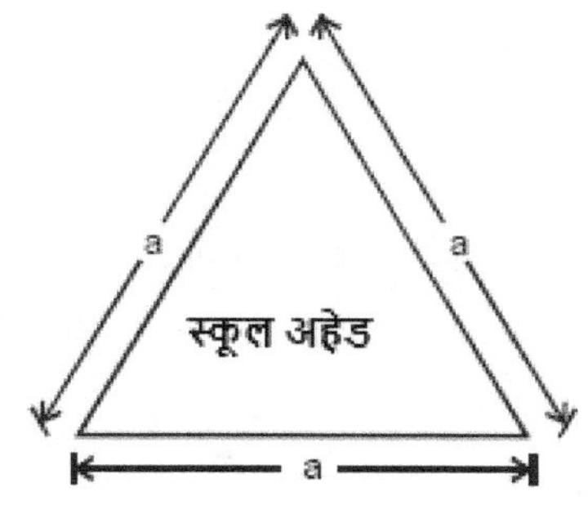

A. $900\sqrt{3}$ cm ^{2} **B.** $800\sqrt{3}$ cm ^{2}
C. $700\sqrt{3}$ cm ^{2} **D.** $600\sqrt{3}$ cm ^{2}

Q.28 एक फ्लाईओवर की त्रिकोणीय साइड की दीवारों का इस्तेमाल विज्ञापनों के लिए किया गया है। दीवारों के किनारे 122 मी, 22 मी और 120 मी हैं। विज्ञापनों से प्रति वर्ष 5,000 रुपये प्रति मी² की कमाई होती है। एक कंपनी ने अपनी एक दीवार को 3 महीने के लिए किराए पर लिया। तो इसने कितना किराया दिया?

A. 14,50,000   **B.** 16,50,000
C. 13,50,000   **D.** 18,50,000

Q.29 एक त्रिभुज का क्षेत्रफल ज्ञात कीजिए जिसकी दो भुजाएँ 18 सेमी और 10 सेमी और परिमाप 42 सेमी है।
A. $25\sqrt{11}$ सेमी ^{2} **B.** $21\sqrt{11}$ सेमी ^{2}
C. $24\sqrt{11}$ सेमी ^{2} **D.** $25\sqrt{11}$ सेमी ^{2}

Q.30 निम्नलिखित में से किस प्रकार का आकलन समय-समय पर मानकों पर नजर रखते हुए आयोजित किया जाता है?
A. रचनात्मक आकलन   **B.** सारांशित मूल्यांकन
C. पोर्टफोलियो मूल्यांकन   **D.** प्रदर्शन मूल्यांकन

Q.31 निर्देश: निम्नलिखित प्रश्नों के उत्तर सही/सबसे उपयुक्त विकल्प का चयन करके दें।
अनपढ़ दुकानदार द्वारा इस्तेमाल किया गया गणित:
A. संबंधित समस्याओं को हल करने में वैकल्पिक रणनीति के रूप में शिक्षकों द्वारा कक्षा में चर्चा की जानी चाहिए
B. गणित की कक्षा में उपयोगी नहीं है
C. सभी गणितीय समस्याओं को हल करने में बहुत उपयोगी है
D. इसमें अस्पष्टता और बहुत निम्न स्तर की शुद्धता है

Q.32 आधुनिक आवर्त सारणी में कितने समूह और आवर्त हैं?
[RRB/RRC Group D, 2018]

A. 7 समूह और 18 आवर्त
B. 7 समूह और 7 आवर्त

C. 18 समूह और 7 आवर्त

D. 18 समूह और 18 आवर्त

Q.33 क्यूप्रस ऑक्साइड में कॉपर की संयोजकता कितनी होती है?

[RRB/RRC Group D, 2018]

A. 4   **B.** 3   **C.** 2   **D.** 1

Q.34 उपचारात्मक शिक्षण _____ के लिए सहायक होता है।

A. पूरी कक्षा को पढ़ाना

B. पाठ का पुनर्पूँजीकरण

C. प्ले-वे पद्धति में शिक्षण

D. कमजोर छात्रों की सीखने की कठिनाइयों को दूर करना

Q.35 एक परीक्षण जो उपचारात्मक शिक्षण के लिए भाषा पाठ्यक्रम के अंत में प्रशासित किया जाता है _______ है।

A. नैदानिक परीक्षण

B. नौकरी दिलाने की परीक्षा

C. उपलब्धि परीक्षण

D. दिमागी परीक्षा

Q.36 3 वर्ष के लिए प्रति वर्ष 8% साधारण ब्याज पर बैंक में एक राशि निवेश की गयी। यदि इसे 4 वर्ष के लिए म्यूचुअल फंड में 8.5% प्रति वर्ष साधारण ब्याज पर निवेश किया जाता, तो लाभ 500 रुपये अधिक होता। निवेश की गयी राशि क्या है?

A. 5000   **B.** 5500   **C.** 5550   **D.** 4500

Q.37 एक व्यक्ति अपने दो बेटों के बैंक खाते में 8400 रुपये इस तरह से निवेश करना चाहता है कि जब वे 18 साल के हो जाएं तो उन्हें समान ब्याज प्राप्त हो। उसके 2 बेटों की वर्तमान आयु 13 वर्ष और 15 वर्ष है। यदि साधारण ब्याज की दर 5% प्रतिवर्ष है। छोटे बेटे के खाते में निवेश ज्ञात कीजिये?

A. 4050   **B.** 3650   **C.** 3150   **D.** 4500

Q.38 निम्नलिखित में से कौन सा गणित में उपचारात्मक शिक्षण का संगठन है?

A. ट्यूटोरियल शिक्षण

B. ऑटो-निर्देशात्मक शिक्षण

C. अनौपचारिक शिक्षण

D. इनमें से सभी

Q.39 Direction: In the following question, some part of the sentence may have errors. Find out which part of the sentence has an error and select the appropriate option. If the sentence is free from error, select 'No error'.

The question paper (A) comprised of many questions (B)/ which were out of the syllabus as reported by the students. (C)/ No error (D)

A. A   **B.** B   **C.** C   **D.** D

Q.40 व्यंजक $x^4 - 3x^3 + 4x^2 - 3x + 5$ का मान $x = 3$ पर ज्ञात कीजिये।

A. 12   **B.** 34   **C.** 32   **D.** 48

Ques (41-43):Direction: Fill in the blank with the appropriate option given below.

Q.41 She was beaten _______ a bat.

[NCHM JEE (Hotel Mgmt & Catering), 2019]

A. on   **B.** with   **C.** to   **D.** of

Q.42 The little girl was scared _______ crossing the busy road, alone.

[NCHM JEE (Hotel Mgmt & Catering), 2019]

A. on   **B.** in   **C.** at   **D.** of

Q.43 The little boy stood _______ the tree.

[NCHM JEE (Hotel Mgmt & Catering), 2019]

A. within   **B.** under   **C.** from   **D.** off

Q.44 $(\sqrt{3} + 1)(10 + \sqrt{12})(\sqrt{12} - 2)(5 - \sqrt{3})$ का सरलीकृत मूल्य है-

A. 16   **B.** 88   **C.** 176   **D.** 132

Q.45 '1856 - 3287 + 5432 - 679' का मान है:

[MPTET Paper I - Varg 3, 2012]

A. 3132   **B.** 2233   **C.** 3322   **D.** 2244

Q.46 $5 - [4 - \{3 - (3 - 3 - 6)\}]$ का मान है:

[MPTET Paper I - Varg 3, 2012]

A. 11   **B.** 10   **C.** 9   **D.** 2

Ques (47-51):Direction: For the following question, you have one brief passage with 15 questions. Read the passage carefully and choose the best answer to each question out of the four alternatives.

Buddha was one of the world's great religious teachers. His real name was Gautam Siddharth. He was born in the year 500 B.C. He was born a prince. His father was the King of Kapilavastu. But he did not want to become a king. He wanted to find out the meaning of life. He left his place as a young man. He went out to seek the truth. For years he lived the hard life of poverty. He went to many teachers. But they could not help him. At least, the light came to him. He was thinking deeply under a Bodhi tree near Gaya. He became the 'Buddha' or the 'Enlightened One'.

Q.47 Buddha left his home in the palace:

[MPTET Paper I - Varg 3, 2012]

A. To look for his mother

B. To get married

C. To find out the meaning of life

D. To help the people

Q.48 Most holy men have left their home to:

[MPTET Paper I - Varg 3, 2012]

A. Seek the truth

B. Start as Ashram

C. Start a religion

D. Be away from their family

Q.49 Another word for 'poverty' is:

[MPTET Paper I - Varg 3, 2012]

A. Prosperity   **B.** Growth

C. Pennilessness   **D.** Luxury

Q.50 Another word for 'seek' is:

[MPTET Paper I - Varg 3, 2012]

A. To look around **B.** Neglect
C. Respect **D.** Reply

Q.51 "At last light came to him." What does this 'light' mean?

[MPTET Paper I - Varg 3, 2012]

A. Electricity **B.** Knowledge
C. Candle **D.** Ignorance

Q.52 अशोक मेहता समिति (1977) ने _________ की सिफारिश की।

A. मंडल पंचायत की स्थापना की
B. नगर पंचायत की स्थापना की
C. पंचायत समिति की स्थापना की
D. ग्राम पंचायत की स्थापना की

Q.53 जनजातीय मामलों का एक नया मंत्रालय किस वर्ष बनाया गया था?

A. 1999 **B.** 2002 **C.** 2005 **D.** 2010

Q.54 वस्तु और सेवा कर सहित एक फुटबॉल का मूल्य 2360 रूपये है। यदि वस्तु और सेवा कर की दर 18% है और दुकानदार द्वारा अर्जित लाभ 25% है, तो फुटबॉल का क्रय मूल्य क्या है?

A. 1750 रूपये **B.** 1800 रूपये
C. 1600 रूपये **D.** 1500 रूपये

Q.55 20% छूट पर खरीदा गया एक वस्तु 25% लाभ पर बेचा जाता है। क्रय मूल्य की तुलना में लाभ या हानि क्या है?

A. 10% लाभ **B.** 20% हानि
C. 10% हानि **D.** ना लाभ ना हानि

Q.56 $4^{61} + 4^{62} + 4^{63} + 4^{64}$ का विभाज्य है

A. 17 **B.** 3 **C.** 11 **D.** 13

Q.57 एक गोले का आयतन, एक लम्ब वृत्तीय बेलन के आयतन का $\frac{1}{4}$ है। गोले और बेलन की त्रिज्या समान है। गोले के व्यास और बेलन की ऊंचाई का अनुपात क्या है?

A. 3 : 2 **B.** 8 : 3 **C.** 4 : 1 **D.** 3 : 8

Q.58 वृत्त X का क्षेत्रफल वृत्त Y के क्षेत्रफल से 1036π सेमी^{2} अधिक है। यदि उनके व्यासों का योग 148 सेमी है, तो वृत्त X की परिधि वृत्त Y की परिधि से कितनी अधिक है?

A. 66 सेमी **B.** 77 सेमी **C.** 88 सेमी **D.** 99 सेमी

Q.59 ABCD तीन वृत्तों के केंद्र से होकर जाती है, AB = 2 सेमी और CD = 1 सेमी। यदि मध्य वृत्त का क्षेत्रफल, दो अन्य वृत्तों के क्षेत्रफल का औसत है, तो BC का माप ज्ञात कीजिये।

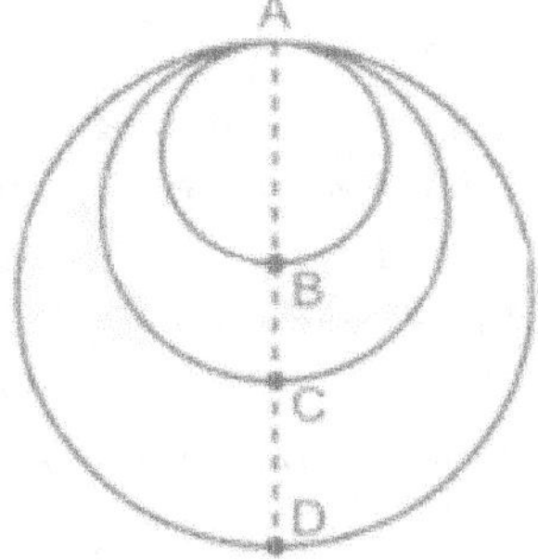

A. $\sqrt{6} - 1$ सेमी **B.** $\sqrt{6} + 1$ सेमी

C. $\sqrt{6} - 2$ सेमी **D.** $\sqrt{6} + 2$ सेमी

Q.60 केंद्रीय बजट 2021-22 में अनावरण किए गए 'राष्ट्रीय मुद्रीकरण पाइपलाइन' (एनएमपी) के बारे में निम्नलिखित कथनों पर विचार करें:
1. संभावित भूरा आधारभूत संरचना परिसंपत्तियों को एनएमपी के तहत मुद्रीकृत किया जाएगा।
2. घरेलू और विदेशी दोनों निवेशक एनएमपी के तहत निवेश करने के लिए पात्र हैं।
3. केंद्र संरचना संपत्ति जैसे डेडिकेटेड फ्रेट कॉरिडोर एनएमपी के तहत शामिल नहीं हैं।
ऊपर दिए गए कथनों में से कौन सा गलत है/हैं?

A. केवल 3 **B.** केवल 1 और 2
C. केवल 1 और 3 **D.** 1, 2 और 3

Q.61 प्रस्तावित कृषि अवसंरचना और विकास उपकर निम्नलिखित में से किस उत्पादों पर लागू होगा?

A. मादक पेय **B.** सोना
C. पेट्रोल और डीजल **D.** उपरोक्त सभी

Q.62 अनिल, सुनील और मोहन के बीच एक निश्चित राशि वितरित की जाती है, इस प्रकार कि अनिल को मोहन का $\frac{3}{2}$ मिलता है, जबकि मोहन को सुनील का 50% मिलता है। यदि उन सभी का औसत धन 4,500 रुपये है, तो अनिल द्वारा प्राप्त राशि की गणना कीजिये।

A. 4,500 रुपये **B.** 4,000 रुपये
C. 3,500 रुपये **D.** 3,000 रुपये

Q.63 आजाद हिन्द फौज (INA) के संदर्भ में, निम्नलिखित कथनों पर विचार कीजिए:
1. सर्वप्रथम ब्रिटिश भारतीय सेना के एक अधिकारी मोहन सिंह द्वारा INA का विचार परिकल्पित किया गया था।
2. इसमें केवल भारतीय युद्धबंदियों और ब्रिटिश सेना के पूर्व-सैनिकों की भर्ती का प्रयास किया गया था।
3. INA का मुख्यालय कलकत्ता में था।
उपर्युक्त कथनों में से कौन-सा/से सही है/हैं?

A. केवल 1 और 2 **B.** केवल 1
C. केवल 2 और 3 **D.** 1, 2 और 3

Q.64 चार अंकों की सबसे बड़ी संख्या जो 15, 25, 40 और 75 से विभाज्य है:

A. 9000 **B.** 9400 **C.** 9600 **D.** 9800

Q.65 कौन सी जिम्बाब्वे की राजधानी है?

[RBI Office Attendant, 2017]

A. अबुजा **B.** मकाति **C.** नैरोबी **D.** हरारे

Q.66 'गढ़वाल का हातिमताई' किसे कहा जाता है?

A. कुंवर सिंह नेगी **B.** कृपाल सिंह
C. गोविन्द सिंह रावत **D.** इनमें से कोई नहीं

Q.67 1947 में मरणोपरांत परमवीर चक्र से सम्मानित मेजर सोमनाथ शर्मा _________ से संबंधित थे।

A. गोरखा राइफल **B.** गढ़वाल राइफल
C. डोगरा रेजिमेंट **D.** कुमाऊं रेजिमेंट

Q.68 निम्नलिखित में से कौन-सी पुस्तक कालिदास द्वारा लिखित नहीं है?

[Madhya Pradesh Public Service Commission (MPPSC), 2017]

A. मेघदूतम् **B.** कुमारसम्भवम्
C. उत्तररामचरितम् **D.** ऋतुसंहारम्

Q.69 'समाज सामाजिक संबंधों का जाल है' यह किसकी परिभाषा है?

A. मैक्लेवर   B. अरस्तू   C. एच. मेन   D. प्लूटो

Q.70 कुला एक्सचेंज संबंधित है:

A. टिकोपियन   B. ट्रोब्रिएंड आइलैंडर्स
C. क्रो जनजाति   D. अज़ांडे जनजाति

Q.71 दी गई आकृति में, BC ‖ RS, RAQ = BAC, ∠SAD = 52°, तो x का मान होगा:

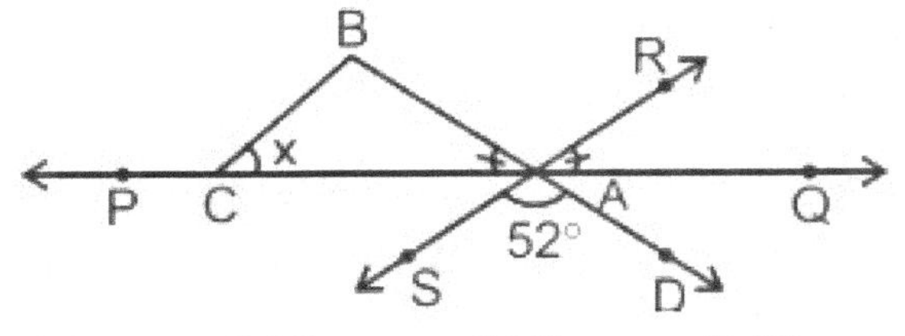

A. 64°   B. 26°   C. 38°   D. 52°

Q.72 ग्वालियर का एक गाँव 'बाग' किसके लिए प्रसिद्ध है:

A. मूर्तियों   B. वास्तु-कला
C. गुफा चित्रकारी   D. ऊपर के सभी

Ques (73-77):निर्देश: दिए गये टेबलकृत डेटा आधारित हैं।

एक कम्पनी में 20 कर्मचारी हैं| उनकी उम्र (वर्षों में) और वेतन (प्रति माह हजार रूपये में) नीचे दिया गया है।

क्रमांक सं	आयु (वर्षों)में	वेतन (प्रति माह हजार रुपये)	क्रमांक सं	आयु (वर्षों) में	वेतन (प्रति माह हजार रुपये)
1	44	35	11.	33	30
2	32	20	12.	31	35
3	54	45	13.	30	35
4	42	35	14.	37	40
5	31	20	15.	44	45
6	53	60	16.	36	35
7	42	50	17.	34	35
8	51	55	18.	49	50
9	34	25	19.	43	45
10	41	30	20.	45	50

Q.73 प्रत्येक कर्मचारी की उम्र के आंकड़े को 5 वर्ष के अंतराल के वर्ग में वर्गीकृत करें। 5 वर्ष के किस वर्ग के अंतराल में अधिकतम औसत वेतन है?

A. 35 – 40 वर्ष   B. 40 – 45 वर्ष
C. 45 – 50 वर्ष   D. 50 – 55 वर्ष

Q.74 कर्मचारियों की औसत उम्र क्या है?

A. 40.3 वर्ष   B. 387.6 वर्ष
C. 47.2 वर्ष   D. 45.3 वर्ष

Q.75 कर्मचारियों का कितना भाग (%) प्रति माह ≥ 40,000 वेतन प्राप्त कर रहा है?

A. 45%   B. 50%   C. 35%   D. 32%

Q.76 40 − 50 वर्षों के आयु समूह में औसत वेतन (प्रति माह हजार रूपये में) कितना है?

A. 35   B. 42.5   C. 40.5   D. 36.5

Q.77 कर्मचारियों का कितना भाग कुल कर्मचारियों के औसत वेतन से कम वेतन लेता है?

A. 45%   B. 50%   C. 55%   D. 47%

Q.78 A 10 दिनों में एक काम कर सकता है और B इसे 15 दिनों में कर सकता है। यदि वे एक साथ काम करते हैं तो काम पूरा करने के लिए दिनों की संख्या है:

A. 6 दिन   B. 9 दिन   C. 7 दिन   D. 5 दिन

Q.79 A, B, और C क्रमशः 24, 16 और 12 दिनों में कार्य कर सकते हैं। यदि तीनों एक साथ कार्य करने का फैसला करते हैं, तो कार्य पूरा होने में कितने दिन लगेंगे?

A. $5\frac{1}{3}$ दिन   B. $5\frac{2}{3}$ दिन   C. $5\frac{1}{2}$ दिन   D. $5\frac{3}{4}$ दिन

Q.80 A और B ने एक व्यवसाय शुरू किया और A द्वारा रु. 15000 का और B द्वारा ₹ 20000 का निवेश किया यदि उन्हें एक वर्ष के अंत में लाभ के रूप में रु. 8400 मिला तो B का क्या हिस्सा ज्ञात कीजिए?

A. रु. 3600   B. रु. 4800   C. रु. 3000   D. रु. 2400

Q.81 एक व्यक्ति ने 15% के लाभ पर एक घोड़ा बेचा। अगर उसने इसे 25% कम में खरीदा और इसे 600 रुपये कम में बेचा। उसने 32% लाभ कमाया होगा। घोड़े की लागत मूल्य था:

A. 3,750 रु   B. 3,250 रु   C. 2,750 रु   D. 2,250 रु

Ques (82-83):Directions: Each item in this section consists of a sentence with an underlined word/words followed by four words. Select the option that is nearest in meaning to the underlined word and mark your response accordingly.

Q.82 She got the <u>divorce</u> within no time.

[UPSC NDA, 2020]

A. detachment   B. breaking down
C. annulment   D. punishment

Q.83 He was known for his <u>gentle</u> disposition.

[UPSC NDA, 2020]

A. harmful   B. amiable   C. cunning   D. adjusting

Q.84 पारसी क्लब की स्थापना से किस खेल की परम्परा प्रारंभ हुई?

[Madhya Pradesh Public Service Commission (MPPSC), 2017]

A. हॉकी   B. फुटबॉल
C. क्रिकेट   D. टेबल टेनिस

Q.85 रूप सिंह स्टेडियम कहाँ स्थित है?

[Madhya Pradesh Public Service Commission (MPPSC), 2017]

A. ग्वालियर   B. इन्दौर   C. भोपाल   D. जबलपुर

Q.86 यदि $A:B = 7:3$, $\frac{AB+B^2}{A^2-B^2}$ का मान ज्ञात करें।

A. $\frac{3}{4}$ **B.** $\frac{4}{3}$ **C.** $\frac{7}{3}$ **D.** $\frac{3}{7}$

Q.87 यदि $X^2 + 4Y^2 = 4XY$, $X^3 : Y^3$ का मान ज्ञात करें।

A. $27:1$ **B.** $1:64$ **C.** $8:1$ **D.** $1:8$

Q.88 _______दुनिया की प्रथम महिला अंतरिक्ष यात्री थीं।

A. स्वेतलाना सविस्काय   **B.** वेलेंटिना तेरेश्कोवा

C. सैली राइड   **D.** जूडिथ रेस्निक

Q.89 निम्नलिखित में से कौन सा 2017 की पुस्तकों और लेखकों का सही मेल है?

a.	फर्स्ट लव	i.	सारा बॉम
b.	आ लाइन मेड बय वॉकिंग	ii.	ग्वेन्डोलिन रिले
c.	द हार्ट्स इनविज़िबल गुयेन फ्यूरीज़	iii.	वियतनाम-थानहो
d.	रेफ़्यूजीस	iv.	जॉन बॉयने

[KVS Trained Graduate Teacher, 2017]

A. a-iv b-iii c-ii d-i   **B.** a-ii b-iii c-i i d-v

C. a-ii b-i c-iv d-iii   **D.** a-i ii b-iii c-i d-v

Q.90 इस वर्ष 1 मार्च को निम्नलिखित में से कौन सा दिन मनाया गया?

[KVS Trained Graduate Teacher, 2017]

A. आत्म-चोट जागरूकता दिवस

B. रक्त कैंसर जागरूकता दिवस

C. आतंकवाद विरोधी दिवस

D. राष्ट्रीय युवा दिवस

Q.91 2017 में निम्नलिखित में से किस दिन को अंतर्राष्ट्रीय खुशी दिवस के रूप में मनाया गया?

[KVS Trained Graduate Teacher, 2017]

A. मार्च, 25   **B.** फरवरी, 14

C. जनवरी, 1   **D.** मार्च, 20

Q.92 निम्नलिखित में से कौन सा कथन जैन सिद्धांत पर लागू होता हैं?

I. कर्म को त्याग करने का सबसे अच्छा तरीका तपस्या का अभ्यास करना है।

II. प्रत्येक वस्तु, यहां तक कि सबसे छोटे कण में भी आत्मा होती है।

III. कर्म आत्मा का शाप है और इसे समाप्त होना चाहिए।

नीचे दिए गए कोड का उपयोग करते हुए सही उत्तर का चयन करें:

A. केवल I   **B.** केवल II और III

C. केवल I और III   **D.** I, II और III

Q.93 विशेष इकाई के बारे में निम्नलिखित में से कौन सा कथन सत्य है?

A. सेंट्रोमियर पशु कोशिकाओं में पाया जाता है जो कोशिका विभाजन के दौरान एस्टर का उत्पादन करता है

B. इंसुलिन का उत्पादन करने वाला जीन हर शरीर की कोशिका में मौजूद होता है

C. न्यूक्लियोसोम न्यूक्लियोटाइड से बनता है

D. डीएनए में आठ हिस्टोन्स का एक कोर होता है

Q.94 निम्नलिखित में से कौन सा अब व्यावसायिक रूप से बायोटेक्निकल प्रक्रियाओं द्वारा निर्मित है?

A. निकोटीन   **B.** अफ़ीम   **C.** कुनैन   **D.** इंसुलिन

Q.95 निम्नलिखित प्रश्न में प्रश्न चिन्ह की जगह क्या आएगा?

$$120 \div 40 \text{ का } \frac{1}{4} + \frac{2}{5} \times 3\frac{1}{4} = ?$$

A. $13\frac{3}{10}$ **B.** $11\frac{1}{9}$ **C.** $3\frac{1}{10}$ **D.** $32\frac{3}{11}$

Q.96 दोहन एक ऑपरेशन है:

A. बाहरी धागा काटने

B. आंतरिक धागे की कटिंग

C. सरेस से जोड़ा हुआ सतह का परिष्करण

D. अंतिम छेद बढ़ाना

Q.97 ओज़ोन छिद्र सबसे अधिक किस पर बनता है?

A. अफ्रीका   **B.** भारत

C. अंटार्कटिका   **D.** यूरोप

Q.98 किसी वस्तु पर क्रमशः 15%, 20% और 25% की छूट निम्नलिखित में से किस छूट के बराबर होगी?

A. 60% **B.** 47% **C.** 49% **D.** 40%

Q.99 यदि $x_1, x_2, x_3,....., x_n$ दिए गए आँकड़ों के प्रेक्षण हैं। तब प्रेक्षणों का माध्य होगा:

A. प्रेक्षणों का योग/प्रेक्षणों की कुल संख्या

B. प्रेक्षणों की कुल संख्या/अवलोकनों का योग

C. प्रेक्षणों का योग+प्रेक्षणों की कुल संख्या

D. इनमे से कोई भी नहीं

Q.100 यदि बारंबारता बंटन का माध्य 7.5 है और $\sum f_i x_i = 120 + 3k$, $\sum f_i = 30$, तो k बराबर है:

A. 40   **B.** 35   **C.** 50   **D.** 45

// स्मार्ट उत्तर पुस्तिका //

सही उत्तर	उन छात्रों का प्रतिशत जिन्होंने प्रश्नों का सही उत्तर दिया था।	छोड़ दिया	उन छात्रों का प्रतिशत जिन्होंने प्रश्नों को छोड़ दिया था।

प्रश्न संख्या	उत्तर	सही उत्तर / छोड़ दिया	प्रश्न संख्या	उत्तर	सही उत्तर / छोड़ दिया	प्रश्न संख्या	उत्तर	सही उत्तर / छोड़ दिया	प्रश्न संख्या	उत्तर	सही उत्तर / छोड़ दिया	प्रश्न संख्या	उत्तर	सही उत्तर / छोड़ दिया	प्रश्न संख्या	उत्तर	सही उत्तर / छोड़ दिया
1	C	51.98 % / 1.83 %	18	A	48.58 % / 1.03 %	35	A	43.6 % / 1.4 %	52	A	67.51 % / 1.38 %	69	A	56.72 % / 1.2 %	86	A	66.57 % / 1.62 %
2	A	63.16 % / 1.28 %	19	C	86.64 % / 0.0 %	36	A	53.86 % / 1.3 %	53	A	88.57 % / 0.0 %	70	B	68.6 % / 1.85 %	87	C	23.47 % / 3.07 %
3	D	51.31 % / 1.92 %	20	D	48.32 % / 1.83 %	37	C	49.91 % / 1.3 %	54	C	41.64 % / 1.07 %	71	A	54.84 % / 1.12 %	88	B	48.75 % / 1.68 %
4	D	45.15 % / 1.02 %	21	C	46.62 % / 1.55 %	38	D	52.39 % / 1.98 %	55	D	41.19 % / 1.68 %	72	C	18.59 % / 3.87 %	89	C	28.95 % / 3.79 %
5	B	51.13 % / 1.94 %	22	A	56.81 % / 1.86 %	39	B	56.82 % / 1.36 %	56	A	89.51 % / 0.0 %	73	D	62.21 % / 1.48 %	90	A	51.91 % / 1.31 %
6	C	52.98 % / 1.02 %	23	C	55.98 % / 1.04 %	40	C	83.53 % / 0.0 %	57	D	80.95 % / 0.0 %	74	A	63.19 % / 1.54 %	91	D	68.02 % / 1.9 %
7	C	59.37 % / 1.7 %	24	D	49.28 % / 1.13 %	41	B	84.5 % / 0.0 %	58	C	67.89 % / 1.73 %	75	A	40.43 % / 1.74 %	92	D	61.81 % / 1.94 %
8	B	82.08 % / 0.0 %	25	C	68.71 % / 1.84 %	42	D	85.71 % / 0.0 %	59	A	16.7 % / 4.18 %	76	B	66.37 % / 1.39 %	93	B	67.01 % / 1.31 %
9	C	28.56 % / 3.88 %	26	A	47.15 % / 1.12 %	43	B	78.59 % / 0.0 %	60	A	18.3 % / 3.08 %	77	C	50.23 % / 1.65 %	94	D	65.05 % / 1.38 %
10	B	60.68 % / 1.21 %	27	A	15.7 % / 3.93 %	44	C	20.43 % / 3.08 %	61	D	60.2 % / 1.12 %	78	A	79.65 % / 0.0 %	95	A	68.56 % / 1.62 %
11	C	20.26 % / 3.12 %	28	B	41.54 % / 1.38 %	45	C	88.62 % / 0.0 %	62	A	53.69 % / 1.1 %	79	A	86.64 % / 0.0 %	96	B	64.02 % / 1.71 %
12	B	83.12 % / 0.0 %	29	B	45.85 % / 1.23 %	46	B	64.42 % / 1.99 %	63	B	20.44 % / 4.53 %	80	B	67.92 % / 1.92 %	97	C	55.0 % / 1.38 %
13	C	69.63 % / 1.19 %	30	B	45.5 % / 1.1 %	47	C	57.84 % / 1.03 %	64	C	88.57 % / 0.0 %	81	A	59.65 % / 1.05 %	98	C	54.05 % / 1.51 %
14	C	49.96 % / 1.75 %	31	A	16.62 % / 3.61 %	48	A	62.46 % / 1.85 %	65	D	65.63 % / 1.88 %	82	C	52.76 % / 1.19 %	99	A	57.07 % / 1.64 %
15	A	88.27 % / 0.0 %	32	C	67.6 % / 1.38 %	49	C	49.06 % / 1.55 %	66	A	59.29 % / 1.94 %	83	B	84.88 % / 0.0 %	100	B	16.93 % / 3.01 %
16	C	44.22 % / 1.68 %	33	D	83.92 % / 0.0 %	50	A	45.67 % / 1.46 %	67	D	67.41 % / 1.32 %	84	C	61.98 % / 1.22 %			
17	A	68.79 % / 1.02 %	34	D	54.07 % / 1.73 %	51	B	24.48 % / 4.51 %	68	C	51.2 % / 1.67 %	85	A	84.55 % / 0.0 %			

//संकेत और समाधान//

1. एफ 1 चैंपियन मैक्स वेरस्टैपेन को 2022 लॉरियस स्पोर्ट्समैन ऑफ द ईयर चुना गया है।

जमैका ओलंपिक स्प्रिंटर एलेन थॉम्पसन-हेरा को स्पोर्ट्सवुमेन ऑफ द ईयर चुना गया है।

अतः विकल्प (C) सही है।

2. मीराबाई चानू ने सिंगापुर इंटरनेशनल में भारोत्तोलन में स्वर्ण पदक जीता।

भारोत्तोलन में 2020 टोक्यो ओलंपिक की रजत पदक विजेता, मीराबाई चानू ने 25 फरवरी 2022 को चल रहे सिंगापुर इंटरनेशनल में स्वर्ण पदक जीता। इस जीत ने उन्हें बर्मिंघम में आगामी 2022 राष्ट्रमंडल खेलों में एक स्थान सुरक्षित करने में भी मदद की। नए भार वर्ग —55 किग्रा में प्रतिस्पर्धा करते हुए चानू ने स्नैच में कुल 191 किग्रा- 86 किग्रा और क्लीन एंड जर्क में 105 किग्रा भार उठाकर स्वर्ण पदक जीता।

अतः विकल्प (A) सही है।

3. INS घड़ियाल, मिशन SAGAR IX के हिस्से के रूप में, 29 अप्रैल 2022 को कोलंबो पहुंचा और 107 प्रकार की महत्वपूर्ण जीवनरक्षक दवाओं के 760 किलोग्राम से अधिक का वितरण किया। इसका उद्देश्य चल रहे संकट के दौरान श्रीलंका को महत्वपूर्ण चिकित्सा सहायता प्रदान करना था। मई 2020 से, भारतीय नौसेना ने 18 मित्र देशों में दस जहाजों को तैनात करते हुए, ऐसे आठ मिशन सफलतापूर्वक संपन्न किए हैं।

अतः विकल्प (D) सही है।

4. माधबी पुरी बुच को 3 साल की अवधि के लिए सेबी का नया अध्यक्ष नियुक्त किया गया है।

सरकार ने 3 साल की अवधि के लिए सेबी के नए अध्यक्ष के रूप में माधबी पुरी बुच की घोषणा की है। बुच सेबी के पूर्व पूर्णकालिक सदस्य हैं। वह अजय त्यागी का स्थान लेंगी, जिनका पांच साल का कार्यकाल समाप्त हो रहा है। यह पहली बार है जब सेबी में किसी महत्वपूर्ण पद के लिए किसी महिला और निजी क्षेत्र के व्यक्ति को चुना गया है।

अतः विकल्प (D) सही है।

5. कथन 1 और 2 दोनों सही हैं।

माजुली द्वीप के नव-वैष्णव मठ असम के सत्रीय नृत्य रूप को जीवित रखते हैं। यह नृत्य शैली अंकिया नट, या एक-एक्ट प्ले से उत्पन्न हुई है। इसमें संगीत, नृत्य और नाटक का समावेश है।

अतः विकल्प (B) सही है।

6. रॉयल ऑब्जर्वेटरी ग्रीनविच मेरिडियन से गुजरने वाले देशांतर का उपयोग पूरी दुनिया में मानक समय के रूप में किया जाता है। लंदन में ग्रीनविच मीन टाइम का उपयोग दुनिया भर में मानक समय के रूप में किया जाता है क्योंकि इसमें 0 डिग्री से अधिक का मानक मेरिडियन है।

भारत मानक समय (IST) समन्वित सार्वभौमिक समय (UTC) से 5:30 घंटे आगे है। यह समय क्षेत्र एशिया में मानक समय के दौरान उपयोग में है। भारत मानक समय आधे घंटे का समय क्षेत्र है। इसका स्थानीय समय सामान्य पूरे घंटे के बजाय 30 मिनट का होता है। इस समय क्षेत्र को अक्सर भारत का समय कहा जाता है। भारत प्रधान मेरिडियन के पूर्व में, 68° 7' E और 97° 25'E के बीच स्थित है। 82°30' पूर्वी देशांतर को भारत के मानक समय के मध्याह्न के रूप में लिया जाता है, क्योंकि यह भारत के मध्य (उत्तर प्रदेश में मिर्जापुर) से होकर गुजरता है।

अतः विकल्प (C) सही है।

7. शनि ग्रह के छल्ले छोटे बर्फ और चट्टान के कणों से बने होते हैं।

शनि को "सौर मंडल का गहना" कहा जाता है। यह एक चक्राकार ग्रह है। यह बृहस्पति के बाद दूसरा सबसे बड़ा ग्रह है। इसके सुंदर छल्ले ठोस नहीं होते हैं। वे बर्फ, धूल और चट्टान से बने हैं। इसके छल्ले बड़े लेकिन पतले होते हैं। इन्हें दूरबीन की सहायता से पृथ्वी से देखा जा सकता है। शनि पर बहुत तेज हवा चलती है। भूमध्य रेखा के आसपास हवाएं 1800 किलोमीटर प्रति घंटे की रफ्तार से चल सकती हैं। पृथ्वी पर, सबसे तेज हवाएं केवल लगभग 400 किलोमीटर प्रति घंटे की रफ्तार से चलती हैं। शनि बहुत धीरे-धीरे सूर्य के चारों ओर चक्कर लगाता है। शनि पर एक वर्ष पृथ्वी के 29 वर्ष से अधिक का होता है। लेकिन, यह अपनी धुरी पर बहुत तेजी से यानि दिन में 10 घंटे 14 मिनट घूमता है।

अत: विकल्प (C) सही है।

8. एक चुंबकीय कम्पास, नेविगेशन या सर्वेक्षण में, एक उपकरण है।इसका उपयोग पृथ्वी के चुंबकीय क्षेत्र के साथ संरेखित करने वाले चुंबकीय सूचक के माध्यम से पृथ्वी की सतह पर दिशा निर्धारित करने के लिए किया जाता है। यह स्थानीय चुंबकीय मेरिडियन "चुंबकीय उत्तर" के लिए एक संकेतक के रूप में कार्य करता है। इसके दिल में चुम्बकीय सुई पृथ्वी के चुंबकीय क्षेत्र के क्षैतिज घटक के साथ खुद को संरेखित करती है।

तो यह स्पष्ट है कि एक चुंबकीय कम्पास, नेविगेशन या सर्वेक्षण में, एक चुंबकीय सूचक के माध्यम से पृथ्वी की सतह पर दिशा निर्धारित करने के लिए एक उपकरण जो खुद को पृथ्वी के चुंबकीय क्षेत्र के साथ संरेखित करता है।

अत: विकल्प (B) सही है।

9. While arranging sentences in a sequence, it is important to understand the theme of the passage so that the introductory and the following statements can be chosen accordingly. The passage central theme revolves around biofuels and their advantages -disadvantages. The first statement should be E as it introduces the topic 'biofuels' and mentions that they form an energy source that is potentially unlimited. Next should be statement F. It states a contradiction to the fact mentioned about biofuels in E that everything is good about the biofuels. It states that the biofuels have disadvantages too. Next should be statement C as it talks about the disadvantages of biofuels which have been introduced in the prior statement. Next should be statement A. It states that despite having disadvantages, biofuels have numerous advantages as well. It should be followed by statement B which talks about some other advantages as well. B mentions 'turnaround' which has also been mentioned in statement D making BD, a mandatory pair.

So, the correct logical order is EFCABD.

Hence, the correct option is (C).

10. While arranging sentences in a sequence, it is important to understand the theme of the passage so that the introductory and the following statements can be chosen accordingly. The passage central theme revolves around biofuels and their advantages -disadvantages. The first statement should be E as it introduces the topic 'biofuels' and mentions that they form an energy source that is potentially unlimited. Next should be statement F. It states a contradiction to the fact mentioned about biofuels in E that everything is good about the biofuels. It states that biofuels have disadvantages too. Next should be statement C as it talks about the disadvantages of biofuels which have been introduced in the prior statement. Next should be statement A. It states that despite having disadvantages, biofuels have numerous advantages as well. It should be followed by statement B which talks about some other advantages as well. B mentions 'turnaround' which has also been mentioned in statement D making BD, a mandatory pair.

So, the correct logical order is EFCABD.

Hence, the correct option is (B).

11. While arranging sentences in a sequence, it is important to understand the theme of the passage so that the introductory and the following statements can be chosen accordingly. The passage central theme revolves around biofuels and their advantages -disadvantages. The first statement should be E as it introduces the topic 'biofuels' and mentions that they form an energy source that is potentially unlimited. Next should be statement F. It states a contradiction to the fact mentioned about biofuels in E that everything is good about the biofuels. It states that the biofuels have disadvantages too. Next should be statement C as it talks about the disadvantages of biofuels which have been introduced in the prior statement. Next should be statement A. It states that despite having disadvantages, biofuels have numerous advantages as well. It should be followed by statement B which talks about some other advantages as well. B mentions 'turnaround' which has also been mentioned in statement D making BD, a mandatory pair.

So, the correct logical order is EFCABD.

Hence, the correct option is (C).

12. सापेक्षता का सिद्धांत अल्बर्ट आइंस्टीन द्वारा प्रस्तुत किया गया था।

इसमें कहा गया है कि स्थान और समय सापेक्ष हैं और सभी गति संदर्भ के एक फ्रेम के सापेक्ष होनी चाहिए। यह धारणा है कि भौतिकी के नियम हर जगह समान हैं। यह सिद्धांत सरल है लेकिन समझने में कठिन है। इसमें कहा गया है कि यदि वस्तु या संवेग केवल अन्य वस्तुओं के संबंध में है तो वेग को मापने के लिए कोई पूर्ण संदर्भ फ्रेम नहीं है। प्रकाश की गति स्थिर रहती है, भले ही इसे कौन मापता है या इसे मापने वाला व्यक्ति कितनी तेजी से आगे बढ़ रहा है।

अतः विकल्प (B) सही है।

13. डीएनए फिंगरप्रिंटिंग एक तकनीक है जो जीवित चीजों के आनुवंशिक मेकअप को दिखाती है।

विश्व में DNA फिंगरप्रिंटिंग के जनक सर एलेक जॉन जेफ्रेयस हैं। सर एलेक जॉन जेफ्रेयस एक ब्रिटिश आनुवंशिकीविद् हैं जो आनुवंशिक फिंगरप्रिंटिंग और डीएनए प्रोफाइलिंग के लिए तकनीकों को विकसित करने के लिए जाने जाते हैं जो अब दुनिया भर में फोरेंसिक विज्ञान में पुलिस जासूसी कार्य में सहायता करने और पितृत्व और आप्रवासन विवादों को हल करने के लिए उपयोग किए जाते हैं।

अतः विकल्प (C) सही है।

14. यह दिया गया है कि,

a = 0.1039

इसलिए,

$$\sqrt{4a^2 - 4a + 1} + 3a$$

$$= \sqrt{(1)^2 + (2a)^2 - 2 \times 1 \times 2a} + 3a$$

$$= \sqrt{(1 - 2a)^2} + 3a$$

$$= (1 - 2a) + 3a$$

$$= (1 + a)$$

$$= (1 + 0.1039)$$

$$= 1.1039$$

अतः विकल्प (C) सही है।

15. यह दिया गया है कि,

$$\frac{4050}{\sqrt{x}} = 450$$

$$\Rightarrow \sqrt{x} = \frac{4050}{450}$$

$$\Rightarrow \sqrt{x} = 9$$

$$\Rightarrow x = (9)^2$$

$$\Rightarrow x = 81$$

अतः विकल्प (A) सही है।

16. प्रियंवदा मोहंती ओडिसी शास्त्रीय नृत्य शैली से जुड़ी हैं।

प्रियंबदा मोहंती हेजमादी ओडिसी की एक भारतीय शास्त्रीय नृत्यांगना, कला लेखक, जीवविज्ञानी और संबलपुर विश्वविद्यालय के पूर्व कुलपति हैं। ओडिसी को पुरातात्विक साक्ष्यों के आधार पर सबसे पुराने जीवित शास्त्रीय नृत्य रूपों में से एक माना जाता है। ओडिशा के पारंपरिक नृत्य, ओडिसी का जन्म मंदिर में नृत्य करने वाली देवदासियों के नृत्य से हुआ था।

अतः विकल्प (C) सही है।

17. केरल के दक्षिण-पश्चिमी राज्य का एक समृद्ध और फलने-फूलने वाला शास्त्रीय नृत्य कथकली यहाँ की परम्परा है। कथकली का अर्थ है एक कथा का नाटक या एक नृत्य नाटिका। कथा का अर्थ है कहानी, यहाँ अभिनेता रामायण और महाभारत के महाग्रंथों और पुराणों से लिए गए चरित्रों को अभिनय करते हैं।

अतः विकल्प (A) सही है।

18. मुख्यमंत्री चिरंजीवी स्वास्थ्य बीमा योजना:

- 1 मई 2021 को उद्घाटन किया गया।
- राजस्थान में प्रत्येक परिवार को मात्र 850 रुपये वार्षिक प्रीमियम का भुगतान करते हुए 5 लाख रुपये का लाभ होगा।
- पूरे राजस्थान में 765 सरकारी और 330 से अधिक निजी अस्पतालों में 5 लाख रुपये तक मुफ्त चिकित्सा देखभाल।
- इस योजना में हृदय, कैंसर, डायलिसिस और कोविड -19 जैसी गंभीर बीमारियों सहित 1,576 प्रकार की चिकित्सा प्रक्रियाएं और उपचार पैकेज शामिल हैं।
- लाभार्थी निःशुल्क उपचार सुविधाओं का लाभ तभी उठा सकते हैं जब अस्पताल में भर्ती होने के 5 दिन पहले और छुट्टी मिलने के 15 दिन बाद तक अस्पताल में भर्ती हो।

अतः विकल्प (A) सही है।

19. The best expresses meaning of given idiom **a gentleman at large** is **an unreliable person**.

A gentleman at large means has no serious occupation.

Example: He is a **gentleman at large**, you must not trust him.

Hence, the correct option is (C).

20. The best expresses the meaning of given idiom **like a fish out of water** is **in a very difficult and unsuitable situation**.

Like a fish out of water means one who does not feel comfortable in a new environment.

Example: When Carla transferred to a new school, she felt **like a fish out of water** because she didn't know anyone there.

Hence, the correct option is (D).

21. वेनेजुएला के अलावा, इक्वाडोर दक्षिण अमेरिकी देशों में से निम्नलिखित में से OPEC का सदस्य है।

इक्वाडोर ने दिसंबर 1992 में अपनी सदस्यता को निलंबित कर दिया, अक्टूबर 2007 में OPEC में फिर से शामिल हो गया, लेकिन 1 जनवरी 2020 से प्रभावी OPEC की अपनी सदस्यता वापस लेने का फैसला किया। इंडोनेशिया ने जनवरी 2009 में अपनी सदस्यता को निलंबित कर दिया, जनवरी 2016 में इसे फिर से सक्रिय कर दिया, लेकिन अपनी सदस्यता को एक बार फिर निलंबित करने का फैसला किया। 30 नवंबर 2016 को OPEC सम्मेलन की 171वीं बैठक में। गैबॉन ने जनवरी 1995 में अपनी सदस्यता समाप्त कर दी। हालांकि, यह जुलाई 2016 में संगठन में फिर से शामिल हो गया। कतर ने 1 जनवरी 2019 को अपनी सदस्यता समाप्त कर दी।

अतः विकल्प (C) सही है।

22. रैडिसन ग्रुप ऑफ होटल्स का मुख्य मुख्यालय यूएसए में है।

रैडिसन होटल एक अंतरराष्ट्रीय होटल श्रृंखला है जिसका मुख्यालय संयुक्त राज्य अमेरिका में है। रैडिसन होटल समूह का एक प्रभाग, यह रैडिसन ब्लू, रैडिसन रेड, रैडिसन कलेक्शन, कंट्री इन एंड सूट, और पार्क इन बाय रैडिसन सहित अन्य ब्रांडों का संचालन करता है।

अतः विकल्प (A) सही है।

23. The given sentence is in active form of simple past tense. The structures for active/passive voices are:

Active: Subject + verb (IInd form) + object.

Passive: Object + was/were + verb (IIIrd form) + by + subject.

So, with the help of the above structures, we can convert the given sentence into passive voice:

The box was broken by them.

Hence, the correct option is (C).

24. The given sentence is the passive form of past negative indefinite tense. The structures for active/passive voices are:

Active: Subject + did not + verb (I^{st} form) + object

Passive: Object + was/were + not + verb (IIIrd form) + by + subject.

So, with the help of the above structures, we can convert the given sentence into active voice:

Some students did not attend the class.

Hence, the correct option is (D).

25. $(fog) = f\{g(x)\}$

$\because f(x) = 2x$

और $g(x) = x^2 + 2$

$\therefore f\{g(x)\} = f(x^2 + 2)$

$= 2(x^2 + 2$

$= f(x^2 + 2)$

$= 2(x^2 + 2)$

$= 2x^2 + 4$

इसलिए, $(fog)2 = 2 \times (2)^2 + 4$

$= 2 \times 4 + 4 = 12$

अतः विकल्प (C) सही है।

26. दिया गया समीकरण है,

$= (\cos 2p\pi + i\sin 2p\pi)(\cos 2q\pi + i\sin 2q\pi)$

$= \cos 2(p + q)\pi + i\sin 2(p + q)\pi$

$= (\cos\pi + i\sin\pi)^{2(p+q)}$

$= (-1 + 0)^{2(p+q)}$

$= (-1)^{2(p+q)} = 1$

अतः विकल्प (A) सही है।

27. भुजा 'a' वाले समबाहु त्रिभुज के लिए क्षेत्रफल $= \dfrac{\sqrt{3}}{4} a^2$

त्रिभुज की प्रत्येक भुजा $= a + a + a = 180 \text{ cm}$

$3a = 180 \text{ cm}$

$a = \dfrac{180}{3} = 60 \text{ cm}$

अब, $s = $ अर्ध-परिधि $= \dfrac{180}{2}$

$= 90 \text{ cm}$

त्रिभुज का क्षेत्रफल $= \sqrt{s(s - a)(s - b)(s - c)}$

दिए गए त्रिभुज का क्षेत्रफल $=$

$\sqrt{90(90 - 60)(90 - 60)(90 - 60)} \text{ cm}^2$

$\sqrt{90 \times 30 \times 30 \times 30} \text{ cm}^2$

$= \sqrt{3 \times 30 \times 30 \times 30 \times 30} \text{ cm}^2$

$= \sqrt{3 \times (30)^2 \times (30)^2} \text{ cm}^2$

$= 30 \times 30 \times \sqrt{3} \text{ cm}^2$

अतः दिए गए त्रिभुज का क्षेत्रफल

$= 900\sqrt{3} \text{ cm}^2$

अतः विकल्प (A) सही है।

28. त्रिभुजाकार दीवार की भुजाएँ हैं,

a $= 122$ मी, b $= 120$ मी, c $= 22$ मी

$$\therefore s = \frac{a+b+c}{2}$$

$$= \frac{122+120+22}{2} \text{ मी}$$

$$= \frac{264}{2} = 132 \text{ मी}$$

त्रिभुज का क्षेत्रफल:

$$= \sqrt{s(s-a)(s-b)(s-c)}$$

$$= \sqrt{132(132-122)(132-120)(132-22)} \ m^2$$

$$= \sqrt{132 \times 10 \times 12 \times 100^2}$$

$$= \sqrt{12 \times 11 \times 10 \times 12 \times 11 \times 10}$$

$$= \sqrt{12^2 \times 11^2 \times 10^2}$$

$$= \sqrt{(1320)^2} = 1320 \text{ मी}^2$$

1 साल के लिए किराया (यानी 12 महीने) प्रति मी² = 5000 रुपये

3 महीने के लिए किराया प्रति मी² $= 5000 \times \dfrac{3}{12}$

⇒ 3 महीने के लिए किराया प्रति मी² = 1320

$$= 5000 \times \frac{3}{12} \times 1320$$

$$= 5000 \times 3 \times 110$$

$$= 16,50,000 \text{ रुपये}$$

अतः विकल्प (B) सही है।

29. माना त्रिभुज की भुजाएँ $a = 18$, $b = 10$ और $c =?$ हैं।

$\therefore$ परिमाप $(2s) = 42$ सेमी

$\Rightarrow s = \dfrac{42}{2} = 21$ सेमी

$\therefore c = 42 - (18 + 10) = 14$

$\therefore$ त्रिभुज का क्षेत्रफल $= \sqrt{s(s-a)(s-b)(s-c)}$

$\therefore$ दिए गए त्रिभुज का क्षेत्रफल $=$

$$\sqrt{21(21-18)(21-10)(21-14)} \text{ सेमी}^2$$

$$= \sqrt{21 \times 3 \times 11 \times 7}$$

$$= \sqrt{3 \times 7 \times 3 \times 11 \times 7}^2$$

$$= \sqrt{3^2 \times 7^2 \times 11} \text{ सेमी}^2$$

$$= 21\sqrt{11} \text{ सेमी}^2$$

अत: त्रिभुज का अभीष्ट क्षेत्रफल $= 21\sqrt{11}$ सेमी^{2}

अतः विकल्प (B) सही है।

30. आकलन शिक्षण-सीखने की प्रक्रिया का अभिन्न अंग है जो छात्र सीखने और निर्देश में सुधार करने में मदद करता है। यह छात्रों के सीखने के बारे में निर्णय लेने के लिए जानकारी एकत्र करने का एक व्यवस्थित तरीका है।

इसमें अंतिम उत्पाद का मूल्यांकन करना और सीखने के मूल्यांकन के रूप में कार्य करना शामिल है।

इस तरह के मूल्यांकन का उद्देश्य छात्रों को ग्रेड, रैंक, वर्गीकृत, तुलना और बढ़ावा देना है। वे समय-समय पर यह निर्धारित करने के लिए आयोजित किए जाते हैं कि छात्रों ने अध्ययन के दौरान मानकों या सीखने के उद्देश्यों को पूरा किया है या नहीं।

अतः विकल्प (B) सही है।

31. कुछ अनपढ़ वयस्कों को अंकगणितीय गणना करते हुए देखें: यह बहुत कठिन नहीं है, आप पाएंगे कि बहुत से दुकानदार जिन्हें हिसाब-किताब करना पड़ता है, कभी स्कूल नहीं गए, अंकगणितीय गणना करते हैं।

उनसे सवाल पूछें कि उन्होंने गणना कैसे की। उनके तरीकों की तुलना उन तरीकों से करें जिनका उपयोग हम आमतौर पर स्कूलों में समान प्रकार की समस्याओं को हल करने के लिए करते हैं।

संबंधित समस्याओं को हल करने में वैकल्पिक रणनीति के रूप में कक्षा में शिक्षकों द्वारा चर्चा की गई।

किसी भी अनपढ़ गणित को करने से पहले आपको कुछ लोगों से बात करनी पड़ सकती है और उनकी समझ के स्तर का पता लगाना पड़ सकता है।

अंकगणितीय समस्याओं को हल करने के लिए वह अपनाई जाने वाली प्रक्रिया का पता लगाने का प्रयास करें।

अतः विकल्प (A) सही है।

32.

- आवर्त सारणी रासायनिक तत्वों की सारणीबद्ध व्यवस्था है।
- आधुनिक आवर्त सारणी में 18 समूह और 7 आवर्त हैं।

Group → Period ↓	1	2	3	4	5	6	7	8	9	10	11	12	13	14	15	16	17	18
1	H																	He
2	Li	Be											B	C	N	O	F	Ne
3	Na	Mg											Al	Si	P	S	Cl	Ar
4	K	Ca	Sc	Ti	V	Cr	Mn	Fe	Co	Ni	Cu	Zn	Ga	Ge	As	Se	Br	Kr
5	Rb	Sr	Y	Zr	Nb	Mo	Tc	Ru	Rh	Pd	Ag	Cd	In	Sn	Sb	Te	I	Xe
6	Cs	Ba	La	Hf	Ta	W	Re	Os	Ir	Pt	Au	Hg	Tl	Pb	Bi	Po	At	Rn
7	Fr	Ra	Ac	Rf	Db	Sg	Bh	Hs	Mt	Ds	Rg	Cn	Nh	Fl	Mc	Lv	Ts	Og

Lanthanides	La	Ce	Pr	Nd	Pm	Sm	Eu	Gd	Tb	Dy	Ho	Er	Tm	Yb
Actinides	Ac	Th	Pa	U	Np	Pu	Am	Cm	Bk	Cf	Es	Fm	Md	No

अतः विकल्प (C) सही है।

33. एक तत्व की संयोजकता को अपनी संयोजन शेल को पूरा करने के लिए अपने संयोजन इलेक्ट्रॉनों को प्राप्त करने या खोने की क्षमता के रूप में परिभाषित किया गया है।

क्यूप्रस ऑक्साइड या Cu_2O तांबे के प्रमुख ऑक्साइड में से एक है।

इसकी संयोजकता 1 है।

अतः विकल्प (D) सही है।

34. उपचारात्मक शिक्षण से तात्पर्य उस शिक्षण से है जिसका उद्देश्य धीमे शिक्षार्थियों की कुछ सीखने की क्षमता में सुधार करना है।

यह शिक्षण-सीखने कार्यक्रम का एक अभिन्न अंग है, जिसे प्रतिपूरक या सुधारात्मक शिक्षण के रूप में भी जाना जाता है। उपचारात्मक शिक्षण का उद्देश्य उन शिक्षार्थियों को अतिरिक्त सहायता देना है जो किसी विषय या विषय में शेष कक्षा से पीछे रह गए हैं। यह धीमी गति से सीखने वालों की पहचान

करने और उन्हें उनकी समस्याओं को दूर करने के लिए आवश्यक सहायता और मार्गदर्शन प्रदान करने की प्रक्रिया है।

अतः विकल्प (D) सही है।

35. परीक्षण सीखने-सिखाने की प्रक्रिया में सहायक होते हैं। यह छात्रों के मूल्यांकन और छात्रों के प्रदर्शन को बढ़ाने में मदद करता है। एक परीक्षण एक माप उपकरण या तकनीक है जिसका उपयोग व्यवहार को मापने या व्यवहार के उपक्रम और भविष्यवाणी में सहायता के लिए किया जाता है।

यह एक व्यापक परीक्षा है जो शिक्षकों और छात्रों को उनकी ताकत और कमजोरियों पर प्रतिक्रिया प्रदान करती है। यह विशेष रूप से शिक्षार्थियों की सीखने की कठिनाइयों को दूर करने के लिए आयोजित किया जाता है। यह उपचारात्मक शिक्षण के लिए एक भाषा पाठ्यक्रम के अंत में प्रशासित किया जाता है।

यह शिक्षक को शिक्षार्थी की समझ में कमियों को जानने में मदद करता है और फिर उन्हें दूर करने के लिए आवश्यक सहायता और मार्गदर्शन प्रदान करता है।

अतः विकल्प (A) सही है।

36. दिया गया:

प्रारंभिक दर $= 8\%$

समय $= 3$ वर्ष

म्यूचुअल फंड में दर $= 8.5\%$ और समय $= 4$ वर्ष

साधारण ब्याज $= \dfrac{P \times R \times T}{100}$

माना कि राशि x रुपये है

बैंक से साधारण ब्याज $= \dfrac{x \times 8 \times 3}{100}$

$\Rightarrow \dfrac{24x}{100}$

म्यूचुअल फंड से ब्याज के रूप में लाभ $= \dfrac{(x \times 8.5 \times 4)}{100}$

$\Rightarrow \dfrac{34x}{100}$

प्रश्न के अनुसार:

$\dfrac{34x}{100} - \dfrac{24x}{100} = 500$ रुपये

$\Rightarrow 10x = 50000$ या $x = 5000$

$\therefore$ निवेश की गयी राशि $= 5000$ रुपये

अतः विकल्प (A) सही है।

37. माना कि छोटे और बड़े बेटे पर निवेश की गई राशि क्रमशः 'y' और 'x' है

जब वे 18 साल के होंगे, तो उन्हें समान राशि प्राप्त होगी

समय जब बेटे की उम्र 13 वर्ष है $= 18 - 13 = 5$ वर्ष

समय जब बेटे की उम्र 15 वर्ष है $= 18 - 15 = 3$ वर्ष

प्रश्न के अनुसार:

$\dfrac{(x \times 5 \times 5)}{100} = \dfrac{(y \times 3 \times 5)}{100}$

$\Rightarrow \dfrac{25x}{100} = \dfrac{15y}{100}$

$\Rightarrow \dfrac{x}{y} = \dfrac{3}{5}$ या $x : y = 3 : 5$

दिया गया है कि उसने निवेश किया $(3 + 5) = 8$ इकाई $= 8400$ रुपये

$\therefore$ छोटा बेटा 13 वर्ष का है और उस पर निवेश की गयी राशि

$= \left(\dfrac{8400}{8}\right) \times 3$ इकाई

$= 3150$ रुपये

अतः विकल्प (C) सही है।

38. सभी गणित में उपचारात्मक शिक्षण के संगठन हैं। ट्यूटोरियल शिक्षण एक छात्र या छात्रों के एक छोटे से समूह को दिए गए उपचारात्मक शिक्षण का एक सत्र है।

ऑटो-अनुदेशात्मक कार्यक्रम शैक्षिक सामग्री हैं, जिनसे छात्रों को स्वयं सीखना होता है। ऑटो शिक्षण कार्यक्रमों पर आधारित शिक्षण तकनीक इसका उद्देश्य शिक्षार्थी को ज्ञान या कौशल के अधिग्रहण के अनुभवों के पूर्व-क्रमबद्ध अनुक्रम के माध्यम से प्रगति करने के लिए सक्षम करना है।

अनौपचारिक शिक्षण नियमित कक्षा में एक पाठ्यक्रम के भीतर छात्र हितों को शामिल करता है, लेकिन उस समायोजन तक सीमित नहीं है। यह बातचीत, अनुभव की खोज और विस्तार के माध्यम से कार्य करता है।

अतः विकल्प (D) सही है।

39. The error lies in part (B) of the sentence. The verb "comprise" means to include or consists of. Since, it already includes the preposition "of" in its meanings, using "of" again with it is superfluous and therefore should be omitted from the sentence.

So, the correct sentence is- The question paper comprised many questions that were out of the syllabus as reported by the students.

Hence, the correct option is (B).

40. दिया गया है:

$x^4 - 3x^3 + 4x^2 - 3x + 5$ और $x = 3$

$(3)^4 - 3(3)^3 + 4(3)^2 - 3(3) + 5$

$\Rightarrow 81 - 81 + 36 - 9 + 5$

$\Rightarrow 27 + 5$

$\Rightarrow 32$

अतः विकल्प (C) सही है।

41. She was beaten <u>with</u> a bat.

With used to show the way in which somebody does something.

Example: He behaved **with** great dignity.

Hence, the correct option is (B).

42. The little girl was scared <u>of</u> crossing the busy road, alone.

Of means belonging to somebody relating to somebody.

Example: The love **of** a mother for her child.

Hence, the correct option is (D).

43. The little boy stood <u>under</u> the tree.

Under means directly below or at a lower level than something

Example: We took shelter **under** an oak tree.

Hence, the correct option is (B).

44. दिया है-

$$(\sqrt{3} + 1)(10 + \sqrt{12})(\sqrt{12} - 2)(5 - \sqrt{3})$$
$$= (\sqrt{3} + 1)(10 + 2\sqrt{3})(2\sqrt{3} - 2)(5 - \sqrt{3})$$
$$= (\sqrt{3} + 1) \times 2(5 + \sqrt{3}) \times 2(\sqrt{3} - 1)(5 - \sqrt{3})$$
$$= 4(\sqrt{3} + 1)(\sqrt{3} - 1)(5 - \sqrt{3})(5 + \sqrt{3})$$

सूत्र के अनुसार-

$$[(a + b)(a - b) = a^2 - b^2]$$
$$= 4(3 - 1)(25 - 3)$$
$$= 4 \times 2 \times 22$$
$$= 176$$

अतः विकल्प (C) सही है।

45. 1856 − 3287 + 5432 − 679

= 7288 − 3966

= 3322

∴ अपेक्षित मान = 3322

अतः विकल्प (C) सही है।

46. $5 - [4 - \{3 - (3 - 3 - 6)\}]$

$$= 5 - [4 - \{3 + 6\}]$$
$$= 5 + 5 = 10$$

∴ अपेक्षित मान $= 10$

अतः विकल्प (B) सही है।

47. Buddha left his home in the palace to find out the meaning of life.

The seventh and the eighth sentence of the passage respectively says "He wanted to find out the meaning of life" and "He left his place as a young man". Here, the personal pronoun 'he' is used for the 'Buddha'.

Hence, the correct option is (C).

48. Most holy men have left their homes to seek the truth.

The ninth line or sentence of the passage says "He went out to seek the truth".

Hence, the correct option is (A).

49. The another word for poverty is pennilessness.

The word 'poverty' means the state of being inferior in quality or insufficient in amount.

Let us explore the given options:

- 'Prosperity' means the state of being prosperous (bringing wealth and success).
- 'Growth' means the process of increasing in amount, value, or importance.
- 'Pennilessness' means the state of a person having no money; very poor.
- 'Luxury' means a state of great comfort or elegance, especially when involving great expense.

Hence, the correct option is (C).

50. Another word for 'seek' is to look around.

Seek means to try to find or get something.

Let us explore the given options:

- 'To look around' means to try to find something that you want or need.
- 'Neglect' means fail to leave undone or unattended to especially through carelessness.
- 'Respect' means the state of being admired or respected.
- 'Reply' means to say something in response to something someone has said.

Hence, the correct option is (A).

51. Here light means knowledge.

Let us explore the given options:

- 'Electricity' is a form of energy resulting from the existence of charged particles (such as electrons or protons).
- 'Knowledge' means facts, information, and skills acquired through experience or education; the theoretical or practical understanding of a subject.
- 'Candle' is a cylinder or block of wax or tallow with a central wick which is lit to produce light as it burns.
- 'Ignorance' means a lack of knowledge or information.

Hence, the correct option is (B).

52. अशोक मेहता समिति (1977) ने मंडल पंचायत की स्थापना की सिफारिश की थी।

दिसंबर 1977 में, जनता सरकार ने अशोक मेहता की अध्यक्षता में पंचायती राज संस्थाओं पर एक समिति नियुक्त की। इस समिति ने अगस्त 1978 में अपनी रिपोर्ट प्रस्तुत की और देश में गिरती पंचायती राज व्यवस्था को पुनर्जीवित और मजबूत करने के लिए 132 सिफारिशें प्रस्तुत कीं थी।

अतः विकल्प (A) सही है।

53. जनजातीय मामलों का एक नया मंत्रालय 1999 वर्ष बनाया गया था।

वर्ष 1999 में अनुसूचित जनजातियों के कल्याण और विकास पर विशेष ध्यान देने के लिए एक नया जनजातीय कार्य मंत्रालय बनाया गया था। अनुसूचित जनजातियां अनुसूचित जातियों से भिन्न हैं और उनकी समस्याएं भी भौगोलिक और सांस्कृतिक दोनों दृष्टि से अनुसूचित जातियों से भिन्न हैं जिसे हल करने के लिए इस मंत्रालय बनाया गया था।

अतः विकल्प (A) सही है।

54. ⇒ मान लीजिए, फुटबॉल का क्रय मूल्य P रूपये है।

$$\Rightarrow \text{तो विक्रय मूल्य} = P \times 1.25 \times 1.18$$
$$\Rightarrow P \times 1.25 \times 1.18 = 2360$$

$\Rightarrow P \times 1.25 = 2000$

$\therefore$ फुटबॉल का क्रय मूल्य = 1600 रूपये

अतः विकल्प (C) सही है।

55. माना वस्तु का अंकित मूल्य 100 रु. है।

$\Rightarrow$ वस्तु का क्रय मूल्य

$= $ रु. $\frac{100 \times 80}{100} = 80$ रु.

$\Rightarrow$ वस्तु का विक्रय मूल्य

$= $ रु. $\frac{80 \times 125}{100} = 100$ रु.

$\therefore$ अब हम कह सकते हैं कि, ना तो लाभ और ना ही हानि हुई है।

अतः विकल्प (D) सही है।

56. $4^{61} + 4^{62} + 4^{63} + 4^{64} = 4^{61}(1 + 4 + 4^2 + 4^3)$

$= 4^{61}(1 + 4 + 4^2 + 4^3)$

$= 4^{61}(85) = 4^{61}(17 \times 5)$

स्पष्ट रूप से 17 का एक कारक है $4^{61} + 4^{62} + 4^{63} + 4^{64}$

इसलिए यह 17 से विभाज्य होगा

अतः विकल्प (A) सही है।

57. दिया है:

एक गोले का आयतन, एक लम्ब वृत्तीय बेलन के आयतन का $\frac{1}{4}$ है।

गोले और बेलन की त्रिज्या समान है।

गोले का आयतन $= \frac{4}{3} \times \pi \times r^3$

बेलन का आयतन $= \pi \times r^2 \times h$

प्रश्न के अनुसार,

$\frac{4}{3} \times \pi \times r^3 = \frac{1}{4} \times \pi \times r^2 \times h$

$\Rightarrow 16r = 3h$

$\Rightarrow h = \left(\frac{16}{3}\right)r$

$\therefore$ गोले के व्यास और बेलन की ऊंचाई का अनुपात $= 2r : \left(\frac{16}{3}\right)r$

$= 6 : 16 = 3 : 8$

अतः विकल्प (D) सही है।

58. दिया गया है,

वृत्त X का क्षेत्रफल वृत्त Y के क्षेत्रफल से 1036π सेमी ^{2} अधिक है। उनके व्यासों का योग 148 सेमी है।

माना कि वृत्त X और Y की त्रिज्या क्रमशः 'R' सेमी और 'r' सेमी है।

व्यासों का योग $= 2R + 2r = 148$ सेमी

$\Rightarrow (R + r) = 74$ सेमी

वृत्त X का क्षेत्रफल − वृत्त Y का क्षेत्रफल $= 1036\pi$ सेमी ^{2}

$\Rightarrow \pi R^2 - \pi r^2 = 1036\pi$

$\Rightarrow R^2 - r^2 = 1036$

$\Rightarrow (R + r)(R - r) = 1036$

$\Rightarrow (R - r) = \frac{1036}{74} = 14$ सेमी

अब,

वृत्त X की परिधि − वृत्त Y की परिधि $= 2\pi R - 2\pi r$

$= 2\pi(R - r)$

$= 2 \times \frac{22}{7} \times 14$

$= 88$ सेमी

$\therefore$ वृत्त X की परिधि वृत्त Y की परिधि से 88 सेमी अधिक है।

अतः विकल्प (C) सही है।

59. दिया गया है,

ABCD तीन वृत्तों के केंद्र से होकर जाती है, AB = 2 सेमी और CD = 1 सेमी

माना कि मध्य वृत्त की त्रिज्या 'r' सेमी है।

2 सेमी व्यास वाले वृत्त का क्षेत्रफल $= \pi \times 1^2$ सेमी ^{2}

क्षेत्रफल का मध्य वृत्त $= \pi \times r^2$ सेमी ^{2}

बड़े वृत्त का व्यास $= AB + BC + CD = 2r + 1$

बड़े वृत्त का क्षेत्रफल $= \frac{\pi \times (2r+1)^2}{4}$ सेमी ^{2}

मध्य वृत्त का क्षेत्रफल, दो अन्य वृत्तों के क्षेत्रफल का औसत है।

$\pi \times r^2 = \frac{\left[\pi \times 1^2 + \frac{\pi \times (2r+1)^2}{4}\right]}{2}$

$\Rightarrow 2r^2 = 1 + r^2 + r + \frac{1}{4}$

$\Rightarrow r^2 = r + \frac{5}{4}$

$\Rightarrow 4r^2 - 4r - 5 = 0$

$\Rightarrow r = \frac{(4 \pm 4\sqrt{6})}{8}$

$\Rightarrow 2r = \frac{(4 \pm 4\sqrt{6})}{4} = (1 \pm \sqrt{6})$

$\Rightarrow AC = 1 + \sqrt{6}$

$(\because 1 - \sqrt{6}$ ऋणात्मक है $)$

$\therefore BC = AC - AB$

$= 1 + \sqrt{6} - 2$

$= \sqrt{6} - 1$ सेमी

अतः विकल्प (A) सही है।

60. केंद्र सरकार ने पिछले कुछ समय से संपत्ति के विमुद्रीकरण पर ध्यान केंद्रित कर रही है। सार्वजनिक क्षेत्र की कई संपत्तियां उप-आशावादी रूप से उपयोग की जाती हैं और नए बुनियादी ढांचे के वित्तपोषण के लिए संसाधनों को उत्पन्न करने के लिए उचित रूप से मुद्रीकृत किया जा सकता है।

इस दिशा में, बजट 2021-22 में केंद्र सरकार ने संभावित ब्राउनफील्ड अवसंरचना परिसंपत्तियों के लिए राष्ट्रीय मुद्रीकरण पाइपलाइन (NMP) का प्रस्ताव किया है। एनएमपी के तहत मुद्रीकृत की जाने वाली कुछ मुख्य अवसंरचना परिसंपत्तियों में रेलवे, हवाई अड्डों, एनएचएआई ऑपरेशनल टोल रोड, गेल के तेल और गैस पाइपलाइन, आदि समर्पित डेडिकेटेड फ्रेट कॉरिडोर शामिल हैं।

- इसलिए, कथन 1 सही है और कथन 3 सही नहीं है। (ब्राउनफील्ड अवसंरचना संपत्ति वे संपत्ति हैं जो पहले से ही अस्तित्व में हैं, ग्रीनफील्ड संपत्ति के विपरीत जो अभी बनाई जानी बाकी हैं।)

विदेशी और घरेलू दोनों निवेशक राष्ट्रीय मुद्रीकरण पाइपलाइन में भाग लेने के लिए पात्र हैं।

- इसलिए, कथन 2 सही है।

अतः विकल्प (A) सही है।

61. प्रस्तावित कृषि अवसंरचना और विकास उपकर मादक पेय, सोना और पेट्रोल और डीजल के उत्पादों पर लागू होगा।

कृषि अवसंरचना और विकास उपकर:

केंद्रीय बजट 2021: मंत्री ने कम संख्या में वस्तुओं पर एक कृषि अवसंरचना और विकास उपकर (AIDC) प्रस्तावित किया।

कृषि अवसंरचना और विकास उपकर के अंतर्गत आने वाली वस्तुएँ हैं:

- पेट्रोल, डीजल सोना, चांदी, मादक पेय, कच्चे पाम तेल, कच्चे सोयाबीन और सूरजमुखी तेल, सेब, कोयला, लिग्नाइट और पीट निर्दिष्ट उर्वरक, मटर, काबुली चना, बंगाल चना, मसूर और कपास।

अतः विकल्प (D) सही है।

62. माना अनिल, सुनील और मोहन को मिली राशि क्रमशः x, y और z है।

प्रश्नानुसार, हमारे पास है

अनिल को मोहन का $\dfrac{3}{2}$ मिलता है।

$$x = \left(\dfrac{3}{2}\right) \times z$$

$x = 1.5z$ ---(i)

मोहन को सुनील का 50% मिलता है।

z = y का 50%

$$z = \left(\dfrac{50}{100}\right) \times y$$

$$\dfrac{100z}{50} = y$$

$y = 2z$ ---(ii)

अनिल, सुनील और मोहन को मिली औसत राशि है।

$$\dfrac{(x + y + z)}{3} = 4,500 \quad ---(iii)$$

(i) और (ii) से x और z के मानों को समीकरण (iii) में प्रतिस्थापित करने पर, हम प्राप्त करते हैं

$$\dfrac{(1.5z + 2z + z)}{3} = 4,500$$

$4.5z = 4,500 \times 3$

$$z = \dfrac{13,500}{4.5}$$

$z = 3,000$

अब, अनिल द्वारा प्राप्त राशि है

z का मान समीकरण (i) में रखने पर, हम प्राप्त करते हैं

$x = 1.5z$

$x = 1.5 \times 3,000$

$x = 4,500$ रुपये

∴ अनिल द्वारा प्राप्त कुल राशि 4,500 रुपये है।

अतः विकल्प (A) सही है।

63. आजाद हिंद फौज (INA) का विचार सर्वप्रथम मलाया में ब्रिटिश भारतीय सेना के एक भारतीय अधिकारी मोहन सिंह द्वारा परिकल्पित किया गया था। सुभाष चंद्र बोस ने रंगून और सिंगापुर में INA के दो मुख्यालय स्थापित किए और इसका पुनर्गठन प्रारम्भ किया। नागरिकों से इसमें भर्ती होने की मांग की गई, धन एकत्रित किया गया और यहां तक कि रानी झांसी रेजिमेंट नामक एक महिला रेजिमेंट का गठन किया गया।

अतः विकल्प (B) सही है।

64. चार अंकों की सबसे बड़ी संख्या 9999 है।

15, 25, 40 और 75 का एल.सी.एम. 600 है।

9999 को 600 से विभाजित करने पर, हमें शेष 399 मिलते हैं।

∴ आवश्यक संख्या = (9999 - 399) = 9600

अतः विकल्प (C) सही है।

65. हरारे जिम्बाब्वे की राजधानी है।

हरारे, पूर्व में ज़िम्बाब्वे की राजधानी सैलिसबरी, उत्तरपूर्वी भाग में स्थित है।शहर की स्थापना 1890 में उस स्थान पर की गई थी जहां ब्रिटिश साउथ अफ्रीका कंपनी के पायनियर कॉलम ने मैशोनलैंड में अपना मार्च रोक दिया था, इसका नाम तत्कालीन ब्रिटिश प्रधान मंत्री लॉर्ड सैलिसबरी के नाम पर रखा गया था।

अतः सही विकल्प (D) है।

66. कुंवर सिंह नेगी एक भारतीय ब्रेल संपादक और सामाजिक कार्यकर्ता थे।

उनका जन्म उत्तराखंड के पौड़ी में हुआ था। उन्होंने 300 पुस्तकों का ब्रेल लिपि में अनुवाद किया है। उनकी प्रमुख रचनाएँ भगवान बुद्ध का उपदेश और हज़रत मोहम्मद की वाणी हैं। उन्हें पद्म श्री (1981) और पद्म भूषण (1990) से सम्मानित किया गया। उन्हें 'गढ़वाल का हातिमताई' कहा जाता है।

अत: विकल्प (A) सही है।

67. 1947 में मरणोपरांत परमवीर चक्र से सम्मानित मेजर सोमनाथ शर्मा कुमाऊं रेजिमेंट से संबंधित थे।

मेजर सोमनाथ शर्मा का जन्म 31 जनवरी 1923 को दाढ़, कांगड़ा, पंजाब (वर्तमान हिमाचल प्रदेश) में एक डोगरा ब्राह्मण परिवार में हुआ था। मेजर सोमनाथ शर्मा को ब्रिटिश भारतीय सेना की 8वीं बटालियन की 19वीं हैदराबाद रेजिमेंट में नियुक्त किया गया था। द्वितीय विश्व युद्ध के दौरान, उन्होंने अराकान अभियान के दौरान बर्मा में जापानियों के खिलाफ कार्रवाई की। उस समय उन्होंने कर्नल के एस थिमैया की नेतृत्व में सेवा की, जो बाद में जनरल के पद तक पहुंचे और 1957 से 1961 तक थल सेनाध्यक्ष बने। 21 जून 1949 को श्रीनगर हवाई अड्डे के बचाव में 3 नवम्बर 1949 को अपने साहसिक कार्यों के

लिए मेजर शर्मा को मरणोपरांत परम वीर चक्र का पुरस्कार राजपत्रित किया गया था।

अत: विकल्प (D) सही है।

68. उत्तररामचरितम् पुस्तक कालिदास द्वारा लिखित नहीं है। उत्तररामचरितम् महाकवि भवभूति का प्रसिद्ध संस्कृत नाटक है।

कालिदास एक शास्त्रीय संस्कृत लेखक थे जिन्हें प्राचीन भारत का सबसे बड़ा नाटककार माना जाता है। उनके नाटक और कविता मुख्य रूप से वेदों, रामायण, महाभारत और पुराणों पर आधारित हैं।

कालिदास की कृतियां:

- ऋतुसंहारम्
- मेघदूतम्
- कुमारसम्भवम्
- रघुवंशम्
- मालविकाग्निमित्रम्
- विक्रमोर्वशीयम्
- अभिज्ञानशाकुंतलम्

अतः विकल्प (C) सही है।

69. 'समाज सामाजिक संबंधों का जाल है' यह मैक्लेवर की परिभाषा है।

सामाजिक प्राणी के रूप में, पुरुष न केवल एक साथ रहते हैं, बल्कि वे लगातार बातचीत भी करते हैं। इस प्रकार, एक दृष्टिकोण से, समाज "सामाजिक संबंधों का जाल" है, जैसा कि मैक्लेवर कहते हैं।

सामाजिक वेब सामाजिक संबंधों का एक समूह है जो लोगों को वर्ल्ड वाइड वेब के माध्यम से जोड़ता है। सामाजिक वेब में यह शामिल है कि सामाजिक संपर्क को समर्थन और बढ़ावा देने के लिए वेबसाइटों और सॉफ़्टवेयर को कैसे डिज़ाइन और विकसित किया जाता है।

अत: विकल्प (A) सही है।

70. कुला एक्सचेंज ट्रोब्रिएंड आइलैंडर्स से जुड़ा है।

कुला, दक्षिण पूर्व मेलानेशिया के ट्रोब्रिएंड द्वीप समूह के लोगों के बीच विनिमय प्रणाली, जिसमें स्थायी संविदात्मक भागीदार एक स्थापित औपचारिक पैटर्न और व्यापार मार्ग के बाद पारंपरिक कीमती सामानों का व्यापार करते हैं। पुरुषों के बीच पारस्परिक कर्तव्यों और दायित्वों को शामिल करने वाली भागीदारी स्थायी और आजीवन थी।

अत: विकल्प (B) सही है।

71. दिया गया है:

BC || RS, ∠RAQ = ∠BAC, ∠SAD = 52°

गणना:

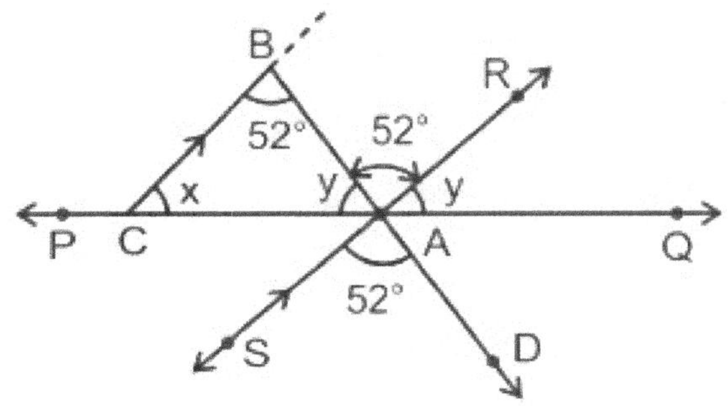

∠BAR = ∠SAD = 52° (शीर्षाभिमुख कोण)

माना ∠ RAQ = ∠ BAC = y

52° + 2y = 180° (एक सीधी रेखा 180° कोण बनाती है।)

⇒ 2y = 180° - 52°

⇒ y = 64°

Δ ABC में,

x + y + 52° = 180°

⇒ x + 64° + 52° = 180°

∴ x = 64°

अत: विकल्प (A) सही है।

72. ग्वालियर का एक गांव 'बाग' गुफा चित्रकला के लिए प्रसिद्ध है।

बाग गुफाएं मध्य भारत में मध्य प्रदेश राज्य में धार जिले के बाग शहर में विंध्य के दक्षिणी ढलानों के बीच स्थित गुफा चित्रकला के लिए प्रसिद्ध नौ रॉक-कट स्मारकों का एक समूह है। ये स्मारक धार शहर से 97 किमी की दूरी पर स्थित हैं।

अतः विकल्प (C) सही है।

73. तालिका से,

30 − 35 वर्ष में

औसत वेतन $= \frac{(20+20+25+30+35+35+35)}{7} = 28.57$ (हजार में)

$= 28570$ प्रति माह

35 − 40 वर्षों में:

औसत वेतन $= \frac{(40+35)}{2} = 37.5$ (हजार में)

37500 प्रति माह

40 − 45 वर्षों में:

औसत वेतन $= \frac{35+35+50+30+45+45}{6}$

$= \frac{240}{6} = 40$ (हजार में)

$= 40000$ प्रति माह

45 − 50 वर्षों में:

औसत वेतन $= \frac{50+50}{2}$

$= \frac{100}{2} = 50$ (हजार में)

$= 50000$ प्रति माह

50 − 55 वर्षों में:

औसत वेतन $= \frac{45+60+55}{2} = 53.3$ (हजार में)

53300 प्रति माह

अत: विकल्प (D) सही है।

74. तालिका से, कर्मचारियों की कुल संख्या $= 20$

कर्मचारियों की औसत उम्र $=$ उम्र का योग /कर्मचारियों की कुल संख्या

$$= \frac{44+32+54+42+31+53+42+51+34+41+33+31+30+37+44+36+34+49+43+45}{20}$$

$$= \frac{806}{20} = 40.3 \text{ वर्ष}$$

अतः विकल्प (A) सही है।

75. तालिका से,

$\geq 40,000$ प्रति माह वेतन पाने वाले कर्मचारी $= 9$

कर्मचारियों की कुल संख्या $= 20$

इसलिए, कर्मचारियों का अंश (%) $(\geq 40,000) = \frac{9}{20} \times 100 = 45\%$

अतः विकल्प (A) सही है।

76. तालिका से,

कर्मचारियों की संख्या, जिनकी आयु 40 से 50 वर्ष के बीच है

$40 - 50$ वर्ष आयु वर्ग में औसत वेतन $=$ कर्मचारी के वेतन का योग (40 से 50 आयु वर्ग) / कर्मचारियों की संख्या

$$= \frac{35+35+50+30+45+45+50+50}{8}$$

$$= \frac{340}{8}$$

$$= 42.5$$

अतः विकल्प (B) सही है।

77.

कर्मचारियों का औसत वेतन $=$ सभी कर्मचारियों के वेतन का योग / कर्मचारियों की संख्या

$$= \frac{35+20+45+35+20+60+50+55+25+30+30+35+35+40+45+35+35+50+45+50}{20}$$

$$= \frac{775}{20} = 38.75 \text{ (हजार में)}$$

$$= 38750 \text{ प्रति माह}$$

तालिका से, 11 कर्मचारियों का वेतन $38,750$ से कम है।

इसलिए, $\frac{11}{20} = 55\%$

अतः विकल्प (C) सही है।

78. दिया हुआ,

A 10 दिनों में काम कर सकता है।

A का 1 दिन का काम $= \frac{1}{10}$

B 15 दिनों में काम कर सकता है।

B का 1 दिन का काम $= \frac{1}{15}$

(A + B) का 1 दिन का काम $= \frac{1}{10} + \frac{1}{15}$

$$= \frac{(3+2)}{30}$$

$$= \frac{1}{6}$$

$\therefore$ साथ में वे 6 दिनों में काम पूरा कर सकते हैं।

अत: विकल्प (A) सही है।

79. दिया हुआ,

A कार्य को 24 दिनों में कर सकता है।

B कार्य को 16 दिनों में कर सकता है।

C कार्य को 12 दिनों में कर सकता है।

दक्षता $=$ कुल कार्य/लिया गया समय

24, 16 और 12 का लघुत्तम समापवर्त्य $= 48 =$ कुल कार्य

A की दक्षता $= \frac{48}{24} = 2$ इकाई/दिन

B की दक्षता $= \frac{48}{16} = 3$ इकाई/दिन

C की दक्षता $= \frac{48}{12} = 4$ इकाई/दिन

A, B और C की एकसाथ कुल दक्षता $= (2 + 3 + 4) = 9$ इकाई/दिन

A, B और C द्वारा लिया गया समय $= \frac{48}{9} = \frac{16}{3} = 5\frac{1}{3}$ दिन

$\therefore$ यदि वे सभी एक साथ कार्य करते हैं तो उनके द्वारा लिया गया समय $5\frac{1}{3}$ दिन है।

अत: विकल्प (A) सही है।

80. A का निवेश $=$ रु. $15,000$

B का निवेश $=$ रु. $20,000$

अनुपात $= 15,000 : 20,000$

$15 : 20$

वार्षिक लाभ $=$ रु. $8,400$

B लाभ $= \frac{20}{35} \times 8400 = 4800$

अत: विकल्प (B) सही है।

81. माना लागत मूल्य $= x$ रु

इसलिए विक्रय मूल्य $= x + 15\%$ का x

$$= \frac{115x}{100}$$

$$= \frac{23x}{20} \text{ रु}$$

नया लागत मूल्य $= x - 25\%$ का x

$$= \frac{75x}{100} = \frac{3x}{4}$$

नया विक्रय मूल्य $= \frac{3x}{4} + 32\%$ का $\frac{3x}{4}$

$$= \frac{99x}{100} \text{ रु}$$

प्रश्नानुसार,

$$\frac{23x}{20} - \frac{99x}{100} = 600$$

या, $\frac{115x - 99x}{100} = 600$

$$16x = 600 \times 100$$

$$x = 600 \times \frac{100}{16}$$

$$= 3750 \text{ रु}$$

अतः विकल्प (A) सही है।

82. The word 'divorce' means the action or an instance of legally dissolving a marriage.

The word 'annulment' means a judicial or ecclesiastical pronouncement declaring a marriage invalid.

Thus, we can say that 'annulment' is nearest in meaning to the given word.

Hence, the correct option is (C).

83. The word 'gentle' means having or showing a mild, kind, or tender temperament or character.

The word 'amiable' means having or displaying a friendly and pleasant manner.

Thus, we can say that 'amiable' is nearest in meaning to the given word.

Hence, the correct option is (B).

84. पारसी क्लब की स्थापना क्रिकेट खेल से शुरू हुई।

पहला भारतीय क्रिकेट क्लब 1848 में बम्बई में पारसी द्वारा स्थापित ओरिएंटल क्रिकेट क्लब के रूप में जाना जाता था।

अतः विकल्प (C) सही है।

85. कप्तान रूप सिंह स्टेडियम, मध्य प्रदेश के ग्वालियर में एक क्रिकेट मैदान है। स्टेडियम ने 12 एकदिवसीय मैचों की मेजबानी की है, पहला 22 जनवरी 1988 को भारत और वेस्टइंडीज के बीच खेला गया था।

अतः विकल्प (A) सही है।

86. दिया है-

$$A : B = 7 : 3$$

माना कि $A = 7k, B = 3k$ है।

A और B का मान रखने पर,

$$\frac{AB + B^2}{A^2 - B^2}$$

$$= \frac{(7k \times 3k) + (3k)^2}{(7k)^2 - (3k)^2}$$

$$= \frac{21k^2 + 9k^2}{49k^2 - 9k^2}$$

$$= \frac{30k^2}{40k^2}$$

$$= \frac{3}{4}$$

अतः विकल्प (A) सही है।

87. दिया है-

$$X^2 + 4Y^2 = 4XY$$

$$\Rightarrow X^2 + 4Y^2 - 4XY = 0$$

$$\Rightarrow (X - 2Y)^2 = 0$$

$$\Rightarrow X - 2Y = 0$$

$$\Rightarrow X = 2Y$$

$$\Rightarrow \frac{X}{Y} = \frac{2}{1}$$

दोनों तरफ घन करने पर,

$$\Rightarrow \left(\frac{X}{Y}\right)^3 = \left(\frac{2}{1}\right)^3$$

$$\Rightarrow \frac{X^3}{Y^3} = \frac{8}{1}$$

$$\Rightarrow X^3 : Y^3 = 8 : 1$$

अतः विकल्प (C) सही है।

88. 16 जून 1963 को, सोवियत कॉस्मोनॉट वेलेंटिना तेरेश्कोवा अंतरिक्ष में यात्रा करने वाली पहली महिला बनीं।

परंपरा के अनुसार, रूसी संघीय अंतरिक्ष एजेंसी (या इसके सोवियत पूर्ववर्ती) द्वारा नियुक्त एक अंतरिक्ष यात्री को अंग्रेजी ग्रंथों में एक कॉस्मोनॉट कहा जाता है। वेलेंटिना तेरेश्कोवा 1963 में वोस्तोक 6 पर एक एकल मिशन में अंतरिक्ष में उड़ान भरने वाली पहली महिला कॉस्मोनॉट और पहली और सबसे कम उम्र की महिला थीं।

20 जुलाई, 1969 को, नील आर्मस्ट्रांग चांद पर कदम रखने वाले पहले मानव बने। वह और एल्ड्रिन तीन घंटे तक चले।

अतः विकल्प (B) सही है।

89.

पुस्तक	लेखक
a. फर्स्ट लव	i. ग्वेन्डोलिन रिले
b. आ लाइन मेड बय वॉकिंग	ii. सारा बॉम
c. द हार्ट्स इनविज़िबल गुयेन फ्यूरीज़	iii. जॉन बॉयने
d. द रिफ्यूजीज़	iv. वियत-थान गुयेन

अतः विकल्प (C) सही है।

90. आत्म-चोट जागरूकता दिवस (SIAD) (जिसे सेल्फ-हार्म अवेयरनेस डे के रूप में भी जाना जाता है) 1 मार्च को एक जमीनी स्तर पर वार्षिक वैश्विक जागरूकता कार्यक्रम / अभियान है, जहां इस दिन, और सप्ताह में इसके लिए अग्रणी और बाद में, कुछ लोग अपने स्वयं के नुकसान के बारे में अधिक खुले रहना पसंद करते हैं, और स्वयं को नुकसान पहुंचाने और आत्म-चोट के बारे में जागरूकता बढ़ाने के लिए जागरूकता संगठन विशेष प्रयास करते हैं। कुछ लोग एक नारंगी जागरूकता रिबन पहनते हैं, अपनी बाहों पर "लव" लिखते हैं, "बटरफ्लाई प्रोजेक्ट" कलाईबैंड या मनके कंगन के बारे में जागरूकता बढ़ाने के लिए अपनी कलाई पर एक तितली खींचते हैं जो आत्म-नुकसान की जागरूकता को प्रोत्साहित करते हैं एसआईएडी का निरीक्षण करने वाले लोगों का लक्ष्य आत्म-क्षति के आसपास के सामान्य रूढ़ियों को तोड़ना और चिकित्सा पेशेवरों को स्थिति के बारे में शिक्षित करना है।

अतः विकल्प (A) सही है।

91. 20 मार्च: अंतर्राष्ट्रीय खुशी दिवस

20 मार्च 2017 को पूरे विश्व में अंतर्राष्ट्रीय खुशी दिवस मनाया गया। इस अवसर को चिह्नित करने के लिए, संयुक्त राष्ट्र ने वर्ल्ड हैप्पीनेस रिपोर्ट 2017 जारी की, जिसमें 155 देशों को उनके खुशी के स्तर से स्थान दिया गया।

रिपोर्ट में, जबकि नॉर्वे को दुनिया का सबसे खुशहाल देश घोषित किया गया था, भारत 122 वें स्थान पर था, जो पाकिस्तान और नेपाल सहित अधिकांश सार्क देशों से बहुत पीछे था।

संयुक्त राष्ट्र महासभा ने 12 जुलाई 2012 को एक संकल्प के माध्यम से अंतर्राष्ट्रीय खुशी दिवस बनाया। नतीजतन, 2013 में पहली बार वार्षिक दिवस मनाया गया।

1970 के दशक में भूटान के चौथे राजा जिग्मे सिंग्ये वांगचुक द्वारा गढ़ी गई भूटानी अवधारणा के बाद 20 मार्च को अंतर्राष्ट्रीय खुशी के दिन के रूप में घोषित किया गया था।

अतः विकल्प (D) सही है।

92. जैन मत के अनुसार, कर्म का सर्वनाश करने का सुरक्षित तरीका तपस्या है और कर्म आत्मा का बैन है और इसे समाप्त किया जाना चाहिए। प्रत्येक वस्तु, यहां तक कि सबसे छोटे कण में एक आत्मा होती है।

अतः विकल्प (D) सही है।

93. इंसुलिन जीन हर शरीर की कोशिका में पाया जाता है लेकिन सभी कोशिकाओं में व्यक्त नहीं होता है। यह न्यूक्लियोसोम है जिसमें आठ हिस्टोन्स का एक कोर होता है। डीएनए न्यूक्लियोटाइड से बना है। सेंट्रीओल पशु कोशिकाओं में पाया जाता है, जो कोशिका विभाजन के दौरान एस्टर का उत्पादन करता है।

अतः विकल्प (B) सही है।

94. इंसुलिन जीन को उपयुक्त वेक्टर, E को कोइल बैक्टीरियल सेल में डालकर, ह्युमिन को व्यावसायिक रूप से संश्लेषित किया जाता है, एक इंसुलिन का उत्पादन करने के लिए जो रासायनिक रूप से उसके समकक्ष प्रतिरूप के समान है। यह पुनः संयोजक डीएनए प्रौद्योगिकी का उपयोग करके हासिल किया गया है।

अतः विकल्प (D) सही है।

95. $? = 120 \div 40$ का $\dfrac{1}{4} + \dfrac{2}{5} \times 3\dfrac{1}{4}$

$\Rightarrow ? = 120 \div 40 \times \dfrac{1}{4} + \dfrac{2}{5} \times \dfrac{13}{4}$

$\Rightarrow ? = 120 \div 10 + \dfrac{2}{5} \times \dfrac{13}{4}$

$\Rightarrow ? = 12 + \dfrac{13}{10}$

$\Rightarrow ? = 13\dfrac{3}{10}$

अतः विकल्प (A) सही है।

96. दोहन एक छेद के अंदर एक धागा काटने की प्रक्रिया है ताकि टोपी के पेंच या बोल्ट को छेद में पिरोया जा सके। साथ ही, इसका उपयोग नट्स पर धागा बनाने के लिए किया जाता है। लैप पर पावर फीड या हाथ से टैपिंग की जा सकती है।

अतः विकल्प (B) सही है।

97. ओजोन छिद्र सबसे अधिक अंटार्कटिका पर बनता है।

अंटार्कटिक वसंत के दौरान ओजोन छेद सितंबर से दिसंबर के शुरू में होता है, क्योंकि तेज हवाएं महाद्वीप के चारों ओर घूमने लगती हैं और वायुमंडलीय कंटेनर का निर्माण करती हैं। इस ध्रुवीय भंवर के भीतर, अंटार्कटिक वसंत के दौरान निचले समताप मंडल के 50 प्रतिशत से अधिक ओजोन नष्ट हो जाते हैं।

अतः विकल्प (C) सही है।

98. प्रभावी छूट प्रतिशत $= x + y - \dfrac{(xy)}{100}$

जहां, x और y क्रमिक छूट की दर हैं

इसलिये,

15% और 20% पर प्रभावी छूट $= 15 + 20 - \dfrac{(15 \times 20)}{100} = 32\%$

अब इसे 25% और 32% पर लागू करें

25% और 32% पर प्रभावी छूट $= 25 + 32 - \dfrac{(25 \times 32)}{100} = 49\%$

अतः विकल्प (C) सही है।

99. प्रेक्षणों का माध्य या औसत प्रेक्षणों के योग और प्रेक्षणों की कुल संख्या के अनुपात के बराबर होगा।

$$x_{\text{mean}} = \dfrac{x_1 + x_2 + x_3 + \cdots + x_n}{n}$$

अतः विकल्प (A) सही है।

100. दिए गए प्रश्न के अनुसार,

$$x_{\text{माध्य}} = \dfrac{\sum fi\, xi}{\sum fi}$$

$7.5 = \dfrac{(120 + 3k)}{30}$

$225 = 120 + 3k$

$3k = 225 - 120$

$3k = 105$

$k = 35$

अतः विकल्प (B) सही है।

Q.1 मार्च 2018 तक भारत का सबसे तेज सुपर कम्प्यूटर निम्नलिखित में से कौन-सा है?

[Super TET Paper - I, 2019]

A. समिट **B.** सिएरा **C.** मिहिर **D.** प्रत्युष

Q.2 अगस्त 2022 में पत्र सूचना ब्यूरो (PIB) के प्रधान महानिदेशक के रूप में किसे नियुक्त किया गया है?

A. रवि सेमवाल **B.** आनंद पांडेय
C. प्रिया चौधरी **D.** सत्येंद्र प्रकाश

Q.3 बिहार में एकमात्र जीनोम सीक्वेंसिंग लैब कहाँ से शुरू हुई है?

[Delhi Forest Guard, 2021]

A. पटना **B.** दरभंगा **C.** गया **D.** वैशाली

Q.4 निम्नलिखित में से किस शहर में, इंडिया ग्लोबल फोरम (IGF) का पहला संस्करण मार्च 2022 में आयोजित किया गया था?

[Delhi Forest Guard, 2021]

A. बेंगलुरू **B.** पणजी **C.** मुंबई **D.** चेन्नई

Ques (5-6):Direction: Select the option that conveys the meaning of the given idiom most appropriately.

Q.5 To be at one's finger's end

[Territorial Army Officer, 2017]

A. To be hopeless
B. To be highly perplexed
C. To be completely conversant with
D. To count things

Q.6 Elbow room

A. Opportunity for reconsideration
B. To give enough space to move or work in
C. Special room for the guest
D. To add a new room to the house

Q.7 कुमाऊँ रेजिमेंट से परमवीर चक्र प्राप्त करने वाला पहला व्यक्ति कौन था?

A. जनरल बी.सी. जोशी **B.** मेजर शैतान सिंह
C. मेजर सोमनाथ शर्मा **D.** हवलदार चंद्री चंद

Q.8 कवि 'गुमानी' का वास्तविक नाम क्या था?

A. दामोदर पंत **B.** लोकरत्न पंत
C. मथुरा दत्त पंत **D.** गुमानी पंत

Q.9 समीकरण $\frac{x}{\sqrt{128}} = \frac{\sqrt{162}}{x}$ में दोनों x के स्थान पर क्या आना चाहिए

A. 12 **B.** 14 **C.** 144 **D.** 196

Q.10 $\sqrt{10 + \sqrt{25 + \sqrt{121}}}$ का मान क्या है?

A. 12 **B.** 14 **C.** 15 **D.** 4

Q.11 यदि श्रृंखला $x_1, x_2, x_3 \ldots\ldots, x_n$ के n तत्वों का योग k है, तो श्रृंखला $ax_1, ax_2, ax_3 \ldots\ldots, ax_n$ का माध्य ज्ञात कीजिए।

A. ak **B.** $\frac{ak}{n}$ **C.** k **D.** $k + \frac{a}{n}$

Q.12 यदि माध्यिका और माध्य क्रमशः 7 और 5 हैं, तो बहुलक ज्ञात कीजिये।

A. 10 **B.** 11 **C.** 12 **D.** 13

Q.13 छात्रों की प्रगति की निगरानी और तदनुसार शिक्षण को संशोधित करने के लिए मूल्यांकन की सर्वोत्तम विधि है:

A. निर्माणात्मक मूल्यांकन
B. योगात्मक मूल्यांकन
C. गुणात्मक मूल्यांकन
D. उद्देश्य आधारित मूल्यांकन

Q.14 नीचे दो कथन दिए गए हैं:

कथन I: अधिकतम प्रदर्शन परीक्षण परीक्षार्थी के ज्ञान और क्षमताओं की ऊपरी सीमा का आकलन करने के लिए डिज़ाइन किए गए हैं।

कथन II: विशिष्ट प्रतिक्रिया परीक्षण परीक्षार्थियों के व्यवहार और विशेषताओं को मापने के लिए डिज़ाइन किए गए हैं।

उपरोक्त कथनों के आलोक में, नीचे दिए गए विकल्पों में से सबसे उपयुक्त उत्तर का चयन करें:

A. कथन I और कथन II दोनों सही हैं
B. कथन I और कथन II दोनों गलत हैं
C. कथन I सही है लेकिन कथन II गलत है
D. कथन I गलत है लेकिन कथन II सही है

Q.15 $1 + 3 + 5 + 7 + \ldots\ldots$ से n पदों तक का योग क्या होगा?

A. $(n + 1)^2$ **B.** $(2n)^2$ **C.** n^2 **D.** $(n - 1)^2$

Q.16 $\sqrt{625} + \sqrt{484}$ का मान है?

A. 47 **B.** 56 **C.** 52 **D.** 35

Q.17 कांग्रेस सोशलिस्ट पार्टी के संदर्भ में, निम्नलिखित कथनों पर विचार कीजिए:

1. इसकी स्थापना जयप्रकाश नारायण, मीनू मसानी और अन्य नेताओं के प्रयासों से हुई थी।

2. यह कांग्रेस पार्टी के भीतर कार्यरत थी और इसने कांग्रेस को राष्ट्रीय आंदोलन का नेतृत्व करने वाली प्राथमिक संस्था के रूप में स्वीकार किया।

उपर्युक्त कथनों में से कौन-सा/से सही है/हैं?

A. केवल 1 **B.** केवल 2
C. दोनो 1 और 2 **D.** न तो 1 न ही 2

Ques (18-19):Directions: Each item in this section consists of a sentence with an underlined word followed by four words. Select the option that is opposite in meaning to the underlined word and mark your response accordingly.

Q.18 He nodded <u>absently</u> throughout the meeting.

[UPSC NDA, 2020]

A. capably **B.** alertly
C. agitatedly **D.** dreamily

Q.19 I fully believe that the cornerstone of good policy is an electorate that is educated on national issues.

[UPSC NDA, 2020]

A. cerebral   **B.** enlightened
C. ignorant   **D.** erudite

Ques (20-22):Directions: Each of the following items in this section has a sentence with a missing preposition. Select the correct preposition from the given options and mark your response accordingly.

Q.20 Simulations of the 20th century by climate models that exclude the observed increase ______ greenhouse gases fail to simulate the increase in temperature over the second half of the 20th century.

[UPSC NDA, 2020]

A. of   **B.** in   **C.** by   **D.** to

Q.21 In extremely poor societies, children can be put to work ______ a young age and are therefore a source of income.

[UPSC NDA, 2020]

A. in   **B.** on   **C.** by   **D.** at

Q.22 People who are averse ____ hard work, generally do not succeed in life.

[UPSC NDA, 2020]

A. at   **B.** to   **C.** about   **D.** on

Q.23 Direction: In the following question, some part of the sentence may have errors. Find out which part of the sentence has an error and select the appropriate option. If the sentence is free from error, select 'No error'.

These days it was not uncommon to see (A)/ practitioners prescribing multiple antibiotics (B)/ without any real indication or relevance for such a combination. (C)/ No error (D)

A. (A)   **B.** (B)   **C.** (C)   **D.** (D)

Q.24 यदि p और q दोनों समुच्चय {1,2,3,4} में हैं, तो $px^2 + qx + 1 = 0$ के रूप के समीकरणों, जिनके मूल वास्तविक हों, की संख्या क्या है?

[UPSC NDA, 2019]

A. 12   **B.** 10   **C.** 7   **D.** 6

Q.25 अगर $x = 3 + 2\sqrt{2}$, तो $\left(\sqrt{x} - \dfrac{1}{\sqrt{x}}\right)$ का मान है?

A. 1   **B.** 2   **C.** $2\sqrt{2}$ **D.** $3\sqrt{3}$

Q.26 "भारत का गिरजाघर" किस स्थान को कहा जाता है?

A. बनारस   **B.** कांचीपुरम   **C.** मदुरै   **D.** भुवनेश्वर

Q.27 'ज़ात और सवार' शब्द निम्नलिखित प्रशासनिक प्रथा में से किस से संबंधित हैं?

A. इक्तादारी प्रथा   **B.** जोतेदारी प्रथा
C. मनसबदारी प्रथा   **D.** ज़मींदारी प्रथा

Q.28 निम्नलिखित में से कौन लंबाई के मापन का एक महत्वपूर्ण पहलू है?

[CTET Paper - I, 2016]

A. गैर-मानक उपायों का उपयोग करना
B. यात्रा
C. लंबाई का संरक्षण

D. पैमाने का उपयोग करने की क्षमता

Q.29 निम्नलिखित में से कौन एक गणितीय प्रक्रिया नहीं है?

A. प्रत्योक्षकरण   **B.** अनुस्मरण
C. अनुमान   **D.** स्थानांतरण

Q.30 निम्नलिखित में से कौन सी लद्दाख की शीतकालीन राजधानी है?

A. स्कार्दू   **B.** लेह   **C.** कारगिल   **D.** हेमिस

Q.31 यदि 111111111 को 111 से भाग दिया जाए, तो भागफल होगा

A. 111   **B.** 10101
C. 1001001   **D.** इनमें से कोई नहीं

Q.32 दो संख्याओं का म. स. प. और ल. स. प. क्रमश: 6 और 432 है। यदि इनमें से एक संख्या 48 है, तो दूसरी संख्या है-

A. 52   **B.** 42   **C.** 27   **D.** 54

Q.33 'गोल्डन थ्रेशोल्ड' ______ द्वारा लिखी गई कविताओं का एक संग्रह है।

A. एनी बेसेंट   **B.** विजयलक्ष्मी पंडित
C. अरुणा आसफ अली   **D.** सरोजिनी नायडू

Q.34 निम्नलिखित में से किस सार्क (SAARC) सदस्य की जनसंख्या सबसे अधिक है?

A. बांग्लादेश   **B.** पाकिस्तान
C. नेपाल   **D.** अफ़ग़ानिस्तान

Q.35 सार्क (SAARC) का मुख्यालय कहाँ है?

A. मनीला   **B.** काठमांडू   **C.** नई दिल्ली   **D.** जकार्ता

Q.36 एक वर्ग का विकर्ण 24 सेमी है। इसकी परिधि क्या है?

A. $46\sqrt{2}$ सेमी   **B.** 28 सेमी
C. $48\sqrt{2}$ सेमी   **D.** $36\sqrt{2}$ सेमी

Q.37 27 सेमी लम्बी, 8 सेमी चौड़ी और 1 मोटी एल्मुनीयिम की चादर को पिघलाकर एक घन बनाया जाता है। दोनो ठोसों के सतहपृष्ठ में अन्तर होगा:

A. कुछ नहीं   **B.** 284 वर्ग सेमी
C. 286 वर्ग सेमी   **D.** 296 वर्ग सेमी

Q.38 दो घनों के आयतनों का अनुपात 8:27 है। उनके सतह क्षेत्रों का अनुपात है:

A. 2 : 3   **B.** 4 : 9
C. 12 : 9   **D.** उपरोक्त में से कोई नहीं

Q.39 एक 100 रु. की शर्ट पर 10% छूट का प्रस्ताव दिया जाता है और एक 300 रु. के पेंट के जोड़े पर 20% की छूट दी जाती है, अगर प्रीतम ने एक शर्ट और तीन जोडी पेंट खरीदे तो उसे कितनी प्रभावी छूट मिलेगी?

A. 19   **B.** 18   **C.** 17   **D.** 16

Q.40 राज्यों के खातों से संबंधित भारत के नियंत्रक-महालेखापरीक्षक की रिपोर्ट निम्नलिखित में से किसको प्रस्तुत की जाती है?

A. राष्ट्रपति   **B.** राज्यपाल   **C.** संसद   **D.** मुख्यमंत्री

Q.41 निम्नलिखित में से कौन सा लेख भारत के राष्ट्रपति के महाभियोग की बात करता है?

A. अनुच्छेद 60   **B.** अनुच्छेद 61
C. अनुच्छेद 62   **D.** अनुच्छेद 63

Q.42 शहीद दिवस निम्नलिखित में से किस तारीख को मनाया जाता है?

A. 1 जनवरी **B.** 15 जनवरी **C.** 30 जनवरी **D.** 9 जनवरी

Q.43 नोबेल पुरस्कार विजेता रविंद्र नाथ टैगोर का जन्मदिवस किस तारीख को मनाया जाता है?

A. 6 मई **B.** 7 मई **C.** 8 मई **D.** 9 मई

Ques (44-48):Direction: Read the following passage and answer the question that follows.

An AC 3-Tier train ticket on the Delhi-Mumbai Rajdhani, under the Tatkal quota, is priced at around Rs. 2,900, where about a third — over Rs. 800 or 28 per cent — is charged as "dynamic pricing". It is such high pricing that majority of people probably referred to when they voted in Local Circles' citizens' poll.

Tatkal charges are extra charges levied for last minute booking by train passengers and form a part of dynamic charges in a ticket.

Tatkal fares have become "excessive", said almost three-fourth (74 per cent) of the 8,165 people who answered a query on their experience with Tatkal ticket fares on LocalCircles, a citizen interaction platform. Almost one-fifth polled found the charges "reasonable". Five per cent even found the charges "quite low".

Almost 80 per cent of people found the ticket cancellation charges high, and desired that such charges on Tatkal tickets be lowered. For seven questions, Local Circles received votes from over 27,000 participants from over 200 districts. "Railway travellers from Vadodara to Bhubaneswar and from Jammu Tavi to Tirunelveli participated in this survey," said Sachin Taparia, Founder, Local Circles.

Almost half of the people who voted were from tier-1 cities, 30 per cent from tier-2 cities and 22 per cent from tier-3 and rural locations. Almost 40 per cent of people who participated in the poll were females.

From the 7,739 people who voted on the question "how has cleanliness of trains and railway stations improved in last 12 months", about four-fifth felt there was an improvement. Specifically, 39 per cent felt there was marginal improvement, 38 per cent voted for "significant improvement". Over a fifth (23 per cent) of train customers felt there was no improvement, including five per cent who felt the cleanliness of trains and stations have worsened.

Almost 46 per cent of 8,000-odd people found the food served in trains edible though not delicious, while four per cent found the food catered delicious. 31 per cent said the food was unhygienic or inedible, while 19 per cent were "unsure" about judging the quality of food.

On punctuality of trains, 66 per cent of 8,122 people who took the poll during the last 12 months said the trains were delayed by upto one hour.

There is scope to make the India Railway Catering and Tourism Corporation Web site more consumer-oriented and scope to improve food hygiene standards.

Q.44 Which among the following is correct regarding the gender-based participation in the survey conducted by Local Circles regarding the railway services?

A. There was no participation from females in the survey conducted for giving opinion regarding railway services in India.

B. There was no participation from males in the survey conducted regarding the services catered by Indian Railways.

C. There is equal participation from males and females in the survey conducted.

D. The number of females participating in the survey is less than that of the males who have given response via the survey.

Q.45 Which among the following is correct regarding the result of the survey regarding the punctuality of trains run by Indian Railways in the country?

A. The survey found out that trains are mainly running before time with no margin for being late.

B. The survey found out that the trains are not running late but they are being made to run late due to certain issues.

C. The survey found out that the trains are very well on time but only in the foggy days of the year.

D. The survey found that the trains are not running on time at all especially in the recent months.

Q.46 Which among the following is correct regarding the cleanliness in trains run by the Indian Railways, as described in the passage?

A. Most of the passengers are of the opinion that the cleanliness in trains has deteriorated in the last few months.

B. Most of the passengers are of the opinion that the cleanliness in trains has improved significantly in the last few months.

C. Most of the passengers are of the opinion that they cannot comment publicly regarding the cleanliness of trains in India.

D. Most of the passengers are of the opinion that some kind of improvement has been observed in the level of cleanliness in the trains in the past year.

Q.47 Which among the following is correct regarding the percentage of people who are of the view that the tatkal fares are actually low?

A. Nobody has given the opinion that the tatkal fares are quite low.

B. Majority of the people is of the view that the tatkal fares are quite low as compared to other countries.

C. The people are of the opinion that the tatkal fares are very low as compared to the international community but it is high with respect to the society at large.

D. Hardly 5% people are of the view that the tatkal fares are actually quite low.

Q.48 Which among the following is similar in meaning to the word **Dynamic** as used in the passage?

A. Changing **B.** Energetic

C. Compelling **D.** Vigorous

Q.49 राजिंदर सिंह महावीर चक्र के __________ प्राप्तकर्ता थे।

A. पहले **B.** दूसरे **C.** तीसरे **D.** चौथे

Q.50 वन नेशन-वन राशन कार्ड (ONORC) योजना के संदर्भ में निम्नलिखित कथनों पर विचार करें।

1. इसे उपभोक्ता मामलों, खाद्य और सार्वजनिक वितरण मंत्रालय द्वारा 2019 में राशन कार्डों की अंतर-राज्यीय पोर्टेबिलिटी के रूप में शुरू किया गया था।

2. यह किसी भी राष्ट्रीय खाद्य सुरक्षा अधिनियम (NFSA), 2013 के लाभार्थियों को देश में कहीं भी अपनी पसंद के किसी भी उचित मूल्य की दुकान (FPS) से उनके खाद्यान्न का कोटा बढ़ाने की अनुमति देता है।

3. एक प्रवासी को पीडीएस स्टोर से अधिकतम 75% परिवार कोटा खरीदने की अनुमति होगी।

ऊपर दिए गए कथनों में से कौन सा सही है/हैं?

A. 1 और 2 केवल   **B.** 2 और 3 केवल

C. 1 और 3 केवल   **D.** 1, 2 और 3

Q.51 भारत में निम्न में से किस समुद्री शैवाल की प्रजाति का व्यावसायिक उपयोग किया जाता है?

1. कपाफाइकस अल्वारेज़ी

2. ग्रेसिलिया एडुलिस

3. गेलिडिएला एसरोसा

4. सरगसुम एसपीपी

सही कोड चुनिए:

A. 1 और 2 केवल   **B.** 2, 3 और 4

C. 1, 3 और 4   **D.** 1, 2, 3 और 4

Q.52 एक कार्य A, B और C द्वारा क्रमशः 9 दिनों, 12 दिनों और 18 दिनों में पूरा किया जा सकता है। यदि A, B और C एक साथ कार्य कर रहे हैं, तो वे कितने दिनों में कार्य पूरा कर सकते हैं?

A. 12 दिन   **B.** 9 दिन   **C.** 7 दिन   **D.** 4 दिन

Q.53 यदि A किसी कार्य को 60 दिनों में पूरा कर सकता है और B समान कार्य को 15 दिनों में पूरा कर सकता है। तो A और B मिलकर कितने दिनों में सम्पूर्ण कार्य पूरा कर सकते हैं।

A. 12 दिन   **B.** 15 दिन   **C.** 8 दिन   **D.** 18 दिन

Q.54 यदि $x^2 - 2x + 1 = 0$ है, तो $x^3 + \left(\frac{1}{x^3}\right)$ का मान ज्ञात कीजिये।

A. 2   **B.** -2 **C.** -3 **D.** 3

Q.55 सरलीकृत करें: $\left(\frac{\frac{3}{2+\sqrt{3}} - \frac{2}{2-\sqrt{3}}}{2-5\sqrt{3}}\right) = ?$

A. $\frac{1}{2} - 5\sqrt{3}$ **B.** $2 - 5\sqrt{3}$

C. 1   **D.** 0

Q.56 एक व्यवसाय में, A, B और C ने क्रमशः 380 रुपये, 400 रुपये और 420 रुपये का निवेश किया। 180 रुपये के शुद्ध लाभ को भागीदारों के बीच विभाजित करें।

A. $A = 45, B = 56, C = 76$

B. $A = 57, B = 60, C = 63$

C. $A = 12, B = 23, C = 34$

D. $A = 18, B = 34, C = 56$

Q.57 शास्त्रीय संगीत का प्रारम्भिक स्रोत कौन-सा वेद है?

A. ऋग्वेद   **B.** यजुर्वेद   **C.** सामवेद   **D.** अथर्ववेद

Q.58 'राग भैरव' या 'राग भैरवी' कब गाया जाता है?

A. रात्रि का प्रथम प्रहर   **B.** रात्रि का द्वितीय प्रहर

C. रात्रि का तृतीय प्रहर   **D.** प्रातःकाल

Q.59 दी गई आकृति में AH ∥ BG ∥ CF, ∠DCH = 55° है। ∠AED : ∠BDE का मान ज्ञात कीजिए।

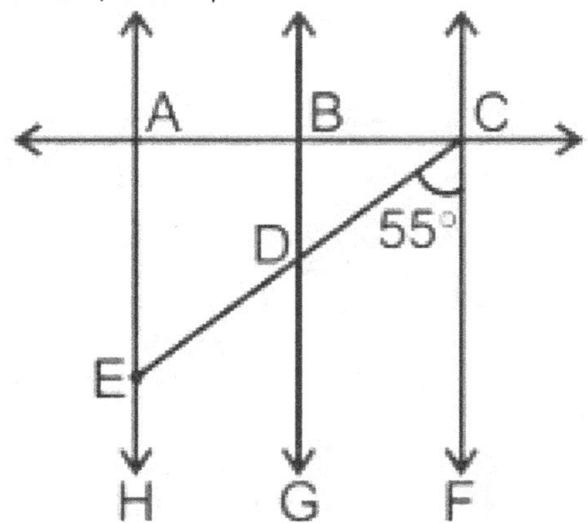

A. 11 : 25   **B.** 12 : 25   **C.** 13 : 25   **D.** 14 : 25

Q.60 श्रेयस और तेजस दोनों मित्र हैं। प्रत्येक के पास कुछ रुपये हैं। यदि श्रेयस, तेजस को 20 रुपये देता है, तब तेजस के पास, श्रेयस के पास शेष राशि से दोगुनी धनराशि होगी। लेकिन यदि तेजस, श्रेयस को 15 रुपये देता है, तब श्रेयस के पास, तेजस के पास शेष राशि से तीन गुना अधिक धनराशि होगी। प्रत्येक के पास कितने रूपये है?

A. रु. 48, रु. 36   **B.** रु. 60, रु. 20

C. रु. 170, रु. 124   **D.** रु. 43, रु. 26

Q.61 विष्णु 25% लाभ पर एक वस्तु बेचता है। यदि उसने इसे 51 रुपये ज्यादा में बेचा होता तो उसे 28% लाभ प्राप्त होता। वस्तु का क्रय मूल्य ज्ञात कीजिये:

A. 1500   **B.** 1700   **C.** 2100   **D.** 2500

Q.62 एक संख्या में पहले 20% की कमी हुई और फिर 10% की वृद्धि हुई। प्राप्त संख्या मूल संख्या से 12 कम है। मूल संख्या क्या है?

A. 200   **B.** 100   **C.** 400   **D.** 80

Q.63 दो क्रमिक वर्षों में, एक विद्यालय के 100 और 200 छात्र अंतिम परीक्षा में शामिल हुए। उनमें से क्रमशः 80% और 60% उत्तीर्ण हुए। 2 वर्ष में संचयी उत्तीर्ण प्रतिशत ज्ञात कीजिए।

A. 50%   **B.** 60%   **C.** 66.67%   **D.** 65%

Q.64 शक्ति की SI इकाई क्या है?

A. वॉट   **B.** जूल   **C.** एम्पीयर   **D.** वोल्ट

Q.65 दिन-प्रतिदिन के अनुप्रयोगों के लिए धारिता किस इकाई में मापी जाती है?

A. फैरड

B. माइक्रोफैरड

C. मेगाफैरड

D. उपरोक्त में से कोई भी नहीं

Q.66 यदि $\cfrac{1}{1+\cfrac{1}{1+\cfrac{1}{1+\frac{1}{y}}}} = \frac{7}{11}$ है, तब y का मान क्या है?

A. 2   **B.** 1   **C.** 4   **D.** 3

Q.67 सतत कृषि के लिए राष्ट्रीय मिशन में निम्नलिखित में से कौन सा उप मिशन है?

[Rajasthan Police Sub Inspector, 2016]

A. पशुपालन   **B.** स्वास्थ्य प्रबंधन

C. सहकारी कृषि

D. मृदा स्वास्थ्य प्रबंधन

Q.68 ₹ 27000 के मूलधन को 4 वर्षों के लिए क्रमशः 20% और 24% साधारण ब्याज वाली योजनाओं में 4 : 5 के अनुपात में निवेश किया जाता है। कुल साधारण ब्याज ज्ञात कीजिये।

A. ₹ 25000 **B.** ₹ 20000 **C.** ₹ 17000 **D.** ₹ 24000

Q.69 किस चक्रवृद्धि ब्याज की दर से 44,000 रु. की धनराशि 2 वर्ष में से 48,510 रु. हो जाएगी, अगर ब्याज वार्षिक संयोजित होता है?

A. 5% प्रति वर्ष **B.** 6% प्रति वर्ष

C. 10% प्रति वर्ष **D.** 9% प्रति वर्ष

Q.70 60 मिमी व्यास के एक ठोस गोले को 144 सेमी लंबाई के तार में फैलाने के लिए पिघलाया जाता है। तार का व्यास क्या है?

A. 0.5 सेमी **B.** 1 सेमी **C.** 1.5 सेमी **D.** 2 सेमी

Q.71 समान मूल्यों से जुड़ने के लिए उपयोग की जाने वाली रेखाओं द्वारा बनाए गए आदमी को _____ कहा जाता है।

A. डॉट मानचित्र **B.** आईसोप्लेथ मानचित्र

C. चोरोप्लेथ मानचित्र **D.** उपरोक्त में से कोई नहीं

Q.72 निम्नलिखित भारतीय राज्यों में से 'कर्क रेखा' किसके पार नहीं गुजरती है?

A. गुजरात **B.** मिजोरम

C. पश्चिम बंगाल **D.** उत्तर प्रदेश

Q.73 निम्नलिखित में से किसकी पृथ्वी के इतिहास में सबसे लंबी अवधि है?

A. अवधि **B.** कल्प **C.** युग **D.** युगारंभ

Q.74 'द कैमल', 'द मोंगोज़', 'कबूम' और 'एल्यूमीनियम' क्या हैं जो हाल ही में चर्चा में रहे हैं?

A. क्रिकेट का बल्ला **B.** सैन्य कोड

C. स्काड्रूनों **D.** शतरंज की चाल

Q.75 ICC अंडर -19 विश्व कप 2020 टूर्नामेंट की मेजबानी किस देश को करनी है?

A. इंगलैंड **B.** न्यूज़ीलैंड

C. दक्षिण अफ्रीका **D.** जिम्बाब्वे

Q.76 A, B और C की दैनिक आय का औसत 250 रुपये है। यदि B, C से 30 रुपये अधिक कमाता है और A, C से दोगुना कमाता है। तो C की दैनिक आय क्या है?

A. 195 रुपये **B.** 190 रुपये **C.** 180 रुपये **D.** 185 रुपये

Q.77 यदि 210 को 6, 7, 5 और 3 के आनुपातिक में चार भागों में बाँटा जाना है तो सबसे बड़ा भाग क्या है?

A. 70 **B.** 60 **C.** 80 **D.** 30

Q.78 जैन धर्म का पहला संस्थापक किसे माना जाता है?

A. पार्श्वनाथ **B.** ऋषभदेव **C.** नेमिनाथ **D.** अरिष्टनेमि

Q.79 जब ग्लिसरॉल HI की उच्च मात्रा के साथ मिलाया जाता है, तो यह उत्पादन करता है:

A. 2-आयोडोप्रोपेन **B.** एलिल आयोडाइड

C. प्रोपीन **D.** ग्लिसरॉल ट्रायोडाइड

Q.80 एक धनायन का आवेश / आकार अनुपात इसकी ध्रुवीकरण शक्ति को निर्धारित करता है। निम्नलिखित में से कौन सा अनुक्रम कटियन प्रजातियों के ध्रुवीकरण की ताकत के बढ़ते क्रम का प्रतिनिधित्व करता है, $K^+, Ca^{2+}, Mg^{2+}, Be^{2+}$?

A. $Mg^{2+} < Be^{2+} < K^+ < Ca^{2+}$

B. $Be^{2+} < K^+ < Ca^{2+} < M^{2+}$

C. $K^+ < Ca^{2+} < Mg^{2+} < Be^{2+}$

D. $Ca^{2+} < Mg^{2+} < Be^{2+} < K^+$

Q.81 निम्नलिखित में से कौन सा/से जोड़ा/जोड़े सही ढंग से मेल नहीं खाता/खाते है/हैं?

लेखक का नाम	पुस्तक का शीर्षक
1. आर.सी. दत्त	इकोनॉमिक हिस्ट्री ऑफ इंडिया
2. बाल गंगाधर तिलक	द ड्रेन ऑफ वेल्थ एंड इंडियन नेशनलिज़्म ऐट द टर्न ऑफ द सेंचुरी
3. डब्ल्यू डिगली	प्रोस्पेरेस ब्रिटिश इंडिया
4. वी. एंस्टी	इकोनॉमिक डेवलपमेंट ऑफ इंडिया

A. केवल 1 और 2 **B.** केवल 2

C. केवल 1 और 3 **D.** केवल 2 और 3

Q.82 नाभिक की खोज किसने की?

A. थॉमसन **B.** अर्नेस्ट रदरफोर्ड

C. जेम्स चाडविक **D.** जेम्स रदरफोर्ड

Q.83 परिसर्प रोग _____ के कारण होता है।

A. बैक्टीरिया **B.** प्रोटोजोआ **C.** कवक **D.** विषाणु

Q.84 पहला रेलवे इंजन का आविष्कार _____ द्वारा किया गया था।

A. जेम्स वॉट **B.** आइजैक न्यूटन

C. रिचर्ड ट्रेविथिक **D.** जॉर्ज स्टीफनसन

Q.85 बॉलपॉइंट कलम का आविष्कार किसने किया?

A. बिरो ब्रदर्स **B.** वाटरमैन ब्रदर्स

C. बिस्क ब्रदर्स **D.** राइट ब्रदर्स

Ques (86-87):Direction: In the following question, a sentence has been given in Active/Passive Voice. Out of the four alternatives suggested, select the one which best expresses the same sentence in Passive/Active Voice.

Q.86 This bottle contains milk.

A. Milk is contained in this bottle

B. Milk is contained by this bottle

C. Milk was contained in this bottle

D. Milk is contained for this bottle

Q.87 Rabindranath Tagore wrote the 'Gitanjali'.

A. The 'Gitanjali' was written by Rabindranath Tagore

B. The 'Gitanjali' is written by Rabindranath Tagore

C. The 'Gitanjali' is being written by Rabindranath Tagore

D. The 'Gitanjali' has been written by Rabindranath Tagore

Q.88 नीचे दी गयी आकृति में, प्रत्येक बड़े वृत्त का व्यास R है। छायांकित वृत्त का व्यास क्या है?

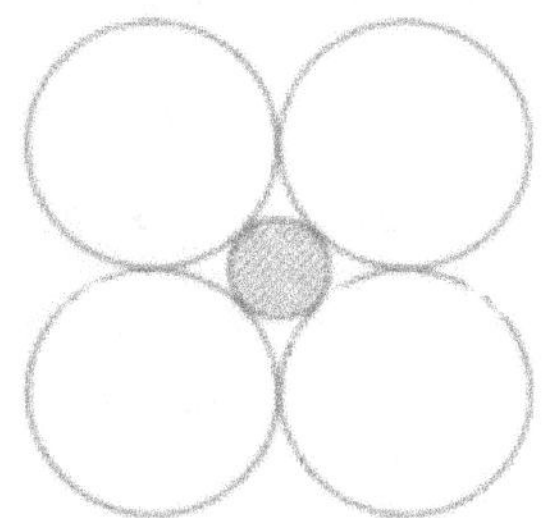

A. $R(2 - \sqrt{2})$ **B.** $R\sqrt{2}$

C. $R(\sqrt{2} + 1)$ **D.** $R(\sqrt{2} - 1)$

Q.89 आकृति में, O वृत्त का केंद्र है। यदि छायांकित क्षेत्र का क्षेत्रफल 112 सेमी ^{2} है, तो वृत्त का व्यास ज्ञात कीजिए।

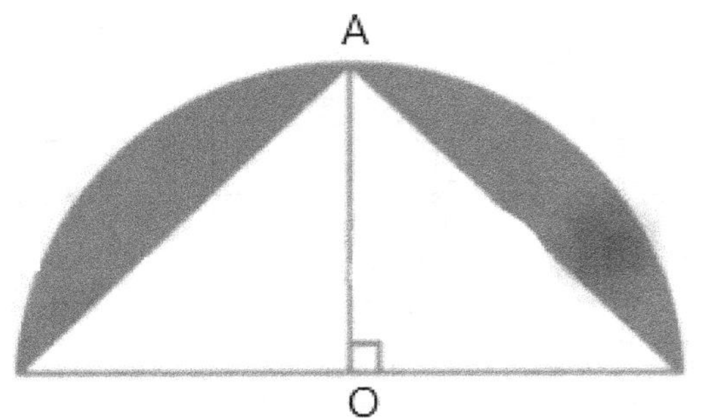

A. 21 सेमी   **B.** 28 सेमी   **C.** 14 सेमी   **D.** 7 सेमी

Ques (90-92):Direction: There are four jumbled sentences given below. Select the option that gives their correct order.

Q.90 A: This quantity, called the Long Period Average (LPA), is a mean of monsoon rainfall from 1961-2010.

B: The India Meteorological Department (IMD) has forecast a 'normal' monsoon for this year.

C: The IMD, for over 20 years now, follows a two-stage monsoon forecast system. After the prognosis in April, it gives an updated estimate in late May or early June.

D: In the agency's parlance, normal implies that the country will get 96% to 104% of the 88 cm that it gets from June-September.

[NCHM JEE (Hotel Mgmt & Catering), 2016]

A. CADB   **B.** BDAC   **C.** CBAD   **D.** BCAD

Q.91 A: The lion was struggling to get out and started to whimper.

B: They tied him up against a tree.

C: Soon, the mouse walked and noticed the lion in trouble and he helped him.

D: One day, a few hunters came into the forest and took the lion with them.

[NCHM JEE (Hotel Mgmt & Catering), 2016]

A. DBAC   **B.** DCBA   **C.** BACD   **D.** DABC

Q.92 A: It is responsible for the issue and supply of the Indian rupee and the regulation of the Indian banking system.

B: RBI is India's central bank and regulatory body under the jurisdiction of Ministry of Finance , Government of India.

C: Its top official is designated as Governor who is a civil servant of the IAS or IES or ISS cadre.

D: It also manages the country's main payment systems and works to promote its economic development.

[NCHM JEE (Hotel Mgmt & Catering), 2016]

A. BCDA   **B.** BDAC   **C.** DCBA   **D.** BADC

Q.93 स्तरीकरण के कार्यात्मक सिद्धांत _______ द्वारा प्रतिपादित है।
A. डेविस एंड पार्सन्स   **B.** पार्सन्स और रॉस
C. डेविस और मूर   **D.** गुड और हट

Q.94 लिंगानुपात से क्या तात्पर्य है ?
A. किसी जनसंख्या में महिलाओं की संख्या और पुरुषों की संख्या के बीच का अनुपात
B. किसी जनसंख्या में वयस्क पुरुष और वयस्क महिलाओं की संख्या के बीच का अनुपात
C. पुरुष और महिला के बीच संबंध
D. किसी जनसंख्या में प्रति 1000 पुरुषों पर महिलाओं की संख्या

Q.95 भारतीय INSET प्रणाली _____ में स्थापित की गई थी।
A. 1981   **B.** 1982   **C.** 1983   **D.** 1984

Ques (96-100):निर्देश: निम्नलिखित बार ग्राफ का ध्यानपूर्वक अध्ययन कीजिए और निम्नलिखित प्रश्नों का उत्तर दीजिए।

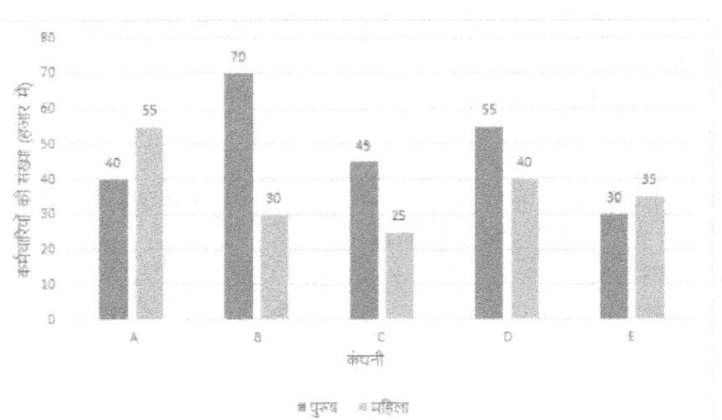

Q.96 पाँच कंपनियों में पुरुष कर्मचारियों और महिला कर्मचारियों की संख्या के बीच अंतर ज्ञात कीजिए।
A. 50000   **B.** 61000   **C.** 51000   **D.** 55000

Q.97 कंपनी D में पुरुष कर्मचारी, पाँच कंपनियों में कुल पुरुष कर्मचारियों का लगभग कितना प्रतिशत हैं?
A. 29%   **B.** 28%   **C.** 30%   **D.** 23%

Q.98 पांच कंपनियों में कर्मचारियों की औसत संख्या ज्ञात कीजिए।
A. 88000   **B.** 85000   **C.** 81000   **D.** 80000

Q.99 एक कंपनी E में महिला कर्मचारियों की संख्या लगभग उसी कंपनी में कुल कर्मचारियों से लगभग कितने प्रतिशत कम है?
A. 46%   **B.** 49%   **C.** 41%   **D.** 40%

Q.100 कंपनी B और C के कुल कर्मचारियों की संख्या के बीच का अनुपात ज्ञात कीजिए।
A. 1 : 5   **B.** 7 : 3   **C.** 5 : 4   **D.** 10 : 7

// स्मार्ट उत्तर पुस्तिका //

सही उत्तर — उन छात्रों का प्रतिशत जिन्होंने प्रश्नों का सही उत्तर दिया था। **छोड़ दिया** — उन छात्रों का प्रतिशत जिन्होंने प्रश्नों को छोड़ दिया था।

प्रश्न संख्या	उत्तर	सही उत्तर / छोड़ दिया
1	D	68.83 % / 1.82 %
2	D	14.92 % / 3.15 %
3	A	50.94 % / 1.71 %
4	A	51.91 % / 1.1 %
5	C	12.2 % / 3.51 %
6	B	62.98 % / 1.19 %
7	C	53.04 % / 1.87 %
8	D	53.11 % / 1.01 %
9	A	83.55 % / 0.0 %
10	D	81.62 % / 0.0 %
11	B	43.0 % / 1.89 %
12	B	83.34 % / 0.0 %
13	A	43.45 % / 1.64 %
14	A	27.9 % / 4.65 %
15	C	78.02 % / 0.0 %
16	A	86.5 % / 0.0 %
17	C	16.02 % / 4.29 %

प्रश्न संख्या	उत्तर	सही उत्तर / छोड़ दिया
18	B	79.38 % / 0.0 %
19	C	87.67 % / 0.0 %
20	B	66.14 % / 1.13 %
21	D	62.93 % / 1.8 %
22	B	76.93 % / 0.0 %
23	A	60.87 % / 1.47 %
24	C	32.17 % / 4.82 %
25	B	67.61 % / 1.3 %
26	D	66.86 % / 1.24 %
27	C	41.19 % / 1.44 %
28	D	76.37 % / 0.0 %
29	B	89.57 % / 0.0 %
30	A	66.42 % / 1.91 %
31	C	46.5 % / 1.76 %
32	D	76.67 % / 0.0 %
33	D	57.46 % / 1.89 %
34	B	52.8 % / 1.8 %

प्रश्न संख्या	उत्तर	सही उत्तर / छोड़ दिया
35	B	40.42 % / 1.8 %
36	C	84.28 % / 0.0 %
37	C	54.55 % / 1.36 %
38	B	78.38 % / 0.0 %
39	A	10.52 % / 4.44 %
40	B	53.22 % / 1.73 %
41	B	78.42 % / 0.0 %
42	C	89.27 % / 0.0 %
43	B	78.54 % / 0.0 %
44	D	10.43 % / 4.77 %
45	D	11.86 % / 3.45 %
46	D	10.41 % / 3.23 %
47	D	22.35 % / 3.18 %
48	A	32.31 % / 3.28 %
49	A	45.57 % / 2.0 %
50	A	24.62 % / 4.89 %
51	D	54.16 % / 1.31 %

प्रश्न संख्या	उत्तर	सही उत्तर / छोड़ दिया
52	D	42.87 % / 1.17 %
53	A	87.0 % / 0.0 %
54	A	67.49 % / 1.45 %
55	C	76.62 % / 0.0 %
56	B	40.09 % / 1.88 %
57	A	40.18 % / 1.2 %
58	D	67.57 % / 1.13 %
59	A	50.1 % / 1.51 %
60	A	56.62 % / 1.3 %
61	B	59.95 % / 1.67 %
62	B	77.2 % / 0.0 %
63	C	84.64 % / 0.0 %
64	A	76.51 % / 0.0 %
65	C	87.36 % / 0.0 %
66	D	57.6 % / 1.64 %
67	D	40.3 % / 1.65 %
68	D	85.86 % / 0.0 %

प्रश्न संख्या	उत्तर	सही उत्तर / छोड़ दिया
69	A	21.73 % / 4.57 %
70	B	80.11 % / 0.0 %
71	B	87.55 % / 0.0 %
72	D	88.66 % / 0.0 %
73	B	84.43 % / 0.0 %
74	A	56.3 % / 1.03 %
75	C	41.95 % / 1.65 %
76	C	67.96 % / 1.62 %
77	A	53.3 % / 1.38 %
78	B	62.08 % / 1.67 %
79	A	68.41 % / 1.77 %
80	C	69.78 % / 1.03 %
81	B	67.01 % / 1.61 %
82	B	77.13 % / 0.0 %
83	D	43.64 % / 1.88 %
84	C	49.65 % / 1.22 %
85	A	69.61 % / 1.33 %

प्रश्न संख्या	उत्तर	सही उत्तर / छोड़ दिया
86	A	60.59 % / 1.39 %
87	A	79.57 % / 0.0 %
88	D	54.15 % / 1.15 %
89	B	66.34 % / 1.38 %
90	B	64.33 % / 1.96 %
91	A	55.97 % / 1.66 %
92	D	42.37 % / 1.77 %
93	C	46.98 % / 1.97 %
94	D	89.57 % / 0.0 %
95	C	69.58 % / 1.58 %
96	D	87.16 % / 0.0 %
97	D	49.32 % / 1.94 %
98	B	53.37 % / 1.6 %
99	A	48.0 % / 1.82 %
100	D	49.19 % / 1.85 %

//संकेत और समाधान//

1. मार्च 2018 तक भारत का सबसे तेज सुपर कम्प्यूटर प्रत्युष है।

प्रत्युष की स्थापना पुणे में भारतीय उष्णकटिबंधीय मौसम विज्ञान संस्थान (आईआईटीएम) में की गई है और इसका उपयोग मौसम और जलवायु पूर्वानुमान के लिए किया जाता है।

भारत के सबसे शक्तिशाली सुपरकंप्यूटर प्रत्युष, देश का पहला बहु-पेटाफ्लॉप उपकरण है, जिसका उपयोग मौसम और जलवायु भविष्यवाणियों को बेहतर बनाने के लिए किया जा रहा है, ने दुनिया के शीर्ष 500 सुपर कंप्यूटरों की सूची में 39वें स्थान पर जगह बनाई है।

- 4 पेटाफ्लॉप सुपरकंप्यूटर ने पहली बार उच्च 300s से लेकर 50 की सूची में भारत की रैंकिंग में सुधार किया है।
- एक पेटाफ्लॉप प्रति मिलियन मिलियन फ्लोटिंग पॉइंट ऑपरेशन है और यह एक सिस्टम की कंप्यूटिंग क्षमता का प्रतिबिंब है।
- प्रत्युष का उपयोग अधिक सटीक मौसम और जलवायु पूर्वानुमान करने के लिए किया जाएगा, जिसमें सभी महत्वपूर्ण मानसून पूर्वानुमान शामिल हैं।

अतः विकल्प (D) सही है।

2. सत्येंद्र प्रकाश ने 1 अगस्त 2022 को पत्र सूचना ब्यूरो (PIB) के प्रधान महानिदेशक के रूप में पदभार ग्रहण किया।

वह 1988 बैच के भारतीय सूचना सेवा अधिकारी हैं। उन्होंने जयदीप भटनागर, जो 31 जुलाई 2022 को सेवानिवृत्त हुए, का स्थान लिया।इससे पहले सत्येंद्र प्रकाश केंद्रीय संचार ब्यूरो के प्रधान महानिदेशक के पद पर कार्यरत थे।

अतः विकल्प (D) सही है।

3. पटना के पास राज्य की एकमात्र जीनोम सीक्वेंसिंग लैब है। पटना स्थित इंदिरा गांधी इंस्टीट्यूट ऑफ मेडिकल साइंसेज (आईजीआईएमएस) में बिहार की पहली और एकमात्र जीनोम-अनुक्रमण सुविधा अभिकर्मकों की कमी के कारण पिछले सप्ताह से गैर-संचालन हो गई है। कोविड - 19 के ओमिक्रॉन संस्करण का पता लगाने के लिए इस समय राज्य में किसी भी नमूने का परीक्षण नहीं किया जा रहा है।

अतः विकल्प (A) सही है।

4. बेंगलुरु में इंडिया ग्लोबल फोरम (IGF) 7 और 8 मार्च 2022 को आयोजित किया किया गया था। IGF अंतरराष्ट्रीय व्यापार और वैश्विक नेताओं के लिए एजेंडा-सेटिंग फोरम है।

इसमें कौशल विकास एवं उद्यमिता राज्य मंत्री श्री. राजीव चंद्रशेखर भाग लेंगे। यह बेंगलुरु में IGF का पहला संस्करण है। पिछले संस्करणों की मेजबानी दुबई और UK में की गई थी।

अतः विकल्प (A) सही है।

5. The meaning of the given idiom **to be at one's finger's end** is **to be completely conversant with**.

To be at one's finger's end means within one's range of skills or knowledge.

Example: Every solution should **be at one's finger's end** to qualify for this exam.

Hence, the correct option is (C).

6. The meaning of the given idiom **elbow room** is **to give enough space to move or work in**.

Elbow room means adequate space to move or work in.

Example: At first the management gave the new director plenty of **elbow room.**

Hence, the correct option is (B).

7. मेजर सोमनाथ शर्मा 44वीं बटालियन कुमाऊँ रेजिमेंट से परमवीर चक्र प्राप्त करने वाले पहले व्यक्ति थे।

परमवीर चक्र भारत का सर्वोच्च युद्ध वीरता पुरस्कार है। परमवीर चक्र का पदक सावित्री खानोलकर द्वारा डिजाइन किया गया था। परमवीर चक्र भारत की सर्वोच्च सैन्य सजावट है, जिसे युद्ध के दौरान वीरता के विशिष्ट कार्यों को प्रदर्शित करने के लिए दिया जाता है। परमवीर चक्र 26 जनवरी 1950 को और 15 अगस्त 1947 से लागू किया गया था।

अतः विकल्प (C) सही है।

8. कवि 'गुमानी' का वास्तविक नाम गुमानी पंत था।

गुमानी पंत काशीपुर के दरबार में एक कवि थे, जो संस्कृत और हिंदी कविताओं के जानकार थे। उन्हें कुमाऊँनी और नेपाली के पहले कवि के रूप में भी जाना जाता था। उन्हें खादी बोली में कविताएं लिखने या लिखने वाले पहले कवि भी माना जाता था। यह वही थे जिन्होंने खादी बोलियों की कविताओं की परंपरा शुरू की थी और केंद्रीय मैदानों में कुमाऊँनी कविता का परिचय देते हुए उन्हें एक प्राचीन कुरमांचल कवि साबित किया था।

अतः विकल्प (D) सही है।

9. दिया है: $\dfrac{x}{\sqrt{128}} = \dfrac{\sqrt{162}}{x}$

फिर $x^2 = \sqrt{128 \times 162}$

$$= \sqrt{64 \times 2 \times 18 \times 9}$$

$$= \sqrt{8^2 \times 6^2 \times 3^2}$$

$$= 8 \times 6 \times 3$$

$$= 144$$

$$\therefore \quad x = \sqrt{144} = 12$$

अतः विकल्प (B) सही है।

10. दिया है:

$$\sqrt{10 + \sqrt{25 + \sqrt{121}}}$$

$$= \sqrt{10 + \sqrt{15 + 11}}$$

$$= \sqrt{10 + 6} = \sqrt{16} = 4$$

अतः विकल्प (D) सही है।

11. n तत्वों का माध्य= सभी n तत्वों का योग/तत्वों की कुल संख्या (n)

श्रृंखला का योग $x_1, x_2, x_3 \ldots \ldots, x_n$ is given $= k$

$$x_1 + x_2 + x_3 \ldots \ldots + x_n = k$$

श्रृंखला का योग $ax_1, ax_2, ax_3 \ldots \ldots, ax_n$

$$S = ax_1 + ax_2 + ax_3 \ldots \ldots + ax_n$$

$$\Rightarrow S = a(x_1 + x_2 + x_3 \ldots \ldots + x_n)$$

$$\Rightarrow S = ak$$

अब श्रृंखला का माध्य $ax_1, ax_2, ax_3 \ldots \ldots, ax_n$

$$M = \frac{S}{n}$$

$$\Rightarrow M = \frac{ak}{n}$$

अतः विकल्प (B) सही है।

12. दिया गया है:

माध्यिका = 7 और माध्य = 5

बहुलक = 3(माध्यिका) - 2(माध्य)

बहुलक = 3 × 7 − 2 × 5

= 11

∴ बहुलक 11 है।

अतः विकल्प (B) सही है।

13. मूल्यांकन समय की अवधि में एकत्र किए गए गुणात्मक और मात्रात्मक डेटा दोनों के आधार पर मूल्य निर्णय लेने की प्रक्रिया को संदर्भित करता है। CCE दो अलग-अलग प्रकार के मूल्यांकन का वर्णन करता है जिसमें 'रचनात्मक' और 'योगात्मक' मूल्यांकन शामिल हैं।

'रचनात्मक मूल्यांकन' एक प्रकार का मूल्यांकन है जो शिक्षण-अधिगम प्रक्रिया के दौरान बच्चे की प्रगति की निगरानी करने के लिए संदर्भित करता है। मौखिक परीक्षण, उपाख्यानात्मक रिकॉर्ड, पोर्टफोलियो, कक्षा परीक्षण, आदि रचनात्मक मूल्यांकन के उपकरण हैं।

अतः विकल्प (A) सही है।

14. क्रोनबैक ने कार्मिक चयन परीक्षणों को दो व्यापक श्रेणियों में वर्गीकृत किया, अधिकतम परीक्षण और विशिष्ट प्रदर्शन के परीक्षण। प्रदर्शन से संबंधित बाधाओं की पहचान करने के लिए संगठन प्रदर्शन, परीक्षण चलाएंगे।

कथन I: अधिकतम प्रदर्शन परीक्षण परीक्षार्थी के ज्ञान और क्षमताओं की ऊपरी सीमा का आकलन करने के लिए डिज़ाइन किए गए हैं।

अधिकतम प्रदर्शन यह है कि जितना संभव हो उतना प्रयास करने पर व्यक्ति कैसा प्रदर्शन करता है। अधिकतम प्रदर्शन परीक्षणों की विशिष्ट विशेषता यह है कि वे यह आकलन करना चाहते हैं कि लोग अपने सर्वश्रेष्ठ प्रदर्शन में कितना या कितना अच्छा प्रदर्शन कर सकते हैं। इसलिए, उम्मीदवारों को सर्वश्रेष्ठ स्कोर अर्जित करने के लिए अच्छा प्रदर्शन करने के लिए प्रोत्साहित किया जाता है, वे कर सकते हैं।

अधिकतम कार्य प्रदर्शन तब होता है जब लोग जानते हैं कि उनके प्रदर्शन का मूल्यांकन तब किया जा रहा है जब उन्हें बहुत प्रयास करने के निर्देश मिलते हैं, और जब मूल्यांकन की अवधि इतनी कम होती है कि कलाकार कार्य पर ध्यान केंद्रित कर सकें। इस प्रकार, अधिकतम प्रदर्शन परीक्षण परीक्षार्थी के ज्ञान और क्षमताओं की ऊपरी सीमा का आकलन करने के लिए डिज़ाइन किए गए हैं।

अतः विकल्प (A) सही है।

15. पहला पद a और सार्व अंतर d के साथ समांतर श्रेणी के n पदों का योग इसके द्वारा दिया जाता है:

$$S_n = \frac{n}{2} \times [2a + (n-1)d]$$

दिया हुआ: 1 + 3 + 5 + 7 + ……….

श्रृंखला एक समांतर श्रेणी श्रृंखला है।

दी गई समांतर श्रेणी श्रृंखला के लिए पहला पद a = 1 है और सार्व अंतर d = 2 है।

जैसा कि हम जानते हैं कि

$$S_n = \frac{n}{2} \times [2a + (n-1)d]$$

उपरोक्त समीकरण में a = 1 और d = 2 को प्रतिस्थापित करके हम प्राप्त करते हैं

$$\Rightarrow S_n = \frac{n}{2}[2 \times 1 + (n-1) \times 2]$$

$$\therefore S_n = \frac{n}{2}[2 + 2n - 2] = \frac{n}{2} \times 2n = n^2$$

अतः विकल्प (C) सही है।

16. जैसा कि हम जानते हैं, 625 का मूल = 25 और 484 का मूल = 22

इसलिए, $\sqrt{625} + \sqrt{484}$

⇒ 25 + 22

⇒ 47

अतः विकल्प (A) सही है।

17. इसकी स्थापना 1934 में बंबई में जयप्रकाश नारायण, मीनू मसानी, राम मनोहर लोहिया और आचार्य नरेंद्र देव द्वारा की गई थी। प्रारम्भ से ही, सभी कांग्रेस समाजवादी इन आधारभूत प्रस्तावों पर सहमत थे कि:

भारत में प्राथमिक संघर्ष स्वतंत्रता के लिए राष्ट्रीय संघर्ष था और समाजवाद के मार्ग पर राष्ट्रवाद एक आवश्यक चरण था, समाजवादियों को राष्ट्रीय कांग्रेस में रहते हुए कार्य करना चाहिए क्योंकि यह राष्ट्रीय संघर्ष का नेतृत्व करने वाला प्राथमिक निकाय था। अपने उद्देश्य को प्राप्त करने के लिए उन्हें अपने वर्ग संगठनों में श्रमिकों व किसानों को संगठित करना होगा, अपनी आर्थिक मांगों के लिए संघर्ष करना होगा और उन्हें राष्ट्रीय संघर्ष का सामाजिक आधार बनाना होगा।

अतः विकल्प (C) सही है।

18. The word 'absently' means lost in thought and unaware of one's surroundings or actions.

The word 'alertly' means the state of being constantly attentive and responsive to signs of opportunity, activity, or danger.

Thus, we can say that 'alertly' is the opposite in meaning to the given word.

Hence, the correct option is (B).

19. The word 'educated' means having or displaying advanced knowledge or education.

The word 'ignorant' means lacking knowledge or awareness in general; uneducated or unsophisticated.

Thus, we can say that 'ignorant' is the opposite in meaning to the given word.

Hence, the correct option is (C).

20. The preposition 'in' is used for showing when something happens.

Complete Sentence: Simulations of the 20th century by climate models that exclude the observed increase in greenhouse gases fail to simulate the increase in temperature over the second half of the 20th century.

Hence, the correct option is (B).

21. The preposition 'at' is used while referring to someone's age.

Complete Sentence: In extremely poor societies, children can be put to work at a young age and are therefore a source of income.

Hence, the correct option is (D).

22. The preposition 'to' is used when someone is affected by something.

Complete Sentence: People who are averse to hard work, generally do not succeed in life.

Hence, the correct option is (B).

23. The error is in part (A) of the sentence. "These days" indicates that the sentence is about the present situation, therefore, the sentence should be written in the present tense.

Replace "was" by "is". Or change "these days" to "those days" if want to keep the sentence in the past tense.

Hence, the correct option is (A).

24. यह दिया गया है कि,

दोनों p और q समुच्चय {1, 2, 3, 4} से सम्बन्ध रखते है और $px^2 + qx + 1 = 0$ प्रकार समीकरण के शून्यक वास्तविक है।

$px^2 + qx + 1 = 0$ समीकरण की मानक द्विघात समीकरण $ax^2 + bx + c = 0$ से तुलना करने पर, हमे प्राप्त होगा, a = p, b = q और c = 1.

हम जानते हैं कि,

विविक्तकर (D) = $b^2 - 4ac$

इसलिए, प्रश्नानुसार,

D = $q^2 - 4p$

∵ शून्यक वास्तविक है।

$⇒ D ≥ 0 ⇒ q^2 - 4p ≥ 0$

$⇒ q^2 ≥ 4p$

∵ p और q समुच्चय {1, 2, 3, 4} से सम्बन्ध रखते है।

स्थिति -1:

यदि p = 1 तब $q^2 ≥ 4 ⇒ q ∈ \{2, 3, 4\}$

इसलिए, p = 1, के लिए q के 3 मान हो सकते है।

इसलिए, p = 1.के लिए $px^2 + qx + 1 = 0$ प्रकार की तीन समीकरण बन सकती है।

स्थिति -2:

यदि p = 2 तब $q^2 ≥ 8 ⇒ q ∈ \{3, 4\}$

इसलिए, p = 2, के लिए q के दो मान हो सकते है।

इसलिए, p = 2.के लिए $px^2 + qx + 1 = 0$ प्रकार की दो समीकरण बन सकती है।

स्थिति -3:

यदि p = 3 तब $q^2 ≥ 12 ⇒ q ∈ \{4\}$

इसलिए, p = 1, के लिए q का 1 मान हो सकता है।

इसलिए, p = 3.के लिए $px^2 + qx + 1 = 0$ प्रकार की केवल एक समीकरण बन सकती है।

स्थिति-4:

यदि p = 4 तब $q^2 ≥ 16 ⇒ q ∈ \{4\}$

इसलिए, p = 4, के लिए q का 1 मान हो सकता है।

इसलिए, p = 4 के लिए $px^2 + qx + 1 = 0$ प्रकार की केवल एक समीकरण बन सकती है।

इसलिए कुल मिलाकर हमे 3 + 2 + 1 + 1 = 7, $px^2 + qx + 1 = 0$ प्रकार की सम्भव द्विघात समीकरण प्राप्त होगी एवं ये p और q से बनाई जा सकती है इस प्रकार कि दोनों, समुच्चय {1, 2, 3, 4} से सम्बन्ध रखते है।

अतः विकल्प (C) सही है।

25. दिया गया है,

$$x = 3 + 2\sqrt{2}$$
$$⇒ x = 2 + 1 + 2\sqrt{2}$$
$$⇒ x = \left(\sqrt{2} + 1\right)^2$$
$$⇒ \sqrt{x} = \sqrt{2} + 1$$
$$⇒ \frac{1}{\sqrt{x}} = \frac{1}{\sqrt{2}+1}$$
$$⇒ \frac{1}{\sqrt{x}} = \frac{1}{\sqrt{2}+1} \times \frac{\sqrt{2}-1}{\sqrt{2}-1}$$
$$⇒ \frac{1}{\sqrt{x}} = \sqrt{2} - 1$$
$$∴ \sqrt{x} - \frac{1}{\sqrt{x}}$$
$$= \sqrt{2} + 1 - \left(\sqrt{2} - 1\right)$$
$$= \sqrt{2} + 1 - \sqrt{2} + 1$$
$$= 2$$

अतः विकल्प (B) सही है।

26. "भारत का गिरजाघर", जिसे भुवनेश्वर के नाम से जाना जाता है, कभी एक प्राचीन कलिंग साम्राज्य की राजधानी थी।

उड़ीसा की आधुनिक राजधानी भुवनेश्वर है, जिसका अर्थ है "ब्रह्मांड का भगवान।" त्रिभुवनेश्वर, या "तीन लोकों के भगवान," यहां शिव का नाम है, और शहर का नाम उनसे मिलता है। भुवनेश्वर 7,000 से अधिक मंदिरों का घर हुआ करता था। पवित्र शहर पुरी और कोणार्क के साथ-साथ यह शहर स्वर्ण त्रिभुज का एक महत्वपूर्ण हिस्सा है।

अतः विकल्प (D) सही है।

27. ज़ात और सवार मनसबदारी प्रशासनिक प्रथा से संबंधित हैं।

मनसबदार अकबर द्वारा शुरू की गई एक सैन्य इकाई थी। इसका अर्थ है स्थान या पद। मंसब का दोहरा प्रतिनिधित्व था, एक अश्वारोही सेना पद था जिसे सवार कहा जाता था, जबकि दूसरा व्यक्तिगत पद था जिसे जात कहा जाता था।

अत: विकल्प (C) सही है।

28. किसी वस्तु का मापन उसके आकार, आकार, परिधि, क्षेत्र आदि को मापने के लिए किया जाता है ताकि उसकी विशेषताओं का सटीक अंदाजा लगाया जा सके।

शिक्षक को पहले प्राथमिक स्तर पर गैर-मानकीकृत उपायों का परिचय देना चाहिए क्योंकि बच्चे कुछ हद तक उनसे परिचित हैं और उनसे आसानी से संबंधित हो सकते हैं।

अतः विकल्प (D) सही है।

29. गणित संख्या, आकार, मात्रा और पैटर्न का अध्ययन है। गणित की प्रकृति तार्किक है और यह तर्क पर निर्भर करती है और सीखने को बच्चों के दैनिक जीवन से जोड़ती है।

अतःविकल्प (B) सही है।

30. स्कार्दू लद्दाख की शीतकालीन राजधानी है।

स्कर्दू गिलगित - बाल्टिस्तान क्षेत्र (वर्तमान में पाकिस्तान द्वारा अधिकृत) में एक जगह है। यह काराकोरम पर्वत श्रृंखला के आठ-हज़ार लोगों के लिए एक महत्वपूर्ण प्रवेश द्वार के रूप में कार्य करता है। "स्कर्दू" शब्द "दो उच्च स्थानों के बीच एक निम्न भूमि" को संदर्भित करता है। इस जिले का क्षेत्रफल 77 वर्ग किमी है। इस क्षेत्र में ठंडी शुष्क जलवायु है। स्कर्दू किले का निर्माण राजा अली शेर खान अंचन ने करवाया था। इस किले को "खारफोचो किला" भी कहा जाता है। इस किले में लेह किले के समान डिजाइन है।

अतः विकल्प (A) सही है।

31. $1111111111 = 111000000 + 111000 + 111$

$$\frac{111111111}{111}$$

$$= \frac{111000000}{111} + \frac{111000}{111} + \frac{111}{111}$$

$$= 1000000 + 1000 + 1$$

$$= 1001001$$

अतः विकल्प (C) सही है।

32. दिया है:

दो संख्याओं का म.स. प. और ल.स. प. क्रमशः 6 और 432 है।

प्रयुक्त सूत्र:

दोनों संख्याओं का गुणनफल = ल.स. प. × म. स. प.

माना दूसरी संख्या x है।

$\Rightarrow 6 \times 432 = 48 \times x$

$\Rightarrow x = 54$

∴ दूसरी संख्या 54 है।

अतः विकल्प (D) सही है।

33. 'गोल्डन थ्रेशोल्ड' सरोजिनी नायडू द्वारा लिखित कविताओं का एक संग्रह है।

1905 में प्रकाशित सरोजिनी नायडू की कविता की पहली नामांकित पुस्तक के बाद हेरिटेज होम का नाम 'गोल्डन थ्रेशोल्ड' रखा गया था। गोल्डन थ्रेशोल्ड हैदराबाद विश्वविद्यालय का एक ऑफ-कैंपस एनेक्सी है। इसका नाम प्रसिद्ध भारतीय कवि और राजनीतिक नेता सरोजिनी नायडू के नाम पर कविताओं के पहले संग्रह के नाम पर रखा गया था।

अतः विकल्प (D) सही है।

34. भारत सार्क (SAARC) देशों में सबसे अधिक आबादी वाला देश है, लेकिन सवाल में दिए गए विकल्पों के अनुसार, पाकिस्तान सबसे अधिक आबादी वाला देश है, जिसकी जनसंख्या 2018 में 200,813,818 है।

अतः विकल्प (B) सही है।

35. सार्क (SAARC) का मुख्यालय काठमांडू में है।

सार्क (SAARC) की स्थापना ढाका में 8 दिसंबर 1985 को हुई थी। इसका सचिवालय काठमांडू (नेपाल) में स्थित है। सार्क (SAARC) सचिवालय की स्थापना 16 जनवरी 1987 को काठमांडू में हुई थी और इसका उद्घाटन नेपाल के स्वर्गीय राजा बीरेंद्र बीर बिक्रम शाह ने किया था।

अतः विकल्प (B) सही है।

36. वर्ग का विकर्ण $=$ भुजा $\times \sqrt{2}$

$$\Rightarrow 24 = \text{भुजा} \times \sqrt{2}$$

$$\Rightarrow \text{भुजा} = 12\sqrt{2} \text{ सेमी}$$

वर्ग की परिधि $= 4 \times$ भुजा $= 4 \times 12\sqrt{2} = 48\sqrt{2}$ सेमी

∴ वर्ग की परिधि $48\sqrt{2}$ सेमी है

अतः विकल्प (C) सही है।

37. घन का आयतन $=$ चादर का आयतन

$$= (27 \times 8 \times 1) \text{ घन सेमी} = 216 \text{ घन सेमी}$$

घन की भुजा:

$\sqrt[3]{216}$ सेमी $= 6$ सेमी

चादर की सतहपृष्ठ

$$= 2(lb + bh + lh)$$

$$= 2(27 \times 8 + 8 \times 1 + 27 \times 1) \text{ वर्ग सेमी}$$

$$= (216 + 8 + 27) \text{ वर्ग सेमी}$$

$$= 502 \text{ वर्ग सेमी}$$

घन का सतहपृष्ठ:

$$= 6a^2$$

$$= (6 \times 6^2) \text{ वर्ग सेमी}$$

$$= 216 \text{ वर्ग सेमी}$$

∴ आवश्यक अन्तर,

$$= (502 - 216) \text{ वर्ग सेमी}$$

$$= 286 \text{ सेमी}^2 \text{ वर्ग सेमी}$$

अतः विकल्प (C) सही है।

38. उनके किनारों को a और b होने दें, फिर, $\frac{a^3}{b^3} = \frac{8}{27}$

$$\Rightarrow \left(\frac{a}{b}\right)^3 = \left(\frac{2}{3}\right)^3$$

$$\Rightarrow \frac{a}{b} = \frac{2}{3}$$

$$\Rightarrow \frac{a^2}{b^2} = \frac{4}{9}$$

$$\Rightarrow \frac{6a^2}{6b^2} = \frac{4}{9} \text{ या } 4:9$$

अतः विकल्प (B) सही है।

39. शर्ट का अंकित मूल्य $= 100$ रु

छूट = चिह्नित मूल्य का 10%

$$= \frac{10}{100} \times 100$$

$$= 10 \text{ रु}$$

पेंट का मूल्य $= 300$ रु

पेंट पर छूट = चिह्नित मूल्य का 20%

$$= \frac{10}{100} \times 300$$

$$= 60 \text{ रु}$$

3 ट्राउजर की चिह्नित कीमत $= 900$ रु

तो, पतलून पर कुल छूट $= 180$ रु

कुल अंकित मूल्य $= (900 + 10) = 1000$

इसलिए, कुल छूट $= (180 + 10)$

तो, प्रभावी छूट% $\% = \frac{190}{1000} \times 100$

$$= 19\%$$

इसलिए, प्रभावी छूट 19% होगी।

अत: विकल्प (A) सही है।

40. अनुच्छेद 151 लेखापरीक्षा रिपोर्ट:

(1) संघ के लेखों से संबंधित भारत के नियंत्रक-महालेखापरीक्षक की रिपोर्ट राष्ट्रपति को प्रस्तुत की जाएगी, जो उन्हें संसद के प्रत्येक सदन के समक्ष रखेगी।

(2) किसी राज्य के लेखाओं के संबंध में भारत के नियंत्रक-महालेखापरीक्षक की रिपोर्ट राज्य के राज्यपाल को प्रस्तुत की जाएगी, जो उन्हें राज्य के विधानमंडल के समक्ष रखेगी।

अतः विकल्प (B) सही है।

41. अनुच्छेद 61 लेख भारत के राष्ट्रपति के महाभियोग की बात करता है।

अनुच्छेद 61 के अनुसार, संविधान के उल्लंघन के आधार पर भारत के राष्ट्रपति पर महाभियोग चलाया जा सकता है। हालांकि संविधान के उल्लंघन की मात्रा को परिभाषित नहीं किया गया है। महाभियोग की प्रक्रिया किसी भी लोकसभा या राज्यसभा में शुरू हो सकती है। महाभियोग के आरोपों पर सदन के 1/4 सदस्यों द्वारा हस्ताक्षर किए जाने चाहिए जिसमें प्रक्रिया शुरू होती है और राष्ट्रपति को 14 दिनों का नोटिस दिया जाना चाहिए। महाभियोग विधेयक को सदन की कुल सदस्यता (विशेष बहुमत) के कम से कम दो-तिहाई बहुमत से पारित किया जाना है। एक उस सदन में पारित हो जाता है, बिल दूसरे सदन में पहुंच जाता है, जो आरोपों की जांच करेगा। ऐसी जांच के मामले में राष्ट्रपति को पेश होने और प्रतिनिधित्व करने का अधिकार है। यदि अन्य सदन भी उन आरोपों को बनाए रखता है, तो उसे फिर से विशेष बहुमत से विधेयक को पारित करने की आवश्यकता होगी और इस प्रकार राष्ट्रपति को उस कार्यालय

से हटा दिया जाता है जिस पर दूसरे सदन में विधेयक पारित किया जाता है। चूंकि यह स्वयं राष्ट्रपति को हटाने का विधेयक है, इसलिए यहां राष्ट्रपति की सहमति की आवश्यकता नहीं है।

अतः विकल्प (B) सही है।

42. शहीद दिवस 30 जनवरी को मनाया जाता है।

भारत में **शहीद दिवस** स्वतंत्रता हेतु लड़ने वाले शहीदों के सम्मान में मनाया जाता है। भारत सहित दुनिया के पंद्रह देश अपने स्वतंत्रता सेनानियों को श्रद्धांजलि देने हेतु शहीद दिवस मनाते हैं।

अतः विकल्प (C) सही है।

43. 7 मई को नोबेल पुरस्कार विजेता रवींद्रनाथ टैगोर के जन्मदिन के रूप में मनाया जाता है।

हर साल 7 मई को रवींद्रनाथ टैगोर जयंती के रूप में मनाया जाता है, यह दिन बंगाली महीने के 25 वें दिन बैसाख में पड़ता है। महान भारतीय बहुज्ञ (व्यक्ति) का जन्म इसी दिन 7 मई 1861 को हुआ था और वह एक बंगाली पॉलीमैथ थे - कवि, लेखक, नाटककार, संगीतकार, दार्शनिक, समाज सुधारक और चित्रकार भी थे।

अतः विकल्प (B) सही है।

44. "Almost 40 percent of people who participated in the poll were females."

It is clear that the participation of females is less than that of the males in the survey conducted by Local Circles to find out the opinion of the passengers regarding the railways services in the country.

Among the given options, option (A) is not correct since it does not follow from the passage whereas options (B) and (C) can be eliminated based on the same logic. Only option (D) is correct with reference to the participation of the females in the said survey.

Hence, the correct option is (D).

45. "On punctuality of trains, 66 percent of 8,122 people who took the poll during the last 12 months said the trains were delayed by upto one hour."

It is clear from the above lines that according to the results of the said survey, the trains are now running late as observed and experienced by the passengers.

Among the given options, option (D) is only correct since others do not follow from the given passage.

Hence, the correct option is (D).

46. "From the 7,739 people who voted on the question "how has cleanliness of trains and railway stations improved in last 12 months", about four-fifth felt there was an improvement. Specifically, 39 per cent felt there was marginal improvement, 38 per cent voted for "significant improvement". Over a fifth (23 percent) of train customers felt there was no improvement, including five per cent who felt the cleanliness of trains and stations have worsened."

It is clear from the above lines that most of the people who voted in the survey felt that there is a sense of improvement in the level of cleanliness in the trains run by the Indian Railways whereas very few felt that there was no improvement in the level of cleanliness, rather the same had deteriorated in the past year.

Among the given options, it is very clear that only option (D) can be considered since it describes the proper results of voting with regard to the cleanliness in the trains run by Indian Railways.

Hence, the correct option is (D).

47. "Tatkal fares have become "excessive", said almost three-fourth (74 percent) of the 8,165 people who answered a query on their experience with Tatkal ticket fares on Local Circles, a citizen interaction platform. Almost one-fifth polled found the charges "reasonable". Five per cent even found the charges "quite low".

It is quite clear that only 5% candidates have given the opinion that the tatkal fares in the railways are very low.

Among the given options, only option (D) is correct since it gives the correct data regarding the results of the survey.

Hence, the correct option is (D).

48. The word **dynamic** has been used in order to imply that there is a changing component in the pricing of tickets in case of tatkal tickets in the Indian Railways. This forms that changing part of the ticket price.

Among the given options, changing means the same as the word used in the passage whereas others are similar in meaning to the given word but not for this given context. Therefore they can be eliminated.

Hence, the correct option is (A).

49. 30 दिसंबर 1949 को, वे स्वतंत्र भारत के महावीर चक्र प्राप्त करने वाले पहले प्राप्तकर्ता बने।

21 अक्टूबर 1947 को, जम्मू और कश्मीर राज्य बलों को आदेश दिया गया कि वे अपनी सीमा के साथ हजारों पाकिस्तानी हमलावरों से लड़ें और उन्हें पीछे धकेला। सीमित गोला-बारूद के साथ छोटी टुकड़ी किसी भी सड़क संचार को रोक देती है, उन्होंने हमलावरों का डटकर मुकाबला किया। अगले दिन कोहला-डोमेल गैरीसन आक्रमणकारियों के पास गिरा। सैन्य स्टाफ के प्रमुख ब्रिगेडियर सिंह, आक्रमणकारियों से लड़ने के लिए एक स्तंभ का नेतृत्व करते हैं। इस बीच, महाराजा हरि सिंह ने ब्रिगेडियर सिंह की सहायता के लिए 100 की एक और टुकड़ी का आदेश दिया। उसे 4 दिनों के बाद मदद मिलने तक हमलावरों को पकड़ना पड़ा। उन्होंने भारतीय सेना की मदद से उड़ी-रामपुर सेक्टर का बचाव और सेवा की, लेकिन इस प्रक्रिया में अपने जीवन का बलिदान किए बिना नहीं रहे।

अतः विकल्प (A) सही है।

50. वन नेशन-वन राशन कार्ड (ONORC) योजना:

- वित्त मंत्री निर्मला सीतारमण ने बजट भाषण में कहा कि केंद्र सरकार की 'वन नेशन, वन राशन कार्ड' योजना को 32 राज्यों और केंद्र शासित प्रदेशों द्वारा लागू किया जा रहा है।

- इसे उपभोक्ता मामलों, खाद्य और सार्वजनिक वितरण मंत्रालय द्वारा 2019 में राशन कार्डों की अंतर-राज्यीय पोर्टेबिलिटी के रूप में शुरू किया गया था। इसलिए, कथन 1 सही है।

- यह किसी भी राष्ट्रीय खाद्य सुरक्षा अधिनियम (NFSA), 2013 के लाभार्थियों को देश में कहीं भी अपनी पसंद के किसी भी उचित मूल्य की दुकान (FPS) से उनके खाद्यान्न का कोटा बढ़ाने की अनुमति देता है। इसलिए, कथन 2 सही है।

- यह आधार आधारित प्रमाणीकरण के साथ उनके मौजूदा राशन कार्ड का उपयोग करके किया जा सकता है।

- एक प्रवासी को पीडीएस स्टोर से अधिकतम 50% परिवार कोटा खरीदने की अनुमति होगी। इसलिए, कथन 3 गलत है।

- यह खाद्यान्नों के वितरण में अधिक पारदर्शिता और दक्षता लाएगा।

- यह योजना उन प्रवासी मजदूरों की खाद्य सुरक्षा सुनिश्चित करेगी जो बेहतर रोजगार के अवसर तलाशने के लिए दूसरे राज्यों में जाते हैं।

- यह 2030 तक भूख को खत्म करने के सतत विकास लक्ष्यों (एसडीजी) 2 के तहत निर्धारित लक्ष्य को प्राप्त करने में मदद करेगा।

अतः विकल्प (A) सही है।

51. समुद्री शैवाल की खेती:

बजट 2021 में, वित्त मंत्री ने तमिलनाडु में एक बहुउद्देश्यीय समुद्री शैवाल पार्क स्थापित करने का प्रस्ताव दिया है। यह भारत में समुद्री शैवाल खेती को बढ़ावा देने का एक हिस्सा होगा।

समुद्री शैवाल: यह समुद्री शैवाल और पौधों की कई प्रजातियों को दिया गया नाम है। ये प्रजातियां नदियों, समुद्रों और महासागरों जैसे जल निकायों में बढ़ती हैं। समुद्री शैवाल की खेती और कटाई की प्रथा को समुद्री शैवाल खेती के रूप में जाना जाता है।

भारत में समुद्री शैवाल की प्रजातियाँ: भारत में व्यावसायिक रूप से शोषित समुद्री शैवाल प्रजातियों में मुख्य रूप से कप्पाफाइकस अल्वारेज़ी, ग्रेसिलेरिया एडुलिस, गेलिडिएला एसरोसा, सरगसुम एसपीपी और टर्बिनेरिया एसपीपी शामिल हैं। इसलिए, कथन 1, 2, 3 और 4 सही हैं।

अतः विकल्प (D) सही है।

52. जैसा कि हम जानते हैं,

यदि कोई व्यक्ति n दिनों में कार्य पूरा करता है।

तो, एक दिन में किया गया कार्य = सम्पूर्ण कार्य का $\left(\dfrac{1}{n}\right)$ भाग

A द्वारा एक दिन में किया गया कार्य = $\left(\dfrac{1}{9}\right)$

B द्वारा एक दिन में किया गया कार्य = $\left(\dfrac{1}{12}\right)$

और, C द्वारा एक दिन में किया गया कार्य = $\left(\dfrac{1}{18}\right)$

इसलिए, एक दिन में (A + B + C) द्वारा किया गया कार्य = $\left(\dfrac{1}{9} + \dfrac{1}{12} + \dfrac{1}{18}\right) = \dfrac{(4 + 3 + 2)}{36} = \dfrac{9}{36}$

A, B और C द्वारा कार्य पूरा करने में लगने वाला समय = 1/एक दिन में (A + B + C) द्वारा किया गया कार्य

$= \dfrac{1}{\left(\dfrac{9}{36}\right)}$

$= \dfrac{36}{9}$

= 4 दिन

∴ A, B और C एक साथ 4 दिनों में कार्य पूरा कर सकते हैं।

अत: विकल्प (D) सही है।

53. दिया हुआ,
A किसी कार्य को 60 दिनों में पूरा कर सकता है
B समान कार्य को 15 दिनों में पूरा कर सकता है।
जैसा कि हम जानते हैं,

यदि कोई व्यक्ति n दिनों में एक कार्य पूरा करता है।

तो एक दिन में किया गया कार्य = कुल कार्य का $= \frac{1}{n}$ भाग

A द्वारा एक दिन में किया गया कार्य = कार्य का $\left(\frac{1}{60}\right)$ भाग

B द्वारा एक दिन में किया गया कार्य = कार्य का $\left(\frac{1}{15}\right)$ भाग

इसलिए, (A + B) द्वारा एक दिन में किया गया कार्य = कार्य का $\left[\left(\frac{1}{40}\right) + \left(\frac{1}{15}\right) = \frac{(1+4)}{60} = \frac{5}{60}\right]$ भाग

A, B दोनों द्वारा कार्य को पूरा करने के लिए लिया गया समय $= \left(\frac{1}{(A+B)}\right)$ दिन

$$= \frac{1}{\left(\frac{5}{60}\right)}$$

$$= \frac{60}{5}$$

= 12 दिन

∴ A और B मिलकर 12 दिनों में कार्य पूरा कर सकते हैं।

अतः विकल्प (A) सही है।

54. दिया गया समीकरण $x^2 - 2x + 1 = 0$

$(a + b)^3 = a^3 + b^3 + 3ab(a + b)$

प्रश्न के अनुसार, हमारे पास है

$x^2 - 2x + 1 = 0$

समीकरण में x से भाग देने पर, हमें ज्ञात होता है

$$\Rightarrow x - 2 + \left(\frac{1}{x}\right) = 0$$

$$\Rightarrow x + \left(\frac{1}{x}\right) = 2$$

दोनों पक्षों का घन करने पर, हमें ज्ञात होता है

$$\Rightarrow \left\{x + \left(\frac{1}{x}\right)\right\}^3 = (2)^3$$

$$\Rightarrow x^3 + \left(\frac{1}{x^3}\right) + 3x\left(\frac{1}{x}\right)\left\{x + \left(\frac{1}{x}\right)\right\} = 8$$

$$\Rightarrow x^3 + \left(\frac{1}{x^3}\right) + 3\left\{x + \left(\frac{1}{x}\right)\right\} = 8$$

$$\Rightarrow x^3 + \left(\frac{1}{x^3}\right) + 3(2) = 8$$

$$\Rightarrow x^3 + \left(\frac{1}{x^3}\right) = 8 - 6$$

$$\Rightarrow x^3 + \left(\frac{1}{x^3}\right) = 2$$

∴ $x^3 + \left(\frac{1}{x^3}\right)$ का मान 2 है।

अतः विकल्प (A) सही है।

55. दिया गया,

$$= \frac{\frac{3}{2+\sqrt{3}} - \frac{2}{2-\sqrt{3}}}{2 - 5\sqrt{3}}$$

$$= \frac{\frac{3(2-\sqrt{3}) - 2(2+\sqrt{3})}{(2+\sqrt{3})(2-\sqrt{3})}}{2 - 5\sqrt{3}}$$

$$= \frac{6 - 3\sqrt{3} - 4 - 2\sqrt{3}}{(2+\sqrt{3})(2-\sqrt{3})(2-5\sqrt{3})}$$

$$= \frac{2 - 5\sqrt{3}}{2 - 5\sqrt{3}}$$

$$= 1$$

अतः विकल्प (C) सही है।

56. निवेश का अनुपात लाभ के अनुपात से मेल खाता है:

A का लाभ: B का लाभ: C का लाभ

$= A : B : C$

$= 380 : 400 : 420$

$= 19 : 20 : 21$

A के लाभ का हिस्सा $= \frac{19}{60} \times 180 = 57$ रु.

B के लाभ का हिस्सा $= \frac{20}{60} \times 180 = 60$ रु.

C के लाभ का हिस्सा $= \frac{21}{60} \times 180 = 63$ रु.

अतः विकल्प (B) सही है।

57. ऋग्वेद सनातन धर्म अथवा हिन्दू धर्म का स्रोत है। इसमें 1028 सूक्त हैं, जिनमें देवताओं की स्तुति की गयी है। इस ग्रंथ में देवताओं का यज्ञ में आह्वान करने के लिये मन्त्र हैं। यही सर्वप्रथम वेद है। ऋग्वेद को दुनिया के सभी इतिहासकार हिन्द-यूरोपीय भाषा-परिवार की सबसे पहली रचना मानते हैं।

अतः विकल्प (A) सही है।

58. 'राग भैरव' या 'राग भैरवी' की उत्पत्ति ठाठ भैरवी से मानी गई है। इसमें रे, ग, ध और नि, कोमल लगते हैं और म को वादी तथा सा को संवादी स्वर माना गया है। गायन समय प्रातःकाल है।

अतः विकल्प (D) सही है।

59. दिया गया है:

AH ∥ BG ∥ CF

∠DCH = 55°

गणना:

CF ∥ AH

⇒ ∠FCD = ∠AED = 55° (वैकल्पिक कोण)

∠FCD + ∠CDG = 180° (दो समानांतर रेखाएं एक तिर्यक रेखा द्वारा काटी गई हैं, आंतरिक कोण का योग 180° है)

⇒ ∠CDG = 180° - 55°

⇒ ∠CDG = 125°

⇒ ∠CDG = ∠BDE = 125° (ऊर्ध्वाधर रूप से विपरीत कोण)

∠AED : ∠BDE = 55° : 125°

∴ ∠AED : ∠BDE = 11 : 25

अतः विकल्प (A) सही है।

60. माना कि तेजस के पास y रुपये और श्रेयस के पास x रुपये है।

दी गई जानकारी से, हम प्राप्त करते हैं,

$\Rightarrow 2 (x - 20) = y + 20$

$\Rightarrow 2x - 40 = y + 20$

$\Rightarrow 2x - y = 60 \quad ----(1)$

और साथ ही $x + 15 = 3 (y - 15)$

$\Rightarrow x - 3 y + 15 + 45 = 0$

$\Rightarrow x - 3y = - 60$

$\Rightarrow 2x - 6y = - 120 \quad ----(2)$

समीकरण 1 और समीकरण 2 से, हम प्राप्त करते हैं,

$\Rightarrow x = 48$ और $y = 36$

∴ श्रेयस के पास 48 रुपये और तेजस के पास 36 रुपये है।

अतः विकल्प (A) सही है।

61. दिया है

51 रुपये अधिक में वस्तु बेचने पर विष्णु को 3% अधिक लाभ मिल रहा है।

सूत्र

विक्रय मूल्य = क्रय मूल्य × [(100 + लाभ%)/100]

माना कि क्रय मूल्य 100x है।

विक्रय मूल्य$_1$ = $100x \times \left(\dfrac{125}{100}\right) = 125x$

विक्रय मूल्य$_2$ = $100x \times \left(\dfrac{128}{100}\right) = 128x$

प्रश्नानुसार

$128x - 125x = 51$

$\Rightarrow 3x = 51$

$\Rightarrow x = 17$

∴ क्रय मूल्य = $100x = 100 \times 17 = 1700$

अतः विकल्प (B) सही है।

62. दिया है:

एक संख्या में पहले 20% की कमी हुई और फिर 10% की वृद्धि हुई। प्राप्त संख्या मूल संख्या से 12 कम है।

प्रयुक्त सूत्र:

$X\%$ का $Y = Y \times \dfrac{X}{100}$

मान लीजिए संख्या = X

इसलिए,

$X \times 0.8 \times 1.1 = X - 12$

$\Rightarrow 0.12 \times X = 12$

$\Rightarrow X = 100$

अतः विकल्प (B) सही है।

63. दिया है:

दो क्रमिक वर्षों में, एक विद्यालय के 100 और 200 छात्र अंतिम परीक्षा में उपस्थित हुए। उनमें से क्रमशः 80% और 60% उत्तीर्ण हुए।

प्रयुक्त सूत्र:

$X\%$ का $Y = Y \times \dfrac{X}{100}$

2 वर्षों में शामिल छात्रों की कुल संख्या = 100 + 200 = 300

और

2 वर्ष में उत्तीर्ण छात्रों की कुल संख्या = $100 \times 0.8 + 200 \times 0.6$

$= 80 + 120$

$= 200$

इसलिए,

अभीष्ट प्रतिशत = $\left[\dfrac{200}{300}\right] \times 100 = 66.67\%$

अतः विकल्प (C) सही है।

64. शक्ति की SI इकाई वॉट है।

शक्ति आमतौर पर किलोवाट (किलोवाट) में व्यक्त की जाती है।

जूल - ऊर्जा, एम्पीयर - धारा, वोल्ट - विभव अंतर।

अतः विकल्प (A) सही है।

65. दिन-प्रतिदिन के अनुप्रयोगों के लिए धारिता माइक्रोफैरड इकाई में मापी जाती है।

ऐसा इसलिए है क्योंकि 1 फैरड का मान सामान्य संधारित्र में संग्रहीत होने के लिए बहुत बड़ा है।

इसलिए, दशमलव गणना से बचने के लिए, माइक्रोफैरड का अधिक उपयोग किया जाता है।

अतः विकल्प (B) सही है।

66. दिया है,

$$\frac{1}{1+\frac{1}{1+\frac{1}{1+\frac{1}{y}}}} = \frac{7}{11}$$

विकल्पों से मान लेने पर,

$y = 3$ मानते हैं,

$$\Rightarrow \frac{1}{1+\frac{1}{1+\frac{1}{1+\frac{1}{3}}}}$$

$$= \frac{1}{1+\frac{1}{1+\frac{1}{1+\frac{1}{3}}}}$$

$$= \frac{1}{1+\frac{1}{1+\frac{1}{4}}}$$

$$= \frac{1}{1+\frac{4}{7}} = \frac{7}{11}$$

$$\therefore y = 3$$

वैकल्पिक हल:

$\Rightarrow \dfrac{1}{1+\frac{1}{1+\frac{y}{y+1}}} = \dfrac{7}{11}$

$\Rightarrow \dfrac{1}{1+\frac{y+1}{2y+1}} = \dfrac{7}{11}$

$\Rightarrow \dfrac{2y+1}{3y+2} = \dfrac{7}{11}$

$\Rightarrow 22y + 11 = 21y + 14$

$\therefore y = 3$

अतः विकल्प (D) सही है।

67. सतत कृषि के लिए उप-मिशन के रूप में मृदा स्वास्थ्य प्रबंधन शामिल है।

नेशनल मिशन फॉर सस्टेनेबल एग्रीकल्चर (एनएमएसए):

यह नेशनल एक्शन प्लान ऑन क्लाइमेट चेंज (एनएपीसीसी) के प्रमुख अभियानों में से एक है। जलवायु परिवर्तन प्रभावों के शमन में कृषि प्रथाओं में परिवर्तन भी एक महत्वपूर्ण भूमिका निभाता है। यह मिशन कृषि पद्धतियों को व्यापक रूप से पुनर्जीवित करने का प्रयास करता है ताकि नेशनली डिटर्माइंड कंट्रिब्यूशंस (एनडीसी) के वांछित उद्देश्यों को प्राप्त किया जा सके।

अतः विकल्प (D) सही है।

68. माना $P = $ मूलधन, $R = $ ब्याज की दर और $N = $ समय

साधारण ब्याज $= \dfrac{PNR}{100}$

दिया है,

$P = 27000$

दो धनराशियाँ,

और

अर्जित कुल साधारण ब्याज

$= \dfrac{(12000 \times 20 \times 4)}{100} + \dfrac{(15000 \times 24 \times 4)}{100}$

अतः विकल्प (D) सही है।

69. दिया है:

चक्रवृद्धि ब्याज = 44,000 रु.

धनराशि = 48,510 रु.

समय = 2 वर्ष

प्रयुक्त सूत्र:

$A = P\left[1 + \dfrac{R}{100}\right]^n$

$\Rightarrow 48,510 = 44,000\left[1 + \dfrac{R}{100}\right]^2$

$\Rightarrow \dfrac{48510}{44000} = \left[\dfrac{100+R}{100}\right]^2$

$\Rightarrow \dfrac{441}{400} = \left[\dfrac{100+R}{100}\right]^2$

$\Rightarrow \dfrac{21}{20} = \dfrac{(100+R)}{100}$

$\Rightarrow 2{,}100 = 2{,}000 + 20R$

$\Rightarrow 2100 - 2000 = 20R$

$\Rightarrow 100 = 20R$

$\therefore R = 5\%$ प्रति वर्ष

अतः विकल्प (A) सही है।

70. दिया गया है:

गोले की त्रिज्या $= \dfrac{60}{2} = 30$ मिमी $= 3$ सेमी

गोले का आयतन $= \dfrac{4}{3} \times \pi \times r^3$

ठोस गोले का आयतन $= \dfrac{4}{3} \times \pi \times 3^3 = 36\pi$ घन सेमी

$\Rightarrow 36\pi = \pi \times r^2 \times 144$

$\Rightarrow r = 0.5$ सेमी

तार की त्रिज्या = 0.5 सेमी

$\therefore$ तार का व्यास = 2 × 0.5 = 1 सेमी

अतः विकल्प (B) सही है।

71. आइसोप्लेथ मानचित्र निरंतर वितरण वाले क्षेत्रों को दिखाकर किसी क्षेत्र के बारे में जानकारी को सरल बनाते हैं। आइसोप्लेथ मानचित्र उन क्षेत्रों को दिखाने के लिए रेखाओं का उपयोग कर सकते हैं जहां ऊंचाई, तापमान, वर्षा, या कुछ अन्य गुणवत्ता समान है, रेखाओं के बीच के मानों को प्रक्षेपित किया जा सकता है।

अत: विकल्प (B) सही है।

72.

- एक काल्पनिक रेखा को कैंसर का ट्रॉपिक कहा जाता है।
- कैंसर की ट्रॉपिक उत्तर प्रदेश से होकर नहीं गुजरती है।
- यह 23.50 डिग्री का कोण बनाता है।
- भूमध्य रेखा के उत्तर में, यह कर्क रेखा है।
- यह देश के मध्य से गुजरता है।
- 17 देशों के माध्यम से, कर्क रेखा गुजरती है।
- भारत में, कारक रेखा 8 राज्यों से होकर गुजरती है।
- राज्य हैं- गुजरात, राजस्थान, मध्य प्रदेश, छत्तीसगढ़, झारखंड, पश्चिम बंगाल, त्रिपुरा और मिजोरम।
- माही नदी के माध्यम से, नदी दो बार पार करती है।

अत: विकल्प (D) सही है।

73. कल्प भूवैज्ञानिक समय की सबसे लंबी अवधि है।

- युगों को युगों में विभाजित किया जाता है, जो बदले में काल, युग और युगों में विभाजित होते हैं।
- पहले तीन कल्प (यानी हर कल्प लेकिन फैनेरोज़ोइक) को सामूहिक रूप से प्रीकैम्ब्रियन सुपररोन के रूप में संदर्भित किया जा सकता है।
- पृथ्वी का इतिहास चार युगों की विशेषता है, सबसे पुराने से सबसे कम उम्र के क्रम में, ये हडियन, आर्चियन, प्रोटेरोज़ोइक और फेनारोज़ोइक हैं।

- सामूहिक रूप से, हडियन, आर्कियन, और प्रोटेरोज़ोइक को कभी-कभी अनौपचारिक रूप से "प्रीकैम्ब्रियन" कहा जाता है।

अत: विकल्प (B) सही है।

74. हाल ही में खबरों में इन शब्दों का उल्लेख विभिन्न क्रिकेट बल्ले को इंगित करने के लिए किया गया था। अफगानिस्तान के राशिद खान ने हाल ही में "द कैमल" बल्ले का इस्तेमाल किया था। 'मोंगोज़', कबूम और एल्युमिनियम कुछ अन्य नाम हैं जिनका इस्तेमाल विभिन्न क्रिकेट बल्लों का वर्णन करने के लिए किया जाता है।

अत: विकल्प (A) सही है।

75. ICC अंडर -19 विश्व कप 2020 टूर्नामेंट की मेजबानी दक्षिण अफ्रीका द्वारा की जाएगी। भारतीय अंडर-19 क्रिकेट टीम का नेतृत्व प्रियम गर्ग कर रहे हैं। भारत अंडर-19 विश्व कप का गत चैंपियन और चार बार चैंपियनशिप का विजेता है।

कई आईपीएल 2020-प्रसिद्ध खिलाड़ी भारत के लिए खेलने वाले हैं, जिनमें यशस्वी जायसवाल और रवि बिश्रोई शामिल हैं। भारत का पहला मैच 19 जनवरी को श्रीलंका के खिलाफ है। भारत को ग्रुप ए में श्रीलंका, जापान और न्यूज़ीलैंड के साथ रखा गया है। हाल ही में भारत की अंडर-19 टीम ने बांग्लादेश और इंग्लैंड के साथ अंडर-19 एशिया कप और एक त्रिकोणीय राष्ट्र टूर्नामेंट जीता है।

अत: विकल्प (C) सही है।

76. A की आय = a

B की आय = b

C की आय = c

अब प्रश्न के अनुसार,

b = 30 + c _______ (i)

a = 2c _________ (ii)

प्रश्न के अनुसार A, B और C की आय का औसत = 250

औसत = {(N वस्तुओं के व्यक्तिगत मूल्य का कुल योग) / (कुल वस्तुओं की संख्या n)}

यहाँ सूत्र अपने अनुसार बदलता है,

$$औसत = \frac{sum\ of\ incomes\ of\ A, B, C}{3}$$

$$250 = \frac{(a+b+c)}{3}$$

$\Rightarrow a + b + c = 750$ _______ (iii)

समीकरणों (i), (ii), (iii) का उपयोग

$\Rightarrow (2c) + (c + 30) + c = 750$

$\Rightarrow 4c = 720$

$\Rightarrow c = 180$

C की दैनिक आय = 180

अत: विकल्प (C) सही है।

77. प्रश्न में दी गई जानकारी के अनुसार, 4 भाग 6 : 7 : 5 : 3 के अनुपात में है,

माना कि चार भाग क्रमशः 6x, 7x, 5x और 3x है।

$\therefore 6x + 7x + 5x + 3x = 210$

$\Rightarrow 21x = 210$

$\Rightarrow x = \frac{210}{21} = 10$

$\therefore$ सबसे बड़ा भाग = 7x = 7 × 10 = 70

अतः विकल्प (A) सही है।

78. 'ऋषभदेव' को जैन धर्म का पहला वास्तविक संस्थापक माना जाता है।

वह जैन धर्म के पहले तीर्थंकर हैं और यह भी कहा जाता है कि वो लाखों सालों तक जीवित रहे।

अत: विकल्प (B) सही है।

79. जब ग्लिसरॉल को HI की अधिकता के साथ उपचार किया जाता है, तो यह 2-आयोडोप्रोपेन का उत्पादन करता है।

पहले चरण में, ग्लिसरॉल का एक अणु अस्थिर 1,2,3-ट्रायोडोप्रोपेन बनाने के लिए 3 HI अणुओं के साथ प्रतिक्रिया करता है। यह एलिल आयोडाइड बनाने के लिए आयोडीन के एक अणु को खो देता है।

एलिल आयोडाइड एक अस्थिर अणु प्राप्त करने के लिए HI के एक अणु को जोड़ता है जो प्रोपेन बनाने के लिए आयोडीन के एक अणु को खो देता है।

HI के एक अणु को 2- आयोडोप्रोपेन बनाने के लिए प्रोपेन में जोड़ा जाता है।

अत: विकल्प (A) सही है।

80. एक धनायन का आवेश / आकार अनुपात इसकी ध्रुवीकरण शक्ति को निर्धारित करता है। उच्चतर आवेश है और निम्न आकार है, उच्चतर राशन के आकार के लिए उच्चतर होगा और उच्चतर धनायन की ध्रुवीकरण शक्ति होगी। Kion का प्रभार $+1$ है जबकि अन्य आयनों का मान $+2$ है।

K^+ सबसे कम ध्रुवीकरण करने वाली शक्ति। शेष आयनों के लिए, आकार का घटता क्रम $Ca^{2+} > Mg^{2+} > Be^{2+}$ है।

इसलिए, ध्रुवीकरण शक्ति का बढ़ता क्रम $Ca^{2+} < Mg^{2+} < Be^{2+}$ है।

इसलिए, धनायन प्रजातियों की ध्रुवीकरण शक्ति का बढ़ता क्रम $K^+ < Ca^{2+} < Mg^{2+} < Be^{2+}$ है।

अत: विकल्प (C) सही है।

81.

लेखक का नाम	पुस्तक का शीर्षक
आर.सी. दत्त	• रोमेश चंद्र दत्त, एक सेवानिवृत्त आईसीएस अधिकारी, ने 20वीं शताब्दी की शुरुआत में द इकोनॉमिक हिस्ट्री ऑफ इंडिया प्रकाशित की, जिसमें उन्होंने 1757 के बाद से औपनिवेशिक शासन के संपूर्ण आर्थिक रिकॉर्ड की विस्तार से जाँच की।
दादाभाई नौरोजी	• पोवर्टी एंड अनब्रिटिश रूल इन इंडिया पुस्तक दादाभाई नौरोजी द्वारा लिखी गई थी।
डब्ल्यू डिगली	• 'प्रोस्पेरेस' ब्रिटिश इंडिया, अधिक पूरी तरह से समृद्ध प्रोस्पेरेस' ब्रिटिश इंडिया: ए रेवलेशन फ्रॉम ऑफिशल रिकॉर्ड्स, 1901 में ब्रिटिश लेखक विलियम डिग्बी द्वारा प्रकाशित एक पुस्तक थी जिसमें ब्रिटिश भारत में ब्रिटिश उन्नीसवीं सदी के उत्तरार्ध में प्रचलित आर्थिक स्थितियों का वर्णन किया गया था।
वी. एंस्टी	• वी. एंस्टी द्वारा इकोनॉमिक डेवलपमेंट ऑफ इंडिया ने स्पष्ट रूप से आज़ादी से पहले और आज़ादी के बाद की भारतीय अर्थव्यवस्था की यात्रा और अपेक्षाकृत बाज़ार के अनुकूल अर्थव्यवस्था में इसके क्रमिक संक्रमण की व्याख्या की।

अतः विकल्प (B) सही है।

82. परमाणु नाभिक एक परमाणु के केंद्र में प्रोटॉन और न्यूट्रॉन से मिलकर छोटा, घना क्षेत्र है, जिसकी खोज 1911 में अर्नेस्ट रदरफोर्ड ने 1909 के गीगर-मार्सडेन गोल्ड फ़ॉइल प्रयोग के आधार पर की थी।

अतः विकल्प (B) सही है।

83. परिसर्प, हर्पस सिम्प्लेक्स विषाणु के कारण एक संक्रमण है।

परिसर्प शरीर के विभिन्न हिस्सों में दिखाई दे सकता है, आमतौर पर जननांगों या मुंह पर। यह एक संक्रामक रोग है जो प्रत्यक्ष संपर्क के द्वारा व्यक्ति से व्यक्ति में संक्रमित हो सकता है।

अतः विकल्प (D) सही है।

84. पहला रेलवे इंजन का आविष्कार रिचर्ड ट्रेविथिक के द्वारा किया गया था।

1802 में, रिचर्ड ट्रेविथिक ने "उच्च-दाब इंजन" का पेटेंट कराया और भाप से चलने वाला पहला लोकोमोटिव रेल इंजन बनाया। ट्रेविथिक ने अपने उच्च-दाब इंजन के परीक्षण के बाद 21 फरवरी, 1804 को लिखा, कि उससे "दस टन आयरन, पांच वैगन और 70 व्यक्तियों को ले जाया जा सकता है।

अतः विकल्प (C) सही है।

85. 1894 में लासज़्लो और जॉर्ज बिरो (हंगरी-भाइयों) ने पहला बॉलपॉइंट पेन बनाया। इसके बाद L.E. वाटरमैन ने 1884 में पहला काम करने योग्य फाउंटेन पेन का आविष्कार किया गया।

अतः विकल्प (A) सही है।

86. The given sentence is in the active voice. It is simple form of present tense. The structures for active/passive voices are:

Active: Subject + verb ("s" or "es" with singular noun) + object

Passive: Object + Is/are/am + verb (IIIrd form) + by + subject

So, based on the above structures, we can convert the given sentence into passive voice:

Milk is contained in this bottle.

Please note that here the verb "contained" will be followed by the preposition "in" and not "by".

Hence, the correct option is (A).

87. The 'Gitanjali' was written by Rabindranath Tagore.

Given sentence is in the simple past tense and it is in active voice, we need to change it into passive voice.

Rule :

Subject + (was / were) + V^3 + Optional Agents.

Hence, the correct option is (A).

88. मान लीजिए कि छायांकित वृत्त का व्यास 'r' है;

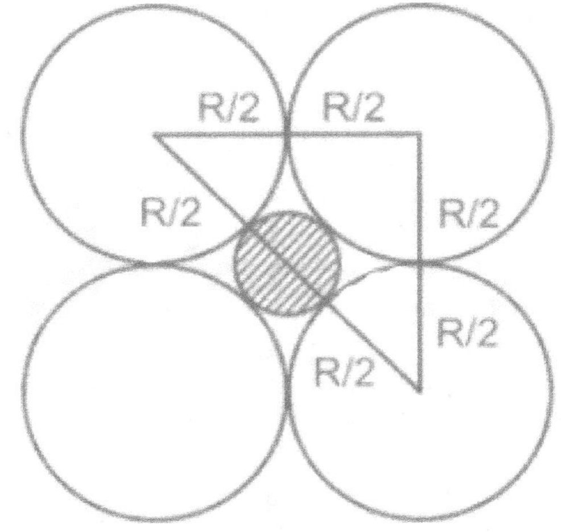

आकृति में, छायांकित वृत्त का केंद्र O है;

त्रिभुज का अवलोकन करने पर;

$$\Rightarrow R^2 + R^2 = (R + r)^2$$
$$\Rightarrow 2R^2 = (R + r)^2$$
$$\Rightarrow \sqrt{2}R = (R + r)$$
$$\Rightarrow r = \sqrt{2}R - R$$
$$\Rightarrow r = R(\sqrt{2} - 1)$$

$\therefore$ छायांकित वृत्त का व्यास $= R(\sqrt{2} - 1)$

अतः विकल्प (D) सही है।

89.

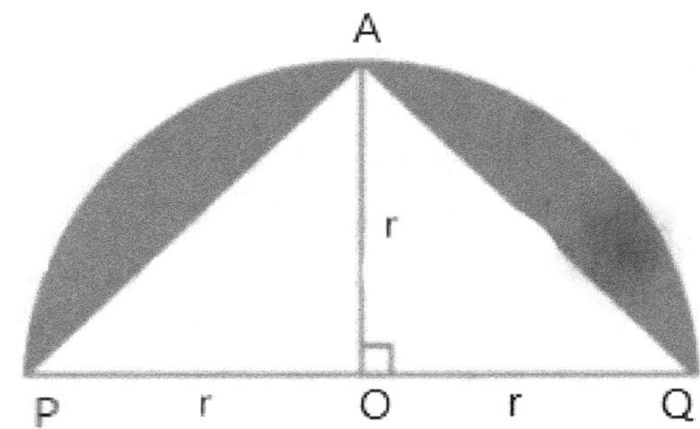

चूंकि O वृत्त का केंद्र है, PQ अवश्य व्यास होना चाहिए।

अर्धवृत्त का क्षेत्रफल $= \dfrac{\pi r^2}{2}$

जैसा कि हम जानते हैं,

त्रिभुज का क्षेत्रफल $= \dfrac{1}{2} \times$ ऊँचाई $\times$ Base

आकृति से, हम लिख सकते हैं:

आधार, PQ = r + r = 2r

ऊँचाई, OA = r

$\triangle PAQ$ का क्षेत्रफल $= \frac{1}{2} \times r \times 2r$

$= r^2$

चूंकि छायांकित क्षेत्र का क्षेत्रफल 112 सेमी ^{2} है।

$\therefore \frac{\pi r^2}{2} - r^2 = 112$

$\Rightarrow \frac{22 r^2}{14} - r^2 = 112$

$\Rightarrow r = 14$

$\therefore$ वृत्त का व्यास $= 28$ सेमी

अतः विकल्प (B) सही है।

90. Sentence B will be placed at first as it starts the information about IMD, so with it, we can start the paragraph.

Sentence D will be placed at second as it is giving the next information about the forecast of monsoon.

Sentence A follows D, so it will be placed at third as it is giving more information about the previous sentence.

Sentence C will be placed at the last as it is the only sentence of the paragraph.

Thus, the sequence becomes:

B: The India Meteorological Department (IMD) has forecast a 'normal' monsoon for this year.

D: In the agency's parlance, normal implies that the country will get 96% to 104% of the 88 cm that it gets from June-September.

A: This quantity, called the Long Period Average (LPA), is a mean of monsoon rainfall from 1961-2010.

C: The IMD, for over 20 years now, follows a two-stage monsoon forecast system. After the prognosis in April, it gives an updated estimate in late May or early June.

Hence, the correct option is (B).

91. Sentence D will be placed at first as it is independent and starts the story. With it, we can start the paragraph.

Sentence B will be placed at second as it is giving the next information about the paragraph in a chronological way.

Sentence A follows B, so it will be placed at third as it is developing the story of the paragraph.

Sentence C will be placed at the last as it is the conclusion of the paragraph.

Thus, the sequence becomes:

D: One day, a few hunters came into the forest and took the lion with them.

B: They tied him up against a tree.

A: The lion was struggling to get out and started to whimper.

C: Soon, the mouse walked and noticed the lion in trouble and he helped him.

Hence, the correct option is (A).

92. Sentence B will be placed at first as it starts the story. With it, we can start the paragraph.

Sentence A will be placed at second as it is giving the next information about the paragraph.

Sentence D follows A, so it will be placed at third as it is giving further information about the paragraph.

Sentence C will be placed at the last.

Thus, the sequence becomes:

B: RBI is India's central bank and regulatory body under the jurisdiction of Ministry of Finance , Government of India.

A: It is responsible for the issue and supply of the Indian rupee and the regulation of the Indian banking system.

D: It also manages the country's main payment systems and works to promote its economic development.

C: Its top official is designated as Governor who is a civil servant of the IAS or IES or ISS cadre.

Hence, the correct option is (D).

93. स्तरीकरण का कार्यात्मक सिद्धांत डेविस और मूर द्वारा प्रतिपादित है।

किंग्सले डेविस और विल्बर्ट मूर द्वारा प्रदान किए गए स्तरीकरण के कार्यात्मक सिद्धांत से पता चलता है कि सामाजिक असमानताएं समाज के लिए कार्यात्मक हैं क्योंकि वे सबसे प्रतिभाशाली व्यक्तियों को उन नौकरियों पर कब्जा करने के लिए प्रोत्साहन प्रदान करती हैं जो समाज के व्यवस्थित रखरखाव के लिए आवश्यक हैं।

अत: विकल्प (C) सही है।

94. किसी जनसंख्या में प्रति 1000 पुरुषों पर स्त्रियों की संख्या को लिंगानुपात कहते हैं।

यहाँ लिंग अनुपात को जनसंख्या में प्रति 1000 पुरुषों पर महिलाओं की संख्या के रूप में परिभाषित किया गया है, यह एक निश्चित समय पर समाज में पुरुषों और महिलाओं के बीच प्रचलित समानता की सीमा को मापने के लिए एक महत्वपूर्ण सामाजिक संकेतक है।

अत: विकल्प (D) सही है।

95. भारतीय INSET प्रणाली 1983 में स्थापित की गई थी। INSET का अर्थ सेवाकालीन प्रशिक्षण है।

प्रशिक्षण कार्यक्रमों में उपयोग किए जाने वाले मॉड्यूल और सामग्रियों की योजना, तैयारी और सामग्री की प्रक्रिया सहित प्रशिक्षण इनपुट की पर्याप्तता का आकलन करना। शिक्षकों के कक्षा व्यवहार में परिवर्तन के संदर्भ में प्रशिक्षण के प्रभाव का अध्ययन करना। सेवाकालीन प्रशिक्षण की प्रासंगिकता और उपयोगिता के बारे में शिक्षकों की धारणाओं का अध्ययन करना। कक्षा के लेन-देन में प्रशिक्षण इनपुट का उपयोग करने में बाधाओं या समस्याओं, यदि कोई हो, का पता लगाना। कक्षा प्रक्रियाओं पर शिक्षक प्रशिक्षण के प्रभाव पर बीआरसी/सीआरसी समन्वयकों जैसे अन्य पदाधिकारियों की राय का विश्लेषण करना।

अत: विकल्प (C) सही है।

96. कंपनियों में महिला कर्मचारियों की कुल संख्या = 55000 + 30000 + 25000 + 40000 + 35000 = 185000

कंपनियों में पुरुष कर्मचारियों की कुल संख्या = 40000 + 70000 + 45000 + 55000 + 30000 = 240000

अभीष्ट अंतर = 240000 - 185000 = 55000

अत: विकल्प (D) सही है।

97. कंपनियों में पुरुष कर्मचारियों की कुल संख्या = 40000 + 70000 + 45000 + 55000 + 30000 = 240000

कंपनी D में पुरुष कर्मचारी = 55000

अभीष्ट प्रतिशत = $\dfrac{55000}{240000} \times 100$

22.91% ≈ 23%

∴ अभीष्ट प्रतिशत 23% है।

अत: विकल्प (D) सही है।

98. कंपनियों में कुल महिला कर्मचारियों की कुल संख्या = 55000 + 30000 + 25000 + 40000 + 35000 = 185000

कंपनियों में पुरुष कर्मचारियों की कुल संख्या = 40000 + 70000 + 45000 + 55000 + 30000 = 240000

पांच कंपनियों में कुल कर्मचारी = 185000 + 240000 = 425000

अभीष्ट औसत = $\dfrac{425000}{5}$ = 85000

∴ अभीष्ट औसत 85000 है।

अत: विकल्प (B) सही है।

99. एक कंपनी E में कुल कर्मचारी = 30000 + 35000 = 65000

एक कंपनी E में कुल महिला कर्मचारी = 35000

अभीष्ट प्रतिशत = $\left(\dfrac{65000-35000}{65000}\right) \times 100$

$= \left(\dfrac{30000}{65000}\right) \times 100$

$= \dfrac{30}{65} \times 100$

$= 46.15\% \approx 46\%$

अत: विकल्प (A) सही है।

100. कंपनी B में कर्मचारियों की कुल संख्या = 70000 + 30000 = 100000

कंपनी C में कर्मचारियों की कुल संख्या = 45000 + 25000 = 70000

अभीष्ट अनुपात = 100000 : 70000 = 10 : 7

∴ कंपनी B और C के कुल कर्मचारियों की संख्या का अनुपात 10 : 7 है।

अत: विकल्प (D) सही है।

Q.1 अंतर्राष्ट्रीय वित्तीय सेवा केंद्र प्राधिकरण (IFSCA) और __________ ने अप्रैल 2022 में एक समझौता ज्ञापन पर हस्ताक्षर किए हैं।

A. बजाज फाइनेंस लिमिटेड
B. आदित्य बिड़ला फाइनेंस लिमिटेड
C. मुथूट फाइनेंस लिमिटेड
D. GVFL लिमिटेड

Q.2 बिहार के मधुबनी जिले से किस देश के रेलवे लिंक के बीच पहली ट्रेन का सफल परीक्षण किया गया?

A. नेपाल   B. भोपाल   C. बिहार   D. इलाहाबाद

Q.3 यू० एस० ओपन टेनिस टूर्नामेंट, 2018 (महिला एकल) की विजेता थी:

[Delhi Forest Guard, 2020], [Super TET Paper - I, 2019]

A. कैरोलीन वोज्नियाकी   B. सिमोना हालेप
C. नाओमी ओसाका   D. सेरेना विलियम्स

Q.4 चैंपियंस लीग 2022 के लिए सेंट पीटर्सबर्ग के प्रतिस्थापन के रूप में यूनियन ऑफ यूरोपियन फुटबॉल एसोसिएशन (यूईएफए) द्वारा किस शहर को चुना गया है?

[Delhi Forest Guard, 2021]

A. पेरिस   B. ब्रसेल्स   C. लंदन   D. म्यूनिख

Q.5 पंचायत (अनुसूचित क्षेत्रों में विस्तार) अधिनियम (पेसा) राज्यों को निम्नलिखित में से किसे विनियमित और प्रतिबंधित करने की शक्ति ग्राम सभाओं को देने के लिए अधिकृत नहीं करता है?

A. खपत/शराब की बिक्री
B. लघु वनोपज
C. योजनाओं के लाभार्थी की पहचान करें
D. खनिज संसाधनों का प्रबंधन करें

Q.6 वित्त आयोग का अध्यक्ष इसका पदेन अध्यक्ष होता है:

1. मौद्रिक नीति समिति
2. कर नीति परिषद
3. कर नीति अनुसंधान इकाई (TPRU)

नीचे दिए गए विकल्पों में से सही उत्तर का चयन करें:

A. केवल 1 और 3   B. 2 केवल
C. 2 और 3 केवल   D. इनमे से कोई भी नही

Q.7 2 वर्षों के लिए 20,000 रुपये की धनराशि पर साधारण ब्याज और चक्रवृद्धि ब्याज का अंतर 150 रुपये है। तो ब्याज दर क्या है?

A. 7%   B. 8%   C. 8.66%   D. 8.33%

Q.8 सभी शिक्षकों को सटीक गणितीय शब्दावली का उपयोग करने और विद्यार्थियों के बीच गणितीय शब्दावली के उपयोग को बढ़ावा देने के लिए प्रोत्साहित किया जाता है। इस शब्दावली के रूप में जाना जाता है:

[Rajasthan Teachers Eligibility Test - Level 1 Primary Level (RTET), 2017]

A. गणित शिक्षा में भाषा   B. गणित शिक्षा में मूल्य
C. गणित शिक्षा में सहसंबंध   D. गणित शिक्षा में उपकरण

Q.9 गणित सीखने के संबंध में निम्नलिखित में से कौन सा सत्य नहीं है?

[CTET Paper - I, 2019]

A. गणित में प्रदर्शन और उत्कृष्टता हासिल करने की क्षमता जन्मजात होती है

B. शिक्षार्थियों के बारे में शिक्षकों के विश्वास का सीखने के परिणामों पर शक्तिशाली प्रभाव पड़ता है

C. छात्रों की सामाजिक-आर्थिक पृष्ठभूमि गणित में उनके प्रदर्शन को प्रभावित करती है

D. स्कूल की शिक्षा की भाषा गणित में बच्चे के प्रदर्शन को प्रभावित कर सकती है

Ques (10-13):निर्देश: तालिका में नीचे दिए गए किसी देश की जनसंख्या और विद्युत उत्पादन का निर्णायक आधार है।

वर्ष	जनसंख्या (मिलियन)	विद्युत उत्पादन(GW)*
1951	20	10
1961	21	20
1971	24	25
1981	27	40
1991	30	50
2001	32	80
2011	35	100
		*1GW=1000 मिलियन वॉट

Q.10 जनसंख्या की औसत दशक वृद्धि दर (%) है (लगभग):

A. 12.21%   B. 9.82%   C. 6.73%   D. 5%

Q.11 औसत दशक वृद्धि दर के आधार पर, वर्ष 2021 में जनसंख्या क्या होगी?

A. 40.34 मिलियन   B. 38.44 मिलियन
C. 37.28 मिलियन   D. 36.62 मिलियन

Q.12 वर्ष 1951 में, प्रति व्यक्ति बिजली की उपलब्धता क्या थी?

A. 100 वॉट   B. 200 वॉट   C. 400 वॉट   D. 500 वॉट

Q.13 किस दशक में, प्रति व्यक्ति औसत बिजली की उपलब्धता अधिकतम थी?

A. 1991   B. 2001   C. 2011   D. 1981

Q.14 A, B और ने एक व्यवसाय में क्रमशः 12600 रु, 10800 रु और 16200 रु निवेश किये। उन्होंने यह धनराशि समान समय के लिए निवेश की। साल के अंत में हुए कुल लाभ में, C का लाभ 16200 रु था। A और B के लाभ का अंतर ज्ञात कीजिये।

A. 1500 रु   B. 1800 रु   C. 2100 रु   D. 2400 रु

Ques (15-17):Direction: Each of the following items has a sentence with a blank space and four words or groups of words given after the sentence. Select whichever word or group of words you consider most appropriate for the blank space and indicate your response on the Answer Sheet accordingly.

Q.15 The records give us an________ of how people saw the world.

A. Potent   B. Omen   C. Inkling   D. Alchemy

Q.16 The __________ of a dynasty have been found in an architecture excavation.

A. Sundry   B. Fluffy   C. Futile   D. Remains

Q.17 The necklace I received from my late husband is a loving ______ from my time spent with him.

A. Memento
B. Momentous
C. Murky
D. Amorphous

Q.18 समुद्रगुप्त के साम्राज्य के अंतर्गत गुप्त के बारे में निम्नलिखित में से कौन सा कथन सही नहीं है?

A. समुद्र गुप्त के दरबारी कवि हरिसेन द्वारा रचित प्रयाग प्रशस्ती इलाहाबाद में अशोक स्तंभ पर उत्कीर्ण की गई है।

B. समुद्र गुप्त पश्चिमी और दक्षिणी भारत पर प्रत्यक्ष प्रशासनिक नियंत्रण का उपयोग करने वाले पहले गुप्त शासक थे।

C. समुद्र गुप्त ने एक व्यापक साम्राज्य का निर्माण किया जो इस तथ्य से स्पष्ट होता है कि उन्होंने एक अश्वमेध यज्ञ किया था।

D. उपर्युक्त में से कोई नहीं

Q.19 निम्नलिखित में से कौन-सा नदी द्वारा अपरदित स्थलरूप है?

A. लोयस
B. U-आकार घाटी
C. V-आकार घाटी
D. प्राकृतिक तटबंध

Q.20 निम्नलिखित में से कौन सा हिन्द महासागरीय धाराओं के बारे में सही है:

1. यह ज्यादातर मानसून की हवा से संचालित होती है
2. उत्तरी भाग में मौसमी उत्क्रमण पाया जाता है
3. अगुलहास पूर्वी अफ्रीकी तट के पास एक ठंडी धारा है

A. 1,2 और 3
B. 1 और 2
C. 2 और 3
D. 1 और 3

Q.21 अदृश्य रेखा जो उत्तरी ध्रुव को दक्षिणी ध्रुव से जोड़ती है, कहलाती है:

A. मध्याह्न
B. अक्षांश
C. भूमध्य रेखा
D. अक्षीय तल

Q.22 तीन संख्याएँ 3 : 4 : 5 के अनुपात में हैं और उनका एल.सी.एम 2400 है। उनका एच.सी.एफ. है:

[NCHM JEE (Hotel Mgmt & Catering), 2019]

A. 40
B. 80
C. 120
D. 200

Q.23 100 तक की कुल अभाज्य संख्याएँ कितनी हैं:

A. 25
B. 26
C. 27
D. 28

Q.24 माना कि P एक अभाज्य संख्या है जैसे कि $P^2 + 7$ भी एक अभाज्य संख्या है तो P के ऐसे कितने मान संभव हैं?

A. एक
B. दो
C. चार
D. सात

Q.25 निम्न में से किस परिमाप की कोई इकाई नहीं है?

A. वेग
B. घनत्व
C. विशिष्ट गुरुत्व
D. द्रव्यमान

Q.26 जिन पदार्थों में अनंत विद्युत प्रतिरोध होते हैं, उन्हें ______ कहा जाता है।

A. कुचालक
B. संघनित्र
C. सुचालक
D. प्रतिरोध

Q.27 भारत में 'खीर भवानी मेला' 2019 कहाँ मनाया गया?

A. मणिपुर
B. पश्चिम-बंगाल
C. जम्मू-कश्मीर
D. झारखंड

Q.28 बथुकम्मा उत्सव, 2019 का आयोजन भारत के किस राज्य में हुआ?

A. अरुणाचल प्रदेश
B. हिमाचल प्रदेश
C. मेघालय
D. तेलंगाना

Q.29 निम्नलिखित में से कौन सही सुमेलित नहीं है?

A. इंदिरा गांधी – भारत रत्न

B. मदर टेरेसा - नोबेल पुरस्कार
C. किरण बेदी - मैग्सेसे पुरस्कार
D. इला भट्ट - पुलित्जर पुरस्कार

Q.30 निम्नलिखित में से किसने समाज को अपने आप में संघ के रूप में परिभाषित किया था?

A. गिडिंग्स
B. ए.डब्ल्यू. ग्रीन
C. आर.एम. मैक्लेवर
D. जॉन एफ. कुबेर

Q.31 Direction: In the following question, some part of the sentence may have errors. Find out which part of the sentence has an error and select the appropriate option. If a sentence is free from error, select 'No Error'.

He was too tired that he could not (1) / cross the street even with (2) / the help of a supporter. (3) / No error (4)

A. 1
B. 2
C. 3
D. 4

Q.32 A ने 10% की हानि पर 3600 रुपए में B को एक घोड़ा बेचा। B ने C को वह घोड़ा उतनी कीमत पर बेचा जिस पर A को 12% का लाभ होता है। B को कितना लाभ हुआ?

A. 180 रुपए
B. 190 रुपए
C. 200 रुपए
D. 880 रुपए

Q.33 एक कार 20% के लाभ पर बेची गयी। यदि वह $50,000$ रुपए अधिक में बिकी होती, तो लाभ 25% होता। कार का क्रय मूल्य है

A. 10 लाख रुपए
B. 15 लाख रुपए
C. 5 लाख रुपए
D. 25 लाख रुपए

Q.34 विश्व सुनामी जागरूकता दिवस ______ को मनाया जाता है।

A. 5 नवंबर
B. 6 नवंबर
C. 4 नवंबर
D. 3 नवंबर

Q.35 विश्व जैव-ईंधन दिवस (अंतर्राष्ट्रीय बायोडीज़ल दिवस) प्रति वर्ष कब मनाया जाता है?

A. 10 अगस्त
B. 11 अगस्त
C. 12 अगस्त
D. 13 अगस्त

Q.36 निम्नलिखित प्रश्न में प्रश्न चिन्ह (?) के स्थान पर क्या आएगा?

$$(12)^4 \times (144)^8 \div (24)^3 = (?)^{17} \times 2^{(-3)}$$

A. 18
B. 12
C. 24
D. 6

Q.37 निम्नलिखित प्रावधानों में से कौन-सा/से भारत सरकार अधिनियम, 1935 में शामिल था/थे?

1. इसमें अखिल भारतीय महासंघ की स्थापना प्रस्तावित की गई थी।
2. इसने प्रांतीय स्तर पर द्वैध शासन समाप्त करने का प्रावधान किया।
3. इसने वायसराय को अवशिष्ट शक्तियां प्रदान कीं।

नीचे दिए गए कूट का प्रयोग कर सही उत्तर चुनिए।

A. केवल 1 और 2
B. केवल 2 और 3
C. केवल 1 और 3
D. 1, 2 और 3

Q.38 जापानी मुद्रा निम्नलिखित में से कौन सी है?

A. टका
B. लीरा
C. निशान
D. येन

Q.39 प्रबंधकों और प्रबंधन प्रशिक्षुओं का अनुपात $3 : 5$ है। जब 21 नए प्रबंधन प्रशिक्षु भर्ती किये जाते हैं, तो यह अनुपात $3 : 8$ बन जाता है। समूह में कितने प्रबंधक हैं?

A. 27
B. 24
C. 21
D. निर्धारित नहीं किया जा सकता है

Q.40 A और B के पास संयुक्त रूप से 2,448 रुपये हैं। यदि A की राशि का 25%, B की राशि के 35% के बराबर है, तो A की राशि ज्ञात करें।

A. 1,020 रुपये
B. 1,462 रुपये
C. 1,468 रुपये
D. 1,428 रुपये

Q.41 प्रसिद्ध रॉक गार्डन किस शहर में स्थित है?

A. जयपुर
B. शिमला
C. लखनऊ
D. चंडीगढ़

Q.42 40 के वर्ग के 40% का एक चौथाई ज्ञात कीजिए।

[UP Police Constable, 2019]

A. 120
B. 140
C. 160
D. 180

Q.43 एक व्यक्ति अपनी आय का 75% व्यय करता है। यदि उसकी आय में 28% की वृद्धि होती है और उसके व्यय में 20% की वृद्धि होती है, तो उसकी बचत में कितनी प्रतिशत की वृद्धि या कमी हुई?

[SSC Sub Inspector (CPO), 2020]

A. 13% की वृद्धि
B. 52% की कमी
C. 13% की कमी
D. 52% की वृद्धि

Q.44 समीकरण $3x^2 - 2x + 4 = 0$ के मूल होंगे-

A. वास्तविक, समान
B. काल्पनिक
C. वास्तविक, असमान
D. इनमें से कोई नहीं

Q.45 यदि α और β समीकरण $ax^2 + 2bx + c = 0$ के मूल हैं, तो $\frac{\alpha}{\beta} + \frac{\beta}{\alpha}$ का मान होगा:

A. $\frac{4b^2 - 2ac}{ac}$
B. $\frac{4b^2 + 2ac}{ac}$
C. $b^2 - 4ac$
D. $b^2 + 4ac$

Q.46 ग्रामीण अवसंरचना विकास कोष (RIDF) के संदर्भ में निम्नलिखित में से कौन सा कथन गलत है?

A. भारत सरकार ने 1995-96 में आरआईडीएफ की स्थापना की, जो चल रही ग्रामीण अवसंरचना परियोजनाओं के वित्तपोषण के लिए है।
B. आरआईडीएफ के तहत जारी धनराशि का रखरखाव भारतीय रिजर्व बैंक द्वारा किया जाता है।
C. ये धन भारत सरकार द्वारा साल-दर-साल के आधार पर प्रदान किया जाता है।
D. 2021 के केंद्रीय बजट ने आरआईडीएफ को 30,000 करोड़ रुपये से बढ़ाकर 40,000 करोड़ रुपये कर दिया।

Q.47 ऑपरेशन ग्रीन क्या है?

A. यह एक ऐसी योजना है जिसका लक्ष्य अगले पांच वर्षों में देश भर में 200 शहरी वन विकसित करना है।
B. यह महाराष्ट्र राज्य सरकार का एक अभियान है जिसमें पूरे राज्य में 50 करोड़ पेड़ लगाने का लक्ष्य है।
C. यह तेल रिसाव के कारण पर्यावरण संकट से निपटने में सहायता के लिए मॉरीशस में भारतीय वायु सेना का एक मिशन है।
D. यह एक मूल्य निर्धारण योजना है जिसका उद्देश्य किसानों को उनकी उपज का सही मूल्य दिलाना है।

Q.48 यदि एक आयत की लंबाई और चौड़ाई क्रमशः 25 सेमी और 10 सेमी है, तो इसका क्षेत्रफल है:

A. 100 वर्ग सेमी
B. 250 वर्ग सेमी
C. 115 वर्ग सेमी
D. 200 वर्ग सेमी

Q.49 एक समचतुर्भुज का क्षेत्रफल जिसके विकर्णों की लंबाई 100 सेमी और 8.2 सेमी है:

A. 410 सेमी²
B. 82 सेमी²
C. 41 सेमी²
D. 820 सेमी²

Q.50 एक समलम्ब चतुर्भुज का क्षेत्रफल 480 सेमी² है, दो समानांतर भुजाओं के बीच की दूरी 15 सेमी है और एक समानांतर भुजा 20 सेमी है। दूसरा समानांतर पक्ष है:

A. 20 सेमी
B. 34 सेमी
C. 44 सेमी
D. 50 सेमी

Ques (51-52):Direction: Each item in this section consists of a sentence with an underlined word followed by four options. Select the option that is nearest in meaning to the underlined word.

Q.51 Some people complain when they <u>encounter</u> a small misfortune in the course of their thoroughly happy life

[UPSC NDA, 2019]

A. run into
B. run away
C. run down
D. run with

Q.52 This world is full of <u>miseries</u>

[UPSC NDA, 2019]

A. indifferent love
B. perfect happiness
C. great suffering
D. moderate sympathies

Q.53 $\sqrt{(269) - \sqrt{169}}$ का मान क्या है?

A. 17
B. 15
C. 16
D. 22

Q.54 0.09 का वर्गमूल क्या है?

A. 0.003
B. $\frac{3}{100}$
C. 0.03
D. 0.3

Q.55 इलेक्ट्रोस्टैटिक आकर्षण के कारण बने बंधन को क्या कहा जाता है?

A. सहसंयोजक बंधन
B. विद्युतीय बंधन
C. विद्युत चुम्बकीय बंधन
D. ध्रुवीय बंधन

Q.56 इथेनॉल के लिए क्वथनांक क्या है?

A. 100 °C
B. 78.3 °C
C. 62 °C
D. 46 °C

Q.57 एक वस्तु का अंकित मूल्य रु. 1000 है। 10%, 20% और 30% की लगातार तीन छूट दी गई हैं। वस्तु का विक्रय मूल्य ज्ञात कीजिए।

A. 564 रु
B. 404 रु
C. 544 रु
D. 504 रु

Q.58 निम्नलिखित में से कौन 'अल्मोड़ा अखबार' का संपादक नहीं है?

A. बुद्धि बल्लभ पंत
B. मुंशी इम्तियाज अली
C. जीवा नंद जोशी
D. श्री देव सुमन

Q.59 स्कूल में पाठ्य सहगामी गतिविधियों का मुख्य उद्देश्य है:

A. छात्रों के व्यक्तित्व में समायोजन की भावना प्राप्त करना।
B. कक्षा की दिन-प्रतिदिन की गतिविधियों से बचें।
C. छात्रों को रिवीजन कार्य की दुनिया से परिचित कराना।
D. छात्रों की वैकल्पिक संतुष्टि की जरूरतों को पूरा करने के लिए।

Q.60 मानदंड-संदर्भित परीक्षणों का उपयोग करके और मूल्यांकन की कई तकनीकों को नियोजित करके इकाई के अंत में अक्सर छात्रों द्वारा किए गए प्रदर्शन का आकलन किस प्रकार के मूल्यांकन के रूप में जाना जाता है।

[Haryana Primary Teacher (PRT), 2019]

A. मूल्यांकन की निरंतरता
B. मूल्यांकन की आवधिकता
C. ऊपर (A) और (B) दोनों
D. न तो (A) और न ही (B) ऊपर

Q.61 कलिंग युद्ध कौन से वर्ष में लड़ा गया था?
A. 269 ईसा पूर्व
B. 263 ईसा पूर्व
C. 260 ईसा पूर्व
D. 261 ईसा पूर्व

Q.62 भारत की पहली महिला केंद्रीय मंत्री कौन थी?
A. इंदिरा गांधी
B. राजकुमारी अमृत कौर
C. लक्ष्मी बाई
D. रजिया सुल्तान

Q.63 किस भारत रत्न प्राप्तकर्ता के जन्मदिन को अभियंता दिवस के रूप में मनाया जाता है?
A. अब्दुल कलम आज़ाद
B. जे.आर.डी. टाटा
C. एम. विश्वेश्वरैया
D. सी.वी.रमन

Q.64 अंतरिक्ष में जाने वाले पहले भारतीय कौन थे?
A. राकेश शर्मा
B. रमेश शर्मा
C. सुरेश शर्मा
D. महेश शर्मा

Ques (65-67):Direction: In this question, each item consists of six sentences of passage. The first and sixth sentences are given in the beginning as SI and S6. The middle four-sentence in each have been jumbled up and labelled as P, Q, R and S. You are required to find the proper sequence of the four sentences.

Q.65 S1: The British rule in India has brought about the moral, material, cultural and spiritual ruination of this great country.
S6: We are not to kill anybody but it is our dharma to see that the curse of this Government is blotted out.
P: I regard this rule as a curse.
Q: Sedition has become my religion
R: Ours is a non-violent battle
S: I am out to destroy this system of Government.

[UPSC NDA, 2019]

A. S P R Q
B. P S Q R
C. Q R P S
D. S R P Q

Q.66 S1: Mr. Sherlock Holmes and Doctor Watson were spending a weekend in a University town.
S6: It was clear that something very unusual happened.
P: One evening they received a visit from an acquaintance, Mr. Hilton Soames.
Q: On that occasion, he was in a state of great agitation.
R: They were staying in furnished rooms, close to the library.
S: Mr. Soames was a tall, thin man of a nervous and excitable nature.
The proper sequence should be

A. P R S Q
B. R P S Q
C. P Q R S
D. R P Q S

Q.67 S1: The machines that drive modern civilisation derive their power from coal and oil.
S6: Nuclear energy may also be effectively used in this respect.
P: But they are not inexhaustible.
Q: These sources may not be exhausted very soon.
R: A time may come when some other sources have to be tapped and utilised.
S: Power may, of course, be obtained in future from forests, water, wind and withered vegetables.
The proper sequence should be

A. P Q R S
B. Q P R S
C. S R Q P
D. S P Q R

Q.68 एक व्यक्ति अपने वेतन का $\frac{2}{7}$वां भाग किराए पर, $\frac{1}{4}$वां वेतन शिक्षा पर, और शेष भोजन पर खर्च करता है। यदि वह अपने किराए पर 2800 रुपये खर्च करता है तो वह कितनी राशि भोजन पर खर्च करता है?
A. 4550
B. 4200
C. 4500
D. 4000

Q.69 किस राज्य ने मास्क अभियान शुरू किया है?
A. केरल
B. ओडिशा
C. महाराष्ट्र
D. उत्तर प्रदेश

Q.70 13 सेमी त्रिज्या के एक ठोस गोले को पिघलाया जाता है और इसके कुछ भाग का उपयोग एक खोखले गोले को बनाने के लिए किया जाता है जिसकी आंतरिक त्रिज्या 5 सेमी है। यदि ठोस गोले का पृष्ठीय क्षेत्रफल खोखले गोले के कुल पृष्ठीय क्षेत्रफल के बराबर है, तो गोले की मोटाई क्या होगी?
A. 6 सेमी
B. 7 सेमी
C. 8 सेमी
D. 9 सेमी

Ques (71-72):Direction: In the following question, out of the four alternatives, select the alternative which best expresses the meaning of the Idiom/Phrase.

Q.71 Sow wild oats
A. To make someone fool
B. To make space to red
C. To take revenge
D. To waste time by doing foolish things

Q.72 Method to my madness.
A. No manners.
B. There's a reason for someone's strange behavior.
C. Crazy, demented, out of one's mind, in a confused or befuddled state of mind, senile.
D. This means to deceive someone into thinking well of them.

Q.73 पक्षियों को बहुत ऊंचाई पर उड़ते समय सांस की परेशानी क्यों नहीं महसूस होती?
A. उनके फेफड़े बहुत बड़े होते है
B. वे निश्चिंतता के साथ उड़ते है
C. उनमें अतिरिक्त वायु-कोश होते है
D. वे कम ऑक्सीजन का प्रयोग करते है

Q.74 डायनासोर थे?
A. सिनोजोइक सरीसृप
B. मेसोजोइक सरीसृप
C. मेसोजोइक पक्षी
D. इनमें से कोई नहीं

Q.75 1979 के बाद से एशियाई फुटबॉल संघ ने भारत को किस वर्ष के महिला एशियन कप के मेजबानी के अधिकार से सम्मानित किया है?
A. 2021
B. 2022
C. 2023
D. 2024

Q.76 _____ इंडियन प्रीमियर लीग के पहले अध्यक्ष और आयुक्त थे।
A. राजीव शुक्ला
B. सौरव गांगुली
C. रंजीब बिस्वाल
D. ललित मोदी

Q.77 बौद्ध स्थल ताबो मठ भारत के निम्नलिखित में से किस राज्य में स्थित है?
A. अरुणाचल प्रदेश
B. हिमाचल प्रदेश
C. सिक्किम
D. असम

Q.78 यदि $a^3 + b^3 + c^3 = 3abc$ है, तो $a + b + c$ का मान ज्ञात कीजिये?
A. 4
B. 6
C. 2
D. 0

Q.79 संयुक्त राष्ट्र की 75वीं वर्षगांठ पर किस देश ने स्मारक डाक टिकट जारी किया था?

A. संयुक्त राज्य अमेरिका   **B.** भारत
C. रूस   **D.** चीन

Q.80 संयुक्त राष्ट्र का मुख्यालय कहाँ स्थित है?

A. न्यूयॉर्क, यूएसए   **B.** हेग (नीदरलैंड)
C. जिनेवा   **D.** पेरिस

Q.81 पहला भारतीय उपग्रह है:

A. आर्यभट्ट अंतरिक्ष यान   **B.** भास्कर-1
C. रोहिणी RS-1   **D.** इनसेट-1A

Q.82 एक्स-रे का आविष्कार किसने किया था?

A. विल्हेम कॉनराड रॉन्टगन
B. विलियम ली
C. एक्स रोल्सविक
D. आई थॉम्पसन

Q.83 उपचारात्मक शिक्षण का आधार क्या है?

A. निदान   **B.** छात्र की कमजोरी
C. व्यक्तिगत अंतर   **D.** ऊपर के सभी

Q.84 त्रुटियों और गलतियों के संबंध में निम्नलिखित में से कौन सा कथन गलत है?

A. गलतियाँ होती हैं, लेकिन गलतियाँ की जाती हैं।
B. त्रुटियां बस हो सकती हैं, लेकिन गलतियों में मानवीय क्रियाएं शामिल हैं।
C. त्रुटि सटीकता या शुद्धता से विचलन है।
D. एक गलती एक गलती के कारण हुई त्रुटि है

Q.85 त्रिज्या 4 सेमी और $\angle 30°$ वाले वृत्त के त्रिज्यखंड का क्षेत्रफल ज्ञात कीजिए। संगत प्रमुख त्रिज्यखंड का क्षेत्रफल ज्ञात कीजिए। $(\pi = 3.14)$

A. 50.24 सेमी ^{2} **B.** 50.25 सेमी ^{2}
C. 60.24 सेमी ^{2} **D.** 80.24 सेमी ^{2}

Q.86 नीचे दी गई आकृति में, QR वृत्त का व्यास है जिसका केंद्र O है जिसका मान 10 सेमी है। इसमें दो समानांतर जीवाएँ हैं जिन्हें PQ और RS नाम दिया गया है जिनकी लंबाई 6 सेमी है। दो जीवाओं के बीच की ऊर्ध्वाधर दूरी ज्ञात कीजिए।

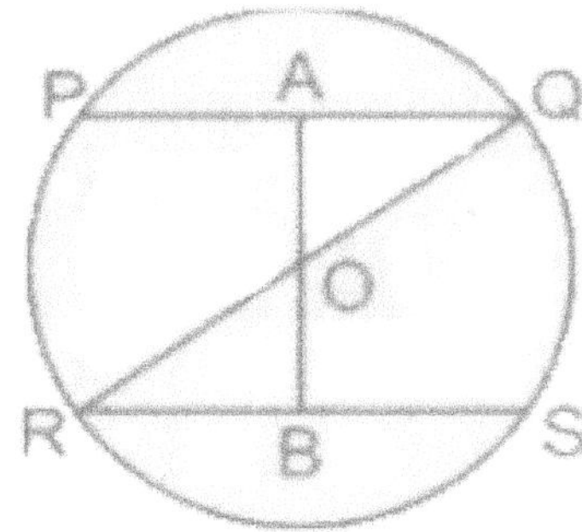

A. 6 सेमी   **B.** 7 सेमी   **C.** 8 सेमी   **D.** 5.5 सेमी

Q.87 3 पुरुष या 5 महिलाएं एक काम को 12 दिनों में पूरा कर सकते हैं तो 3 पुरुष और 7 महिलाएं उसी काम को कितने दिनों में पूरा करेंगे?

A. 5 दिन   **B.** 8 दिन   **C.** 10 दिन   **D.** 15 दिन

Q.88 एक पुरुष और एक महिला दोनों द्वारा एकसाथ 20 दिनों तक किये गए एक काम के वेतन के रूप से 1500 रुपये प्राप्त करते हैं। यदि पुरुष की दक्षता महिला से दोगुनी है, तो महिला का दैनिक वेतन ज्ञात कीजिये।

A. 25   **B.** 50   **C.** 500   **D.** 100

Ques (89-90):Direction: In the following question, a sentence has been given in Active/Passive Voice. Out of the four alternatives suggested, select the one which best expresses the same sentence in Passive/Active Voice.

Q.89 He was not given the information he needed.

A. Somebody was not given the information he needed.
B. The information he needed wasn't given to him.
C. He needed the information he wasn't given.
D. They didn't give him the information he needed.

Q.90 Bipin was not told about the meeting.

A. Somebody did not tell Bipin about the meeting.
B. There was nobody who could tell Bipin about the meeting.
C. Nobody told Bipin about the meeting.
D. The meeting was not told about Bipin.

Q.91 नीचे दी गयी सारणी में दी गयी जानकारी के संदर्भ में निम्नलिखित प्रश्न के उत्तर दीजिए।

वस्तुएं	वार्षिक ख़र्च लाख रुपए में
कच्चा माल	4
श्रमिक	3
किराया	4
ब्याज	6
कर	1

कच्चा माल और ब्याज कुल खर्च का कितना प्रतिशत है?

A. 48.31 प्रतिशत   **B.** 41.06 प्रतिशत
C. 62.81 प्रतिशत   **D.** 55.56 प्रतिशत

Q.92 10 अवलोकनों का माध्य 5 है। यदि प्रत्येक अवलोकन में 2 जोड़ा जाता है और फिर 3 से गुणा किया जाता है, तो नया माध्य क्या होगा?

A. 5   **B.** 7   **C.** 15   **D.** 21

Q.93 $44 - 6 + 43 \times 2 - 87 = ?$

A. 37   **B.** 38   **C.** 73   **D.** 83

Q.94 त्रिभुज ABC की भुजा BC को D तक बढ़ाया गया है। अगर $\angle ACD = 112°$ और $\angle CBA = \frac{3}{4} \angle BAC$, तो $\angle CBA$ का माप है:

A. 30°   **B.** 48°   **C.** 45°   **D.** 64°

Q.95 स्कूल के प्रदर्शन में अपने समकक्षों से बहुत पीछे रहने वाले विद्यार्थियों को सीखने में सहायता प्रदान करना शामिल है:

A. भाषा अभ्यास के लिए और अधिक गतिविधियाँ देना
B. अतिरिक्त नोट्स और कोचिंग प्रदान करना
C. उन्हें समय सीमा के बिना असाइनमेंट पूरा करने की अनुमति देना
D. प्रारंभ में स्कूली पाठ्यक्रम और शिक्षण रणनीतियों को अपनाना

Ques (96-100):Direction: Read the following passage carefully and answer the questions given below it.

The yearly festival was close at hand. The store room was packed with silk fabrics, gold ornaments, clay bowls full of sweet curd and platefuls of sweetmeats. The orders had been placed with shops well in advance. The mother was sending out gifts to everyone.

The eldest son, a government servant, lived with his wife and children in far off lands. The second son had left home at an early age. As a merchant he travelled all over the world. The other sons had split up over petty squabbles, and they now lived in homes of their own. The relatives were spread all across the world. They rarely visited. The youngest son, left in the company of a servant, was soon bored, left her and stood at the door all day long, waiting and watching. His mother, thrilled and excited, loaded the presents on trays and plates, covered them with colourful kerchiefs, and sent them off with maids and servants. The neighbours looked on.

The day came to an end. All the presents had been sent off.

The child came back into the house and **dejectedly** said to his mother, "Maa, you gave a present to everyone, but you didn't give me anything !"

His mother laughed, "I have given all the gifts away to everyone, now see what's **left** for you." She kissed him on the forehead.

The child said in a tearful voice, "Don't I get a gift ?"

"You'll get it when you go far away."

"But when I am close to you, don't I get something from your own hands ?"

His mother reached out her arms and drew him to her. "This is all I have in my own hands. It is the most precious of all."

Q.96 Why did the woman's second son travel?
- **A.** He was restless by nature
- **B.** He did not want to stay at home
- **C.** He was rich and could afford to travel
- **D.** His job was such that he had to travel

Q.97 Why did the woman's eldest son not attend the festival?
- **A.** He was not on good terms with his youngest brother who lived at home
- **B.** He had quarrelled with his mother
- **C.** His wife did not allow him to return home
- **D.** None of these

Q.98 How did the woman prepare for the festival?
I. She bought expensive gifts for her children and neighbours.
II. She ordered her servants to prepare sweets and food well in advance.
III. She made sure that her youngest child was looked after well so that he wouldn't be bored.
- **A.** None
- **B.** Only I
- **C.** Only II
- **D.** Both I and II

Q.99 What did the youngest child do while his mother was busy ?
I. He waited for a chance to steal some sweetmeats.
II. He pestered his mother to give him a present.
III. He stood at the door waiting and watching.
- **A.** Only I
- **B.** Only II
- **C.** Both I and III
- **D.** Only III

Q.100 Which of the following can be said about the woman ?

- **A.** She was a widow who had brought up her children single handedly
- **B.** She was not a good mother since her children had left home at an early age
- **C.** She enjoyed sending her family gifts at festival time
- **D.** She gave expensive presents to show that she was wealthy

// स्मार्ट उत्तर पुस्तिका //

सही उत्तर: उन छात्रों का प्रतिशत जिन्होंने प्रश्नों का सही उत्तर दिया था।　　**छोड़ दिया**: उन छात्रों का प्रतिशत जिन्होंने प्रश्नों को छोड़ दिया था।

प्रश्न संख्या	उत्तर	सही उत्तर / छोड़ दिया	प्रश्न संख्या	उत्तर	सही उत्तर / छोड़ दिया	प्रश्न संख्या	उत्तर	सही उत्तर / छोड़ दिया	प्रश्न संख्या	उत्तर	सही उत्तर / छोड़ दिया	प्रश्न संख्या	उत्तर	सही उत्तर / छोड़ दिया	प्रश्न संख्या	उत्तर	सही उत्तर / छोड़ दिया
1	D	43.16 % / 1.55 %	18	B	52.72 % / 1.29 %	35	A	87.46 % / 0.0 %	52	C	57.29 % / 1.85 %	69	B	69.57 % / 1.29 %	86	C	40.7 % / 1.73 %
2	A	61.59 % / 1.03 %	19	C	43.87 % / 1.74 %	36	B	11.25 % / 3.68 %	53	C	76.95 % / 0.0 %	70	B	32.33 % / 3.83 %	87	A	77.82 % / 0.0 %
3	C	49.49 % / 1.48 %	20	B	42.86 % / 1.23 %	37	D	77.41 % / 0.0 %	54	D	84.95 % / 0.0 %	71	D	46.51 % / 1.27 %	88	A	63.06 % / 1.31 %
4	A	43.63 % / 1.9 %	21	A	49.93 % / 1.48 %	38	D	52.13 % / 1.07 %	55	B	53.46 % / 1.8 %	72	B	61.68 % / 1.39 %	89	D	32.66 % / 4.27 %
5	A	53.62 % / 1.4 %	22	A	62.03 % / 1.72 %	39	C	54.98 % / 1.95 %	56	B	14.34 % / 3.49 %	73	C	44.99 % / 1.77 %	90	C	23.13 % / 4.37 %
6	D	10.14 % / 4.38 %	23	A	65.25 % / 1.34 %	40	D	47.9 % / 1.39 %	57	D	43.24 % / 1.52 %	74	B	66.31 % / 1.85 %	91	D	52.32 % / 1.59 %
7	C	58.79 % / 1.72 %	24	A	65.31 % / 1.31 %	41	D	76.07 % / 0.0 %	58	D	29.78 % / 3.63 %	75	B	13.13 % / 4.15 %	92	D	51.41 % / 1.66 %
8	A	57.79 % / 1.71 %	25	C	11.11 % / 4.11 %	42	C	82.45 % / 0.0 %	59	A	57.67 % / 1.05 %	76	D	48.33 % / 1.83 %	93	A	85.28 % / 0.0 %
9	A	49.44 % / 1.39 %	26	A	83.78 % / 0.0 %	43	D	59.01 % / 1.72 %	60	B	40.27 % / 1.79 %	77	B	47.84 % / 1.05 %	94	B	41.41 % / 1.6 %
10	B	44.18 % / 1.77 %	27	C	88.65 % / 0.0 %	44	B	46.21 % / 1.53 %	61	D	10.0 % / 4.91 %	78	D	85.2 % / 0.0 %	95	D	53.54 % / 1.65 %
11	B	64.69 % / 1.11 %	28	D	86.28 % / 0.0 %	45	A	59.49 % / 1.39 %	62	B	49.2 % / 1.84 %	79	B	12.33 % / 4.73 %	96	D	53.51 % / 1.12 %
12	D	43.92 % / 1.34 %	29	D	40.38 % / 1.38 %	46	B	48.54 % / 1.79 %	63	C	69.91 % / 1.85 %	80	A	51.53 % / 1.66 %	97	D	82.97 % / 0.0 %
13	C	45.72 % / 1.65 %	30	A	68.58 % / 1.78 %	47	D	42.2 % / 1.14 %	64	A	41.75 % / 1.57 %	81	A	65.66 % / 1.06 %	98	A	44.14 % / 1.62 %
14	B	63.13 % / 1.91 %	31	A	85.58 % / 0.0 %	48	B	78.84 % / 0.0 %	65	B	45.33 % / 1.82 %	82	A	89.24 % / 0.0 %	99	D	50.14 % / 1.14 %
15	C	66.94 % / 1.18 %	32	D	52.89 % / 1.54 %	49	A	69.0 % / 1.99 %	66	B	24.09 % / 3.94 %	83	D	55.47 % / 1.43 %	100	C	60.28 % / 1.15 %
16	D	51.11 % / 1.61 %	33	A	60.26 % / 1.28 %	50	C	69.59 % / 1.66 %	67	B	59.77 % / 1.16 %	84	A	62.84 % / 1.32 %			
17	A	40.4 % / 1.72 %	34	A	69.19 % / 1.26 %	51	A	78.06 % / 0.0 %	68	A	50.62 % / 1.31 %	85	A	57.08 % / 1.95 %			

//संकेत और समाधान//

1. अंतरराष्ट्रीय वित्तीय सेवा केंद्र प्राधिकरण (IFSCA) और GVFL लिमिटेड ने गिफ्ट सिटी, गुजरात में IFSCA के कार्यालय में एक समझौता ज्ञापन पर हस्ताक्षर किए।

GIFT IFSC में फिनटेक पारितंत्र को समर्थन और सुविधा प्रदान करने के लिए सहयोग और सहभागिता के लिए इस पर हस्ताक्षर किए गए हैं। IFSCA एक एकीकृत नियामक है जो IFSC में वित्तीय उत्पादों, वित्तीय सेवाओं और संस्थानों के विकास और विनियमन के लिए जिम्मेदार है।

अत: विकल्प (D) सही है।

2. बिहार के मधुबनी जिले से नेपाल देश के रेलवे लिंक के बीच पहली ट्रेन का सफल परीक्षण किया गया।

बिहार के जयनगर और नेपाल के कुर्था के बीच ट्रेन का गति परीक्षण होने के बाद इन स्टेशनों के बीच रेलसेवा शीघ्र शुरू होने की उम्मीद है। पूर्व-मध्य रेल (ईसीआर) के मुख्य जनसंपर्क अधिकारी राजेश कुमार ने बताया कि समस्तीपुर मंडल के जयनगर और नेपाल के कुर्था के मध्य 34.50 किलोमीटर लंबे नव-आमान परिवर्तित रेलखंड पर लोकोमोटिव द्वारा 110 किलोमीटर प्रतिघंटा की गति से सफलतापूर्वक स्पीड ट्रायल किया गया। इस दौरान इरकॉन और नेपाल रेलवे के वरिष्ठ उच्च अधिकारी उपस्थित थे।

अतः विकल्प (A) सही है।

3. यू० एस० ओपन टेनिस टूर्नमेंट, 2018 (महिला एकल) की विजेता नाओमी ओसाका थी।

- नाओमी ओसाका ने नाटकीय अमेरिकी ओपन फाइनल में सेरेना विलियम्स को हराया।
- वह ग्रैंड स्लैम खिताब जीतने वाली पहली जापानी महिला बनीं।
- उन्होंने फाइनल में सेरेना विलियम्स पर 6-2, 6-4 की जीत दर्ज की।

अतः विकल्प (C) सही है।

4. रूस को यूईएफए द्वारा चैंपियंस लीग फाइनल की मेजबानी से 25 फरवरी 2022 को हटा दिया गया था और यूक्रेन पर रूस के आक्रमण के बाद सेंट पीटर्सबर्ग की जगह पेरिस ने ले ली थी। फ्रांस ने आखिरी बार 16 साल पहले चैंपियंस लीग फाइनल की मेजबानी की थी, जब बार्सिलोना ने 2006 के फाइनल में आर्सेनल को हराया था।

अत: विकल्प (A) सही है।

5. पंचायत (अनुसूचित क्षेत्रों में विस्तार) अधिनियम (पेसा) राज्यों को शराब की बिक्री/खपत में से विनियमित और प्रतिबंधित करने की शक्ति ग्राम सभाओं को देने के लिए अधिकृत नहीं करता है।

पंचायत (अनुसूचित क्षेत्रों में विस्तार) अधिनियम (पेसा) राज्यों को शराब की बिक्री / खपत को विनियमित करने और प्रतिबंधित करने के लिए ग्राम सभाओं को अधिकार देता है; लघु वनोपज का स्वामित्व; भूमि के हस्तांतरण को रोकने और अलग की गई भूमि को बहाल करने की शक्ति; ग्राम बाजारों का प्रबंधन करने की शक्ति, अनुसूचित जनजातियों को ऋण देने पर नियंत्रण और ग्राम बाजारों का प्रबंधन करने की शक्ति, अनुसूचित जनजातियों को धन उधार देने पर नियंत्रण और ग्राम पंचायतों की योजनाओं को मंजूरी देने के लिए अनिवार्य कार्यकारी कार्य, योजनाओं के लिए लाभार्थियों की पहचान करना, धन के उपयोग का प्रमाण पत्र जारी करना।

अत: विकल्प (A) सही है।

6. केंद्रीय वित्त मंत्री कर नीति परिषद के अध्यक्ष हैं। आरबीआई गवर्नर नवगठित मौद्रिक नीति समिति के पदेन अध्यक्ष हैं। कर नीति अनुसंधान इकाई का नेतृत्व मुख्य आयुक्त स्तर के एक अधिकारी द्वारा वैकल्पिक रूप से

सीबीडीटी और सीबीईसी से वैकल्पिक रूप से एक निश्चित कार्यकाल के लिए किया जाता है, जो सीधे राजस्व सचिव को रिपोर्ट करेगा।

अत: विकल्प (D) सही है।

7. दिया हुआ,

चक्रवृद्धि ब्याज और साधारण ब्याज का अंतर = 150 रुपये

समय(T) = 2 वर्ष

मूलधन(P) = 20,000 रुपये

जैसा कि हम जानते हैं,

चक्रवृद्धि ब्याज और साधारण ब्याज का अंतर = $P \times (\frac{R}{100})^2$

जहाँ R = ब्याज की दर

सूत्र के अनुसार,

चक्रवृद्धि ब्याज - साधारण ब्याज = $20{,}000(\frac{R}{100})^2$

$\Rightarrow 150 = 20{,}000(\frac{R}{100})^2$

$\Rightarrow \frac{3}{400} = (\frac{R}{100})^2$

$\Rightarrow R = 8.66\%$

∴ ब्याज की दर 8.66% है।

अत: विकल्प (C) सही है।

8. गणित की भाषा एक विशाल शब्द है जिसमें बड़ी संख्या में प्रतीक, अंकन, समीकरण, गणितीय अभिव्यक्ति और गणितीय वाक्यांश भी शामिल हैं।

गणित शिक्षा में मूल्य:- गणित में दस मूल्य होते हैं

गणित का व्यावहारिक मूल्य:- जैसे करके सीखना, गिनना

गणित का बौद्धिक मूल्य:- जैसे कल्पना, याद रखना

गणित का सामाजिक मूल्य:- सहयोग, वस्तुनिष्ठता

गणित का नैतिक मूल्य:- ईमानदारी, न्याय

गणित का अनुशासनात्मक मूल्य:- सरलता, सटीकता

गणित का सांस्कृतिक मूल्य:- जैसे गायन, नृत्य

गणित का अंतरराष्ट्रीय मूल्य:- शोध, पत्रिकाएँ

गणित का कलात्मक मूल्य:- ड्राइंग, स्केचिंग

गणित का व्यावसायिक महत्व:- उदा. सिलाई, बढ़ईगीरी

गणित का मनोवैज्ञानिक महत्व :- दया, प्रसन्नता

अत: विकल्प (A) सही है।

9. गणित विज्ञान की एक शाखा है जो संख्याओं, आकृतियों और संरचनाओं की गिनती, गणना और अध्ययन से संबंधित है। यह संख्या, आकार, मात्रा और पैटर्न का अध्ययन है। यह तर्क पर निर्भर करता है और सीखने को बच्चों के दैनिक जीवन से जोड़ता है।

अत: विकल्प (A) सही है।

10. जनसंख्या की औसत गिरावट दर 9.82% (लगभग) है।

औसत टिप्पणियों का योग / टिप्पणियों की कुल संख्या

1951 − 1961	$\frac{1}{20} \times 100 = 5\%$
1961 − 1971	$\frac{3}{21} \times 100 = 14.28\%$
1971 − 1981	$\frac{3}{24} \times 100 = 12.5\%$
1981 − 1991	$\frac{3}{27} \times 100 = 11.11\%$
1991 − 2001	$\frac{2}{30} \times 100 = 6.67\%$
2001 − 2011	$\frac{3}{32} \times 100 = 9.37\%$

कुल वृद्धि

$\% = (5 + 14.28 + 12.50 + 11.11 + 6.67 + 9.37)\%$
$= 58.93\%$

दशकों की कुल संख्या $= 6$

औसत $= \frac{58.93\%}{6} = 9.82\%$

अत: विकल्प (B) सही है।

11. औसत गिरावट दर के आधार पर,

वर्ष में जनसंख्या है

$35 + \frac{35 \times 9.28}{100} = 38.44$ मिलियन

वर्ष 2021 में जनसंख्या 38.44 मिलियन होगी।

अत: विकल्प (B) सही है।

12. वर्ष 1951 में, प्रति व्यक्ति बिजली की उपलब्धता 500 w थी।

1 GW $= 1000$ मिलियन वॉट

10 GW $= 10000$ मिलियन वॉट

प्रति व्यक्ति बिजली की उपलब्धता $=$ विद्युत ऊर्जा उत्पादन / जनसंख्या

$\Rightarrow \frac{10000}{20} = 500\ W$

अत: विकल्प (D) सही है।

13. 2011 में प्रति व्यक्ति औसत बिजली की उपलब्धता अधिकतम थी।

प्रति व्यक्ति बिजली की उपलब्धता $=$ विद्युत ऊर्जा उत्पादन / जनसंख्या

1951	$\frac{10000}{20} = 500\ W$
1961	$\frac{20000}{21} = 952.38\ W$
1971	$\frac{25000}{24} = 1041.67\ W$
1981	$\frac{40000}{27} = 1481.48\ W$
1991	$\frac{50000}{30} = 1666.67\ W$
2001	$\frac{80000}{32} = 2500\ W$
2011	$\frac{100000}{35} = 2857\ W$

अत: विकल्प (C) सही है।

14. दिया हुआ:

A, B और C के निवेश का अनुपात,

$= 12600 : 10800 : 16200$
$= 126 : 108 : 162$
$= 63 : 54 : 81$
$= 7 : 6 : 9$

माना कि कुल लाभ $= x$

इसलिए, C का हिस्सा $= \left[\frac{9}{(7+6+9)}\right] x = 16200$

$\Rightarrow \left(\frac{9}{22}\right) x = 16200$ रु

$\Rightarrow x = 39600$

इसलिए, A और B के लाभ में अंतर

$= \left[\frac{(7-6)}{22}\right] x$

$= \left(\frac{1}{22}\right) \times 39600 = 1800$ रु

अत: विकल्प (B) सही है।

15. The records give us an *inkling* of how people saw the world.

Inkling means a little knowledge or suspicion about something, it is the only option that fits in the given blank.

Hence, the correct option is (C).

16. The *remains* of a dynasty have been found in an architecture excavation.

Remains means the parts left over after other parts have been removed, used, or destroyed, it is the only option that fits in the given blank.

Hence, the correct option is (D).

17. The necklace I received from my late husband is a loving *memento* from my time spent with him.

Memento means an object kept as a reminder of a person or event, it is the only option that fits in the given blank.

Hence, the correct option is (A).

18. समुद्रगुप्त, गुप्त साम्राज्य का चौथा शासक था और चंद्रगुप्त प्रथम का पुत्र और उत्तराधिकारी। समुद्रगुप्त के इतिहास का मुख्य स्रोत प्रयागप्रशस्ति नामक इलाहाबाद स्तंभ पर उत्कीर्ण एक शिलालेख है और जिसकी रचना उनके दरबारी कवि हरीसा ने की है। उन्होंने एक अश्वमेध यज्ञ भी किया।

अत: विकल्प (B) सही है।

19. भूदृश्य लगातार दो प्रक्रियाओं से परिवर्तित हो रहा है - अपक्षय और अपरदन। अपरदन पानी, हवा और बर्फ जैसे विभिन्न कारकों द्वारा भूदृश्य का दूर ले जाया जाना है।

- उच्चतर प्रवणता के कारण, नीचे की ओर, ऊर्ध्वधर अपरदन अधिक प्रभावी होता है। यह V-आकार की घाटियों का निर्माण करता है
- V-आकार की घाटी एक की खासियत है यह बहते पानी से निर्मित होती है।
- कटाव अधिक स्पष्ट होता है जब पानी का प्रवाह एक भारी होता है, और पानी निलंबित कणों (तलछटी भार) को वहन करता है।

अत: विकल्प (C) सही है।

20. महासागरीय धारा पानी के द्रव्यमान का एक सामान्य संचलन है जो काफी दूरी पर एक परिभाषित दिशा में होता है। तापमान विशेषताओं के आधार पर इसे गर्म और ठंडे प्रवाह (धारा) के रूप में वर्गीकृत किया जा सकता है। इसे मोटे तौर पर अटलांटिक महासागरीय धारा, प्रशांत महासागरीय धारा और हिंद महासागरीय धारा में वर्गीकृत किया जा सकता है।

- हिंद महासागर के उत्तरी हिस्से में धाराएं पूरी तरह से परिसंचरण के सामान्य प्रतिरूप से भिन्न होती हैं।
- वे मानसून की मौसमी लय के विपरीत मौसम दर मौसम अपनी दिशा बदलती हैं।
- हिंद महासागर के उत्तरी भाग में, सर्दियों और गर्मियों के बीच धाराओं का स्पष्ट व्युत्क्रम होता है।
- सर्दियों में, उत्तर विषुवतीय धारा और दक्षिण विषुवतीय धारा पूर्व से पश्चिम की ओर बहती है।
- पूर्वोत्तर मानसून, बंगाल की खाड़ी के तट के किनारे पानी को एक वामावर्त दिशा में अपवाहित करता है।
- इसी तरह, अरब सागर की सीमा वाले भूमि के तटों के साथ, धाराओं का एक वामावर्त परिसंचरण विकसित होता है

इसलिए, 1 और 2 कथन सही हैं।

अत: विकल्प (B) सही है।

21. देशांतर और अक्षांश दोनों एक मूल के रूप में पृथ्वी के केंद्र के साथ मापा जाने वाले कोण हैं। देशांतर प्राइम मेरिडियन से एक कोण है, जिसे पूर्व में मापा जाता है (पश्चिम के लिए अनुदैर्ध्य ऋणात्मक हैं)। अक्षांश भूमध्य रेखा से एक कोण को मापते हैं (दक्षिण में अक्षांश नकारात्मक हैं)।

- उत्तरी और दक्षिणी ध्रुव को मिलाने वाली रेखा को प्राइम मेरिडियन (मध्याह्न) कहा जाता है।
- A (भौगोलिक) मेरिडियन (या देशांतर की रेखा) पृथ्वी की सतह पर एक काल्पनिक महान चक्र का आधा हिस्सा है।
- यह उत्तरी ध्रुव और दक्षिणी ध्रुव द्वारा समाप्त एक समन्वय रेखा है, जो समान देशांतर के बिंदुओं को जोड़ती है, जैसा कि प्राइम मेरिडियन (मध्याह्न) के पूर्व या पश्चिम में कोणीय डिग्री में मापा जाता है।

अत: विकल्प (A) सही है।

22. मान लीजिए कि संख्याएँ 3x, 4x और 5x हैं।

फिर, उनके एल.सी.एम. = 60x

तो, 60x = 2400 या x = 40

संख्याएँ हैं (3 x 40), (4 x 40) और (5 x 40)

इसलिए, आवश्यक एच.सी.एफ. = 40

अत: विकल्प (A) सही है।

23. दिया है:

100 तक की अभाज्य संख्याएँ:

अभाज्य संख्याओं की गणना के लिए कोई सूत्र नहीं है। हमें प्रत्येक को गिनना पड़ेगा।

अभाज्य संख्याएँ:

2, 3, 5, 7 ,11, 13, 17, 19, 23, 29, 31, 37, 41, 43, 47, 53, 59, 61, 67, 71, 73, 79, 83, 89, 97.

∴ 100 तक की 25 अभाज्य संख्याएँ हैं।

अत: विकल्प (A) सही है।

24. दिया है:

P एक अभाज्य संख्या है और $P^2 + 7$ से भी एक अभाज्य संख्या प्राप्त होती है।

अभाज्य संख्याओं के केवल 2 गुणनखंड होते हैं: 1 और स्वयं वह संख्या।

माना कि $P^2 + 7$ x के बराबर है।

∴ X अभाज्य संख्या होनी चाहिए।

यदि P, 2 है,

∴ $X = P^2 + 7 = (2)^2 + 7 = 11$, जहां 11 एक अभाज्य संख्या है।

यदि P, 3 है,

∴ $X = P^2 + 7 = (3)^2 + 7 = 16$, जहां 16 सम संख्या है।

यदि P, 5 है,

∴ $X = P^2 + 7 = (5)^2 + 7 = 32$, जहाँ 32 सम संख्या है

इसलिए, 2 के अलावा P के सभी मान X को सम संख्या देते हैं।

∴ P का केवल एक मान संभव है जो X को अभाज्य संख्या के रूप में देता है

अत: विकल्प (A) सही है।

25. ⇒ विशिष्ट गुरुत्व को किसी भी ठोस या तरल वस्तु के घनत्व और शुद्ध पानी के घनत्व के अनुपात के रूप में परिभाषित किया जाता है।

⇒ विशिष्ट गुरुत्व = वस्तु का घनत्व/शुद्ध पानी का घनत्व

= वस्तु के घनत्व की SI इकाई / शुद्ध पानी के घनत्व की SI इकाई

= मात्रा प्रति किलोग्राम / मात्रा प्रति किलोग्राम

= कोई इकाई नहीं

⇒ इसलिए, विशिष्ट गुरुत्व की कोई इकाई नहीं है।

मात्राएँ	इकाई
वेग	m/sec
घनत्व	kg/m³
प्रतिबल	Nm^{-2}

अत: विकल्प (C) सही है।

26.

- जिन तत्वों में असीम रूप से उच्च विद्युत प्रतिरोध होते हैं, उन्हें कुचालक कहा जाता है।
- एक कुचालक में विद्युत का प्रवाह नहीं हो सकता है।
- रबड़, लकड़ी और कागज विद्युत के अच्छे कुचालक हैं।

अत: विकल्प (A) सही है।

27. खीर भवानी मेला जम्मू-कश्मीर में आयोजित होने वाला प्रसिद्ध मेला है। यह मेला कश्मीरी पंडितों के सबसे बड़े धार्मिक उत्सवों में से एक है, यह प्रतिवर्ष ज्येष्ठ अष्टमी को आयोजित किया जाता है।

अत: विकल्प (C) सही है।

28. 28 सितंबर से 6 अक्तूबर, 2019 के मध्य यह उत्सव तेलंगाना राज्य में मनाया गया। इसे 'फूलों के उत्सव' के रूप में भी जाना जाता है।

अत: विकल्प (D) सही है।

29. इला भट्ट - पुलित्जर पुरस्कार सही सुमेलित नहीं है।

इला भट्ट कई मानद उपाधियों और अंतर्राष्ट्रीय और भारतीय पुरस्कारों की प्राप्तकर्ता थीं, जिनमें सामुदायिक नेतृत्व के लिए रेमन मैगसेसे पुरस्कार (1977), मानव पर्यावरण को बदलने के लिए राइट लाइवलीहुड अवार्ड (1984), और भारत के दो सर्वोच्च नागरिक सम्मान पद्म श्री (1985) और पद्म भूषण (1986) शामिल हैं।

अत: विकल्प (D) सही है।

30. गिडिंग्स ने समाज को अपने आप में संघ के रूप में परिभाषित किया था।

गिडिंग्स के अनुसार, समाज अपने आप में संघ है, संगठन है, 'औपचारिक संबंधों का योग' जिसमें संबद्ध 'व्यक्ति एक साथ बंधे हैं'। समाज उस व्यवस्था का हिस्सा है जहां लोग एक साथ रहते हैं और एक समुदाय या संघ बनाते हैं। यह एक साथ रहने और एक दूसरे के साथ संबंध बनाने का एक तरीका है।

अत: विकल्प (A) सही है।

31. Here, the error is in part 1. 'Too' should be replaced with so, because the correct conjunction pair is so...that, and too is always paired with to i.e. too..to.

Correct sentence: He was so tired that he could not cross the street even with the help of a supporter.

Hence, the correct option is (A).

32. दिया हुआ है,

A के लिए

घोड़े का क्रय मूल्य $= \left(3600 \times \frac{100}{90}\right) = 4000$ रुपए

B के लिए

घोड़े का विक्रय मूल्य $= \left(4000 \times \frac{112}{100}\right) = 4480$ रुपए

$\therefore B$ का लाभ $= 4480 - 3600 = 880$ रुपए

अत: विकल्प (D) सही है।

33. माना कि कार का क्रय मूल्य x है

20% लाभ पर विक्रय मूल्य $= x + 0.20x = 1.2x$

25% लाभ पर विक्रय मूल्य $= x + 0.25x = 1.25x$

प्रश्न के अनुसार,

$1.25x - 1.2x = 50000$

$\Rightarrow 0.05x = 50000$

$\Rightarrow x = \frac{50000}{0.05}$

$\Rightarrow x = 10,00,000$ रुपए

अत: विकल्प (A) सही है।

34. दुनिया भर में आपदाओं से प्रभावित लोगों की संख्या को कम करने के उद्देश्य से पाकिस्तान समेत दुनिया भर में विश्व सुनामी जागरूकता दिवस 5 नवंबर को मनाया जाता है।

विश्व सुनामी जागरूकता दिवस राष्ट्रीय और सामुदायिक स्तर, स्थानीय आपदा जोखिम न्यूनीकरण रणनीतियों के विकास को प्रोत्साहित करता है ताकि आपदाओं के खिलाफ अधिक लोगों की जान बचाई जा सके। इस वर्ष का पालन "सेंडाई सेवन अभियान," लक्ष्य (e) को बढ़ावा देता है।

अतः विकल्प (A) सही है।

35. पेट्रोलियम और प्राकृतिक गैस मंत्रालय हर वर्ष 10 अगस्त को विश्व जैव ईंधन दिवस (अंतर्राष्ट्रीय बायोडीज़ल दिवस) मनाता है। मंत्रालय ने इस अवसर पर वेबिनार का आयोजन "आत्मनिर्भर भारत की ओर जैव ईंधन" विषय के साथ किया।

जैव ईंधन इथेनॉल और बायोडीजल जैसे ईंधन हैं जो बायोमास सामग्री से बने होते हैं जो पौधे या शैवाल सामग्री या पशु अपशिष्ट होते हैं। लघु उद्योग दिवस हर साल 30 अगस्त को लघु उद्योगों को समर्थन और बढ़ावा देने के लिए मनाया जाता है। मोक्षगुंडम विश्वेश्वरैया के योगदान की सराहना करने के लिए देश 15 सितंबर को राष्ट्रीय अभियंता दिवस के रूप में मनाता है। आत्महत्या के मामलों को रोकने के लिए जागरूकता बढ़ाने के लिए हर साल 10 सितंबर को विश्व आत्महत्या रोकथाम दिवस मनाया जाता है।

अत: विकल्प (A) सही है।

36. $\Rightarrow (12)^4 \times (144)^8 \div (24)^3 = (?)^{17} \times 2^{(-3)}$

$\Rightarrow 12^4 \times (12^2)^8 \div (12 \times 2)^3 = (?)^{17} \times 2^{(-3)}$

$\Rightarrow 12^{20} \div (12^3 \times 2^3) = (?)^{17} \times 2^{(-3)}$

$\Rightarrow 12^{17} \div 2^3 = (?)^{17} \times 2^{(-3)}$

$\Rightarrow 12^{17} \times 2^{(-3)} = (?)^{17} \times 2^{(-3)}$

$\therefore 12$

अत: विकल्प (B) सही है।

37. इस अधिनियम के तहत ब्रिटिश भारतीय प्रांतों और रियासतों के संघ के आधार पर अखिल भारतीय महासंघ की स्थापना का प्रावधान किया गया था। भारत सरकार अधिनियम, 1919 में प्रांतीय स्तर पर आरम्भ किए गए द्वैध शासन को समाप्त कर दिया गया था। अधिनियम ने 3 सूचियों के संदर्भ में केंद्र और इकाइयों के मध्य शक्तियों को विभाजित किया: संघीय सूची (केंद्र के लिए 59 विषयों के साथ), प्रांतीय सूची (प्रांतों के लिए 54 विषयों के साथ) और समवर्ती सूची (दोनों के लिए 36 विषयों के साथ)। अवशिष्ट शक्तियां वायसराय को प्रदान की गईं।

अत: विकल्प (D) सही है।

38. जापानी येन जापान की आधिकारिक मुद्रा है। यह संयुक्त राज्य अमेरिका डॉलर और यूरो के बाद विदेशी मुद्रा बाजार में तीसरी सबसे अधिक कारोबार वाली मुद्रा है। यह अमेरिकी डॉलर, यूरो और पाउंड स्टर्लिंग के बाद एक आरक्षित मुद्रा के रूप में भी व्यापक रूप से उपयोग किया जाता है।

अतः विकल्प (D) सही है।

39. माना प्रबंधक और प्रबंधन प्रशिक्षु क्रमशः $3x$ और $5x$ हैं।

प्रश्न के अनुसार,

$\frac{3x}{5x+21} = \frac{3}{8}$

$24x = 15x + 63$

$9x = 63$

$x = 7$

प्रबंधकों की संख्या $= 3x = 3 \times 7 = 21$

अत: विकल्प (C) सही है।

40. प्रश्न के अनुसार-

A का $25\% = B$ का 35%

$$\frac{25}{100} \times A = \frac{35}{100} \times B$$

$$\frac{A}{B} = \frac{35}{25} = \frac{7}{5}$$

आवश्यक राशि $= \frac{7}{12} \times 2448 = 1,428$ रुपये

अतः विकल्प (D) सही है।

41. प्रसिद्ध रॉक गार्डन चंडीगढ़ शहर में स्थित है।

प्रसिद्ध रॉक गार्डन जिसे इसके संस्थापक नेक चंद के नाम पर नेक चंद रॉक गार्डन के नाम से भी जाना जाता है। चंडीगढ़ का रॉक गार्डन भारत के चंडीगढ़ में एक मूर्तिकला उद्यान है।

यह खूबसूरत उद्यान 1957 में स्थापित किया गया था। 40 एकड़ के क्षेत्र में फैला यह उद्यान देश के सबसे पर्यावरण के अनुकूल उद्यानों में से एक होने के लिए भी प्रसिद्ध है, क्योंकि यह पूरी तरह से घरेलू कचरे और अन्य औद्योगिक वस्तुओं द्वारा बनाया गया है।

अतः विकल्प (D) सही है।

42. गणना:

40 का वर्ग $= (40)^2$

$= 1600$

1600 के 40% का एक चौथाई = 1600 के 40% का 25%

$$\left(\frac{1}{4}\right) \times \left(\frac{2}{5}\right) \times 1600$$

$$\Rightarrow 1600 \times \left(\frac{2}{20}\right)$$

$$\Rightarrow 160$$

∴ परिणाम 160 होगा।

अतः विकल्प (C) सही है।

43. दिया हुआ:

व्यक्ति अपनी आय का 75% व्यय करता है।

आय में 28% की वृद्धि हुई।

व्यय में 20% की वृद्धि हुई।

प्रयुक्त सूत्र:

बचत = आय - व्यय

गणना:

माना एक आदमी की आय = 100

व्यय = 100 का 75%

$$\Rightarrow \left(\frac{75}{100}\right) \times 100 = 75$$

बचत = आय - व्यय

प्रारंभिक बचत = 100 - 75 = 25   ----(1)

अब प्रश्न के अनुसार,

उसकी आय में 28% की वृद्धि हुई

उसकी नई आय = पुरानी आय + पुरानी आय का 28%

$$\Rightarrow \text{उसकी नई आय} = \left(\frac{128}{100}\right) \times 100 = 128$$

इसी तरह, उसके व्यय में 20% की वृद्धि हुई।

उसका नया व्यय $= \left(\frac{120}{100}\right) \times 75$

$\Rightarrow$ उसका नया व्यय = 90

बचत$_{(नई)}$ = आय$_{(नई)}$ - व्यय$_{(नया)}$

बचत$_{(नई)}$ = 128 - 90 = 38   ----(2)

अब बचत में % वृद्धि $= \left\{\frac{(38-25)}{25}\right\} \times 100$ ----(समीकरण 1 और समीकरण 2 से)

$\Rightarrow 13 \times 4 = 52\%$

∴ बचत में % वृद्धि 52% है।

अतः विकल्प (D) सही है।

44. दिया गया समीकरण है,

$$3x^2 - 2x + 4 = 0$$

उपरोक्त समीकरण की $ax^2 + bx + c = 0$ से तुलना करने पर,

$$a = 3, b = -2, c = 4$$

विविक्तकर,

$$b^2 - 4ac = (-2)^2 - 4 \times 3 \times 4$$

$$= 4 - 48$$

$$= -44 \text{ (ऋणात्मक)}$$

इसलिए, मूल काल्पनिक होंगे।
अतः विकल्प (B) सही है।

45. दिया गया समीकरण है,

$$ax^2 + 2bx + c = 0$$

मूलों का योगफल $= \alpha + \beta = \frac{-2b}{a}$

मूलों का गुणनफल $= \alpha\beta = \frac{c}{a}$

$$\Rightarrow \frac{\alpha}{\beta} + \frac{\beta}{\alpha} = \frac{\alpha^2 + \beta^2}{\alpha\beta}$$

$$= \frac{(\alpha+\beta)^2 - 2\alpha\beta}{\alpha\beta}$$

$$= \frac{\frac{4b^2}{a^2} - 2\frac{c}{a}}{\frac{c}{a}}$$

$$= \frac{4b^2 - 2ac}{ac}$$

अतः विकल्प (A) सही है।

46. ग्रामीण अवसंरचना विकास निधि (RIDF):

- भारत सरकार ने नाबार्ड में RIDF का निर्माण 1995-96 में किया था, जिसकी प्रारंभिक धनराशि 2,00,000 करोड़ रुपये थी।

- उद्देश्य: राज्य सरकारों और राज्य के स्वामित्व वाले निगमों को ऋण प्रदान करना ताकि वे चल रहे ग्रामीण बुनियादी ढांचा परियोजनाओं को पूरा कर सकें।
- RIDF के तहत जारी धनराशि का रखरखाव नेशनल बैंक फॉर एग्रीकल्चर एंड रूरल डेवलपमेंट (NABARD) द्वारा किया जाता है। इसलिए, कथन 2 गलत है।
- 2021 के केंद्रीय बजट ने आरआईडीएफ को 40,000 करोड़ रुपये से 30,000 करोड़ रुपये में बढ़ाया।
- ये धन भारत सरकार द्वारा साल-दर-साल के आधार पर प्रदान किया जाता है।

अतः विकल्प (B) सही है।

47. ऑपरेशन ग्रीन:

- केंद्रीय बजट 2021: 'ग्रीन ऑपरेशन ग्रीन स्कीम' को कृषि और संबद्ध उत्पादों में मूल्यवर्धन को बढ़ावा देने के लिए 22 खराब उत्पादों तक बढ़ाया जाएगा।
- यह एक मूल्य निर्धारण योजना है जिसका उद्देश्य किसानों को उनकी उपज का सही मूल्य दिलाना है। इसलिए, कथन 4 सही है।
- इसका उद्देश्य किसान उत्पादक संगठनों (एफपीओ), कृषि-रसद, प्रसंस्करण सुविधाओं और कृषि-उपज के पेशेवर प्रबंधन को बढ़ावा देना है।
- यह किसानों को उपभोक्ताओं से जोड़कर टमाटर, प्याज और आलू (टीओपी सब्जियां) के संगठित विपणन पर ध्यान केंद्रित करता है।
- राज्य कृषि और अन्य विपणन संघ, किसान उत्पादक संगठन (एफपीओ), सहकारी समितियां, कंपनियां, स्वयं सहायता समूह, खाद्य प्रोसेसर आदि इसके तहत वित्तीय सहायता प्राप्त कर सकते हैं।

अतः विकल्प (D) सही है।

48. दिया गया है,

लंबाई = 25 सेमी

और चौड़ाई = 10 सेमी

आयत का क्षेत्रफल = लंबाई x चौड़ाई

= 25 x 10

= 250 वर्ग सेमी

अतः विकल्प (B) सही है।

49. दिया गया है,

लंबाई= 100 सेमी, चौड़ाई = 8.2 सेमी

समचतुर्भुज का क्षेत्रफल $= \frac{1}{2} d_1 d_2$

$A = \frac{1}{2} \times 100 \times 8.2$

$A = 410$ सेमी ^{2}

अतः विकल्प (A) सही है।

50. दिया गया है,

$a = 20\ cm,\ h = 15\ cm$, Area $= 480$ sq.cm

समलम्ब चतुर्भुज का क्षेत्रफल $= \frac{1}{2} h(a + b)$

$480 = \frac{1}{2}(15)(20 + b)$

$20 + b = \frac{(480 \times 2)}{15}$

$20 + b = 64$

$b = 44$ सेमी

अतः विकल्प (C) सही है।

51. Encounter means unexpectedly be faced with or experience (something hostile or difficult).

Run into means start to experience a difficult or unpleasant situation.

Run away means escape from a place, person, or situation.

Run down means reduce (or become reduced) in size, numbers, or resources.

Run with means associate habitually with (someone).

The option that is nearest in meaning to the underlined word 'encounter' is 'run into'.

Hence, the correct option is (A).

52. Miseries means a state or feeling of great physical or mental distress or discomfort.

Great suffering means distress, unhappiness, misery.

Indifferent love means not caring what the other person does in a relationship.

Perfect happiness is a feeling of contentment and joy.

Moderate sympathies means feeling sadness for other people.

The option that is nearest in meaning to the underlined word 'miseries' is 'great suffering'.

Hence, the correct option is (C).

53. दिया है:

$$\sqrt{(269) - \sqrt{169}}$$

$\Rightarrow \sqrt{269 - 13}$

$\Rightarrow \sqrt{256} = 16$

अतः विकल्प (C) सही है।

54. दिया है:

$\sqrt{0.09}$

$\Rightarrow \sqrt{\frac{9}{100}}$

$\Rightarrow \frac{3}{10}$

$\Rightarrow 0.3$

अतः विकल्प (D) सही ।

55. सकारात्मक और नकारात्मक आयनों के बीच इलेक्ट्रोस्टैटिक आकर्षण के परिणामस्वरूप होने वाले बंधन को इलेक्ट्रोवेलेंट बंधन कहा जाता है। इसे आयनिक बंध के रूप में भी जाना जाता है।

अतः विकल्प (B) सही है।

56. 46 के आणविक भार (MW) वाले इथेनॉल का क्वथनांक 78 °C (173 °F) है, जबकि प्रोपेन (MW 44) का क्वथनांक -42 °C (-44 °F) है।

अतः विकल्प (B) सही है।

57. दिया है-

वस्तु का अंकित मूल्य $(MP) = 1000$ रु

पहली छूट $(D_1) = 10\%$

दूसरी छूट $(D_2) = 20\%$

तीसरी छूट $(D_3) = 30\%$

सूत्र के अनुसार-

$$SP = MP(1 - D_1\%)(1 - D_2\%)(1 - D_3\%)$$

[जहां SP वस्तु का विक्रय मूल्य है]

$$\Rightarrow SP = 1000(1 - 10\%)(1 - 20\%)(1 - 30\%)$$

$$\Rightarrow SP = 1000\left(1 - \frac{10}{100}\right)\left(1 - \frac{20}{100}\right)\left(1 - \frac{30}{100}\right)$$

$$\Rightarrow SP = 1000 \times \frac{90}{100} \times \frac{80}{100} \times \frac{70}{100}$$

$$\Rightarrow SP = 504$$

वस्तु का विक्रय मूल्य 504 है।

अतः विकल्प (D) सही है।

58. श्री देव सुमन 'अल्मोड़ा अखबार' के संपादक नहीं हैं। वह उत्तराखंड के टिहरी जिले के एक सामाजिक कार्यकर्ता थे। उनका जन्म टिहरी गढ़वाल के जौल गांव पट्टी बामुंड में हुआ था।

- 1871 से 1918 तक लगातार प्रकाशित होने वाला अल्मोड़ा अख़बार कुमाऊं का पहला और एकमात्र पत्र था।
- अल्मोड़ा अखबार प्रमुख अंग्रेजी अखबार 'पायनियर' का समकालीन था।
- अल्मोड़ा समाचार पत्र का संपादन बुद्धि बल्लभ पंत, मुंशी इम्तियाज अली, जीवा नंद जोशी, सदानंद सनवाल, विष्णु दत्त जोशी और 1913 के बाद बद्रीदत्त पांडे ने 48 वर्षों के लंबे जीवनकाल के दौरान किया था।
- सन् 1913 में बद्रीदत्त पाण्डेय के अल्मोड़ा अखबार के संपादक बनने के बाद अखबार का प्रचलन बढ़ा।
- अल्मोड़ा अखबार को स्वतंत्रता आंदोलन से जोड़ने का श्रेय बद्रीदत्त पांडेय को भी जाता है।

अतः विकल्प (D) सही है।

59. शिक्षण-अधिगम प्रक्रिया में पाठ्यचर्या संबंधी गतिविधियाँ (अकादमिक विषयों से संबंधित) और सह-पाठ्यचर्या संबंधी गतिविधियाँ (कक्षा के बाहर आयोजित) शामिल हैं।

पाठ्यचर्या और सह-पाठ्यचर्या संबंधी गतिविधियाँ दोनों एक दूसरे की पूरक हैं और एक पूर्ण सत्र के दौरान कुल स्कूल कार्यक्रम की योजना बनाने के लिए समान महत्व और जोर देने योग्य हैं।

अतः विकल्प (A) सही है।

60. मूल्यांकन छात्रों की प्रगति और उपलब्धि के साक्ष्य एकत्र करने, उनका विश्लेषण करने और उनकी व्याख्या करने की एक व्यवस्थित प्रक्रिया है।

मूल्यांकन को शिक्षण और सीखने की प्रक्रिया के साथ एकीकृत करने की आवश्यकता है। विभिन्न प्रकार की मूल्यांकन प्रक्रियाएँ हैं जो सार्थक अधिगम सुनिश्चित करती हैं।

अतः विकल्प (B) सही है।

61.

- कलिंग युद्ध 261 ईसा पूर्व में मौर्य साम्राज्य और कलिंग साम्राज्य के बीच लड़ा गया था।
- यह युद्ध इतिहास का सबसे बड़ा और सबसे खूनी युद्ध था।
- इस युद्ध में भारी हताहत ने अशोक को युद्ध छोड़ने और बौद्ध धर्म अपनाने के लिए प्रेरित किया।

अतः विकल्प (D) सही है।

62. राजकुमारी अमृत कौर भारत की पहली महिला केंद्रीय मंत्री थीं।

राजकुमारी बीबीजी अमृत कौर अहलूवालिया, डीएसटीजे एक भारतीय कार्यकर्ता और राजनीतिज्ञ थीं। भारतीय स्वतंत्रता आंदोलन के साथ लंबे समय तक जुड़े रहने के बाद, उन्हें 1947 में भारत की पहली स्वास्थ्य मंत्री नियुक्त किया गया और 1957 तक इस पद पर रहीं।

अतः विकल्प (B) सही है।

63. एम विश्वेश्वरैया की जयंती के उपलक्ष्य में 15 सितंबर को अभियंता दिवस मनाया जाता है।

उनकी सक्षम दीवानी के तहत, मैसूर राज्य ने कृषि, सिंचाई, औद्योगिकीकरण, शिक्षा, बैंकिंग और वाणिज्य के क्षेत्र में एक बड़ा परिवर्तन देखा।

अतः विकल्प (C) सही है।

64. 1984 में, भारतीय वायु सेना के पायलट राकेश शर्मा ने अंतरिक्ष की यात्रा करने वाले पहले भारतीय बनकर इतिहास रच दिया।

श्री शर्मा सोवियत संघ के सोयूज टी -11 अभियान का हिस्सा थे, जिसे 2 अप्रैल 1984 को प्रक्षेपित किया गया था।

उन्होंने पृथ्वी की परिक्रमा करते हुए लगभग आठ दिन बिताए।

अतः विकल्प (A) सही है।

65. The passage is in points about how the British rule has ruined the country.

The first line tells us that the rule is a curse as it destroys. It then explains about our non-violent battle and the intention of destroying the government. The last line sarcastically explains that our dharma is to see that the curse of this Government is blotted out.

The correct sequence is:

S1: The British rule in India has brought about moral, material, cultural and spiritual ruination of this great country.

P: I regard this rule as a curse.

S: I am out to destroy this system of Government.

Q: Sedition has become my religion.

R: Ours is a non-violent battle.

S6: We are not to kill anybody but it is our dharma to see that the curse of this Government is blotted out.

Hence, the correct option is (B).

66. Since the introductory part is already there, R will be the 1st statement as it takes the story forward by talking about the place where Mr. Sherlock Holmes and Doctor Watson were staying.

The next statement will be P as tells us about the visit by someone who was known to them.

Now the statement P must be followed by S as it narrates how Mr. Soames looked like.

And the concluding statement will be Q.

So the correct order will be: R-P-S-Q.

Hence, the correct option is (B).

67. Since the introductory part is already there, Q will be the 1st statement as it tells us more about the idea of exhaustion of sources of power.

The next statement will be P as it further states that the sources are exhaustible.

Now the statement P must be followed by R as it makes us explore other sources of power as well.

And the concluding statement will be S.

So the correct order will be: Q-P-R-S.

Hence, the correct option is (B).

68. माना की कुल वेतन x है।

दिया गया है, किराया पर खर्च किया गया वेतन $= \dfrac{2x}{7}$

प्रश्नानुसार,

$\dfrac{2x}{7} = 2800$

$x = 9800$

भोजन पर खर्च किया गया वेतन का भाग $= x - \left(\dfrac{2x}{7}\right) - \dfrac{x}{4}$

$= x - \left(\dfrac{15x}{28}\right)$

$= \dfrac{13x}{28}$ .....(i)

x का मान समीकरण (i) में रखने पर

$= \dfrac{13}{28} \times 9800$

$= 4550$

अतः विकल्प (A) सही है।

69. ओडिशा राज्य ने मास्क अभियान शुरू किया है।

मास्क अभियान का उद्देश्य COVID-19 के प्रसार को रोकना है। मास्क अभियान का मुख्य उद्देश्य मास्क के उपयोग को एक आदत में बदलना है।नियम के उल्लंघन करने वालों पर जुर्माना 1000 रुपये से बढ़ाकर 2000 रुपये किया गया।

अतः विकल्प (B) सही है।

70. दिया है:

गोले की त्रिज्या = 13 सेमी

ठोस गोले का पृष्ठीय क्षेत्रफल खोखले गोले के कुल पृष्ठीय क्षेत्रफल के बराबर है।

गोले का पृष्ठीय क्षेत्रफल $= 4 \times \pi \times$ (त्रिज्या)²

गोले की आंतरिक त्रिज्या = 5 सेमी

माना कि गोले की मोटाई x सेमी है।

गोले की बाहरी त्रिज्या = (5 + x) सेमी

ठोस गोले का पृष्ठीय क्षेत्रफल = खोखले गोले का कुल पृष्ठीय क्षेत्रफल

$$4 \times \pi \times (13)^2 = 4 \times \pi \times [(5)^2 + (5 + x)^2]$$

$$\Rightarrow 169 = (25 + 25 + x^2 + 10x)$$

$$\Rightarrow x^2 + 10x = 119$$

$\Rightarrow$ x = 7 सेमी

इसलिए, खोखले गोले की मोटाई = x = 7 सेमी

अतः विकल्प (B) सही है।

71. The idiom "sow wild oats" is used for young people who waste their time doing stupid or idle things

OR

to have many sexual relationships particularly when one is young.

Example: They look upon his indiscretions as just his sowing his wild oats.

Hence, the correct option is (D).

72. Phrase: 'method to my madness' means that there is often a reason behind someone's mysterious behavior; There's a reason for someone's strange behavior.

Example: "At the start of his presentation, it seemed that he's out of his mind, but when he finished, we saw that there's a method in his madness."

Hence, the correct option is (B).

73. पक्षियों को बहुत ऊंचाई पर उड़ते समय सांस की परेशानी नहीं महसूस होती क्योकि उनमें अतिरिक्त वायु-कोश होते हैं। पक्षियों की खोखली हड्डियाँ होती हैं जो बहुत हल्की और मजबूत होती हैं। उनके पंख हल्के हैं और उनके पंखों का आकार हवा को पकड़ने के लिए एकदम सही है।

अतः विकल्प (C) सही है।

74. डायनासोर जिसका अर्थ यूनानी भाषा में बड़ी छिपकली होता है लगभग 16 करोड़ वर्ष तक पृथ्वी के सबसे प्रमुख स्थलीय कशेरुकी जीव थे। यह ट्राइएसिक काल के अंत (लगभग 23 करोड़ वर्ष पहले) से लेकर क्रीटेशियस काल (लगभग 6.5 करोड़ वर्ष पहले), के अंत तक अस्तित्व में रहे, इसके बाद इनमें से ज्यादातर क्रीटेशियस -तृतीयक विलुप्ति घटना के फलस्वरूप विलुप्त हो गये।

अतः विकल्प (B) सही है।

75. एशियन फुटबॉल कन्फेडरेशन ने 1979 के बाद पहली बार भारत को 2022 महिला एशियन कप के मेजबानी अधिकार से सम्मानित किया है।

AFC महिला फुटबॉल समिति की बैठक में यह निर्णय लिया गया।

फरवरी 2020 में, AFC महिला फुटबॉल समिति ने भारत को मेजबान बनाने की सिफारिश की थी।

टूर्नामेंट संभवत: 2020 के उत्तरार्ध में आयोजित किया जाएगा।

AFC: मुख्यालय - कुआलालंपुर, मलेशिया।

अत: विकल्प (B) सही है।

76. ललित मोदी इंडियन प्रीमियर लीग (आईपीएल) के संस्थापक और पहले अध्यक्ष और आयुक्त थे, और टूर्नामेंट 2010 तक तीन साल तक 2010 तक चला।

2010 में उन्हें स्पोर्ट्स निर्देशन द्वारा भारतीय खेलों में दूसरे सबसे शक्तिशाली व्यक्ति के रूप में घोषित किया गया था।

बृजेश पटेल वर्ष 2020 में इंडियन प्रीमियर लीग के वर्तमान अध्यक्ष हैं।

आईपीएल टूर्नामेंट के तेरह सत्र हो चुके हैं। मौजूदा आईपीएल खिताब धारक मुंबई इंडियंस हैं, जिन्होंने 2020 संस्करण को जीता था।

अत: विकल्प (D) सही है।

77. बौद्ध स्थल ताबो मठ भारत के हिमाचल प्रदेश राज्य में स्थित है।

ताबो मठ की स्थापना 996 ईसवी में तिब्बती वर्ष में पश्चिमी हिमालयी साम्राज्य गुगे के राजा द्वारा की गई थी, जिसका नाम बौद्ध लोट्सवा रिनचेन ज़ंगपो है। यह स्पीति घाटी, हिमाचल प्रदेश, उत्तरी भारत के ताबो गांव में स्थित है।

अत: विकल्प (B) सही है।

78. दिया है:

$$a^3 + b^3 + c^3 = 3abc$$

$$a^3 + b^3 + c^3 - 3abc = 0$$

हम जानते हैं कि,

$$a^3 + b^3 + c^3 - 3abc = (a + b + c)$$
$$(a^2 + b^2 + c^2 - ab - bc - ca)$$

$$\Rightarrow (a + b + c)(a^2 + b^2 + c^2 - ab - bc - ca) = 0$$

इसलिए,

$$(a^2 + b^2 + c^2 - ab - bc - ca) = 0$$

और,

$$a + b + c = 0$$

$$\therefore a + b + c \text{ का मान 0 है।}$$

अतः विकल्प (D) सही है।

79. भारत सरकार ने संयुक्त राष्ट्र की 75वीं वर्षगांठ पर एक स्मारक डाक टिकट जारी किया था। इस समारोह में विदेश मंत्री एस. जयशंकर, मुख्य अतिथि थे। विदेश मंत्री ने कहा, भारत संयुक्त राष्ट्र के एक संस्थापक सदस्य के रूप में दिल और आत्मा के साथ निवेशित है एवं भारत संयुक्त राष्ट्र चार्टर के सिद्धांतों के प्रारूपण से लेकर अपनी शांति बनाए रखने में सबसे आगे है।

अत: विकल्प (B) सही है।

80. संयुक्त राष्ट्र का मुख्यालय न्यूयॉर्क शहर (यूएसए) में एक विशिष्ट परिसर है। संयुक्त राष्ट्र के तीन अतिरिक्त, सहायक, क्षेत्रीय मुख्यालय जिले हैं। ये जिनेवा (स्विट्जरलैंड), वियना (ऑस्ट्रिया), और नैरोबी (केन्या) में स्थित हैं।

अतः विकल्प (A) सही है।

81. आर्यभट्ट भारत का पहला उपग्रह था, जिसका नाम उसी नाम के प्रसिद्ध भारतीय खगोल विज्ञानी के नाम पर रखा गया था। आर्यभट्ट, जिसे 19 अप्रैल 1975 को सोवियत संघ द्वारा लॉन्च किया गया था।

अत: विकल्प (A) सही है।

82. विल्हेम कॉनराड रॉन्टगन ने एक्स-रे की खोज की। रॉन्जेन की खोज दुर्घटनावश तब हुई जब वह यह परीक्षण कर रहे थे कि क्या कैथोड किरणें कांच से गुजर सकती हैं, तभी उन्होने पास की रासायनिक रूप से लेपित स्क्रीन से आने वाली चमक को देखा। एक्स-रे विद्युत चुम्बकीय ऊर्जा तरंगें हैं जो प्रकाश किरणों के समान कार्य करती हैं लेकिन प्रकाश की तुलना में तरंगदैर्ध्य लगभग 1,000 गुना कम होती हैं।

अत: विकल्प (A) सही है।

83. उपचारात्मक शिक्षण से तात्पर्य शिक्षण की उस पद्धति से है जो शिक्षक को शिक्षार्थियों को निदान के माध्यम से निर्धारित समस्याओं को दूर करने के लिए आवश्यक सहायता और मार्गदर्शन प्रदान करने में मदद करती है।

अत: विकल्प (D) सही है।

84. अगर छात्रों ने कुछ नहीं सीखा है, तो आप उनसे खुद को सही करने की उम्मीद नहीं कर सकते। छात्र गलती करते हैं जब वे कुछ ऐसा करने की कोशिश करते हैं जो वे अभी तक नहीं कर पाए हैं।

अत: विकल्प (A) सही है।

85. माना वृत्त की त्रिज्या $r = 4$ सेमी

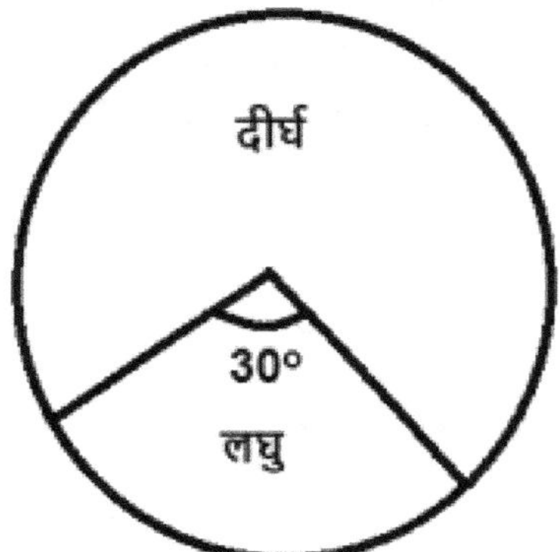

$$\angle \theta = 30°$$

वृत्त के त्रिज्यखंड का क्षेत्रफल $= \dfrac{\theta}{360°} \times \pi r^2$

$$= \dfrac{30°}{360°} \times \pi \times 4 \times 4$$

$$= \dfrac{\pi}{12} \times 16$$

$$= \dfrac{4\pi}{3}$$

$$= \dfrac{4}{3} \times 3.14$$

$$= 4.186 \text{ सेमी}^2$$

दीर्घ त्रिज्यखंड का क्षेत्रफल = वृत्त का क्षेत्रफल - लघु त्रिज्यखंड का क्षेत्रफल

$$= \pi r^2 - 4.186$$

$$= 3.14 \times 4 \times 4 - 4.186$$

$= 3.14 \times 16 - 4.186$

$= 50.24$ सेमी ^{2}

अतः विकल्प (A) सही है।

86. चित्र से यह स्पष्ट है कि यहाँ AOQ और ORB नामक दो समकोण त्रिभुज हैं।

यहाँ A जीवा PQ का केंद्र है और B जीवा RS का केंद्र है।

इसलिए, PA = AQ = RB = SB = $\frac{6}{2}$ = 3 सेमी

O व्यास QR का केंद्र है,

इसलिए, OQ = QR = $\frac{10}{2}$ = 5 सेमी

त्रिभुज AOQ में, पाइथागोरस प्रमेय का प्रयोग करने पर,

$OQ^2 = AQ^2 + AO^2$

$25 = 9 + AO^2$

$AO^2 = 16$

$AO = 4$

त्रिभुज AOQ और ORB में,

$\angle A = \angle B$

$\angle Q = \angle R$

इसलिए AA सर्वांगसमता से,

$\triangle AOQ \to ORB$

इसलिए, $AO = OR = 4$

ऊर्ध्वाधर दूरी = 8 सेमी

अतः विकल्प (C) सही है।

87. दिया हुआ,

3 पुरुष या 5 महिलाएं एक काम को 12 दिनों में पूरा कर सकते हैं।

3 पुरुषों द्वारा किया गया कार्य = 5 महिलाओं द्वारा किया गया कार्य

1 पुरुष = $\frac{5}{3}$ × महिला

अब, 3 पुरुष + 7 महिलाएं = $3 \times \left(\frac{5}{3}\right)$ + 7 महिलाएं = 12 महिलाएं

जैसा कि हम जानते हैं,

$W1 \times D1 = W2 \times D2$

$\therefore 5 \times 12 = 12 \times D2$

$\Rightarrow D2 = 5$ दिन

अतः विकल्प (A) सही है।

88. दिया हुआ,

1 पुरुष और 1 महिला का 20 दिनों का वेतन = 1500 रुपये

माना 1 महिला की दक्षता 1 इकाई/दिन है।

1 पुरुष की दक्षता = 2 इकाई/दिन

प्रश्नानुसार,

$2 + 1 = 3$ इकाई

$\Rightarrow 3$ इकाई $= 1500$

$\Rightarrow 1$ इकाई $= \frac{1500}{3} = 500$

1 महिला का 20 दिनों का वेतन = 500 रुपये

$\therefore$ 1 महिला का दैनिक वेतन $= \frac{500}{20} = 25$ रुपये

अत: विकल्प (A) सही है।

89. The given sentence is in passive form and its structure is:

Passive: Object + was/were (not) + verb (IIIrd form) + (by + subject).

Its active structure would be:

Active: Subject + did not + verb (Ist form) + object.

It is optional to include the part (By + subject) in the passive voice. In sentences where the subject is hidden or not given, we need to create a subject accordingly.

The active form of the given sentence would be:

They didn't give him the information he needed.

Hence, the correct option is (D).

90. The sentence is in passive form and needs to be changed into active voice. The structure for passive/active voice has been shown below:

Passive: Object + was/were + verb (IIIrd form) + (by + subject).

Active: Subject + verb (IInd form) + object.

So, according to the above structure, the active voice of the given sentence would be:

Nobody told Bipin about the meeting.

Hence, the correct option is (C).

91. कुल ख़र्च = 4 + 3 + 4 + 6 + 1

= 18 लाख

कच्चा माल और ब्याज पर ख़र्च = 4 + 6

= 10 लाख

% कच्चा माल और ब्याज पर ख़र्च = $\frac{10}{18} \times 100$

= 55.56%

अतः विकल्प (D) सही है।

92. यहाँ, माध्य = 5, और अवलोकन की संख्या = 10

माध्य = अवलोकन का योग/अवलोकनों की संख्या

$\therefore$ अवलोकनों का योग = 5 × 10

= 50

अब प्रत्येक अवलोकन से 2 जोड़ा जाता है।

∴ योग = 50 + (10×2)

= 70

अब प्रत्येक अवलोकन को 3 से गुणा किया जाता है।

∴ नया योग = 70 × 3 = 210

नया माध्य = नया योग/अवलोकनों की संख्या

$= \dfrac{210}{10}$

= 21

अतः विकल्प (D) सही है।

93. $= 44 - 6 + 43 \times 2 - 87$
$= 44 - 6 + 86 - 87$
$= 130 - 93$
$= 37$

अतः विकल्प (A) सही है।

94. दिया हुआ:

∠ACD = 112° and ∠CBA = $\dfrac{3}{4}$∠BAC,

गणना:

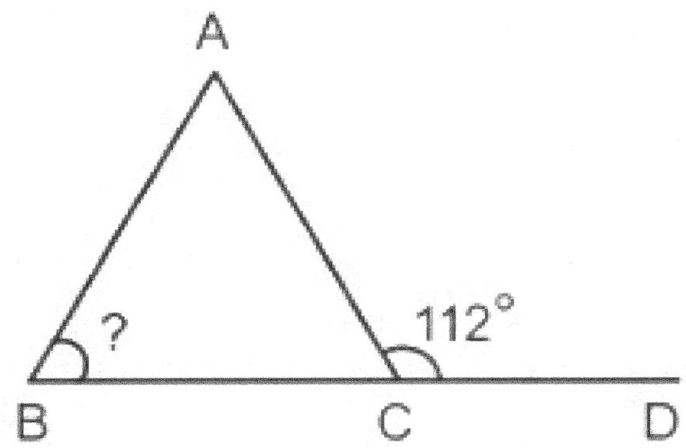

∠ ACD + ∠ ACB = 180°   (रैखिक युग्म कोणों का योग 180° होता है)

⇒ ∠ACB = 180° − 112°

⇒ ∠ACB = 68°

अब हमारे पास है,

∠CBA = $\left(\dfrac{3}{4}\right)$∠BAC

⇒ ∠BAC = $\left(\dfrac{4}{3}\right)$∠CBA

Δ ABC में,

∠BAC + ∠CBA + ∠ACB = 180° (एक त्रिभुज के तीनों कोणों का योगफल 180° होता है)

⇒ $\left(\dfrac{4}{3}\right)$∠CBA + ∠CBA + 68° = 180°

⇒ $\left(\dfrac{7}{3}\right)$∠CBA = 180° − 68°

⇒ $\left(\dfrac{7}{3}\right)$∠CBA = 112°

⇒ ∠CBA = 16 × 3 = 48°

∴ ∠CBA = 48°

अतः विकल्प (B) सही है।

95. स्कूल के प्रदर्शन में अपने समकक्षों से बहुत पीछे रहने वाले विद्यार्थियों को सीखने में सहायता प्रदान करना, शुरू में स्कूल के पाठ्यक्रम और शिक्षण रणनीतियों को अपनाना शामिल है।

सीखने के दौरान, बच्चा स्वेच्छा से-अनिच्छा से या कुछ वैकल्पिक धारणाओं के कारण गलतियाँ करता है। एक शिक्षक का काम छात्रों को निदान के बाद उन गलतियों को सुधारने में मदद करना है। उपाय का अर्थ है निर्देशात्मक सुधार प्रदान करना। इस प्रकार अपनाई जाने वाली विधि को उपचारात्मक शिक्षण के रूप में जाना जाता है। इसकी निम्नलिखित विशेषताएं हैं:

इसका उपयोग आवश्यक कौशल में सुधार के लिए किया जा सकता है।

यह उन विद्यार्थियों को सीखने में सहायता प्रदान करने का समर्थन करता है जो स्कूल में अपने समकक्षों से बहुत पीछे हैं) प्रारंभिक रूप से स्कूल पाठ्यक्रम और शिक्षण रणनीतियों को अपनाकर प्रदर्शन करते हैं।

अतः विकल्प (D) सही है।

96. The eldest son, a government servant, lived with his wife and children in far off lands. **The second son had left home at an early age. <u>As a merchant he travelled all over the world.</u>**

Kindly refer to the 2nd and 3rd sentences of the 2nd paragraph. The 3rd sentence clearly states that he travelled all over the world because he was a merchant.

Hence, the correct option is (D).

97. The eldest son, a government servant, lived with his wife and children in far off lands.

The above reference has been taken from the 1st sentence of the 2nd paragraph and nothing has been mentioned here as to why the eldest son had not attended the festival.

Hence, the correct option is (D).

98. From the last sentence of the 2nd paragraph '...**The neighbours looked on.**' it is clearly inferred that the mother did not buy gifts for her neighbours. The statement I hence is not correct.

The second last sentence of the 1st paragraph says, '... **The orders had been placed with shops well in advance.**' which means the mother did not order any of the servants to prepare sweets or food. The statement II is also false here.

The third last sentence of the 2nd paragraph which states, '... **The youngest son, left in the company of a servant, was soon bored, left her and stood at the door all day long, waiting and watching.**' clearly contradicts what's being stated in the statement III. The statement III hence is not true as well.

Hence, the correct option is (A).

99. In the third last sentence of the 2nd paragraph, '... **The youngest son, left in the company of a servant, was soon bored, left her and stood at the door all day long, waiting and watching.**' it is clearly stated that the youngest son stood at the door while his mother was busy.

The other two given statements are nowhere mentioned in the passage.

Hence, the correct option is (D).

100. His mother, <u>thrilled and excited</u>, loaded the presents on trays and plates, covered them with colourful kerchiefs, and sent them off with maids and servants.

We can clearly infer from the above sentence taken from the 2nd paragraph of the passage that the mother really enjoyed sending gifts to her family members at festival time.

Hence, the correct option is (C).

Q.1 निम्नलिखित में से किसे मार्च 2020 में मुख्य सूचना आयुक्त (CIC) के रूप में नियुक्त किया गया था?

[SSC MTS, 2021]

A. अजय भूषण पांडेय
B. अजय भूषण पांडेय
C. अजय भूषण पांडेय
D. बिमल जुल्का

Q.2 निम्नलिखित में से किसे जुलाई 2022 में भारत के 15वें राष्ट्रपति के रूप में चुना गया है?

A. निर्मला सीतारमण
B. स्वाति पीरामली
C. हिमा कोहली
D. द्रौपदी मुर्मू

Q.3 निम्नलिखित में से किसने फ्रांस का राष्ट्रपति चुनाव- 2017जीता है?

[UPPSC Staff Nurse, 2017]

A. मैरीन लि पेन
B. फ्रैन्कोइस ओलांन
C. एम्मानुएल मैक्रों
D. जीन-लुक मेलेन्कन

Q.4 2022 में संयुक्त राष्ट्र महिला कोर बजट में भारत का क्या योगदान है?

[Delhi Forest Guard, 2021], [HSSC Canal Patwari, 2021]

A. यूएसडी 10,000
B. यूएसडी 50,000
C. यूएसडी 100,000
D. यूएसडी 500,000

Q.5 हड़प्पा के खंडहरों की खोज किसने की थी?

A. सर जॉन ह्यूबर्ट मार्शल
B. डॉ. साहनी
C. एम. क्हीलर
D. एम. एस. वाट्स

Q.6 राग देस किस प्रहर में गाया जाता है?

A. मध्य रात्रि
B. प्रात:काल
C. रात्रि का प्रथम प्रहर
D. रात्रि का द्वितीय प्रहर

Q.7 निम्नलिखित में से कौन गायन में सुविख्यात है?

A. शोभना नारायण
B. पण्डित युवराज
C. एम. एस. गोपालकृष्णन
D. एम. एस. सुब्बुलक्ष्मी

Q.8 यदि A: B=2: 5, B: C=4: 3 और C: D=2: 1 है, तब A: C: D का मान क्या है?

A. 6: 5: 2
B. 7: 20: 10
C. 8: 30: 15
D. 16: 30: 15

Q.9 $x + 3: x + 7$ का समानार्थी अनुपात $4:9$ है। तब x का मान ज्ञात कीजिए।

A. 5 **B.** 3 **C.** 2 **D.** 4

Q.10 असमिका $-x^2 + 5x - 6 > 0$ का हल होगा:

A. $(-2,3]$ **B.** $[3,2]$ **C.** $(2,3)$ **D.** $(0,0)$

Q.11 दो पदों वाली सभी विषम संख्याओं का योग होगा-

A. 2475 **B.** 2530 **C.** 4905 **D.** 5049

Q.12 10% की छूट देने के बाद, एक व्यापारी एक वस्तु पर 20% लाभ अर्जित करता है। उसका लाभ प्रतिशत ज्ञात कीजिये जब वह कोई भी छूट नहीं देता है।

A. 30% **B.** 33% **C.** 25% **D.** 20%

Q.13 आज़ादी- फ्रीडम, फासीवाद या फिक्शन पुस्तक के लेखक कौन हैं?

A. मारूफ राजा
B. शशि थरूर
C. अनुपम खेर
D. अरुंधति रॉय

Ques (14-15):Direction: In the following question, sentences of a paragraph have been jumbled and labeled as A, B, C and D. You are required to rearrange the jumbled sentences of the paragraph and mark your response accordingly by selecting the correct option.

Q.14 A: It was a Sunday morning and, like every other Sunday, Rose Kunis was headed to work.

B: She worked as a pastor at a local church.

C: After reaching the church, she hunted for an empty spot to park her car.

D: But that was not the only thing that made her unique—she was the only female pastor in the entire country.

A. ABDC **B.** DBCA **C.** BADC **D.** ADBC

Q.15 A: Some of them have entrances decorated with flowers and trees.

B: Others have painted the interiors with soft colors.

C: Nowadays many have started to install special lights so that the customers can click wonderful pictures.

D: In order to attract and keep their customers, restaurants have tried to look as pleasing as possible.

A. DABC **B.** ACDB **C.** BDCA **D.** CABD

Q.16 $\left(\dfrac{x^a}{x^b}\right)^{a+b} \cdot \left(\dfrac{x^b}{x^c}\right)^{b+c} \cdot \left(\dfrac{x^c}{x^a}\right)^{c+a}$ का मान ज्ञात करें।

A. 1 **B.** 0
C. x **D.** $x^{2(a^3+b^3+c^3)}$

Q.17 3 वर्षों में एक धनराशि 27 गुणा हो जाती है। वह ब्याज दर ज्ञात कीजिए जिस पर वार्षिक रूप से लगाए गए चक्रवृद्धि ब्याज पर धनराशि दी जाती है।

A. 250% **B.** 200% **C.** 261% **D.** 245%

Q.18 मूलधन की गणना कीजिए, यदि 2 वर्षों के बाद 10% प्रति वर्ष की दर से चक्रवृद्धि ब्याज पर 605 रुपये का मिश्रधन प्राप्त होता है।

A. 413 **B.** 500 **C.** 5500 **D.** 454

Q.19 निम्नलिखित संगठनों पर विचार कीजिए:

1. ईस्ट इंडिया एसोसिएशन

2. बॉम्बे प्रेसीडेंसी एसोसिएशन

3. पूना सार्वजनिक सभा

निम्नलिखित में से कौन-सा उपर्युक्त संगठनों के गठन का सही कालानुक्रम है?

A. 1-3-2 **B.** 3-2-1 **C.** 2-1-3 **D.** 3-1-2

Q.20 'जोनास सॉल्क' ने किस टीके का आविष्कार किया था?

A. टाइफाइड
B. हैजा
C. हेपेटाइटिस
D. पोलियो

Q.21 कृत्रिम बुद्धिमत्ता के जनक के रूप मे किसे जाना जाता है?

A. विंट सर्फ
B. रे टॉमलिंसन

C. टिम बर्नर्स-ली   D. जॉन मैकार्थी

Q.22 इस आकृति में, PQ ⊥ RS तथा RT ∥ PQ है। यदि ∠PST = 68° है, तब प्रतिवर्ती ∠RTS ज्ञात कीजिए।

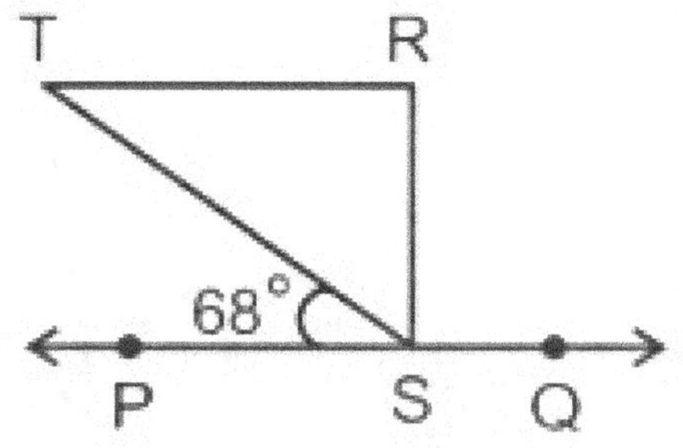

A. 134°   B. 292°   C. 234°   D. 102°

Q.23 नाइट विजन उपकरणों में निम्न में से कौन सी तरंगों का सबसे अधिक उपयोग किया जाता है?

A. पराबैंगनी किरणे   B. गामा किरणें

C. अवरक्त किरणें   D. एक्स-रे

Q.24 पनडुब्बियों में समुद्र या जमीन की सतह पर वस्तुओं का स्पष्ट दृश्य देने के लिए उपयोग किए जाने वाले उपकरण को ______ के नाम से जाना जाता है।

A. पेरिस्कोप   B. वर्नियर कैलिपर्स

C. दूरबीन   D. स्टिरियोस्कोप

Q.25 $\sqrt{7\sqrt{7\sqrt{7\sqrt{7\ldots\ldots}}}}$ का मान क्या है?

A. 49

B. $\sqrt{7}$

C. 7

D. इनमे से कोई भी नहीं

Q.26 एक आयताकार क्षेत्र का क्षेत्रफल 120 m^2 और परिमाप 46 m है उस क्षेत्र में कितना सबसे लम्बा खम्बा रखा जा सकता है?

A. 16 m

B. 19 m

C. 17 m

D. निर्धारित नही किया जा सकता है

Q.27 दो बेलनों की त्रिज्या का अनुपात 3 : 2 है और इनकी लम्बाई का अनुपात 3 : 7 है। तो इनके आयतन का अनुपात क्या होगा?

A. 4 : 7   B. 7 : 4   C. 28 : 27   D. 27 : 28

Q.28 एक बेलन की त्रिज्या 5 सेमी और ऊंचाई 8 सेमी है। बेलन के आयतन में समान कमी लाने के लिए या तो त्रिज्या या ऊंचाई में से कितने सेमी घटाए जा सकते है?

A. 0 सेमी   B. 1 सेमी   C. 20 सेमी   D. 40 सेमी

Q.29 भारत का सबसे बड़ा और सबसे पुराना संग्रहालय किस राज्य/केंद्र शासित प्रदेश में स्थित है?

A. नई दिल्ली   B. पश्चिम बंगाल

C. उत्तर प्रदेश   D. आंध्र प्रदेश

Q.30 प्रथम 222 पूर्ण संख्या के योग का ईकाई अंक क्या है?

A. 4   B. 6   C. 1   D. 0

Q.31 $\left(8^{2k} + 5^{2k}\right)$, का एक गुणनखंड है, जहां k एक विषम संख्या है?

A. 89   B. 86   C. 13   D. 40

Q.32 37 मिनट 45 सेकंड एक दिन का कितना प्रतिशत है?

A. 2.62%   B. 2.1%   C. 2.69%   D. 0.25%

Q.33 60% सांद्रता वाले 40 लीटर अम्ल विलयन को 80% सांद्रता वाले 35 लीटर अम्ल के विलयन के मिलाया जाता है। नए अम्ल विलयन की सांद्रता क्या है?

A. 66%   B. $66\frac{2}{3}$%   C. $69\frac{1}{3}$%   D. 69%

Ques (34-35):Direction: In the following question, out of the four given alternatives, select the alternative which best expresses the meaning of the Idiom/Phrase.

Q.34 Ever and anon:

A. Always   B. Occasionally

C. Continuously   D. Never

Q.35 Backbite:

A. Scold gently

B. Thrash someone badly

C. Praise highly of someone

D. Slander someone in his/her absence

Q.36 विश्व पर्यावरण दिवस प्रतिवर्ष ______ को विश्व स्तर पर मनाया जाता है।

A. 9 जून   B. 3 जून   C. 5 जून   D. 8 जून

Q.37 संयुक्त राष्ट्र महासभा ने हर वर्ष को अंतरराष्ट्रीय जनतंत्र दिवस का फैसला लिया था। यह किस दिन को मनाया जाता है?

A. सितम्बर 5   B. सितम्बर 10

C. सितम्बर 15   D. सितम्बर 20

Ques (38-39):Direction: Each item in this section consists of a sentence with an underlined word followed by four options. Select the option that is opposite in meaning to the underlined word.

Q.38 Ramesh is a very <u>dubious</u> character.

[UPSC NDA, 2019]

A. shady   B. suspicious

C. trustworthy   D. doubtful

Q.39 Do not indulge in <u>unmindful</u> activities, please.

[UPSC NDA, 2019]

A. vigilant   B. careless   C. stupid   D. fatuous

Q.40 गोला X का वक्र पृष्ठीय क्षेत्रफल गोला Y से 96% अधिक है, जबकि गोला Z का वक्र पृष्ठीय क्षेत्रफल, गोलाकार Y से 44% अधिक है। तो, गोला X और गोला Z के आयतन का अनुपात ज्ञात कीजिये?

A. 125 : 64   B. 216 : 125

C. 343 : 216   D. 512 : 343

Q.41 स्वामित्व योजना के संदर्भ में निम्नलिखित कथनों पर विचार करें:

1. ग्रामीण विकास मंत्रालय (MoRD) योजना के कार्यान्वयन के लिए नोडल मंत्रालय है।

2. यह योजना ग्रामीण क्षेत्रों में योजना और राजस्व संग्रह को सुव्यवस्थित करने और संपत्ति के अधिकार पर स्पष्टता सुनिश्चित करने में मदद करेगी।

3. यह योजना बेहतर गुणवत्ता वाली ग्राम पंचायत विकास योजनाओं (GPDPs) के निर्माण में सक्षम होगी।

ऊपर दिए गए कथनों में से कौन सा सही है/हैं?

A. केवल 1   **B.** 2 और 3   **C.** केवल 2   **D.** 1 और 3

Q.42 सीमित देयता भागीदारी (एलएलपी) के संदर्भ में निम्नलिखित कथनों पर विचार करें:

1. एक एलएलपी में, प्रत्येक साथी दूसरे साथी के कदाचार या लापरवाही के लिए जिम्मेदार या उत्तरदायी नहीं है।

2. एक कंपनी और एलएलपी दोनों के आंतरिक शासन संरचना को क़ानून, कंपनी अधिनियम, 2013 द्वारा विनियमित किया जाता है।

ऊपर दिए गए कथनों में से कौन सा सही है/हैं?

A. केवल 1   **B.** केवल 2

C. 1 और 2 दोनों   **D.** न तो 1 और न ही 2

Q.43 निम्नलिखित में से कौन-सी परत सबसे महीन है?

A. क्रस्ट   **B.** मेंटल

C. कोर   **D.** इनमे से कोई नहीं

Q.44 निम्नलिखित में से कौन सा एजेंट मशरूम की तरह चट्टान को आकार दे सकता है?

A. ग्लेशियर (हिमनदी)   **B.** हवा

C. नदी   **D.** समुद्र की लहर

Q.45 निम्नलिखित को सुमेलित कीजिये,

सूची I (हवा)	सूची II (प्रकार)
a. मानसून	i. स्थानीय हवा
b. व्यापारिक पवन	ii. मौसमी हवा
c. बर्फानी तूफान	iii. स्थायी हवा

निम्नलिखित में से सही विकल्प का चयन कीजिए,

A. a - i, b - ii, c - iii   **B.** a - ii, b - iii, c - i

C. a - ii, b - i, c - iii   **D.** a - iii, b - i, c - ii

Ques (46-48):Directions: Each of the following items in this section has a sentence with a missing preposition. Select the correct preposition from the given options and mark your response accordingly.

Q.46 I have known her _____ a long time.

[UPSC NDA, 2020]

A. since   **B.** for   **C.** at   **D.** before

Q.47 I accepted the offer _____ certain conditions.

[UPSC NDA, 2020]

A. on   **B.** in   **C.** by   **D.** within

Q.48 She is a woman _____ humble origin.

[UPSC NDA, 2020]

A. off   **B.** of   **C.** from   **D.** within

Q.49 बहुपद $P(x)$ एवं $Q(x)$ के ल.स. एवं म.स. क्रमशः $56(x^4 + x)$ एवं $4(x^2 - x + 1)$ यदि $P(x) = 28(x^3 + 1)$ हो, तो $Q(x) = ?$

[Joint Entrance Examination (Polytechnic), 2018]

A. $8x(x^2 - x + 1)$ **B.** $6x(x^2 + x - 1)$

C. $4x(x^2 + x + 1)$ **D.** इनमें से कोई नहीं

Q.50 नीचे दिए गए चित्र में, AB एक रेखा है जिसकी लम्बाई 4a है, जिसका मध्यबिंदु M है। एक भुजा पर AM एवं MB को व्यास मानकर दो अर्धवृत्त बनाये गए हैं। केंद्र O एवं त्रिज्या r का एक वृत्त इस प्रकार बनाया गया है कि यह वृत्त सभी तीनों अर्धवृत्तों को स्पर्श करता है। r का मान क्या है?

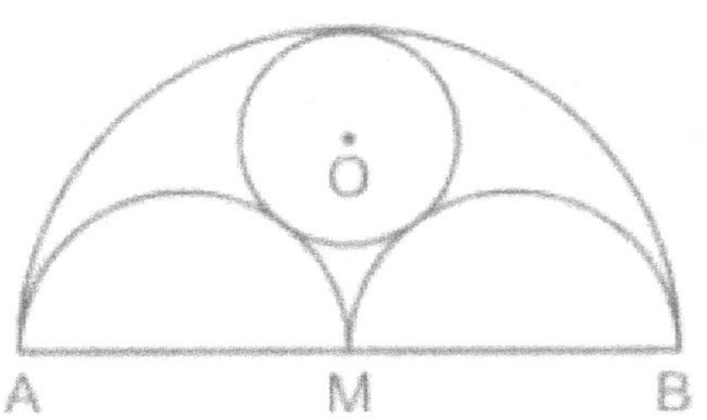

A. $\frac{a}{3}$ **B.** $\frac{2a}{3}$ **C.** $\frac{a}{4}$ **D.** $\frac{3a}{4}$

Q.51 49 सेमी त्रिज्या वाले एक वृत्ताकार तार को एक आयत के रूप में मोड़ा जाता हैं जिसकी भुजाएं 9 : 5 के अनुपात में हैं। तो आयत की सबसे छोटी भुजा कितनी है? ($\pi = \frac{22}{7}$ प्रयोग कीजिये)

A. 55 सेमी   **B.** 45 सेमी   **C.** 25 सेमी   **D.** 35 सेमी

Ques (52-53):Direction: In the following question, a sentence has been given in Active/Passive Voice. Out of the four alternatives suggested, select the one which best expresses the same sentence in Passive/Active Voice.

Q.52 You have misspelt the word.

A. The words have been misspelt by you

B. The word had been misspelt by you

C. The word has been misspelt by you

D. Misspelling of the word has been done by you

Q.53 What was your drawing on the blackboard?

A. What is being drawn on the blackboard?

B. What was being drawn on the blackboard by you?

C. What had been drawn on the blackboard by you?

D. What was to be drawn on the blackboard by you?

Q.54 यदि $4b^2 + \frac{1}{b^2} = 2$, तो $8b^3 + \frac{1}{b^3}$ का मान है:

A. 0   **B.** 1   **C.** 2   **D.** 5

Q.55 अर्जेंटीना की राजधानी क्या है?

A. हवाना   **B.** कैनबरा

C. ब्यूनस आयर्स   **D.** ओटावा

Q.56 राजाओं के दिव्य सिद्धांत को प्रतिपादित करने वाला पहला मध्यकालीन शासक _______ था।

A. कुतुब्बुद्दीन ऐबक   **B.** इल्तुतमिश

C. बलबन   **D.** अलाउद्दीन खिलजी

Q.57 दो बार माउंट एवरेस्ट पर चढ़ने वाली दुनिया की पहली महिला कौन है?

A. शेरपा तेनजिंग   **B.** एडमंड हिलेरी

C. प्रेमलता अग्रवाल   **D.** संतोष यादव

Q.58 निम्नलिखित में से कौन सी पांडुलिपि यूनेस्को की मेमोरी ऑफ वर्ल्ड रजिस्टर में शामिल है?

A. ऋग्वेद   **B.** रामायण

C. महाभारत   **D.** इनमे से कोई भी नहीं

Q.59 कुसुम योजना किससे संबंधित है?

A. सोलर पंप

B. नारी सशक्तिकरण

C. महिला सुरक्षा कोष

D. महिलाओं के लिए बस सेवा

Q.60 निम्नलिखित में से किसने 'काल्पनिक संदर्भ समूह' की अवधारणा पेश की?

A. न्यू कॉम्ब   **B.** मर्टन   **C.** क्लिनबर्ग   **D.** हैमन

Q.61 वेबर के अनुसार, तीन प्रकार के नेतृत्व हैं:

A. तर्कसंगत, सामंती और पूंजीवादी
B. कानूनी, पारंपरिक और करिश्माई
C. सामंती, पारंपरिक और करिश्माई
D. इनमें से कोई नहीं

Q.62 हमारे दांतों पर बैक्टीरिया किस पदार्थ का उत्पादन करते हैं और दांतों में धब्बे पैदा करते हैं?

A. मसूड़े का रोग   **B.** प्लेक
C. मसूड़े की सूजन   **D.** इनमें से कोई नहीं

Q.63 रक्त शर्करा के स्तर को ___ के द्वारा कम किया जा सकता है:

A. मुंह से दिया गया इंसुलिन
B. मुंह के माध्यम से दिया गया ग्लूकोज
C. इंसुलिन का अंतःशिरा इंजेक्शन
D. ग्लूकागन का अंतःशिरा इंजेक्शन

Ques (64-68):Direction: Read the passage given below and answer the question that follow by selecting the most appropriate option.

One day in 1924, five men who were camping in the Cascade Mountains of Washington saw a group of huge apelike creatures coming out of the woods. They hurried back to their cabin and locked themselves inside. While they were in, the creatures attacked them by throwing rocks against the walls of the cabin. After several hours, these strange hairy giants went back into the woods.

After this incident the men returned to the town and told the people of their adventure. However, only a few people accepted their story. These were the people who remembered hearing tales about footprints of an animal that walked like a human being.

The five men, however, were not the first people to have seen these creatures called Bigfoot. Long before their experience, local Native Americans were certain that a race of apelike animals had been living in the neighboring mountain for centuries. They called these creatures Sasquatch.

In 1958, workmen, who were building a road through the jungles of Northern California often found huge footprints in the earth around their camp.

Then in 1967, Roger Patterson, a man who was interested in finding Bigfoot went into the northern California jungles with a friend. While riding, they were suddenly thrown off from their horses. Patterson saw a tall apelike animal standing not far away. He managed to shoot seven rolls of film of the hairy creature before the animal disappeared in the hushes. When Patterson's film was shown to the public, not many people believed his story.

In another incident, Richard Brown, a music teacher and also an experience hunter spotted a similar creature. He saw the animal clearly through the telescopic lens of his rifle. He said the creature looked more like a human than an animal.

Later many other people also found deep footprints in the same area. In spite of regular reports of sightings and footprints, most experts still do not believe that Bigfoot really exists.

Q.64 What did the five campers do when they saw a group of apelike creatures?

A. They ran into the woods and hid there for several hours.
B. They quickly ran back into their cabin and locked the cabin door.
C. They threw rocks against the walls of their cabin to frighten the creatures away.
D. They attacked the creatures by throwing rocks at them.

Q.65 Did the town people believe the story of the five men about their meeting with Bigfoot?

A. No, not everyone believed their story.
B. Only those who had heard the same tale the second time believed them.
C. Some said the five men were making up their own story.
D. All the people believed what they said.

Q.66 Who were the first people to have seen these apelike creatures before the five campers?

A. The workers who built the road in the jungles of Northern California.
B. Roger Patterson and his friend.
C. The local Native Americans.
D. Richard Brown, a music teacher and a hunter.

Q.67 The word neighbouring would BEST be replaced with:

A. Far-off   **B.** Nearby
C. Remote   **D.** Far-away

Q.68 Why gave the name 'Sasquatch' to the apelike creatures?

A. The five campers
B. Roger Patterson
C. The local Native Americans
D. Richard Brown

Q.69 निम्नलिखित प्रश्न में प्रश्नचिह्न '?' के स्थान पर क्या आयेगा?

$(0.1 \times 0.004) + (0.02 \times 0.3) - (0.04 \times 0.03) = ?$

A. 0.0022   **B.** 0.0034   **C.** 0.0046   **D.** 0.0052

Q.70 अब तक कितने तत्व ज्ञात हुए हैं?

A. 102   **B.** 106   **C.** 104   **D.** 118

Q.71 निम्नलिखित में से कौन सा आवर्त सारणी के अंतिम स्थायी नाभिक वाला तत्व है?

A. यूरेनियम   **B.** रदन   **C.** बिस्मथ   **D.** रेडियम

Q.72 एक दुकानदार ने कोल्ड-ड्रिंक की 6 बोतलें 8 के क्रय मूल्य पर बेचीं। उसे कितना प्रतिशत लाभ हुआ?

A. $33\frac{1}{3}\%$ **B.** $33\frac{2}{3}\%$ **C.** $35\frac{1}{3}\%$ **D.** $35\frac{2}{3}\%$

Q.73 एक व्यक्ति ने तरबूज को 2700 रूपये में 54 की दर से खरीदा और उन्हें 280 रूपये में 4 की दर से बेच दिया। 1200 रूपये का लाभ प्राप्त करने के लिए कितने तरबूज बेचे जाने चाहिए?

A. 54   **B.** 60   **C.** 20   **D.** 80

Q.74 आरोही क्रम में दिए हुए प्रेक्षणों (अवलोकनों) 22, 24, 33, 37, x + 1, x + 3, 46, 47, 57, 58 की माध्यिका (मीडियन) 42 है । पांचवें और छठे प्रेक्षणों के मान क्रमश: क्या हैं ?

[UPSC NDA, 2019]

A. 42, 45   **B.** 41, 43   **C.** 43, 46   **D.** 40, 40

Q.75 10 प्रेक्षणों का समांतर माध्य 60 है, और 50 से विचलनों के वर्गों का योगफल 5000 है। प्रेक्षणों का मानक विचलन क्या है?

[UPSC NDA, 2019]

A. 20   **B.** 21   **C.** 22.36   **D.** 24.70

Q.76 अंतर्राष्ट्रीय श्रम संगठन (आईएलओ) से संबंधित निम्नलिखित में से कौन सा कथन असत्य है?

A. सामाजिक सुरक्षा आईएलओ के एजेंडे में से एक थी जब यह स्थापित किया गया था।

B. 2003 में, आईएलओ ने "सामाजिक सुरक्षा और सभी के लिए कवरेज" पर एक वैश्विक अभियान शुरू किया।

C. सर्वसम्मति की कमी के कारण, सामाजिक सुरक्षा को मानवाधिकारों की सार्वभौम घोषणा (यूएचडीआर), 1948 के तहत मानव अधिकारों में से एक के रूप में शामिल नहीं किया गया था।

D. सामाजिक सुरक्षा उपायों के विस्तार के आइएलओ जनादेश को 1944 में फिलाडेल्फिया की घोषणा में बहाल किया गया था ताकि सभी को इस तरह की सुरक्षा और व्यापक चिकित्सा देखभाल की आवश्यकता हो।

Q.77 अंतर्राष्ट्रीय मुद्रा कोष (IMF) निम्नलिखित में से किसके प्रोत्साहन हेतु कार्य करता है?

1. वैश्विक मौद्रिक सहयोग
2. सुरक्षित वित्तीय स्थिरता
3. अंतर्राष्ट्रीय व्यापार को बढ़ावा देना
4. संपूर्ण विश्व से गरीबी कम करना

नीचे दिये गए कूट का प्रयोग कर सही उत्तर चुनिये:

A. केवल 1 और 2   **B.** केवल 2 और 3
C. केवल 1, 2 और 4   **D.** 1, 2, 3 और 4

Q.78 'प्लेइंग इट माई वे' किस क्रिकेटर की आत्मकथा है?

[NCHM JEE (Hotel Mgmt & Catering), 2018]

A. एम.एस. धोनी   **B.** सचिन तेंदुलकर
C. विराट कोहली   **D.** युवराज सिंह

Q.79 निम्नलिखित में से किस व्यक्ति ने भारत के प्रधानमंत्री के रूप में कार्य नहीं किया है?

[NCHM JEE (Hotel Mgmt & Catering), 2018]

A. जाकिर हुसैन   **B.** लाल बहादुर शास्त्री
C. इंदिरा गांधी   **D.** इंद्र कुमार गुजराल

Q.80 Direction: In the following question, some part of the sentence may have errors. Find out which part of the sentence has an error and select the appropriate option. If the sentence is free from error, select 'No error'.

I purchased (A)/ this ball yesterday (B)/ and have given it to my friend. (C)/ No error (D)

A. A   **B.** B   **C.** C   **D.** D

Q.81 Direction: In this question, each item consists of six sentences of passage. The first and sixth sentences are given in the beginning as SI and S6. The middle four-sentence in each have been jumbled up and labelled as P, Q, R and S. You are required to find the proper sequence of the four sentences.

S1: The body can never stop.

S6: It comes from food.

P: To support this endless activity, the body needs all the fuel for action.

Q: Sometimes it is more active than at other times, but it is always moving.

R: Even in the deepest sleep we must breathe.

S: The fuel must come from somewhere.

The proper sequence should be

A. P Q R S   **B.** P R Q S   **C.** Q R P S   **D.** S R Q P

Q.82 A, B, C ने $1 : 4 : 6$ के अनुपात में अपने निवेश के साथ एक व्यवसाय शुरू किया। 6 महीने के बाद, A ने पहले और B के समान राशि का निवेश किया और साथ ही C ने अपना आधा निवेश वापस ले लिया। वर्ष के अंत में उनके मुनाफे का अनुपात है:

A. $1 : 2 : 3$ **B.** $3 : 4 : 15$
C. $3 : 5 : 10$ **D.** $3 : 6 : 8$

Q.83 निम्नलिखित में से कौन सी भिन्न में $\frac{5}{7}$ जोड़ने पर 1 प्राप्त होगा?

A. $\frac{6}{21}$ **B.** $\frac{4}{2}$ **C.** $\frac{6}{14}$ **D.** $\frac{5}{3}$

Q.84 अमिताभ विजयवर्गीय किस खेल से संबंधित है?

[Madhya Pradesh Public Service Commission (MPPSC), 2017]

A. हॉकी   **B.** फुटबॉल
C. क्रिकेट   **D.** उपर्युक्त में से कोई नहीं

Q.85 1987 में खेले गए क्रिकेट विश्व कप का क्या नाम था?

[Madhya Pradesh Public Service Commission (MPPSC), 2017]

A. रिलायन्स कप   **B.** बेन्सन एन्ड हेजेज कप
C. विल्स कप   **D.** उपर्युक्त में से कोई नहीं

Q.86 यदि 3 पुरुष या 6 महिलाएँ 40 दिनों में एक खेत की कटाई कर सकती हैं। 2 पुरुष और 6 महिलाएँ इसे काटने में कितना समय लेंगी?

A. 24 दिन   **B.** 32 दिन   **C.** 16 दिन   **D.** 28 दिन

Q.87 5 दिनों में 50 पुरुष 45,000 रुपये अर्जित करते हैं, तो 25 दिनों में 30 पुरुष कितना अर्जित करते हैं?

A. 1,35,000 रुपये   **B.** 17,20,000 रुपये
C. 60,000 रुपये   **D.** 75,000 रुपये

Q.88 निम्नलिखित में से कौन-सी विचारधारा की विशेषता नहीं है?

A. एक राजनीतिक विश्वास प्रणाली
B. राजनीतिक विचारों का एक क्रिया-उन्मुख सेट
C. किसी विशेष सामाजिक वर्ग या सामाजिक समूह का विश्व दृष्टिकोण
D. राजनीतिक विचार जो वर्ग या सामाजिक हितों को शामिल या स्पष्ट नहीं करते हैं

Q.89 निम्नलिखित में से किसे लोकसभा का नेता कहा जाता है?

A. सभापति   **B.** राष्ट्रपति
C. प्रधानमंत्री   **D.** उपसभापति

Q.90 उपचारात्मक शिक्षण में परेशानी वाले स्थानों पर एकाग्रता सबसे अच्छी तरह से की जाती है:

A. गहन अभ्यास की व्यवस्था
B. दवा की व्यवस्था

C. परेशानी की व्यवस्था करना

D. बबल स्पॉट की व्यवस्था

Ques (91-92):Direction: Select the correct one-word for the given group of words.

Q.91 A collection of historical documents or records providing information about a place, institution, or group of people is known as:

A. Arena   **B.** Arsenal   **C.** Asylum   **D.** Archives

Q.92 A person who abstains from all kinds of alcoholic drinks is known as:

A. Tenant   **B.** Teetotaller

C. Drunkard   **D.** Truant

Q.93 वह छोटी से छोटी संख्या क्या है जिससे 392 को गुणा किया जाना चाहिए ताकि गुणनफल एक पूर्ण घन हो?

A. 7   **B.** 8   **C.** 6   **D.** 5

Ques (94-96):निर्देश: निम्नलिखित तालिका एक परीक्षा में छह अलग-अलग विषयों में सात छात्रों द्वारा प्राप्त अंकों का प्रतिशत दर्शाती है।

कोष्ठक में दिए गए अंक प्रत्येक विषय में अधिकतम अंक देते हैं।

विद्या र्थी	विषय (अधिकतम अंक)					
	गणि त	रसाय न विज्ञान	भौति क विज्ञान	भूगो ल	इतिहा स	कंप्यूट र विज्ञान
	(150)	(130)	(120)	(100)	(60)	(40)
आयुष	90	50	90	60	70	80
अमन	100	80	80	40	80	70
सजल	90	60	70	70	90	70
रोहित	80	65	80	80	60	60
मुस्कान	80	65	85	95	50	90
तन्वी	70	75	65	85	40	60
तरुण	65	35	50	77	80	80

Q.94

भौतिकी में सभी सात छात्रों द्वारा प्राप्त औसत अंक क्या हैं? (दशमलव के बाद दो अंकों तक पूर्णांकित)

A. 77.26   **B.** 89.14   **C.** 91.37   **D.** 96.11

Q.95

सजल द्वारा सभी छह विषयों में प्राप्त अंकों का योग कितना था?

A. 409   **B.** 419   **C.** 429   **D.** 449

Q.96

किस विषय में कुल प्रतिशत सबसे अच्छा है?

[NCHM JEE (Hotel Mgmt & Catering), 2016]

A. गणित   **B.** रसायन विज्ञान

C. भौतिक विज्ञान   **D.** इतिहास

Q.97 यदि किसी संख्या और संख्या के 37.5% का अंतर 45 है, तो संख्या ज्ञात कीजिए।

A. 60   **B.** 66   **C.** 72   **D.** 78

Q.98 $9\frac{3}{4} \div \left[2\frac{1}{6} \div \left\{4\frac{1}{3} - \left(2\frac{1}{2} + \frac{3}{4}\right)\right\}\right]$ किसके बराबर है:

A. 3   **B.** $\frac{39}{8}$ **C.** 4   **D.** $\frac{15}{4}$

Q.99 A, B, C व्यवसाय में 50000 रूपए की राशि नियोजित करते है A, B से 4000 रूपए अधिक तथा B, C से 5000 रूपए अधिक नियोजित करता है। यदि कुल लाभ 35000 रूपए है तो A का लाभ क्या है:

A. 8400 रूपए   **B.** 11900 रूपए

C. 13600 रूपए   **D.** 14700 रूपए

Q.100 24000 रुपए की राशि पर $8\frac{1}{2}\%$ वार्षिक ब्याज की दर से 8 महीनो का साधारण ब्याज है:

A. 1560 रूपए   **B.** 1620 रूपए

C. 1480 रूपए   **D.** 1360 रुपए

// स्मार्ट उत्तर पुस्तिका //

सही उत्तर	उन छात्रों का प्रतिशत जिन्होंने प्रश्नों का सही उत्तर दिया था।	छोड़ दिया	उन छात्रों का प्रतिशत जिन्होंने प्रश्नों को छोड़ दिया था।

प्रश्न संख्या	उत्तर	सही उत्तर / छोड़ दिया	प्रश्न संख्या	उत्तर	सही उत्तर / छोड़ दिया	प्रश्न संख्या	उत्तर	सही उत्तर / छोड़ दिया	प्रश्न संख्या	उत्तर	सही उत्तर / छोड़ दिया	प्रश्न संख्या	उत्तर	सही उत्तर / छोड़ दिया	प्रश्न संख्या	उत्तर	सही उत्तर / छोड़ दिया
1	D	14.16 % / 3.77 %	18	B	59.07 % / 1.53 %	35	D	83.59 % / 0.0 %	52	C	47.8 % / 1.29 %	69	D	55.26 % / 1.41 %	86	A	54.62 % / 1.83 %
2	D	78.85 % / 0.0 %	19	A	56.31 % / 1.08 %	36	C	43.54 % / 1.38 %	53	B	60.91 % / 1.58 %	70	D	89.14 % / 0.0 %	87	A	77.24 % / 0.0 %
3	C	65.84 % / 1.96 %	20	D	19.68 % / 4.87 %	37	C	89.29 % / 0.0 %	54	A	28.77 % / 4.52 %	71	C	61.53 % / 1.54 %	88	D	63.83 % / 1.46 %
4	D	76.09 % / 0.0 %	21	D	46.92 % / 1.09 %	38	C	83.64 % / 0.0 %	55	C	85.91 % / 0.0 %	72	A	19.89 % / 4.66 %	89	C	81.89 % / 0.0 %
5	A	56.35 % / 1.35 %	22	B	80.28 % / 0.0 %	39	A	54.67 % / 1.55 %	56	C	51.48 % / 1.76 %	73	B	69.2 % / 1.61 %	90	A	50.04 % / 1.84 %
6	D	50.44 % / 1.74 %	23	C	14.35 % / 3.09 %	40	C	15.89 % / 4.52 %	57	D	23.57 % / 3.83 %	74	B	44.57 % / 1.4 %	91	D	44.49 % / 1.85 %
7	D	41.91 % / 1.49 %	24	A	45.84 % / 1.7 %	41	B	41.77 % / 1.09 %	58	A	47.29 % / 1.34 %	75	A	17.67 % / 3.74 %	92	B	55.85 % / 1.05 %
8	D	80.36 % / 0.0 %	25	C	22.05 % / 3.76 %	42	A	58.64 % / 1.48 %	59	C	56.56 % / 1.84 %	76	C	26.61 % / 4.96 %	93	A	64.08 % / 1.37 %
9	A	89.51 % / 0.0 %	26	C	53.42 % / 1.43 %	43	A	89.51 % / 0.0 %	60	C	81.73 % / 0.0 %	77	D	68.22 % / 1.63 %	94	B	43.27 % / 1.15 %
10	C	83.03 % / 0.0 %	27	D	12.19 % / 4.95 %	44	B	67.84 % / 1.87 %	61	B	61.94 % / 1.81 %	78	B	55.05 % / 1.53 %	95	D	47.08 % / 1.46 %
11	A	40.67 % / 1.6 %	28	A	51.1 % / 1.84 %	45	B	27.32 % / 3.81 %	62	B	53.94 % / 1.56 %	79	A	42.01 % / 1.94 %	96	A	54.07 % / 1.47 %
12	B	43.23 % / 1.46 %	29	B	77.62 % / 0.0 %	46	B	82.41 % / 0.0 %	63	C	79.27 % / 0.0 %	80	C	79.97 % / 0.0 %	97	C	62.62 % / 1.88 %
13	D	45.72 % / 1.54 %	30	C	86.35 % / 0.0 %	47	A	86.78 % / 0.0 %	64	B	87.05 % / 0.0 %	81	C	54.19 % / 1.81 %	98	B	41.07 % / 1.65 %
14	A	42.9 % / 1.0 %	31	A	89.71 % / 0.0 %	48	B	79.71 % / 0.0 %	65	A	54.79 % / 1.88 %	82	A	86.32 % / 0.0 %	99	D	41.98 % / 1.78 %
15	A	41.44 % / 1.88 %	32	A	57.53 % / 1.95 %	49	A	46.65 % / 1.88 %	66	C	86.92 % / 0.0 %	83	A	54.96 % / 1.73 %	100	D	49.58 % / 1.62 %
16	A	16.81 % / 4.93 %	33	C	79.8 % / 0.0 %	50	B	41.39 % / 1.01 %	67	B	85.5 % / 0.0 %	84	C	50.8 % / 1.44 %			
17	B	63.91 % / 1.6 %	34	B	40.13 % / 1.17 %	51	A	52.42 % / 1.39 %	68	C	57.61 % / 1.37 %	85	A	19.45 % / 4.89 %			

//संकेत और समाधान//

1. बिमल जुल्का को मार्च 2020 में मुख्य सूचना आयुक्त (CIC) के रूप में नियुक्त किया गया था।

राष्ट्रपति भवन की विज्ञप्ति के अनुसार सूचना आयुक्त बिमल जुल्का को मुख्य सूचना आयुक्त (सीआईसी) नियुक्त किया गया है। राष्ट्रपति राम नाथ कोविंद ने राष्ट्रपति भवन में आयोजित एक समारोह में केंद्रीय सूचना आयोग में जुल्का को सीआईसी के रूप में पद की शपथ दिलाई।

सुधीर भार्गव के 11 जनवरी को सेवानिवृत्त होने के बाद से पारदर्शिता प्रहरी एक प्रमुख के बिना काम कर रहा है और 11 की स्वीकृत संख्या (सीआईसी सहित) के मुकाबले छह सूचना आयुक्तों की कम संख्या में है।

अतः विकल्प (D) सही है।

2. झारखंड के पूर्व राज्यपाल और राष्ट्रीय जनतांत्रिक गठबंधन की उम्मीदवार द्रौपदी मुर्मू को 21 जुलाई 2022 को भारत के 15वें राष्ट्रपति के रूप में चुना गया है।

वह इस पद के लिए चुनी जाने वाली पहली आदिवासी महिला हैं और सबसे कम उम्र की भी हैं।

उन्होंने निर्वाचक मंडल के वोटों का 64.03% जीतकर विपक्षी उम्मीदवार यशवंत सिन्हा को हराया।

अतः विकल्प (D) सही है।

3. एम्मानुएल मैक्रों ने फ्रांस का राष्ट्रपति चुनाव- 2017 जीता है।

7 मई 2017 को, मैक्रॉन को फ्रांस का राष्ट्रपति चुना गया था, जिसमें मरीन ले पेन के 33.9% की तुलना में 66.1% वोट मिले थे। चुनाव में 25.4% और 8% मतपत्र खाली या खराब हुए थे।

अतः विकल्प (C) सही है।

4. भारत ने अपने मुख्य बजट के लिए संयुक्त राष्ट्र महिला, लैंगिक समानता और महिला सशक्तिकरण के लिए संयुक्त राष्ट्र एजेंसी के लिए 500,000 अमरीकी डालर का योगदान दिया है।

संयुक्त राष्ट्र में भारत के स्थायी प्रतिनिधि टी.एस.तिरुमूर्ति ने घोषणा की कि भारत ने महिलाओं के नेतृत्व वाले विकास और लैंगिक समानता की अपनी साझेदारी की पुष्टि की है। संयुक्त राष्ट्र महिला कार्यकारी निदेशक, सीमा बहौस ने भारत को इसके योगदान के लिए धन्यवाद दिया।

अतः विकल्प (D) सही है।

5. सर जॉन ह्यूबर्ट मार्शल ने 1921-1922 में एक उत्खनन अभियान का नेतृत्व किया, जिसके दौरान उन्होंने हड़प्पा शहर के खंडहरों की खोज की। 1931 तक, मोहनजो-दारो साइट की ज्यादातर खुदाई मार्शल और सर मोर्टिमर व्हीलर द्वारा की गई थी। 1999 तक, सिंधु सभ्यता के 1,056 से अधिक शहर और बस्तियां स्थित थीं।

अतः विकल्प (A) सही है।

6. राग देस को रात्रि के द्वितीय प्रहर में गाया जाता है।

राग देस काफीथाट से निकलता है। इसके अवरोह में सब स्वर लगाये जाते हैं। गाने बजाने का समय रात का दूसरा प्रहर माना जाता है।

अतः विकल्प (D) सही है।

7. 'मदुरै षण्मुखवडिवु सुब्बुलक्ष्मी' अथवा एम. एस. सुब्बुलक्ष्मी को कर्नाटक संगीत का पर्याय माना जाता है और भारत की वह ऐसी पहली गायिका थीं जिन्हें सर्वोच्च नागरिक अलंकरण भारत रत्न से सम्मानित किया गया। उनके गाये हुए गाने, ख़ासकर भजन आज भी लोगों के बीच काफ़ी लोकप्रिय हैं।

अतः विकल्प (D) सही है।

8. A : B = 2 : 5

B : C = 4 : 3

B सामान्य पद है इसलिए सबसे पहले B के सभी मान को बराबर बनाया जाना चाहिए।

4 और 5 का ल.स.प. 20 है।

$A : B = 2 : 5$ (4 से गुणा करें)

$B : C = 4 : 3$ (5 से गुणा करें)

इसलिए, A : B : C = 8 : 20 : 15

अब, A : B : C = 8 : 20 : 15

और C : D = 2 : 1

C सामान्य है इसलिए इसका मान बराबर किया जाना चाहिए।

15 और 2 का ल.स.प. 30 है।

A : B : C = 8 : 20 : 15 (2 से गुणा करें)

C : D = 2 : 1 (15 से गुणा करें)

अब, $A : B : C : D = 16 : 40 : 30 : 15$

इसलिए, $A : C : D = 16 : 30 : 15$

अतः विकल्प (D) सही है।

9. समानार्थी अनुपात $= x + 3 : x + 7$ का $4 : 9$ है।

अर्थात् $\left(\dfrac{x+3}{x+7}\right)^2 = \dfrac{4}{9}$

$\Rightarrow \dfrac{x+3}{x+7} = \dfrac{2}{3}$

$\Rightarrow 3x + 9 = 2x + 14$

$\Rightarrow x = 5$

$\therefore x$ का मान $= 5$

अतः विकल्प (A) सही है।

10. दिया गया समीकरण है,

$-x^2 + 5x - 6 > 0$

$\Rightarrow x^2 - 5x + 6 < 0$

$\Rightarrow x^2 - 3x - 2x + 6 < 0$

$\Rightarrow x(x - 3) - 2(x - 3) < 0$

$\Rightarrow (x - 3)(x - 2) < 0$

इसलिए, (2,3) असमिका का हल होगा।
अतः विकल्प (C) सही है।

11. श्रेणी होगी, $11 + 13 + 15 + \cdots \ldots . 99$

nवां पद $= a + (n - 1)d$

$99 = 11 + (n - 1)2$

$99 = 11 + 2n - 2$

$99 = 9 + 2n$

$$99 - 9 = 2n$$
$$90 = 2n$$
$$90 = 2n$$
$$n = \frac{90}{2} = 45$$
$$S_n = \frac{n}{2}[a + l]$$
$$= \frac{45}{2}[11 + 99]$$
$$= \frac{45}{2}[110]$$
$$= 45 \times 55$$
$$= 2475$$

अतः विकल्प (A) सही है।

12. दिया गया है,

माना वस्तु का अंकित मूल्य a रुपए है और क्रय मूल्य b रुपए है।

जब वह छूट देता है,

विक्रय मूल्य $= \dfrac{9a}{10}$

लाभ प्रतिशत $= 20\%$

$$\Rightarrow \frac{9a}{10} = b \times \frac{120}{100}$$

$$\Rightarrow a = \frac{4\,b}{3}$$

जब वह कोई भी छूट नहीं देता है,

विक्रय मूल्य $= a$

लाभ प्रतिशत $= \dfrac{(a-b)}{b} \times 100$

$$\Rightarrow \frac{\left(\frac{4b}{3}-b\right)}{b} \times 100$$

$$\Rightarrow 33.33\%$$

अतः विकल्प (B) सही है।

13. फिक्शन किताब आज़ादी: फ्रीडम, फासीवाद या फिक्शन अरुंधति रॉय द्वारा लिखी गई है।

आज़ादी नौ निबंधों का संग्रह है, कुछ पत्रिकाओं के लिए लिखे गए हैं, और कुछ 2018 और 2020 के बीच सार्वजनिक व्याख्यान के रूप में दिए गए हैं। ये टुकड़े प्रधान मंत्री नरेंद्र मोदी और उनके शासन से जुड़ी ताकतों के नेटवर्क की कड़ी आलोचना करते हैं।

अतः विकल्प (D) सही है।

14. A is the sentence that introduces 'Rose Kunis'. Hence, it will be the first sentence after rearrangement. B follows A as it further gives detailed information about Rose. D follows B and states what else made her unique. The last sentence is C as it states what she did after reaching the church.

Thus, the correct arrangement would be: ABDC

Hence, the correct option is (A).

15. D is the sentence that establishes the subject matter. Therefore, it will be the first sentence after rearrangement. The

next sentence will be A because it starts with "some of them" and refers to the restaurants mentioned in D. The third sentence will be B as it starts with "others" and talks about the interiors of the restaurants and the concluding sentence will be C because it talks about a current trend.

Thus, the correct arrangement would be: DABC

Hence, the correct option is (A).

16. दिया है-

$$\left(\frac{x^a}{x^b}\right)^{a+b} \cdot \left(\frac{x^b}{x^c}\right)^{b+c} \cdot \left(\frac{x^c}{x^a}\right)^{c+a}$$

$$= \left(x^{a-b}\right)^{a+b} \cdot \left(x^{b-c}\right)^{b+c} \cdot (x^{c-a})^{c+a}$$

$$= x^{(a-b)(a+b)} \cdot x^{(b-c)(b+c)} \cdot x^{(c-a)(c+a)}$$

$$= x^{a^2-b^2} \cdot x^{b^2-c^2} \cdot x^{c^2-a^2}$$

$$= x^{a^2-b^2+b^2-c^2+c^2-a^2}$$

$$= x^0$$

$$= 1$$

अतः विकल्प (A) सही है।

17. दिया गया है:
3 वर्षों में एक धनराशि 27 गुणा हो जाती है।

प्रयुक्त अवधारणा:
चक्रवृद्धि ब्याज

गणना:
मूलधन और मिश्रधन का अनुपात

मूलधन : मिश्रधन$= P : A = \sqrt[3]{1} : \sqrt[3]{27}$

$\Rightarrow$मूलधन : मिश्रधन$= P : A = 1 : 3$

हम जानते हैं,

$$दर = \frac{\text{Difference}}{\text{Original}} \times 100$$

$$\Rightarrow दर = \frac{2}{1} \times 100$$

$$\Rightarrow दर = 200\%$$

अतः विकल्प B) सही है।

18. दिया गया है:
मिश्रधन $= 605$ रुपये

दर $= 10\%$

समय $= 2$ years

प्रयुक्त सूत्र:
मिश्रधन $=$ मूलधन $[1 + r\%]^t$

जहां r और t क्रमशः दर और समय हैं

गणना:
प्रश्न के अनुसार,

$$605 = P\left[1 + \left(\frac{10}{100}\right)\right]^2$$

$$\Rightarrow 605 = P\left(\frac{110}{100}\right)^2$$

$$\Rightarrow 605 = P\left(\frac{11}{10}\right) \times \left(\frac{11}{10}\right)$$

$$\Rightarrow P = \left(605 \times \frac{100}{121}\right)$$

$$\Rightarrow P = \text{Rs. } 500$$

∴ मूलधन 500 रुपये है।

अत: विकल्प (B) सही है।

19. 1866 में दादाभाई नौरोजी ने भारतीयों और सेवानिवृत्त ब्रिटिश अधिकारियों के सहयोग से लंदन में ईस्ट इंडिया एसोसिएशन की स्थापना की थी।

बॉम्बे प्रेसीडेंसी एसोसिएशन का आरंभ बदरूद्दीन तैयबजी, फ़िरोज़शाह मेहता और के.टी. तेलंग ने 1885 में किया था।

पूना सार्वजनिक सभा की स्थापना 1867 में महादेव गोविंद रानाडे और अन्य ने सरकार एवं लोगों के बीच एक सेतु के रूप में की थी।

अत: विकल्प (A) सही है।

20. 'जोनास सॉल्क' ने पोलियो के टीके का आविष्कार किया।

- उन्होंने मृत पोलियो वायरस को टीके के रूप में इस्तेमाल किया और इसका प्रवेश उपयोगी रोग-प्रतिकारक के निर्माण के लिए किसी भी जीव प्रमुख में किया।
- ये रोग-प्रतिकारक वायरल हमले से भविष्य में भी शरीर के बचाव के लिए प्रभावी है।

अत: विकल्प (D) सही है।

21. जॉन मेककार्थी को कृत्रिम बुद्धिमत्ता के जनक के रूप में जाना जाता है।

कृत्रिम बुद्धिमत्ता कंप्यूटर विज्ञान की एक शाखा है जिसका उद्देश्य बुद्धिमान मशीन बनाना है जो कार्य कर सकती हैं तथा मानव की तरह प्रतिक्रिया दे सकती हैं।

अत: विकल्प (D) सही है।

22. दिया गया है:

PQ ⊥ RS

RT ∥ PQ

∠PST = 68°

गणना:

RT ∥ PS

⇒ ∠PST = ∠RTS = 68° (एकांतर कोण)

प्रतिवर्ती ∠RTS = 360° - ∠RTS

⇒ 360° - 68° = 292°

∴ प्रतिवर्ती ∠RTS, 292° है।

अत: विकल्प (B) सही है।

23. अवरक्त उपकरणों में इन्फ्रारेड का उपयोग किया जाता है जब देखने के लिए अपर्याप्त दृश्य प्रकाश होता है। नाइट विज़न डिवाइस एक प्रक्रिया के माध्यम से संचालित होते हैं, जो परिवेश प्रकाश फोटॉनों को इलेक्ट्रॉनों में परिवर्तित करते हैं जो तब एक रासायनिक और विद्युत प्रक्रिया द्वारा प्रवर्धित होते हैं और फिर वापस दृश्यमान प्रकाश में परिवर्तित हो जाते हैं।

अत: विकल्प (C) सही है।

24. पनडुब्बियों में समुद्र या जमीन की सतह पर वस्तुओं का स्पष्ट दृश्य देने के लिए उपयोग किए जाने वाले उपकरण को पेरिस्कोप के नाम से जाना जाता है।

- पेरिस्कोप एक लंबी ट्यूब की तरह एक उपकरण है, जिसमें दर्पण होते हैं जो आपको किसी चीज के ऊपर से देखने की अनुमति देते हैं, विशेष रूप से समुद्र की सतह के ऊपर देखने के लिए पनडुब्बी में उपयोग किया जाता है।
- वर्नियर कैलिपर एक सटीक उपकरण है जिसका उपयोग आंतरिक और बाहरी दूरियों को सटीक रूप से मापने के लिए किया जा सकता है।
- दूरबीन एक ऑप्टिकल उपकरण है जिससे दूर की वस्तुएं बड़ी दिखाई देती हैं और इसलिए नजदीक दिखती हैं।
- एक स्टीरियोस्कोप अलग-अलग छवियों की एक स्टीरियोस्कोपिक जोड़ी को देखने के लिए एक उपकरण है।

अत: विकल्प (A) सही है।

25. माना कि $x = \sqrt{7\sqrt{7\sqrt{7\sqrt{7}\ldots\ldots}}}$

दोनों तरफ वर्ग करने पर हम प्राप्त करते है,

$$x^2 = \sqrt{7\sqrt{7\sqrt{7\sqrt{7}\ldots\ldots}}}$$

$$\Rightarrow 7x = x^2$$

$$\Rightarrow x^2 - 7x = 0$$

$$\Rightarrow x(x - 7) = 0$$

$$\Rightarrow x = 0,7$$

यह संभव नहीं है कि $x = 0$

इसलिए, $x = 7$

अत: विकल्प (C) सही है।

26. मान मैदान की लंबाई और चौड़ाई क्रमशः a और b मीटर है।

इसलिए,

$$ab = 120$$

और,

$$2(a + b) = 46$$

$$\Rightarrow a + b = 23$$

खम्बे की अधिकतम लंबाई आयताकार क्षेत्र के विकर्ण के बराबर है।

जैसा कि हम जानते हैं कि विकर्ण² = लंबाई² + चौड़ाई²

इसका मतलब है कि हमें $a^2 + b^2$ के मान की गणना करनी होगी।

जैसा कि हम जानते हैं कि,

$$(a + b)^2 = a^2 + b^2 + 2ab$$

$$\Rightarrow a^2 + b^2 = (a + b)^2 - 2ab = 23^2 - 2 \times 120 = 289$$

तो, विकर्ण$^2 = 289$

विकर्ण $= 17 \ m$

अतः विकल्प (C) सही है।

27. दिया गया है,

दो बेलनों की त्रिज्या 3 : 2 के अनुपात में है

उनकी ऊंचाई 3 : 7 के अनुपात में है।

बेलन का आयतन $= \pi r^2 h$

त्रिज्या $= r$, और ऊँचाई $= h$

माना दो बेलनों की त्रिज्याएँ क्रमशः $3x$ और $2x$ हैं।

माना दो बेलनों की ऊँचाई क्रमशः $3y$ और $7y$ है।

हम जानते हैं कि बेलन का आयतन $= \pi r^2 h$

$$\frac{v_1}{v_2} = \frac{\pi r_1^2 h_1}{\pi r_2^2 h_2}$$

$$\Rightarrow \frac{v_1}{v_2} = \frac{[\pi \times (3x)^2 \times 3y]}{[\pi \times (2x)^2 \times 7y]}$$

$$= \frac{27}{28}$$

$$\Rightarrow v_1 : v_2 = 27 : 28$$

$\therefore$ उनके आयतन का अनुपात $27 : 28$ है।

अतः विकल्प (D) सही है।

28. माना ऊंचाई को x सेमी से घटाया गया, तो बेलन का आयतन $= \pi \times 5^2 \times (8 - x)$ माना त्रिज्या को x सेमी से घटाया गया, तो बेलन का आयतन $= \pi (5 - x)^2 \times 8$

$$\pi (5 - x)^2 \times 8 = \pi (5)^2 \times (8 - x)$$

$$(5 - x)^2 \times 8 = 25 \times (8 - x)$$

$$25 - 10x + x^2 = 200 - 25x$$

$$200 - 80x + 8x^2 = 200 - 25x$$

$$8x^2 - 55x = 0$$

$$x = 6.875 \text{ या } 0$$

हमारे पास विकल्प में 6.875 और 0 दोनों हैं लेकिन हम सही उत्तर के रूप में 0 का प्रयोग करेंगे क्योंकि हम त्रिज्या से 6.875 घटा नहीं सकते हैं जो केवल 5 सेमी का है।

अतः विकल्प (A) सही है।

29. भारत का सबसे बड़ा और सबसे पुराना संग्रहालय पश्चिम बंगाल का भारतीय संग्रहालय है। इसमें कलाकृतियों, जीवाश्मों, ममी और मुगल चित्रों का दुर्लभ संग्रह है। इसकी स्थापना 1814 में एशियाटिक सोसाइटी ऑफ बंगाल की निगरानी में हुई थी। भारतीय संग्रहालय न केवल भारतीय उपमहाद्वीप में बल्कि दुनिया के एशिया-प्रशांत क्षेत्र में सबसे पुराना और सबसे बड़ा बहुउद्देशीय संग्रहालय है।

अतः विकल्प (B) सही है।

30. प्रथम 222 पूर्ण संख्याओं का योग

$0 + 1 + 2 \ldots\ldots\ldots 221$

$$\frac{n(n+2)}{2}$$

$$= \frac{221(221+1)}{2}$$

$$= 221 \times 111$$

इकाई अंक $= 1$

अतः विकल्प (C) सही है।

31. दिया है,

k एक विषम संख्या है

माना $k = 1$

$$(8^{2k} + 5^{2k})$$

$$= (8^{2 \times 1} + 5^{2 \times 1})$$

$$= 8^2 + 5^2$$

$$= 64 + 25$$

$$= 89$$

अतः विकल्प (A) सही है।

32. 37 मिनट 45 सेकंड $= \frac{151}{4}$ मिनट

1 दिन $= 24$ घंटा $= 24 \times 60$ मिनट

$$\Rightarrow \frac{151}{4 \times 24 \times 60} \times 100 = 2.62\%$$

अतः विकल्प (A) सही है।

33. नए विलयन की सांद्रता होगी

$$\frac{40 \times \frac{60}{100} + 35 \times \frac{80}{100}}{75} \times 100$$

$$= \frac{24 + 28}{3} \times 4$$

$$= 69\frac{1}{3}\%$$

अतः विकल्प (C) सही है।

34. Ever and anon means something occurring now and then or occasionally.

For example, Ever and anon their grandchildren visit them.

Hence, the correct option is (B).

35. Backbite means to slander someone, in his/her absence.

Slander someone in his/her absence: to talk maliciously about someone who is not present.

For example, Anuj was tired of all the backbiting and gossip in the office.

Hence, the correct option is (D).

36. विश्व पर्यावरण दिवस प्रतिवर्ष 5 जून को विश्व स्तर पर मनाया जाता है।

यह दिन पर्यावरण की रक्षा के बारे में जागरूकता बढ़ाने और लोगों को प्रकृति को हल्के में न लेने की याद दिलाने के लिए मनाया जाता है।

अतः विकल्प (C) सही है।

37. संयुक्त राष्ट्र महासभा ने प्रत्येक 15 सितंबर को अंतर्राष्ट्रीय लोकतंत्र दिवस मनाने का निर्णय लिया था।

इस वर्ष की थीम "लोकतंत्र और सतत विकास के लिए 2030 एजेंडा" थी।

अतः विकल्प (C) सही है।

38. Dubious means hesitating or doubting.

Trustworthy means able to be relied on as honest or truthful.

Shady means of doubtful honesty or legality.

Suspicious means having or showing a cautious distrust of someone or something.

Doubtful means feeling uncertain about something.

The option that is opposite in meaning to the underlined word 'dubious' is 'trustworthy'.

Hence, the correct option is (C).

39. Unmindful means not conscious or aware.

Vigilant means keeping careful watch for possible danger or difficulties.

Careless means not concerned or worried about.

Stupid means having or showing a great lack of intelligence or common sense.

Fatuous means silly and pointless.

The option that is opposite in meaning to the underlined word 'unmindful' is vigilant'.

Hence, the correct option is (A).

40. दिया है,

X का वक्र पृष्ठीय क्षेत्रफल = Y के वक्र पृष्ठीय क्षेत्रफल का 196%

∵ गोला का वक्र पृष्ठीय क्षेत्रफल ∝ (त्रिज्या)^2

(X का त्रिज्या)^2 = 1.96 × (Y का त्रिज्या)^2

दोनों पक्षों का वर्गमूल करने पर ,

X का त्रिज्या = 1.4 × Y का त्रिज्या   ---(1)

इस प्रकार ,

Z का वक्र पृष्ठीय क्षेत्रफल = Y के वक्र पृष्ठीय क्षेत्रफल का 144%

(Z का त्रिज्या)^2 = 1.44 × (Y का त्रिज्या)^2

दोनों पक्षों का वर्गमूल करने पर,

Z की त्रिज्या = 1.2 × Y की त्रिज्या   ---(2)

(1) से (2) को विभाजित करने पर, हमें प्राप्त होता है,

X की त्रिज्या / Z की त्रिज्या $= \dfrac{7}{6}$ ---(3)

अब, गोला का आयतन ∝ (त्रिज्या)^3

गोला X का आयतन/गोला Z का आयतन = (X का त्रिज्या/Z का त्रिज्या)^3

$$= \left(\dfrac{7}{6}\right)^3 = \dfrac{343}{216}$$

∴ गोला X और गोला Z के आयतन का अनुपात = 343 : 216

अतः विकल्प (C) सही है।

41. स्वामित्व योजना:

- केंद्रीय बजट 2021: स्वामित्व योजना को सभी राज्यों / केंद्रशासित प्रदेशों तक विस्तारित किया जाना है, 1,241 गांवों में 1.80 लाख संपत्ति-मालिकों को पहले ही कार्ड प्रदान किए जा चुके हैं

- स्वामित्व योजना केंद्रीय पंचायत दिवस अर्थात 24 अप्रैल 2020 को भारत के माननीय प्रधानमंत्री द्वारा शुरू की गई एक केंद्रीय क्षेत्र की योजना है।

- योजना के कार्यान्वयन के लिए पंचायती राज मंत्रालय (MoPR) नोडल मंत्रालय है। इसलिए, कथन 1 गलत है।

- राज्यों में, राजस्व विभाग/भूमि अभिलेख विभाग नोडल विभाग होगा और राज्य पंचायती राज विभाग के सहयोग से इस योजना को आगे बढ़ाएगा। भारत का सर्वेक्षण कार्यान्वयन के लिए प्रौद्योगिकी भागीदार के रूप में काम करेगा।

- योजना ग्रामीण क्षेत्रों में योजना और राजस्व संग्रह को सुव्यवस्थित करने और संपत्ति के अधिकारों पर स्पष्टता सुनिश्चित करने में मदद करेगी। इसलिए, कथन 2 सही है।

- यह ड्रोन तकनीक और एक सतत संचालन संदर्भ स्टेशन (कॉर्स) का उपयोग कर ग्रामीण बसे हुए क्षेत्रों में भूमि पार्सल की मैपिंग के लिए एक योजना है।

- इस कार्यक्रम के तहत बनाए गए मानचित्रों का उपयोग करके योजना बेहतर गुणवत्ता वाली ग्राम पंचायत विकास योजनाओं (GPDPs), के निर्माण में सक्षम बनाएगी। इसलिए, कथन 3 सही है।

अतः विकल्प (B) सही है।

42. सीमित देयता भागीदारी (एलएलपी) से जुड़े महत्वपूर्ण बिंदु निम्नलिखित है:

- बजट 2021 ने लिमिटेड लायबिलिटी पार्टनरशिप (एलएलपी) अधिनियम, 2008 का वैधीकरण प्रस्तावित किया।

- यह एक साझेदारी है जिसमें कुछ या सभी भागीदारों (क्षेत्राधिकार के आधार पर) की सीमित देयताएं होती हैं। एलएलपी में, प्रत्येक साथी दूसरे साथी के कदाचार या लापरवाही के लिए जिम्मेदार या उत्तरदायी नहीं है। इसलिए, कथन 1 सही है।

- एलएलपी भागीदारों में परिवर्तन के बावजूद अपने अस्तित्व को जारी रख सकता है। यह अनुबंध में प्रवेश करने और अपने नाम पर संपत्ति रखने में सक्षम है।

- एलएलपी एक अलग कानूनी इकाई है, अपनी संपत्ति की पूरी सीमा के लिए उत्तरदायी है लेकिन भागीदारों की देयता एलएलपी में उनके सहमत योगदान तक सीमित है।

- किसी कंपनी की आंतरिक शासन संरचना को क़ानून (अर्थात कंपनी अधिनियम, 2013) द्वारा विनियमित किया जाता है, जबकि एलएलपी के लिए यह भागीदारों के बीच एक संविदात्मक समझौते द्वारा होगा। इसलिए, कथन 2 गलत है।

अतः विकल्प (A) सही है।

43. पृथ्वी को चार मुख्य परतों बाहर की तरफ ठोस परत, मेंटल, बाहरी कोर और आंतरिक कोर **में बांटा गया है।**

क्रस्ट:

- पृथ्वी की सतह पर **सबसे ऊपरी परत** को क्रस्ट कहा जाता है।

- यह सभी परतों में सबसे **महीन** है।

- महाद्वीपीय द्रव्यमान पर, यह लगभग 35 किमी और समुद्र तल पर केवल 5 किमी है।
- क्रस्ट पृथ्वी की सबसे महीन परत है और यह हमारे ग्रह के आयतन का 1% से भी कम है।
- पृथ्वी कई संकेंद्रित परतों से बनी है, जो एक प्याज की तरह एक दूसरे के अंदर हैं।
- क्रस्ट पृथ्वी की सबसे बाहरी परत है और यह आग्नेय, कायांतरित और अवसादी चट्टानों से बनी है।
- बहिर्जात बलों के कारण पृथ्वी की क्रस्ट अस्थिर है।

मेंटल:

- मेंटल क्रस्ट के नीचे 2900 किमी की गहराई तक फैला हुआ है।
- यह पृथ्वी का सबसे चौड़ा भाग है।
- मेंटल के सबसे ऊपरी भाग को **आकाशमंडल** के रूप में जाना जाता है।

कोर:

- अंतरतम परत लगभग 3500 किमी की त्रिज्या के साथ कोर है।
- केंद्रीय कोर में बहुत अधिक तापमान और दबाव होता है।
- आंतरिक कोर (1200 किमी) ठोस अवस्था में है जबकि बाहरी कोर (2300 किमी) तरल अवस्था में है।
- अंतरतम परत लगभग 3500 किमी के दायरे वाला कोर है और आंतरिक और बाहरी कोर में विभाजित है।

इसलिए, यह स्पष्ट है कि क्रस्ट पृथ्वी की सबसे पतली परत है।

अत: विकल्प (A) सही है

44. बहिर्जात बल:

- अपरदन और निक्षेपण दोनों बहिर्जात बलों के उत्पाद हैं।
- इसका मतलब है कि जिम्मेदार बलों की बाहरी उत्पत्ति होती है।
- बहिर्जात प्रक्रियाओं में शामिल एजेंट नदी, हवा, समुद्री लहर, भूजल, ग्लेशियर आदि हैं।
- वे क्षरण, परिवहन और निक्षेपण के माध्यम से एक प्रक्रिया को पूरा करते हैं।
- चट्टान के मलबे के पृथक्करण, निष्कासन, परिवहन और निक्षेपण के कारण बनने वाली भू-आकृतियों को अपरदन के रूप में जाना जाता है।

अत: विकल्प (B) सही है।

45. उच्च वायुदाब क्षेत्रों से निम्न दाब क्षेत्रों **की ओर वायु** की **गति को** पवन कहते हैं। स्थायी, मौसमी और स्थानीय पवनों सहित तीन प्रकार की पवनें होती हैं।

प्रकार	पवन
स्थायी पवनें	- ये वे पवनें हैं जो एक विशिष्ट दिशा में पूरे वर्ष लगातार चलती रहती हैं। - महाद्वीपों और महासागरों पर स्थायी पवनें बड़े पैमाने पर चलती हैं। - स्थायी पवन के कुछ महत्वपूर्ण उदाहरण पछुआ पवनें, पूर्वी पवनें और व्यापारिक पवनें हैं। - पछुआ पवनें: पश्चिम से पूर्व की ओर बहती हैं। - पूर्वी पवनें: पूर्व से पश्चिम की ओर बहती हैं। - व्यापारिक पवनें: पूर्व से पश्चिम की ओर बहती हैं।
मौसमी पवनें	- ये बार-बार हवा की गति हैं और स्वरूप में बदलाव से अनुमानित रूप से प्रेरित होती हैं।
	- दुनिया भर में कई स्थानों पर मौसमी पवनें चलती हैं। - उदाहरण के लिए, मानसून निम्न-अक्षांश जलवायु में एक प्रकार की मौसमी पवन है।
स्थानीय पवनें	- स्थानीय पवनें वे पवनें हैं जो वैश्विक पवनों की तुलना में छोटे परिवेश को अंतःस्थ करती हैं और आमतौर पर किसी प्रकार की ख़ासियत रखती हैं। - उदाहरण के लिए, भूमि और समुद्री पवन, लू बर्फ़ीला तूफ़ान, सिरोको, हरमट्टन, आदि।

अत: विकल्प (B) सही है।

46. The preposition 'for' is used for saying a length of time or a distance.

Complete Sentence: I have known her for a long time.

Hence, the correct option is (B).

47. The preposition 'on' means concerning a particular subject.

Complete Sentence: I accepted the offer on certain conditions.

Hence, the correct option is (A).

48. The preposition 'of' is used for saying who or what has a particular feature, aspect, or quality.

Complete Sentence: She is a woman of humble origin.

Hence, the correct option is (B).

49. दिया गया है,

$$\text{ल.स.म.} = 56(x^4 + x)$$

$$\text{ल.स.प.} = 4(x^2 - x + 1)$$

$$P(x) = 28(x^3 + 1)$$

$$\text{LCM} = 28 \times 2 \times x(x^3 + 1)$$

$\therefore$ Q (x) ल.स.प. × कारक जो P (x) में नहीं हैं

$$= 4(x^2 - x + 1) \times 2x$$

$$= 8x(x^2 - x + 1)$$

अतः विकल्प (A) सही है।

50.

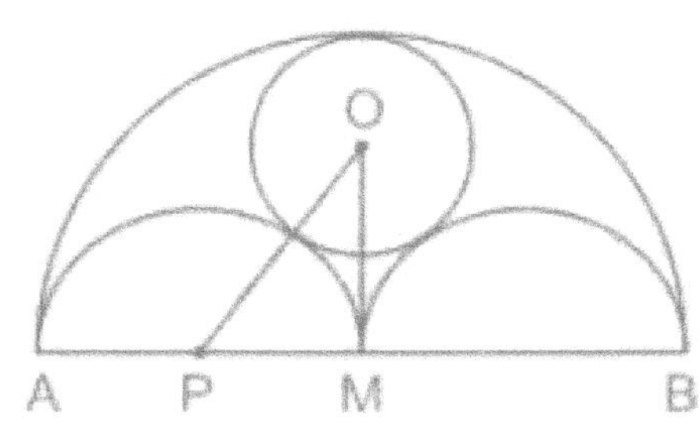

$$\text{AM} = \frac{4a}{2} = 2a$$

M, AB का मध्य - बिंदु है।

OM की लम्बाई = 2a - r

माना AM का मध्य - बिंदु P है।

PM = a

OP = a + r

OPM एक समकोण त्रिभुज है।

$$OP^2 = OM^2 + PM^2$$

$$\Rightarrow (a + r)^2 = (2a - r)^2 + a^2$$

$$\Rightarrow r = \frac{2a}{3}$$

अतः विकल्प (B) सही है।

51. दिया गया है,

49 सेमी त्रिज्या वाले एक वृत्ताकार तार को एक आयत के रूप में मोड़ा जाता हैं जिसकी भुजाएं 9 : 5 के अनुपात में हैं।

वृत्ताकार तार की परिधि $= 2\pi r$

$$= 2 \times \left(\frac{22}{7}\right) \times 49$$

$$= 308 \text{ सेमी}$$

अब, वृत्ताकार तार की परिधि = आयताकार तार की परिधि = 308 सेमी.........(1)

आयताकार तार की भुजाएं 9 : 5 के अनुपात में है।

$$9x + 5x + 9x + 5x = 308$$

$$\Rightarrow 2(9x + 5x) = 308$$

$$\Rightarrow 14x = \frac{308}{2} = 154$$

$$\therefore x = \frac{154}{14} = 11$$

$$\therefore \text{सबसे छोटी भुजा} = 5x$$

$$= 5 \times 11$$

$$= 55 \text{ सेमी}$$

अतः विकल्प (A) सही है।

52. The given sentence is of present perfect tense and it is in Active voice. The structures for Active/Passive voices are:

Active: Subject + has/have + verb (IIIrd form) + object

Passive: Object + has/have + been + verb (IIIrd form) + by + subject

So, the passive voice of the given sentence would be:

The word has been misspelt by you.

Hence, the correct option is (C).

53. The given sentence is in Active voice of past continuous interrogative tense. The structures for Active/Passive voices are:

Active: Wh-question word + was/were + subject + verb (ing form) + object?

Passive: Wh-question word + was/were + being + verb (IIIrd from) + by + subject?

So, with the help of the above structures, we can convert the given sentence into Passive voice:

What was being drawn on the blackboard by you?

Hence, the correct option is (B).

54. दिया है:

$$4b^2 + \frac{1}{b^2} = 2$$

$$\Rightarrow (2b)^2 + \left(\frac{1}{b}\right)^2 + 4 - 4 = 2$$

$$\Rightarrow \left(2b + \frac{1}{b}\right)^2 - 4 = 2$$

$$\Rightarrow \left(2b + \frac{1}{b}\right)^2 = 6$$

$$\Rightarrow 2b + \frac{1}{b} = \sqrt{6}$$

दोनों तरफ से घन करने पर

$$\Rightarrow \left(2b + \frac{1}{b}\right)^3 = \left(\sqrt{6}\right)^3$$

$$\Rightarrow 8b^3 + \frac{1}{b^3} + 3 \times 2b \times \frac{1}{b}\left(2b + \frac{1}{b}\right) = 6\sqrt{6}$$

$$\Rightarrow 8b^3 + \frac{1}{b^3} + 6\sqrt{6} = 6\sqrt{6}$$

$$\Rightarrow 8b^3 + \frac{1}{b^3} = 6\sqrt{6} - 6\sqrt{6}$$

$$\Rightarrow 8b^3 + \frac{1}{b^3} = 0$$

अतः विकल्प (A) सही है।

55. ब्यूनस आयर्स अर्जेंटीना की राजधानी है।

अशांति और शक्ति संघर्ष की लंबी अवधि के बाद, ब्यूनस आयर्स और भी मजबूत हुआ और 1880 में अर्जेंटीना की संघीय राजधानी का नाम दिया गया।

अत: विकल्प (C) सही है।

56. बलबन दिल्ली सल्तनत का राजा है और उसने "राजाओं के दिव्य सिद्धांत" की स्थापना की।

बलबन की राजा की विचारधारा मूल रूप से ईरानी सिद्धांत पर आधारित थी कि राजा अर्ध-दिव्य था और केवल भगवान के प्रति जवाबदेह था।

उन्होंने इस सिद्धांत की स्थापना की कि सुल्तान सर्वशक्तिमान ज़िल-ए-अल्लाह की छाया है, और लोगों को सिज़्दा और पाबोस प्रदर्शन करने के लिए जोर देकर कहते हैं, जो कि धर्मशास्त्रियों के अनुसार भगवान के लिए अकेले आरक्षित थे।

अत: विकल्प (C) सही है।

57. प्रसिद्ध भारतीय पर्वतारोही संतोष यादव ने माउंट एवरेस्ट पर दो बार चढ़ने वाली दुनिया की पहली महिला होने का उपलब्धि हासिल की।

उनका जन्म 1969 में हुआ था और हरियाणा के छोटे से गांव अड्चेलर में रहते थे।माउंट एवरेस्ट को स्केल करने का उनका पहला मौका मई 1992 में था और

इसके बाद मई 1993 में था। उन्होंने अपनी ऑक्सीजन साझा कर के एक अन्य पर्वतारोही की जान भी बचाई थी।

अतः विकल्प (D) सही है।

58. ऋग्वेद यूनेस्को की मेमोरी ऑफ वर्ल्ड रजिस्टर में शामिल है।

ऋग्वेद चार वेदों में सबसे पुराना है और आर्य संस्कृति का स्रोत है। इसे हिंदू समुदाय के शास्त्रों के रूप में भी जाना जाता है। 2007 में इस वृत्तचित्र विरासत को भारत द्वारा प्रस्तुत किया गया था और विश्व रजिस्टर की स्मृति में शामिल करने की सिफारिश की गई थी।

अतः विकल्प (A) सही है।

59. कुसुम योजना सोलर पंप से संबंधित है। नवीन और नवीकरणीय ऊर्जा मंत्रालय (एमएनआरई) ने देश में सोलर पंप और ग्रिड से जुड़े सौर और अन्य नवीकरणीय बिजली संयंत्रों की स्थापना के लिए किसानों के लिए प्रधानमंत्री किसान उर्जा सुरक्षा एवं उत्थान महाभियान (PM KUSUM) योजना शुरू की है। इस योजना का लक्ष्य कार्यान्वयन एजेंसियों को सेवा शुल्क सहित 34,422 करोड़ की कुल केंद्रीय वित्तीय सहायता के साथ 2022 तक सौर और अन्य नवीकरणीय क्षमता को 25,750 मेगावाट जोड़ना है।

अतः विकल्प (A) सही है।

60. क्लिनबर्ग ने 'काल्पनिक संदर्भ समूह' की अवधारणा पेश की।

क्लेनबर्ग द्वारा काल्पनिक संदर्भ समूह: कोई भी व्यक्ति या समूह (वास्तविक या काल्पनिक) जो किसी व्यक्ति के लिए सामान्य या विशिष्ट मूल्यों, दृष्टिकोण या व्यवहार के निर्माण में तुलना के बिंदु के रूप में कार्य करता है।

अतः विकल्प (C) सही है।

61. वेबर के अनुसार, तीन प्रकार के नेतृत्व कानूनी, पारंपरिक और करिश्माई हैं।

समाजशास्त्री और दार्शनिक मैक्स वेबर तीन प्रकार के प्राधिकरणों को अलग करते हैं- करिश्माई, पारंपरिक और कानूनी- जिनमें से प्रत्येक नेतृत्व के एक ब्रांड से मेल खाता है जो समकालीन समाज में संचालित होता है। यह नेता वह है जो स्थापित परंपरा या व्यवस्था पर निर्भर करता है।

अतः विकल्प (B) सही है।

62. प्लेक एक चिपचिपा, रंगहीन फिल्म है जो आपके दंतवल्क पर बनती है। यह आपकी लार से बैक्टीरिया से बना है। जब यह भोजन से आपके दांतों पर छोड़ी गई शर्करा और स्टार्च के साथ सहभागिता करता है, तो यह एक अम्ल बनाता है जो दंतवल्क को नष्ट कर सकता है, जिससे दांतों में सड़न हो सकती है। टार्टर एक प्लेक होती है जो कठोर हो गई है।

अतः विकल्प (B) सही है।

63. रक्त शर्करा के स्तर को इंसुलिन का अंतःशिरा इंजेक्शन के द्वारा कम किया जा सकता है।

इंसुलिन का अंतःशिरा इंजेक्शन रक्त में सीधे इंसुलिन का इंजेक्शन है। इसका उपयोग लोगों में रक्त शर्करा को नियंत्रित करने के लिए किया जाता है, जहां शरीर इंसुलिन नहीं बनाता है और इसलिए रक्त में शर्करा की मात्रा को नियंत्रित नहीं कर सकता है। इंसुलिन को मौखिक रूप से नहीं लिया जा सकता है क्योंकि पाचन एंजाइमों द्वारा इंसुलिन की मौखिक खुराक पेट में ह्रासित हो जाती है।

अतः विकल्प (C) सही है।

64. Five men who were camping in the Cascade Mountains of Washington saw a group of huge apelike creatures coming out of the woods. They hurried back to their cabin and locked themselves inside.
Hence, the correct option is (B).

65. After the incident when five men saw the bigfoots they returned to the town and told the people of their adventure. However, only a few people accepted their story.
Hence, the correct option is (A).

66. Then in 1967, Roger Patterson, a man who was interested in finding Bigfoot went into the northern California jungles with a friend. While riding, they were suddenly thrown off from their horses. Patterson saw a tall ape-like animal standing not far away. Therefore the first people to have seen these apelike creatures before the five campers was Roger Patterson and his friend.
Hence, the correct option is (C).

67. Neighbouring means: a person or place which is adjacent to the given person of place. Therefore nearby will be the correct option which can replace the word 'neighbouring'.
Hence, the correct option is (B).

68. Local Native Americans were certain that a race of apelike animals had been living in the neighbouring mountain for centuries. They called these creatures Sasquatch.
Hence, the correct option is (C).

69. दिया है:

$(0.1 \times 0.004) + (0.02 \times 0.3) - (0.04 \times 0.03) = ?$

$\Rightarrow 0.0004 + 0.006 - 0.0012 = ?$

$\Rightarrow 0.0064 - 0.0012 = ?$

$\therefore ? = 0.0052$

अतः विकल्प (D) सही है।

70. हाइड्रोजन, नाइट्रोजन, ऑक्सीजन, तथा सिलिकॉन आदि कुछ तत्व हैं। सन 2007 तक कुल 118 तत्व खोजे या पाये जा चुके हैं जिसमें से 14 तत्व धरती पर प्राकृतिक रूप से विद्यमान हैं।

अतः विकल्प (D) सही है।

71. बिस्मथ प्रतीक Bi और परमाणु संख्या 83 के साथ एक रासायनिक तत्व है। यह एक पेंटावैलेंट पोस्ट-ट्रांज़िशन धातु है और रासायनिक गुणों के साथ एक पनिकटोगेंस है जो अपने लाइटर समूह 15 भाई-बहनों आर्सेनिक और सुरमा जैसा दिखता है।
अतः विकल्प (C) सही है।

72. हम जानते हैं,

लाभ = विक्रय मूल्य - क्रय मूल्य

लाभ % = (लाभ/क्रय मूल्य) $\times 100$

माना एक कोल्ड-ड्रिंक का क्रय मूल्य 'x' है

6 कोल्ड-ड्रिंक्स का क्रय मूल्य = $6x$

8 कोल्ड-ड्रिंक्स का क्रय मूल्य = 8x

6 कोल्ड-ड्रिंक्स का विक्रय मूल्य $=$ 8 कोल्ड-ड्रिंक्स का क्रय मूल्य $= 8x$

लाभ $=$ 6 कोल्ड-ड्रिंक का विक्रय मूल्य - 6 कोल्ड-ड्रिंक का क्रय मूल्य

$8x - 6x = 2x$

लाभ % $=$ (लाभ/क्रय मूल्य) $\times 100$

$\left(\dfrac{2x}{6x}\right) \times 100 = \dfrac{100}{3}$

$\therefore$ लाभ $= 33\frac{1}{3}\%$

अत: विकल्प (A) सही है।

73. दिया है:

उसने 2700 में 54 तरबूज खरीदे

गणना:

एक तरबूज का मूल्य $= \frac{2700}{54} = 50$ रूपये

एक तरबूज का मूल्य जब वह बेच रहा है $= \frac{280}{4} = 70$ रूपये

एक तरबूज पर लाभ $= 70 - 50 = 20$ रूपये

1200 रूपये लाभ के लिए वह तरबूज की बिक्री करेगा $= \frac{1200}{20} = 60$

$\therefore$ अभीष्ट परिणाम 60 होगा।

अत: विकल्प (B) सही है।

74. हम जानते हैं कि,

यदि $a_1, a_2, ..., a_n$ अवलोकन हैं जो आरोही क्रम में व्यवस्थित हैं तो दिए गए अवलोकन की माध्यिका है:

1. यदि n विषम है तो केवल एक मध्य पद होगा जो दिए गए अवलोकन के लिए माध्यिका होगा।

2. यदि n सम है तो दो मध्य पद होंगे, इसलिए दिए गए अवलोकन के लिए दो मध्य पदों का औसत माध्यिका होगी।

यह दिया गया है कि,

22, 24, 33, 37, x + 1, x + 3, 46, 47, 57, 58 की आरोही क्रम में माध्यिका 42 है।

$\because$ वहाँ 10 अवलोकन $\Rightarrow$ n = 10

इसलिए, दो मध्य पद हैं जो (x + 1) और (x + 3) हैं।

तो, दिए गए अवलोकन के लिए माध्यिका $= \frac{(x+1)+(x+3)}{2} = x + 2$

$\because$ यह दिया गया है कि माध्यिका 42 है।

$\Rightarrow$ x + 2 = 42 $\Rightarrow$ x = 40।

$\Rightarrow$ 5वाँ अवलोकन (x + 1) = 41 है और 6ठा अवलोकन (x + 3) = 43 है।

अत: विकल्प (B) सही है।

75. हम जानते हैं कि,

N अवलोकनों का मानक विचलन निम्न द्वारा दिया गया है: $\sigma = \sqrt{\frac{1}{N} \times \sum_{i=1}^{N}(x_i - \mu)^2}$ जहाँ μ अंकगणितीय माध्य है।

यह दिया गया है कि,

$\mu = 60$, $N = 10$ और $\sum_{i=1}^{10}(x_i - 50)^2 = 5000$

जैसा कि हम जानते हैं $\mu = \frac{\sum_{i=1}^{10} x_i}{10} = 60 \Rightarrow \sum_{i=1}^{10} x_i = 600$

$\Rightarrow \sum_{i=1}^{10}(x_i - 50)^2 = \sum_{i=1}^{10} x_i^2 - 100\sum_{i=1}^{10} x_i + 25000 = 5000\$$ ----

-(1)

समीकरण

(1) में $\sum_{i=1}^{10} x_i = 600$ के मान को प्रतिस्थापित करके हम प्राप्त करते हैं

$\Rightarrow \sum_{i=1}^{10} x_i^2 = 40000$ -----(2)

जैसा कि हम जानते हैं कि, N अवलोकनों का मानक विचलन निम्नानुसार है:

$\sigma = \sqrt{\frac{1}{N} \times \sum_{i=1}^{N}(x_i - \mu)^2}$ जहाँ μ अंकगणितीय माध्य है।

$\Rightarrow \sigma^2 = \frac{1}{N} \times \sum_{i=1}^{N}(x_i - \mu)^2$

$\Rightarrow \sigma^2 = \frac{1}{N} \times \left(\sum_{i=1}^{N} x_i^2 + \mu^2 \times \sum_{i=1}^{N} 1 - 2\mu \times \sum_{i=1}^{N} x_i\right)$ ---

-(3)

समीकरण (3) में $\mu = 60$, $N = 10$, $\sum_{i=1}^{10} x_i^2$ और $\sum_{i=1}^{10} x_i$ के मानों को प्रतिस्थापित करके हम प्राप्त करते हैं

$\Rightarrow \sigma^2 = 400$

$\Rightarrow \sigma = 20$

अत: विकल्प (A) सही है।

76. कथन 1 सही है। आईएलओ की स्थापना का प्रमुख लक्ष्य और उद्देश्य, विश्व भर में सामाजिक सुरक्षा का विस्तार था जो स्पष्ट रूप से आईएलओ संविधान की प्रस्तावना (1919) में निर्धारित किया गया था।

कथन 2 सही है। 2003 के बाद, आईएलओ ने अनौपचारिक अर्थव्यवस्था में लोगों को विशेष रूप से सामाजिक सुरक्षा से संबंधित पहलों को पूरा करने के लिए एक समर्पित विभाग सामाजिक सुरक्षा विभाग स्थापित किया है जिसने स्वास्थ्य देखभाल प्रणाली और बुनियादी सार्वभौमिक नकद लाभ के कवरेज का विस्तार करने के लिए विभिन्न तरीकों और साधनों का पता लगाया है, उनका विश्लेषण किया है और आईएलओ ने "सामाजिक सुरक्षा और सभी के लिए कवरेज" पर एक वैश्विक अभियान शुरू किया।

कथन 3 गलत है। इसके अनुसार सामाजिक सुरक्षा को मानवाधिकारों की सार्वभौम घोषणा (यूएचडीआर), 1948 के तहत एक बुनियादी मानव अधिकार के रूप में घोषित किया गया था।

कथन 4 सही है। सामाजिक सुरक्षा उपायों के विस्तार का आईएलओ जनादेश 1944 में फिलाडेल्फिया की घोषणा में बहाल किया गया था ताकि इस तरह की सुरक्षा और व्यापक चिकित्सा देखभाल की आवश्यकता के लिए सभी जरुरतमंदों को एक बुनियादी आय प्रदान की जा सके।

अत: विकल्प (C) सही है।

77. अंतर्राष्ट्रीय मुद्रा कोष (IMF) 189 देशों का संगठन है जो वैश्विक मौद्रिक सहायता, सुरक्षित वित्तीय स्थिरता एवं अंतर्राष्ट्रीय व्यापार को बढ़ावा प्रदान करने के साथ ही रोज़गार के अवसरों में वृद्धि एवं सतत आर्थिक विकास को प्रोत्साहित करना जिससे विश्व में गरीबी को कम किया जा सके। अत: विकल्प (d) सही है।

- अंतर्राष्ट्रीय मुद्रा कोष की स्थापना वर्ष 1945 में हुई थी।
- IMF का प्राथमिक उद्देश्य अंतर्राष्ट्रीय मौद्रिक प्रणाली की स्थिरता सुनिश्चित करना है- विनिमय दरों और अंतर्राष्ट्रीय भुगतान की प्रणाली जो देशों (और उनके नागरिकों) को एक-दूसरे के साथ लेन-देन करने में सक्षम बनाती है।

अत: विकल्प (D) सही है।

78. यह महान और क्रिकेट में प्रसिद्ध व्यक्तित्व सचिन तेंदुलकर की आत्मकथा है। सचिन तेंदुलकर ने अच्छे 24 साल खेले और 2013 में संन्यास ले लिया। इस

किताब में सचिन 16 साल की उम्र में अपने पहले टेस्ट मैच से लेकर अपने 100वें अंतरराष्ट्रीय शतक और अंतिम विदाई तक के सफर के बारे में बताते हैं।

अतः विकल्प (B) सही है।

79. डाक्टर ज़ाकिर हुसैन (8 फरवरी, 1897 - 3 मई, 1969) स्वतंत्रता सेनानी एवं भारत के तीसरे राष्ट्रपति तथा प्रथम मुस्लिम राष्ट्रपति थे जिनका कार्यकाल 13 मई 1967 से 3 मई 1969 तक था।

अतः विकल्प (A) सही है।

80. The error is in part (C) of the sentence. The use of verb "purchased" and the word "yesterday" makes it clear that the given sentence is in past tense. Therefore, it is grammatically incorrect to use present verb "have given" in part (C) of the sentence. Thus, replace 'have given' with 'gave'.

Hence, the correct option is (C).

81. Since the introductory part is already there, Q will be the 1st statement as it furthers the statement in S1.

The next statement will be R as it takes us to another aspect of body movement mentioned as 'breathing'.

Now the statement R must be followed by P as it talks about the idea of catalyst needed for an activity.

And the concluding statement will be S.

So the correct order will be: Q-R-P-S.

Hence, the correct option is (C).

82. माना शुरुआती निवेश क्रमशः $x, 4x$ और $6x$ है।

हम जानते है:

जब सभी भागीदारों के निवेश एक ही समय के लिए होते हैं, तो लाभ या हानि भागीदारों के बीच उनके निवेश के अनुपात में वितरित की जाती है।

प्रश्न के अनुसार:

$$\Rightarrow A : B : C = (x \times 6 + 2x \times 6) :$$
$$\left(4x \times 6 + \left(\frac{4x}{2}\right) \times 6\right) : \left(6x \times 6 + \left(\frac{6x}{2}\right) 6\right)$$

$$\Rightarrow (6x + 12x) : (24x + 12x) : (36x + 18x)$$

$$\Rightarrow 18x : 36x : 54x = 1 : 2 : 3$$

अतः विकल्प (A) सही है।

83. माना वह भिन्न x है,

इसलिए प्रश्नानुसार,

$$\Rightarrow 57 + x = 1$$

$$\Rightarrow 1 - \frac{5}{7} = x$$

$$\therefore x = \frac{2}{7} = \frac{6}{21}$$

अतः विकल्प (A) सही है।

84. अमिताभ विजयवर्गीय (जन्म 13 नवंबर 1965) एक भारतीय क्रिकेटर हैं। उन्होंने 1986-87 से 1993-94 तक मध्य प्रदेश के लिए 38 प्रथम श्रेणी मैच खेले। बाद में वे इंदौर मंडल क्रिकेट संघ के सचिव बने।

अतः विकल्प (C) सही है।

85. 1987 क्रिकेट विश्व कप (प्रायोजन कारणों से रिलायंस कप 1987 के रूप में जाना जाता है) चौथा क्रिकेट विश्व कप था। यह 8 अक्टूबर से 8 नवंबर 1987 तक भारत और पाकिस्तान में आयोजित किया गया था - इंग्लैंड के बाहर आयोजित होने वाला पहला टूर्नामेंट था।

अतः विकल्प (A) सही है।

86. दिया हुआ,

एक खेत की कटाई करने के लिए 3 पुरुषों या 6 महिलाओं द्वारा लिए गए दिनों की संख्या = 40 दिन

जैसा कि हम जानते हैं,

दक्षता = कुल कार्य/लिया गया समय

यदि M_1 व्यक्ति D_1 दिन में एक कार्य कर सकते हैं और M_2 व्यक्ति D_2 दिनों में समान कार्य कर सकते हैं, तो $M_1 \times D_1 = M_2 \times D_2$

माना पुरुषों और महिलाओं को क्रमशः 'm' और 'w' के रूप में दर्शाया जाता है।

जैसा कि हम जानते हैं,

$M_1 \times D_1 = M_2 \times D_2$

$\Rightarrow (3m \times 40) = (6w \times 40)$

$\Rightarrow \left(\dfrac{m}{2}\right) = w \dots (1)$

प्रश्न के अनुसार,

$(3m \times 40) = (2m + 6w) \times D_2$

$\Rightarrow 120m = [2m + 3m] \times D_2$ [समीकरण (1) से]

$\Rightarrow 120m = (5m) \times D_2$

$\Rightarrow 24$ दिन $= D_2$

∴ एक खेत की कटाई करने के लिए 2 पुरुषों और 6 महिलाओं द्वारा लिया गया समय 24 दिन है।

अत: विकल्प (A) सही है।

87. दिया हुआ,

पुरुषों की संख्या = 50

आय अर्जित = 45,000 रुपये

दिनों की संख्या = 5

जैसा कि हम जानते हैं,

यदि 'M₁' व्यक्ति 'D₁' दिन काम करते हैं और 'आय₁' कमाते हैं और 'M₂' व्यक्ति 'D₂' दिन काम करते हैं और 'आय₂' कमाते हैं तो

$(M_1 \times D_1)/आय_1 = (M_2 \times D_2)/आय_2$

$M_1 = 50, D_1 = 5$ और आय$_1 = 45{,}000$ रुपये

$M_2 = 20, D_2 = 25$ और आय$_2 = x$ रुपये

$$\frac{(50 \times 5)}{45000} = \frac{(30 \times 25)}{x}$$

$$\Rightarrow x = \frac{(30 \times 25 \times 45000)}{(50 \times 5)}$$

$\Rightarrow x = 1{,}35{,}000$ रुपये

∴ 30 पुरुष 25 दिनों में 1,35,000 रुपये अर्जित करेंगे।

अत: विकल्प (A) सही है।

88. राजनीतिक विचार जो वर्ग या सामाजिक हितों को शामिल या स्पष्ट नहीं करते हैं, वे विचारधारा की विशेषता नहीं हैं।

- विचारधारा, एक सामाजिक आंदोलन, संस्थानों, वर्ग या बड़े समूह के विश्वासों और मूल्यों का एक समूह है जो बताता है कि समाज को कैसे काम करना चाहिए और एक निश्चित सामाजिक व्यवस्था के लिए कुछ राजनीतिक और सांस्कृतिक खाका पेश करता है।
- वर्षों में विकसित कुछ राजनीतिक विचारधाराएं हैं; अराजकतावाद, समुदायवाद, साम्यवाद, रूढ़िवाद, पर्यावरणवाद, फासीवाद, उदारवाद और आदि।

अत: विकल्प (D) सही है।

89. भारत के संविधान के अनुच्छेद 75(1) के अनुसार प्रधानमंत्री की नियुक्ति भारत के राष्ट्रपति द्वारा की जाएगी। वह राज्यों की परिषद के प्रमुख और लोकसभा में बहुमत दल के नेता हैं।

अत: विकल्प (C) सही है।

90. सीखने के दौरान, बच्चा स्वेच्छा से-अनिच्छा से या कुछ वैकल्पिक धारणाओं के कारण गलतियाँ करता है। एक शिक्षक का काम छात्रों को निदान के बाद उन गलतियों को सुधारने में मदद करना है। इस प्रकार अपनाई जाने वाली विधि को उपचारात्मक शिक्षण के रूप में जाना जाता है।

इसकी निम्नलिखित विशेषताएं हैं:

- इसका उपयोग गहन अभ्यास पुनरीक्षण, ड्रिल और समीक्षा की व्यवस्था करके भाषा कौशल में सुधार और समस्या स्थल पर ध्यान केंद्रित करने के लिए किया जा सकता है।
- किसी विशेष समस्या क्षेत्र को ठीक करने के लिए इसका उपयोग किया जा सकता है। उदाहरण के लिए, एक छात्र 'नहीं' और 'पता' के उच्चारण के बारे में भ्रमित है, उसे मूक अक्षरों की अवधारणा सिखाई जा सकती है।
- यह शिक्षकों को यह जानने में भी मदद करता है कि नियमित शिक्षण के दौरान कौन से क्षेत्र बचे हैं।
- यह छात्रों द्वारा सामना की जाने वाली समस्याओं (रोग) और चुनौतियों की पहचान के बाद किया जाता है।
- इस पद्धति को लागू करने के लिए एक शिक्षक को छात्रों की ताकत और कमजोरियों से अच्छी तरह वाकिफ होना चाहिए।
- यह एक व्यवस्थित प्रक्रिया है क्योंकि शिक्षक पहले छात्रों की समस्या का निदान करता है और फिर उपयुक्त उपचारात्मक) विधियों को लागू करता है।
- इस प्रकार, हम यह निष्कर्ष निकालते हैं कि उपचारात्मक शिक्षण में गहन अभ्यास की व्यवस्था करके परेशानी वाले स्थानों पर एकाग्रता सबसे अच्छी होती है।

अत: विकल्प (A) सही है।

91. A collection of historical documents or records providing information about a place, institution, or group of people is known as archives.

For Example - The film archive ensures that old movies are preserved for future generations.

Hence, the correct option is (D).

92. A person who abstains from all kinds of alcoholic drinks is known as a teetotaller.

For Example - He was a non-smoker and a teetotaller.

Hence, the correct option is (B).

93. 392 का अभाज्य गुणनखंड करने पर हम पाते है,

$$392 = 2 \times 2 \times 2 \times 7 \times 7$$

हम जानते हैं, एक पूर्ण घन में अभाज्य गुणनखंडों की घातों के रूप में 3 के गुणज होते हैं।

यहाँ, 2 की संख्या 3 है, और 7 की संख्या 2 है।

इसलिए हमें 392 को एक पूर्ण घन बनाने के लिए एक और 7 को गुणनखंड में गुणा करना होगा।

वह छोटी से छोटी संख्या जिससे 392 को गुणा करने पर एक पूर्ण घन प्राप्त होता है, 7 है।

अतः विकल्प (A) सही है।

94. दिया गया है,

छात्रों की संख्या = 7

विषयों की संख्या = 6

सभी सात छात्रों द्वारा भौतिकी में प्राप्त औसत अंक

$$= \frac{1}{7} \times [(90\% \times 120) + (80\% \times 120) + (70\% \times 120) + (80\% \times 120) + (85\% \times 120) + (65\% \times 120) + (50\% \times 120)]$$

$$= \frac{1}{7} \times [(90 + 80 + 70 + 80 + 85 + 65 + 50)\% \times 120]$$

$$= \frac{1}{7} \times [520\% \times 120]$$

$$= \frac{624}{7}$$

$$= 89.14$$

∴ सभी सात छात्रों द्वारा भौतिकी में प्राप्त औसत अंक 89.14 है।

अत: विकल्प (B) सही है।

95. दिया गया है,

छात्रों की संख्या = 7

विषयों की संख्या = 6

सजलो द्वारा प्राप्त कुल अंक

$$= (90\% \times 150) + (60\% \times 130) + (70\% \times 120) + (70\% \times 100) + (90\% \times 60) + (70\% \times 40)]$$

$$= [135 + 78 + 84 + 70 + 54 + 28]$$

$$= 449$$

∴ सजल द्वारा प्राप्त कुल अंक 449 है।

अत: विकल्प (D) सही है।

96. हम प्रत्येक विषय के संबंध में समग्र प्रतिशत (सभी सात छात्रों के लिए) ज्ञात करेंगे।

किसी भी विषय का कुल प्रतिशत सभी सात छात्रों द्वारा प्राप्त प्रतिशत के औसत के बराबर होता है क्योंकि किसी भी विषय के लिए अधिकतम अंक सभी छात्रों के लिए समान होते हैं।

इसलिए, इसके लिए कुल प्रतिशत:

(i) गणित

$= \left[\frac{1}{7} \times (90 + 100 + 90 + 80 + 80 + 70 + 65)\right]\%$

$= \left[\frac{1}{7} \times (575)\right]\%$

$= 82.14\%$

(ii) रसायन विज्ञान

$= \left[\frac{1}{7} \times (50 + 80 + 60 + 65 + 65 + 75 + 35)\right]\%$

$= \left[\frac{1}{7} \times (430)\right]\%$

$= 61.43\%$

(iii) भौतिक विज्ञान

$= \left[\frac{1}{7} \times (90 + 80 + 70 + 80 + 85 + 65 + 50)\right]\%$

$= \left[\frac{1}{7} \times (520)\right]\%$

$= 74.29$

(iv) भूगोल

$= \left[\frac{1}{7} \times (60 + 40 + 70 + 80 + 95 + 85 + 77)\right]\%$

$= \left[\frac{1}{7} \times (507)\right]\%$

$= 72.43\%$

(v) इतिहास

$= \frac{1}{7} \times (70 + 80 + 90 + 60 + 50 + 40 + 80)\ \%$

$= \left[\frac{1}{7} \times (470)\right]\%$

$= 67.14\%$

(vi) कंप्यूटर विज्ञान

$= \left[\frac{1}{7} \times (80 + 70 + 70 + 60 + 90 + 60 + 80)\right]\%$

$= \left[\frac{1}{7} \times (510)\right]\%$

$= 72.86\%$

गणित के प्रतिशत सबसे ज्यादा है।

अतः विकल्प (A) सही है।

97. दिया गया है,

एक संख्या और संख्या के 37.5% के बीच का अंतर 45 है।

मान लीजिए कि संख्या x है,

$x - 37.5\% \times x = 45$

$\Rightarrow x - \left(\frac{3}{8}\right) x = 45$

$\Rightarrow \frac{8x - 3x}{8} = 45$

$\Rightarrow \frac{5x}{8} = 45$

$\Rightarrow x = \frac{45 \times 8}{5}$

$\Rightarrow x = 72$

$\therefore$ संख्या 72 है।

अतः विकल्प (C) सही है।

98. दिया गया है,

$$9\frac{3}{4} \div \left[2\frac{1}{6} \div \left\{4\frac{1}{3} - \left(2\frac{1}{2} + \frac{3}{4}\right)\right\}\right]$$

BODMAS रूल का उपयोग करने पर हम पाते है,

$= \frac{39}{4} \div \left[\frac{13}{6} \div \left\{\frac{13}{3} - \left(\frac{5}{2} + \frac{3}{4}\right)\right\}\right]$

$= \frac{39}{4} \div \left[\frac{13}{6} \div \left\{\frac{13}{3} - \frac{13}{4}\right\}\right]$

$= \frac{39}{4} \div \left[\frac{13}{6} \div \frac{13}{12}\right]$

$= \frac{39}{4} \div \left[\frac{13}{6} \times \frac{12}{13}\right]$

$= \frac{39}{4} \div 2$

$= \frac{39}{8}$

अतः विकल्प (B) सही है।

99. दिया गया है,

A, B, C व्यवसाय में नियोजित की गयी कुल राशि= 50000 रूपए

A, B से 4000 रूपए अधिक नियोजित करता है

B, C से 5000 रूपए अधिक नियोजित करता है

कुल लाभ = 35000 रूपए

माना, C द्वार व्यवसाय में नियोजित राशि $= x$ है

तब B द्वारा व्यवसाय नियोजित राशि $= x + 5000$

A द्वारा व्यवसाय नियोजित राशि $= x + 5000 + 4000$

$= x + 9000$

तो, प्रश्न के अनुसार,

$x + x + 5000 + x + 9000 = 50000$

$\Rightarrow 3x + 14000 = 50000$

$\Rightarrow 3x = 50000 - 14000$

$\Rightarrow 3x = 36000$

$\Rightarrow x = \dfrac{36000}{3}$

$\Rightarrow x = 12000$

इसलिए,

A द्वारा व्यवसाय नियोजित राशि $= 12000 + 5000 + 4000$

$= 21000$

B द्वारा व्यवसाय नियोजित राशि $= 12000 + 5000$

$= 17000$

C द्वारा व्यवसाय नियोजित राशि $= 12000$

$A : B : C = 21000 : 17000 : 12000$

$= 21 : 17 : 12$

$\therefore$ A का लाभ $= \left(35000 \times \dfrac{21}{50}\right)$

$= 14,700$ रूपए

अतः विकल्प (D) सही है।

100. दिया गया है,

मूल धन $(P) = 24,000$ रुपए

दर $(R) = 8\dfrac{1}{2}\%$

समय $(T) = 8$ महीने $= \dfrac{8}{12}$

साधारण ब्याज $(SI) = \dfrac{P \times R \times T}{100}$

$\Rightarrow SI = \dfrac{24000 \times \frac{17}{2} \times \frac{8}{12}}{100}$

$\Rightarrow SI = \dfrac{24000 \times 17 \times 8}{100 \times 2 \times 12}$

$\Rightarrow SI = 1360$

$\therefore$ साधारण ब्याज 1360 रुपए

अतः विकल्प (D) सही है।

Q.1 निम्नलिखित में से किस राष्ट्रीय उद्यान में आठ अफ्रीकी चीतों को स्थानांतरित किया गया है?

[Delhi Forest Guard, 2020]

A. कुनो पालपुर नेशनल पार्क
B. जिम कॉर्बेट नेशनल पार्क
C. रणथंभौर नेशनल पार्क
D. काजीरंगा नेशनल पार्क

Q.2 अगस्त 2022 में किस देश ने रूसी राज्य द्वारा संचालित परमाणु ऊर्जा कंपनी 'एएसई' के साथ 2.25 बिलियन डॉलर का समझौता किया है?

[RBI Assistant, 2020], [UPSSSC Rajasva Lekhpal, 2015]

A. भारत
B. चीन
C. जापान
D. दक्षिण कोरिया

Q.3 विश्व बैंक ने सिस्टम्स रिफॉर्म एंडेवर्स फॉर ट्रांसफॉर्म्ड हेल्थ अचीवमेंट को लागू करने के लिए किस राज्य को 350 मिलियन अमरीकी डालर की मंजूरी दी है?

A. गुजरात
B. महाराष्ट्र
C. राजस्थान
D. उत्तर प्रदेश

Q.4 किस बैंक ने कर संग्रह के लिए केंद्रीय प्रत्यक्ष कर बोर्ड (CBDT) और केंद्रीय अप्रत्यक्ष कर और सीमा शुल्क बोर्ड (CBIC) के साथ एक समझौता ज्ञापन पर हस्ताक्षर किए हैं?

A. कोटक महिंद्रा बैंक
B. धनलक्ष्मी बैंक
C. फेडरल बैंक
D. डीसीबी बैंक

Q.5 इसरो के पहले अध्यक्ष कौन थे?

A. उडुपी रामचंद्र राव
B. सतीश धवन
C. विक्रम साराभाई
D. एम. जी. के. मेनन

Q.6 एक वस्तु का अंकित मूल्य रु. 800 है। एक वस्तु की खरीद पर 15% और 4 वस्तुओं की खरीद पर 38% की छूट मिलती है। राजश्री 5 वस्तुएं खरीदती है, तो उसको कितने की प्रभावी छूट मिलेगी?

A. 33.4%
B. 16%
C. 9%
D. 17.5%

Q.7 अंतर्राष्ट्रीय बाल अपहरण के नागरिक पहलुओं पर हेग अधिवेशन के बारे में निम्नलिखित कथनों पर विचार कीजिए:

1. अधिवेशन में माता-पिता द्वारा अपहृत या विदेशों में बनाए गए बच्चों को उनके देश के अभ्यस्त निवास में वापस लौटना चाहता है।
2. अधिवेशन बच्चे पर लागू होता है, 18 साल की उम्र तक।
3. संयुक्त राष्ट्र के सभी सदस्य हेग अधिवेशन की पार्टी हैं ।

ऊपर दिए गए कथनों में से कौन सा / कौन से सही है / हैं?

A. केवल 1 और 2
B. 1, 2 और 3
C. केवल 1
D. केवल 2 और 3

Q.8 विश्व व्यापार संगठन के संबंध में निम्नलिखित कथनों पर विचार कीजिए।

1. विश्व व्यापार संगठन एक अंतरराष्ट्रीय संस्था है जो राष्ट्रों के बीच व्यापार के नियमों से संबंधित है।
2. विश्व व्यापार संगठन (WTO) ने इटली की पूर्व वित्त मंत्री नगोजी ओकोन्जो-इवेला को अपनी पहली महिला नेता के रूप में चुना है।

ऊपर दिए गए कथनों में से कौन सा सही है / हैं?

A. केवल 1
B. केवल 2
C. 1 और 2 दोनों
D. न तो 1 और न ही 2

Ques (9-10):Direction: In the following question, a sentence has been given in Active/Passive Voice. Out of the four alternatives suggested, select the one which best expresses the same sentence in Passive/Active Voice.

Q.9 Mohini has written a letter to her father.
A. A letter was written to her father by Mohini.
B. A letter has been written to her father by Mohini.
C. A letter was been being written by Mohini to her father.
D. A letter was written by Mohini to her father.

Q.10 The enemies have destroyed the 'Ajooba' town.
A. The 'Ajooba' town was destroyed by the enemies.
B. The 'Ajooba' town had been destroyed by the enemies.
C. The 'Ajooba' town have been destroyed by the enemies.
D. The 'Ajooba' town has been destroyed by the enemies.

Q.11 जीन क्लोनिंग में निम्नलिखित में से किसका उपयोग किया जाता है?
A. न्युक्लिोइड
B. लोमसोम्स
C. मेसोसोम्स
D. प्लास्मिड

Q.12 पारिस्थितिकी से संबंधित है-
A. कोशिका संरचना
B. शरीर की संरचना और वातावरण
C. रेशा
D. पक्षी

Q.13 यदि A, B और C किसी दिए गए समुच्चय के उपसमुच्चय हैं, तो निम्नलिखित में से कौनसा संबंध सही नहीं है?

[UPSC NDA, 2019]

A. $A \cup (A \cap B) = A \cup B$
B. $A \cap (A \cup B) = A$
C. $(A \cap B) \cup C = (A \cup C) \cap (B \cup C)$
D. $(A \cup B) \cap C = (A \cap C) \cup (B \cap C)$

Q.14 यदि किसी श्रेणी के प्रथम n पदों का योगफल (n + 12) है, तो इसका तीसरा पद क्या है?

[UPSC NDA, 2019]

A. 1
B. 2
C. 3
D. 4

Q.15 निम्न में से किसे आम तौर पर 'फ्यूहर' के नाम से भी जाना जाता है?

[NCHM JEE (Hotel Mgmt & Catering), 2019]

A. एडॉल्फ हिटलर
B. नेपोलियन बोनापार्ट
C. विलियम शेक्सपियर
D. महात्मा गांधी

Q.16 प्रसिद्ध भौतिक विज्ञानी "स्टीफन विलियम हॉकिंग" का जन्म किस देश में हुआ था?

[NCHM JEE (Hotel Mgmt & Catering), 2019]

A. इंग्लैंड
B. जापान
C. अमेरिका
D. रूस

Ques (17-18):Direction: Fill in the blank with the appropriate option given below.

Q.17 Democracy in any country demands discipline and __________to the rules.

A. follow
B. adherence
C. agreement
D. obligation

Q.18 Columbus ___________ America.

[NCHM JEE (Hotel Mgmt & Catering), 2019]

A. Invented
B. Discovered
C. Created
D. Found

Q.19 यदि $\dfrac{9^n \times 3^5 \times (27)^3}{3} \times (81)^4 = 27,$ तो n का मान है:

A. 0 **B.** 2 **C.** 3 **D.** 4

Q.20 6 सेमी × 12 सेमी × 15 सेमी के एक घनाभीय टुकड़े को बराबर घनों की सटीक संख्या में काटा जाता है। घनों की संभावित संख्या होगी:

A. 11 **B.** 40 **C.** 6 **D.** 33

Q.21 एक अर्धगोले का आयतन 18π घन सेमी है। अर्धगोले का कुल क्षेत्रफल है:

A. 21π वर्ग सेमी
B. 18π वर्ग सेमी
C. 27π वर्ग सेमी
D. 24π वर्ग सेमी

Q.22 16 सेमी ऊँचाई की एक बाल्टी के सिरों पर त्रिज्याएँ 20 सेमी और 8 सेमी हैं। बाल्टी का बाह्य वक्र पृष्ठीय क्षेत्रफल ज्ञात कीजिए।

A. 880 वर्ग सेमी
B. 3120 वर्ग सेमी
C. 1760 वर्ग सेमी
D. 2400 वर्ग सेमी

Q.23 $\sqrt{\dfrac{(0.1)^2 + (0.01)^2 + (0.009)^2}{(0.01)^2 + (0.001)^2 + (0.0009)^2}}$ का मान है:

A. 10^2 **B.** 10 **C.** 0.1 **D.** 0.001

Q.24 Direction: Rearrange the following sentences (P), (Q), and (R) to make a meaningful paragraph and answer the questions that follow.

He spent a third

P. was of any consequence

Q. made sure that none of them

R. of the time describing his tax proposals, but

A. QRP **B.** QPR **C.** PRQ **D.** RQP

Q.25 'कलारिपयट्टू' से आप क्या समझते हैं?
A. शैव धर्म का एक प्राचीन भक्ति पंथ
B. नृत्य या नाटक का एक प्राचीन रूप
C. एक प्राचीन मार्शल आर्ट
D. कांस्य और तांबे से बना एक प्राचीन सिक्का

Q.26 समचतुर्भुज का क्षेत्रफल 240 सेमी ^{2} है और यदि एक विकर्ण की लम्बाई 24 सेमी है, तो उस वर्ग का क्षेत्रफल ज्ञात कीजिए जिसकी भुजा समचतुर्भुज की भुजा का $\left(\dfrac{1}{\sqrt{61}}\right)$ गुना है।

A. 4 सेमी ^{2} **B.** 6 सेमी ^{2} **C.** 8 सेमी ^{2} **D.** 10 सेमी ^{2}

Q.27 एक समबाहु त्रिभुजाकार पार्क का क्षेत्रफल, 18 मी, 80 मी और 82 मी भुजाओं वाले त्रिभुजाकार मैदान के क्षेत्रफल के $5\sqrt{3}$ गुने के बराबर है। त्रिभुजाकार पार्क की भुजा क्या है?

A. 125 मी **B.** 120 मी **C.** 140 मी **D.** 100 मी

Q.28 कौन सा विकल्प सही है:
$(3x + 2)^3 - (2x^2 + 3)$

A. $27x^3 + 52x^2 + 36x + 5$
B. $27x^3 - 52x^2 + 36x - 5$
C. $2x^3 - 52x^2 + 63x - 5$
D. $7x^3 + 28x^2 - 36x - 5$

Q.29 निम्नलिखित में से किसने हाल ही में 'द मिनिस्ट्री ऑफ अटमोस्ट हैप्पीनेस' नामक पुस्तक लिखी है?

[KVS Trained Graduate Teacher, 2017]

A. सीएम पोखरियाली
B. अरुंधति रॉय
C. डेविड ग्रॉसमैन
D. माइकल क्लार्क

Q.30 इस वर्ष निम्नलिखित में से किस दिन को 'विश्व प्रकृति संरक्षण दिवस' के रूप में मनाया गया?

[KVS Trained Graduate Teacher, 2017]

A. 15 अगस्त **B.** 28 जुलाई **C.** 27 जून **D.** 25 मार्च

Q.31 2017 में निम्नलिखित में से किस दिन को अंतर्राष्ट्रीय साक्षरता दिवस के रूप में मनाया गया?

[KVS Trained Graduate Teacher, 2017]

A. अगस्त, 15
B. जनवरी, 26
C. सितंबर, 8
D. अप्रैल, 2

Q.32 बाउंड्री के हिसाब से दुनिया का सबसे छोटा क्रिकेट स्टेडियम है?
A. कैरिसब्रुक स्टेडियम
B. फ़िरोज़ शाह कोटला
C. मेलबर्न क्रिकेट ग्राउंड
D. सिडनी क्रिकेट स्टेडियम

Q.33 क्रिप्स मिशन प्रस्ताव, 1941 के संदर्भ में, निम्नलिखित कथनों पर विचार कीजिए:
1. इसने मुस्लिम लीग द्वारा पृथक पाकिस्तान की मांग को पूर्णतया अस्वीकार कर दिया।
2. इसने द्वितीय विश्व युद्ध के पश्चात् संविधान निर्माण करने वाले निकाय की स्थापना को प्रस्तावित किया।
उपर्युक्त कथनों में से कौन-सा/से सही है/हैं?
A. केवल 1
B. केवल 2
C. दोनों 1 और 2
D. न तो 1 न ही 2

Q.34 नौसेना के निम्नलिखित जहाजों में से विमान वाहक की पहचान कीजिए?
A. आई. एन. एस. विराट
B. आई. एन. एस. तलवार
C. आई. एन. एस. राजपूत
D. आई. एन. एस. मैसूर

Q.35 वायुयान का अविष्कार किसने किया था?
A. ऑरविल राइट एंड विल्बर राइट
B. सर फ्रैंक हिटले
C. माइकल फैराडे
D. क्रिश्चियन हयूजेनस

Q.36 Direction: In the following question, some part of the sentence may have errors. Find out which part of the sentence has an error and select the appropriate option. If the sentence is free from error, select 'No error'.

The teacher taught (A)/ to the students (B)/ like his own children. (C)/ No error (D)

A. A **B.** B **C.** C **D.** D

Q.37 सूची- II (जिलों) के साथ सूची- I (मंदिर) को सुमेलित कीजिए और सूचियों के नीचे दिए गए कूट का उपयोग करके सही उत्तर का चयन कीजिए:

सूची I	सूची II
A. भर्तृहरि	1. पुष्कर
B. करणी माता	2. टोंक
C. अटमेश्वर	3. बीकानेर
D. बिसलदेव	4. अलवर

A. A-2, B-3, C-1, D-4   **B.** A-4, B-3, C-1, D-2
C. A-3, B-1, C-4, D-2   **D.** A-1, B-2, C-3, D-4

Ques (38-42):Direction: Kindly read the passage carefully and answer the question that follows.

India has a major child malnutrition problem. The Rapid Survey on Children (2012-13) found that about 4 in 10 children are stunted. On average, children who are stunted do less well in school, earn less, and die sooner than children who are not. There are many causes of child stunting. Addressing poverty and improving education would help, but development is not the only factor. Research shows that poor sanitation spreads diseases that sap children's energy and stunts their growth. Also, the health of a child's mother matters critically for whether or not the child is stunted.

The first two years of life are the most important time for a child's physical and cognitive growth. During this time, she depends heavily on her mother for nutrition. As a growing foetus, she gets all her food from her mother's bloodstream, and after birth, is ideally breastfed for at least six months. Unfortunately, research shows that many Indian women start pregnancy underweight and gain little weight during pregnancy. This leads to low birth weight babies, high rates of neonatal mortality, and less successful breastfeeding. Women's undernourishment contributes substantially to India's unacceptably high rates of child stunting.

Why are Indian women so malnourished? Here, too, poverty and sanitation play a role. But a recent survey that I conducted with a team of economics and sociology researchers suggests that widespread discrimination against women in their own homes likely plays an important role too. Social Attitudes Research for India (SARI) is a new phone survey that seeks to interview representative samples of 18-65-year-olds. Recently, we interviewed 1,270 adults in Delhi and 1,470 adults in Uttar Pradesh. One of the things SARI measures is discrimination against women.

In India, girls are less likely to survive infancy than boys, and if they do, parents invest less in their education. Women are far less likely to work outside the home and have their own bank accounts than men. Many report little decision-making power over their own lives. One aspect of discrimination against women that matters for health is whether women eat less or worse quality food than men. In order to measure discrimination in women's food intake, SARI used a question that was previously tested and used by the India Human Development Survey (2011): "When your family eats lunch or dinner, do the women usually eat with the men? Or do the women usually eat first? Or do the men usually eat first?" Answers to these questions have implications for nutrition because in households with a limited food budget, or where there is no refrigerator to store leftover food, the person who eats last very often gets less or lower quality food than people who eat before her.

The IHDS 2011 survey interviewed married women aged 15-49 and found that one in five women in Delhi and half of the women in Uttar Pradesh said they ate after men did. When we decided to include the same question in the SARI survey five years later, we found even higher numbers. One in three adults in Delhi, and six in ten adults in U.P. said they lived in households where men eat first. Why are these numbers even higher than what the IHDS found in 2011?

Part of the reason is that SARI and the IHDS asked different people. The IHDS asked only women, while SARI asked both women and men. In U.P. (but not in Delhi) men were significantly more likely to say that they eat first. We do not know why men in U.P. reported more often than women that women eat last. Studies of discrimination in other contexts suggest that where discrimination is severe, it is often easier to get people to admit to engaging in acts of discrimination than to experiencing it.

Nor do we know for sure why even among women, the SARI figures are higher than the IHDS figures. It may have to do with how respondents react to a phone survey versus a face-to-face survey. The women surveyors who conducted IHDS interviews may have been seen by respondents as progressive women having jobs and moving around without their family members. For a respondent in a conservative household, it may be easier to admit discrimination to a stranger on the phone than to a progressive woman sitting in front of her.

No matter what the exact figures, it is clear that the practice of making women eat last is widespread in Delhi and U.P., and that it has important implications for a child's health. What is unclear is how to address the problem.

Q.38 Which one of these words is similar to the word 'cognitive' in the given passage?

A. Impudent   **B.** Mental
C. Overall   **D.** Raid

Q.39 Which of the following words is the antonym of the word 'stunted' in the passage?

A. Impeded   **B.** Encouraged
C. Improvised   **D.** Deluded

Q.40 Which one of these words is similar to the word 'implication' in the given passage?

A. Intangibility   **B.** Influence
C. Inference   **D.** Reason

Q.41 Which of the following assumptions is implicit in the context of the passage?

I. Survey results regarding an issue may or may not depict a clear picture of the problem.

II. Sampling is crucial while conducting a research.

III. Results of two different researches on the same topic will always vary.

A. Only I   **B.** Only II   **C.** I and III   **D.** I and II

Q.42 Which of the following can be inferred from the passage?

A. Child malnutrition problem in India is more intense issue to be tackled than women empowerment.

B. A mother's undernourishment leads to child's malnutrition.

C. Male population in South India is more caring towards their women than that of North India.

D. All of the above

Q.43 'सिक्योर एप्लीकेशन फॉर इंटरनेट' (SAI) नाम का मैसेजिंग एप्लीकेशन किस भारतीय सशस्त्र बल द्वारा विकसित किया गया है?

A. भारतीय नौसेना **B.** भारतीय तटरक्षक बल
C. भारतीय सेना **D.** भारतीय सेना

Q.44 क्वांटम सिद्धांत किसके द्वारा पहली बार वर्ष 1900 में प्रस्तावित किया गया था?

A. अल्बर्ट आइंस्टीन **B.** मैक्स प्लैंक
C. सी वी रमन **D.** लुइस डे ब्रोगली

Q.45 निम्न में से कौन पूर्ण वर्ग नहीं है?

[RRB/RRC Group D, 2018]

A. 1250 **B.** 16641 **C.** 2025 **D.** 9801

Q.46 512 के कितने गुणनखंड पूर्ण वर्ग होंगे?

[RRB/RRC Group D, 2018]

A. 3 **B.** 5 **C.** 6 **D.** 4

Q.47 लैटेराइट मिट्टी किस में समृद्ध है?

A. फास्फोरस **B.** कैल्शियम कार्बोनेट
C. पोटैशियम **D.** आयरन ऑक्साइड

Q.48 स्थलाकृतिक मानचित्र वे हैं:

A. किसी क्षेत्र के वास्तविक सर्वेक्षण के आधार पर तैयार किया गया।
B. कैडस्ट्राल मैप्स की तुलना में बड़े पैमाने पर नक्शा।
C. ज्यादातर मछुआरों द्वारा उपयोग किया जाता है।
D. आपदा और खतरनाक घटनाओं को दर्शाता है।

Q.49 रिंग ऑफ फायर के संबंध में निम्नलिखित कथनों पर विचार करें।
1. यह अटलांटिक महासागर के किनारे स्थित है।
2. यह सक्रिय ज्वालामुखियों और लगातार भूकंपों की विशेषता है।
ऊपर दिए गए कथनों में से कौन सा सही नहीं है / हैं?

A. केवल 1 **B.** केवल 2
C. 1 ओर 2 दोनों **D.** न तो 1 और न ही 2

Q.50 c का वह मान ज्ञात करें जिसके लिए चार अंकों की संख्या $51c3$ से पूर्णतया विभाजित होगी?

A. 2 या 3 **B.** 0 या 9 **C.** 0 या 3 **D.** 3 या 9

Ques (51-52):Direction: In the following question, four alternatives are given for the idiom/phrase. Choose the alternative which best expresses the meaning of the idiom/phrase.

Q.51 Die-hard

A. Unwilling to change **B.** Ready to change
C. Egoist **D.** Arrogant

Q.52 To pull one's socks up

A. To Postpone **B.** To get ready
C. To try hard **D.** To depart

Q.53 यदि दो संख्याओं का अनुपात $4:9$ के अनुपात में है और उनका लघुत्तम 720 है, तो दोनों संख्याओं का योग ज्ञात कीजिए?

A. 260 **B.** 240 **C.** 180 **D.** 390

Q.54 Select the most appropriate synonym of the given word

Accorded

A. Solitary **B.** Aloof **C.** Give **D.** Crowded

Q.55 Select the most appropriate synonym of the given word: Assertions

A. Grow **B.** Reproduce
C. Breed **D.** Declaration

Q.56 किस वर्ष में, राज्यों की परिषद और लोक सभा के लिए क्रमशः हिंदी नाम 'राज्य सभा' और 'लोक सभा' को अपनाया गया था?

A. 1950 **B.** 1947 **C.** 1954 **D.** 1962

Q.57 प्राक्कलन समिति के अध्यक्ष की नियुक्ति कौन करता है ?

A. राष्ट्रपति **B.** प्रधानमंत्री
C. लोकसभा अध्यक्ष **D.** लोकसभा के सभापति

Q.58 चांदी का घनत्व 10.8×10^3 किग्रा मी $^{-3}$ है, पानी का घनत्व 10^3 किग्रा मी $^{-3}$ है। Ag का आपेक्षिक घनत्व क्या है?

[RRB/RRC Group D, 2018]

A. 0.108 **B.** 1.08 **C.** 0.0108 **D.** 10.8

Q.59 अमोनियम फॉस्फेट का रासायनिक सूत्र .... है।

[RRB/RRC Group D, 2018]

A. $(NH_4)_3PO_4$ **B.** $(NH_4)_2PO_4$
C. $(NH_4)_2PO_2$ **D.** NH_4PO_4

Q.60 500 से छोटी ऐसी कितनी प्राकृतिक संख्याएँ हैं, जिसे 35 और 49 से विभाजित करने पर प्रत्येक स्थिति में शेषफल 30 बचेगा?

[RRB/RRC Group D, 2018]

A. 4 **B.** 3 **C.** 1 **D.** 2

Q.61 X, 100 प्रश्नों के उत्तर देता है और 340 अंक प्राप्त करता है। यदि प्रत्येक सही उत्तर के लिए 4 अंक है और गलत उत्तर के लिए एक ऋणात्मक अंक है तो श्री X द्वारा गलत उत्तर दिए गए प्रश्नों की संख्या क्या है?

[RRB/RRC Group D, 2018]

A. 14 **B.** 15 **C.** 12 **D.** 13

Q.62 एक कुर्सी और एक मेज का कुल मूल्य 600 रुपए है। एक कुर्सी और एक मेज का मूल्य का अनुपात $7:5$ है। तो कुर्सी का मूल्य बताओ।

A. 400 रुपए **B.** 350 रुपए **C.** 250 रुपए **D.** 450 रुपए

Q.63 256 छात्रों की रैली में, लड़के और लड़कियों का अनुपात $9:7$ है। लड़कियों की संख्या ज्ञात कीजिए।

A. 120 **B.** 114 **C.** 112 **D.** 115

Q.64 एक व्यक्ति 30,000 रुपये का 10 प्रतिशत प्रति वर्ष SI के हिसाब से सावधि जमा (एफडी) मे निवेश करता है लेकिन कुछ समस्या के कारण, उसे 3 वर्ष के बाद पूरे पैसे वापस लेने पडे, जिसके लिए बैंक ने उसे ब्याज की कम दर की अनुमति दी। यदि उसे 5 वर्ष बाद मिलने वाली राशि से 7800 रुपये कम मिलते हैं तो बैंक द्वारा निवेश के बदले कितना फायेदा मिला?

A. 2% **B.** 5% **C.** 4% **D.** 8%

Q.65 1000 रुपये की धनराशि में 7 वर्षों में चक्रवृद्धि ब्याज पर खुद की 100% वृद्धि होती है। वह समय-अवधि क्या होगी जब धनराशि में चक्रवृद्धि ब्याज की समान दर पर मूलधन की 700% वृद्धि होगी?

A. 14 वर्ष **B.** 21 वर्ष **C.** 28 वर्ष **D.** 35 वर्ष

Q.66 160 रुपये में 90 चॉकलेट बेचकर, एक चॉकलेट व्यापारी को 20% की हानि होती है। 20% का लाभ कमाने के लिए उसे 96 रुपये में कितनी चॉकलेट बेचनी चाहिए?

A. 45   **B.** 36   **C.** 54   **D.** 28

Q.67 यदि 15 संतरों का क्रय मूल्य, 20 संतरों के विक्रय मूल्य के बराबर है, तो हानि प्रतिशत क्या है?

A. 25%   **B.** 30%   **C.** 75%   **D.** 40%

Q.68 'राजतरंगिणी' की रचना निम्न ने की थी:

[DSSSB TGT Social Science, 2014]

A. कल्हन   **B.** महेंद्रवर्मन।
C. परमेश्वरवर्मन   **D.** बिलहन

Q.69 निम्नलिखित में से किस योजना के तहत, राजस्थान सरकार अखिल भारतीय सिविल सेवा परीक्षा और राज्य सिविल सेवा परीक्षा पास करने वाले SC/ST उम्मीदवारों को वित्तीय प्रोत्साहन प्रदान करती है?

A. पालनहार योजना   **B.** स्वयं सिद्ध योजना
C. स्वयं योजना   **D.** अनुप्रति योजना

Q.70 दी गई आकृति में ∠A, ∠B, ∠C, ∠D, ∠E और ∠F के कोण के माप का योग क्या है?

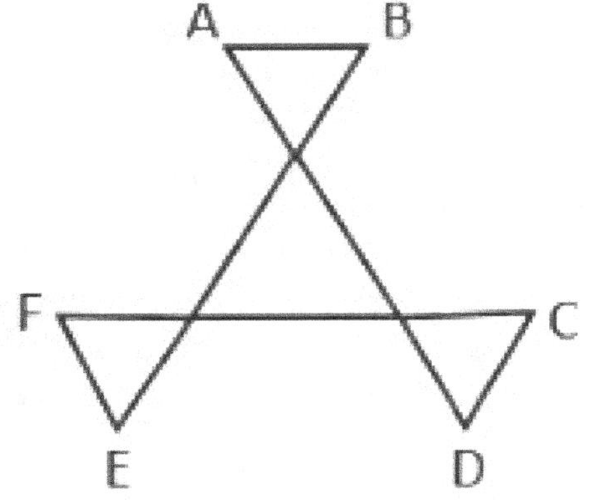

A. 180°   **B.** 360°   **C.** 540°   **D.** 720°

Q.71 P और Q ने एक व्यवसाय में निवेश किया। अर्जित लाभ को 2 : 3 के अनुपात में विभाजित किया गया था। यदि P ने 40000 रुपये का निवेश किया, तो Q द्वारा निवेश की गई राशि है:

A. रु. 40000   **B.** रु. 50000   **C.** रु. 60000   **D.** रु. 70000

Q.72 8, 12, 13, 15, 22 का मानक विचलन ज्ञात कीजिए।

A. 3.54   **B.** 3.7   **C.** 4.21   **D.** 4.6

Q.73 5 मानों वाले एक समूह 3, 5, 7, 9, 11 में मानक विचलन σ है। तो 5 मान 5, 7, 9, 11, 13 का मानक विचलन क्या है?

A. σ   **B.** σ + 2   **C.** σ - 2   **D.** 2σ

Q.74 वाहन स्क्रैप नीति के संदर्भ में निम्नलिखित कथनों पर विचार करें:
1. 20 वर्ष से अधिक पुराने वाहनों और 15 वर्ष से अधिक पुराने व्यावसायिक वाहनों को सरकार द्वारा पंजीकृत 'स्वचालित स्वास्थ्य सेवा' में फिटनेस परीक्षण से गुजरना होगा।
2. वे वाहन जो परीक्षण पास करने में विफल रहते हैं, उन्हें 'एंड-ऑफ-लाइफ वाहन' घोषित किया जाएगा।
3. वाहन मालिक को 'स्क्रेपेज प्रमाणपत्र' प्राप्त करने के बाद किसी भी प्रकार का लाभ नहीं मिलेगा।
ऊपर दिए गए कथनों में से कौन सा सही है/हैं?

A. केवल 1 और 2   **B.** केवल 2 और 3

C. केवल 1 और 3   **D.** 1, 2 और 3

Q.75 राष्ट्रीय हाइड्रोजन ऊर्जा मिशन के उद्देश्य क्या हैं?
1. हरित ऊर्जा संसाधनों से हाइड्रोजन उत्पन्न करना।
2. हाइड्रोजन अर्थव्यवस्था के साथ भारत की बढ़ती अक्षय क्षमता को जोड़ने के लिए।
3. जीवाश्म ईंधन पर आयात निर्भरता को कम करने के लिए।
सही कूट का चयन करें।

A. केवल 1   **B.** 2 और 3
C. 1 और 3   **D.** 1, 2 और 3

Q.76 तीन ठोस गोले क्रमशः 3 सेमी, 4 सेमी और 5 सेमी त्रिज्या के पिघलाए जाते हैं और एक बड़े ठोस गोले के रूप में बनाए जाते हैं। गोले की त्रिज्या है:

A. 12   **B.** 10   **C.** 6   **D.** 4

Ques (77-78):Direction: Rearrange the following six sentences, (A), (B), (C), (D), (E) and (F), in a proper sequence to form a meaningful paragraph, then answer the questions that follow.

(A) While these disadvantages of biofuels are serious, there are numerous advantages as they are the only alternative energy source of future and the sooner we find solutions to these problems, the faster we will be able to solve the problems we are now facing with gasoline.

(B) This fuel can also help to stimulate jobs locally since they are also much safer to handle than gasoline and can thus have the potential to turnaround a global economy.

(C) These include dependence on fossil fuels for the machinery required to produce biofuel which ends up polluting as much as the burning of fossil fuels on roads and the exorbitant cost of biofuels which makes it very difficult for the common man to switch to this option.

(D) This turnaround can potentially help to bring world peace and end the need to depend on foreign countries for energy requirements.

(E) Biofuels are made from plant sources and since these sources are available in abundance and can be reproduced on a massive scale, they form an energy source that is potentially unlimited.

(F) However, everything is not as green with the biofuels as it seems as there are numerous disadvantages involved which at times overshadow their positive impact.

Q.77 Which of the following sentence should be the SECOND after rearrangement?

A. (A)   **B.** (B)   **C.** (D)   **D.** (F)

Q.78 Which of the following sentence should be the FIRST after rearrangement?

A. (A)   **B.** (B)   **C.** (C)   **D.** (E)

Q.79 निम्नलिखित बैडमिंटन खिलाड़ियों में से कौन सुन नहीं सकता है?

A. ज्वाला गट्टा   **B.** अमी घिया
C. पुलेला गोपीचंद   **D.** राजीव बग्गा

Q.80 किस खेल से शेखोम मीराबाई चानू सम्बन्धित है?

A. तैराकी   **B.** मुक्केबाजी
C. भारोत्तोलन   **D.** जिम्नास्टिक

Q.81 सामाजिक मानदंड संदर्भित करते हैं:

A. सही प्रकार का व्यवहार

B. एक समाज में सबसे अधिक बार देखा जाने वाला व्यवहार

C. वे मानक या नियम जो उचित और अनुचित व्यवहार को निर्दिष्ट करते हैं

D. सभी प्रकार के व्यवहार

Q.82 दास प्रणाली का आधार है:

A. राजनीतिक   B. आर्थिक

C. रीति   D. सामाजिक आवश्यकता

Q.83 गणेश और भीम 6 दिनों में एक काम पूरा कर सकते हैं। यदि गणेश अकेले इसे 10 दिनों में पूरा कर सकते हैं, तो भीम कितने दिनों में काम पूरा कर सकता है?

A. 18   B. 14   C. 12   D. 15

Q.84 A अकेले एक काम को 12 दिनों में पूरा कर सकता है और B अकेले समान काम को 15 दिनों में पूरा कर सकता है। यदि दोनों साथ में काम पूरा करते हैं और 3600 रुपये प्राप्त करते हैं। A का हिस्सा ज्ञात कीजिये।

A. 1200 रुपये   B. 3000 रुपये

C. 1500 रुपये   D. 2000 रुपये

Q.85 दक्षिण कोरिया की राष्ट्रीय मुद्रा क्या है?

A. रियाल   B. पौंड   C. क्रोन   D. वॉन

Q.86 सबरीमाला मंदिर स्थित है:

A. केरल   B. कर्नाटक   C. तमिलनाडु   D. उड़ीसा

Q.87 प्रतिवर्ष आयोजित होने वाले "चैत्र जात्रा उत्सव" का संबंध किस राज्य से है?

A. छत्तीसगढ़   B. आंध्र प्रदेश   C. कर्नाटक   D. उड़ीसा

Q.88 छात्रों को अच्छे भाषण के लिए प्रशिक्षित करने के लिए किस रणनीति का उपयोग किया जा सकता है?

A. सही उच्चारण का प्रदर्शन

B. जीभ और होठों की सही स्थिति सुनिश्चित करने के लिए सामूहिक अभ्यास करें

C. A और B दोनों

D. नेत्र गति के लिए उचित प्रशिक्षण

Q.89 एक शहर में 40% पुरुष और 35% महिलाएं हैं। कस्बे के सभी बच्चों में से 40% लड़कियां हैं। यदि लड़कियों की कुल संख्या 1200 है तो कुल जनसंख्या कितनी है?

A. 15500   B. 14000   C. 12000   D. 11500

Q.90 जब किसी वस्तु का मूल्य 20% से कम हुआ तो इसकी बिक्री में 80% की वृद्धि हुई। बिक्री पर कुल क्या प्रभाव रहा ?

A. 44% वृद्धि   B. 44% कमी   C. 66% वृद्धि   D. 75% वृद्धि

Q.91 यदि द्विघात समीकरण $x^2 + kx + 18 = 0$ की मूल समान हैं, तो 'k' का मान ज्ञात कीजिए।

A. $-7\sqrt{2}$ B. -18   C. 18   D. $6\sqrt{2}$

Q.92 एक वस्तु का विक्रय मूल्य 144 रुपए है। यदि लाभ प्रतिशत वस्तु की क्रय मूल्य के बराबर है, तो वस्तु की क्रय मूल्य क्या है?

A. 80   B. 60   C. 90   D. 120

Q.93 एक आयताकार मैदान की लम्बाई और चौड़ाई 5 : 2 के अनुपात में है। यदि मैदान का परिमाप 238 मी है, तो मैदान की लम्बाई ज्ञात कीजिए।

A. 83 मी   B. 82 मी   C. 84 मी   D. 85 मी

Q.94 Direction: Select the most appropriate option to fill in the blank.

He slept like a horse ______ of all the commotion in the room.

A. although   B. because   C. in spite   D. in case

Ques (95-96):Direction: In the questions, out of the four alternatives, choose the one which can be substituted for the given words/sentences.

Q.95 A person who believes that only selfishness motivates human actions

A. agnostic   B. cynic

C. sceptic   D. misogynist

Q.96 One who can not be corrected

A. incorrigible   B. hardened

C. invulnerable   D. incurable

Q.97 प्रश्नवाचक चिन्ह (?) के स्थान पर क्या आयेगा?

$$\sqrt[3]{\sqrt{0.000064}} = ?$$

A. 0.02   B. 0.2   C. 2   D. 0.002

Ques (98-100):निर्देश: यहां दिया गया वृत्त-ग्राफ एक विशेष वर्ष के दौरान विभिन्न खेलों पर देश के खर्च को दर्शाता है। ग्राफ का ध्यानपूर्वक अध्ययन करें और उसके नीचे दिए गए प्रश्नों के उत्तर दें।

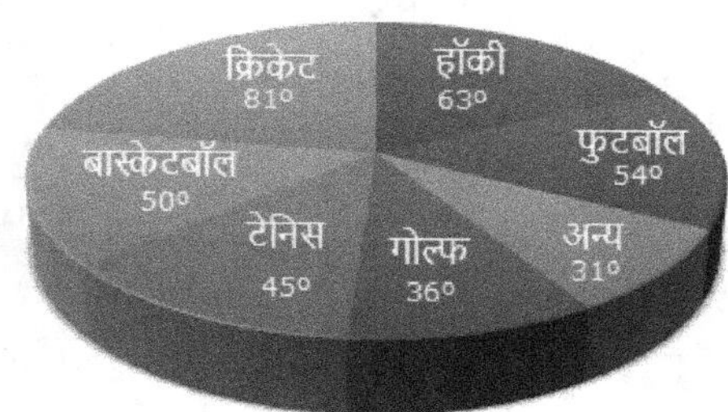

Q.98 गोल्फ की तुलना में हॉकी पर कितना प्रतिशत अधिक खर्च किया जाता है?

A. 27%   B. 35%   C. 37.5%   D. 75%

Q.99 फुटबॉल पर क्रिकेट की तुलना में कितना प्रतिशत कम खर्च किया जाता है?

A. $22\frac{2}{9}$%   B. 27%   C. $33\frac{1}{3}$%   D. $37\frac{1}{7}$%

Q.100

यदि वर्ष के दौरान खेलों पर खर्च की गई कुल राशि रु. 2 करोड़, क्रिकेट और हॉकी पर एक साथ खर्च की गई राशि थी:

A. रु. 8,00,000   B. रु. 80,00,000

C. रु. 1,20,00,000   D. रु. 1,60,00,000

// स्मार्ट उत्तर पुस्तिका //

सही उत्तर — उन छात्रों का प्रतिशत जिन्होंने प्रश्नों का सही उत्तर दिया था। **छोड़ दिया** — उन छात्रों का प्रतिशत जिन्होंने प्रश्नों को छोड़ दिया था।

प्रश्न संख्या	उत्तर	सही उत्तर	छोड़ दिया
1	A	88.81 %	0.0 %
2	D	80.4 %	0.0 %
3	A	63.04 %	1.38 %
4	B	62.94 %	1.96 %
5	C	53.39 %	1.06 %
6	A	27.01 %	3.44 %
7	C	68.62 %	1.66 %
8	A	44.89 %	1.4 %
9	B	80.8 %	0.0 %
10	D	86.82 %	0.0 %
11	D	55.92 %	1.51 %
12	B	42.64 %	1.2 %
13	A	55.93 %	1.69 %
14	A	64.73 %	1.09 %
15	A	57.52 %	1.58 %
16	A	16.0 %	3.84 %
17	B	66.42 %	1.6 %
18	B	77.57 %	0.0 %
19	C	59.32 %	1.03 %
20	B	82.84 %	0.0 %
21	C	40.22 %	1.37 %
22	C	62.04 %	1.85 %
23	B	50.51 %	1.32 %
24	D	62.68 %	1.11 %
25	C	63.0 %	1.53 %
26	A	65.27 %	1.36 %
27	B	27.25 %	4.17 %
28	A	64.33 %	1.63 %
29	B	19.81 %	3.51 %
30	B	69.07 %	1.95 %
31	C	58.91 %	1.82 %
32	B	46.03 %	1.02 %
33	B	56.26 %	1.41 %
34	A	81.2 %	0.0 %
35	A	85.48 %	0.0 %
36	B	44.82 %	1.18 %
37	B	32.91 %	4.61 %
38	B	45.12 %	1.57 %
39	B	25.33 %	4.71 %
40	C	12.63 %	4.86 %
41	D	16.32 %	4.76 %
42	B	11.57 %	4.98 %
43	D	50.82 %	1.9 %
44	B	47.63 %	1.08 %
45	A	83.81 %	0.0 %
46	B	78.04 %	0.0 %
47	D	81.17 %	0.0 %
48	A	88.88 %	0.0 %
49	A	62.44 %	1.09 %
50	B	61.21 %	1.31 %
51	A	83.23 %	0.0 %
52	C	44.23 %	1.16 %
53	A	82.07 %	0.0 %
54	C	83.58 %	0.0 %
55	D	85.03 %	0.0 %
56	C	85.09 %	0.0 %
57	D	83.08 %	0.0 %
58	D	46.28 %	1.32 %
59	A	89.16 %	0.0 %
60	C	82.57 %	0.0 %
61	C	88.1 %	0.0 %
62	B	47.53 %	1.3 %
63	C	89.03 %	0.0 %
64	D	41.0 %	1.58 %
65	B	60.24 %	1.94 %
66	B	42.77 %	1.16 %
67	A	51.39 %	1.76 %
68	A	46.82 %	1.0 %
69	D	64.09 %	1.34 %
70	B	17.71 %	4.25 %
71	C	40.2 %	1.69 %
72	D	43.93 %	1.41 %
73	A	56.96 %	1.82 %
74	A	63.64 %	1.7 %
75	D	44.22 %	1.12 %
76	C	60.39 %	1.1 %
77	D	29.64 %	4.49 %
78	D	47.7 %	1.47 %
79	D	46.4 %	1.08 %
80	C	22.21 %	4.6 %
81	B	86.8 %	0.0 %
82	B	85.63 %	0.0 %
83	D	84.06 %	0.0 %
84	D	67.41 %	1.47 %
85	D	52.45 %	1.26 %
86	A	50.42 %	1.96 %
87	D	48.87 %	1.65 %
88	C	77.4 %	0.0 %
89	A	63.62 %	1.4 %
90	A	52.54 %	1.96 %
91	D	54.44 %	1.66 %
92	A	80.71 %	0.0 %
93	D	61.0 %	1.33 %
94	C	82.46 %	0.0 %
95	B	46.81 %	1.48 %
96	A	61.43 %	1.5 %
97	B	44.8 %	1.74 %
98	D	22.76 %	4.02 %
99	C	22.14 %	4.85 %
100	B	84.07 %	0.0 %

//संकेत और समाधान//

1. दक्षिण अफ्रीका के नामीबिया के आठ अफ्रीकी चीतों को मध्य प्रदेश के कुनो पालपुर राष्ट्रीय उद्यान में स्थानांतरित किया गया है।

चीतों के राष्ट्रीय उद्यान में आने के बाद, वे बड़े बाड़ों में स्थानांतरित होने से पहले संगरोध चरण के दौरान छोटे बाड़ों में रहेंगे। 1952 के बाद से भारत में धीरे-धीरे चीते विलुप्त होने शुरू हो गए, उसके बाद तब 2009 में 'अफ्रीकी चीता इंट्रोडक्शन प्रोजेक्ट इन इंडिया' शुरू किया गया था।

अतः विकल्प (A) सही है।

2. दक्षिण कोरिया ने अगस्त 2022 में एक रूसी राज्य द्वारा संचालित परमाणु ऊर्जा कंपनी 'एएसई' के साथ 2.25 अरब डॉलर के समझौते पर हस्ताक्षर किए हैं।

- मिस्र के पहले परमाणु ऊर्जा संयंत्र के लिए घटक प्रदान करने के लिए इस पर हस्ताक्षर किए गए हैं।
- एएसई एक सरकारी स्वामित्व वाले रूसी परमाणु समूह रोसाटॉम की सहायक कंपनी है।
- दक्षिण कोरिया ने संयुक्त अरब अमीरात में परमाणु ऊर्जा रिएक्टर बनाने के लिए 20 अरब डॉलर के अनुबंध पर भी हस्ताक्षर किए हैं।

अतः विकल्प (D) सही है।

3. विश्व बैंक ने गुजरात में सिस्टम्स रिफॉर्म एंडेवर्स फॉर ट्रांसफॉर्म्ड हेल्थ अचीवमेंट इन गुजरात (SRESTHA-G) को लागू करने के लिए गुजरात को 350 मिलियन अमरीकी डालर की मंजूरी दी है। SRESTHA-गुजरात परियोजना के तहत, सरकार ग्रामीण और शहरी लोगों के लिए स्वास्थ्य सेवाओं का विस्तार करके राज्य की स्वास्थ्य प्रणाली की गुणवत्ता में सुधार करने की पहल करेगी।

- यह परियोजना राज्य में गैर-संचारी और मनोरोग सेवाओं की गुणवत्ता के साथ-साथ माँ और बच्चे की पोषण सेवाओं की गुणवत्ता बढ़ाने पर भी ध्यान केंद्रित करती है।
- इस परियोजना की पांच साल की कुल लागत लगभग 500 मिलियन अमरीकी डालर होगी जो लगभग 3,750 करोड़ रुपये है।
- इसमें से 350 अरब डॉलर यानी करीब 2,625 करोड़ रुपये विश्व बैंक मुहैया कराएगा।
- जबकि गुजरात पांच साल में 1125 करोड़ रुपये खर्च करेगा।

अतः विकल्प (A) सही है।

4. धनलक्ष्मी बैंक ने अप्रैल 2022 को कर संग्रह के लिए केंद्रीय प्रत्यक्ष कर बोर्ड (CBDT) और केंद्रीय अप्रत्यक्ष कर और सीमा शुल्क बोर्ड (CBIC) के साथ एक समझौते पर हस्ताक्षर किए हैं। यह समझौता ज्ञापन ग्राहकों को बैंक के शाखा नेटवर्क और डिजिटल प्लेटफॉर्म के माध्यम से अपने प्रत्यक्ष कर और जीएसटी भुगतान और अन्य अप्रत्यक्ष करों का भुगतान करने में मदद करेगा। विभिन्न करों के संग्रह के लिए लेखा महानियंत्रक की सिफारिश के आधार पर बैंक को भारतीय रिजर्व बैंक (RBI) द्वारा अधिकृत किया गया है।

अतः विकल्प (B) सही है।

5. विक्रम साराभाई इसरो के पहले अध्यक्ष थे।

इसरो का गठन विक्रम साराभाई ने वर्ष 1969 में किया था। विक्रम अंबालाल साराभाई एक भारतीय भौतिक विज्ञानी और खगोलशास्त्री थे जिन्होंने अंतरिक्ष अनुसंधान शुरू किया और भारत में परमाणु ऊर्जा विकसित करने में मदद की। उन्हें 1966 में पद्म भूषण और 1972 में पद्म विभूषण से सम्मानित किया गया था।

उन्हें अंतरराष्ट्रीय स्तर पर भारतीय अंतरिक्ष कार्यक्रम का जनक माना जाता है।

अतः विकल्प (C) सही है।

6. दिया गया,

अंकित मूल्य $= 800$

छूट $= 15\%$ और 38%

माना प्रभावी छूट x है।

1 वस्तु खरीदने पर बचाई गई राशि $= \dfrac{15}{100} \times 800 =$ रु. 120

4 वस्तुओं का अंकित मूल्य $= 4 \times 800 =$ रु. 3200

4 वस्तुयें खरीदने पर बचाई गई राशि $= \dfrac{38}{100} \times 3200 =$ रु. 1216

इस प्रकार, 5 वस्तुयें खरीदने पर, कुल राशि बच गई $= 120 + 1216 =$ रु. 1336

5 वस्तुयें की कुल अंकित कीमत $= 5 \times 800 =$ रु. 4000

$\therefore$ प्रभावी छूट $= \dfrac{1336}{4000} \times 100$

$= \dfrac{334}{10} = 33.4\%$

अतः विकल्प (A) सही है।

7. अंतरराष्ट्रीय बाल अपहरण के नागरिक पहलुओं पर हेग कन्वेंशन एक बहुपक्षीय संधि है जो 1 दिसंबर 1983 को अस्तित्व में आई थी।

इस अधिवेशन में बच्चों को उनकी त्वरित वापसी लाने के लिए एक प्रक्रिया प्रदान करके अंतरराष्ट्रीय सीमाओं के पार अपहरण और प्रतिधारण के हानिकारक प्रभावों से बचाने का प्रयास किया गया है।

इस अधिवेशन का उद्देश्य आदतन निवास के स्थान पर होने वाली हिरासत और पहुंच के अधिकारों की अंतरराष्ट्रीय मान्यता को बढ़ाना और उस बच्चे की शीघ्र वापसी सुनिश्चित करना है जिसे गलत तरीके से हटाया गया है या आदतन निवास के स्थान से बरकरार रखा गया है।

यह निवास और संपर्क के मामलों पर निर्णय लेने के लिए उस देश की अदालतों के लिए आदतन निवास के माता-पिता द्वारा अपहरण किए गए या विदेशों में रखे गए बच्चों को वापस करना चाहता है।

इसलिए, कथन 1 सही है।

यह अधिवेशन 16 वर्ष की आयु तक के किसी भी बच्चे पर लागू होगा, जो किसी भी करार करने वाले राज्यों का अभ्यस्त निवासी है।

इसलिए, कथन 2 सही नहीं है।

90 से अधिक देश इस अधिवेशन में पक्षकार हैं। अमेरिका और यूरोपीय देशों के दबाव के बावजूद भारत (संयुक्त राष्ट्र का सदस्य) अभी इसकी पुष्टि नहीं कर रहा है।

इसलिए, कथन 3 सही नहीं है।

अतः विकल्प (C) सही है।

8. विश्व व्यापार संगठन के 164 सदस्यों ने सर्वसम्मति से 66 वर्षीय विकास अर्थशास्त्री को चार वर्ष के कार्यकाल के लिए महानिदेशक के रूप में चुना।

नए संयुक्त राज्य अमेरिका के राष्ट्रपति जो बिडेन ने उनकी उम्मीदवारी का समर्थन किया, जिसके बाद पूर्व राष्ट्रपति डोनाल्ड ट्रम्प द्वारा अवरुद्ध कर दिया गया था।

नाइजीरिया के पूर्व वित्त मंत्री ओकोन्जो-इवेला का विश्व बैंक में 25 वर्ष कार्य किया है जहां वह प्रबंध निदेशक के के पद पर कार्यरत थी। उनके पास अमेरिका और नाइजीरियाई दोनों देशों की नागरिकता है।

विश्व व्यापार संगठन एक अंतरराष्ट्रीय निकाय है जो राष्ट्रों के बीच व्यापार के नियमों से संबंधित है। इसलिए कथन 1 सही है।

इसके मूल में विश्व व्यापार संगठन के समझौते हैं जो विश्व के देशों के थोक के बीच बातचीत और उनकी सभा में पुष्टि करते हैं।

अतः विकल्प (A) सही है।

9. The given sentence is of present perfect tense and it is in active form. The structures for active/passive voices are:

Active: Subject + has/have + verb (IIIrd form) + object.

Passive: Object + has/have + been + verb (IIIrd form) + by + subject.

So, the passive voice of the given sentence would be:

A letter has been written to her father by Mohini.

Hence, the correct option is (B).

10. The given sentence is of present perfect tense and it is in active form. The structures for active/passive voices are:

Active: Subject + has/have + verb (IIIrd form) + object.

Passive: Object + has/have + been + verb (IIIrd form) + by + subject.

So, the passive voice of the given sentence would be:

The 'Ajooba' town has been destroyed by the enemies.

Hence, the correct option is (D).

11. जीन क्लोनिंग आणविक जीव विज्ञान में प्रयोगात्मक विधियों का एक सेट है जो पुनः संयोजक डीएनए अणुओं को इकट्ठा करने और मेजबान जीवों के भीतर उनकी प्रतिकृति को निर्देशित करने के लिए उपयोग किया जाता है। इस प्रक्रिया में प्लास्मिड को वैक्टर के रूप में उपयोग किया जाता है।

अतः विकल्प (D) सही है।

12. पारिस्थितिकी जीवों और उनके पर्यावरण के बीच बातचीत का वैज्ञानिक विश्लेषण और अध्ययन। पर्यावरण विज्ञान पर्यावरण के भौतिक, रासायनिक और जैविक घटकों के बीच बातचीत पर केंद्रित है, जिसमें सभी प्रकार के जीवों पर उनके प्रभाव शामिल हैं

अतः विकल्प (B) सही है।

13. हम जानते हैं कि,

यदि A, B और C एक समुच्चय X के उप-समुच्चय हैं, तो

I. A ∪ (B ∩ C) = (A ∪ B) ∩ (A ∪ C)

II. A ∪ A = A, A ∩ (A ∪ B) = A, A ∪ (A ∩ B) = A और A ∩ A = A

III. (A ∩ B) ∪ C = (A∩C) ∪ (B∩C)

IV. (A ∪ B) ∩ C = (A ∩ C) ∪ (B ∩ C)

दिए गए विकल्पों से,

⇒ A ∪ (A ∩ B) = (A ∪ A) ∩ (A ∪ B) = A ∩ (A ∪ B) = A --- (गुणधर्म I और II के प्रयोग द्वारा)

इसलिए, विकल्प (A) सही नहीं है।

⇒ A ∩ (A ∪ B) = (A ∩ A) ∪ (A ∩ B) = A ∪ (A ∩ B) = A --- (गुणधर्म I और II के प्रयोग द्वारा)

इसलिए, विकल्प (B) सही है।

⇒ (A ∩ B) ∪ C = (A ∪ C) ∩ (B ∪ C) --- (गुणधर्म III के प्रयोग द्वारा)

इसलिए, विकल्प (C) सही है।

⇒ (A ∪ B) ∩ C = (A ∩ C) ∪ (B ∩ C) --- (गुणधर्म IV के प्रयोग द्वारा)

इसलिए, विकल्प (D) सही है।

अतः विकल्प (A) सही है।

14. S_n श्रेणी के n पदों के योग को दर्शाता है।

यह दिया गया है कि,

$S_n = n + 12$

दी गई समीकरण में n = 2 रखने पर, हमे प्राप्त होगा-

⇒ $S_2 = 2 + 12 = 14$

इसी प्रकार दी गई समीकरण में n = 3 रखने पर, हमे प्राप्त होगा-

⇒ $S_3 = 3 + 12 = 15$

⇒ $a_3 = S_3 - S_2 = 15 - 14 = 1$

अतः विकल्प (A) सही है

15. फ्यूहरर ने फ्यूहरर, जर्मन फ्यूहरर, ("लीडर") को भी लिखा, एक शीर्षक जिसका इस्तेमाल एडॉल्फ हिटलर ने जर्मनी के तीसरे रेह (1933-45) में पूर्ण अधिकार की अपनी भूमिका को परिभाषित करने के लिए किया था।

एडॉल्फ हिटलर ऑस्ट्रियाई मूल के एक जर्मन राजनेता थे जो नाजी जर्मनी के नेता बने।

हिटर ने जर्मनी पर शासन करने वाली लोकतांत्रिक रूप से चुनी गई पार्टी नाजी पार्टी का भी नेतृत्व किया और खुद को फ्यूहरर कहा जिसका अर्थ है जर्मन साम्राज्य का नेता।

16. स्टीफन हॉकिंग, पूर्ण रूप से स्टीफन विलियम हॉकिंग, (जन्म 8 जनवरी, 1942, ऑक्सफोर्ड, ऑक्सफ़ोर्डशायर, इंग्लैंड - 14 मार्च, 2018, कैम्ब्रिज, कैम्ब्रिजशायर), अंग्रेजी सैद्धांतिक भौतिक विज्ञानी, जिनके ब्लैक होल के विस्फोट का सिद्धांत सापेक्षता सिद्धांत और क्वांटम यांत्रिकी दोनों पर आधारित था।

अतः विकल्प (A) सही है।

17. Adherence means "sticking to" or "being faithful to,".

The correct answer is: Democracy in any country demands discipline and **adherence** to the rules.

Hence, the correct option is (B).

18. Invented means to find or learn something that nobody had found or knew before.

The correct answer is: Columbus **discovered** America

Hence, the correct option is (B).

19. $\dfrac{\left\{9^n \times 3^5 \times (27)^3\right\}}{3} \times (81)^4$

$= 27 \Rightarrow \dfrac{\left\{(3^2)^n \times 3^5 \times (3^3)^3\right\}}{3 \times (3^4)^4}$

$= 3^3 \Rightarrow \dfrac{(3^{2n} \times 3^5 \times 3^{(3\times3)})}{3 \times 3^{(4\times4)}} = 3^3$

$\Rightarrow \dfrac{3^{2n+5+9}}{3 \times 3^{16}}$

$= 3^3 \Rightarrow \dfrac{3^{2n+14}}{3^{17}}$

$= 3^3 \Rightarrow 3^{(2n+14-17)} = 3^3$

$\Rightarrow 3^{2n-3} = 3^3$

From the equation powers:

$\Rightarrow 2n - 3 = 3$

$\Rightarrow 2n = 6$

$\Rightarrow n = 3.$

अतः विकल्प (C) सही है।

20. दिया है:

6 सेमी × 12 सेमी × 15 सेमी के एक घनाभीय टुकड़े को बराबर घनों की सटीक संख्या में काटा जाता है।

दिया है:

6 सेमी × 12 सेमी × 15 सेमी

महत्तम समापवर्तक = 3

तब घन = a = 3 सेमी

तो घनों की संभावित संख्या = $\dfrac{6 \times 12 \times 15}{3 \times 3 \times 3}$

घनों की संख्या s = 2 × 4 × 5 = 40

अतः, घनों की संख्या = 40

अतः विकल्प (B) सही है।

21. दिया है-

अर्धगोले का आयतन = 18π घन सेमी

अर्धगोले का कुल क्षेत्रफल = 3πr²

हम जानते हैं कि अर्धगोले का आयतन इस प्रकार दिया गया है: $\dfrac{2}{3}\pi r^3$

$\therefore 18\pi = \dfrac{2}{3}\pi r^3$

$\Rightarrow r^3 = \dfrac{18 \times 3 \times \pi}{2 \times \pi}$

$\Rightarrow r^3 = 27$

$\Rightarrow r = 3$ सेमी

त्रिज्या 3 सेमी है

अर्धगोले का कुल क्षेत्रफल इस प्रकार दिया जाता है $= 3\pi r^2$

r का मान रखने पर, हम प्राप्त करते हैं-

$\therefore$ अर्धगोले का क्षेत्रफल $= 3 \times \pi \times (3)^2$

$\Rightarrow$ अर्धगोले का क्षेत्रफल $= 27\pi$ वर्ग सेमी

अतः, अर्धगोले का कुल क्षेत्रफल 27π वर्ग सेमी है।

अतः विकल्प (C) सही है।

22. दिया है:

r = 8 सेमी

R = 20 सेमी

h = 16 सेमी

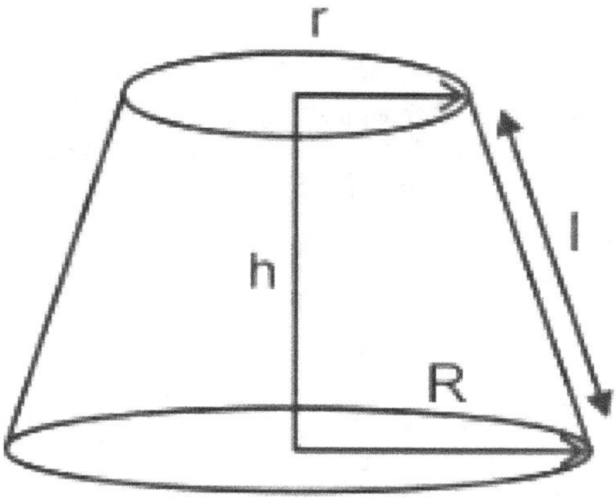

बाल्टी एक छिन्नक के रूप में है।

छिन्नक का बाह्य वक्र पृष्ठीय क्षेत्रफल $= \pi(r + R) \times l$

हम जानते हैं कि,

$l = \sqrt{h^2 + (R-r)^2}$

$\Rightarrow l = \sqrt{16^2 + (20 - 8)^2}$

$\Rightarrow l = \sqrt{256 + 144}$

$\Rightarrow l = \sqrt{400}$

$\Rightarrow l = 20$ सेमी

अब, हम जानते हैं कि छिन्नक का बाह्य वक्र पृष्ठीय क्षेत्रफल

$= \pi(r + R) \times l$

$\Rightarrow \dfrac{22}{7}(20 + 8) \times 20$

$\Rightarrow 1760$ वर्ग सेमी

अतः, बाल्टी का बाह्य वक्र पृष्ठीय क्षेत्रफल 1760 वर्ग सेमी है।

अतः विकल्प (C) सही है।

23. $\sqrt{\dfrac{(0.1)^2 + (0.01)^2 + (0.009)^2}{(0.01)^2 + (0.001)^2 + (0.0009)^2}}$

$\Rightarrow \sqrt{\dfrac{0.01 + 0.0001 + 0.000081}{0.0001 + 0.000001 + 0.00000081}}$

$\Rightarrow \sqrt{\dfrac{0.010181}{0.00010181}}$

$\Rightarrow \sqrt{100}$

$\Rightarrow 10$

अतः विकल्प (B) सही है।

24. Part R tells us what the 'third' is of so, it will come first. Part Q will come next as part P is the ending part and does not suits to join with 'but' with which part R is ending. Thus, the correct sequence is given by RQP.

Hence, the correct option is (D).

25. प्राचीन मार्शल आर्ट को कलारीपयट्टू के नाम से जाना जाता है।

कलारीपयट्टू को कलारी के नाम से भी जाना जाता है, जो दक्षिण भारत में केरल में उत्पन्न होने वाली सबसे पुरानी मार्शल आर्ट है। इसमें स्ट्राइक, किक, ग्रैपलिंग, हथियार और उपचार के तरीके शामिल हैं।

अत: विकल्प (C) सही है।

26. दिया गया है,

समचतुर्भुज का क्षेत्रफल $= 240$ सेमी^{2}

एक विकर्ण की लम्बाई $= 24$ सेमी

वर्ग की भुजा $= \left(\frac{1}{\sqrt{61}}\right) \times$ समचतुर्भुज की भुजा

समचतुर्भुज का क्षेत्रफल $= \left(\frac{1}{2}\right) \times d_1 \times d_2$

$\Rightarrow \left(\frac{1}{2}\right) \times 24 \times d_2 = 240$

$\Rightarrow d_2 = 20$ सेमी

$(d_1)^2 + (d_2)^2 = 4 \times$ (भुजा)^2

$\Rightarrow (24)^2 + (20)^2 = 4 \times$ (भुजा)^2

$\Rightarrow 4 \times$ (भुजा)$^2 = 576 + 400$

$\Rightarrow$ (भुजा)$^2 = 244$

$\Rightarrow$ भुजा $= \sqrt{244}$

$\Rightarrow$ भुजा $= 2\sqrt{61}$

वर्ग की भुजा $= \left(\frac{1}{\sqrt{61}}\right) \times$ समचतुर्भुज की भुजा

$= \left(\frac{1}{\sqrt{61}}\right) \times 2\sqrt{61}$

$= 2$ सेमी

वर्ग का क्षेत्रफल $=$ (भुजा)^2

$= 2^2 = 4$ सेमी^{2}

$\therefore$ वर्ग का क्षेत्रफल 4 सेमी^{2} है।

अत: विकल्प (A) सही है।

27. दिया गया है,

त्रिभुजाकार मैदान का क्षेत्रफल = 18 मी, 80 मी और 82 मी

एक त्रिभुजाकार पार्क का क्षेत्रफल $= 5\sqrt{3} \times$ एक त्रिभुजाकार मैदान का क्षेत्रफल

एक समबाहु त्रिभुज का क्षेत्रफल $= \left(\frac{\sqrt{3}}{4}\right) a^2$

भुजाओं a, b, और c के साथ त्रिभुज का क्षेत्रफल $=$

$$\sqrt{[s(s-a)(s-b)(s-c)]}$$

जहां, $s = \frac{(a+b+c)}{2}$

$\Rightarrow s = \frac{(18+80+82)}{2}$

$\Rightarrow s = 90$

एक त्रिभुजाकार मैदान का क्षेत्रफल $=$

$$\sqrt{[90(90-18)(90-80)(90-82)]}$$

$= \sqrt{[90 \times 72 \times 10 \times 8]}$

$= 720$ मी^{2}

प्रश्नानुसार,

$\left(\frac{\sqrt{3}}{4}\right) a^2 = 5\sqrt{3} \times 720$

$a = 120$

$\therefore$ त्रिभुजाकार पार्क की भुजा = 120 मी

अत: विकल्प (B) सही है।

28. दिया गया है:

$(3x + 2)^3 - (2x^2 + 3)$

सूत्र का उपयोग

$(a + b)^3 = (a^3 + b^3 + 3a^2b + 3ab^2)$

$(3x + 2)3 = [(3x)^3 + (2)^3 + 3(3x)^2(2) + 3(3x)(2)^2]$

$\Rightarrow (3x + 2)^3 = [27x^3 + 8 + 54x^2 + 36x]$

प्रश्न के अनुसार:

$(27x^3 + 8 + 54x^2 + 36x) - (2x^2 + 3)$

$\Rightarrow 27x^3 + 5 + 52x^2 + 36x$

$\Rightarrow (27x^3 + 8 + 54x^2 + 36x) - (2x^2 + 3)$

$= 27x^3 + 5 + 52x^2 + 36x$

$= 27x^3 + 52x^2 + 36x + 5$

अत: विकल्प (A) सही है।

29. द मिनिस्ट्री ऑफ अटमोस्ट हैप्पीनेस भारतीय लेखिका अरुंधति रॉय का दूसरा उपन्यास है, जो उनकी पहली फिल्म द गॉड ऑफ स्मॉल थिंग्स के बीस साल बाद 2017 में प्रकाशित हुआ था। यह उपन्यास उन लोगों की कहानियों को एक साथ बुनता है जो आधुनिक भारतीय इतिहास के कुछ सबसे काले और सबसे हिंसक प्रकरणों को नेविगेट करते हैं, जिसमें भूमि सुधार से लेकर 2002 के गोधरा ट्रेन जलने और कश्मीर विद्रोह तक गरीब किसानों को बेदखल कर दिया गया था। रॉय के चरित्र भारतीय समाज की सरगम को चलाते हैं और इसमें एक विद्रोही वास्तुकार, एक इंटरसेक्स महिला (हिजड़ा), और उसका जमींदार शामिल है जो खुफिया सेवा में पर्यवेक्षक है। कथा दशकों और स्थानों में फैली हुई है, लेकिन मुख्य रूप से दिल्ली और कश्मीर में होती है।

अतः विकल्प (B) सही है।

30. विश्व प्रकृति संरक्षण दिवस प्रत्येक वर्ष 28 जुलाई को मनाया जाता है। वर्तमान परिपेक्ष्य में कई प्रजाति के जीव जंतु एवं वनस्पति विलुप्त हो रहे हैं। विलुप्त होते जीव जंतु और वनस्पति की रक्षा का विश्व प्रकृति संरक्षण दिवस पर संकल्प लेना ही इसका उद्देश्य है। प्रकृति संरक्षण का समस्त प्राणियों के जीवन तथा इस धरती के समस्त प्राकृतिक परिवेश से घनिष्ठ सम्बन्ध है। प्रदूषण के कारण सारी पृथ्वी दूषित हो रही है और निकट भविष्य में मानव सभ्यता का अंत दिखाई दे रहा है। इस स्थिति को ध्यान में रखकर सन 1992 में ब्राजील में विश्व के 174 देशों का 'पृथ्वी सम्मेलन' आयोजित किया गया था। इसके बाद सन 2002 में जोहान्सबर्ग में पृथ्वी सम्मेलन आयोजित कर विश्व के सभी देशों को पर्यावरण संरक्षण पर ध्यान देने के लिए अनेक उपाय सुझाए गये। वस्तुतः प्रकृति के संरक्षण से ही धरती पर जीवन का संरक्षण हो सकता है।

अतः विकल्प (B) सही है।

31. 17 नवंबर 1965 को यूनेस्को ने 8 सितंबर को अंतर्राष्ट्रीय साक्षरता दिवस के रूप में घोषित किया। यह पहली बार 1966 में मनाया गया था। इसका उद्देश्य व्यक्तिगत, समुदाय और सामाजिक सेटिंग्स में साक्षरता के महत्व को उजागर करना है। यह त्यौहार पूरी दुनिया में मनाया जाता है।

लगभग 775 मिलियन युवा साक्षरता की कमी से प्रभावित हैं; यानी पांच में से एक युवा अभी साक्षर नहीं है और इनमें से दो तिहाई महिलाएं हैं। 67 मिलियन बच्चे स्कूलों तक नहीं पहुंचते हैं और कई बच्चों में नियमितता की कमी या ड्रॉप आउट की कमी होती है।

अतः विकल्प (C) सही है।

32. फ़िरोज़ शाह कोटला बाउंड्री के हिसाब से दुनिया का सबसे छोटा क्रिकेट स्टेडियम है।

फ़िरोज़ शाह कोटला मैदान 1883 में नई दिल्ली में बनाया गया एक क्रिकेट मैदान है, जो कोलकाता में ईडन गार्डन के बाद भारत में दूसरा सबसे पुराना अंतरराष्ट्रीय क्रिकेट स्टेडियम है। इसके पास बाउंड्री के हिसाब से दुनिया के सबसे छोटे क्रिकेट स्टेडियम का रिकॉर्ड भी है।

नई दिल्ली के फिरोज शाह कोटला स्टेडियम का नाम बदलकर पिछले साल अरुण जेटली स्टेडियम कर दिया गया था।

अतः विकल्प (B) सही है।

33. घोषणा के तहत द्वितीय विश्व युद्ध के पश्चात भारत के लिए डोमिनियन स्टेटस और एक संविधान निर्माता निकाय की स्थापना का प्रावधान किया गया था, जिसके सदस्यों का चयन प्रांतीय विधान सभाओं द्वारा किया जाना था और रियासतों के मामले में राजाओं द्वारा नामित किया जाना था।

पाकिस्तान की माँग को इस प्रावधान द्वारा अप्रत्यक्ष रूप से समायोजित किया गया था कि जो भी प्रांत नए संविधान को स्वीकार करने के लिए तैयार नहीं हो, उसे अपने भविष्य की स्थिति के विषय में ब्रिटेन के साथ एक पृथक समझौते पर हस्ताक्षर करने का अधिकार होगा। हालांकि तत्कालीन परिस्थितियों में देश की प्रतिरक्षा पर एकमात्र नियंत्रण ब्रिटेन द्वारा जारी रखने का प्रावधान किया गया।

अतः विकल्प (B) सही है।

34. भारतीय नौसेना पोत विराट (आई एन एस विराट) भारतीय नौसेना में सेंतौर श्रेणी का एक वायुयान वाहक पोत है। 1997 में भारतीय नौसेना पोत विक्रांत के सेवामुक्त कर दिए जाने के बाद इसी ने विक्रांत के रिक्त स्थान की पूर्ति की थी। इस समय यह हिंद महासागर में उपस्थित दो वायुयान वाहक पोतों में से एक है।

अतः विकल्प (A) सही है।

35. आधुनिक वायुयान को सबसे पहले राइट बंधुओं ने बनाया था। विल्वर और ओरविल में केवल चार साल का अंतर था। जिस समय उन्हें हवाई जहाज बनाने का ख्याल आया, उस समय विल्वर सिर्फ 11 साल का था और ओरविल की उम्र 7 साल थी।

अतः विकल्प (A) सही है।

36.

- The error lies in the second part of the sentence as the verb "taught" will not take any preposition in the given context.

- A preposition is a word or group of words used before a noun, pronoun, or noun phrase to show direction, time, place, location, spatial relationships, or to introduce an object.

- Some examples of prepositions are words like "in," "at," "on," "of," and "to."

Hence, the correct option is (B).

37. सही मिलान A-4, B-3, C-1, D-2 है।

भर्तृहरि मंदिर:

- भर्तृहरि मंदिर सरिस्का राष्ट्रीय बाघ अभयारण्य के निकटतम शहर अलवर में स्थित है।

करणी माता मंदिर:

- बीकानेर में करणी माता मंदिर अपने स्थान या वास्तुकला के लिए लोकप्रिय नहीं है, बल्कि मंदिर परिसर के चारों ओर निवास और स्वतंत्र रूप से रहने वाले 25,000 से अधिक चूहों का घर होने के लिए लोकप्रिय है।

अटमेश्वर मंदिर:

- अटमेश्वर मंदिर पुष्कर में स्थित है।

- 12वीं सदी का यह सुंदर मंदिर भगवान शिव को समर्पित है और इसमें एक भूमिगत घटक है।

बिसलदेव मंदिर:

- बिसलदेव मंदिर बीसलपुर में स्थित है, जो टोंक से लगभग 60-80 किलोमीटर की दूरी पर स्थित है।

अतः विकल्प (B) सही है।

38. The word similar to 'cognitive' is mental.

Cognitive: Connected with thinking or conscious mental processes.

Mental: Connected with or happening in the mind.

Impudent: very rude.

Overall: Including everything.

Raid: a short sudden attack, usually by a small group of people.

Hence, the correct option is (B).

39. The antonym of 'stunted' is encouraged.

Stunted: To stop somebody/something growing or developing properly.

Encouraged: To give hope, support or confidence to somebody.

Impeded: To make it difficult for somebody/something to move or go forward.

Improvised: To make, do, or manage something without preparation, using what you have.

Deluded: To make somebody believe something that is not true.

Hence, the correct option is (B).

40. The word similar to 'implication' is inference.

Implication: The effect that something will have on something else in the future.

Inference: A guess that you make or an opinion that you form based on the information that you have.

Intangibility: Incapable of being perceived by the sense of touch, as incorporeal or immaterial things.

Influence: The power to affect, change or control somebody/something.

Reason: A cause or an explanation for something that has happened or for something that somebody has done.

Hence, the correct option is (C).

41. I and II are implicit assumptions.

Statement I can be derived from the line 'Nor do we know for sure why even among women, the SARI figures are higher than the IHDS figures'.

Statement II can be derived from the line 'Part of the reason is that SARI and the IHDS asked different people. The IHDS asked only women, while SARI asked both women and men'.

However, Statement III is not implied in the passage.

Hence, the correct option is (D).

42. A mother's undernourishment leads to child's malnutrition can be inferred from the passage.

This can be concluded from the line 'Women's undernourishment contributes substantially to India's unacceptably high rates of child stunting'.

Hence, the correct option is (B).

43. भारतीय सेना ने एक इन-हाउस मैसेजिंग एप्लिकेशन को विकसित और प्रशंसित किया है जिसे 'सिक्योर एप्लीकेशन फॉर इंटरनेट (SAI)' कहा जाता है।

यह मैसेजिंग एप्लिकेशन इंटरनेट पर एंड्रॉइड प्लेटफॉर्म के लिए एंड-टू-एंड सुरक्षित वॉयस, टेक्स्ट और वीडियो कॉलिंग सेवाओं का समर्थन करता है

SAI को सबसे पहले राजस्थान में एक सिग्नल यूनिट के कमांडिंग ऑफिसर कर्नल साई शंकर द्वारा विकसित किया गया था, और फिर सैन्य-ग्रेड मानकों में अपग्रेड किया गया था।

भारत का पहले चीफ ऑफ डिफेंस स्टाफ: जनरल बिपिन रावत।

अतः विकल्प (D) सही है।

44. मैक्स प्लैंक एक जर्मन सैद्धांतिक भौतिक विज्ञानी थे जिन्होंने 1900 में प्लैंक स्थिरांक के रूप में जाना जाने वाला क्रिया की मात्रा की खोज की। इस कार्य ने क्वांटम सिद्धांत की नींव रखी, जिसने उन्हें 1918 में भौतिकी का नोबेल पुरस्कार दिया।

अतः विकल्प (B) सही है।

45. (A) $\sqrt{1250} = 35.35$

(B) $\sqrt{16641} = \sqrt{(129 \times 129)} = 129$

(C) $\sqrt{2025} = \sqrt{(45 \times 45)} = 45$

(D) $\sqrt{9801} = \sqrt{(99 \times 99)} = 99$

अब हम यह कह सकते हैं कि 1250 एक पूर्ण वर्ग नहीं है।

अतः विकल्प (A) सही है।

46. 512 के गुणनखंड 1, 2, 4, 8, 16, 32, 64, 128, 256 और 512 हैं।

∴ हम कह सकते हैं कि 1, 4, 16, 64 और 256 क्रमशः संख्याओं 1, 2, 4, 8, 16 के पूर्ण वर्ग हैं।

अतः विकल्प (B) सही है।

47. लैटेराइट, मिट्टी की परत जो आयरन ऑक्साइड से भरपूर होती है और जोरदार ऑक्सीकरण और लीचिंग स्थितियों के तहत अपक्षय की एक विस्तृत विविधता से प्राप्त होती है।

अतः विकल्प (D) सही है।

48.

- स्थलाकृतिक मानचित्र बड़े और मध्यम पैमानों पर नक्शों का उल्लेख करते हैं जो बड़े पैमाने पर विविध जानकारी शामिल करते हैं।
- नक्शे को वास्तविक जमीनी सर्वेक्षण के आधार पर तैयार किया जाता है
- इन्हें सर्वे ऑफ इंडिया द्वारा टॉपोसैट के रूप में भी जाना जाता है।
- पारंपरिक प्रतीकों का उपयोग करके सुविधाओं को दर्शाया गया है।
- हमेशा स्थान और सीमा के लिए ग्रिड विधि का पालन किया जाता है।
- स्थलाकृतिक मानचित्र बड़े और मध्यम पैमानों पर नक्शों का उल्लेख करते हैं जो बड़े पैमाने पर विविध जानकारी शामिल करते हैं।
- स्थलाकृतिक मानचित्र के सभी घटक समान महत्व रखते हैं।
- यह त्रि-आयामी सतह का द्वि-आयामी प्रतिनिधित्व है, इसलिए विरूपण भी पाया गया।
- स्थलाकृतिक मानचित्र जमीन पर मानव निर्मित और प्राकृतिक विशेषताओं का एक विस्तृत और सटीक चित्रण है जैसे कि सड़क, रेलवे, बिजली पारेषण लाइनें, आकृति, ऊँचाई, नदियाँ, झीलें और भौगोलिक नाम।

अतः विकल्प (A) सही है।

49. आग का गोला:

- रिंग ऑफ फायर को सर्कम-पैसिफिक बेल्ट के रूप में भी जाना जाता है।
- यह प्रशांत महासागर के किनारे एक रास्ता है। इसलिए, कथन 1 गलत है।
- यह सक्रिय ज्वालामुखियों और लगातार भूकंपों की विशेषता है। इसलिए, कथन 2 सही है।
- इसकी लंबाई लगभग 40,000 किलोमीटर (24,900 मील) है।
- यह प्रशांत, जुआन डी फूका, कोकोस, भारतीय-ऑस्ट्रेलियाई, नाज़का, उत्तरी अमेरिकी और फिलीपीन प्लेट्स सहित कई टेक्टोनिक प्लेटों के बीच की सीमाओं का पता लगाता है।
- बेल्ट टोंगा और न्यू हेब्राइड्स, इंडोनेशियाई द्वीपसमूह, फिलीपींस, जापान, कुरील द्वीपसमूह, और अलेउतियन और साथ ही अन्य चाप-आकार की भू-आकृति संबंधी विशेषताओं जैसे कि उत्तरी

अमेरिका के पश्चिमी तट और एंडीज पर्वत द्वीप द्वीपों की श्रृंखलाओं का अनुसरण करती है।

- ज्वालामुखी अपनी लंबाई के दौरान बेल्ट से जुड़े होते हैं, इस कारण से, इसे "रिंग ऑफ फायर" कहा जाता है।

अत: विकल्प (A) सही है।

50. दिया है, चार अंकों की संख्या $51c3$ है।

सभी अंकों का योगफल $= 5 + 1 + c + 3 = 9 + c$

इस प्रकार, दी गई संख्या $51c3$ से पूर्णतया विभाजित होगी यदि इसके सभी अंकों का योग 9 से विभाजित होगा।

इसलिए, $9 + c$, 9 से तभी विभाजित होगा जब हम $c = 0$ या 9 लेंगे।

अत: विकल्प (B) सही है।

51. The idiom "die-hard" means strongly opposing change and new ideas; unwilling to change.

Hence, the correct option is (A).

52. The idiom "To pull one's socks up" means to make an effort to improve one's work or behavior because it is not good enough. Thus, option C conveys the best meaning of the idiom.

Hence, the correct option is (C).

53. दिया गया है:

संख्याओं का अनुपात $= 4 : 9$

संख्याओं का लघुत्तम $= 720$

माना संख्याएं $4a$ और $9a$ है

$9a$ का अभाज्य गुणनखंड $= a \times 3 \times 3$

$\therefore 4a$ और $9a$ का लघुत्तम $= a \times 2 \times 2 \times 3 \times 3 \therefore$

$= 36 \times a$

$\because 4a$ और $9a$ का लघुत्तम $= 720$ ..... -(दिया गया है)

$\therefore 36 \times a = 720$

$\Rightarrow a = \frac{720}{36}$

$\Rightarrow a = 20$

$\therefore$ संख्याएं है $4a = 4 \times 20 = 80$

$9a = 9 \times 20 = 180$

$\therefore$ संख्याओं का योग $= 180 + 80$

$= 260$

अत: विकल्प (A) सही है।

54. The most appropriate synonym of the given word 'Accorded' is 'Give'.

Let's look at the meaning and examples of the given options:

Therefore, as per the points mentioned above, we find that the correct answer is Option (C).

Hence, the correct option is (C).

55. The most appropriate synonym of the given word 'Assertions' is 'Declaration'.

Let's look at the meaning and examples of the given options:

Hence, the correct option is (D).

56. 1954 में, राज्यों की परिषद और लोक सभा के लिए हिंदी नाम 'राज्य सभा' और 'लोक सभा' को अपनाया गया था। राज्य सभा राज्यों और केंद्र शासित प्रदेशों का प्रतिनिधित्व करती थी, और लोकसभा सामूहिक रूप से भारत के लोगों का प्रतिनिधित्व करती थी।

अतः विकल्प (C) सही है।

57. प्राक्कलन समिति के अध्यक्ष की नियुक्ति लोकसभा के अध्यक्ष द्वारा अपने सदस्यों में से की जाती है और वह निरपवाद रूप से सत्ताधारी दल से होता है। समिति बजट में शामिल अनुमानों की जांच करती है और सार्वजनिक व्यय में 'अर्थव्यवस्था' का सुझाव देती है।

अतः विकल्प (C) सही है।

58. दिया है:

चांदी का घनत्व 10.8×10^3 किग्रा मी $^{-3}$ और पानी का घनत्व 10^3 किग्रा मी $^{-3}$ है

हम जानते हैं कि,

सापेक्ष घनत्व $=$ पदार्थ का घनत्व /पानी का घनत्व

सापेक्ष घनत्व $= \frac{10.8 \times 10^3}{10^3} = 10.8$

अतः विकल्प (D) सही है।

59. अमोनियम फॉस्फेट का रासायनिक सूत्र $(NH_4)_3PO_4$ है।

- यह अमोनिया और फॉस्फोरिक अम्ल का नमक है।
- इस नमक के अन्य नाम हैं ट्रयमोनियम फॉस्फ़ेट डायजेनियम हाइड्रोजन फॉस्फ़ेट।

अतः विकल्प (A) सही है।

60. 35 और 49 का एलसीएम 245 है।

संख्या जो 35 और 49 से विभाजित होती है और प्रत्येक में शेषफल 30 देती है, वह हैं

$\Rightarrow 245 \times 1 + 30 = 245 + 30 = 275$

$\Rightarrow 245 \times 2 + 30 = 490 + 30 = 520$

520, 500 से अधिक है, इसलिए ऐसी केवल 1 संख्या है जो 275 है।

अतः विकल्प (C) सही है।

61. माना सही उत्तर की संख्या x है, तो गलत उत्तर की संख्या (100-x) है।

प्रश्नानुसार,

$\Rightarrow 4x - (100 - x) = 340$

$\Rightarrow 4x + x = 440$

$\Rightarrow x = 88$

तो श्री x द्वारा गलत उत्तर दिए गए प्रश्नों की संख्या $= (100 - 88) = 12$

अतः विकल्प (C) सही है।

62. दिया है, एक कुर्सी और एक मेज की कीमत 600 रुपए है और एक कुर्सी और एक मेज की कीमत के बीच अनुपात $7 : 5$ है।

माना एक कुर्सी की कीमत a और एक मेज की कीमत b है।

$\therefore \frac{a}{b} = \frac{7}{5}$

$\Rightarrow a = \frac{7b}{5}$

अब, $a + b = 600$

$\Rightarrow \left(\frac{7b}{5} + b\right) = 600$

$\Rightarrow 12b = 3000$

$\Rightarrow b = 250$ रुपए

$\therefore a = 350$ रुपए

अतः विकल्प (B) सही है।

63. दिया गया,

256 छात्रों की एक रैली में, लड़के और लड़कियों का $9:7$ अनुपात है।

$\therefore$ लड़कियों की संख्या $= \left(\frac{7}{16}\right) \times 256$

$= 112$

अतः विकल्प (C) सही है।

64. दिया हुआ है:

प्रिंसिपल $=$ रु 30000

दर $= 10\%$

समय $= 5$ वर्ष

मान लें की बैंक द्वारा निवेश के बदले फायेदा $r\%$ है

प्रश्न के अनुसार:

$7800 = \left(\frac{30000 \times 10 \times 5}{100}\right) - \left(\frac{30000 \times r \times 3}{100}\right)$

$7800 = 15000 - 900r$

$r = 8\%$

$\therefore$ बैंक द्वारा निवेश के बदले फायेदा 8% है

अतः विकल्प (D) सही है।

65. दिया हुआ है:
1000 रुपये की धनराशि में 7 वर्षों में चक्रवृद्धि ब्याज पर खुद की 100% वृद्धि होती है।
माना धनराशि A और मूलधन P है।
धनराशि $=$ मूलधन $\times \left(1 + दर/100\right)^n$
7 वर्षों के बाद,
$A = P \times (1 + दर/100)^7 = 2P$ ($\because P$ में 100% की वृद्धि होती है)
$\Rightarrow (1 + दर/100)^7 = 2$
धनराशि में 700% की वृद्धि होगी
$\Rightarrow A, 8P$ हो जायेगा
$\Rightarrow A = 2^3 \times P = \{(1 + दर/100)^7\}^3 \times P$

$= (1 + दर/100)^{21} \times P$
$\Rightarrow$ समय $= 21$ वर्ष
$\therefore$ 21 वर्षों के बाद धनराशि में अपने प्रारंभिक मान/मूलधन की 700% वृद्धि होगी।
अतः विकल्प (B) सही है।

66. माना, एक चॉकलेट की लागत मूल्य x रु. है।

एक चॉकलेट का विक्रय मूल्य $= \frac{160}{90}$ रु. $= \frac{16}{9}$ रु.

प्रश्न के अनुसार,

$x - x \times \frac{20}{100} = \frac{16}{9}$

$\Rightarrow 0.8x = \frac{16}{9}$

$\Rightarrow x = \frac{16}{9} \times \frac{10}{8}$

$\Rightarrow x = \frac{20}{9}$

20% लाभ पर एक चॉकलेट का विक्रय मूल्य $= \left(\frac{20}{9} + \frac{20}{9} \times \frac{20}{100}\right) = 249$

माना, चॉकलेट की संख्या जो उसे 96 रुपये में बेचनी चाहिए k है।

$\Rightarrow \frac{24k}{9} = 96$

$\Rightarrow k = 96 \times \frac{9}{24} = 36$

$\therefore$ उसे 96 रुपये में 36 चॉकलेट बेचनी चाहिए।

अतः विकल्प (B) सही है।

67. माना, एक संतरे का क्रय मूल्य x रु. है।

एक संतरे का विक्रय मूल्य y रु. है।

प्रश्न के अनुसार,

$15x = 20y$

$\Rightarrow y = \frac{15x}{20}$

$\Rightarrow y = 0.75x$

$\therefore$ हानि प्रतिशत $= \frac{(x - 0.75x)}{x} \times 100\% = \frac{0.25x}{x} \times 100\% = 25\%$

अतः विकल्प (A) सही है।

68. राजतरंगिणी', 'राजाओं की नदी' की रचना कल्हन ने 12वीं शताब्दी में कश्मीरी से संस्कृत में की थी। राजतरंगिनी कश्मीर पर सबसे पहला स्रोत प्रदान करती है जिसे इस क्षेत्र पर "ऐतिहासिक" पाठ के रूप में लेबल किया जा सकता है। यह पुस्तक भारतीय उपमहाद्वीप के उत्तर पश्चिमी भागों में प्रारंभिक कश्मीर और उसके पड़ोसियों के बारे में जानकारी का एक अमूल्य स्रोत प्रदान करती है, और बाद के इतिहासकारों और नृवंशविज्ञानियों द्वारा व्यापक रूप से संदर्भित किया गया है।

अतः विकल्प (A) सही है।

69. राजस्थान सरकार राजस्थानी अनुप्रति योजना के तहत अखिल भारतीय सिविल सेवा परीक्षा और राज्य सिविल सेवा परीक्षा उत्तीर्ण करने वाले अनुसूचित

जाति / अनुसूचित जनजाति के उम्मीदवारों को वित्तीय प्रोत्साहन प्रदान करती है।

राजस्थान अनुप्रति योजना के बिंदु निम्नलिखित हैं:

- राजस्थान सरकार ने अल्पसंख्यक परिवारों के मेधावी छात्रों के लिए राजस्थान अनुप्रति योजना शुरू की है।
- इसमें राजस्थान राज्य के निवासी शामिल हैं जो अनुसूचित जाति / अनुसूचित जनजाति / विशेष पिछड़ा वर्ग और सामान्य श्रेणी के बीपीएल परिवारों से संबंधित हैं।
- अनुमोदन योजना राज्य सरकार द्वारा जनवरी 2005 में शुरू की गई थी।

अतः सही विकल्प (D) है।

70. दिया गया है:

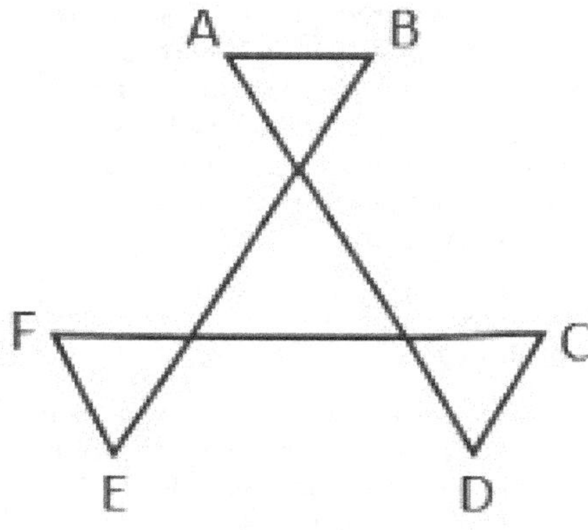

गणना:

चूँकि, दी गई आकृति

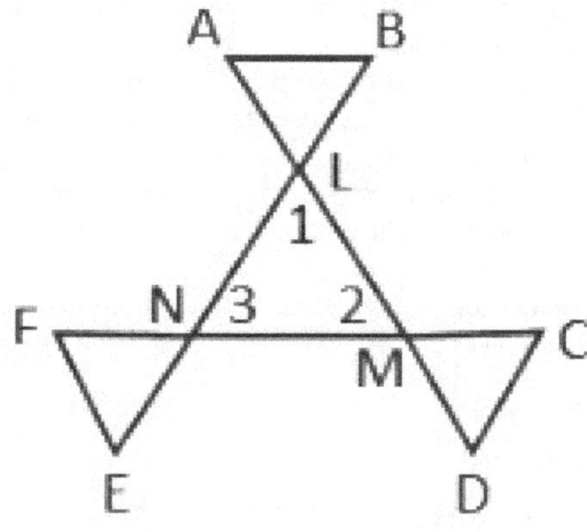

यहाँ, Δ LMN में, $\angle 1 + \angle 2 + \angle 3 = 180°$ ----(i) (त्रिभुज के अंतःकोणों का योग = 180°)

चूँकि, $\angle$BLM, Δ ABL का बाह्य कोण है,

इसलिए, $\angle A + \angle B = \angle BLM$ ($\angle BLM$ दो आंतरिक कोणों का योग बाह्य कोण के बराबर होता है)

$\Rightarrow \angle A + \angle B = 180° - \angle 1$ ----(ii)

इसी प्रकार, $\angle$CML और $\angle$FNL, Δ CDM और Δ FEN का बाह्य कोण है,

इसलिए, $\angle C + \angle D = 180° - \angle 2$ ----(iii)

और, $\angle E + \angle F = 180° - \angle 3$ ----(iv)

समीकरण (ii), (iii) और (iv) को जोड़ने पर हमें प्राप्त होता है

$\angle A + \angle B + \angle C + \angle D + \angle E + \angle F = 180° \times 3 - (\angle 1 + \angle 2 + \angle 3)$ ----(v)

(i) और (v) से, हमें प्राप्त होता है

$\angle A + \angle B + \angle C + \angle D + \angle E + \angle F = 180° \times 3 - 180°$

$\Rightarrow \angle A + \angle B + \angle C + \angle D + \angle E + \angle F = 360°$

$\therefore$ दी गई आकृति में $\angle A$, $\angle B$, $\angle C$, $\angle D$, $\angle E$ और $\angle F$ के कोण के माप का योग 360° है।

अतः विकल्प (B) सही है।

71. मान लीजिए, Q द्वारा निवेश की गई राशि $= q$

$$40000 : q = 2 : 3$$

$$\Rightarrow \frac{40000}{q} = \frac{2}{3}$$

$$\Rightarrow q = 40000 \times \frac{3}{2}$$

$$= रु.\ 60000$$

अतः विकल्प (C) सही है।

72. मानक विचलन $= \sqrt{\frac{\sum (x - \bar{x})^2}{N}}$

जहां, $\bar{x}$ आकड़े का माध्य है

और, N पदों की संख्या है

$$\bar{x} = \frac{\sum x}{N} = \frac{8 + 12 + 13 + 15 + 22}{5}$$

$$= \frac{70}{5} = 14$$

$x =$	8	12	13	15	22
$(x - \bar{x})^2 =$	36	4	1	1	64

$$\sum (x - \bar{x})^2 = 36 + 4 + 1 + 1 + 64 = 106$$

मानक विचलन $= \sqrt{\frac{106}{5}} = 4.6$

अतः विकल्प (D) सही है।

73. दिया है,

5 मानों वाले एक समूह 3, 5, 7, 9, 11 में मानक विचलन σ है।

माना कि, आकड़े 5, 7, 9, 11, 13 है।

यहाँ, प्रत्येक अवलोकन को स्थिरांक 2 से बढ़ाया जाता है,

हम जानते हैं कि, यदि प्रत्येक अवलोकन को स्थिरांक k से बढ़ाया जाता है, तो मानक विचलन अपरिवर्तित होती है।

इसलिए 5 मानों 5, 7, 9, 11, 13 का मानक विचलन σ है।

अतः विकल्प (A) सही है।

74. वाहन परिमार्जन नीति:

हाल ही में, केंद्रीय सड़क और परिवहन मंत्री ने लोकसभा में वाहन परिमार्जन नीति की घोषणा की। केंद्रीय बजट में इसे पहली बार 2021-22 के लिए घोषित किया गया था।

उद्देश्य: पुराने और दोषपूर्ण वाहनों की आबादी को कम करना, वाहनों के वायु प्रदूषकों को कम करना, सड़क और वाहनों की सुरक्षा में सुधार करना।

फिटनेस परीक्षण:

- पुराने वाहनों को फिर से पंजीकरण से पहले एक फिटनेस टेस्ट पास करना होगा और नीतिगत सरकारी वाहनों के अनुसार 15 वर्ष से अधिक पुराने और निजी वाहन जो 20 वर्ष से अधिक पुराने हैं। इसलिए, कथन 1 सही है।

- परीक्षण पास करने में विफल रहने वाले वाहनों को 'एंड-ऑफ-लाइफ वाहन' घोषित किया जाएगा और उन्हें रद्द कर दिया जाएगा। इसलिए, कथन 2 सही है।

- पुराने वाहनों का परीक्षण स्वचालित स्वास्थ्य केंद्र में किया जाएगा और वाहनों का फिटनेस परीक्षण अंतरराष्ट्रीय मानकों के अनुसार किया जाएगा।

- सरकारी पंजीकृत एजेंसी के साथ अपना वाहन स्क्रैप करने के बाद, आपको 'स्क्रैपिंग प्रमाणपत्र' प्रदान किया जाएगा।

अतः विकल्प (A) सही है।

75. राष्ट्रीय हाइड्रोजन ऊर्जा मिशन (NHM):

2021-22 के केंद्रीय बजट ने एक राष्ट्रीय हाइड्रोजन ऊर्जा मिशन (NHM) की घोषणा की है जो हाइड्रोजन को ऊर्जा स्रोत के रूप में उपयोग करने के लिए एक रोड मैप तैयार करेगा। इस पहल में परिवहन को बदलने की क्षमता है।

एनएचएम पहल एक क्लीनर वैकल्पिक ईंधन विकल्प के लिए पृथ्वी (हाइड्रोजन) पर सबसे प्रचुर तत्वों में से एक पर कैपिटल करेगी।

उद्देश्य:

- ग्रीन पावर संसाधनों से हाइड्रोजन की पीढ़ी पर ध्यान दें। इसलिए, कथन 1 सही है।

- हाइड्रोजन अर्थव्यवस्था के साथ भारत की बढ़ती अक्षय क्षमता को जोड़ने के लिए। इसलिए, कथन 2 सही है।

- जीवाश्म ईंधन पर आयात निर्भरता को कम करने के लिए। इसलिए, कथन 3 सही है।

अतः विकल्प (D) सही है।

76. दिया है:

क्रमशः 3 सेमी, 4 सेमी और 5 सेमी त्रिज्या के तीन ठोस गोले हैं।

गोले का आयतन $= \frac{4}{3}\pi r^3$

माना कि बड़े गोले का त्रिज्या 'R' है।

बड़े ठोस गोले का आयतन है:

$$= \frac{4}{3} \times \pi \times (3^3 + 4^3 + 5^3)$$

$$= \frac{4}{3} \times \pi(27 + 64 + 125)$$

$$= \frac{4\pi}{3} \times 216 \text{ सेमी}^3$$

अब,

$$\frac{4\pi}{3} \times R^3 = \frac{4\pi}{3} \times 216$$

$$\Rightarrow R^3 = 216$$

$$\Rightarrow R = (216)^{\frac{1}{3}}$$

$$\Rightarrow R = 6$$

∴ बड़े गोले की त्रिज्या 6 सेमी है।

अतः विकल्प (C) सही है।

77. While arranging sentences in a sequence, it is important to understand the theme of the passage so that the introductory and the following statements can be chosen accordingly. The passage central theme revolves around biofuels and their advantages -disadvantages. The first statement should be E as it introduces the topic 'biofuels' and mentions that they form an energy source that is potentially unlimited. Next should be statement F. It states a contradiction to the fact mentioned about biofuels in E that everything is good about the biofuels. It states that the biofuels have disadvantages too. Next should be statement C as it talks about the disadvantages of biofuels which have been introduced in the prior statement. Next should be statement A. It states that despite having disadvantages, biofuels have numerous advantages as well. It should be followed by statement B which talks about some other advantages as well. B mentions 'turnaround' which has also been mentioned in statement D making BD, a mandatory pair.

So, the correct logical order is EFCABD.

Hence, the correct option is (D).

78. While arranging sentences in a sequence, it is important to understand the theme of the passage so that the introductory and the following statements can be chosen accordingly. The passage central theme revolves around biofuels and their advantages -disadvantages. The first statement should be E as it introduces the topic 'biofuels' and mentions that they form an energy source that is potentially unlimited. Next should be statement F. It states a contradiction to the fact mentioned about biofuels in E that everything is good about the biofuels. It states that biofuels have disadvantages too. Next should be statement C as it talks about the disadvantages of biofuels which have been introduced in the prior statement. Next should be statement A. It states that despite having disadvantages, biofuels have numerous advantages as well. It should be followed by statement B which talks about some other advantages as well. B mentions 'turnaround' which has also been mentioned in statement D making BD, a mandatory pair.

So, the correct logical order is EFCABD.

Hence, the correct option is (D).

79. भारत में पैदा हुए एक बहरे बैडमिंटन खिलाड़ी राजीव बग्गा ब्रिटेन का प्रतिनिधित्व करते हैं। वह भारतीय राष्ट्रीय चैंपियन थे और ऐसा करने वाले एकमात्र बहरे व्यक्ति, जो 1990 के ऑल इंग्लैंड ओपन बैडमिंटन चैंपियनशिप के मुख्य चरण में पहुंचे थे।

1989 से 2001 तक, उन्होंने 12 स्वर्ण पदक जीते और डीफिलिम्पिक्स में एकल चैंपियन थे, और 2001 में कोमिटे इंटरनेशनल डेस स्पोर्ट्स डेस सॉर्ड्स (अंतर्राष्ट्रीय बधिर खेल समिति) द्वारा 'डिएक्लिम्पियन ऑफ द सेंचुरी' चुने गए। उन्हें 1991 में भारत का सर्वोच्च खेल सम्मान, अर्जुन पदक मिला। 2009 के डिफ्लैम्पिक्स में वह अपना छठा स्वर्ण जीतने से चूक गए थे।

अत: विकल्प (D) सही है।

80. मीराबाई चानू ने राष्ट्रमंडल खेलों में भारत का पहला स्वर्ण पदक जीता।

23 वर्षीय महिला ने 2014 के राष्ट्रमंडल खेलों में अपना पहला पदक जीता, महिलाओं के 48 किलोग्राम भार वर्ग में रजत।

उन्हें 2018 में राजीव गांधी खेल रत्न पुरस्कार मिला।

उसने थाईलैंड में EGAT कप में स्वर्ण पदक जीता, जिससे पीठ के निचले हिस्से की चोट होने के बावजूद हिम्मत के साथ वापसी हुई जिसके कारण वह 2018 के आधे से अधिक समय तक बाहर रहीं।

अत: विकल्प (C) सही है।

81. सामाजिक मानदंड एक समाज में सबसे अधिक बार देखे जाने वाले व्यवहार को संदर्भित करते हैं।

सामाजिक मानदंड समूहों द्वारा स्वीकार्य व्यवहार के साझा मानक हैं। सामाजिक मानदंड दोनों अनौपचारिक समझ हो सकते हैं जो किसी समाज के सदस्यों के व्यवहार को नियंत्रित करते हैं, साथ ही नियमों और कानूनों में संहिताबद्ध होते हैं। सामाजिक नियामक प्रभाव या सामाजिक मानदंड, मानव व्यवहार परिवर्तन के शक्तिशाली चालक माने जाते हैं और मानव व्यवहार की व्याख्या करने वाले प्रमुख सिद्धांतों द्वारा सुव्यवस्थित और शामिल किए जाते हैं।

अत: विकल्प (B) सही है।

82. दास प्रणाली का आधार आर्थिक है।

दासता स्तरीकरण की एक प्रणाली है जिसमें एक व्यक्ति दूसरे का मालिक होता है, क्योंकि वह संपत्ति का मालिक होता है, और आर्थिक लाभ के लिए दास के श्रम का शोषण करता है। दास किसी भी स्तरीकरण प्रणाली में सबसे निचली श्रेणियों में से एक हैं, क्योंकि उनके पास वस्तुतः कोई शक्ति या स्वयं की संपत्ति नहीं है।

अत: विकल्प (B) सही है।

83. जैसा कि हम जानते हैं,
यदि कोई व्यक्ति 'n' दिनों में काम पूरा करता है, तो एक दिन का काम, काम का $\frac{1}{n}$ हिस्सा होगा।

गणेश और भीम द्वारा एक काम को पूरा करने में लिया गया समय = 6 दिन

काम का वह भाग जो गणेश और भीम द्वारा 1 दिन में पूरा किया जाता हैं $= \frac{1}{6}$

गणेश द्वारा किसी काम को पूरा करने में लगने वाला समय = 10 दिन

गणेश द्वारा 1 दिन में पूरा किया जाने वाला काम $= \frac{1}{10}$

अब, हम 1 दिन में भीम द्वारा पूरा किए गए काम का हिस्सा निकालेंगे $=$

$$\frac{1}{6} - \frac{1}{10}$$

$$= \frac{(10-6)}{60}$$

$$= \frac{4}{60}$$

$$= \frac{1}{15}$$

∴ भीम पूरे काम को 15 दिनों में पूरा करता है।

अत: विकल्प (D) सही है।

84. दिया हुआ,

A अकेले काम को पूरा कर सकता है = 12 दिनों में

B अकेले समान काम को पूरा कर सकता है = 15 दिनों में

जैसा कि हम जानते हैं,

वेतन को दक्षता के अनुपात में वितरित किया जाता है।

दक्षता समय के व्युक्रमानुपाती होती है।

A और B का समय अनुपात = 12 : 15 = 4 : 5

A और B का दक्षता अनुपात = 5 : 4

प्रश्नानुसार,

5 + 4 = 9 इकाई

⇒ 9 इकाई = 3600

⇒ 1 इकाई = 400

⇒ 5 इकाई = 5 × 400 = 2000 रुपये

∴ A का हिस्सा 2000 रुपये है।

अत: विकल्प (D) सही है।

85. कोरियाई जीता (KRW) दक्षिण कोरिया की राष्ट्रीय मुद्रा है। इसके उपयोगकर्ता 1,000 के रूप में प्रतीक का उपयोग करके वॉन को दर्शाते हैं। यह 1962 में दक्षिण कोरिया की मुद्रा बन गई, जिसने ह्वान की जगह ले ली। यह 1997 तक विभिन्न दरों पर अमेरिकी डॉलर के लिए आंका गया था जब यह एक चल मुद्रा बन गया।
अत: विकल्प (D) सही है।

86. सबरीमाला, केरल के पेरियार टाइगर अभयारण्य में स्थित एक प्रसिद्ध हिन्दू मन्दिर है। यहाँ विश्व की सबसे बड़ा वार्षिक तीर्थयात्रा होती है जिसमें प्रति वर्ष लगभग 2 करोड़ श्रद्धालु सम्मिलित होते हैं।

सबरीमाला शैव और वैष्णवों के बीच की अद्भुत कड़ी है। मलयालम में सबरीमाला का अर्थ होता है, पर्वत।

सबरीमला में भगवान अयप्पन का मंदिर है।

अत: विकल्प (A) सही है।

87. चैत्र जात्रा उत्सव हिंदू महीने चैत्र के मंगलवार को "तारा तारिणी पहाड़ी मंदिर" में प्रतिवर्ष आयोजित किया जाता है। तारा तारिणी पहाड़ी मंदिर, ऋषिकुल्या नदी के तट पर कुमारी पहाड़ी में स्थित है। यह उड़ीसा में शक्ति पूजा का एक प्रमुख केंद्र है। तारा तारिणी पहाड़ी मंदिर भारत में चार प्रमुख प्राचीन तंत्र पीठ और शक्ति पीठों में से एक है।

अत: विकल्प (D) सही है।

88. अच्छा भाषण प्रशिक्षण भाषा में बेहतर सीखने की ओर ले जाता है एक शिक्षक को शुरुआत से ही भाषण प्रशिक्षण शुरू करना चाहिए। शिक्षार्थियों को अपनी प्रगति में रुचि लेने के लिए प्रोत्साहित करें। शायद यह सबसे अच्छा है, शुरुआत में, बच्चों को सुप्रभात, शुभ दोपहर, धन्यवाद, कृपया मुझे क्षमा करें, क्या मैं अंदर आ सकता हूं, आदि जैसे भावों का उपयोग करने की अनुमति देता हूं। ये उनके आत्मविश्वास को बढ़ाने में मदद करेंगे। आपके द्वारा सिखाई गई भाषा के समान भावों को लिया जा सकता है।

भाषण प्रशिक्षण पाठ निम्नलिखित अभ्यासों से शुरू होना चाहिए:

- विभिन्न ध्वनियों के उच्चारण के लिए वाक् अंगों का सही उपयोग।

- आपके द्वारा सही उच्चारण का प्रदर्शन।

- जीभ और होठों की सही स्थिति सुनिश्चित करने के लिए सामूहिक अभ्यास करें।

- व्यक्तिगत स्तर पर त्रुटियों का निदान और उच्चारण को सही करने के लिए व्यक्तिगत अभ्यास।

- प्रत्येक बच्चे को लगभग एक मिनट के लिए दो या तीन वाक्यों को सुसंगत रूप से बोलने का अवसर प्रदान करना ताकि आप त्रुटि का निदान कर सकें।

- भाषण के दौरान, यदि आप अपने विद्यार्थियों की बोली जाने वाली भाषा में सुधार नहीं देखते हैं, तो प्रशिक्षण को हतोत्साहित नहीं किया जाता है।

- एक अच्छी तरह से निर्देशित ध्वनि अभ्यास निश्चित रूप से आपके शिक्षार्थियों के बीच सुधार लाएगा।

इस प्रकार, हम यह निष्कर्ष निकालते हैं कि उपरोक्त सभी रणनीतियों का उपयोग छात्रों को अच्छे भाषण के लिए प्रशिक्षित करने के लिए किया जा सकता है।

अतः विकल्प (C) सही है।

89. दिया गया है,

पुरुष = 40%

महिला = 35%

बच्चे = 100 - 75 = 25%

कस्बे के सभी बच्चों में से 40% लड़कियाँ हैं।

लड़कियों की कुल संख्या = 1200

माना कुल जनसंख्या x है

x का 25% का 40% = 1200

$\Rightarrow \dfrac{(1000}{100 \times 100)} \times x = 1200$

$\Rightarrow x = \dfrac{(1200 \times 100 \times 100)}{1000}$

$\Rightarrow x = 12000$

∴ कुल जनसंख्या 12000 है।

अतः विकल्प (A) सही है।

90. माना, प्रारम्भिक विक्रय मूल्य S.P और प्रारंभिक बिक्री Y इकाई की है। इस प्रकार,

कुल प्रारम्भिक विक्रय राशि

A = S.P × Y

विक्रय मूल्य 20% से कम हुआ।

नया विक्रय मूल्य

$= S.P - \dfrac{20}{100} \times S.P$

$= 0.8\, S.P$

साथ ही बिक्री में 80% की वृद्धि हुयी। इसलिए, नयी विक्रय इकाई

$= Y + \dfrac{80}{100} \times Y$

$= 1.8\, Y$

कुल विक्रय राशि

$A' = 0.8(S.P) \times 1.8Y$

$A' = 1.44(S.P \times Y)$

इस प्रकार, कुल विक्रय राशि में वृद्धि हुई है।

प्रतिशत वृद्धि

$= \dfrac{A' - A}{A} \times 100$

$= \dfrac{1.44(S.P \times Y) - S.P \times Y}{S.P \times Y} \times 100$

$= 44\%$

∴ कुल विक्रय राशि में 44% की वृद्धि हुई।

अतः विकल्प (A) सही है।

91. दिया गया है,

द्विघात समीकरण $x^2 + kx + 18$ के मूल बराबर हैं।

यदि द्विघात समीकरण $x^2 + bx + c = 0$ के मूल बराबर हैं, तब $b^2 - 4ac = 0$

$x^2 + kx + 18 = 0$

$\Rightarrow a = 1, b = k, c = 18$

समान मूलों के लिए,

$b^2 - 4ac = 0$

$\Rightarrow k^2 - 4(1)(18) = 0$

$\Rightarrow k = \sqrt{72}$

$\Rightarrow k = 6\sqrt{2}$

∴ K का मान $6\sqrt{2}$ है।

अतः विकल्प (D) सही है।

92. माना कि वस्तु का क्रय मूल्य x रुपये है।

लाभ % = (विक्रय मूल्य – क्रय मूल्य)/क्रय मूल्य × 100

$x = \dfrac{(144 - x)}{x} \times 100$

$\Rightarrow x^2 = 14400 - 100x$

$\Rightarrow x^2 + 100x - 14400 = 0$

$\Rightarrow x^2 + 180x - 80x - 14400 = 0$

$\Rightarrow (x + 180)(x - 80) = 0$

$\Rightarrow x = 80$

∴ वस्तु का क्रय मूल्य 80 रुपए है।

अतः विकल्प (A) सही है।

93. दिया गया है,

आयताकार मैदान की लम्बाई और चौड़ाई का अनुपात = 5 : 2

आयताकार मैदान का परिमाप = 238 मी

आयत का परिमाप = 2(l + b)

आयताकार मैदान की लम्बाई और चौड़ाई का अनुपात = $5x : 2x$

प्रश्न के अनुसार,

$2 \times (5x + 2x) = 238$

$\Rightarrow 2 \times 7x = 238$

$\Rightarrow x = \dfrac{238}{14}$

$\Rightarrow x = 17$ m

मैदान की लम्बाई $= 5 \times 17$

$= 85$ मी

$\therefore$ मैदान की लम्बाई 85 मी है।

अतः विकल्प (D) सही है।

94. The correct answer is 'in spite'.

He slept like a horse **in spite** of all the commotion in the room.

The prepositional expression 'In spite of' is used to express something that surprisingly does not prevent something else from being true.

Example:

They enjoyed the rides in spite of the long queues.

Hence, the correct option is (C).

95. A person who believes that only selfishness motivates human actions is a **cynic**.

'Cynic' means a person who believes that people are motivated purely by self-interest.

Hence, the correct option is (B).

96. One who can not be corrected is **incorrigible**.

Incorrigible: (of a person or their behaviour) not able to be changed or reformed.

Hence, the correct option is (A).

97. दिया गया है,

$\sqrt[3]{\sqrt{0.000064}} = ?$

फिर,

$\sqrt{0.000064}$

$= \sqrt{\dfrac{64}{10^6}}$

$= \dfrac{8}{10^3}$

$= \dfrac{8}{1000}$

$= 0.008$

$\therefore \sqrt[3]{\sqrt{0.000064}}$

$= \sqrt[3]{0.008}$

$= \sqrt[3]{\dfrac{8}{1000}}$

$= \dfrac{2}{10}$

$= 0.2$

अतः विकल्प (B) सही है।

98. माना खेलों पर कुल खर्च रु. x

फिर,

गोल्फ पर खर्च की गई राशि $= \left(\dfrac{36}{360} \times x\right)$ रु.

$= \dfrac{x}{10}$ रु.

हॉकी पर खर्च की गई राशि $= \left(\dfrac{63}{360} \times x\right)$ रु.

$= \dfrac{7x}{40}$ रु.

अंतर $= \left(\dfrac{7x}{40} - \dfrac{x}{10}\right)$ रु.

$= \dfrac{3x}{40}$ रु.

आवश्यक प्रतिशत $= \left[\left(\dfrac{\frac{3x}{40}}{\frac{x}{10}}\right) \times 100\right]$ % रु.

$= 75\%$

$\therefore$ आवश्यक प्रतिशत 75% है।

अतः विकल्प (D) सही है।

99. माना खेलों पर कुल खर्च रु. x

फिर,

क्रिकेट पर खर्च की गई राशि $= \left(\dfrac{81}{360} \times x\right)$ रु.

$= \dfrac{9x}{40}$ रु.

फुटबॉल पर खर्च की गई राशि $= \left(\dfrac{54}{360} \times x\right)$ रु.

$= \dfrac{3x}{20}$ रु.

अंतर $= \left(\dfrac{9x}{40} - \dfrac{3x}{20}\right)$ रु.

$= \dfrac{3x}{40}$ रु.

आवश्यक प्रतिशत $= \left[\left(\dfrac{\frac{3x}{40}}{\frac{9x}{40}}\right) \times 100\right]$ % रु.

$= 33\dfrac{1}{3}\%$

$\therefore$ आवश्यक प्रतिशत $33\dfrac{1}{3}\%$ है।

अतः विकल्प (C) सही है।

100. दिया गया है,

वर्ष के दौरान खर्च की गई कुल राशि $= 2$ करोड़ रु.

क्रिकेट और हॉकी पर एकसाथ खर्च की गई राशि

$= \left[\dfrac{(81+63)}{360} \times 2\right]$ करोड़ रु.

= 0.8 करोड़ रु.

= 80,00,000 रु.

अतः विकल्प (B) सही है।

Q.1 इंटरनेशनल गर्ल्स इन आईसीटी डे 2022 का विषय क्या था जो हर साल अप्रैल में चौथे गुरुवार को मनाया जाता है?

A. पहुंच और सुरक्षा

B. अगली पीढ़ी को प्रेरणा

C. केस फॉर चेंज, कनेक्टेड वीमेन, IoT और टेक 4 गर्ल्स

D. शक्ति परिवर्तन: नवाचार और रचनात्मकता में महिलाएं

Q.2 तमिलनाडु विधान सभा 2021 का चुनाव किस राजनीतिक दल ने जीता?

[UPSSSC Preliminary Eligibility Test, 2021]

A. डी.एम.के. **B.** बी.जे.पी.

C. ए.आई.ए.डी.एम.के. **D.** पी.एम.के

Q.3 1897 में पुणे के प्लेग कमिश्नर डब्ल्यू सी रैंड की हत्या किसने की?

A. गणेश सावरकर **B.** चापेकर ब्रदर्स

C. वासुदेव बलवंत फड़के **D.** चिपलूनकर ब्रदर्स

Q.4 वर्तमान में, UNO का महासचिव कौन है?

[Haryana Police Constable Commando Wing, 2021]

A. एन्टोनिओ गुटरेस **B.** पॉल आर. मिल्ग्रोम

C. रॉबर्ट बी. विल्सन **D.** इनमें से कोई नहीं

Q.5 संयुक्त राष्ट्र महासभा की पहली भारतीय महिला अध्यक्ष कौन हैं?

A. किरण बेदी **B.** इंदिरा गांधी

C. विजया लक्ष्मी पंडित **D.** लीला सेठ

Q.6 Direction: In the following question, some part of the sentence may have errors. Find out which part of the sentence has an error and select the appropriate option. If the sentence is free from error, select 'No error'.

The reason we were late for (A)/ the meeting is that there (B)/ was an accident on the highway. (C)/ No error (D)

A. (A) **B.** (B) **C.** (C) **D.** (D)

Ques (7-8):Direction: In the following questions, a sentence has been given in Active/Passive Voice. Out of the four alternatives suggested, select the one which best expresses the same sentence in Passive/Active Voice.

Q.7 The call to donate blood was not responded to by anyone.

A. No one responded to the call for donation.

B. No one responded to the call to donate blood.

C. No one responds for call to donate blood.

D. The call to donate blood would not be responded to by anyone.

Q.8 They have decided to increase the school fees this year.

A. It has been decided to increase the school fees this year.

B. It had been decided to increase the school fees this year.

C. It was decided to increase the school fees this year.

D. It will be decided to increase the school fees this year.

Q.9 "लाइफ ऑफ पाई" के लेखक कौन हैं?

A. एलेनोर कैटोन **B.** अरविंद अडिगा

C. यॅन मार्टेल **D.** किरण देसाई

Ques (10-11):Direction: In the following question, out of the four alternatives, select the alternative which best expresses the meaning of the Idiom/Phrase.

Q.10 To sleep with the fishes

A. Always be in a dream world

B. To make absurd excuses

C. To sleep peacefully

D. To be dead

Q.11 Name is mud

A. In trouble **B.** Liked

C. Respected **D.** Wanted and desired

Q.12 अंग्रेजी में उपचारात्मक शिक्षण से भाषा शिक्षक को निम्नलिखित की पहचान करने में मदद मिलेगी:

A. वह विषय जो शिक्षार्थी ने नहीं सीखा है

B. भाषा परीक्षण पर मैलाडी और इसके कारण

C. सटीक वर्ग आकार

D. कक्षा के बुद्धिमान शिक्षार्थी

Q.13 उपचारात्मक शिक्षण का उद्देश्य _______ है

A. नई भाषा आइटम पेश करें

B. हाल ही में सिखाई गई वस्तुओं का परीक्षण करें

C. ठीक से नहीं सीखी गई भाषा की वस्तुओं को फिर से सिखाएं

D. पहले से सीखी गई भाषा की वस्तुओं को फिर से सिखाएं

Q.14 QUANTAS (कांटास) किस देश की लोकप्रिय हवाई कंपनी (एअरलाइन) है?

[NCHM JEE (Hotel Mgmt & Catering), 2019]

A. ऑस्ट्रेलिया **B.** नीदरलैंड

C. कोरिया **D.** जापान

Q.15 विनियामक निकाय 'TRAI' निम्न में से किससे संबंधित है?

[NCHM JEE (Hotel Mgmt & Catering), 2019]

A. दूरसंचार **B.** तकनीकी शिक्षा

C. पर्यटन **D.** परिवहन

Q.16 सरल कीजिए:

$$\sqrt{\left[4 + \sqrt{(44 + \sqrt{10000})}\right]}$$

A. 8 **B.** 4 **C.** 6 **D.** 16

Q.17 $\dfrac{11.2 \times 0.36 + 0.42 \times 3.2}{0.8 \times 4.2}$ का मान क्या है?

A. 2 **B.** 1.6 **C.** 3 **D.** $\dfrac{3}{2}$

Q.18 एक दुकानदार ने लागत मूल्य पर एक वस्तु बेचा, लेकिन 1 किग्रा वजन के स्थान पर 960 ग्राम वजन का उपयोग करें। उसका लाभ % ज्ञात कीजिये?

A. $2\frac{1}{3}$ **B.** $3\frac{1}{6}$ **C.** $4\frac{1}{6}$ **D.** $3\frac{1}{5}$

Q.19 एक व्यक्ति ने प्रत्येक 10 रुपये में 15 पेन खरीदे और उनमें से 5 को 8 रुपये में और अन्य 7 को 12 रुपये में बेच दिया और 16 रुपये में शेष रहा। लाभ/हानि प्रतिशत क्या है?

A. 13.66% **B.** 12.33% **C.** 14.66% **D.** 12.66%

Q.20 किसी वस्तु का अंकित मूल्य 200 रुपए है। किसी 1 वस्तु की खरीद पर 22% की छूट, 4 वस्तुओं की खरीद पर 33 % की छूट मिलती है। राबिया 5 वस्तु खरीदती है तो प्रभावी छूट क्या होगी?

A. 35 प्रतिशत **B.** 30.8 प्रतिशत
C. 34 प्रतिशत **D.** 20.4 प्रतिशत

Q.21 मंगनियार __________ के लिए एक प्रसिद्ध समुदाय है।

A. दक्षिण भारत शास्त्रीय गायन संगीत
B. उत्तर-पश्चिम भारत संगीत परंपरा
C. उत्तर-पूर्वी भारत मार्शल आर्ट
D. इनमे से कोई भी नहीं

Q.22 निम्नलिखित सुमेल पर विचार कीजिये:
1. केना उपनिषद: साम वेद
2. कथा उपनिषद: कृष्णा यजुर्वेद
3. प्रश्न उपनिषद: सामवेद
4. मंडुक्य उपनिषद: अथर्ववेद
उपरोक्त में से कौन-सा/से सही है/हैं?

A. केवल 1, 2, 3 **B.** केवल 1, 2, 4
C. केवल 2, 3, 4 **D.** सभी सही हैं

Q.23 अवरुद्ध पानी में-
A. कोई ऊर्जा नहीं है
B. विद्युत ऊर्जा है
C. गतिज ऊर्जा है
D. कार द्वारा उत्पन्न दबाव को कम करने के लिए

Q.24 किसी वातावरण में क्षैतिज ऊष्मा अंतरण को क्या कहते हैं?

A. प्रवाहकत्व **B.** विकिरण **C.** अवशोषण **D.** संवहन

Q.25 जिम्नोस्पर्म के बीज __________ होते हैं?
A. हमेशा नग्न
B. हमेशा ढंका हुआ
C. कुछ में नग्न और दूसरों में कवर किया गया
D. अनुपस्थित

Q.26 प्रकाश श्वसन होता है, केवल________।
A. पूरे संयंत्र में **B.** पौधों के हरे भागों में
C. तने में **D.** जड़ों और शाखाओं में

Q.27 यदि x, y, z तीन क्रमागत धनात्मक पूर्णांक हैं, तो $\log(1 + xz)$ का मान क्या है?

A. $\log y$ **B.** $\log \frac{y}{2}$ **C.** $\log(2y)$ **D.** $2\log(y)$

Q.28 फलन $f(x, y) = x^2 - 2x + 2y^2 + 4y - 2$ के लिए क्रांतिक बिंदु और प्रकृति क्या है?

A. (1,1) अधिकतम **B.** (1,-1) , अधिकतम
C. (1,1) न्यूनतम **D.** (1,-1) न्यूनतम

Q.29 निम्नलिखित प्रश्न में (?) के स्थान पर क्या आएगा?
$9999 \times 19 + 1111 \times 111 + 777 \times 7 = ?$

[UP Police Sub Inspector, 2017]

A. 390031 **B.** 291301 **C.** 191131 **D.** 318741

Q.30 निम्नलिखित प्रश्न में (?) के स्थान पर क्या आएगा?
$90 \times 11 \div 15 \times 45 - 980 + 42 \times 48 = ?$

[UP Police Sub Inspector, 2017]

A. 4019 **B.** 4016 **C.** 4006 **D.** 4009

Q.31 800 रुपये की राशि, साधारण ब्याज पर 3 वर्षों में 920 रुपये हो जाती है। यदि ब्याज दर में 3% की वृद्धि की जाती है, तो मिश्रधन कितनी होगी?

A. 652 रुपये **B.** 752 रुपये **C.** 992 रुपये **D.** 562 रुपये

Q.32 प्रति वर्ष कितने प्रतिशत की दर से कोई राशि 16 वर्षों में दोगुनी हो जाएगी?

A. $6\frac{1}{4}\%$ **B.** $9\frac{1}{4}\%$ **C.** $16\frac{1}{5}\%$ **D.** $6\frac{2}{3}\%$

Ques (33-37):Direction: Read the passage carefully to answer the given question.

The next ingredient is a very remarkable one: Good Temper. "Love is not easily provoked." Nothing could be more striking than to find this here. We are inclined to look upon bad temper as a very harmless weakness. We speak of it as a mere infirmity of nature, a family failing, a matter of temperament, not a thing to take into very serious account in estimating a man's character. And yet here, right in the heart of this analysis of love, it finds a place; and the Bible again and again returns to condemn it as one of the most destructive elements in human nature. The peculiarity of ill temper is that it is the vice of the virtuous. It is often the one blot on an otherwise noble character. You know men who are all but perfect, and women who would be entirely perfect, but for an easily ruffled quick-tempered or "touchy" disposition. This compatibility of ill temper with high moral character is one of the strangest and saddest problems of ethics. The truth is there are two great classes of sins - sins of the Body, and sins of Disposition. The Prodigal son may be taken as a type of the first, the Elder Brother of the second. Now society has no doubt whatever as to which of these is the worse. Its brand falls, without a challenge, upon the Prodigal. But are we right? We have no balance to weigh one another's sins, and coarser and finer are but human words; but faults in the higher nature may be less venial than those in the lower, and to the eye of Him who is Love, a sin against Love may seem a hundred times more base. No form of vice, not worldliness, not agreed of gold, not drunkenness itself does more to un-christianise society than evil temper. For embittering life, for breaking up communities, for destroying the most sacred relationships, for devastating homes, for taking the bloom off childhood; in short for sheer gratuitous misery-producing power, this influence stands alone. Jealousy, anger, pride, uncharity, cruelty, touchiness, doggedness, sullenness - in varying proportions these are the ingredients of all ill temper. Judge if such sins of the disposition are not worse to live in, and for others to live with than sins of the body. There is really no place in Heaven for a disposition like this. A man with such a mood could only make Heaven miserable for all the people in it.

Q.33 According to the comprehension, what is true regarding "bad temper"?

A. It is a remarkable ingredient
B. It is a harmless weakness

C. It is condemned in the Bible

D. It is a noble characteristic

Q.34 Bad temper is spoken of as which of the following?

A. Matter of temperament

B. Family failing

C. Infirmity of nature

D. All of the above

Q.35 Elder brother may be taken as what type of sins?

A. Sins of body

B. Sins of soul

C. Sins of disposition

D. None of the above

Q.36 Which among the following is not a constituent of ill/bad temper?

A. Self-righteousness

B. Cheerfulness

C. Sullenness

D. Pride

Q.37 Which of the following statements regarding "sins of disposition" is correct?

Statement I: Prodigal son may be considered as its type.

Statement II: Sins of body are worse than sins of disposition.

A. Statement I is correct

B. Statement II is correct

C. Both statement I and II are correct

D. Neither statement I nor statement II is correct

Q.38 कोंगथोंग गांव को यूएनडब्ल्यूटीओ 'सर्वश्रेष्ठ पर्यटन गांव' के रूप में नामित किया गया है। यह किस राज्य में स्थित है?

A. अरुणाचल प्रदेश

B. मेघालय

C. मणिपुर

D. मिजोरम

Q.39 विश्व जैव विविधता दिवस कब मनाया जाता है?

A. 22 मार्च

B. 22 अप्रैल

C. 22 मई

D. 22 जून

Q.40 विश्व गौरैया दिवस कब मनाया जाता है?

A. 18 मार्च

B. 19 मार्च

C. 20 मार्च

D. 22 मार्च

Q.41 संयुक्त सेना ने मराठों के खिलाफ तुंगा में किसके शासनकाल में लड़ाई लड़ी थी?

A. जय सिंह प्रथम

B. प्रताप सिंह

C. मान सिंह

D. इनमें से कोई नहीं

Q.42 दो पाइप, जब एक समय पर एक काम करते हैं तब एक टंकी को क्रमशः 2 घंटे और 3 घंटे में भर सकते हैं जबकि तीसरा पाइप टंकी को 6 घंटे में खाली कर सकता है। जब टंकी $\frac{1}{6}$ भरी हुई थी तब सभी तीनों पाइपों को एक साथ खोला गया। टंकी को पूरा भरने में कितना समय लगेगा?

A. 1 घंटा

B. 1 घंटा 20 मिनट

C. 1 घंटा 30 मिनट

D. 1 घंटा 15 मिनट

Q.43 व्यक्ति B, व्यक्ति A से 50% अधिक कुशल है और किसी कार्य को अकेले समाप्त करने में A को B से 6 दिन अधिक लगते हैं, तब यदि A और B मिल कर कार्य को करेंगे तब उन्हें उस कार्य को समाप्त करने में कितना समय लगेगा?

A. 7.2 दिन

B. 8 दिन

C. 9.6 दिन

D. 10.8 दिन

Q.44 Find the value of $\sqrt{\dfrac{1.96 \times 0.64}{1.6 \times 4.9}}$

A. 4

B. 0.4

C. 0.2

D. 2

Q.45 On simplification $\sqrt{(0.65)^2 - (0.16)^2}$ reduces to:

A. 0.63

B. 0.65

C. 0.54

D. None of these

Q.46 समलम्ब ABCD में, AB || CD और विकर्ण AC, BD, O पर काटती हैं। यदि ΔAOB और ΔCOD का क्षेत्रफल 19.2 सेमी ^{2} और 30 सेमी ^{2} है, तब समलम्ब का क्षेत्रफल ज्ञात कीजिए।

A. 92.4 सेमी ^{2}

B. 86.4 सेमी ^{2}

C. 97.2 सेमी ^{2}

D. 96.6 सेमी ^{2}

Q.47 समलम्ब की दो समानांतर भुजाओं की लंबाई के बीच का अंतर 10 सेमी है और समानांतर भुजाओं के बीच लंबवत लंबाई 6 सेमी है। यदि समलम्ब का क्षेत्रफल 72 सेमी² है, तब सबसे लंबी समानांतर भुजा की लंबाई ज्ञात कीजिए।

A. 17 सेमी

B. 18 सेमी

C. 19 सेमी

D. 20 सेमी

Q.48 बजट 2021-22 में प्रस्तावित विकास वित्तीय संस्थान (DFI) के बारे में कथनों का चयन करें:

1. यह देश में बुनियादी ढांचे के लिए मध्यम से दीर्घकालिक वित्त प्रदान करेगा।

2. राष्ट्रीय अवसंरचना पाइपलाइन (NIP) में केंद्र सरकार के खर्च का हिस्सा इस संस्था द्वारा पूरी तरह से वित्त पोषित किया जाएगा।

नीचे दिए गए कोड का उपयोग करके सही उत्तर चुनें।

A. केवल 1

B. केवल 2

C. 1 और 2 दोनों

D. न तो 1 और न ही 2

Q.49 निम्नलिखित में से कौन सा शब्द 'होममेड लीवरेज' का सही वर्णन करता है?

A. यह इंट्राडे पूंजी व्यापार के लिए पर्याप्त मात्रा में नकद उधार लेने का उल्लेख करता है।

B. यह अर्थव्यवस्था को काले हंस की घटनाओं से बचाने के लिए मुद्रण मुद्रा के अभ्यास को संदर्भित करता है।

C. यह एक अर्थव्यवस्था द्वारा अपनी मुद्रा का अवमूल्यन करके अनुचित व्यापार लाभ को संदर्भित करता है।

D. यह निवेशकों द्वारा फर्म की वित्तीय उत्तोलन की राशि को बदलने के लिए व्यक्तिगत उधार का उपयोग है।

Q.50 रेल मंत्री पीयूष गोयल राज्यसभा के निम्न में से किस राज्य के लिए चुने गए है?

A. तमिलनाडु

B. राजस्थान

C. महाराष्ट्र

D. उत्तर प्रदेश

Q.51 भारत के 14 वें नियंत्रक महालेखा परीक्षक के रूप में किसे नियुक्त किया गया है?

A. राजीव महर्षि

B. मनोज सिन्हा

C. गिरीश चंद्र मुर्मू

D. प्रदीप कुमार जोशी

Q.52 एक पेटी में 300 मूल्यवर्ग के सिक्के एक रुपये और पचास पैसे के हैं। उनके संबंधित मूल्यों का अनुपात 13 : 11 है। एक रुपये के सिक्के की संख्या _______ है।

A. 150

B. 152

C. 154

D. 111

Q.53 एक आदमी को 121 रुपये प्रति किलो और 141 रुपये प्रति किलो के हिसाब से किस अनुपात में चाय मिलानी चाहिए, ताकि मिश्रण को 129 रुपये प्रति किलो के हिसाब से बनाया जा सके?

A. 4 : 3

B. 4 : 2

C. 2 : 5

D. 3 : 2

Q.54 एक आयताकार मैदान की परिधि 84 मीटर है। यदि मैदान की लम्बाई उसकी चौड़ाई के दोगुना से 3 मीटर अधिक है, तब मैदान की लम्बाई क्या है?

A. 23 मीटर
B. 25 मीटर
C. 27 मीटर
D. इनमें से कोई नहीं

Q.55 3 सेमी त्रिज्या वाले एक गोले को आंशिक रूप से पानी से भरे एक बेलनाकार बर्तन में गिराया जाता है। बर्तन की त्रिज्या 6 सेमी है। यदि गोला पुर्णतः डूब जाता है। तो पानी के स्तर में कितनी वृद्धि होती है?

A. 1 सेमी
B. 2 सेमी
C. 3 सेमी
D. 4 सेमी

Q.56 8800 मीटर लंबाई का एक तार एक वर्ग के आकार का है। इसे काटकर एक घेरा बनाया जाता है। फिर, वर्ग के क्षेत्रफल और वृत्त के क्षेत्रफल का अनुपात _________ है।

A. 14: 11
B. 11: 14
C. 11: 13
D. 11: 15

Q.57 राजस्थान में राष्ट्रीय आयुष मिशन का उद्देश्य क्या है?

[Rajasthan Police Sub Inspector, 2016]

A. पश्चिमी जिलों में चिकित्सा सुविधाओं को बढ़ावा देना
B. राज्य में बीपीएल परिवारों को चिकित्सा बीमा सुविधा प्रदान करना
C. राज्य में आयुर्वेद, होम्यो, यूनानी, योग और प्राकृतिक चिकित्सा का विकास
D. राज्य के एससी/एसटी और ओबीसी परिवारों को निःशुल्क चिकित्सा सुविधा प्रदान करना

Q.58 Direction: The sentence given with the blank is to be filled with an appropriate word. Four alternatives are suggested for each question. Choose the correct alternative.

Speak softly lest the baby _________ wake up.

A. would
B. might
C. may
D. should

Q.59 Direction: Fill in the blank with the correct option.

The new vaccine Covaxin will help in ______ the body against the covid-19 virus.

A. prevent
B. preventing
C. will prevent
D. to prevent

Q.60 Direction: Fill in the blank with correct option.

Having ______ in both government and private schools, Palak is the most suitable person to take over as the principal of the school.

A. works
B. working
C. worked
D. was working

Q.61 Direction: In the following sentence, choose the word nearest in meaning to the word printed in bold in the sentence.

Loose-fitting sleepwear is the most comfortable since it does not bind or **constrain**.

A. Stress
B. Contradict
C. Restrict
D. Skipped

Q.62 Select the most appropriate antonym of the given word.

SYMPATHY

A. Dawdle
B. Indifference
C. Convene
D. Muster

Q.63 एक शिक्षक छात्र की नोटबुक के माध्यम से जाता है और टिप्पणी देता है। इसे _________ कहा जाता है।

A. नोटबुक जाँच
B. दैनिक टिप्पणियां
C. निर्धारण
D. मूल्यांकन

Q.64 रचनात्मक मूल्यांकन का उद्देश्य है:

A. प्रगति की निगरानी करें और उपचारात्मक निर्देश की योजना बनाएं
B. जानिए छात्रों की समझ
C. जानिए शिक्षक के उद्देश्य पूरे होते हैं
D. ग्रेड असाइन करें

Q.65 मलेशिया की मुद्रा क्या है?

[RBI Office Attendant, 2017]

A. रिंगित
B. कोरूना
C. लिटास
D. रूफिया

Q.66 प्रश्नवाचक चिन्ह (?) के स्थान पर क्या आयेगा ?

$$(25)^{7.5} \times (5)^{2.5} \div (125)^{1.5} = 5^?$$

A. 8.5
B. 13
C. 16
D. 17.5

Q.67 निम्नलिखित प्रश्न में प्रश्न चिह्न '?' के स्थान पर क्या आएगा?

? का 150% का 15% = 45 का 45%

A. 45
B. 90
C. 105
D. 135

Q.68 यदि X, Y से 25% अधिक है तो Y, X से कितने प्रतिशत कम है?

A. 25%
B. 20%
C. 12.5%
D. 16%

Q.69 सर्वोच्च न्यायालय के न्यायाधीशों की नियुक्ति कौन करता है?

A. भारत के मुख्य न्यायाधीश
B. राष्ट्रपति
C. प्रधानमंत्री
D. मंत्रिमंडल

Q.70 निम्नलिखित में से कौन भारत के क्षेत्र में आता है?

A. राज्य
B. केंद्र शासित प्रदेश
C. कोई अन्य क्षेत्र जो फिलहाल भारत के राज्यक्षेत्र में शामिल है
D. ऊपर के सभी

Q.71 दो संख्याओं का महत्तम समापवर्तक 23 है और उनके लघुतम समापवर्त्य के अन्य दो गुणनखंड 13 और 14 हैं। दोनों में से बड़ी संख्या है:

A. 276
B. 299
C. 322
D. 345

Q.72 Direction: Given below are four sentences in jumbled order. Pick the option that gives their correct order.

A. "Well, then I know just the place for you," he said.

B. "Yes," he replied. "Do you want one in the city"?

C. "Can you suggest a good hotel?" I asked the taxi driver.

D. "No, I would prefer a quiet place".

A. CBDA
B. CADB
C. ACBD
D. BDAC

Q.73 गुरु नानक के संबंध में, निम्नलिखित कथनों पर विचार करें।

I. करतारपुर में रावी नदी पर डेरा बाबा नानक नामक एक केंद्र की स्थापना की।

II. इस प्रकार गुरु नानक द्वारा बनाए गए पवित्र स्थान को धर्मशाल के नाम से जाना गया।

III. उनकी मृत्यु से पहले गुरु ने लहना को अपना उत्तराधिकारी नियुक्त किया।

सही कथन चुनें:

A. I और II
B. II और III
C. I और III
D. सभी कथन सही हैं

Q.74 सूची 1 और सूची 2 का मिलान करें और दिए गए विकल्पों में से सही उत्तर का चयन कीजिए।

सूची - I	सूची - II
a. पारिजातपहरनम	1. नंदी थिम्मना
b. पांडुरंग महात्म्यम	2. गंगा देवी
c. कालहस्ती महात्म्यम	3.तेनाली रामलिंगा
d. मदुरा विजयम	4.ध्रुजाति

A. a-1, b-3, c-4, d-2

B. a-2, b-4, c-3, d-1

C. a-2, b-4, c-3, d-1

D. a-2, b-1, c-3, d-4

Q.75 लामी का प्रमेय निम्न में से केवल किसके लिए लागू होता है?

A. समतलीय बल

B. समवर्ती बल

C. समतलीय और समवर्ती बल

D. किसी भी प्रकार के बल

Q.76 बलों का समुच्चय, जिनका परिणाम शून्य है, किस रूप में जाना जाता है?

A. संतुलन बल

B. संरेखीय बल

C. समतलीय बल

D. समवर्ती बल

Q.77 दी गई आकृति में किरणें P ‖ Q ‖ R ‖ S और किरण l ‖ m है। क्रमशः θ_1 और θ_2 ज्ञात कीजिए।

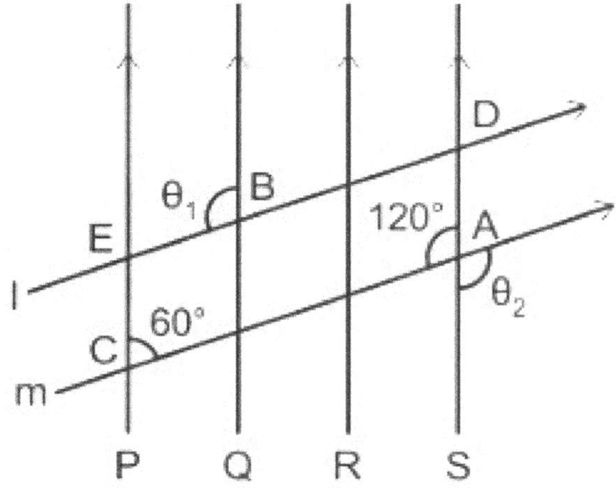

A. 120°, 140°

B. 120°, 120°

C. 160°, 150°

D. 60°, 120°

Q.78 जून 2020 में इंग्लैंड के फुटबॉल एसोसिएशन (FA) द्वारा निम्नलिखित में से किस क्लब को दूसरी स्तरीय महिला चैम्पियनशिप का विजेता घोषित किया गया?

A. एस्टन विला

B. बर्मिंघम सिटी

C. लिवरपूल

D. वेस्ट हेम

Q.79 सुश्री सोनिया लाठेर निम्नलिखित में से किस खेल से जुड़ी हैं?

[Haryana Primary Teacher (PRT), 2020]

A. कुश्ती

B. कबड्डी

C. एथलेटिक्स

D. मुक्केबाजी

Q.80

A और B एक व्यवसाय में 3:2 के अनुपात में निवेश करते हैं। यदि कुल लाभ का 5% दान में जाता है और A का हिस्सा रु. 855 है, तो कुल लाभ है:

A. रु. 1425

B. रु. 1500

C. रु. 1537.50

D. रु. 1576

Q.81 भारत में कोरोमंडल तट स्थित है:

A. पश्चिमी घाट के साथ

B. पूर्वी घाट के साथ

C. सुवर्णरिखा नदी के साथ

D. उपरोक्त में से कोई नहीं

Q.82 अस्तरित शैल है:

A. आग्नेय चट्टान

B. तलछटी चट्टानों

C. रूपांतरित चट्टान

D. इनमें से कोई भी नहीं

Q.83 भाषा अवरोध को कम करने के लिए मानचित्र में किसका प्रयोग उपयुक्त है?

A. भिन्नात्मक पैमाना निरूपण

B. मौखिक पैमाना

C. नामांकन

D. शीर्षक

Q.84 5 सेमी त्रिज्या वाले एक गोले को पिघलाया जाता है और फिर इससे 2 सेमी त्रिज्या वाले गोलों का पुनर्निर्माण किया जाता है। तो ऐसे कितने गोले बनाये जा सकते हैं?

A. 15

B. 16

C. 17

D. 18

Q.85 चंपारण सत्याग्रह के संदर्भ में, निम्नलिखित कथनों पर विचार कीजिए:

1. इस आंदोलन का नेतृत्व राजेंद्र प्रसाद, नरहरि पारिख और जे.बी. कृपलानी के साथ महात्मा गांधी ने किया था।

2. जब बागान मालिकों ने किसानों से अवैध रूप से लिए गए धन को वापस करने के लिए सहमति व्यक्त की तो सत्याग्रह समाप्त हो गया।

उपर्युक्त कथनों में से कौन-सा/से सही है/हैं?

A. केवल 1

B. केवल 2

C. दोनो 1 और 2

D. न तो 1 न 2

Ques (86-87):Direction: Read the following group of sentences. The 1st and the last sentences are numbered 1 and 6, the rest are numbered P,Q,R,S. Arrange these four sentences in proper order to form a meaningful paragraph/sentence.

Q.86 1. Youths are the assets and hope of a nation

P. in making India a great

Q. Steeped in old cultural values

R. They can play a vital role

S. democratic, progressive and prosperous country.

6. But equipped with modern scientific knowledge.

A. SPRQ

B. PRSQ

C. RPSQ

D. QPRS

Q.87 1. Optimism is not a deep complicated philosophy

P. In some persons it is an inborn trait.

Q. In fact, it is always taking a positive and bright view of life.

R. It is more of a general attitude of life.

S. They are tuned that way by nature and temperament.

6. However, in most cases it is an acquired and nurtured habit.

A. RQPS

B. QRPS

C. PSRQ

D. PSQR

Q.88 $\omega^{15} + \omega^{20} + \omega^{25}$ का मान है:

A. 1

B. 0

C. 2

D. 3

Q.89 इवेंजेलिस्टा टोरिकेली निम्नलिखित में से किस उपकरण का आविष्कारक है?

A. बैरोमीटर

B. एम्मिटर

C. दूरबीन

D. एनीमोमीटर

Q.90 एडवर्ड जेनर ने ______ की खोज की।

A. चेचक का टीका

B. एंथ्रेक्स वैक्सीन

C. इंसुलिन   **D.** रूबेला वैक्सीन

Q.91 निम्नलिखित में से कौन अधिकार से संबंधित है?

A. लोके   **B.** होब्स   **C.** एम. वेबर   **D.** रूसो

Q.92 पंचायती राज की त्रिस्तरीय प्रणाली की सिफारिश किसके द्वारा की गई थी:

A. साइमन कमीशन
B. जय प्रकाश नारायण समिति
C. काका कालेकर समिति
D. बलवंत राय मेहता समिति

Q.93 आवर्त सारणी में किसी अवधि के दौरान बाएं से दाएं जाने पर निम्नलिखित में से कौन नहीं बढ़ता है?

A. तत्वों की ऑक्सीकरण शक्ति
B. वैद्युतीयऋणात्मकता
C. गैर-धातु चरित्र
D. शक्ति को कम करना

Q.94 किसी पृथक गैसीय अवस्था में किसी परमाणु के बाहरी आवरण से इलेक्ट्रॉन को निकालने के लिए आवश्यक ऊर्जा को कहा जाता है?

A. इलेक्ट्रान बन्धुता   **B.** क्षमता को कम करना
C. आयनीकरण क्षमता   **D.** आयनीकरण क्षमता

Ques (95-99):निर्देश: बार ग्राफ और तालिका का अध्ययन कीजिए और दिए गए प्रश्न का हल ज्ञात कीजिए।

निम्नलिखित बार ग्राफ विभिन्न महीनों में बेचे गए (हजारों की संख्या में) मोबाइलों की संख्या दर्शाता है और तालिका इन महीनों में बेचे गए दो प्रकार के मोबाइलों के बीच के अनुपात को दर्शाती है।

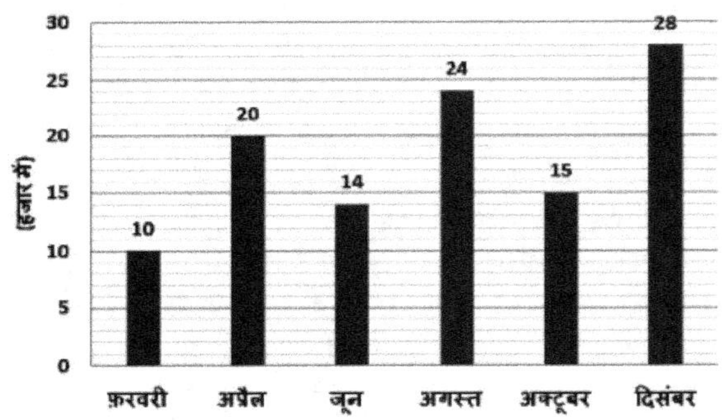

	सैमसंग	:	आईफ़ोन
फ़रवरी	1	:	4
अप्रैल	2	:	3
जून	4	:	3
अगस्त	3	:	5
अक्टूबर	2	:	1
दिसंबर	2	:	5

इन दिए गए महीनों में केवल दो प्रकार के मोबाइल (सैमसंग और आईफ़ोन) बिक रहे हैं।

Q.95 जून और दिसंबर को मिलाकर बेचे गए सैमसंग मोबाइल और फरवरी और अगस्त को मिलाकर बेचे गए आईफ़ोन मोबाइल के बीच का अनुपात क्या होगा?

A. 23 : 16   **B.** 16 : 23   **C.** 15 : 23   **D.** 23 : 15

Q.96 दिसंबर में बेचे गए आईफ़ोन मोबाइल की संख्या, अप्रैल और जून को मिलाकर बेचे गए सैमसंग मोबाइल की संख्या से कितने प्रतिशत अधिक या कम है?

A. 10%   **B.** 20%   **C.** 30%   **D.** 25%

Q.97 यदि सितंबर के महीने में, सैमसंग मोबाइल की बिक्री में $33\frac{1}{3}$ की वृद्धि होती है और आईफ़ोन मोबाइल की बिक्री में भी $33\frac{1}{3}$ की वृद्धि होती है, तो सितंबर में बेचे गए मोबाइल की संख्या क्या होगी?

A. 24000   **B.** 32000   **C.** 30000   **D.** 28000

Q.98 यदि किसी कारण से, सैमसंग मोबाइल का 10% और आईफ़ोन मोबाइल का 20% फरवरी के महीने में नहीं बेचे जाते है, तो फरवरी में बिकने वाले मोबाइल की कुल संख्या क्या है?

A. 4600   **B.** 1400   **C.** 1580   **D.** 8200

Q.99 अगस्त से दिसंबर तक मोबाइल की बिक्री में कितने प्रतिशत की वृद्धि हुई?

A. $16\frac{1}{3}$%   **B.** $16\frac{2}{3}$%   **C.** $14\frac{1}{3}$%   **D.** $14\frac{2}{3}$%

Q.100 समाजशास्त्र शब्द में लोगो का क्या अर्थ है?

A. विज्ञान/अध्ययन   **B.** समाज
C. सामाजिक   **D.** साथी

// स्मार्ट उत्तर पुस्तिका //

सही उत्तर	उन छात्रों का प्रतिशत जिन्होंने प्रश्नों का सही उत्तर दिया था।		छोड़ दिया	उन छात्रों का प्रतिशत जिन्होंने प्रश्नों को छोड़ दिया था।

प्रश्न संख्या	उत्तर	सही उत्तर / छोड़ दिया	प्रश्न संख्या	उत्तर	सही उत्तर / छोड़ दिया	प्रश्न संख्या	उत्तर	सही उत्तर / छोड़ दिया	प्रश्न संख्या	उत्तर	सही उत्तर / छोड़ दिया	प्रश्न संख्या	उत्तर	सही उत्तर / छोड़ दिया	प्रश्न संख्या	उत्तर	सही उत्तर / छोड़ दिया
1	A	83.46 % / 0.0 %	18	C	19.22 % / 4.71 %	35	C	40.31 % / 1.59 %	52	D	64.24 % / 1.69 %	69	B	89.49 % / 0.0 %	86	C	47.11 % / 1.0 %
2	A	26.5 % / 4.52 %	19	C	59.19 % / 1.86 %	36	B	87.79 % / 0.0 %	53	D	65.6 % / 1.7 %	70	D	61.59 % / 1.73 %	87	A	50.04 % / 1.44 %
3	B	40.89 % / 1.03 %	20	B	45.0 % / 1.88 %	37	A	80.6 % / 0.0 %	54	D	57.53 % / 1.31 %	71	C	42.5 % / 1.21 %	88	B	48.85 % / 1.72 %
4	A	44.72 % / 1.07 %	21	B	76.7 % / 0.0 %	38	B	68.17 % / 1.01 %	55	A	53.32 % / 1.89 %	72	A	45.47 % / 1.52 %	89	A	57.89 % / 1.79 %
5	C	12.71 % / 4.87 %	22	B	67.53 % / 1.78 %	39	C	64.98 % / 1.94 %	56	B	40.44 % / 1.77 %	73	D	16.58 % / 3.67 %	90	A	21.96 % / 4.83 %
6	B	58.13 % / 1.01 %	23	B	47.3 % / 1.14 %	40	C	42.41 % / 1.87 %	57	C	69.65 % / 1.57 %	74	A	29.98 % / 4.28 %	91	C	62.42 % / 1.68 %
7	B	54.23 % / 1.92 %	24	D	49.27 % / 1.89 %	41	B	47.49 % / 1.98 %	58	D	41.52 % / 1.52 %	75	C	50.14 % / 1.01 %	92	D	78.46 % / 0.0 %
8	A	50.08 % / 1.43 %	25	A	43.59 % / 1.38 %	42	D	20.43 % / 4.08 %	59	B	83.63 % / 0.0 %	76	A	69.28 % / 1.51 %	93	D	67.33 % / 1.25 %
9	C	68.32 % / 1.01 %	26	B	58.47 % / 1.8 %	43	A	41.27 % / 1.75 %	60	C	76.69 % / 0.0 %	77	B	58.32 % / 1.48 %	94	C	80.64 % / 0.0 %
10	D	52.92 % / 1.45 %	27	D	45.69 % / 1.76 %	44	B	86.9 % / 0.0 %	61	C	15.35 % / 4.3 %	78	A	25.96 % / 3.18 %	95	B	53.28 % / 1.44 %
11	A	43.38 % / 1.71 %	28	D	62.79 % / 1.47 %	45	A	63.04 % / 1.14 %	62	B	76.31 % / 0.0 %	79	D	42.4 % / 1.69 %	96	D	14.73 % / 4.0 %
12	B	65.21 % / 1.39 %	29	D	45.4 % / 1.52 %	46	C	10.34 % / 4.87 %	63	D	80.33 % / 0.0 %	80	B	52.1 % / 1.47 %	97	B	62.09 % / 1.65 %
13	C	49.61 % / 1.06 %	30	C	43.49 % / 1.53 %	47	A	55.16 % / 1.79 %	64	A	56.43 % / 1.6 %	81	B	45.63 % / 1.19 %	98	D	54.56 % / 1.73 %
14	A	89.2 % / 0.0 %	31	C	67.83 % / 1.31 %	48	C	20.83 % / 3.75 %	65	A	68.27 % / 1.53 %	82	A	54.3 % / 1.72 %	99	B	84.06 % / 0.0 %
15	A	51.4 % / 1.69 %	32	A	54.01 % / 1.22 %	49	D	51.82 % / 1.86 %	66	B	57.93 % / 1.49 %	83	A	87.87 % / 0.0 %	100	A	76.84 % / 0.0 %
16	B	78.79 % / 0.0 %	33	C	87.04 % / 0.0 %	50	C	54.02 % / 1.58 %	67	B	86.12 % / 0.0 %	84	A	85.09 % / 0.0 %			
17	B	41.84 % / 1.68 %	34	D	43.85 % / 1.07 %	51	C	66.49 % / 1.12 %	68	B	57.72 % / 1.22 %	85	A	53.6 % / 1.39 %			

//संकेत और समाधान//

1. इंटरनेशनल गर्ल्स इन आईसीटी डे 2022 का विषय पहुंच और सुरक्षा था। यह हर साल अप्रैल में चौथे गुरुवार को मनाया जाता है। इंटरनेशनल गर्ल्स इन आईसीटी डे का उद्देश्य प्रौद्योगिकी में लड़कियों और महिलाओं के प्रतिनिधित्व को बढ़ाने के लिए एक वैश्विक आंदोलन को प्रेरित करना है।

अतः विकल्प (A) सही है।

2. तमिलनाडु विधान सभा 2021 का चुनाव डी.एम.के. राजनीतिक दल ने जीता।

- अखिल भारतीय अन्ना द्रविड़ मुनेत्र कड़गम (ए.आई.ए.डी.एम.के.) के दशक के लंबे शासन को समाप्त करते हुए द्रविड़ मुनेत्र कड़गम (डी.एम.के.) ने चुनाव जीता।
- द्रमुक के नेता एम. के. स्टालिन 1956 के पुनर्गठन के बाद से तमिलनाडु के आठवें मुख्यमंत्री और 12वें मुख्यमंत्री बने।
- उन्होंने ए.आई.ए.डी.एम.के. के एडप्पादी के. पलानीस्वामी का स्थान लिया।
- राज्य के आधुनिक इतिहास में दो सबसे प्रमुख मुख्यमंत्रियों, ए.आई.ए.डी.एम.के. की महासचिव जे. जयललिता और डी.एम.के. के अध्यक्ष एम. करुणानिधि जिनकी मृत्यु क्रमशः 2016 और 2018 में हो गई थी, के बाद यह तमिलनाडु का पहला विधानसभा चुनाव था।

अतः विकल्प (A) सही है।

3. 1897 में पुणे के प्लेग कमिश्नर डब्ल्यू सी रैंड की हत्या चापेकर ब्रदर्स ने की थी।

22 जून 1897 को, भाइयों दामोदर हरि चापेकर और बालकृष्ण हरि चापेकर ने पुणे, महाराष्ट्र में ब्रिटिश अधिकारी डब्ल्यू सी रैंड और उनके सैन्य अनुरक्षण लेफ्टिनेंट आयर्स्ट की हत्या कर दी। 1857 के विद्रोह के बाद भारत में उग्रवादी राष्ट्रवाद का यह पहला मामला था।

अत: विकल्प (B) सही है।

4. संयुक्त राष्ट्र के नौवें महासचिव एंटोनियो गुटेरेस ने 1 जनवरी 2017 को पदभार ग्रहण किया।

एंटोनियो मैनुअल डी ओलिवेरा गुटेरेस एक पुर्तगाली राजनीतिज्ञ और राजनयिक हैं। 2017 से, उन्होंने संयुक्त राष्ट्र के महासचिव के रूप में कार्य किया है, जो इस उपाधि को धारण करने वाले नौवें व्यक्ति हैं। पुर्तगाली सोशलिस्ट पार्टी के सदस्य, गुटेरेस ने 1995 से 2002 तक पुर्तगाल के प्रधान मंत्री के रूप में कार्य किया। गुटेरेस ने 1992 से 2002 तक सोशलिस्ट पार्टी के महासचिव के रूप में कार्य किया। वह 1995 में प्रधान मंत्री चुने गए और 2002 में उनकी पार्टी के बाद इस्तीफा दे दिया। 2001 के पुर्तगाली स्थानीय चुनावों में हार गए थे।

अतः विकल्प (A) सही है।

5. विजया लक्ष्मी पंडित संयुक्त राष्ट्र महासभा की पहली भारतीय महिला अध्यक्ष थीं।

विजया लक्ष्मी पंडित (18 अगस्त 1900 - 1 दिसंबर 1990) एक भारतीय राजनयिक और राजनीतिज्ञ थीं, जो महाराष्ट्र की 6वीं राज्यपाल और संयुक्त राष्ट्र महासभा की 8वीं अध्यक्ष के लिए चुनी गई पहली महिला थीं।

अतः विकल्प (C) सही है।

6. The error is in part (B) of the sentence. We do not use "because" for a reason as it is redundant. So, replace "because" with "that" in the given sentence.

So, the correct sentence is- The reason we were late for the meeting is that there was an accident on the highway.

Hence, the correct option is (B).

7. The given sentence is in the passive form of simple past tense. The structures for active/passive voices are:

Active: Subject + verb (IInd form) + object

Passive: Object + was/were + verb (IIIrd form) + by + subject

So, with the help of the above structures, we can convert the given sentence into active voice:

No one responded to the call to donate blood.

Hence, the correct option is (B).

8. This is a sentence of the present perfect tense. The active and passive voice structures of such sentences are:

Active: Subject + has/have verb (IIIrd form) + object.

Passive: Object + has/have + been + verb (IIIrd form) + by + subject.

As we can see that in the given sentence, there is no object mentioned. So, we can use "it" as an object. The passive voice of the given sentence would be:

It has been decided to increase the school fees this year (by them).

Please note that "by + subject" is optional to use.

Hence, the correct option is (A).

9. "लाइफ ऑफ पाई" के लेखक यॅन मार्टेल हैं।

"लाइफ ऑफ पाई", 2001 में प्रकाशित यॅन मार्टेल द्वारा कनाडाई साहसिक उपन्यास है। इस उपन्यास का नायक पिस्सीने मोलीटोर "पाई" पटेल है जो की पांडिचेरी का एक भारतीय लड़का है। पाई प्रारंभिक उम्र से ही आध्यात्मिकता और व्यावहारिकता के मुद्दों की पड़ताल करता है। वह उसके जहाज के पतन के बाद प्रशांत महासागर में एक रक्षा-नौका पर रिचर्ड पार्कर नाम के एक बंगाल टाइगर के साथ 227 दीनो तक जीवित रहता है।

अतः विकल्प (C) सही है।

10. The best expresses the meaning of the Idiom/Phrase **to sleep with the fishes** is **to be dead**.

The idiom **"sleep with the fishes"** means to be killed or to be murdered and have one's body disposed of in a river, lake, or ocean.

Example: Rocco tried to siphon money off from the Mob for himself. Now he **sleeps with the fishes**.

Hence, the correct option is (D).

11. The best expresses the meaning of the Idiom/Phrase **name is mud** is **in trouble**.

The idiom **"name is mud"** is used when people get angry with you because of something you have said or done or you are **in trouble** because people are angry with you.

Example: If he doesn't turn up tonight, his name will be mud.

Hence, the correct option is (A).

12. उपचारात्मक भाषा शिक्षण से तात्पर्य उस शिक्षण से है जिसका उद्देश्य धीमी गति से सीखने वालों की कुछ सीखने की क्षमता में सुधार करना है। यह शिक्षण-शिक्षण कार्यक्रम का एक अभिन्न अंग है, जिसे प्रतिपूरक या सुधारात्मक शिक्षण के रूप में भी जाना जाता है।

उपचारात्मक शिक्षण का उद्देश्य उन शिक्षार्थियों को अतिरिक्त सहायता देना है जो किसी विषय या विषय में शेष कक्षा से पीछे रह गए हैं।

शिक्षक को शिक्षार्थी की ताकत और कमजोरियों को समझना चाहिए ताकि उन्हें उनकी समस्याओं को दूर करने के लिए आवश्यक सहायता और मार्गदर्शन प्रदान किया जा सके।

अतः विकल्प (B) सही है।

13. उपचारात्मक शिक्षण शिक्षण-शिक्षण कार्यक्रम का एक अभिन्न अंग है, जिसे प्रतिपूरक या सुधारात्मक शिक्षण के रूप में भी जाना जाता है।

उपचारात्मक शिक्षण का उद्देश्य उन शिक्षार्थियों को अतिरिक्त सहायता देना है जो किसी विषय या विषय में शेष कक्षा से पीछे रह गए हैं।

यह धीमी गति से सीखने वालों की पहचान करने और उन्हें उनकी समस्याओं को दूर करने के लिए आवश्यक सहायता और मार्गदर्शन प्रदान करने की प्रक्रिया है।

उपचारात्मक शिक्षण का उद्देश्य:

- अप्रभावी आदतों को खत्म करने के लिए
- अतिरिक्त सहायता देकर शिक्षार्थियों को बेहतर सीखने के लिए
- ठीक से नहीं सीखी गई भाषा वस्तुओं को फिर से पढ़ाने के लिए
- प्रेरक उपागमों के साथ सीखने में शिक्षार्थियों की रुचि जगाना
- शिक्षार्थियों को उनकी विविध आवश्यकताओं के अनुसार व्यावहारिक अनुभव प्रेषित करना

इसलिए, यह स्पष्ट हो जाता है कि उपचारात्मक शिक्षण का उद्देश्य ठीक से सीखी गई भाषा की वस्तुओं को फिर से पढ़ाना है।

अतः विकल्प (C) सही है।

14. क्वांटास एयरलाइंस ऑस्ट्रेलिया की ध्वजवाहक एयरलाइन है।

यह सिडनी हवाई अड्डे, मेलबर्न हवाई अड्डे और ब्रिस्बेन हवाई अड्डे पर अपने केंद्रों से संचालित होता है। क्वांटास एयरलाइंस दुनिया की तीसरी सबसे पुरानी एयरलाइन है।

अतः विकल्प (A) सही है।

15. दूरसंचार से जुड़ी नियामक संस्था 'TRAI'।

भारतीय दूरसंचार नियामक प्राधिकरण (TRAI) भारतीय दूरसंचार नियामक प्राधिकरण अधिनियम, 1997 की धारा 3 के तहत भारत सरकार द्वारा स्थापित एक नियामक निकाय है। यह भारत में दूरसंचार क्षेत्र का नियामक है।

अतः विकल्प (A) सही है।

16. दिया है:

$$\sqrt{\left[4 + \sqrt{(44 + \sqrt{10000})}\right]}$$

$$= \sqrt{\left[4 + \sqrt{(44 + 100)}\right]}$$

$$= \sqrt{\left[4 + \sqrt{144}\right]}$$

$$= \sqrt{[4 + 12]}$$

$$= \sqrt{[16]}$$

$$= 4$$

अतः विकल्प (B) सही है।

17. दिया है,

$$\frac{11.2\times0.36+0.42\times3.2}{0.8\times4.2}$$

$$\Rightarrow \frac{4.032+1.344}{3.36}$$

$$\Rightarrow \frac{5.376}{3.36}$$

$$\Rightarrow 1.6$$

अतः विकल्प (B) सही है।

18. दिया है:

शुद्ध वजन $= 1$ किग्रा $= 1000$ ग्राम

अशुद्ध वजन $= 960$ ग्राम

हम जानते हैं कि,

लाभ $\% = ((शुद्ध\ वजन - अशुद्ध\ वजन)\ /अशुद्ध\ वजन) \times 100$

$$= \frac{1000-960}{960} \times 100$$

$$= \frac{40}{960} \times 10$$

$$= \frac{25}{6} = 4\frac{1}{6}\%$$

अतः विकल्प (C) सही है।

19. कुल क्रय मूल्य $= 15 \times 10 = 150$

कुल विक्रय मूल्य $= 5 \times 8 + 12 \times 7 + 3 \times 16$

$$= 40 + 84 + 48 = 172$$

लाभ प्रतिशत $= \frac{172-150}{150\times100}$

$$= 14.66\%$$

अतः विकल्प (C) सही है।

20. दिया गया है,

वस्तु का अंकित मूल्य 200 रुपए है 22% और 33% छूट दी गई है।

मिश्रण विधि द्वारा,

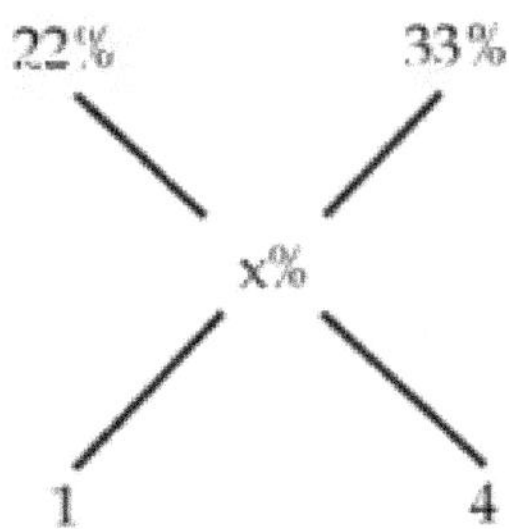

$$\therefore \frac{33-x}{x-22} = \frac{1}{4}$$

$$x = 30.8\%$$

अतः विकल्प (B) सही है।

21. मंगनियार उत्तर-पश्चिम भारत की संगीत परंपरा के लिए एक प्रसिद्ध समुदाय है।

मंगनियार पश्चिमी राजस्थान में जैसलमेर, बाड़मेर, जालोर, बीकानेर और जोधपुर जिलों के कुछ हिस्सों से संबंधित पेशेवर मुस्लिम लोक संगीतकार हैं।

अत: विकल्प (B) सही है।

22. केना उपनिषद एक वैदिक संस्कृत पाठ है जिसे प्राथमिक या मुखिया उपनिषदों में से एक के रूप में वर्गीकृत किया गया है जो सामवेद के तलावकार ब्राह्मणम के अंतिम खंड के अंदर सन्निहित है। कथा उपनिषद मुख्य (प्राथमिक) उपनिषदों में से एक है, जो कृष्ण यजुर्वेद के कथा विद्यालय के अंतिम छोटे आठ खंडों में अंतर्निहित है। प्राण उपनिषद एक प्राचीन संस्कृत ग्रंथ है, जो अथर्ववेद के अंदर सन्निहित है। मंडुक्य उपनिषद सभी उपनिषदों में सबसे छोटा है और अथर्ववेद को सौंपा गया है।

अतः विकल्प (B) सही है।

23. स्थैतिक बिजली एक सामग्री की सतह पर विद्युत प्रभार का असंतुलन है। स्थैतिक का अर्थ है स्थिर या स्थिर, इसलिए इसका उपयोग गतिशील (चलती) बिजली के विपरीत किया जाता है जो विद्युत धाराओं के रूप में होती है। आमतौर पर परमाणु तटस्थ होते हैं, जिसका अर्थ है कि उनके पास इलेक्ट्रॉनों और प्रोटॉन की समान संख्या है। इस प्रकार, स्थिर ऊर्जा अवरुद्ध पानी में है।

अतः विकल्प (B) सही है।

24. संवहन को द्रव के प्रवाह द्वारा ऊष्मा या पदार्थ के स्थानांतरण के रूप में परिभाषित किया जाता है, विशेष रूप से वायुमंडल में क्षैतिज रूप से।

अतः विकल्प (D) सही है।

25. जिम्नोस्पर्म को इसलिए कहा जाता है क्योंकि उनके पास नग्न अण्डे / बीज होते हैं। पौधों के विकास के संदर्भ में, वे पहले बीज बोने वाले पौधे हैं। वे एंजियोस्पर्म से नीच हैं क्योंकि एंजियोस्पर्म में, अंडाशय को कवर किया जाता है।

अतः विकल्प (A) सही है।

26. श्वसन पौधों और जानवरों दोनों में होता है, जबकि प्रकाश संश्लेषण केवल पौधों, शैवाल और कुछ बैक्टीरिया के भीतर होता है। प्रकाश संश्लेषण की हल्की प्रतिक्रियाएं केवल दिन के दौरान होती हैं, लेकिन अंधेरे प्रतिक्रियाएं दिन या रात में हो सकती हैं। श्वसन का दिन के समय तक कोई प्रतिबंध नहीं है।

अतः विकल्प (B) सही है।

27. माना कि x, y, z तीन क्रमागत धनात्मक पूर्णांक हैं।

$$y = x + 1 \text{ और } z = y + 1$$

$$z = x + 2$$

माना कि $\log(1 + xz)$ है।

$$= \log[1 + x(x + 2)]$$

$$= \log[1 + x^2 + 2x]$$

$$= \log(1 + x)^2$$

$$= 2\log(1 + x)$$

$$= 2\log y$$

अतः विकल्प (D) सही है।

28. दिया है:

$$f(x, y) = x^2 - 2x + 2y^2 + 4y - 2$$

आंशिक अवकलज:

$$f'(x) = 2x - 2 \text{ और } f'(y) = 4y + 4$$

अब, क्रांतिक बिंदुओं के लिए, $f'(x) = 0$

$$2x - 2 = 0$$

$$x = 1$$

साथ ही, $f'(y) = 0$

$$4y + 4 = 0$$

$$y = -1$$

इसलिए, क्रांतिक बिंदु (1,-1)

$$f''(x) = 2 > 0 \text{ और } f'(y) = 4 > 0$$

इसलिए, (1,-1) पर न्यूनतम

अतः विकल्प (D) सही है।

29. दिया गया समीकरण है,

$$\Rightarrow 9999 \times 19 + 1111 \times 111 + 777 \times 7 = ?$$

$$\Rightarrow (10000 - 1) \times 19 + (1100 + 11) \times 111 + (700 + 77) \times 7 = ?$$

$$\Rightarrow 190000 - 19 + 122100 + 1221 + 4900 + 539 = ?$$

$$\therefore ? = 318741$$

अतः विकल्प (D) सही है।

30. दिया गया समीकरण है,

$$\Rightarrow 90 \times 11 \times 15 \times 45 - 980 + 42 \times 48 = ?$$

$$\Rightarrow 90 \times \frac{11}{15} \times 45 - 980 + 42 \times 48 = ?$$

$$\Rightarrow 2970 - 980 + 2016 = ?$$

$$\Rightarrow 4986 - 980 = ?$$

$$\therefore ? = 4006$$

अतः विकल्प (C) सही है।

31. दिया है-

मूलधन $P = 800$ रुपये

मिश्रधन $A = 920$ रुपये

साधारण ब्याज $SI = A - P$

$SI = (920 - 800)$ रुपये

$SI = 120$ रुपये

ब्याज दर $R = \frac{100 \times SI}{P \times T}$

$R = \frac{100 \times 120}{800 \times 3}$

$R = 5\%$

नया ब्याज दर $r = (5 + 3)\%$

$r = 8\%$

नया साधारण ब्याज $I = \frac{800 \times 8 \times 3}{100}$

$I = 192$ रुपये

नया मिश्रधन $A' = (800 + 192)$ रुपये

$A' = 992$ रुपये

अतः विकल्प (C) सही है।

32. माना कि मूलधन P है।

मूलधन दोगुनी हो जाएगी 16 वर्षों में।

मिश्रधन $A = 2P$

समय $T = 16$ वर्ष

साधारण ब्याज $SI = A - P$

$SI = 2P - P$

$SI = P$

सूत्र के अनुसार-

$R = \frac{100 \times SI}{P \times T}$ जहा R ब्याज दर है

$\Rightarrow R = \frac{100 \times P}{P \times 16}$

$\Rightarrow R = \frac{25}{4}\%$

$\Rightarrow R = 6\frac{1}{4}\%$

अतः विकल्प (A) सही है।

33. According to the passage, the Bible condemns bad temper as one of the most destructive elements in human nature.

Hence, the correct option is (C).

34. The writer of passage has said that "we speak of it (bad temper) as a mere infirmity of nature, a family failing, a matter of temperament, not a thing to take into very serious account in estimating a man's character".

Hence, the correct option is (D).

35. According to the passage, Prodigal son may be taken as a type of sins of body, the Elder Brother is a type of sins of disposition.

Hence, the correct option is (C).

36. According to the passage, all the other options are given as the ingredients of ill-temper in varying proportions.

Hence, the correct option is (B).

37. According to the passage, it has been said that sins of disposition are far worse than sins of the body, which makes Statement II incorrect. Statement I hold true to the passage.

Hence, the correct option is (A).

38. कोंगथोंग गांव को यूएनडब्ल्यूटीओ 'सर्वश्रेष्ठ पर्यटन गांव' के रूप में नामित किया गया है। यह मेघालय में स्थित है।

मेघालय के व्हिस्लिंग गांव, कोंगथोंग को पर्यटन मंत्रालय द्वारा यूएनडब्ल्यूटीओ (विश्व पर्यटन संगठन) के 'सर्वश्रेष्ठ पर्यटन गांव' पुरस्कार के लिए नामित किया गया है। दो अन्य गांवों को भी यूएनडब्ल्यूटीओ के 'सर्वश्रेष्ठ पर्यटन गांवों' के पुरस्कार के लिए नामित किया गया था- मध्य प्रदेश में लधपुरा खास और तेलंगाना में पोचमपल्ली।

अतः विकल्प (B) सही है।

39. अंतरराष्ट्रीय जैव विविधता दिवस 22 मई को मनाया जाता है। इसका उद्देश्य जैव विविधताओं की सुरक्षा करना है।

अतः विकल्प (C) सही है।

40. विश्व गौरैया दिवस 20 मार्च को मनाया जाता है।गौरैया की घटती संख्या को लेकर यह दिवस मनाए जाने लगा और साल 2010 में पहली बार गौरैया दिवस मनाया गया था।रिपोर्ट्स के अनुसार गौरैया की संख्या में करीब 60 फीसदी तक कमी आ गई है। इस दिवस का उद्देश्य गौरैया का चिड़िया का संरक्षण करना है।

अतः विकल्प (C) सही है।

41. तुंगा की लड़ाई सवाई प्रताप सिंह के नेतृत्व में मराठा जनरल महादजी सिंधिया और जयपुर और जोधपुर के राजपूतों के बीच लड़ी गई थी।

लड़ाई 28 जुलाई, 1787 को लड़ी गई थी।

इस लड़ाई को माधोगढ़ की लड़ाई भी कहा जाता है।

अतः विकल्प (B) सही है।

42. दो पाइप एक टंकी को 2 घंटे और 3 घंटे में भर सकते हैं, जबकि एक तीसरा पाइप टंकी को 6 घंटे में खाली कर सकता है,

जब तीनों पाइपों को खोला गया तब उनके 1 घंटे का काम $= \frac{1}{2} + \frac{1}{3} - \frac{1}{6} = \frac{2}{3}$

कुल भरी हुई टंकी $= \frac{1}{6}$

$\Rightarrow$ भरने के लिए बचा हुआ भाग $= 1 - \frac{1}{6} = \frac{5}{6}$

$\Rightarrow$ तीनों के द्वारा टंकी के $\frac{5}{6}$ भाग को भरने के लिए लिया गया समय

$= \frac{\left(\frac{5}{6}\right)}{\left(\frac{2}{3}\right)}$

= 1.25

∴ टंकी को भरने के लिए 1 घंटा और 15 मिनट लगेंगे।

अतः विकल्प (D) सही है।

43. चूँकि B, A से 50% अधिक कुशल है।

A से B की कुशलता का अनुपात = 100 : 150 = 2 : 3

कार्य को समाप्त करने के लिए A से B द्वारा लिए गए समय का अनुपात

$= \left(\frac{1}{2}\right) : \left(\frac{1}{3}\right) = 3 : 2$

माना A और B द्वारा अकेले उस कार्य को समाप्त करने में क्रमशः 3x और 2x समय लगता है।

प्रश्नानुसार,

3x − 2x = 6

x = 6

कार्य को अकेले करने में A और B द्वारा क्रमशः 18 और 12 दिनों का समय लिया जाता है।

A और B की कुशलता, जब ये एक साथ कार्य करते हैं $= \frac{1}{8} + \frac{1}{12} = \frac{5}{36}$

A और B द्वारा मिल कर कार्य समाप्त करने में लगने वाला अभीष्ट समय

$= \frac{36}{5} = 7.2$ दिन

अतः विकल्प (A) सही है।

44. Given:

$$\sqrt{\frac{1.96 \times 0.64}{1.6 \times 4.9}}$$

$$= \sqrt{\frac{1.2544}{7.84}}$$

$$= \sqrt{0.16}$$

$$= 0.4$$

$$\therefore 0.4$$

Hence, the correct option is (B).

45. $\sqrt{(0.65)^2 - (0.16)^2}$

Since,

$$a^2 - b^2 = (a - b)(a + b)$$

$$\Rightarrow \sqrt{(0.65 + 0.16)(0.65 - 0.16)}$$

$$\Rightarrow \sqrt{(0.81)(0.49)}$$

$$\Rightarrow \sqrt{(0.9)(0.9) \times (0.7)(0.7)}$$

$$\Rightarrow 0.9 \times 0.7$$

$$= 0.63$$

Hence, the correct option is (A).

46. दिया गया है,

ΔAOB का क्षेत्रफल = 19.2 सेमी ^{2}

ΔCOD का क्षेत्रफल = 30 सेमी ^{2}

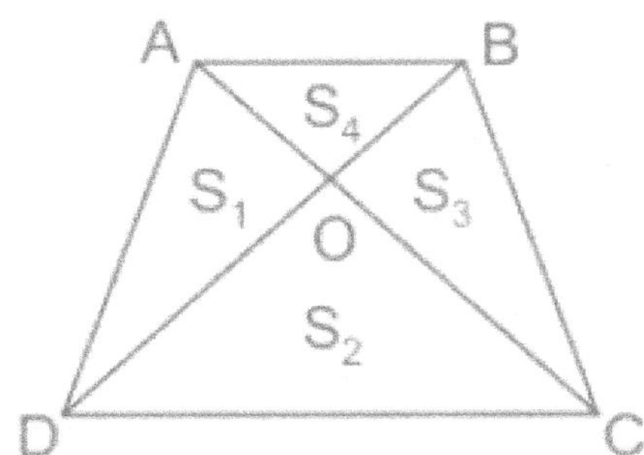

$S_4 = 19.2$ सेमी ^{2}

$S_2 = 30$ सेमी ^{2}

हमें ज्ञात है कि,

$$S_1 = \sqrt{S_2 S_4}$$

$$= \sqrt{19.2 \times 30}$$

$$= \sqrt{576}$$

$$S_1 = 24 \text{ cm } ^2$$

हमें यह भी ज्ञात है कि,

$$S_1 = S_3$$

समलम्ब का क्षेत्रफल $= S_1 + S_2 + S_3 + S_4$

$$= 24 + 19.2 + 24 + 30$$

$$= 97.2$$ सेमी ^{2}

अतः विकल्प (C) सही है।

47. समलम्ब की दो समानांतर भुजाओं की लंबाई के बीच का अंतर = 10 सेमी

समानांतर भुजाओं के बीच लंबवत लंबाई = 6 सेमी

समलम्ब का क्षेत्रफल = 72 सेमी²

माना समानांतर भुजाओं की भुजाएँ क्रमशः 'a' और 'b' (a > b) है।

समलम्ब का क्षेत्रफल $= \frac{1}{2} \times (a + b) \times h = 72$

$$\Rightarrow (a + b) \times 6 = 144$$

$$\Rightarrow (a + b) = 24 ....(1)$$

प्रश्न के अनुसार,

$$(a - b) = 10 ....(2)$$

समीकरण (1) और (2) से, हम प्राप्त करते हैं

$$a = 17 \text{ और } b = 7$$

इसलिए,

सबसे लंबी समानांतर भुजा की लंबाई = 17 सेमी

अतः विकल्प (A) सही है।

48. विकास वित्तीय संस्थान वे संगठन हैं जो विकास के लिए कम लागत पर मध्यम से दीर्घकालिक वित्तपोषण में शामिल हैं। लाभ उनका मुख्य उद्देश्य नहीं है, बल्कि वे अर्थव्यवस्था के विकास संबंधी आवश्यकताओं द्वारा निर्देशित होते हैं। इसलिए, कथन 1 सही है।

राष्ट्रीय अवसंरचना पाइपलाइन का व्यय क्रमशः केंद्र, राज्यों और निजी क्षेत्र के बीच 39, 40 और 21 के अनुपात में साझा किया जाएगा। बजट में प्रस्तावित डीएफआई राष्ट्रीय अवसंरचना पाइपलाइन की ओर खर्च को पूरा करने में केंद्र, राज्यों और निजी क्षेत्र के लिए वित्त जुटाने में मदद करता है। राष्ट्रीय अवसंरचना पाइपलाइन में केंद्र सरकार के खर्च की पूरी तरह से वित्त पोषण करने की कोई प्रतिबद्धता नहीं है। इसलिए, कथन 2 सही नहीं है।

अतः विकल्प (A) सही है।

49. होममेड लीवरेज का उपयोग एक व्यक्तिगत निवेशक द्वारा किसी कंपनी के लीवरेज को कृत्रिम रूप से समायोजित करने के लिए किया जाता है। बिना लीवरेज वाली कंपनी में निवेश करने वाला व्यक्ति होममेड लीवरेज का उपयोग करके लीवरेज के प्रभाव को फिर से बना सकता है, जिसमें निवेश पर व्यक्तिगत ऋण लेना शामिल है। हालांकि, निगम और व्यक्ति के बीच कर की दर में अंतर संभावित रूप से लीवरेजिंग परिदृश्य को सटीक रूप से बनाने के लिए निवेशक की क्षमता को बाधित करेगा।

अतः विकल्प (D) सही है।

50. पीयूष गोयल महाराष्ट्र राज्य से राज्यसभा के लिए चुने गए हैं। वह वर्तमान रेल मंत्री और कोयला मंत्री हैं। एक अन्य परिषद सदस्य, जो राज्यसभा में महाराष्ट्र का प्रतिनिधित्व करते हैं, श्री रामदास अठावले हैं। वह वर्तमान में 'सामाजिक न्याय और अधिकारिता राज्य मंत्री' के रूप में कार्यरत हैं।

अतः विकल्प (C) सही है।

51. अगस्त 2020 में, जम्मू-कश्मीर के पूर्व राज्यपाल गिरीश चंद्र मुर्मू (1985 बैच के गुजरात कैडर के IAS अधिकारी) को नियंत्रक महालेखा परीक्षक (CAG) नियुक्त किया गया है। CAG भारत सरकार और राज्य सरकारों की सभी प्राप्तियों और व्यय का लेखा-जोखा करता है। जीसी मुर्मू ने राजीव महर्षि का स्थान लिया।

अतः विकल्प (C) सही है।

52. सिक्कों की संख्या का अनुपात;

$$= 13 : 11 \times 2 = 13 : 22$$

इसलिए, 1 रुपये के सिक्कों की संख्या;

$$= \frac{13 \times 300}{13 + 22}$$

$$= \frac{3900}{35}$$

$$= 111$$

एक रुपये के सिक्कों की संख्या 111 है।

अतः विकल्प (D) सही है।

53. प्रश्नानुसार, एक आदमी ने 121 रुपये प्रति किलो और 141 रुपये प्रति किलो में चाय मिश्रित की, ताकि 129 रुपये प्रति किलोग्राम का मिश्रण बनाया जा सके

माना मिश्रण में चाय और पानी का अनुपात $= x : y$

$$121x + 141y = 129(x + y)$$

$$141y - 129y = 121x - 129x$$

$$-12y = -8x$$

$$3y = 2x$$

$$x : y = 3 : 2$$

इसलिए मिश्रण में चाय और पानी का अनुपात $= 3 : 2$ है।

अतः विकल्प (D) सही है।

54. माना मैदान की लम्बाई और चौड़ाई क्रमशः 'l' और 'b' हैं।

प्रश्नानुसार, मैदान की लम्बाई उसकी चौड़ाई के दोगुना से 3 मीटर अधिक है।

⇒ l = (2b + 3) मीटर

हम जानते हैं कि,

आयताकार क्षेत्र की परिधि = 2(l + b)

⇒ 84 = 2(2b + 3 + b)

⇒ $\frac{84}{2}$ = 3b + 3

⇒ b = $\frac{39}{3}$ = 13 मीटर

∴ b = 13 मीटर

l = 2b + 3 = 2 × 13 + 3 = 29 मीटर

∴ l = 29 मीटर

अतः विकल्प (D) सही है।

55. बेलन का आयतन = $\pi r^2 H$

गोले का आयतन = $\left(\frac{4}{3}\right) \pi R^3$

जहाँ,

r → बेलन का त्रिज्या

H → बेलन की ऊँचाई

R → गोले का त्रिज्या

जब गोला डूब जाता है,

गोले का आयतन = बेलन का आयतन

⇒ $\left(\frac{4}{3}\right) \times \pi \times (3)^3 = \pi \times (6)^2 \times H$

⇒ H = $\left(\frac{36}{36}\right)$

⇒ H = 1 सेमी

∴ पानी के स्तर में 1 सेमी की वृद्धि होती है।

अतः विकल्प (A) सही है।

56. यह दिया गया है कि, वर्ग का परिमाप = 8800 मीटर

⇒ 4 × भुजा = 8800

⇒ भुजा = $\frac{8800}{4}$

⇒ भुजा = 2200 मीटर

उसी तार को एक वृत्त के रूप में परिवर्तित किया जाता है।

इसलिए, वृत्त की परिधि = वर्ग का परिमाप

$\Rightarrow 2\pi r = 8800$

$\Rightarrow 2 \times \pi \times r = 8800$

$\Rightarrow r = \dfrac{4400}{\pi}$

हम जानते हैं की वर्ग का क्षेत्रफल: वृत्त का क्षेत्रफल = (भुजा)^2 : πr^2

$\Rightarrow$ वर्ग का क्षेत्रफल: वृत्त का क्षेत्रफल = $(2200)^2 : \pi \left(\dfrac{4400}{\pi}\right)^2$

$\Rightarrow$ वर्ग का क्षेत्रफल: वृत्त का क्षेत्रफल = 11 : 14

अतः विकल्प (B) सही है।

57. राजस्थान में राष्ट्रीय आयुष मिशन का उद्देश्य: राज्य में आयुर्वेद, होम्यो, यूनानी, योग और प्राकृतिक चिकित्सा का विकास राजस्थान में राष्ट्रीय आयुष मिशन का उद्देश्य है।

राजस्थान में राष्ट्रीय आयुष मिशन:

एनएएम का मूल उद्देश्य लागत प्रभावी सेवाओं के माध्यम से आयुष चिकित्सा प्रणाली को बढ़ावा देना, शैक्षिक प्रणाली को मजबूत करना, गुणवत्ता नियंत्रण आयुर्वेद, सिद्धा, यूनानी और होम्योपैथी (एएसयू एंड एच) दवाओं के प्रवर्तन की सुविधा और ASU&H कच्चे माल की स्थायी उपलब्धता है।

अतः विकल्प (C) सही है।

58. Complete sentence: Speak softly lest the baby <u>should</u> wake up.

Modals are used as helping verbs in sentences to express certainty, possibility, willingness, obligation, necessity or ability.

The modal 'should' denotes suggestion or duty.

- For example: You should chew your food properly.

The correlative pair 'lest...should' conveys a negative meaning.

- For example: Work hard lest you should fail. (Work hard; otherwise, you will fail.)

Modals are always followed by the base form of the verb.

Thus, 'should' is the correct word for the given blank.

Hence, the correct option is (D).

59. Generally, the '-ing' form is used after a preposition like in, under, etc except for 'to - preposition'.

We know that preposition always takes the objective case after it. In the sentence 'the body' is the object and 'preventing' is the present participle that is qualifying the noun 'the body'.

Thus, the complete sentence is- The new vaccine Covaxin will help in preventing the body against the covid-19 virus.

Hence, the correct option is (B).

60. In the past tense, we use the second form of the verb (V2).

In the above sentence, palak has already worked in different schools, after that decision is made.

Thus, we will use past these to complete the sentence.

The complete sentence is- Having worked in both government and private schools, Palak is the most suitable person to take over as the principal of the school.

Hence, the correct option is (C).

61. Let's first learn the meanings of the given words:

Constrain means to control and limit something.

Restrict means put a limit on; keep under control.

Stress means pressure or tension exerted on a material object.

Contradict means assert the opposite of a statement made by (someone).

Skipped means fail to attend or deal with as appropriate; miss

Hence, the correct option is (C).

62. Let's understand the meaning of the words:

Sympathy means feelings of pity and sorrow for someone else's misfortune.

Indifference means a lack of interest, concern, or sympathy.

Dawdle means to waste time.

Convene means to come or bring together for a meeting or activity.

Muster means to assemble (troops), especially for inspection or in preparation for battle.

Hence, the correct option is (B).

63. मूल्यांकन छात्रों की शैक्षणिक प्रगति के मूल्यांकन, मापन, ग्रेडिंग या दस्तावेजीकरण की एक प्रक्रिया है।

यह छात्र के प्रदर्शन पर प्रतिक्रिया प्रदान करता है और सुधार के क्षेत्रों को निर्धारित करने में मदद करता है। यह प्रक्रिया-उन्मुख है जो छात्र के लिए सुधार के क्षेत्रों का निदान करता है। जब एक शिक्षक किसी छात्र की नोटबुक को देखता है और टिप्पणी देता है तो इसे आकलन कहा जाता है।

अतः विकल्प (D) सही है।

64. मूल्यांकन शिक्षार्थी की क्षमताओं का आकलन करने, प्रदर्शन का विश्लेषण करने, प्रत्येक शिक्षार्थी को उचित प्रतिक्रिया प्रदान करने और उन्हें प्रगति करने में मदद करने का एक व्यवस्थित तरीका है। रचनात्मक मूल्यांकन छात्रों के प्रदर्शन का आकलन करता है, शिक्षा की अवधि के दौरान विभिन्न प्रकार के प्रश्नों से युक्त परीक्षणों का निर्माण और प्रशासन किया जाता है।

रचनात्मक मूल्यांकन का उद्देश्य:

- इसका मुख्य उद्देश्य शिक्षक और छात्र दोनों को सीखने की सफलताओं और असफलताओं के संबंध में निरंतर प्रतिक्रिया प्रदान करना है, जबकि निर्देश प्रक्रिया में है।

- इसका उपयोग निर्देश की अवधि के दौरान छात्रों की सीखने की प्रगति की निगरानी के लिए किया जाता है।

- छात्रों को फीडबैक सफल सीखने को पुष्ट करता है और विशिष्ट सीखने की त्रुटियों की पहचान करता है जिन्हें सुधार की आवश्यकता होती है।

- शिक्षक को फीडबैक अधिकतम जीवित निर्देश और समूह और व्यक्तिगत उपचारात्मक कार्य निर्धारित करने के लिए जानकारी प्रदान करता है।

- प्रारंभिक मूल्यांकन परीक्षण, प्रश्नोत्तरी गृहकार्य, कक्षा कार्य, निर्देश के प्रत्येक खंड के लिए तैयार किए गए मौखिक प्रश्नों पर निर्भर करता है।

अतः उपरोक्त स्पष्टीकरण से यह निष्कर्ष निकाला जा सकता है कि रचनात्मक मूल्यांकन का उद्देश्य प्रगति की निगरानी करना और उपचारात्मक निर्देश की योजना बनाना है।

अतः विकल्प (A) सही है।

65. मलेशियाई रिंगित मलेशिया की मुद्रा है।

मुद्रा के लिए मुद्रा संक्षिप्त नाम RM है, और मुद्रा कोड MYR है। यह एक मुद्रा उद्धरण का अनुरोध करते समय देखा जाने वाला कोड है, जैसे कि USD/MYR जो यू.एस. डॉलर (यूएसडी) और मलेशियाई रिंगित के बीच विनिमय की दर को दर्शाता है।

अत: विकल्प (A) सही है।

66. माना,

$$(25)^{7.5} \times (5)^{2.5} \div (125)^{1.5} = 5^x \text{ है।}$$

तो, $\dfrac{(5^2)^{7.5} \times (5)^{2.5}}{(5^3)^{1.5}} = 5^x$

$\Rightarrow \dfrac{5^{(2 \times 7.5)} \times 5^{2.5}}{5^{(3 \times 1.5)}} = 5^x$

$\Rightarrow \dfrac{5^{15} \times 5^{2.5}}{5^{4.5}} = 5^x$

$\Rightarrow 5^x = 5^{(15+2.5-4.5)}$

$\Rightarrow 5^x = 5^{13}$

$\therefore x = 13$

अतः विकल्प (B) सही है।

67. गणना:

$\Rightarrow ?$ का 150% का $15\% = 45$ का 45%

$\Rightarrow ? = (45$ का $45\%)/(150\%$ का $15\%)$

$\Rightarrow ? = \{45$ का $\left(\dfrac{45}{100}\right)\}/\{\left(\left(\dfrac{150}{100}\right)$ का $\dfrac{15}{100}\right)\}$

$\Rightarrow ? = \dfrac{(45 \times 45 \times 100)}{(15 \times 150)}$

$\Rightarrow ? = 90$

$\therefore$ '?' के स्थान पर 90 आएगा।

अत: विकल्प (B) सही है।

68. दिया गया है:

X, Y से 25% अधिक है

गणना:

जैसे X, Y से 25% अधिक है

$\therefore$ यदि Y = 100 तब X = 125

इस प्रकार Y, X से 25 कम है जहां X 125 है।

$\Rightarrow$ प्रतिशत जिसके द्वारा Y, X से कम है $= \dfrac{25}{125} \times 100 = 20\%$

Hence, the correct option is (B).

69. राष्ट्रपति भारत के सर्वोच्च न्यायालय के न्यायाधीशों की नियुक्ति करता है। भारत के मुख्य न्यायाधीश की नियुक्ति राष्ट्रपति द्वारा सर्वोच्च न्यायालय और उच्च न्यायालयों के ऐसे न्यायाधीशों के परामर्श से की जाती है जिन्हें वह आवश्यक समझता है।

अतः विकल्प (B) सही है।

70. संसद को भारत के पूरे क्षेत्र या उसके किसी भी हिस्से के लिए कानून बनाने का अधिकार है। भारत का क्षेत्र राज्यों, केंद्र शासित प्रदेशों और भारत के क्षेत्र में शामिल किसी भी अन्य क्षेत्र को संदर्भित करता है।

अतः विकल्प (D) सही है।

71. संख्याओं के समूह का महत्तम समापवर्तक हमेशा उनके लघुतम समापवर्त्य का गुणनखंड होगा।

महत्तम समापवर्तक प्रत्येक सामान्य अभाज्य गुणनखंड की न्यूनतम घात का उपयोग करने वाले सभी सामान्य अभाज्य कारकों का उत्पाद है।

लघुतम समापवर्त्य सभी प्रमुख कारकों की उच्चतम शक्तियों का उत्पाद है।

स्पष्ट रूप से, संख्याएँ (23 × 13) और (23 × 14) हैं।

बड़ी संख्या = (23 × 14) = 322

अतः विकल्प (C) सही है।

72. Sentence C is independent of any other sentence as it is introducing a conversation between a man and a taxi driver.

In sentence is C, a question is asked by the man, and its answer is given in sentence B by the taxi driver. So, 'B' follows 'C'.

The question asked by the taxi driver in sentence B is answered by the man in sentence D. So, 'D' follows 'B'.

Sentence A ends the conversation. Thus, A is the last sentence.

Hence, the correct option is (A).

73. रावी नदी पर डेरा बाबा नानक नाम के करतारपुर में एक केंद्र की स्थापना की।

इस प्रकार गुरु नानक द्वारा निर्मित पवित्र स्थान धर्मशाला के रूप में जाना जाता था। इसे अब गुरुद्वार के नाम से जाना जाता है।

अपनी मृत्यु से पहले गुरु ने लेहना जिन्हे गुरु अंगद के रुप में भी जाना जाता है, को अपना उत्तराधिकारी नियुक्त किया।

अतः विकल्प (D) सही है।

74. सही मिलान a-1, b-3, c-4, d-2 है।

पारिजातपहरनम एक तेलुगु कविता है जो नंदी थिम्मना द्वारा रचित है।

पांडुरंग महात्यम 16वीं शताब्दी के कवि तेनाली रामलिंगा की एक भव्य कृति है।

ध्रुजाति राजा कृष्णदेवराय के दरबार में एक तेलुगु कवि थे। उन्होंने कालहस्ती महात्म्य लिखा।

मदुरा विजयम, जिसका अर्थ है "द कॉन्क्वेस्ट ऑफ़ मदुरै", 14वीं शताब्दी ईसवी की संस्कृत कविता है जिसे कवयित्री गंगादेवी ने लिखा है।

अतः विकल्प (A) सही है।

75. लामी का प्रमेय:

यदि एक कण पर तीन समतलीय और समवर्ती बल इसे साम्यावस्था में बनाए रखने के लिए इस पर कार्य करते हैं, तो प्रत्येक बल अन्य दो के बीच के कोण के साइन के समानुपाती होता है और अनुपातिक का स्थिरांक समान होता है।

एक कण या ठोस निकाय पर कार्य करने वाले बल F_1, F_2, F_3 को मान लें, यह बल एक दूसरे के साथ कोण α, β, और γ बनाते हैं।

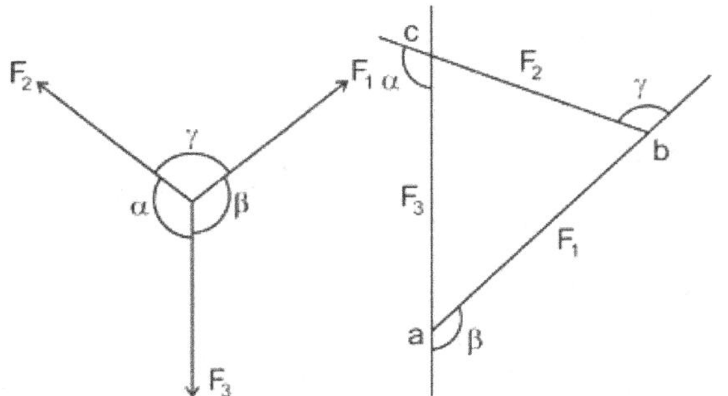

गणितीय रूप से,

$$\frac{F_1}{\sin\alpha} = \frac{F_2}{\sin\beta} = \frac{F_3}{\sin\gamma}$$

अत: विकल्प (C) सही है।

76. यदि किसी कण पर कार्य करने वाले बलों का परिणाम शून्य है तो कण साम्यावस्था में होगा। ऐसे बलों का एक समुच्चय, जिनका परिणाम शून्य है, साम्यावस्था बल कहलाता है। बल, जो बलों के समुच्चय को साम्यावस्था में लाता है, एक साम्यक कहलाता है।

जब दो या दो से अधिक बल एक वस्तु पर कार्य कर रहे होते हैं, तो उन्हें बलों की एक प्रणाली का निर्माण करने वाला बल कहा जाता है।

1. समवर्ती बल: एक बिंदु पर मिलने वाले बलों को समवर्ती बल के रूप में जाना जाता है। समवर्ती बल समरेखीय हो भी सकते हैं या नहीं भी। जब कई गैर-समानांतर बल दृढ निकाय को साम्यावस्था में रखते हैं तो उन्हें समवर्ती बल होना चाहिए।

2. समतलीय बल: वे बल जिनकी कार्य दिशा रेखा समान तल पर होती है, उन्हें समतलीय बल के रूप में जाना जाता है।

3. समरेखीय बल: वे बल जिनकी कार्य दिशा रेखा समान रेखा पर स्थित होती है, उन्हें समरेखीय बल कहा जाता है।

4. समतलीय समवर्ती बल: वे बल जो एक बिंदु पर मिलते हैं और जिनकी कार्य दिशा रेखा भी समान तल पर स्थित होती है, समतलीय समवर्ती बल कहलाते हैं।

5. समतलीय गैर-समवर्ती बल: वे बल जो एक बिंदु पर नहीं मिलते हैं, लेकिन उनकी कार्य दिशा रेखा समान तल पर स्थित होती है, समतलीय गैर-समवर्ती बल कहलाते हैं।

6. असमतलीय समवर्ती बल: वे बल जो एक बिंदु पर मिलते हैं, लेकिन उनकी कार्य दिशा रेखा समान तल पर नहीं होती है, असमतलीय समवर्ती बल कहलाते हैं।

7. असमतलीय गैर-समवर्ती बल: वे बल जो एक बिंदु पर नहीं मिलते हैं और उनकी कार्य दिशा रेखा समान तल पर नहीं होती है, असमतलीय गैर-समवर्ती बल कहलाते हैं।

अत: विकल्प (A) सही है।

77. दिया गया है:

किरणें P ‖ Q ‖ R ‖ S और किरन l ‖ m है।

गणना:

हमें दिया गया है कि, ∠ECA = 60°

इसलिए, ∠IBQ = 60° (समांतर चतुर्भुज में सम्मुख कोण बराबर होते हैं)

अब, ∠IBQ + θ_1 = 180° (रैखिक युग्म)

⇒ θ_1 = 180° - 60°

⇒ θ_1 = 120°

अब, हम जानते हैं कि शीर्षाभिमुख कोण बराबर होते हैं

∴ ∠CAD = θ_2 = 120°

∴ θ_1 = 120° and θ_2 = 120°

अत: विकल्प (B) सही है।

78. चेल्सी को महिला सुपर लीग खिताब से सम्मानित किया गया है।

5 जून 2020 को इंग्लैंड के फुटबॉल एसोसिएशन (FA) द्वारा एस्टन विला को दूसरी स्तरीय महिला चैम्पियनशिप का विजेता घोषित किया गया।

नीचे स्थित लिवरपूल, जिसकी पुरुष टीम 30 वर्षों में पहली शीर्ष उड़ान का ताज हासिल करने से दो जीत दूर है, को 2020-21 सत्र के लिए दूसरी श्रेणी में लाया जाएगा।

अत: विकल्प (A) सही है।

79. सोनिया लाठेर एक भारतीय मुक्केबाज हैं।

वह 2016 AIBA महिला विश्व मुक्केबाजी चैंपियनशिप में एक रजत पदक विजेता और एशियाई शौकिया मुक्केबाजी चैंपियनशिप में दो बार रजत पदक विजेता थीं।

अत: विकल्प (D) सही है।

80. माना कुल लाभ रु. 100 है

दान के लिए भुगतान करने के बाद, A का हिस्सा = $\left(95 \times \frac{3}{5}\right)$

= रु. 57

यदि A का हिस्सा रु. 57 है, कुल लाभ = रु. 100

यदि A का हिस्सा रु. 855 है, कुल लाभ = $\left(\frac{100}{57} \times 855\right)$

= रु. 1500

अत: विकल्प (B) सही है।

81. पूर्वी तट सुवर्णरेखा नदी से पश्चिम बंगाल-ओडिशा सीमा पर कन्याकुमारी तक फैला हुआ है।

- इस मैदान को महानदी और कृष्णा नदियों और कार्नेटिक/कोरोमंडल के बीच कृष्णा और कावेरी नदियों के बीच उत्तरी सर्कार्स के रूप में जाना जाता है।
- पश्चिमी तटीय मैदान की तुलना में, पूर्वी तटीय मैदान चौड़ा है और एक आकस्मिक तट का एक उदाहरण है।
- यहां सुविकसित डेल्टा हैं, जो पूर्व की ओर बंगाल की खाड़ी में बहने वाली नदियों द्वारा निर्मित हैं।
- इनमें महानदी, गोदावरी, कृष्णा और कावेरी के डेल्टा शामिल हैं।
- अपनी आकस्मिक प्रकृति के कारण, इसमें बंदरगाहों और बंदरगाहों की संख्या कम है।

अत: विकल्प (B) सही है।

82. एक चट्टान किसी भी प्राकृतिक रूप से ठोस द्रव्यमान या खनिजों का संचित करना है। यह खनिजों द्वारा वर्गीकृत किया गया है जिसमें इसकी रासायनिक संरचना और जिस तरह से यह बनता है, उसमें शामिल है।

स्तरित शैल : ये चट्टानें में संरचना में विभिन्न परतों से मिलकर बना है और इन परतों स्तरीकरण के विमानों से अलग होते हैं।

- इन समतल को क्लीवेज प्लेन या बेडिंग प्लेन भी कहा जाता है।
- ये चट्टानें इन बेडिंग प्लेन के साथ आसानी से विभाजित हो सकती हैं।
- ज्यादातर तलछटी चट्टानें जैसे बलुआ पत्थर, चूना पत्थर, शेल आदि स्तरीकृत चट्टानों के सबसे अच्छे उदाहरण हैं।
- अस्तरीकृत चट्टानों की संरचना क्रिस्टलीय या सघन दानेदार होती है।
- उनके पूरे भाग में इसी तरह की संरचना होती है।
- अधिकाँश आग्नेय चट्टानें और कुछ अवसादी चट्टानें अस्तरित शैल के नीचे आती हैं।
- ग्रेनाइट, संगमरमर, ट्रैप अस्तरित शैल के कुछ उदाहरण हैं।

अत: विकल्प (A) सही है।

83. एक मानचित्र पृथ्वी की सतह का एक निरूपण या एक रेखाचित्र है या इसका एक हिस्सा एक समतल सतह पर एक पैमाने के अनुसार खींचा जाता है। मानचित्र के तीन घटक होते हैं - दूरी, दिशा और प्रतीक।

दूरी:

- मानचित्र कम पैमाने पर खींचे जाते हैं।
- लेकिन यह कटौती बहुत सावधानी से की जाती है ताकि स्थानों के बीच की दूरी वास्तविक हो।
- इसलिए, इस उद्देश्य के लिए एक पैमाना चुना जाता है जो जमीन पर वास्तविक दूरी और मानचित्र पर दिखाई गई दूरी के बीच का अनुपात होता है।
- जब मानचित्र में बड़ी दूरी दर्शाया जाता है तो इसे लघु पैमाने का मानचित्र कहते हैं और इसके विपरीत।

अत: विकल्प (A) सही है।

84. माना कि छोटे गोलों की संख्या n है।

हम जानते हैं कि,

गोले का आयतन $= \frac{4}{3} \times \pi \times R^3$

प्रश्नानुसार,

$\frac{4}{3} \times \pi \times R^3 = n \times \frac{4}{3} \times \pi \times r^3$

$\Rightarrow R^3 = n \times r^3$

$\Rightarrow 5^3 = n \times 2^3$

$\Rightarrow n = \frac{125}{8} = 15$ (लगभग)

इस प्रकार, ऐसे 15 गोले बनाए जा सकते हैं।

अत: विकल्प (A) सही है।

85. चंपारण सत्याग्रह महात्मा गांधी के नेतृत्व में 1917 में हुआ। यह भारतीय राष्ट्रीय आंदोलन के इतिहास में प्रथम सविनय अवज्ञा कार्रवाई थी।

गांधीजी और उनके सहयोगियों, जिनमें तब बृज किशोर, राजेंद्र प्रसाद और बिहार के प्रबुद्ध वर्ग के अन्य सदस्य- गुजरात के दो युवक महादेव देसाई और नरहरि पारिख (जिन्होंने अपना भाग्य गांधीजी को समर्पित कर दिया था) और जे.बी. कृपलानी शामिल थे, इन सभी लोगों ने गाँवों के दौरे किए और सुबह से लेकर शाम तक किसानों के बयान दर्ज किए, उनसे पूछताछ कर सुनिश्चित किया कि वे सही जानकारी दे रहे हैं।

सरकार ने पूरे मामले की जांच पड़ताल करने के लिए एक जांच आयोग नियुक्त किया और गांधीजी को इसके एक सदस्य के रूप में नामित किया। बागान मालिकों के साथ एक समझौते के रूप में, वह इस बात पर सहमत हुए कि बागान मालिक किसानों से अवैध रूप से ली गई धनराशि का केवल पच्चीस प्रतिशत (सौ प्रतिशत नहीं) वापस करें। जिन आलोचकों ने यह पूछा कि उन्होंने पूर्ण वापसी की मांग क्यों नहीं की तो उन्हें समझाते हुए गांधी जी ने कहा कि 25% वापसी करने से भी बागान मालिकों की प्रतिष्ठा और स्थिति को काफी क्षति पहुंची है। जैसा कि प्राय: होता था, गांधीजी का आकलन सही था और, एक दशक के अंतर्गत बागान मालिकों ने जिले को पूरी तरह से छोड़ दिया।

अत: विकल्प (A) सही है।

86. The given sentence is complete. So the next sentence is either a new sentence or starts with a conjunction. Here we see R is the starting of a new sentence, hence, follows 1. But they can play a vital role in what? In making India a great, democratic, progressive and prosperous country. Hence P comes next in the sequence followed by S. The youths of our country should not only have cultural values but also modern scientific knowledge. Hence, Q comes last in the sequence.

Hence, the correct option is (C).

87. The second sentence should have a direct reference to the 1st sentence and most certainly it should start with a pronoun referring to optimism. Hence, R follows 1. The author continues to define optimism. Hence Q is next. If we now read the two sentences that are left, we see that S starts with 'they' hence it can't come next. So the next sentence is P followed by S.

Hence, the correct option is (A).

88. $\omega^{15} + \omega^{20} + \omega^{25}$

$= \omega^{15}(1 + \omega^5 + \omega^{10})$

$= \omega^{15} \times (1 + \omega^3 \cdot \omega^2 + \omega^9 \cdot \omega)$

$= (\omega^3)^5 \times (1 + \omega^2 + \omega)$

$= 1 \times (1 + \omega + \omega^2)$

$= 1 \times 0$

$= 0$

अत: विकल्प (B) सही है।

89. इंजीलेंस्ता टोरिकेली, (जन्म 15 अक्टूबर, 1608, फ़ेंज़ा, रोमाग्ना -25 अक्टूबर, 1647, फ्लोरेंस), इतालवी भौतिक विज्ञानी और गणितज्ञ, जिन्होंने बैरोमीटर का आविष्कार किया था और जिनके काम में अभिन्न कलन के अंतिम विकास में सहायता की।

अत: विकल्प (A) सही है।

90. एडवर्ड जेनर एक प्रसिद्ध चिकित्सक थे। उनका नाम दुनिया में इसलिए भी प्रसिद्ध है क्योंकि उन्होंने 'चेचक' के टीके का आविष्कार किया था। एडवर्ड जेनर के इस आविष्कार से करोड़ों लोग चेचक जैसी घातक बीमारी से उबर रहे हैं।

अत: विकल्प (A) सही है।

91. एम. वेबर अधिकार से संबंधित हैं।

वेबर ने कहा, वैध अधिकार (कभी-कभी सिर्फ अधिकार कहा जाता है), वह शक्ति है जिसका उपयोग उन लोगों द्वारा उचित और उपयुक्त माना जाता है जिन पर शक्ति का प्रयोग किया जाता है। संक्षेप में, यदि कोई समाज किसी

विशेष तरीके से सत्ता के प्रयोग को मंजूरी देता है, तो वह शक्ति भी वैध अधिकार है।

अत: विकल्प (C) सही है।

92. पंचायती राज की त्रिस्तरीय प्रणाली की सिफारिश बलवंत राय मेहता समिति ने की थी।

बलवंत राय मेहता समिति भारत सरकार द्वारा जनवरी 1957 में सामुदायिक विकास कार्यक्रम (1952) के कामकाज की जांच करने के लिए नियुक्त एक समिति थी। इस अधिनियम का उद्देश्य 20 लाख से अधिक आबादी वाले सभी राज्यों में पंचायती राज की त्रिस्तरीय प्रणाली प्रदान करना है, ताकि पंचायत चुनाव नियमित रूप से हो सकें।

अत: विकल्प (D) सही है।

93. आवर्त सारणी में एक अवधि के साथ बाएं से दाएं जाने पर तत्वों की ऑक्सीकरण शक्ति बढ़ जाती है। ऐसा इसलिए है क्योंकि इलेक्ट्रोनेगेटिविटी और गैर-धातु का चरित्र बाएं से दाएं बढ़ता है।

अत: विकल्प (D) सही है।

94. आयनिकरण क्षमता एक पृथक गैसीय अवस्था में एक परमाणु के सबसे बाहरी खोल से एक इलेक्ट्रॉन को निकालने के लिए आवश्यक ऊर्जा है। जब हम समूह को नीचे ले जाते हैं, तो आयनीकरण की क्षमता कम हो जाती है। जब हम अवधि के दौरान आगे बढ़ते हैं, तो आयनीकरण की क्षमता में वृद्धि होती है इलेक्ट्रॉन आत्मीयता एक पृथक गैसीय अवस्था में एक परमाणु के सबसे बाहरी खोल में इलेक्ट्रॉन को जोड़ने पर जारी ऊर्जा होती है।

अत: विकल्प (C) सही है।

95. जून और दिसंबर को मिलाकर बेचे गए सैमसंग मोबाइल

$$= \frac{4}{7} \times 14000 + \frac{2}{7} \times 28000$$

$$= 8000 + 8000 = 16000$$

फरवरी और अगस्त को मिलाकर बेचे गए आईफ़ोन मोबाइल

$$= \frac{4}{5} \times 10000 + \frac{5}{8} \times 24000 = 8000 + 15000 = 23000$$

वांछित अनुपात $= \frac{16000}{23000} = \frac{16}{23} = 16:23$

अत: विकल्प (B) सही है।

96. आईफ़ोन मोबाइल दिसंबर में बेचे गए $= \frac{5}{7} \times 28000 = 20000$

अप्रैल और जून को मिलाकर बेचे गए सैमसंग मोबाइल

$$= \frac{2}{5} \times 20000 + \frac{4}{7} \times 14000$$

$=8000+8000=16000$

हम जानते हैं कि:

वांछित % $= \frac{x_2 - x_1}{x_1}$

जहाँ, $x_1 = $ अप्रैल और जून को मिलाकर बेचे गए सैमसंग मोबाइल

$x_2 = $ आईफ़ोन मोबाइल दिसंबर में बेचे गए

वांछित % $= \frac{20000 - 16000}{16000} \times 100 = 25\%$

अत: विकल्प (D) सही है।

97. दिया है:

महीने	बेचे गए मोबाइलों की कुल संख्या (हजार में)	बेचे गए सैमसंग मोबाइलों की संख्या (हजार में)	बेचे गए आईफ़ोन मोबाइलों की संख्या (हजार में)
फरवरी	10	2	8
अप्रैल	20	8	16
जून	14	8	6
अगस्त	24	9	15
अक्टूबर	15	10	5
दिसंबर	28	8	20

सैमसंग मोबाइल सितंबर में बेचे गए

$$= \frac{3}{8} \times 24000 \times \frac{4}{3} = 12000$$

आईफ़ोन मोबाइल सितंबर में बेचे गए $= \frac{5}{8} \times 24000 \times \frac{4}{3} = 20000$

सितंबर में बेचे गए कुल मोबाइल $= 12000 + 20000 = 32000$

∴ सितंबर में बेचे गए कुल मोबाइल 32000 हैं।

अत: विकल्प (B) सही है।

98. फरवरी में बेचे गए सैमसंग मोबाइल $= \frac{1}{5} \times 10000 \times \frac{90}{100} = 1800$

फरवरी में बेचे गए आईफ़ोन मोबाइल $= \frac{4}{5} \times 10000 \times \frac{80}{100} = 6400$

फरवरी में बेचे गए कुल मोबाइल $= 1800 + 6400 = 8200$

अत: विकल्प (D) सही है।

99. हम जानते हैं कि:

वांछित % $= \frac{x_2 - x_1}{x_1}$

जहाँ, $x_1 = $ अगस्त में मोबाइल की बिक्री

$x_2 = $ दिसंबर में मोबाइल की बिक्री

वांछित % $= \frac{28000 - 24000}{24000} \times 100$

$$= \frac{4}{24} \times 100$$

$$= \frac{100}{6}\%$$

$$= \frac{50}{3}\%$$

$$= 16\frac{2}{3}\%$$

अत: विकल्प (B) सही है।

100. विज्ञान/अध्ययन समाजशास्त्र शब्द में लोगो का अर्थ है।

शब्द "समाजशास्त्र" लैटिन शब्द सोशियस (साथी) और ग्रीक शब्द लोगो (अध्ययन) से लिया गया है, जिसका अर्थ है "सहयोग का अध्ययन।" जबकि यह अनुशासन के लिए एक प्रारंभिक बिंदु है, समाजशास्त्र वास्तव में बहुत अधिक जटिल है।

अत: विकल्प (A) सही है।

Q.1 विश्व पैरा एथलेटिक्स ग्रां प्री 2022 में देवेंद्र झाझरिया ने कौन सा पदक जीता?

A. स्वर्ण
B. रजत
C. कांस्य
D. इनमें से कोई नहीं

Q.2 भारतीय रेलवे ने जुलाई 2022 में निम्नलिखित में से किस देश के निर्माता से एलएचबी कोचों के लिए 39,000 पहियों की खरीद का आदेश दिया है?

A. यूक्रेन   B. चीन   C. रूस   D. जर्मनी

Q.3 GE एयरोस्पेस और टाटा एडवांस्ड सिस्टम्स लिमिटेड ने वाणिज्यिक विमान के इंजन के कई पुर्जों के उत्पादन और आपूर्ति के लिए ______ अमरीकी डालर के अपने दीर्घकालिक अनुबंध को विस्तारित किया है।

A. 1 बिलियन
B. 1.5 बिलियन
C. 2 बिलियन
D. 2.5 बिलियन

Q.4 झारखंड के मुख्यमंत्री हेमंत सोरेन ने 13 सितंबर 2022 को रांची में झारखंड ___ नीति 2022 लॉन्च की है।

A. किसान
B. खेल
C. अकुशल श्रम
D. उपरोक्त सभी

Q.5 राज को 35% डिस्काउंट मे एक नई कुर्सी मिली। अगर राज को कोई डिस्काउंट नहीं मिला होता तो राज को 224 रुपए ज्यादा देने पड़ते। राज ने कुर्सी के लिए कितना भुगतान किया?

A. 416 रुपए   B. 640 रुपए   C. 208 रुपए   D. 224 रुपए

Q.6 अब तक कितने अंतर-राज्यीय जल न्यायाधिकरण स्थापित किए गए हैं?

A. सात   B. आठ   C. नौ   D. बारह

Q.7 ग्राम न्यायालय के पीठासीन अधिकारी की नियुक्ति कौन करता है?

A. राज्य सरकार
B. राज्यपाल
C. मुख्यमंत्री
D. प्रधानमंत्री

Ques (8-10):Direction: Fill in the blanks with the most suitable option.

Q.8 _________ infants start their first few days of life, they are able to imitate facial expressions.

A. As far as
B. As soon as
C. Through
D. As well as

Q.9 ______ part of a short-lived and laughable health kick, I had invested in a Fitbit in spring 2016.

A. At   B. If   C. As   D. To

Q.10 The stadium was ______ which was good news for the organizers.

A. Packed
B. Packed in
C. Packed out
D. Packed up

Q.11 व्यक्ति या कक्षा की जरूरतों के लिए भविष्य के शिक्षण को अनुकूलित करने के उद्देश्य से छात्र क्या समझते हैं और क्या कर सकते हैं, यह पता लगाने के लिए एक उपकरण के रूप में जाना जाता है:

[Rajasthan Teachers Eligibility Test - Level 1 Primary Level (RTET), 2017]

A. सारांशित मूल्यांकन
B. सूचना मूल्यांकन
C. नैदानिक मूल्यांकन
D. परिक्षण

Q.12 प्रारंभिक प्राथमिक वर्षों में अर्थात कक्षा IV तक गणित सीखने में किस प्रकार के प्रयास करने की आवश्यकता है?

[KVS PRT, 2018]

A. सीखने की कठिनाइयों का निदान
B. संवर्धन कार्यक्रम प्रदान करना
C. पाठ्यक्रम / दक्षताओं को पूरा करना
D. कक्षा/विद्यालय में उपस्थित होने में नियमितता सुनिश्चित करना

Q.13 संयुक्त राष्ट्र सुरक्षा परिषद की अध्यक्षता परिषद के सदस्यों के बीच ___ घूमती है

A. प्रत्येक 6 महीने में
B. प्रत्येक 3 महीने में
C. प्रत्येक वर्ष
D. प्रत्येक माह

Q.14 निम्नलिखित में से कौन सा निरस्तीकरण से संबंधित नहीं है?

A. SALT   B. NPT   C. CTBT   D. NATO

Q.15 इनमें से किस धातु का उपयोग गैल्वनीकरण के लिए किया जाता है?

A. जस्ता   B. तांबा   C. लोहा   D. चाँदी

Q.16 विद्युत हीटर का तत्व ___ से बना होता है।

A. निक्रोम
B. तांबा
C. अल्युमीनियम
D. चाँदी

Ques (17-18):Direction: In the following question, out of the four alternatives, select the alternative which best expresses the meaning of the Idiom/Phrase

Q.17 In black and white

A. Useless
B. In writing
C. In short
D. In full swing

Q.18 Stick one's neck out

A. Interfere
B. Look outside
C. Move
D. Invite trouble

Q.19 विषुव एक ऐसी अवस्था है जिसमें दिन और रात की अवधि बराबर होती है। यह होता है:

A. 22 मार्च और 31 सितंबर
B. 10 मार्च और 13 सितंबर
C. 21 मार्च और 23 सितंबर
D. 21 जून और 22 दिसंबर

Q.20 जीपीएस एक उपकरण है जिसका उपयोग ______ ज्ञात करने के लिए किया जाता है।

A. एक क्षेत्र के पार अनुभागीय माप
B. एक क्षेत्र का स्थान
C. एक क्षेत्र के सापेक्ष राहत
D. चित्रमय माप और झुकाव

Q.21 दिन और रात की अवधि में अंतर बढ़ता जाता है, जैसे-जैसे कोई आगे बढ़ता है:

A. पश्चिम से पूर्व तक
B. प्रधान मध्याह्न के पूर्व और पश्चिम तक
C. ध्रुवों से भूमध्य रेखा तक
D. भूमध्य रेखा से ध्रुवों तक

Q.22 SATH-E का अर्थ शिक्षा में _____ मानव पूंजी के लिए स्थायी कार्रवाई है।

A. पार करना
B. स्थानांतरित कर रहा है
C. रूपांतरण
D. स्थानांतरित

Q.23 In the following question, the 1st and the last part of the passage are numbered 1 and 6. The rest of the passage is split into four parts and named P, Q, R, and S. These four parts are not given in their proper order. Read the passage and find out which of the four combinations is correct.

1. A man wearing dark sunglasses walked into the bank.

P. Then he shouted, "Give me all your money, all the money in this bank right now."

Q. Everyone in the lobby screamed and started running.

R. He went up to the teller and held up a hand grenade for all to see.

S. Nervously the young female teller handed the man three big bags loaded with cash.

6. Holding the grenade in one hand and the bags in the other, he walked out of the building.

A. PSRQ
B. QSPR
C. RPQS
D. SRQP

Q.24 ऋग्वेद के बारे में निम्नलिखित में से कौन सा कथन गलत है?

1. ऋग्वेद का उपवेद गन्धर्ववेद है।
2. यह होतृ या होत्री पुजारी द्वारा सुनाई जाती है।
3. गायत्री मंत्र ऋग्वेद के तीसरे मंडल से लिया गया है।

A. केवल 1
B. केवल 2
C. 1 और 3
D. 2 और 3

Q.25 एक आयताकार बाग, जिसकी लम्बाई, चौड़ाई से 4 मीटर अधिक है का अर्धपरिमाप 36 मीटर है। बाग की लम्बाई है

[Joint Entrance Examination (Polytechnic), 2017]

A. 20 मी.
B. 16 मी.
C. 10 मी.
D. 15 मी.

Q.26 एक ऐसे आयताकार पार्क को बनाना है जिसकी चौड़ाई उसकी लम्बाई से 3 मी. कम है। इसका क्षेत्रफल पहले से निर्मित समद्विबाहु त्रिभुजाकार पार्क जिसका आधार आयताकार पार्क की चौड़ाई के बराबर तथा ऊँचाई 12 मी. है, से 4 वर्ग मीटर अधिक हो। इस आयताकार पार्क की लम्बाई होगी

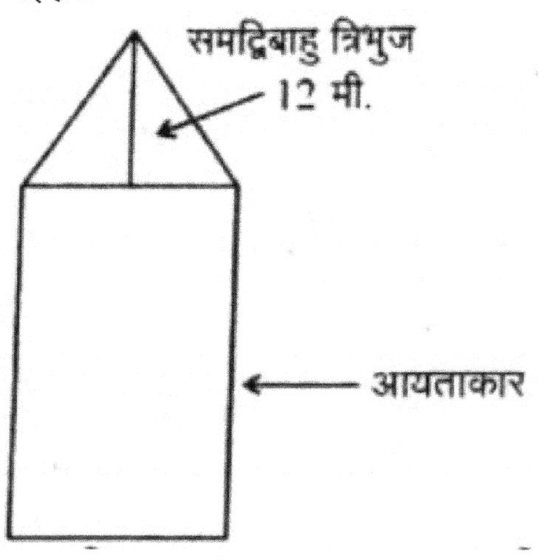

[Joint Entrance Examination (Polytechnic), 2017]

A. 7 मी.
B. 4 मी.
C. -1 मी.
D. 6 मी.

Q.27 एक सीढ़ी दीवार पर इस प्रकार टिकी हुई है कि उसका तल दीवार से 2.5 मी दूर है और उसका ऊपरी सिरा जमीन से 6 मी की ऊंचाई पर खिड़की पर टिका हुआ है। सीढ़ी की लंबाई है:

[Joint Entrance Examination (Polytechnic), 2017]

A. 7.0 मी
B. 7.5 मी
C. 6.0 मी
D. 6.5 मी

Q.28 वह छोटी से छोटी संख्या ज्ञात कीजिए जिससे 8, 12, 16 और 20 से भाग देने पर 5 शेष बचे।

A. 240
B. 245
C. 265
D. 235

Q.29 2^{256} को 17 से विभाजित करने पर शेषफल ज्ञात कीजिए।

A. 1
B. 16
C. 14
D. उपरोक्त में से कोई नहीं

Q.30 मेहमानों का स्वागत उनके शरीर पर थूक कर करने की प्रथा, मनाई जाती है:

A. ओंगेस
B. मसाई
C. अज़ांडे
D. शेरडुकपेन्स

Q.31 निम्नलिखित में से किस लेखक ने शुरू में समाजशास्त्र के लिए 'सामाजिक भौतिकी' शब्द का प्रयोग किया था?

A. वेबर
B. कॉम्टे
C. टनीज़
D. स्पेंसर

Q.32 लोकप्रिय टीवी धारावाहिक 'नीम का पेड़' किसके द्वारा लिखा गया था?

A. राही मासूम रज़ा
B. शरद जोशी
C. आशापूर्णा देवी
D. हरिवंशराय बच्चन

Q.33 1937 के निर्वाचन के संदर्भ में, निम्नलिखित कथनों पर विचार कीजिए:

1. केवल प्रांतीय स्तर पर निर्वाचन हुए और संघीय स्तर पर निर्वाचन नहीं हुआ।
2. बंगाल और पंजाब को छोड़कर सभी प्रांतों में कांग्रेस मंत्रिपरिषद का गठन हुआ।

उपर्युक्त कथनों में से कौन-सा/से सही है/हैं?

A. केवल 1
B. केवल 2
C. दोनों 1 और 2
D. न तो 1 न ही 2

Q.34 यदि $x = 2015, y = 2014$ और $z = 2013$, तो $x^2 + y^2 + z^2 - xy - yz - zx$ का मान है:

A. 3
B. 4
C. 6
D. 2

Q.35 भारत में डॉक्टर बनने वाली पहली महिला का नाम बताएं?

A. कादंबिनी गांगुली
B. कॉर्नेलिया सोराबजिक
C. उज्ज्वला राय
D. अनीता बोस

Q.36 $(1000)^{12} \div (10)^{30} = ?$

A. $(1000)^2$
B. 10
C. 100
D. $(100)^{12}$

Q.37 बुल्गारिया की राजधानी क्या है?

A. बेरूत
B. बुखारेस्ट
C. सोफिया
D. ताशकंद

Q.38 रक्त समूहों की खोज किसके द्वारा की गई?

A. लैंडस्टैनर
B. विलियम हार्वे
C. वीजमैन
D. मॉर्गन

Q.39 इंसुलिन की खोज किसने की थी?

A. फ्रेडरिक बैंटिंग
B. एडवर्ड जेनर
C. रोनाल्ड रॉस
D. एस ए वेक्समैन

Q.40 A नें 3500 रुपये के साथ व्यापार शुरू किया और 5 महीने के बाद B, A के साझेदार के रुप में जुड़ जाता है। एक वर्ष के बाद, लाभ को 2:3 के अनुपात में विभाजित किया जाता है। पूंजी में B का योगदान क्या है?

A. 7500 रुपये
B. 8000 रुपये
C. 8500 रुपये
D. 9000 रुपये

Ques (41-42):Direction: In the following question, a sentence has been given in Active/Passive Voice. Out of the four alternatives suggested, select the one which best expresses the same sentence in Passive/Active Voice.

Q.41 They were playing hockey in the garden.

A. Hockey is being played by them in the garden.
B. Hockey was played by them in the garden.
C. Hockey were being played by them in the garden.
D. Hockey was being played by them in the garden.

Q.42 Mohan has not eaten anything.

A. Nothing has not been eaten by Mohan.
B. Mohan does not eat anything.
C. Nothing has been eaten by Mohan.
D. Anything had not been eaten by Mohan.

Q.43 बजट 2021 में नई घोषित रणनीतिक विनिवेश नीति के संदर्भ में, निम्नलिखित कथनों पर विचार करें:

1. इस नीति के तहत विनिवेश आय को राष्ट्रीय निवेश और अवसंरचना कोष में जमा किया जाएगा।
2. भारत में रणनीतिक विनिवेश में सरकार से निजी क्षेत्र में प्रबंधन नियंत्रण का हस्तांतरण शामिल है।

ऊपर दिए गए कथनों में से कौन सा सही है/हैं?

A. केवल 1
B. केवल 2
C. केवल 1 ओर 2
D. न तो 1 और न ही 2

Q.44 निम्नलिखित में से कौन सा उद्यमों के लिए एक मजबूत क्रेडिट प्रवाह के संकेतक है/हैं?

1. वाणिज्यिक पत्र जारी करने में वृद्धि।
2. निगमित बंध की पैदावार में आसानी।
3. निगम ऋण की दोष दर में गिरावट।

नीचे दिए गए कोड का उपयोग करके सही उत्तर चुनें।

A. केवल 1 और 2
B. केवल 2
C. केवल 1 और 3
D. 1, 2 और 3

Q.45 सबसे न्यूनतम पूर्ण वर्ग, जो 21, 36 और 66 में से प्रत्येक से विभाज्य है:

[DSSSB TGT Social Science, 2014]

A. 214444
B. 213444
C. 215444
D. 216444

Q.46 3900 रुपये की राशि प्राप्त की जाती है जब 1500 रुपये के मूलधन को 5 वर्ष के लिए साधारण ब्याज पर रखा गया। यदि ब्याज की दर 2% घट जाती है, तो प्राप्त राशि क्या होगी?

A. 3550 रुपये
B. 3750 रुपये
C. 3250 रुपये
D. 3450 रुपये

Q.47 15400 की राशि को उदय और लावी के बीच विभाजित किया गया है। उदय 3 वर्ष के लिए 5% साधारण ब्याज पर अपनी राशि का निवेश करता है और लावी चार वर्ष के लिए 10% साधारण ब्याज पर पैसे का निवेश करता है। यदि उदय द्वारा प्राप्त ब्याज लावी के समान है तो उदय के हिस्से की गणना कीजिए।

A. 12,800 रुपये
B. 11,200 रुपये
C. 12,400 रुपये
D. 13,200 रुपये

Q.48 एक कक्षा में प्रत्येक छात्र ने उतने पैसे योगदान किये जितने कुल छात्र कक्षा में हैं। यदि पूरी कक्षा से कुल 64 रु का संग्रह हुआ है, तो कक्षा में कुल कितने बच्चे हैं?

A. 90
B. 82
C. 80
D. इनमें से कोई नहीं

Q.49 मनसबदारी प्रणाली के बारे में यह नहीं कहा जा सकता है कि ________।

A. यह एक वंशानुगत नीति थी
B. यह मध्य एशियाई मूल का था
C. मानसबदार को आम तौर पर नकद वेतन के बदले में जागीर दी जाती थी
D. मनसबदारों ने शाही नौकरशाही का गठन किया

Q.50 Given below are three sentences which are jumbled. Pick the option that gives the correct order.

His exact date of birth is not known

P: but it is believed that he was born in

Q: late May and later on he decided to celebrate May 29 as his birthday,

R: as this was the date he climbed Everest

A. RQP
B. QRP
C. PQR
D. RPQ

Q.51 निम्नलिखित में से किसने चेचक के टीके की खोज की थी?

A. जोनास ई. साल्क
B. पॉल मुलर
C. एडवर्ड जेनर
D. रॉबर्ट फ्रॉस्ट

Q.52 निम्नलिखित में से कौन सी बीमारी असंक्रामक प्रवृति की है?

A. हैजा
B. चेचक
C. क्षय रोग
D. कैंसर

Ques (53-54):Direction: Each item in this section consists of a sentence with an underlined word followed by four options. Select the option that is nearest in meaning to the underlined word.

Q.53 Ravi loves <u>seclusion</u>. Therefore, he lives in the mountains.

[UPSC NDA, 2019]

A. nature
B. scripture
C. seafaring
D. solitariness

Q.54 Hitler was a <u>despot</u>.

[UPSC NDA, 2019]

A. conservative
B. dictator
C. passionate
D. monstrous

Q.55 Directions: Each of the following items in this section has a sentence with three parts labelled as (a), (b) and (c). Read each sentence to find out whether there is any error in the given parts and indicate your response corresponding letter i.e., (a) or (b) or (c). if you find no error, your response should be indicated as (d).

a) This building

b) comprises of six houses

c) three parking lots and one basement

d) No error

[UPSC NDA, 2020]

A. (a)
B. (b)
C. (c)
D. (d)

Q.56 145 रू./किग्रा. और 116 रू./किग्रा. मूल्य वाले काजू को तीसरी किस्म के काजू के साथ 1:1:2 के अनुपात में मिलाया जाता है। यदि मिश्रण का मूल्य 153 रू./किग्रा. है तो तीसरी किस्म के काजू का मूल्य कितना है?

A. 175.5 रू.   **B.** 165.5 रू.   **C.** 172.5 रू.   **D.** 192.5 रू.

Q.57 यदि $(a + b):(b + c):(c + a) = 7:6:5$ और $a + b + c = 27$, तो $\frac{1}{a}:\frac{1}{b}:\frac{1}{c}$ का मान क्या होगा?

A. 4: 3: 6   **B.** 3: 2: 4   **C.** 3: 4: 2   **D.** 3: 6: 4

Ques (58-62):Direction: Read the passage carefully and answer the question given beside.

Air India's disinvestment, first attempted by the Atal Bihari Vajpayee government, is being revived. The sale bid the last time was a flop, shelved prematurely after all the bidders were either disqualified or dropped out. The many factors that were and may still be at work against the sale are not widely understood. Unless overcome, they may again endanger the sale.

In May 2000, bids were invited for a 40% stake in Air India, with a cap of 26% on foreign investment. The airline had reported losses for six **straight** years, had $70 million debt on its books and was fast losing traffic. More than 18,000 workers were on its rolls for a fleet of just about two dozen planes. Its employee-aircraft ratio, 750, was among the worst. Singapore Airlines, in contrast, had 91 employees per aircraft. Inefficiency, typical in a government-controlled set up, was bleeding Air India. Yet, the quantum of stake on offer made it clear that the government intended to retain a crucial stake, appoint its own directors and continue to have a say in running the business. Put off by the substantial degree of control the government wanted to retain in the airline after the disinvestment, several potential bidders stayed away from the sale, including, possibly the worthiest contender. Plus, in a sale carried out through competitive bidding, reduced interest can impact the valuation.

The sale's stated purpose was to bring on board a strategic partner who would turn around Air India. But the sale's rules were loaded against candidates with a proven track record — foreign airlines. Lufthansa, Swissair, Emirates, British Airways and Air France-Delta in combination were among those to have expressed interest formally in buying the stake. However, a bidding rule that required foreign airlines to team up with a local partner forced them to opt out. Singapore Airlines, which had also expressed interest formally, roped in the Tatas to proceed with its bid.

Those who remained in the fray had their expressions of interest evaluated; those ineligible were disqualified. In the end, the contest was down to two bidders — the Hinduja group and the Singapore Airlines-Tata joint venture. Both were invited to inspect Air India's books. The Hindujas' bid was already under fire from the Opposition over allegations related to the Bofors arms scandal. After studying Air India's financial records, the group presented to the government a whole set of conditions on management control, threatening to withdraw if these were not met. The government barred the Hindujas from pursuing its bid, leaving a sole bidder: the Singapore Airlines-Tatas combine.

Private airline owners who had so far **orchestrated** resistance to the sale from the background, now openly pointed out that the majority stakeholder in Singapore Airlines was a foreign government. The unmasked attack made Singapore Airlines pull out. The airline said in a statement that the intensity of opposition to the privatisation from political groups and the trade unions had surprised it and that in such an adverse climate, it was not confident it could play a useful role.

The then Disinvestment Minister, Arun Shourie, clarified that the Tata group, Air India's **erstwhile** owner before its nationalisation in 1953, could proceed with its bid without a partner. But the Tatas too withdrew, forcing the government to abort the disinvestment.

Q.58 Which of the following facts discouraged the deserving bidders to go for the sale?

I. Sizeable control by the government.

II. Their several demands about maintenance issues went unheeded.

III. The government's will to have its own directors.

A. I and II   **B.** I and III
C. Only II   **D.** All of these

Q.59 Which of the following is/are true in the context of the passage?

I. The government still wanted to be a majority shareholder and decision-maker in Air India.

II. Earlier attempts for disinvestment were stopped by the government itself.

III. Inefficiency is a common scene in major government departments.

A. Only I   **B.** I, II and III
C. Only III   **D.** None of these

Q.60 What made Singapore Airlines withdraw from the sale?

A. Allegations of corruption.
B. Some political groups vehemently opposed the privatization.
C. They later got to know that it was not a worthwhile investment and might bring them losses.
D. They were unhappy with the management control.

Q.61 Why does the author seem to be apprehensive about the success of Air India's current disinvestment plan?

I. Author is aware of the corrption that exists in government machinery.

II. Excessive participation of foreign investors.

III. Author believes that Disinvestment is not an apprpriate plan.

A. Only I and II   **B.** Only II
C. Only I   **D.** None of these

Q.62 In what aspect Singapore Airlines is better than Air India?

A. Efficiency of work staff
B. Upgraded technology
C. Employee-aircraft ratio
D. Maintenance issues

Q.63 14 सेमी त्रिज्या और 25 सेमी ऊंचाई के ठोस बेलन को पिघलाकर 3.5 सेमी त्रिज्या के कुछ गोले बनाये जाते है। ऐसे कितने गोले बनाये जा सकते हैं?

A. 72   **B.** 85   **C.** 73   **D.** 70

Q.64 विश्व प्रसिद्ध 'खजुराहो' की मूर्तियां स्थित हैं:

A. गुजरात   **B.** मध्य प्रदेश   **C.** ओडिशा   **D.** महाराष्ट्र

Q.65 अनुव्रत अवधारणा __________ द्वारा दी गई थी।

A. जैन धर्म   **B.** हीनयान बौद्ध धर्म
C. महायान बौद्ध धर्म   **D.** इनमे से कोई भी नहीं

Q.66 निम्नलिखित में से कौन सा अभ्यास नैदानिक मूल्यांकन की पद्धति से संबंधित है?

A. शिक्षक शिक्षण-अधिगम प्रक्रिया की शुरुआत में मूल्यांकन करता है
B. शिक्षक शिक्षण-अधिगम प्रक्रिया के अंत में मूल्यांकन करता है
C. एक अंतिम सेमेस्टर परीक्षा
D. एक आंतरिक मूल्यांकन परीक्षण

Q.67 एक शिक्षक कक्षा के लेन-देन में प्रतिक्रिया देते समय 'नहीं, आप गलत हैं' कहते हैं। इसे किस प्रकार का फीडबैक कहा जाएगा?

[UGC NET Sociology, 2019]

A. सकारात्मक   **B.** नकारात्मक
C. पुष्टिकारक   **D.** सुधारात्मक

Q.68 पन्ना लाल घोष का संबंध किस वाद्य यंत्र से है?

A. बाँसुरी   **B.** शहनाई   **C.** सरोद   **D.** तबला

Q.69 किसने पेंटिंग की शुरुआत फ़िल्म के पोस्टरों से की?

A. सतीश गुजराल   **B.** मंजीत बाबा
C. एम.एफ. हुसैन   **D.** अमृता शेरगिल

Q.70 राष्ट्रीय युवा दिवस (युवा दिवस) 2019 का विषय क्या है?

A. संकल्प से सिद्धि
B. ट्रांसफॉर्मिंग एजुकेशन
C. डिजिटल इंडिया के लिए युवा
D. विकास, कौशल और सद्भाव के लिए भारतीय युवा

Q.71 अंतरराष्ट्रीय योग दिवस किस दिन मनाया जाता है?

[UPTET Social Studies, 2022]

A. 21 जून   **B.** 20 जून   **C.** 25 जून   **D.** 28 जून

Q.72 यदि किसी समचतुर्भुज का एक विकर्ण दूसरे विकर्ण से 62 सेमी अधिक लंबा है और समचतुर्भुज के भुजा की लम्बाई 41 सेमी है, तो समचतुर्भुज का क्षेत्रफल ज्ञात कीजिए।

A. 774 सेमी²   **B.** 720 सेमी²   **C.** 666 सेमी²   **D.** 992 सेमी²

Q.73 दी गई आकृति में ∆ABC एक समकोण त्रिभुज है जिसमें AB = 6 सेमी और BC = 8 सेमी और ∠ABC = 90° है और इसके अंदर PQRB एक दीर्घतम वर्ग है, और ∆XYZ एक समभुज त्रिभुज है, तब ∆XYZ का क्षेत्रफल ज्ञात कीजिए।

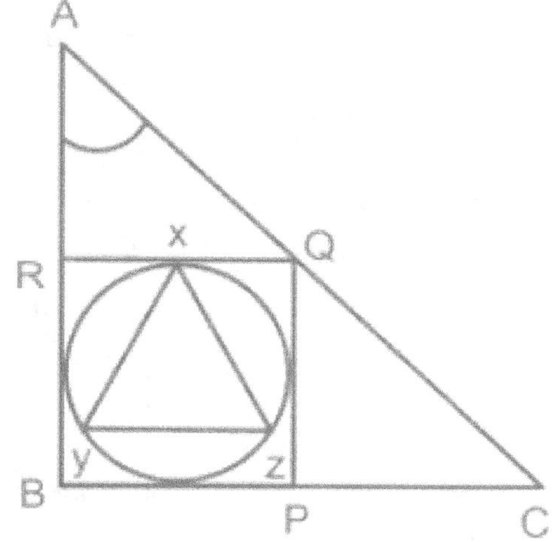

A. $\left(\frac{108\sqrt{3}}{49}\right)$ सेमी²   **B.** $\left(\frac{54\sqrt{2}}{7}\right)$ सेमी²
C. $\left(\frac{108\sqrt{2}}{49}\right)$ सेमी²   **D.** $\left(\frac{54\sqrt{3}}{7}\right)$ सेमी²

Q.74 जब किसी संख्या के 75% में 75 जोड़ा जाता है, तो प्राप्त परिणाम संख्या ही होती है। संख्या ज्ञात कीजिए।

A. 50   **B.** 60   **C.** 300   **D.** 400

Q.75 दो संख्याओं का योग 2490 है। पहली संख्या का 6.5%, दूसरी संख्या के 8.5% के बराबर है। बड़ी संख्या ज्ञात कीजिए।

A. 1876   **B.** 1600   **C.** 1411   **D.** 1380

Q.76 एक टंकी को भरने वाले दो पाइपों में से एक दूसरे से दो गुना कार्य कुशल है। दोनों खाली टंकी को 12 घंटे में भर सकते हैं। एक निकासी पाइप जो टंकी को पूरा अकेला 12 घंटों में खाली कर सकता है। खाली टंकी को भरने के लिए अधिक कार्यकुशल पाइप अकेला कितना समय लेगा?

[RRB/RRC Group D, 2018]

A. 9   **B.** 15   **C.** 12   **D.** 18

Q.77 गरिमा और उसकी बहन मिलकर अपने घर की दीवारों को 45 दिनों में रंग सकते हैं। यदि गरिमा अकेले काम करती, तो उसे 81 दिन लग जाते हैं। यदि दोनों ने एक साथ रंगना शुरू किया लेकिन गरिमा की बहन को काम पूरा होने से 9 दिन पहले छोड़ना पड़ा, तो उन दोनों बहनों को घर रंगने में कितने दिन लगेंगे?

[RRB/RRC Group D, 2018]

A. 49   **B.** 48   **C.** 52   **D.** 50

Q.78 $\frac{3.157 \times 4126 \times 3.198}{63.972 \times 2835.121}$ का निकटतम मान है:

A. 0.002   **B.** 0.02   **C.** 0.2   **D.** 2

Q.79 एक कक्षा में 44 छात्रों के वजन (किग्रा में) का वितरण निम्नानुसार है:

वजन	छात्रों की संख्या
35 - 38	3
38 - 41	13
41 - 44	13
44 - 47	10
47 - 50	5

कक्षा का औसत वजन क्या है?

A. 40.26   **B.** 41.88   **C.** 42.56   **D.** 43.25

Q.80 निम्नलिखित में से कौन-से माप को केवल संचयी आवृत्ति वितरण के निर्माण के बाद निर्धारित किया जाता है?

A. समांतर माध्य
B. मोड
C. माध्यक
D. ज्यामितीय माध्य

Q.81 अगर चावल 48 रुपये प्रति किलो के हिसाब से बेचा जाता है, तो 20% का नुकसान होगा। 20% का लाभ कमाने के लिए चावल की कीमत क्या होनी चाहिए (प्रति किलो)?

[SSC MTS, 2017]

A. 72   **B.** 76   **C.** 78   **D.** 84

Q.82 एक वस्तु की अंकित मूल्य उसकी लागत मूल्य से 50% अधिक है। यदि 10% की छूट दी जाती है, तो लाभ प्रतिशत क्या है?

[SSC MTS, 2017]

A. 25   **B.** 30   **C.** 35   **D.** 20

Q.83 प्रथम विश्व युद्ध (1914-18) के दौरान प्रथम गढ़वाल राइफल्स के नायक कौन थे?

A. गबर सिंह नेगी
B. दरवान सिंह नेगी
C. मेजर सोमनाथ शर्मा
D. शूरवीर सिंह पंवार

Q.84 निम्नलिखित में से असत्य युग्म का चयन कीजिए?

A. दीप जोशी – रेमन मैग्सेसे
B. सुन्दर लाल बहुगुणा – रेमन मैग्सेसे
C. गोविन्द वल्लभ पंत – भारत रत्न
D. हंसा मनराल – द्रोणाचार्य पुरस्कार

Q.85 345678 x 999999 को हल करें।

A. 345677653422
B. 354677654322
C. 345677654322
D. 346577564322

Q.86 निम्नलिखित में से कौन राजीव गांधी खेल रत्न 2020 का प्राप्तकर्ता नहीं है?

A. विनेश फोगट
B. रोहित शर्मा
C. मरियप्पन थंगावेलु
D. मीराबाई चानू

Q.87 ग्रीष्मकालीन ओलंपिक खेल 2024 किस शहर में आयोजित किए जाने वाले हैं?

[Bihar Police SI, 2019]

A. लॉस एंजेलिस
B. लंदन
C. बीजिंग
D. पेरिस

Q.88 यदि A = {x : x ∈ N, 0 < x < 6} और B = {x : x एक अभाज्य प्राकृतिक संख्या है, 0 < x < 10} है, तो A - B ज्ञात कीजिए।

A. {2, 3, 5}   **B.** {1, 4}   **C.** {2, 3}   **D.** {2, 3, 4}

Q.89 $^nC_r + 2 \times (^nC_{r-1}) + ^nC_{r-2}$ का मान ज्ञात कीजिए।

A. $(n+2)C_r$
B. $(n+1)C_r$
C. $(n-2)C_r$
D. $(n-1)C_r$

Q.90 तीन संख्याएँ 1 : 2 : 3 के अनुपात में हैं और म.स.प. 12 है। संख्याएँ हैं:

A. 12, 24, 36
B. 11, 22, 33
C. 12, 24, 32
D. 5, 10, 15

Q.91 दी गई आकृति में, AB || CD, ∠APQ = 50° और ∠PRD = 127°, y – x का मान ज्ञात कीजिए?

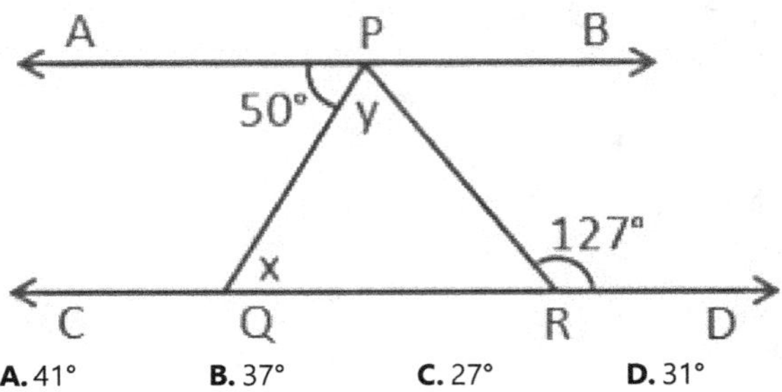

A. 41°   **B.** 37°   **C.** 27°   **D.** 31°

Q.92 Direction: Given below are four sentences in jumbled order. Pick the option that gives their correct order.

A. But Mr Oliver did not feel nervous at all.

B. The pine trees made sad eerie sounds in the forest.

C. When the light fell on the figure of a boy, sitting on a rock, Mr Oliver stopped.

D. He kept along the forest path guided by flickering torchlight.

A. BADC   **B.** CABD   **C.** DABC   **D.** BDCA

Q.93 फलों के रस के संरक्षण में निम्नलिखित में से किस रसायन का बड़े पैमाने पर उपयोग किया जाता है?

A. साइट्रिक एसिड
B. सोडियम क्लोराइड
C. सोडियम बेंजोएट
D. इनमें से कोई नहीं

Q.94 निम्नलिखित समूहों में से कौन सा समूह अक्रिय गैसों से संबंधित है?

A. समूह 15   **B.** समूह 18   **C.** समूह 17   **D.** समूह 16

Q.95 उपचारात्मक विधि का उपयोग इसके लिए किया जाता है:

A. सामान्य बच्चे
B. समस्याग्रस्त बच्चे
C. सामान्य और समस्याग्रस्त बच्चे
D. प्रतिभाशाली बच्चे

Ques (96-100):निर्देश: निम्नलिखित लाइन ग्राफ वर्ष 1994 से 2000 तक सात वर्षों की अवधि में परीक्षा के लिए उपस्थित होने वाले उम्मीदवारों की कुल संख्या में से योग्य उम्मीदवारों की संख्या का प्रतिशत देता है।

विभिन्न वर्षों में एक परीक्षा में बैठने के लिए योग्य उम्मीदवारों का प्रतिशत।

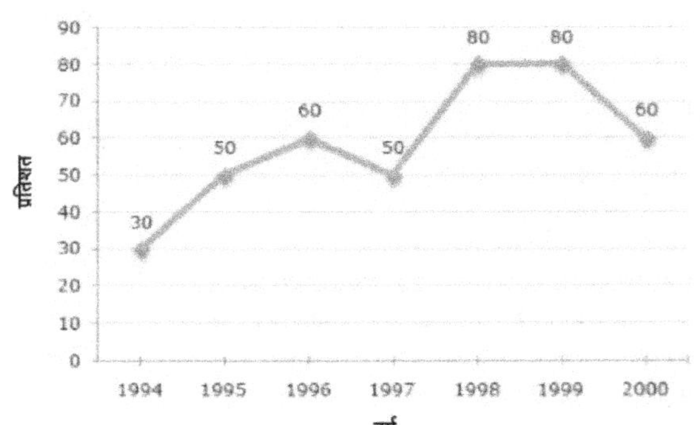

Q.96 उपस्थित उम्मीदवारों में से योग्य उम्मीदवारों के प्रतिशत के बीच का अंतर निम्नलिखित में से किस वर्ष युग्म में अधिकतम था?

A. 1994 और 1995
B. 1995 और 1996
C. 1998 और 1999
D. 1997 और 1998

Q.97 किस वर्ष युग्म में योग्य उम्मीदवारों की संख्या समान थी?

A. 1994 और 1995
B. 1995 और 1997
C. 1998 और 1999
D. डेटा अपर्याप्त है

Q.98 यदि वर्ष 1998 में योग्य उम्मीदवारों की संख्या 21200 थी, तो वर्ष 1998 में उपस्थित होने वाले उम्मीदवारों की संख्या क्या थी?

A. 32000   **B.** 28500   **C.** 26500   **D.** 25000

Q.99 यदि वर्ष 1996 और वर्ष 1997 में एक साथ उपस्थित होने वाले उम्मीदवारों की कुल संख्या 47400 थी, तो इन दो वर्षों में उत्तीर्ण उम्मीदवारों की कुल संख्या थी?

A. 34700   **B.** 32100

C. 31500   **D.** डेटा अपर्याप्त है

Q.100 यदि वर्ष 1999 और वर्ष 2000 में उत्तीर्ण उम्मीदवारों की कुल संख्या 33500 थी और वर्ष 1999 में उपस्थित होने वाले उम्मीदवारों की संख्या 26500 थी। तब वर्ष 2000 में उपस्थित होने वाले उम्मीदवारों की संख्या कितनी थी?

A. 24500   **B.** 22000   **C.** 20500   **D.** 19000

// स्मार्ट उत्तर पुस्तिका //

सही उत्तर — उन छात्रों का प्रतिशत जिन्होंने प्रश्नों का सही उत्तर दिया था। 　　छोड़ दिया — उन छात्रों का प्रतिशत जिन्होंने प्रश्नों को छोड़ दिया था।

प्रश्न संख्या	उत्तर	सही उत्तर / छोड़ दिया	प्रश्न संख्या	उत्तर	सही उत्तर / छोड़ दिया	प्रश्न संख्या	उत्तर	सही उत्तर / छोड़ दिया	प्रश्न संख्या	उत्तर	सही उत्तर / छोड़ दिया	प्रश्न संख्या	उत्तर	सही उत्तर / छोड़ दिया	प्रश्न संख्या	उत्तर	सही उत्तर / छोड़ दिया	प्रश्न संख्या	उत्तर	सही उत्तर / छोड़ दिया
1	B	87.03 % / 0.0 %	18	D	59.86 % / 1.21 %	35	A	47.01 % / 1.69 %	52	D	77.49 % / 0.0 %	69	C	52.93 % / 1.54 %	86	D	80.63 % / 0.0 %
2	B	47.84 % / 1.54 %	19	C	50.29 % / 1.54 %	36	A	65.5 % / 1.08 %	53	D	47.09 % / 1.68 %	70	B	82.21 % / 0.0 %	87	D	48.32 % / 1.71 %
3	A	40.77 % / 1.13 %	20	B	86.17 % / 0.0 %	37	C	16.24 % / 4.65 %	54	B	63.64 % / 1.94 %	71	A	45.46 % / 1.57 %	88	B	58.98 % / 1.4 %
4	B	40.5 % / 1.36 %	21	D	16.77 % / 4.63 %	38	A	50.61 % / 1.02 %	55	B	46.6 % / 1.48 %	72	B	64.66 % / 1.93 %	89	A	50.04 % / 1.13 %
5	A	56.63 % / 1.68 %	22	C	59.16 % / 1.73 %	39	A	44.12 % / 1.57 %	56	A	51.77 % / 1.4 %	73	A	11.64 % / 4.37 %	90	A	87.83 % / 0.0 %
6	C	86.89 % / 0.0 %	23	C	59.63 % / 1.14 %	40	D	58.51 % / 1.69 %	57	A	52.44 % / 1.52 %	74	C	84.79 % / 0.0 %	91	C	59.65 % / 1.81 %
7	A	82.14 % / 0.0 %	24	C	48.22 % / 1.47 %	41	D	60.01 % / 1.87 %	58	B	45.81 % / 1.99 %	75	C	69.74 % / 1.6 %	92	A	23.64 % / 3.65 %
8	B	76.32 % / 0.0 %	25	A	44.17 % / 1.45 %	42	C	50.68 % / 1.27 %	59	D	42.91 % / 1.63 %	76	D	45.34 % / 1.08 %	93	C	63.4 % / 2.0 %
9	C	82.92 % / 0.0 %	26	A	41.39 % / 1.97 %	43	B	51.68 % / 1.3 %	60	B	85.44 % / 0.0 %	77	A	28.01 % / 4.48 %	94	B	81.93 % / 0.0 %
10	C	59.83 % / 1.43 %	27	D	50.81 % / 1.4 %	44	A	40.77 % / 1.53 %	61	D	63.32 % / 1.87 %	78	C	58.6 % / 1.55 %	95	B	62.54 % / 1.1 %
11	C	60.03 % / 1.48 %	28	C	44.96 % / 1.83 %	45	B	45.41 % / 1.84 %	62	C	84.0 % / 0.0 %	79	C	45.86 % / 1.35 %	96	D	62.59 % / 1.06 %
12	A	67.8 % / 1.61 %	29	A	48.12 % / 1.13 %	46	B	26.2 % / 4.27 %	63	B	42.1 % / 1.62 %	80	C	49.27 % / 1.31 %	97	D	44.78 % / 1.11 %
13	D	45.26 % / 1.31 %	30	B	43.87 % / 1.72 %	47	B	64.1 % / 1.78 %	64	B	78.71 % / 0.0 %	81	A	65.14 % / 1.8 %	98	C	76.32 % / 0.0 %
14	D	43.05 % / 1.61 %	31	B	50.74 % / 1.65 %	48	C	49.84 % / 1.73 %	65	A	43.35 % / 1.96 %	82	C	59.81 % / 1.7 %	99	D	21.75 % / 3.27 %
15	A	29.62 % / 4.23 %	32	A	10.57 % / 3.93 %	49	A	84.45 % / 0.0 %	66	A	43.09 % / 1.09 %	83	B	44.71 % / 1.53 %	100	C	10.53 % / 3.95 %
16	A	11.85 % / 4.53 %	33	A	42.96 % / 1.03 %	50	C	58.87 % / 1.77 %	67	B	51.83 % / 1.36 %	84	D	66.62 % / 1.32 %			
17	B	76.32 % / 0.0 %	34	A	17.8 % / 3.67 %	51	C	89.4 % / 0.0 %	68	A	51.58 % / 1.31 %	85	C	63.22 % / 1.91 %			

//संकेत और समाधान//

1. भारतीय भाला फेंक खिलाड़ी, देवेंद्र झाझरिया ने मोरक्को में विश्व पैरा एथलेटिक्स ग्रां प्री 2022 में रजत पदक जीता है।

पैरालिंपिक के स्वर्ण पदक विजेता देवेंद्र झाझरिया ने रजत पर कब्जा करने के लिए 60.97 मीटर की दूरी तक भाला फेंका। वह तीन बार के पैरालिंपिक पदक विजेता हैं।

अतः विकल्प (B) सही है।

2. भारतीय रेलवे ने वैश्विक निविदा के खिलाफ चीनी निर्माता ताइयुआन से एलएचबी कोच के लिए 39,000 पहियों के लिए खरीद का आदेश दिया है।" रूस और यूक्रेन के बीच चल रहे युद्ध के कारण, रूस और यूक्रेन की फर्मों के साथ चल रहे अनुबंधों के खिलाफ आपूर्ति की गई है। अनुबंध की दर एक यूक्रेनी फर्म के पहले के स्वीकृति पत्र (एलओए) में दी गई प्रति पहिया दर से अधिक है।

अतः विकल्प (B) सही है।

3. GE एयरोस्पेस और टाटा एडवांस्ड सिस्टम्स लिमिटेड ने वाणिज्यिक विमान के इंजन के कई पुर्जों के उत्पादन और आपूर्ति के लिए 1 बिलियन अमरीकी डालर के अपने दीर्घकालिक अनुबंध को विस्तारित किया है।

इंजन के पुर्जे का निर्माण टाटा सेंटर ऑफ एक्सीलेंस फॉर एयरो इंजन (टाटा-TCoE) में किया जाएगा। विस्तारित समझौते के तहत TASL GE के 'इंजनों का निर्माण करने वाले वैश्विक कारखानों' को वाणिज्यिक विमान के इंजन के कई पुर्जों की आपूर्ति करेगा।

अतः विकल्प (A) सही है।

4. झारखंड के मुख्यमंत्री हेमंत सोरेन ने 13 सितंबर 2022 को रांची में झारखंड खेल नीति 2022 लॉन्च की है।

- इस नीति का उद्देश्य राष्ट्रीय और अंतर्राष्ट्रीय स्पर्धाओं में उत्कृष्ट प्रदर्शन करने वाले खिलाड़ियों के रास्ते की बाधाओं को कम करना है।
- पांच साल की अवधि के लिए बनाई गई खेल नीति झारखंड में इस तरह की दूसरी नीति है।
- पिछली बार ऐसी नीति 2007 में बनाई गई थी।

अतः विकल्प (B) सही है।

5. दिया है:

राज को 35% की छूट मिली

यदि कोई छूट नहीं होती, तो राज को 224 रुपए भुगतान करना पड़ता।

इसका मतलब है 35% की छूट देना = 224 रुपए की छूट

$\therefore$ 35% का अंकित मूल्य = 224 रुपए

$\therefore \dfrac{35}{100} \times$ अंकित मूल्य = 224

$\therefore$ अंकित मूल्य = 640 रुपए

$\therefore$ राज ने भुगतान किया 640 − 224 = 416 रुपए

अतः विकल्प (A) सही है।

6. केंद्र सरकार अब तक नौ अंतर-राज्यीय जल विवाद न्यायाधिकरणों का गठन कर चुकी है। पहला अंतर-राज्यीय जल न्यायाधिकरण वर्ष 1969 में गठित किया गया था जिसे कृष्णा जल विवाद न्यायाधिकरण-I कहा जाता है।

अतः विकल्प (C) सही है।

7. ग्राम न्यायालय प्रथम श्रेणी के न्यायिक मजिस्ट्रेट का न्यायालय है। इसके पीठासीन अधिकारी या न्यायाधिकारी की नियुक्ति राज्य सरकार द्वारा उच्च न्यायालय के परामर्श से की जाएगी।

अतः विकल्प (A) सही है।

8. 'As soon as' is the most suitable option here. It is used here to express the meaning that the earliest that infants become capable of imitating facial expressions is their first few days of life.

Hence, the correct option is (B).

9. The context of the sentence suggests that the blank should contain a preposition.

Given the context, the only word that can fill the blank is 'as'.

Hence, the correct option is (C).

10. The correct option here is 'packed up'. It is a phrasal verb which means a venue is filled up.

Hence, the correct option is (C).

11. विद्यार्थियों द्वारा सामना की जाने वाली समस्याओं और उनके कमजोर बिंदुओं को जानने के लिए मूल्यांकन के रूप में उपयोग की जाने वाली तकनीकों, रणनीतियों या विधियों को नैदानिक आकलन कहा जाता है।

नैदानिक आकलन एक छात्र की क्षमता, कौशल, गति और सीखने की मात्रा का पता लगाते हैं। यह भविष्य में सीखने और उद्देश्य के अनुसार परिणामों में मदद करता है।

अतः विकल्प (C) सही है।

12. निदानात्मक मूल्यांकन गणित में किसी व्यक्ति की कमजोरियों और शक्तियों को प्रकट करने में मदद करता है। यह शिक्षकों को शिक्षार्थी की समझ में कमियों को जानने में मदद करता है और फिर उन्हें दूर करने के लिए आवश्यक सहायता और मार्गदर्शन प्रदान करता है।

यह लगातार या आवर्ती सीखने की कठिनाइयों से संबंधित है जिन्हें अनसुलझा छोड़ दिया गया है।

निदानात्मक मूल्यांकन का मुख्य उद्देश्य अधिगम समस्याओं के कारणों का निर्धारण करना और उपचारात्मक कार्रवाई के लिए एक योजना तैयार करना है।

यह उन त्रुटियों के प्रकारों को इंगित करेगा जो उनके कारणों के साथ की गई थीं और सभी छात्रों के लिए सीखने के परिणामों को बेहतर बनाने में महत्वपूर्ण भूमिका निभाती हैं।

अतः विकल्प (A) सही है।

13. संयुक्त राष्ट्र सुरक्षा परिषद की अध्यक्षता/अध्यक्षता परिषद के सदस्यों के बीच हर महीने घूमती है।

संयुक्त राष्ट्र सुरक्षा परिषद की अध्यक्षता मासिक आधार पर उनके अंग्रेजी नाम के आधार पर सभी सदस्यों के बीच वर्णानुक्रम में घूमती है।

अतः विकल्प (D) सही है।

14. नाटो उत्तरी अटलांटिक संधि संगठन के लिए है। इसकी स्थापना वर्ष 1949 में हुई थी। इसका मुख्यालय बेल्जियम के ब्रुसेल्स में स्थित है। NPT, SALT और CTBT के विपरीत, NATO निरस्तीकरण से संबंधित नहीं है। इसका मुख्य उद्देश्य अपने सदस्य देशों की स्वतंत्रता और प्रतिभूतियों की सुरक्षा करना है।

अतः विकल्प (D) सही है।

15.

- गैल्वनीकरण जंग लगने से बचाने के लिए लोहे या स्टील पर जस्ता की एक सुरक्षात्मक परत लगाने की एक प्रक्रिया है।

- जंग लगने को उसकी सतह पर ऑक्सीजन और नमी के कारण धीमी गति से क्षय होने की प्रक्रिया के रूप में परिभाषित किया जाता है।

- पेंट, ऑइलिंग और गैल्वनीकरण द्वारा इसे जंग लगने से बचाया जा सकता है।

अतः विकल्प (A) सही है।

16.

- एक इलेक्ट्रिक हीटर का एलिमेंट निक्रोम से बना होता है।

- इसका कारण यह है कि अन्य तत्वों की तुलना में निक्रोम का गलनांक बहुत उच्च होता है।

- इसलिए निक्रोम विद्युत ऊर्जा को ऊष्मा ऊर्जा में परिवर्तित करता है।

अतः विकल्प (A) सही है।

17. The idiom "in black and white" means in writing or in print.

The phrase plays on the binary opposition of the two colors and shows the inherent contrast which govern them.

Hence, the correct option is (B).

18. The idiom "stick your neck out" means risk incurring criticism or anger by acting or speaking boldly, to take a risk or invite trouble by your actions.

Hence, the correct option is (D).

19. एक विषुव एक ऐसी घटना है जिसमें किसी ग्रह का उप-बिंदु उसके विषुवत रेखा से होकर गुजरता है। विषुव एक ही समय है जब उत्तरी और दक्षिणी दोनों गोलार्ध दिन और रात के समय लगभग बराबर मात्रा में अनुभव करते हैं।

- हर साल दो विषुव होते हैं: एक 21 मार्च के आसपास और दूसरा 23 सितंबर के आसपास।

- कभी-कभी, विषुव "उपनाम विषुव" (वसंत विषुव) और "शरद विषुव" (गिरावट विषुव) का नाम दिया जाता है।

- विषुव के दौरान, सौर घोषणा 0° है। सौर घोषणा पृथ्वी के अक्षांश का वर्णन करती है जहां दोपहर के समय सूरज सीधे उपरिव्यय होता है।

- निर्वहिक बिंदु एक ऐसा क्षेत्र है जहां सूर्य की किरणें एक समकोण पर पृथ्वी की सतह पर लंबवत चमकती हैं।

- केवल विषुव के दौरान पृथ्वी की 23.5° धुरी सूर्य की ओर या उससे दूर नहीं झुकी है: सूर्य की डिस्क का कथित केंद्र भूमध्य रेखा के समान ही है।

अतः विकल्प (C) सही है।

20. ग्लोबल पोजिशनिंग सिस्टम (जीपीएस) उपग्रहों और प्राप्त करने वाले उपकरणों का एक नेटवर्क है जिसका उपयोग पृथ्वी पर किसी चीज़ के स्थान को निर्धारित करने के लिए किया जाता है। कुछ जीपीएस रिसीवर इतने सटीक होते हैं कि वे 1 सेंटीमीटर (0.4 इंच) के भीतर अपना स्थान स्थापित कर सकते हैं। जीपीएस रिसीवर अक्षांश, देशांतर और ऊंचाई में स्थान प्रदान करते हैं।

अत: विकल्प (B) सही है।

21. पृथ्वी हर 365 दिन में एक बार सूर्य की परिक्रमा करती है और हर 24 घंटे में एक बार अपनी धुरी पर घूमती है। दिन और रात पृथ्वी के अपनी धुरी पर घूमने के कारण होते हैं, न कि यह सूर्य के चारों ओर परिक्रमा करते हैं।

- पृथ्वी के अपनी धुरी में घूमने के कारण दिन और रात की घटनाएँ होती हैं।

- एक पूर्ण परिभ्रमण को पूरा करने के लिए पृथ्वी को 23 घंटे और 56 मिनट लगते हैं।

- अपनी धुरी में घूमने के दौरान (23.5° झुकाव) जब एक हिस्सा सूर्य के सामने आता है, तो उस स्थान पर दिन का समय माना जाता है, और रात उस स्थान के विपरीत दिशा में रहती है।

- झुकाव भी पृथ्वी की सतह पर प्राप्त ऊर्जा में भिन्नता का कारण बनता है।

- सूर्य की किरणें पूरे वर्ष में भूमध्यरेखीय क्षेत्र के लिए लगभग लंबवत रहती है, लेकिन यह ध्रुव की ओर तिरछी हो जाती है।

- भूमध्य रेखा पर दिन और रात की अवधि लगभग समान है।

- इसलिए भूमध्य रेखा से ध्रुवों की ओर बढ़ने पर दिन और रात की अवधि में अंतर बढ़ता है।

- यहाँ पृथ्वी ग्रह पर, सूर्योदय, सूर्यास्त, और दिन और रात के चक्र के बारे में अधिक जानकारी (जीवन चक्र सिर्फ जीवन के सरल तथ्य हैं।

- हर गुजरते साल के साथ होने वाले मौसमी बदलावों के परिणामस्वरूप, दिन और रात की लंबाई अलग-अलग हो सकती है और कुछ घंटों तक लंबी या कम हो सकती है।

अत: विकल्प (D) सही है।

22. NITI Aayog की शिक्षा में परिवर्तनशील मानव पूंजी (SATH-E) परियोजना के लिए सतत कार्रवाई झारखंड, मध्य प्रदेश और ओडिशा के तीन भागीदार राज्यों के साथ साझेदारी में की जा रही है।

SATH-E परियोजना का उद्देश्य व्यावसायिक शिक्षा, कौशल विकास, शिक्षक प्रशिक्षण को बढ़ावा देना और कक्षाओं में प्रौद्योगिकी की शुरुआत करना है।

अतः विकल्प (C) सही है।

23. The correct sequence is RPQS.

A man wearing dark sunglasses walked into the bank. He went up to the teller and held up a hand grenade for all to see. Then he shouted, "Give me all your money, all the money in this bank right now." Everyone in the lobby screamed and started running. Nervously the young female teller handed the man three big bags loaded with cash. Holding the grenade in one hand and the bags in the other, he walked out of the building.

Hence, the correct option is (C).

24. सही उत्तर 1 और 3 है।

- ऋग्वेद 1500 से 1000 ईसा पूर्व का सबसे पुराना वेद है।

- इसे 10 मंडलों में बांटा गया है।

- 2-7 मंडल सबसे पुराने हैं और पारिवारिक पुस्तकें ऋषियों के एक विशेष परिवार का वर्णन करती हैं।

- 8 वां मंडल कण्व परिवार से संबंधित है।

- 9 वें मंडल में सोमा भजनों का संकलन है।

- 1 और 10 वें मंडल नवीनतम हैं और इसमें पुरुषसूक्त हैं जो चार वर्णों को परिभाषित करते हैं।

- यह होतृ या होत्री पुजारी द्वारा सुनाई जाती है। इसलिए कथन 2 सही है।

- ऋग्वेद का उपवेद आयुर्वेद है। इसलिए कथन 1 सही नहीं है।

- गायत्री मंत्र ऋग्वेद के तीसरे मंडल से लिया गया है और गैर-आर्यों को आर्यों में बदलने के लिए विश्व मित्र द्वारा रचा गया था। यह सावित्री को समर्पित है। इसलिए कथन 3 सही नहीं है।

- इसमें 1028 भजन शामिल हैं।

- ऋग्वेद में इंद्र का 250 बार उल्लेख किया गया है।

अतः विकल्प (C) सही है।

25. माना बाग की चौड़ाई $= x$ मी

फिर लंबाई $= (x + 4)$ मी

आधा परिधि $= 36$ मी

इसलिए, बाग की परिधि $= (2 \times 36) = 72$ मी

प्रश्नानुसार,

$\Rightarrow 2(l + b) = 72$

$\Rightarrow 2(x + x + 4) = 72$

$\Rightarrow 2x + 2x + 4 = 74$

$\Rightarrow 4x = 64$

$\Rightarrow x = 16$ मी

तो, बाग की चौड़ाई $= 16$ मी

बाग की लंबाई $= (16 + 4) = 20$ मी

अतः विकल्प (A) सही है।

26. आयताकार पार्क की लंबाई $= l$

आयताकार पार्क की चौड़ाई $= l - 3$

त्रिकोणीय पार्क की ऊंचाई $= 12$

त्रिकोणीय पार्क की चौड़ाई $= l - 3$

अब,

आयत का क्षेत्र $= l(l - 3)$

त्रिभुज का क्षेत्र $= \frac{1}{2} \times 12(l - 3)$

आयत का क्षेत्र - त्रिभुज का क्षेत्र $= 4$

$\Rightarrow l(l - 3) - \frac{1}{2} \times 12(l - 3) = 4$

$\Rightarrow l^2 - 91 + 14 = 0$

$\Rightarrow (l - 2)(l - 7) = 0$

$\Rightarrow l = 2, 7$

चूंकि, चौड़ाई है $l - 3, l \neq 2$

$\therefore l = 7$ मी.

अतः विकल्प (A) सही है।

27. यह दिया गया है कि, एक सीढ़ी दीवार पर इस प्रकार टिकी हुई है कि उसका तल दीवार से 2.5 मी दूर है और उसका ऊपरी सिरा जमीन से 6 मी की ऊंचाई पर खिड़की पर टिका हुआ है।

इसलिए,

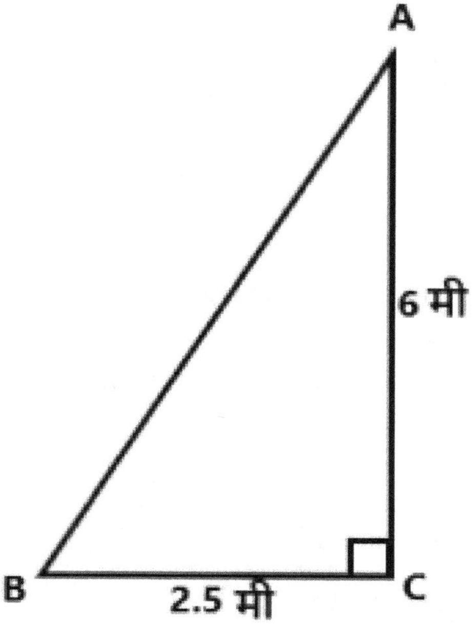

यहाँ, दीवार से दूरी $= BC = 2.5$ मी

खिड़की की ऊंचाई $= AC = 6$ मी

चूंकि दीवार जमीन से लंबवत होगी।

$\therefore \angle ACB = 90°$

इसलिए, पाइथागोरस प्रमेय से,

कर्ण $^2 =$ ऊंचाई $^2 +$ आधार ^{2}

$\Rightarrow (AB)^2 = (AC)^2 + (BC)^2$

$\Rightarrow AB^2 = (6)^2 + (2.5)^2$

$\Rightarrow AB^2 = (6 \times 6) + (2.5 \times 2.5)$

$\Rightarrow AB^2 = 36 + 6.25$

$\Rightarrow AB^2 = 42.25$

$\Rightarrow AB = \sqrt{42.25}$

$\Rightarrow AB = 6.5$ मी

अत: विकल्प (D) सही है।

28. हमें सबसे छोटी संख्या ज्ञात करनी है, इसलिए हम 8, 12, 16 और 20 का LCM निकालते हैं।

$8 = 2 \times 2 \times 2$

$12 = 2 \times 2 \times 3$

$16 = 2 \times 2 \times 2 \times 2$

$20 = 2 \times 2 \times 5$

$LCM = 2 \times 2 \times 2 \times 2 \times 3 \times 5 = 240;$

यह सबसे छोटी संख्या है जो 8, 12, 16 और 20 . से पूर्णतः विभाज्य है

इस प्रकार,

वह वांछित संख्या है जिससे शेषफल 5 निकलता है,

240 + 5 = 245

अतः विकल्प (C) सही है।

29. दिया गया,

$$\frac{2^{256}}{17}$$

हम इसे इस प्रकार लिख सकते हैं: $(2^4)^{64}$

व्यक्तिगत रूप से, जब 16 को 17 से विभाजित किया जाता है,

नकारात्मक अनुस्मारक देता है - 1.

आवश्यक शेष

$$(-1)^{64} = 1$$

वैकल्पिक रूप से,

$\frac{16^{64}}{17}$, को इस प्रकार लिखा जा सकता है,

$$\frac{(16 \times 16 \times 16 \times 16 \times 16 \ldots\ldots 64 \text{ times})}{17}$$

अब, हम प्रत्येक का ऋणात्मक शेषफल लेते हैं,

16 को 17 से भाग देने पर ऋणात्मक शेषफल मिलता है - 1.

तो, शेष होगा

$$(-1 \times -1 \times -1 \times -1 \times -1 \ldots\ldots 64 \text{ times})$$

$$= 1$$

अतः विकल्प (A) सही है।

30. मेहमानों का स्वागत उनके शरीर पर थूक कर करने की प्रथा, मसाई द्वारा मनाई जाती है।

जबकि थूकना अक्सर दुनिया भर में एक असभ्य और अस्वास्थ्यकर इशारा माना जाता है, मसाई जनजाति के केन्याई और तंजानिया के लोगों ने इसे अपने अभिवादन अनुष्ठान में शामिल किया है। हाथ मिलाने से पहले मसाई अपनी हथेलियों में थूकते हैं।

अतः विकल्प (B) सही है।

31. कॉम्टे ने समाजशास्त्र के लिए 'सामाजिक भौतिकी' शब्द का प्रयोग किया।

आधुनिक समाजशास्त्र के संस्थापक अगस्ते कॉम्टे ने 19वीं शताब्दी में "सामाजिक भौतिकी" वाक्यांश गढ़ा था। कॉम्टे और उस युग के अन्य लोगों ने सार्वभौमिक कानूनों का एक सेट विकसित करके सामाजिक वास्तविकता की व्याख्या करने की इच्छा व्यक्त की - भौतिकविदों के समाजशास्त्रीय समकक्ष हर चीज का सिद्धांत बनाने की खोज।

अतः विकल्प (B) सही है।

32. नीम का पेड़ एक भारतीय टेलीविजन नाटक श्रृंखला है जिसे गुरबीर सिंह ग्रेवाल द्वारा संपादित और निर्देशित किया गया था और नूमन मलिक द्वारा निर्मित किया गया था। इसे डॉ. राही मासूम रज़ा ने लिखा था।

अतः विकल्प (A) सही है।

33. ब्रिटिश भारत में प्रांतीय निर्वाचन का आयोजन 1936-37 में किया गया। निर्वाचन का प्रावधान भारत सरकार अधिनियम, 1935 के तहत किया गया था। निर्वाचन ग्यारह प्रांतों- मद्रास, केंद्रीय प्रांत, बिहार, ओडिशा, संयुक्त प्रांत, बॉम्बे

प्रेसिडेंसी, असम, उत्तर पश्रिमी सीमांत प्रांत (NWFP), बंगाल, पंजाब और सिंध में कराया गया। रियासतों के विरोध के कारण भारत सरकार अधिनियम, 1935 के उपरांत संघ अस्तित्व में नहीं आ सका था, इसलिए संघीय स्तर पर किसी भी निर्वाचन का आयोजन नहीं हो पाया था।

सरकार के साथ कुछ माह तक जारी गतिरोध के उपरांत कांग्रेस कार्य समिति ने 1935 के अधिनियम के अधीन कार्यभार स्वीकार करने का निर्णय लिया। जुलाई में, इसने छह प्रांतों- मद्रास, बॉम्बे, केंद्रीय प्रांत, ओडिशा, बिहार और संयुक्त प्रांत में मंत्रिमंडल के गठन का निर्णय किया। इसके बाद उत्तर-पश्रिम सीमांत प्रांत और असम में भी कांग्रेस के मंत्रिमंडल का गठन किया गया। गैर-कांग्रेसी मंत्रिमंडल का गठन बंगाल (मुस्लिम लीग और इंडिपेंडेंट मुस्लिम्स के समर्थन से कृषक प्रजा पार्टी), पंजाब (यूनियनिस्ट पार्टी) और सिंध (यूनाइटेड सिंध पार्टी) में हुआ।

अतः विकल्प (A) सही है।

34. $x - y = 2015 - 2014 = 1$

$y - z = 2014 - 2013 = 1$

$z - x = 2013 - 2015 = -2$

$\therefore x^2 + y^2 + z^2 - xy - yz - zx$

अंश और हर को 2 से गुणा करने पर

$$= \frac{1}{2}(2x^2 + 2y^2 + 2z^2 - 2xy - 2yz - 2zx)$$

$$= \frac{1}{2}(x^2 + y^2 - 2xy + y^2 + z^2 - 2yz + z^2 + x^2 - 2zx)$$

$$= \frac{1}{2}[(x - y)^2 + (y - z)^2 + (z - x)^2]$$

$$= \frac{1}{2}[1 + 1 + 4]$$

$$= \frac{1}{2} \times 6$$

$$= 3$$

अतः विकल्प (A) सही है।

35. कादम्बिनी गांगुली, भारत की पहली महिला डॉक्टर बनीं।

कादम्बिनी गांगुली पहली भारतीय महिला डॉक्टरों में से एक थीं जिन्होंने आधुनिक चिकित्सा में डिग्री के साथ अभ्यास किया। वह भारत में चिकित्सा का अभ्यास करने वाली पहली भारतीय महिला थीं।

अतः विकल्प (A) सही है।

36. $\dfrac{(1000)^{12}}{(10)^{30}}$

$$= \frac{(10^3)^{12}}{(10)^{30}}$$

$$= \frac{(10)^{(3 \times 12)}}{(10)^{30}}$$

$$= \frac{(10)^{36}}{(10)^{30}}$$

$$= (10)^{(36-30)}$$

$$= 10^6$$

$= (10^3)^2$

$= (1000)^2$

अतः विकल्प (A) सही है।

37. सोफिया बुल्गारिया की राजधानी है और यह लगभग 1.3 मिलियन लोगों की आबादी वाला यूरोपीय संघ का 15 वां सबसे बड़ा शहर है। इसे ग्लोबलाइज़ेशन और वर्ल्ड सिटीज़ रिसर्च नेटवर्क द्वारा बीटा शहर के रूप में स्थान दिया गया है। सोफिया में बुल्गारिया के कई प्रमुख विश्वविद्यालय, सांस्कृतिक संस्थान और वाणिज्यिक कंपनियां केंद्रित हैं।

अतः विकल्प (C) सही है।

38. ब्लड ग्रुप की खोज लैंडस्टीनर ने की थी।

ABO रक्त समूह प्रणाली को व्यापक रूप से ऑस्ट्रियाई वैज्ञानिक कार्ल लैंडस्टैनर द्वारा खोजा गया है, जिन्होंने 1900 में O, A, और B रक्त प्रकारों की पहचान की थी। उन्हें अपने काम के लिए 1930 में फिजियोलॉजी या मेडिसिन में नोबेल पुरस्कार से सम्मानित किया गया था।

अतः विकल्प (A) सही है।

39. फ्रेडरिक बैंटिंग एक कनाडाई चिकित्सा वैज्ञानिक, चिकित्सक और नोबेल पुरस्कार विजेता थे, जो इंसुलिन के मुख्य खोजकर्ताओं में से एक थे। 1923 में बैंटिंग और जॉन जेम्स रिकार्ड मैकलोड ने चिकित्सा में नोबेल पुरस्कार प्राप्त किया, जो फिजियोलॉजी / मेडिसिन में नोबेल पुरस्कार के सबसे कम उम्र के प्राप्तकर्ता हैं।

अतः विकल्प (A) सही है।

40. माना B की पूंजी x रुपये

$\therefore$ 12 महीनों में A का हिस्सा $= 3500 \times 12$

और, 7 महीने में B का हिस्सा $= 7x$

फिर, $\dfrac{3500 \times 12}{7x} = \dfrac{2}{3}$

$\Rightarrow 14x = 126000$

$\Rightarrow x = 9000$

अतः विकल्प (D) सही है।

41. The given sentence is in the active voice. Its tense is past continuous. The structures for active/passive voices are:

Active: Subject + was/were + verb (ing) + object…

Passive: Object + was/were + being + verb (IIIrd from) + by + subject…

So, with the help of the above structures, we can convert the given sentence into passive voice:

Hockey was being played by them in the garden.

Hence, the correct option is (D).

42. The given sentence is of present perfect tense and it is in the active form. The structures for active/passive voices are:

Active: Subject + has/have + verb (IIIrd form) + object…

Passive: Object + has/have + been + verb (IIIrd form) + by + subject…

So, the passive voice of the given sentence would be:

Anything has not been eaten by Mohan.

OR

Nothing has been eaten by Mohan.

Hence, the correct option is (C).

43. विनिवेश का अर्थ है सरकार द्वारा संपत्तियों की बिक्री या परिसमापन, आमतौर पर केंद्र और राज्य के सार्वजनिक क्षेत्र के उद्यम, परियोजनाएँ, या अन्य अचल संपत्तियाँ।

केंद्रीय सार्वजनिक उद्यमों से जुड़ी विभिन्न समस्याओं को दूर करने के लिए, सरकार ने विभिन्न क्षेत्रों में सरकार की उपस्थिति को पूरी तरह से समाप्त करने और सार्वजनिक क्षेत्र के उपक्रमों की संख्या को पूर्णतया न्यूनतम करने के लिए इस नीति को लाया है। इस नीति में मौजूदा सीपीएसई, सार्वजनिक क्षेत्र के बैंक और सार्वजनिक क्षेत्र की बीमा कंपनियां शामिल हैं।

अतः विकल्प (B) सही है।

44. बंधपत्र आय वह रिटर्न है जो किसी निवेशक को उस बंधपत्र या विशेष सरकारी सुरक्षा पर मिलता है। एक अर्थव्यवस्था में ब्याज दरों में गिरावट/वृद्धि बंधपत्र की कीमतों को नीचे/ऊपर धकेलती है। जब बंधपत्र की कीमतें बढ़ती हैं तो इसका मतलब बंधपत्र आय में गिरावट/सुगमता है। इसलिए बंधपत्र आय में ढील का मतलब ब्याज की दर में गिरावट है, जो आगे चलकर उद्यमों के लिए क्रेडिट आकर्षण को बढ़ाती है।

वाणिज्यिक पत्र निर्गमन में तीव्र वृद्धि, पैदावार में आसानी, और MSMEs के लिए मजबूत ऋण वृद्धि ने उद्यमों के जीवित रहने और बढ़ने के लिए ऋण प्रवाह में सुधार किया। इसलिए, कथन 1 और 2 सही हैं।

अतः विकल्प (A) सही है।

45. दिया है:

21, 36, 66 का ल.स.प. = 2772

अब, 2772 = 2 × 2 × 3 × 3 × 7 × 11

इसे एक पूर्ण वर्ग बनाने के लिए, इसे 7 × 11 से गुणा करने पर

इसलिए, आवश्यक संख्या

$= 2^2 \times 3^2 \times 7^2 \times 11^2$

= 213444

अतः विकल्प (B) सही है।

46. दिया हुआ है:

$A = 3900$ रुपये

$N = 5$ वर्ष

$P = 1500$ रुपये

$I = \dfrac{PRN}{100}$

जहाँ $P =$ मूलधन, $R =$ ब्याज दर %, $N =$ वर्षों की संख्या, $I =$ अर्जित ब्याज

$A = P + I$

जहाँ $A =$ प्राप्त मिश्रधन

$I = 3900 - 1500$

$\Rightarrow I = 2400$ रुपये

इसी तरह,

$2400 = \dfrac{(1500 \times R \times 5)}{100}$

$\Rightarrow \dfrac{2400 \times 100}{(1500 \times 5)} = R$

$\Rightarrow R = 32\%$

अब ब्याज की दर 2% कम हो गई

$\Rightarrow$ ब्याज की नई दर है $(32 - 2) = 30\%$

$$I = \frac{(1500 \times 30 \times 5)}{100}$$

$\Rightarrow I = 2250$

$\Rightarrow A = 1500 + 2250$

$\therefore$ प्राप्त राशि 3750 रुपये है।

अत: विकल्प (B) सही है।

47. दिया हुआ है:

$A = 15400$ रुपये

उदय: $R = 5\%$, $N = 3$ वर्ष

लावी: $R = 10\%$, $N = 4$ वर्ष

लावी द्वारा प्राप्त ब्याज = उदय द्वारा प्राप्त ब्याज

$$I = \frac{PRN}{100}$$

जहाँ $P =$ मूलधन, $R =$ ब्याज दर $\%$, $N =$ वर्षों की संख्या, $I =$ अर्जित ब्याज

$A = P + I$

जहाँ $A =$ मिश्रधन

माना कि उदय का हिस्सा X है तो लावी का हिस्सा = 15400 - X

तदनुसार,

$$\frac{(X \times 5 \times 3)}{100} = (15400 - X) \times 10 \times \frac{4}{100}$$

$\Rightarrow 15X = (15400 - X) \times 40$

$\Rightarrow 3X = 123200 - 8X$ [दोनों पक्षों को 5 से विभाजित करने पर]

$\Rightarrow 11X = 123200$

$\Rightarrow X = 11200$

$\therefore$ उदय का हिस्सा 11,200 रुपये है।

अत: विकल्प (B) सही है।

48. माना के, कक्षा में कुल छात्र x हैं,

दिया गया है की हर छात्र ने x पैसों का योगदान किया है,

तो, कुल संग्रह $= x^2$

दि गयी राशि $= 64$ रु $= 6400$ रु

प्रश्नानुसार,

$$x^2 = 6400$$

$$x = 80$$

अतः विकल्प (C) सही है।

49. मनसबदारी प्रणाली के बारे में यह नहीं कहा जा सकता है कि यह एक वंशानुगत नीति थी।

मनसबदारी प्रणाली:

अकबर ने अपने प्रशासन में मनसबदारी प्रणाली की शुरुआत की।

मनसब पद वंशानुगत नहीं रहता था।

सभी नियुक्तियों और पदोन्नति, साथ ही साथ बर्खास्तगी, सीधे राजा द्वारा की गई थी।

मानसबडों को या तो नकद या भूमि के क्षेत्रों के असाइनमेंट के रूप में भुगतान किया गया था।

नकद में भुगतान पाने वाले को नक़दी के नाम से जाना जाता था।

जागीर के कार्य के माध्यम से भुगतान करने वालों को जागीरदार कहा जाता था।

सबसे कम रैंक 10 था और रईसों के लिए उच्चतम 5000 था।

अत: विकल्प (A) सही है।

50. For Parajumbles, the best approach is to find connecting links between statements.

After close inspection of the given options, we see statement P is the 1st sentence.

Further, 2nd sentence should contain a time related word as P ends with 'born in'. Statement Q fulfills the required purpose.

Hence the correct arrangement would be- PRQ.

Hence, the correct option is (C).

51. एडवर्ड जेनर ने चेचक के टीके की खोज की थी। यह विकसित होने वाला पहला सफल टीका था। चेचक का टीका अब जनता के लिए उपलब्ध नहीं है। 1972 में संयुक्त राज्य अमेरिका में नियमित चेचक का टीकाकरण समाप्त हो गया। 1980 में, विश्व स्वास्थय संगठन (WHO) घोषणा की कि चेचक का समाप्त हो गया है।

अत: विकल्प (C) सही है।

52. कैंसर की बीमारी असंक्रामक प्रवृति की है, दी गयी सभी बीमारियाँ संक्रामक है। असंक्रामक रोग एक ऐसी बीमारी है, जो एक व्यक्ति से दूसरे व्यक्ति में सीधे प्रसारित नहीं होती है।

अत: विकल्प (D) सही है।

53. Seclusion means the state of being private and away from other people.

Solitariness means a person who lives alone or in solitude.

The option that is nearest in meaning to the underlined word 'seclusion' is solitariness'.

Hence, the correct option is (D).

54. Despot means a ruler or other person who holds absolute power, typically one who exercises it in a cruel or oppressive way.

Dictator means a ruler with total power over a country, typically one who has obtained control by force.

The option that is nearest in meaning to the underlined word 'despot' is 'dictator'.

Hence, the correct option is (B).

55. 'comprises six houses' should be there in place of 'comprises of six houses'.

'comprises' is not followed by 'of' preposition.

Correct sentence: This building comprises six houses three parking lots and one basement.

Hence, the correct option is (B).

56. पहली और दूसरी किस्म के काजू को बराबर अनुपात में मिलाया जाता है, इसलिए औसत मूल्य $= \dfrac{(116 + 145)}{2} = $ Rs. 130.50 रू.

अतः, अब दो किस्मों को मिलाकर मिश्रण बनाया जाता है, जिसमें एक का मूल्य 130.50 रू./किग्रा. और अन्य ' x ' रू./किग्रा. को $2:2$ में मिलाया जाता है,

अर्थात, $1:1$

हमें ' x ' ज्ञात करना है

$$\Rightarrow \frac{130.5+x}{2} = 153$$

$$\Rightarrow 130.5 + x = 306$$

$$\Rightarrow x = 306 - 130.5 = 175.5 \text{ रू}.$$

अतः विकल्प (A) सही है।

57. दिया है,

$$(a + b):(b + c):(c + a) = 7k:6k:5k$$

$$\Rightarrow (a + b + c) \times 2 = 18k$$

$$\Rightarrow (a + b + c) = 9k$$

$$\Rightarrow 9k = 27$$

$$\Rightarrow k = 3$$

$$\Rightarrow a + b = 21 \ldots\ldots\text{(i)}$$

$$\Rightarrow b + c = 18 \ldots\ldots\text{(ii)}$$

$$\Rightarrow c + a = 15 \ldots\ldots\text{(iii)}$$

समीकरण (i) और (iii) को जोड़ने पर,

$$a + b + c + a = 21 + 15$$

$$\Rightarrow 2a + b + c = 36$$

समीकरण (ii) से $b + c$ का मान रखने पर,

$$\Rightarrow 2a + 18 = 36$$

$$\Rightarrow 2a = 36 - 18$$

$$\Rightarrow 2a = 18$$

$$\Rightarrow a = 9$$

a का मान समीकरण (i) में रखने पर,

$$\Rightarrow 9 + b = 21$$

$$\Rightarrow b = 21 - 9$$

$$\Rightarrow b = 12$$

b का मान समीकरण (ii) में रखने पर,

$$\Rightarrow 12 + c = 18$$

$$\Rightarrow c = 18 - 12$$

$$\Rightarrow c = 6$$

$$\therefore a = 9, b = 12, c = 6$$

$$\Rightarrow \frac{1}{a}:\frac{1}{b}:\frac{1}{c} = \frac{1}{9}:\frac{1}{12}:\frac{1}{6}$$

$$\Rightarrow \frac{1}{a}:\frac{1}{b}:\frac{1}{c} = 4:3:6$$

अतः विकल्प (A) सही है।

58. According to the passage, from 2nd paragraph, yet, the quantum of stake on offer made it clear that the government intended to retain a crucial stake, **appoint its own directors and continue to have a say in running the business.** Put off by the substantial degree of control the government wanted to retain in the airline after the disinvestment, several potential bidders stayed away from the sale, including, possibly the worthiest contender.

Statement II is a specific point and we can't say anything about it as it is not mentioned in the passage.

Hence, the correct option is (B).

59. According to the 2nd paragraph of the passage, yet, the quantum of stake on offer made it clear that the government intended to retain a crucial stake, appoint its own directors and continue to have a say in running the business.

So, the statement I is correct.

Statement II is nowhere suggested in the passage that the government itself tried to cancel the idea of disinvestment.

According to the 2nd paragraph of the passage, inefficiency, typical in a government-controlled setup, was bleeding Air India.

So, statement III suggests that it is usual to have inefficient officers in the government and there was nothing new in it.

It clearly validates that only statements I and III are correct.

Hence, the correct option is (D).

60. According to the 5th paragraph of the passage, **the airline said in a statement that the intensity of opposition to the privatization from political groups and the trade unions had surprised it and that in such an adverse climate, it was not confident it could play a useful role.**

The allegation of corruption was related to the Hinduja group.

Further, the passage has not mentioned any specific demands made by Singapore Airlines.

Thus, except option (B), all other statements are absurd and illogical.

Hence, the correct option is (B).

61. According to the 1st paragraph of the passage, air India's disinvestment, first attempted by the Atal Bihari Vajpayee government, is being revived. The **sale bid the last time was a flop**, shelved prematurely after all the bidders were either disqualified or dropped out. **The many factors that were and may still be at work against the sale are not widely understood. Unless overcome, they may again endanger the sale.**

The highlighted part above implies that none of the given statements is appropriate.

Hence, the correct option is (D).

62. According to the 2nd paragraph of the passage, in May 2000, bids were invited for a 40% stake in Air India, with a cap of 26% on foreign investment. The airline had reported losses for six straight years, had $70 million debt on its books and was fast losing traffic. More than 18,000 workers were on its rolls for a fleet of just about two dozen planes. Its employee-aircraft ratio, 750, was among the worst. **Singapore Airlines, in contrast, had 91 employees per aircraft.** Inefficiency, typical in a government-controlled setup, was bleeding Air India. Yet, the quantum of stake on offer made it clear that the government intended to retain a crucial stake, appoint its own directors and continue to have a say in running the business. Put off by the substantial degree of control the government wanted to retain in the airline after the disinvestment, several potential bidders stayed away from the sale, including, possibly the worthiest contender. Plus, in a sale carried out through competitive bidding, reduced interest can impact the valuation.

The highlighted sentence in the paragraph above clearly validates the fact what has been mentioned in option (C).

Hence, the correct option is (C).

63. दिया है:

बेलन का त्रिज्या (R) = 14 सेमी

बेलन की ऊंचाई (h) = 25 सेमी

गोलाकार की त्रिज्या (r) = 3.5 सेमी

पिघलने की प्रक्रिया से पहले और बाद में धातु का आयतन समान रहता है।

बेलन का आयतन $= \pi R^2 h$

$= \frac{22}{7} \times 14 \times 14 \times 25$ = 15,400 घन सेमी

गोले का आयतन $= \frac{4}{3} \pi r^3$

$= \frac{4}{3} \times \frac{22}{7} \times 3.5 \times 3.5 \times 3.5$ = 179.67 घन सेमी

∴ गोलों की संख्या = बेलन का आयतन/गोलाकार की मात्रा

$= \frac{15400}{179.67} = 85.71 \approx 85$

इस प्रकार, 85 ऐसे पूर्ण गोले बनाये जा सकते हैं।

अतः विकल्प (B) सही है।

64. विश्व प्रसिद्ध 'खजुराहो' की मूर्तियां मध्य प्रदेश में स्थित हैं।

खजुराहो समूह के स्मारक झांसी से लगभग 175 किलोमीटर दक्षिण-पूर्व में छतरपुर जिले, मध्य प्रदेश, भारत में हिंदू और जैन मंदिरों का एक समूह है। वे यूनेस्को की विश्व धरोहर स्थल हैं। मंदिर अपने नागर शैली के स्थापत्य प्रतीकवाद और उनकी कामुक मूर्तियों के लिए प्रसिद्ध हैं। अधिकांश खजुराहो मंदिरों का निर्माण चंदेल वंश द्वारा 885 ईस्वी और 1050 ईस्वी के बीच किया गया था।

अतः विकल्प (B) सही है।

65. अनुव्रत अवधारणा जैन धर्म द्वारा दी गई थी।

अनुव्रत जैन धर्म द्वारा दिया गया परिवर्तन का दर्शन है। इसका एकमात्र उद्देश्य मनुष्य को आत्मनिरीक्षण करने, अपनी प्रकृति को समझने और उसे बदलने के प्रयास करने में सक्षम बनाना है।

अतः विकल्प (A) सही है।

66. सीखने-सिखाने की प्रक्रिया तीन चरणों में होती है। मूल्यांकन शिक्षण-सीखने की प्रक्रिया का अभिन्न अंग है क्योंकि यह छात्र सीखने और निर्देश में सुधार करने में मदद करता है। यह छात्रों के सीखने के बारे में निर्णय लेने के लिए जानकारी एकत्र करने का एक व्यवस्थित तरीका है। यह शिक्षण-अधिगम प्रक्रिया के विभिन्न चरणों के दौरान आयोजित किया जाता है, अर्थात शुरुआत में, दौरान और अंत में। नैदानिक मूल्यांकन मूल्यांकन की तकनीकों में से एक है जिसका उपयोग शिक्षक शिक्षण-अधिगम प्रक्रिया में करता है।

अतः विकल्प (A) सही है।

67. फीडबैक के माध्यम से ही बच्चे की क्षमताओं का आकलन किया जा सकता है। इससे हमें यह जानने में मदद मिलती है कि क्या बच्चे ने वह सीखा है जो आपने पढ़ाया है और क्या आपका शिक्षण प्रभावी है। प्रतिक्रिया देना और प्राप्त करना एक कठिन उपक्रम है क्योंकि इसके लिए उत्पन्न होने वाली भावनाओं से निपटने की क्षमता की आवश्यकता होती है।

नकारात्मक प्रतिक्रिया के मामले में, इसकी स्वीकृति में हमेशा कुछ प्रतिरोध और कुछ हद तक अनिच्छा होती है।

यह लगभग हमेशा स्वीकार नहीं किया जाता है। छात्र प्रतिरोध दिखा सकते हैं क्योंकि वे हमेशा केवल अच्छी खबर सुनना चाहते हैं और बुरी और अप्रिय खबरों का विरोध करना चाहते हैं।

यह भय, अपमान की भावना और निराशा पैदा करता है।

उदाहरण के लिए, "नहीं, आप गलत हैं" नकारात्मक प्रतिक्रिया है क्योंकि यह की जा रही गतिविधि के लिए नकारात्मक प्रतिक्रिया प्रदान करता है।

अतः विकल्प (B) सही है।

68. बाँसुरी अत्यंत लोकप्रिय सुषिर वाद्य यंत्र माना जाता है, क्योंकि यह प्राकृतिक बांस से बनायी जाती है, इसलिये लोग इसे 'बांस बांसुरी' भी कहते हैं। बाँसुरी बनाने की प्रक्रिया काफ़ी कठिन नहीं है। सबसे पहले बांसुरी के अंदर की गांठों को हटाया जाता है। फिर उसके शरीर पर कुल सात छेद खोदे जाते हैं। सबसे पहला छेद मुँह से फूंकने के लिये छोड़ा जाता है, बाक़ी छेद अलग-अलग आवाज़ निकालने का काम देते हैं।

अतः विकल्प (A) सही है।

69. एम.एफ. हुसैन ने पेंटिंग की शुरुआत फ़िल्म के पोस्टरों से की। एम.एफ. हुसैन महाराष्ट्र के प्रसिद्ध चित्रकार जिनका पूरा जीवन चित्रकला को समर्पित था और जिन्हें प्रगतिशाली चित्रकार माना जाता है। मक़बूल फ़िदा हुसैन को कला के क्षेत्र में भारत सरकार द्वारा सन 1991 में भारत के दूसरे सर्वोच्च नागरिक पुरस्कार पद्म विभूषण से सम्मानित किया गया।

अतः विकल्प (C) सही है।

70. राष्ट्रीय युवा दिवस (युवा दिवस) 2019 का विषय "ट्रांसफॉर्मिंग एजुकेशन" है।

राष्ट्रीय युवा दिवस (युवा दिवस) भारत में 12 जनवरी को समाज सुधारक, दार्शनिक और विचारक स्वामी विवेकानंद (156 वें) के जन्मदिन पर मनाया जाता है।

अतः विकल्प (B) सही है।

71. अंतर्राष्ट्रीय योग दिवस हर साल 21 जून को मनाया जाता है। इसकी स्थापना 2015 में हुई थी। यह संयुक्त राष्ट्र महासभा द्वारा सर्वसम्मति से योग के लिए एक अंतर्राष्ट्रीय दिवस घोषित किया गया था। योग भारत में उत्पन्न एक शारीरिक, मानसिक और आध्यात्मिक अभ्यास है।

अतः विकल्प (A) सही है।

72. दिया गया है,

किसी समचतुर्भुज का एक विकर्ण दूसरे विकर्ण से 62 सेमी अधिक लंबा है।

समचतुर्भुज के भुजा की लम्बाई = 41 सेमी

माना कि समचतुर्भुज के विकर्णों की लम्बाई क्रमशः '2a' और '2a + 62' है।

अब,

भुजा² = पहले विकर्ण का आधा² + दूसरे विकर्ण का आधा²

$$41^2 = \left(\frac{2a}{2}\right)^2 + \left(\frac{2a+62}{2}\right)^2$$

$$\Rightarrow 1681 = a^2 + (a+31)^2$$

$$\Rightarrow a = 9$$

इसलिए,

समचतुर्भुज का क्षेत्रफल $= \frac{1}{2} \times d_1 \times d_2$

$$= \frac{1}{2} \times 2a \times (2a + 62)$$

$$= \frac{1}{2} \times 18 \times 80$$

$$= 720 \text{ सेमी }^2$$

अतः विकल्प (B) सही है।

73. दिया गया है,

ΔABC एक समकोण त्रिभुज है।

AB = 6 सेमी

BC = 8 सेमी

∠ABC = 90°

समकोण त्रिभुज के अंदर PQRB एक दीर्घतम वर्ग है।

ΔXYZ एक समभुज त्रिभुज है।

समकोण त्रिभुज के अंदर एक दीर्घतम वर्ग की भुजा $= \frac{(P \times B)}{(P + B)}$

$$= \frac{(6 \times 8)}{(6 + 8)}$$

$$= \frac{48}{14}$$

$$= \left(\frac{24}{7}\right) \text{ सेमी}$$

वर्ग के अंदर बने वृत्त की त्रिज्या = (वर्ग की भुजा)/2

$$= \frac{\left(\frac{24}{7}\right)}{2}$$

$$= \left(\frac{12}{7}\right) \text{ सेमी}$$

समभुज त्रिभुज के बाहर बने वृत्त की त्रिज्या = (समभुज त्रिभुज की भुजा)/√3

$$= \frac{12}{7} = \text{(त्रिभुज की भुजा/ }\sqrt{3})$$

त्रिभुज की भुजा $= \frac{12\sqrt{3}}{7}$

समभुज त्रिभुज का क्षेत्रफल $= \left(\frac{\sqrt{3}}{4}\right) \times (\text{भुजा})^2$

$$= \left(\frac{\sqrt{3}}{4}\right) \times \left(\frac{12\sqrt{3}}{7}\right)^2$$

$$= \left(\frac{\sqrt{3}}{4}\right) \times \frac{(144 \times 3)}{49}$$

$$= \left(\frac{108\sqrt{3}}{49}\right) \text{ सेमी }^2$$

∴ समभुज त्रिभुज का क्षेत्रफल $= \left(\frac{108\sqrt{3}}{49}\right) \text{ सेमी }^2$

अतः विकल्प (A) सही है।

74. दिया है-

किसी संख्या के 75% में 75 जोड़ा जाता है और प्राप्त परिणाम संख्या ही होती है।

माना कि संख्या a है।

$$\Rightarrow 75 + (75\% \times a) = a$$

$$\Rightarrow 75 + \left(\frac{75}{100} \times a\right) = a$$

$$\Rightarrow 75 + \frac{3a}{4} = a$$

$$\Rightarrow 75 = a - \frac{3a}{4}$$

$$\Rightarrow 75 = \frac{a}{4}$$

$$\Rightarrow 75 \times 4 = a$$

$$\Rightarrow a = 300$$

अतः विकल्प (C) सही है।

75. दिया है-

दो संख्याओं का योग 2490 है।

माना कि दो संख्याएँ A, B हैं।

$$\Rightarrow A + B = 2490$$

पहली संख्या का 6.5%, दूसरी संख्या के 8.5% के बराबर है।

$$\Rightarrow 6.5\% \times A = 8.5\% \times B$$

$$\Rightarrow \frac{65}{1000} \times A = \frac{85}{1000} \times B$$

$$\Rightarrow 13 \times A = 17 \times B$$

$$\Rightarrow \frac{A}{B} = \frac{17}{13}$$

माना कि $A = 17k$, $B = 13k$ है।

$$\Rightarrow A + B = 2490$$

$\Rightarrow 17k + 13k = 2490$

$\Rightarrow 30k = 2490$

$\Rightarrow k = 83$

पहली संख्या $= 17k$

$= 17 \times 83$

$= 1411$

दूसरी संख्या $= 13k$

$= 13 \times 83$

$= 1079$

बड़ी संख्या $= 1411$

अतः विकल्प (C) सही है।

76. माना कि दो भरने वाले पाइप A और B है।

माना कि कुल कार्य 36 इकाई है और A व B की कार्यकुशलता $2x$ और x है।

$\because$ दोनों खाली टंकी को 12 घंटे में भर सकते हैं,

$\therefore \dfrac{36}{(2x+x)} = 12$

$\Rightarrow x = 1$

$\Rightarrow$ अधिक कुशल पाइप A द्वारा लिया गया समय $= \dfrac{36}{2x} = \dfrac{36}{2} = 18$ घंटे

अतः विकल्प (D) सही है।

77. जैसा कि हम जानते हैं,

कार्यक्षमता, समय के व्युत्क्रमानुपाती है

गरिमा और (गरिमा की बहन + गरिमा) की कार्यक्षमता का अनुपात $= 45 : 81 = 5 : 9$

गरिमा की बहन + गरिमा की कार्यक्षमता $= 9$

गरिमा की बहन की कार्यक्षमता $= 9 - 5 = 4$

कुल कार्य $= 45 \times 9 = 405$

माना कार्य x दिनों में पूरा होता है

प्रश्नानुसार

$\Rightarrow 5x + 4(x - 9) = 405$

$\Rightarrow 9x - 36 = 405$

$\Rightarrow x = 49$ दिन

अतः विकल्प (A) सही है।

78. $= \dfrac{3.157 \times 4126 \times 3.198}{63.972 \times 2835.121}$

$\approx \dfrac{3.2 \times 4126 \times 3.2}{64 \times 2835}$

$= \dfrac{32 \times 4126 \times 32}{64 \times 2835} \times \dfrac{1}{100}$

$= \dfrac{66016}{2835} \times \dfrac{1}{100}$

$= \dfrac{23.28}{100}$

$= 0.23$

≈ 0.2

अतः विकल्प (C) सही है।

79. दिए गए डेटा का माध्य है

$\Rightarrow \dfrac{35+38}{2} = 36.5$

$\Rightarrow \dfrac{38+41}{2} = 39.5$

$\Rightarrow \dfrac{41+44}{2} = 42.5$

$\Rightarrow \dfrac{44+47}{2} = 45.5$

$\Rightarrow \dfrac{47+50}{2} = 48.5$

सभी कक्षाओं का औसत वजन

$\Rightarrow \dfrac{36.5 \times 3 + 39.5 \times 13 + 42.5 \times 13 + 45.5 \times 10 + 48.5 \times 5}{44}$

$\Rightarrow \dfrac{1873}{44}$

$\therefore$ कक्षा का औसत 42.56 है।

अतः विकल्प (C) सही है।

80. वितरण के लिए माध्यक $L + \dfrac{\frac{N}{2}-c.f}{f} \times h$ दिया गया है।

जहाँ L माध्यक श्रेणी की न्यूनतम सीमा है।

$c.f.$ संचयी आवृत्ति माध्यक श्रेणी से पहले श्रेणी की संचयी आवृत्ति है।

f माध्यम श्रेणी की आवृत्ति है।

h श्रेणी अंतराल की लम्बाई है।

अतः माध्यक को संचयी आवृत्ति वितरण के निर्माण की आवश्यकता होती है।

अतः विकल्प (C) सही है।

81. विक्रय मूल्य $= 48$ रु

हानि प्रतिशत $= 20\%$

छूट $=$ बाजार मूल्य $-$ विक्रय मूल्य

लागत मूल्य $=$ विक्रय मूल्य $/100 -$ हानि प्रतिशत $\times 100$

$\Rightarrow$ लागत मूल्य $= \dfrac{48}{(100-20)} \times 100$

$= \dfrac{480}{8} = 60$ रु

अब, 20% लाभ कमाने के लिए,

$$\Rightarrow \text{बिक्री मूल्य} = 60 + \left(\frac{20}{100} \times 60\right)$$

$$= 60 + 12 = 72 \text{ रु}$$

अतः विकल्प (A) सही है।

82. माना वस्तु का लागत मूल्य $= 100$ रु

$$\text{अंकित मूल्य} = 100 + \left(\frac{50}{100} \times 100\right)$$

$$= 100 + 50 = 150 \text{ रु}$$

छूट $\% = 10\%$

$$\text{विक्रय मूल्य} = 150 - \left(\frac{10}{100} \times 150\right)$$

$$= 150 - 15 = 135 \text{ रु}$$

इसलिए, लाभ $\% = \frac{(135-100)}{100} \times 100 = 35\%$

अतः विकल्प (C) सही है।

83. प्रथम विश्व युद्ध (1914-18) के दौरान प्रथम गढ़वाल राइफल्स के नायक दरवान सिंह नेगी थे।

दरवान सिंह नेगी वीसी (नवंबर 1881 - 24 जून 1950) एच.एम. के हाथों विक्टोरिया क्रॉस प्राप्त करने वाले दूसरे भारतीय सैनिक थे। युद्ध के मैदान पर राजा सम्राट और विक्टोरिया क्रॉस (वीसी) के शुरुआती भारतीय प्राप्तकर्ताओं में से थे, जो दुश्मन के सामने वीरता के लिए सर्वोच्च और सबसे प्रतिष्ठित पुरस्कार था जिसे ब्रिटिश और राष्ट्रमंडल बलों को प्रदान किया जा सकता था।

अतः विकल्प (B) सही है।

84. हंसा मनराल – द्रोणाचार्य पुरस्कार

भारत के राष्ट्रपति महामहिम के आर नारायण द्वारा 29 सितंबर 2001 को द्रोणाचर्या पुरस्कार से किया गया। श्रीमती हंसा मनराल शर्मा का मानना है की उत्तरांचल में असंख्य प्रतिभाएँ छिपी हुई हैं।

अतः विकल्प (D) सही है।

85. 345678 x 999999

यहां, हम 999999 को = 1000000 - 1 के रूप में लिख सकते हैं

अब, उपरोक्त निरूपण ले कर हल करने

$345678 \times (1000000 - 1)$

$= 345678000000 - 345678$

$= 345677654322$

अतः विकल्प (C) सही है।

86. विकल्पों में से, केवल मीराबाई चानू राजीव गांधी खेल रत्न 2020 की प्राप्तकर्ता नहीं हैं।

- मीराबाई चानू एक भारतीय वेटलिफ्टर हैं।
  - उन्हें 2018 में राजीव गांधी खेल रत्न से सम्मानित किया गया था।
- राजीव गांधी खेल रत्न 2020 विजेता:
  - रोहित शर्मा (क्रिकेट)

- मरियप्पन थंगावेलु (पैरालम्पियन)
- मनिका बत्रा (टेबल टेनिस)
- विनेश फोगट (पहलवान)
- रानी रामपाल (हॉकी)

अतः विकल्प (D) सही है।

87. ग्रीष्मकालीन ओलंपिक खेल 2024 पेरिस में आयोजित होने वाला है।

- लंदन (1908, 1948 और 2012) के बाद पेरिस तीन बार ओलंपिक की मेजबानी करने वाला दूसरा शहर बन जाएगा।
- यह पहले वर्ष 1900 और 1924 में मेजबान था। वर्ष 2024, 1924 के पेरिस खेलों के शताब्दी वर्ष को चिह्नित करेगा।
- ये फ्रांस द्वारा आयोजित छठे ओलंपिक खेल होंगे (तीन ग्रीष्मकालीन और तीन शीतकालीन)।
- पेरिस को 13 सितंबर, 2017 को पेरू के लीमा में 131वें आईओसी सत्र में मेजबान शहर के रूप में चुना गया था।
- पेरिस फ्रांस की राजधानी है।
- मुद्राएं: यूरो, सीएफपी फ्रैंक।

अतः विकल्प (D) सही है।

88. दिया है:

A = { x : x ∈ N, 0 < x < 6}

B = {x : x एक अभाज्य प्राकृतिक संख्या है, 0 < x < 10}

A = { x : x ∈ N, 0 < x < 6}

A = {1, 2, 3, 4, 5}

B = {x : x एक अभाज्य प्राकृतिक संख्या है, 0 < x < 10}

B = {2, 3, 5, 7}

A - B = {1, 2, 3, 4, 5} - {2, 3, 5, 7}

= {1, 4}

∴ A - B का मान {1, 4} है।

अतः विकल्प (B) सही है।

89. $^{n}C_r + 2 \times (^{n}C_{r-1}) + ^{n}C_{r-2}$

$$= {^{n}C_r} + ({^{n}C_{r-1}}) + ({^{n}C_{r-1}}) + {^{n}C_{r-2}}$$

$$= {^{(n+1)}C_r} + {^{(n+1)}C_{r-1}} \quad \left(\because {^{n}C_r} + {^{n}C_{r-1}} = {^{(n+1)}C_r} \right)$$

$$= (n + 2)C_r$$

अतः विकल्प (A) सही है।

90. चूँकि संख्याएँ एक अनुपात के रूप में दी गई हैं, जिसका अर्थ है कि उनके उभय गुणनखंड हटा दिए गए हैं।

प्रत्येक का उभयनिष्ठ गुणनखंड म.स.प. है।

और यहां म.स.प. = 12

तो, संख्याएँ 12, 24 और 36 हैं।

अतः विकल्प (A) सही है।

91. दिया गया है:

AB || CD

∠APQ = 50°

∠PRD = 127°

गणना:

∠APQ = ∠x   ---- (वैकल्पिक कोण बराबर होते हैं।)

$\Rightarrow$ ∠x = 50° ------- (1)

∠APR = ∠PRD = 127°   ---- (वैकल्पिक कोण बराबर होते हैं।)

$\Rightarrow$ ∠APQ + ∠y = 127°

$\Rightarrow$ 50° + ∠y = 127°

$\Rightarrow$ ∠y = 127° - 50°

$\Rightarrow$ ∠y = 77° ------(2)

अतः (1) और (2) से हमें प्राप्त होता है,

∠y - ∠x = 77° - 50° = 27°

∴ y – x का मान 27° है।

अत: विकल्प (C) सही है।

92. The sentence 'B' is independent of any other sentences as it is giving general information about "sad eerie sounds". So, 'B' is the first sentence.

The phrase "feel nervous" mentioned in the sentence 'A' is linked with the "sad eerie sounds" which is mentioned in the sentence 'B'. So, 'A' follows 'B'.

The pronoun "He" mentioned in the sentence 'D' refers back to the noun "Mr. Oliver" mentioned in the sentence 'A'. So, 'D' follows 'A'.

The sentence 'C' is concluding the paragraph. So, 'C' makes the last sentence.

Hence, the correct option is (A).

93. सोडियम बेंजोएट का उपयोग खाद्य पदार्थ और विभिन्न पेय जैसे फलों के रस के संरक्षण में बड़े पैमाने पर किया जाता है। इसमें कवक-विरोधी गुण होते हैं अर्थात् यह कवक को बढ़ने नहीं देता है।

साइट्रिक एसिड, एक प्राकृतिक संरक्षक है और इसका उपयोग सामान्य पदार्थों और शीतल पेय में एक अम्लीय (खट्टा) स्वाद डालने के लिए भी किया जाता है।

सोडियम क्लोराइड, नमक के अपने खाद्य रूप में, यह आमतौर पर एक मसाला और भोजन संरक्षक के रूप में प्रयोग किया जाता है।

अत: विकल्प (C) सही है।

94. अक्रिय गैसें समूह 18 के अंतर्गत आती हैं और आवर्त सारणी की दाई ओर स्थित हैं। उन्हें अक्सर "निष्क्रिय गैसों" के रूप में जाना जाता है क्योंकि वे अष्टक को पूरा करती हैं। यह उन्हें बहुत स्थिर बनाता है क्योंकि इनमें इलेक्ट्रॉन खोने या प्राप्त करने की प्रवृत्ति नहीं होती है।

अत: विकल्प (B) सही है।

95. उपचारात्मक पद्धति से तात्पर्य शिक्षण की उस विधि से है जो शिक्षक को शिक्षार्थियों को निदान के माध्यम से निर्धारित समस्याओं को दूर करने के लिए आवश्यक सहायता और मार्गदर्शन प्रदान करने में मदद करती है।

'समस्याग्रस्त बच्चों' के लिए उपचारात्मक पद्धति का उपयोग किया जाता है क्योंकि उपचारात्मक पद्धति का उद्देश्य उन शिक्षार्थियों को अतिरिक्त सहायता देना है जो किसी विषय या विषय में बाकी कक्षा से पीछे रह गए हैं। यह धीमी गति से सीखने वालों की पहचान करने और कुछ सीखने की उनकी क्षमता में सुधार करने की प्रक्रिया है। यह शिक्षार्थियों को उनकी विविध आवश्यकताओं के अनुसार व्यावहारिक अनुभव प्रेषित करता है

समस्याग्रस्त बच्चों को कठिनाइयों को ठीक करने के लिए उपचारात्मक कार्रवाई प्रदान की जाती है। ये उपचारात्मक क्रियाएं व्यक्तिगत रूप से और समस्या के लिए विशिष्ट रूप से की जाती हैं।

अत: विकल्प (B) सही है।

96. विभिन्न उपस्थित उम्मीदवारों में से योग्य उम्मीदवारों के प्रतिशत के बीच का अंतर:

1994 और 1995 के लिए = 50% - 30% = 20%

1995 और 1996 के लिए = 60% - 50% = 10%

1998 और 1999 के लिए = 80% - 80% = 0

1999 और 2000 के लिए = 80% - 60% = 20%

1997 और 1998 के लिए = 80% - 50% = 30%

इस प्रकार, अधिकतम अंतर वर्ष 1997 और 1998 के बीच है।

अत: विकल्प (D) सही है।

97. दिया गया ग्राफ़ उपस्थित होने के योग्य उम्मीदवारों के प्रतिशत के लिए डेटा देता है और जब तक योग्य उम्मीदवारों या उम्मीदवारों की संख्या का पूर्ण मान नहीं पता है, हम किसी भी दो वर्षों के लिए पूर्ण मूल्यों की तुलना नहीं कर सकते हैं।

इसलिए, इस प्रश्न को हल करने के लिए डेटा अपर्याप्त है।

अत: विकल्प (D) सही है।

98. दिया गया है,

वर्ष 1998 में योग्य उम्मीदवारों की संख्या = 21200

माना वर्ष 1998 में उपस्थित होने वाले उम्मीदवारों की संख्या x है।

प्रश्नानुसार,

x का 80% = 21200

$\Rightarrow x = \dfrac{21200 \times 100}{80}$

$\Rightarrow x = 26500$

अत: विकल्प (C) सही है।

99. वर्ष 1996 और वर्ष 1997 में एक साथ योग्य उम्मीदवारों की कुल संख्या का निर्धारण तब तक नहीं किया जा सकता जब तक हम यह नहीं जानते कि दो वर्षों 1996 या 1997 में से किसी एक वर्ष में उपस्थित हुए उम्मीदवारों की संख्या या वर्ष 1996 और वर्ष 1997 में एक साथ उपस्थित होने के लिए योग्य उम्मीदवारों का प्रतिशत क्या है।

इसलिए, डेटा अपर्याप्त है।

अत: विकल्प (D) सही है।

100. दिया गया है,

वर्ष 1999 और वर्ष 2000 में एक साथ योग्य उम्मीदवारों की कुल संख्या = 33500

वर्ष 1999 में उपस्थित हुए उम्मीदवारों की संख्या = 26500

प्रश्नानुसार,

वर्ष 1999 में योग्य उम्मीदवारों की संख्या = (26500 का 80%) = 21200

तो, वर्ष 2000 में योग्य उम्मीदवारों की संख्या = (33500 - 21200) = 12300

माना वर्ष 2000 में उपस्थित होने वाले उम्मीदवारों की संख्या x है।

तब,

x का $60\% = 12300$

$\Rightarrow x = \left(\dfrac{12300 \times 100}{60} \right)$

$= 20500$

अत: विकल्प (C) सही है।

Q.1 अगस्त 2022 में वडोदरा में आईटी-सक्षम सेवा (आईटीईएस) पार्क स्थापित करने के लिए किस कंपनी ने गुजरात सरकार के साथ समझौता ज्ञापन पर हस्ताक्षर किए हैं?

A. आदित्य बिड़ला ग्रुप
B. रिलायंस इंडस्ट्रीज लिमिटेड
C. लार्सन एंड टुब्रो (एल एंड टी) लिमिटेड
D. अदानी ग्रुप

Q.2 किस संगठन ने छोटे और सीमांत किसानों का समर्थन करने के लिए AI, IoT, ब्लॉकचेन और ड्रोन का उपयोग करने के लिए नीति आयोग के साथ भागीदारी की है?

A. विश्व बैंक
B. डब्ल्यूईएफ
C. आईएमएफ
D. एडीबी

Q.3 भारत ने 2022 में यूनेस्को की अमूर्त सांस्कृतिक विरासत सूची में अंकित होने के लिए किस नृत्य रूप को नामित किया है?

A. लूर **B.** गरबा **C.** खोर **D.** घूमर

Q.4 प्रदीप कुमार रावत ने मार्च 2022 में_______ में भारत के नए राजदूत के रूप में पदभार ग्रहण किया।

A. चीन **B.** मलेशिया **C.** पोलैंड **D.** यूएसए

Q.5 निम्नलिखित में से कौन सात देशों के समूह (G-7) का सही वर्णन करता है?

A. वे विकासशील देश हैं
B. वे औद्योगिक देश हैं
C. वे परमाणु बम तकनीक धारण कर रहे हैं
D. वे ऐसे देश हैं जो अपने स्वयं के उपग्रह लॉन्च कर सकते हैं

Q.6 निम्नलिखित में से कौन सा देश सार्क (SAARC) का सदस्य नहीं है?

A. म्यांमार **B.** भूटान **C.** नेपाल **D.** मालदीव

Q.7 दो संख्याओं a और b का HCF, c है। उन दो संख्याओं का LCM क्या है?

A. $\frac{ab}{c}$ **B.** $\frac{ac}{b}$ **C.** $\frac{b}{ca}$ **D.** abc

Q.8 दो गोलों की त्रिज्याओं का योगफल 10 सेमी है और उनके आयतनों का योगफल 880 घन सेमी है। उनके त्रिज्याओं का गुणनफल क्या होगा?

A. $\frac{79}{3}$ **B.** $\frac{64}{3}$ **C.** $\frac{75}{7}$ **D.** $\frac{87}{3}$

Q.9 यदि $^nP_r = 720\,^nC_r$, तब r का मान होगा -

A. 4 **B.** 5 **C.** 6 **D.** 7

Q.10 x का मान ज्ञात कीजिए, जहाँ $= (2x-1), x \geq 3, x \in N$

A. 3 **B.** 1 **C.** 5 **D.** 7

Q.11 यदि 10 अवलोकन $x_1, x_2, ..., x_{10}$ के एक समुच्चय का माध्य 30 है तो $x_1 + 5, x_2 + 10, ..., x_{10} + 50$ का माध्य क्या है?

A. 27.5 **B.** 57.5 **C.** 53.5 **D.** 59.5

Q.12 दो चर x और y के लिए दो प्रतिगमन गुणांक $b_{yx} = -\frac{3}{2}$ और $b_{xy} = -\frac{1}{6}$ हैं। तो x और y के बीच सहसम्बन्ध गुणांक क्या है?

A. $-\frac{1}{4}$ **B.** $\frac{1}{4}$ **C.** $-\frac{1}{2}$ **D.** $\frac{1}{2}$

Q.13 $\frac{(469+174)^2 - (469-174)^2}{(469 \times 174)} = ?$

[HSSC Canal Patwari, 2019]

A. 1 **B.** 4 **C.** 295 **D.** 643

Q.14 फूलों की घाटी की खोज का श्रेय किसे जाता है?

A. विलियम स्मिथ **B.** मार्गरिट लॉगी
C. रिचर्ड हॉलड्सवर्थ **D.** फ्रैंक स्मिथे

Q.15 उत्तराखंड से किस 2021 में पद्म श्री से सम्मानित किया गया है?

A. प्रेम चंद शर्मा **B.** नरेंद्र सिंह नेगी
C. अनिल बलूनी **D.** प्रीतम भरतवाण

Q.16 समद्विबाहु त्रिभुजाकार मेज की दो बराबर भुजाओं में से एक भुजा और परिमाप क्रमशः 100 सेमी और 360 सेमी है। त्रिभुजाकार मेज का क्षेत्रफल है:

A. 2400 सेमी² **B.** 4500 सेमी²
C. 6000 सेमी² **D.** 4800 सेमी²

Q.17 नीचे दी गयी आकृति में यदि त्रिभुज BCD का क्षेत्रफल समानांतर चतुर्भुज ACDE के क्षेत्रफल का 28% है, तो समलम्ब चतुर्भुज ABDE के समानांतर भुजाओं की लम्बाइयों का अनुपात ज्ञात कीजिए।

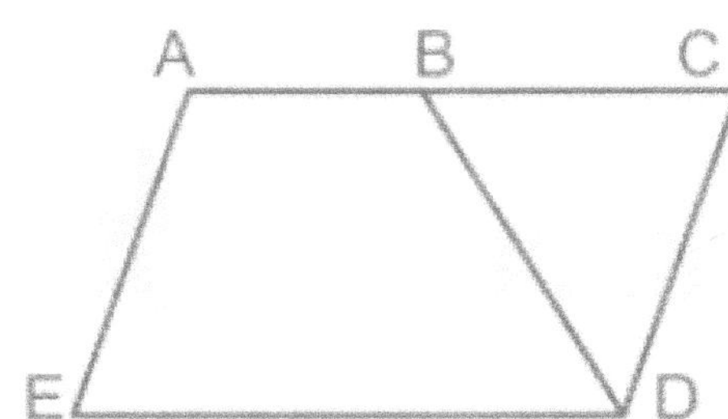

A. 11 : 25 **B.** 17 : 25 **C.** 21 : 50 **D.** 29 : 50

Q.18 किस दर से% प्रति वर्ष 2304 रुपये की राशि दो साल में 2500 रुपये सालाना होगी?

A. $4\frac{1}{6}\%$ **B.** $6\frac{1}{4}\%$ **C.** $5\frac{1}{6}\%$ **D.** $4\frac{1}{5}\%$

Q.19 यदि एक निश्चित धनराशि 2 वर्षों में खुद की 9 गुना हो जाती है। तो चक्रवृद्धि ब्याज की दर ज्ञात कीजिए।

A. 50% **B.** 100% **C.** 200% **D.** 80%

Q.20

नाम	रासायनिक सूत्र
1. बेकिंग पाउडर	$NaHCO_3$
2. विनेगर	$C_2H_4O_3$
3. ब्लीचिंग पाउडर	$Ca(ClO)_2$
4. चाक	$CaCl_2$

उपरोक्त में कौन सा मिलान सही है? सही विकल्प का चयन कीजिए।

A. केवल 1, 2 और 4 **B.** केवल 1 और 3
C. केवल 1, 3 और 4 **D.** केवल 1, 2 और 3

Q.21 नेफ़थलीन का मुख्य स्रोत _________ है।

A. कोल-तार   **B.** डीजल   **C.** कोयला   **D.** कपूर

Q.22 दो पूरक कोणों के बीच का अंतर 15° है। बड़े और छोटे कोण का अनुपात ज्ञात कीजिये।

A. 7 : 5   **B.** 6 : 5   **C.** 7 : 6   **D.** 5 : 4

Q.23 राष्ट्रीय शिक्षा दिवस प्रत्येक वर्ष _______ को मनाया जाता है।

[UP Police Constable, 2018]

A. 27 अक्टूबर   **B.** 4 मार्च
C. 17 सितंबर   **D.** 11 नवंबर

Q.24 भारत में राष्ट्रीय हिंदी दिवस कब मनाया जाता है?

[UP Police Constable, 2018]

A. 14 सितंबर   **B.** 14 नवंबर
C. 14 दिसंबर   **D.** 14 जून

Q.25 मुकुल, अतुल और राहुल ने एक व्यवसाय शुरू किया। मुकुल ने कुल निवेश का $\frac{2}{7}$ वां हिस्सा निवेश किया और मुकुल और अतुल का कुल निवेश राहुल के निवेश के बराबर है। यदि उन्होंने लाभ को पूंजी अनुपात में वितरित किया और अतुल को 1530 रुपये प्राप्त हुए, तो कुल लाभ ज्ञात कीजिए।

A. 6550 रुपये   **B.** 6920 रुपये
C. 7140 रुपये   **D.** 7350 रुपये

Ques (26-27):Direction: In the following question, out of the four alternatives, select the alternative which best expresses the meaning of the Idiom/Phrase.

Q.26 Fold like a cheap suitcase
A. To attain good health
B. Of strong determination
C. To change one's thoughts frequently
D. To do a cheap business

Q.27 To take to task
A. To forgive   **B.** To slap
C. To give extra work   **D.** To reprimand

Ques (28-30):Direction: In the following question, the sentence is given with blank to be filled in with an appropriate word. Select the correct alternative out of the four and indicate it by selecting the appropriate option.

Q.28 He knew that an apple _______ not be plucked while it is green.
A. Should   **B.** Is   **C.** Shall   **D.** Can

Q.29 You haven't many teeth left, but _____ few you have are sharp enough to make me shudder.

A. A   **B.** An   **C.** Very   **D.** The

Q.30 I can always tell when my friend is _____ because she bites her lip.

A. Lying   **B.** Lain   **C.** Lye   **D.** Lay

Ques (31-32):Direction: In the following question, a sentence has been given in Active/Passive Voice. Out of the four alternatives suggested, select the one which best expresses the same sentence in Passive/Active Voice.

Q.31 Stamp collection interested the boy.
A. The boy were interested in stamp collection
B. The boy interested in stamp collection
C. The boy was interested for stamp collection
D. The boy was interested in stamp collection

Q.32 It is your duty to make tea at eleven O'clock.
A. You are asked to make tea at eleven O'clock
B. You are required to make tea at eleven O'clock
C. You are supposed to make tea at eleven O'clock
D. Tea is to be made by you at eleven O'clock

Q.33 6 से विभाजित होने पर एक संख्या में 3 शेष बचता है। जब संख्या का वर्ग 6 से विभाजित होता है, तो शेष _______ होता है।

[NCHM JEE (Hotel Mgmt & Catering), 2016]

A. 0   **B.** 1   **C.** 2   **D.** 3

Q.34 75 से कम सभी प्राकृतिक संख्याओं का योग ज्ञात कीजिए।

[NCHM JEE (Hotel Mgmt & Catering), 2016]

A. 1410   **B.** 1406   **C.** 1408   **D.** 1412

Ques (35-39):निर्देश: दिए गये प्रश्न का उत्तर देने के लिए निम्नलिखित ग्राफ का ध्यानपूर्वक अध्ययन कीजिये।

निम्नलिखित बार ग्राफ 2017 में पांच कंपनियों A, B, C, D, E की आय और खर्च को (करोड़ में) दर्शाति हैं।

Q.35 कंपनी C का लाभ/हानि प्रतिशत क्या था (यदि इसकी गणना खर्च पर की जाती है)?
A. 10% हानि   **B.** 10% लाभ
C. 11.11% हानि   **D.** 11.11% लाभ

Q.36 पाँचों कंपनियों का कुल लाभ/हानि का अनुमानित प्रतिशत क्या था? (यदि इसकी गणना खर्च पर की जाती है)
A. 5.9% हानि   **B.** 5.9% लाभ
C. 6.3% हानि   **D.** 6.3% लाभ

Q.37 किस कंपनी ने अधिकतम लाभ प्रतिशत अर्जित किया?
A. A   **B.** B   **C.** C   **D.** D

Q.38 यदि कंपनी C के लिए खर्च में वर्ष 2016 से वर्ष 2017 तक 20% की वृद्धि हुई और 2016 में कंपनी ने 12% लाभ अर्जित किया था, तो वर्ष 2016 में कंपनी C की आय (करोड़ में) क्या थी?
A. 22   **B.** 25   **C.** 25.2   **D.** 30

Q.39 यदि 2017 में कंपनी A की आय 2016 में उसकी आय से 10% कम थी और 2016 में कंपनी ने 10% लाभ अर्जित किया, तो 2016 में उसका खर्च (करोड़ में) लगभग क्या था?
A. 13   **B.** 15   **C.** 16   **D.** 18

Q.40 श्रीलंका को श्रीनगर से अधिक विकिरण मिलता है क्योंकि:
- **A.** यह समशीतोष्ण क्षेत्र में स्थित है
- **B.** यह उष्ण क्षेत्र में स्थित है
- **C.** अधिकांश क्षेत्र रेगिस्तानी हैं
- **D.** यह महाद्वीपीय स्थान है

Q.41 निम्नलिखित में से कौन सा भूमध्य रेखा के बारे में सही नहीं है:
- **A.** यह पृथ्वी को दो बराबर हिस्सों में विभाजित करती है
- **B.** किसी भी दो बिंदुओं के बीच की सबसे छोटी दूरी ग्रेट सर्कल से अधिक है
- **C.** सूर्य की किरणें अधिकांशतः यहां सीधे प्राप्त होती हैं
- **D.** भूमध्य रेखा 23.5° उत्तर से 66.5° उत्तर के बीच स्थित है

Q.42 निम्नलिखित में से किस कथन को यह दिखाने के लिए साक्ष्य के रूप में लिया जा सकता है कि पृथ्वी गोलाकार है?
- **A.** पृथ्वी का पूर्व से पश्चिम की ओर घूमना
- **B.** पृथ्वी के विभिन्न भागों में रात या दिन होते हैं
- **C.** उपग्रह से देखने पर पृथ्वी का क्षितिज घुमाव दिखाई देता है
- **D.** सूर्य के चारों ओर पृथ्वी की परिक्रमा

Q.43 Direction: Rearrange the following sentences (P), (Q), and (R) to make a meaningful paragraph and answer the questions that follow.

It is a good sign
P. that the ratio remains the same despite
Q. the revenue base coming down because
R. of increased devolution to States

- **A.** QRP
- **B.** RPQ
- **C.** PRQ
- **D.** PQR

Q.44 मास्को _____________ के किनारे स्थित है।
- **A.** मोसकवा नदी
- **B.** स्प्री नदी
- **C.** वोल्गा नदी
- **D.** तगस नदी

Q.45 प्रसिद्ध गायत्री मंत्र किसके द्वारा बनाया गया था?
- **A.** मनु
- **B.** कौशितक्य
- **C.** विश्वामित्र
- **D.** उद्दत्री

Q.46 Direction: In the following question, some part of the sentence may have errors. Find out which part of the sentence has an error and select the appropriate option. If a sentence is free from error, select 'No Error' option.

Ten new members (A)/have been enrolled (B)/and seven have resigned. (C)/No error (D).

- **A.** (A)
- **B.** (B)
- **C.** (C)
- **D.** (D)

Q.47 यदि $x + \left(\dfrac{1}{x}\right) = 3$, तो $\dfrac{(3x^2 - 4x + 3)}{(x^2 - x + 1)}$ का मान है:
- **A.** $\dfrac{4}{3}$
- **B.** $\dfrac{3}{2}$
- **C.** $\dfrac{5}{2}$
- **D.** $\dfrac{5}{3}$

Q.48 12 V के संभावित अंतर वाले दो बिंदुओं पर 4 C के चार्ज को स्थानांतरित करने में कितना काम होता है?

[RRB/RRC Group D, 2018]

- **A.** 48 J
- **B.** 3 J
- **C.** 40 J
- **D.** 12 J

Q.49 जब 10 किग्रा द्रव्यमान की एक वस्तु वह भूतल से 8 मीटर की ऊंचाई पर हो तो उसके द्वारा प्राप्त ऊर्जा ज्ञात कीजिये। दिया गया है कि $g = 9.8$ मी से $^{-2}$

[RRB/RRC Group D, 2018]

- **A.** 784 जूल
- **B.** 588 जूल
- **C.** 520 जूल
- **D.** 528 जूल

Q.50 $\dfrac{3.8}{1.25}$, को शुद्ध दशमलव के रूप में लिखा जाएगा,

[RRB/RRC Group D, 2018]

- **A.** 3.14
- **B.** 3.04
- **C.** 3.06
- **D.** 3.08

Q.51 $\left(\dfrac{\sqrt{180} \times \sqrt{18} \times \sqrt{5} \times \sqrt{3}}{\sqrt{96} \times 5}\right)^{-2} + \sqrt[3]{4\dfrac{12}{125}}$ का मान ज्ञात करें।
- **A.** $\dfrac{256}{135}$
- **B.** $\dfrac{405}{668}$
- **C.** $\dfrac{668}{405}$
- **D.** $\dfrac{568}{405}$

Q.52 'कथासरित्सागर' किसके द्वारा लिखा गया है?

[SSC Sub Inspector (CPO), 2020]

- **A.** कालिदास
- **B.** भास
- **C.** जयदेव
- **D.** सोमदेव

Q.53 राजस्थान सरकार की इंदिरा गांधी मातृत्व पोषण योजना के तहत कितनी सहायता दी जाएगी?
- **A.** 2,000 रुपये
- **B.** 6,000 रुपये
- **C.** 4,000 रुपये
- **D.** 8,000 रुपये

Ques (54-58): Direction: Read the following passage carefully and answer the question given below it.

Two principles are involved in the controversy about the presence of foreign-controlled media in the country; the free flow of ideas and images across national borders and the need to safeguard the national interest and preserve cultural autonomy. Both are valid but both are at loggerheads because each has been used to promote less lofty goals. The first principle conforms to a moral imperative: the freedom to expression cannot rhyme with restrictions imposed by any government. But the free flow rhetoric also clouds the fact that the powerful Western, and especially American media, can and often do present, subtly or brazenly, news in a manner that promotes Western political, ideological and strategic interests. Besides, Western entertainment programmes present lifestyles and values that run counter to the lifestyles and values cherished by traditional societies. All this explains why so many Indian newspapers, magazines and news agencies have sought protection from the courts to prevent foreign publications and news agencies from operating in the country. Their arguments are weak on two counts. As the bitter debate on a new world information and communication order demonstrated in the late seventies and early eighties, many of those who resent Western 'invasion' in the fields of information and culture are no great friends of democracy. Secondly, the threat of such an 'invasion' has been aired by those media groups in the developing countries that fear that their business interests will be harmed if Western groups, equipped with large financial and technological resources and superior management skills, are allowed to operate in the country without let. The fear is valid but it goes against the grain of the economic reform programme. The presence of foreign newspapers and television channels will increase competition, which, in the course of time, can only lead to the upgradation of dynamic Indian newspapers and television channels, even while they drive the rest out of the market. One way to strike a balance between the two antagonistic principles would be to allow foreign media entry into the country, provided the India state treats them at par with the domestic media on all fronts. On the import of technology, for instance, foreign media cannot be allowed duty concessions denied to their Indian counterparts. Foreign media will also have to face legal consequences should they run foul of Indian laws. Why, for example, should the BBC, or Time magazine or The Economist get away by showing a map of Kashmir, which is at variance with the official Indian map? Why should they go scot-free when they allow secessionists and terrorists to air their views without giving the government the right to reply, or when they depict sexually explicit scenes, which would otherwise not be cleared by the Censor Board? Since the government can do precious little in the matter, especially about satellite broadcasts, what if it should consider attaching the properties of the offending parties? Demands of this kind are bound to be voiced unless New Delhi makes it clear to the foreign media that they will have to respect Indian susceptibilities, especially where it concerns the country's integrity and its culture. It may be able to derive some inspiration from France's successful attempts in the recent GATT to protect its cinematography industry.

Q.54 Choose the word or group of words that is most similar in meaning to the word given in the passage.

RHETORIC

- **A.** Rhyming words
- **B.** Persuasive speaking
- **C.** Dull monologue
- **D.** Tongue-in-cheek

Q.55 Choose the word or group of words that is most similar in meaning to the word given in the passage.

SUSCEPTIBILITIES

- **A.** Norms
- **B.** Weaknesses
- **C.** Influences
- **D.** Sensitivities

Q.56 Choose the word that is most opposite in meaning to the word given in the passage.

ANTAGONISTIC

- **A.** Counteract
- **B.** Coincidental
- **C.** Equal
- **D.** Corresponding

Q.57 Which of the following is the meaning of the phrase "at loggerheads", as used in the passage?

- **A.** In league with
- **B.** Unimportant
- **C.** Out of place
- **D.** Opposite to each other

Q.58 Which of the following seems to be the most likely purpose of writing this passage?

- **A.** To criticize foreign media
- **B.** To highlight the exploitation by developed nations
- **C.** To highlight the steps and caution to be taken about the entry of foreign media
- **D.** To make the public aware of the technological and managerial superiority of western media

Q.59 'लाख बख्श' किसकी उपाधि थी:

[DSSSB TGT Social Science, 2014]

- **A.** कुतुबुद्दीन ऐबक
- **B.** इल्तुतमिश
- **C.** अलाउद्दीन खिलजी
- **D.** फिरोज शाह

Q.60 भारत के विदेश व्यापार के संबंध में निम्नलिखित कथनों पर विचार करें:

1. वित्तीय सेवाओं के निर्यात सेवाओं के बहुमत के लिए खाते।
2. भारत हाल के वर्षों में पूंजी खाता घाटे से पीड़ित है।
3. कच्चा पेट्रोलियम उच्चतम आयातित वस्तु है।

ऊपर दिए गए कथनों में से कौन सा गलत है/हैं?

- **A.** केवल 1 और 2
- **B.** केवल 3
- **C.** केवल 1 और 3
- **D.** 1, 2 और 3

Q.61 भारत में इस्पात के घरेलू उत्पादन को बढ़ाने के लिए सरकार ने निम्नलिखित में से कौन सी पहल की हैं?

1. उत्पादन से जुड़े प्रोत्साहन योजना के तहत विशेषता स्टील का समावेश।
2. निर्यात समता मूल्य पर एमएसएमई को स्टील की पेशकश।
3. सरकारी खरीद में लोहे और इस्पात के उत्पादन पर प्राथमिकता।

नीचे दिए गए कूट का उपयोग करके सही उत्तर चुनें।

- **A.** केवल 1 और 2
- **B.** केवल 2 और 3
- **C.** केवल 3
- **D.** 1, 2 और 3

Q.62 Direction: In this question, each item consists of six sentences of passage. The first and sixth sentences are given in the beginning as SI and S6. The middle four-sentence in each have been jumbled up and labelled as P, Q, R and S. You are required to find the proper sequence of the four sentences.

S1: The Indian Civil Service gradually developed into one of the most efficient and powerful civil services in the world.

S6: though these qualities obviously served British, and not Indian interests.

P: and often participated in the making of policy

Q: independence, integrity and hard work

R: They developed certain traditions of

S: Its members exercised vast power

The proper sequence should be

- **A.** P Q R S
- **B.** Q R S P
- **C.** R S Q P
- **D.** S P R Q

Q.63 किस देश में सिनेमाघर नहीं हैं?

- **A.** सऊदी अरब
- **B.** इराक
- **C.** पेंसिल्वेनिया
- **D.** इनमे से कोई भी नहीं

Q.64 सचिन तेंदुलकर को अर्जुन पुरस्कार किस वर्ष प्रदान किया गया?

[Madhya Pradesh Public Service Commission (MPPSC), 2017]

- **A.** 1990
- **B.** 1994
- **C.** 1997
- **D.** 1999

Q.65 राष्ट्रमण्डल खेलों का प्रारंभ किस वर्ष हुआ?

[Madhya Pradesh Public Service Commission (MPPSC), 2017]

- **A.** 1922
- **B.** 1925
- **C.** 1927
- **D.** 1930

Q.66 X, Y और Z का वेतन 10 : 12 : 15 के अनुपात में है। उन्हें क्रमशः 40%, 50% और 60% की वृद्धि से सम्मानित किया जाता है। उनके वेतन का नया अनुपात क्या है?

[Delhi Forest Guard, 2021]

- **A.** 7 : 9 : 14
- **B.** 7 : 9 : 12
- **C.** 7 : 10 : 12
- **D.** 8 : 9 : 12

Q.67 एक बैग में 8: 4: 1 के अनुपात में 25 पैसे, 50 पैसे और 1 रुपये के सिक्के हैं। कुल 30 में, कितने 50 पैसे के सिक्के हैं?

[Delhi Forest Guard, 2021]

A. 48   **B.** 6   **C.** 12   **D.** 24

Q.68 The question below consists of a set of labeled sentences. Out of the four options given, select the most logical order of the sentences to form a coherent paragraph.

P. have a great influence

Q. and they often shape our personality

R. on our adult lives

S. events in our childhood

A. SPRQ   **B.** SQRP   **C.** SRQP   **D.** PQRS

Ques (69-70):Direction: Each item in this section consists of a sentence with an underlined word/words followed by four words. Select the option that is nearest in meaning to the underlined word and mark your response accordingly.

Q.69 The harder we kick, the better the ball bounces back.

[UPSC NDA, 2020]

A. Relapse   **B.** Deflates   **C.** Inflates   **D.** Ascends

Q.70 I plan and execute.

[UPSC NDA, 2020]

A. desire   **B.** debate

C. accomplish   **D.** discard

Q.71 नीचे दी गई संख्या 16384 का वर्गमूल है?

A. 132   **B.** 128   **C.** 118   **D.** 122

Q.72 वेदों के स्तोत्र ब्रह्मवादिनी की रचना किसने की थी?

A. गार्गी   **B.** सावित्री   **C.** ब्राह्मणी   **D.** घोषा

Q.73 निम्नलिखित में से किसने 1904 में मूल संगठन राष्ट्रीय सामाजिक सम्मेलन के अधीन महिला सामाजिक सम्मेलन (भारत महिला परिषद) की स्थापना की थी?

A. रमाबाई रानाडे ने

B. पंडिता रमाबाई सरस्वती ने

C. कॉर्नेलिया सोराबजी ने

D. ताराबाई प्रेमचंद ने

Q.74 242 मीटर लंबे एक आयताकार क्षेत्र को 4840 वर्गमीटर क्षेत्र मिला है। यदि 1 मीटर बाड़ लगाने में 10 रुपये लगते हैं, तो उस क्षेत्र का चारों तरफ से बाड़ लगाने की लागत मूल्य (रुपये में) क्या होगी?

[Punjab Patwari, 2016]

A. 524   **B.** 262   **C.** 2620   **D.** 5240

Q.75 एक गोले और गोलार्ध की त्रिज्या 2 : 1 के अनुपात में है। उनके संबंधित पृष्ठ के क्षेत्रफल का अनुपात क्या है?

A. 2 : 1   **B.** 16 : 3   **C.** 3 : 16   **D.** 1 : 2

Q.76 1.4 सेमी व्यास वाले गोलाकार कंचो को बेलनाकार कांच के पात्र में डाला जाता है जिसमें कुछ पानी होता है और कांच के पात्र का व्यास 7 सेमी होता है। यदि पानी 5.6 सेमी बढ़ जाता है तो इसमें कितने कंचे गिराए गए हैं?

A. 50   **B.** 150   **C.** 250   **D.** 350

Q.77 एक चुनाव में, दो उम्मीदवार अरविंद और मनोज थे। यदि 20% मतों को अमान्य घोषित किया गया और अरविंद को मनोज से 20% अधिक मत मिले। यदि अरविंद 480 मतों से जीता तो मतदान करने वाले व्यक्तियों की कुल संख्या का ज्ञात कीजिये।

A. 3000   **B.** 30000   **C.** 2400   **D.** 9600

Q.78 यदि किसी संख्या को उसके तीन-सातवें भाग में से घटा दिया जाता है, तो मान -48 प्राप्त होता है। तब, संख्या का 75% ज्ञात कीजिये।

A. 84   **B.** 63   **C.** 36   **D.** 27

Q.79 निम्नलिखित में से प्राथमिक समूह को चिह्नित करें:

[UPPSC Staff Nurse, 2022]

A. एक ट्रेड यूनियन के सदस्य

B. परिवार

C. इतिहास के छात्र

D. सामाजिक कार्यकर्ता

Q.80 निम्नलिखित में से कौन द्वितीयक समूह नहीं है?

A. श्रमिक संघ   **B.** एक शहर

C. राजनीतिक दल   **D.** कक्षा के छात्र

Q.81 भारत में सेना पदक प्राप्त करने वाली प्रथम महिला कौन थी?

A. डिकी डोल्मा   **B.** संतोष यादव

C. बिमला देवी   **D.** किरण देवी

Q.82 किडनी में रक्त कहां पर स्वच्छ होता है?

A. गुर्दे की धमनी   **B.** मूत्रवाहिनी

C. बोमन कैप्सूल   **D.** पिट्यूटरी ग्रंथि

Q.83 निम्नलिखित में से कौन पौधों में एक वायरल रोग है?

A. विल्ट ऑफ़ पोटैटो

B. ब्लैक आर्म ऑफ़ कॉटन

C. मोज़ेक डिजीज़ ऑफ़ टोबैको

D. उपर्युक्त में से कोई नहीं

Q.84 $\sqrt{10 + \sqrt{25 + \sqrt{108 + \sqrt{154 + \sqrt{225}}}}}$ का मान होगा:

A. 4   **B.** 6   **C.** 8   **D.** 10

Q.85 _______ मीथेन गैस को पृथक करने वाला पहला व्यक्ति था। उन्होंने पता लगाया कि इलेक्ट्रिक चिंगारी का उपयोग करके हवा में मिश्रित मीथेन को विस्फोट किया जा सकता है।

A. विलियम थॉमसन   **B.** विलियम क्रुकस

C. लुई पास्चर   **D.** एलेसेंड्रो वोल्टा

Q.86 सर्वप्रथम किसने पता लगाया कि पृथ्वी सूर्य के चारों ओर घूमती है?

A. न्यूटन   **B.** डेल्टन

C. कोपरनिकस   **D.** आइंस्टाइन

Q.87 गणित में अंतःविषय को प्रोत्साहित करने के लिए मूल्यांकन रणनीति के रूप में निम्नलिखित में से किसका उपयोग किया जा सकता है?

A. परियोजनाएं

B. फील्ड ट्रिप

C. उपाख्यानात्मक रिकॉर्ड

D. ओलंपियाड

[CTET Paper-II (Science & Mathematics), 2019]

A. A और B   **B.** A और C   **C.** B और C   **D.** C और D

Q.88 समय बताने के लिए घड़ी के मुख को पढ़ने का क्या अर्थ है?

A. शब्दों के लिखित रूप और अर्थ को पहचानना सीखें

B. समय बताने की गणितीय अवधारणाओं को फिर से लागू करना

C. शब्दों को पहचानना सीखें और तुकबंदी वाले शब्दों का मिलान करें
D. उचित तनाव और लय का उपयोग करके वाक्यों को जोर से पढ़ें

Q.89 एक कार का अंकित मूल्य 9,40,000 रुपये था। श्री सुमन ने इसे 8,46,000 रुपये में खरीदा। छूट क्या थी?

A. 12,000 रुपये
B. 13,000 रुपये
C. 94,000 रुपये
D. 84,000 रुपये

Q.90 एक व्यापारी क्रय मूल्य से 25% कम मूल्य पर उत्पाद बेचता है लेकिन 1000 ग्राम के बजाय 600 ग्राम तौलता है। उसका लाभ या हानि प्रतिशत क्या है?

A. 12%   **B.** 24%   **C.** 25%   **D.** 40%

Q.91 एक दुकानदार एक लेख के मार्कअप मूल्य को 50% बढ़ाता है और फिर रु 50 की छूट देता है। यदि उसे 25% का लाभ प्राप्त हुआ है तो लेख का विक्रय मूल्य ज्ञात करें।

A. 150 रुपये   **B.** 200 रुपये   **C.** 250 रुपये   **D.** 300 रुपये

Q.92 निम्नलिखित में से कौन सा अनुच्छेद "अखिल भारतीय सेवाओं" के बारे में बताता है?

A. अनुच्छेद 310
B. अनुच्छेद 311
C. अनुच्छेद 312
D. अनुच्छेद 313

Q.93 भारतीय संविधान का अनुच्छेद 21(A) __________ है:
A. वाक और अभिव्यक्ति की स्वतंत्रता का अधिकार
B. शिक्षा का अधिकार
C. गिरफ्तारी और निरोध के खिलाफ संरक्षण
D. संवैधानिक उपचारों का अधिकार

Q.94 निम्नलिखित में से कौन सा उपकरण रचनात्मक मूल्यांकन के लिए उपयुक्त नहीं लगता है?
A. प्रश्नोत्तरी
B. मानदंड संदर्भित परीक्षण
C. समूह चर्चा
D. बातचीत

Q.95 निम्नलिखित में से कौन-सी गणितीय प्रक्रिया कक्षा VI में बीजगणित का एक महत्वपूर्ण पहलू है?
A. सामान्यकरण
B. याद रखना
C. अनुमान
D. प्रत्योक्षकरण

Q.96 भुवनेश्वर तथा पुरी के मंदिर किस शैली में निर्मित हैं?
A. नागर
B. द्रविड़
C. बेसर
D. इनमे से कोई नहीं

Q.97 निम्नलिखित ऐतिहासिक स्थलों पर विचार करें:
1. अजंता की गुफाएँ
2. लेपाक्षी मंदिर
3. सांची स्तूप
उपर्युक्त में से कौन से स्थल / भित्ति चित्रकला के लिए भी जानी जाती हैं?
A. केवल 1
B. केवल 1 और 2
C. 1,2 और 3
D. कोई नहीं

Q.98 श्री X और Y क्रमशः 45 दिनों और 30 दिनों में एक कार्य को पूरा कर सकते हैं। यदि दोनों साथ कार्य करते हैं तो उनके द्वारा एक साथ कार्य पूरा करने में लिया गया समय ज्ञात कीजिए।

A. 15 दिन   **B.** 19 दिन   **C.** 24 दिन   **D.** 18 दिन

Q.99 पाइप A 5 घंटे में एक टंकी भर सकता है और पाइप Q 12 घंटे में एक टंकी खाली कर सकता है। यदि दोनों पाइप खोले जाते हैं। टंकी को भरने में कितना समय लगेगा?

A. $8\frac{4}{7}$ घंटे   **B.** $7\frac{1}{7}$ घंटे   **C.** $6\frac{1}{7}$ घंटे   **D.** $5\frac{1}{7}$ घंटे

Q.100 निम्नलिखित में से किस संसाधन/टीएलएम का उपयोग शिक्षक यह दिखाने के लिए कर सकता है कि विभिन्न आयामों के दो आयतों का क्षेत्रफल समान हो सकता है? सूत्र का उपयोग किए बिना?
A. पैमाना
B. ग्राफ पेपर
C. धागा
D. टाइलें

[CTET Paper - I, 2019]

A. केवल B   **B.** B और D   **C.** केवल C   **D.** A और D

// स्मार्ट उत्तर पुस्तिका //

सही उत्तर — उन छात्रों का प्रतिशत जिन्होंने प्रश्नों का सही उत्तर दिया था।

छोड़ दिया — उन छात्रों का प्रतिशत जिन्होंने प्रश्नों को छोड़ दिया था।

प्रश्न संख्या	उत्तर	सही उत्तर / छोड़ दिया	प्रश्न संख्या	उत्तर	सही उत्तर / छोड़ दिया	प्रश्न संख्या	उत्तर	सही उत्तर / छोड़ दिया	प्रश्न संख्या	उत्तर	सही उत्तर / छोड़ दिया	प्रश्न संख्या	उत्तर	सही उत्तर / छोड़ दिया	प्रश्न संख्या	उत्तर	सही उत्तर / छोड़ दिया
1	C	68.83 % / 1.08 %	18	A	68.81 % / 1.2 %	35	D	61.58 % / 2.0 %	52	D	43.3 % / 1.09 %	69	A	60.88 % / 1.52 %	86	C	88.27 % / 0.0 %
2	B	69.75 % / 1.22 %	19	C	70.0 % / 1.57 %	36	A	56.1 % / 1.97 %	53	B	52.05 % / 1.93 %	70	C	63.14 % / 1.55 %	87	A	54.16 % / 1.98 %
3	B	42.09 % / 1.03 %	20	B	48.91 % / 1.47 %	37	A	54.43 % / 1.55 %	54	B	57.4 % / 1.46 %	71	B	78.37 % / 0.0 %	88	B	54.73 % / 1.99 %
4	A	69.34 % / 1.71 %	21	A	48.81 % / 1.19 %	38	C	43.15 % / 1.28 %	55	D	21.73 % / 4.44 %	72	D	56.03 % / 1.05 %	89	C	88.77 % / 0.0 %
5	B	58.41 % / 1.51 %	22	A	18.85 % / 3.21 %	39	B	50.42 % / 1.13 %	56	D	80.56 % / 0.0 %	73	A	44.91 % / 1.1 %	90	C	69.14 % / 1.83 %
6	A	41.85 % / 1.24 %	23	D	88.61 % / 0.0 %	40	B	79.95 % / 0.0 %	57	D	62.9 % / 1.13 %	74	D	59.86 % / 1.32 %	91	C	80.55 % / 0.0 %
7	A	79.52 % / 0.0 %	24	A	46.74 % / 1.96 %	41	D	43.53 % / 1.45 %	58	C	85.93 % / 0.0 %	75	B	53.56 % / 1.35 %	92	C	28.37 % / 3.1 %
8	A	20.86 % / 4.82 %	25	C	23.22 % / 3.5 %	42	C	17.49 % / 3.96 %	59	A	41.15 % / 1.55 %	76	B	49.34 % / 1.8 %	93	B	23.37 % / 4.8 %
9	C	42.02 % / 1.15 %	26	C	88.69 % / 0.0 %	43	D	60.66 % / 1.58 %	60	A	68.89 % / 1.66 %	77	A	17.16 % / 3.07 %	94	B	43.07 % / 1.42 %
10	B	23.07 % / 4.31 %	27	D	77.13 % / 0.0 %	44	A	58.6 % / 1.94 %	61	D	54.99 % / 1.29 %	78	B	81.78 % / 0.0 %	95	A	67.17 % / 1.93 %
11	B	58.83 % / 1.4 %	28	A	40.31 % / 1.82 %	45	C	63.18 % / 1.95 %	62	D	66.46 % / 1.3 %	79	B	80.32 % / 0.0 %	96	A	53.48 % / 1.54 %
12	C	59.72 % / 1.41 %	29	D	82.84 % / 0.0 %	46	D	54.48 % / 1.11 %	63	A	85.2 % / 0.0 %	80	D	49.23 % / 1.64 %	97	B	41.46 % / 1.42 %
13	B	45.34 % / 1.39 %	30	A	89.93 % / 0.0 %	47	C	62.01 % / 1.56 %	64	B	46.04 % / 1.72 %	81	C	63.68 % / 1.34 %	98	D	84.91 % / 0.0 %
14	D	49.77 % / 1.44 %	31	D	18.34 % / 4.32 %	48	A	43.62 % / 1.44 %	65	D	26.72 % / 4.35 %	82	C	54.41 % / 1.75 %	99	A	79.26 % / 0.0 %
15	A	60.03 % / 1.18 %	32	C	17.12 % / 3.31 %	49	A	48.51 % / 1.96 %	66	B	48.94 % / 1.03 %	83	C	54.68 % / 1.11 %	100	B	56.65 % / 1.66 %
16	D	66.01 % / 1.23 %	33	D	63.96 % / 1.97 %	50	B	65.71 % / 1.08 %	67	D	40.62 % / 1.75 %	84	A	23.1 % / 4.11 %			
17	A	20.17 % / 4.7 %	34	B	52.75 % / 1.38 %	51	C	32.36 % / 4.32 %	68	A	88.66 % / 0.0 %	85	D	60.94 % / 1.65 %			

//संकेत और समाधान//

1. लार्सन एंड टुब्रो (एल एंड टी) लिमिटेड ने अगस्त 2022 में वडोदरा में एक आईटी और आईटी-सक्षम सेवा (आईटीईएस) पार्क स्थापित करने के लिए गुजरात सरकार के साथ एक समझौता ज्ञापन पर हस्ताक्षर किए हैं।

- पार्क की स्थापना राज्य सरकार की हाल ही में घोषित आईटी/आईटीईएस नीति के तहत की जा रही है।
- यह नीति फरवरी 2022 में अगले पांच वर्षों में आईटी क्षेत्र में एक लाख 'उच्च कुशल रोजगार' पैदा करने के उद्देश्य से शुरू की गई थी।

अतः विकल्प (C) सही है।

2. विश्व आर्थिक मंच (डब्ल्यूईएफ) ने छोटे और सीमांत किसानों का समर्थन करने के लिए कृत्रिम बुद्धिमत्ता (AI), इंटरनेट ऑफ थिंग्स (IoT), ब्लॉकचेन और ड्रोन जैसी उभरती तकनीकों का उपयोग करने के लिए सरकार के थिंक-टैंक नीति आयोग के साथ भागीदारी की है।

WEF ने देश भर में विभिन्न नवीन परियोजनाओं को लागू करने के लिए भारत में 'चौथी औद्योगिक क्रांति केंद्र' की स्थापना की थी।

अतः विकल्प (B) सही है।

3. भारत ने 2022 में यूनेस्को की अमूर्त सांस्कृतिक विरासत सूची में अंकित होने के लिए नृत्य रूप गरबा को नामांकित किया है।

2021 में, 'दुर्गा पूजा' को यूनेस्को की अमूर्त सांस्कृतिक विरासत प्रतिनिधि में शामिल किया गया था।

भारत को जुलाई 2022 में अमूर्त सांस्कृतिक विरासत की सुरक्षा के लिए 2003 के कन्वेंशन की विशिष्ट अंतर सरकारी समिति में सेवा देने के लिए यूनेस्को द्वारा चुना गया था।

अतः विकल्प (B) सही है।

4. चीन में भारत के नए राजदूत प्रदीप कुमार रावत ने 14 मार्च 2022 को पदभार ग्रहण किया।

उन्होनें विक्रम मिश्री का स्थान लिया, जिन्हें उप राष्ट्रीय सुरक्षा सलाहकार नियुक्त किया गया था। 1990 बैच के भारतीय विदेश सेवा (IFS) अधिकारी श्री रावत नीदरलैंड में भारत के राजदूत थे। उन्होंने सितंबर 2017-दिसंबर 2020 तक इंडोनेशिया और तिमोर-लेस्ते में भारत के राजदूत के रूप में भी काम किया।

अतः विकल्प (A) सही है।

5. 7 का समूह कनाडा, फ्रांस, जर्मनी, इटली, जापान, यूनाइटेड किंगडम और संयुक्त राज्य अमेरिका से मिलकर बना समूह है। ये देश, दुनिया की 7 सबसे बड़ी उन्नत अर्थव्यवस्थाओं के साथ, वैश्विक शुद्ध धन के 62% से अधिक का प्रतिनिधित्व करते हैं। वे औद्योगिक अर्थव्यवस्थाएं हैं।

अतः विकल्प (B) सही है।

6. म्यांमार सार्क (SAARC) का सदस्य नहीं है। सार्क (SAARC) के सभी सदस्य हैं; अफगानिस्तान, बांग्लादेश, भूटान, भारत, नेपाल, मालदीव, पाकिस्तान और श्रीलंका।

अतः विकल्प (A) सही है।

7. दिया है-

दो संख्याओं a और b हैं।

$$HCF = c$$

सूत्र के अनुसार-

$$HCF \times LCM = \text{दो संख्याओं का गुणनफल}$$

$$\Rightarrow c \times LCM = a \times b$$

$$\Rightarrow LCM = \frac{a \times b}{c}$$

$$\Rightarrow LCM = \frac{ab}{c}$$

अतः विकल्प (A) सही है।

8. दिया गया है:

दो गोलों की त्रिज्याओं का योगफल = 10 सेमी

उनके आयतनों का योगफल = 880 घन सेमी

गोले का आयतन $= \frac{4}{3} \times \pi \times r^3$

माना r_1 और r_2 दो भिन्न-भिन्न गोलों की त्रिज्याएं हैं।

प्रश्नानुसार,

$$\Rightarrow r_1 + r_2 = 10 \ ....(i)$$

$$\Rightarrow \frac{4}{3} \times \frac{22}{7} \times (r_1^3 + r_2^3) = 880$$

$$\Rightarrow (r_1^3 + r_2^3) = \frac{(880 \times 3 \times 7)}{(22 \times 4)}$$

$$\Rightarrow (r_1^3 + r_2^3) = 210$$

अब,

$$\Rightarrow (r_1 + r_1)^3 = (10)^3$$

$$\Rightarrow (r_1 + r_1)^3 = 1000 \ ....(ii)$$

$$\Rightarrow (r_1 + r_1)^3 = r_1^3 + r_2^3 + 3r_1 r_2 (r_1 + r_2)$$

$$\Rightarrow 1000 = 210 + 3r_1 r_2 (10)$$

$$\Rightarrow 1000 - 210 = 30 r_1 r_2$$

$$\Rightarrow 790 = 30 r_1 r_2$$

$$\Rightarrow r_1 r_2 = \frac{790}{30}$$

$$\Rightarrow r_1 r_2 = \frac{79}{3}$$

उनके त्रिज्याओं का गुणनफल $= \frac{79}{3}$

अतः विकल्प (A) सही है।

9. दिया गया समीकरण है,

$$^nP_r = 720 \,^nC_r$$

$$\Rightarrow \frac{^nP_r}{^nC_r} = 720$$

$$\Rightarrow \frac{\frac{n!}{(n-r)!}}{\frac{n!}{(n-r)!r!}} = 720$$

$$\Rightarrow r! = 720 = 6 \times 5 \times 4 \times 3 \times 2 \times 1$$

$$\Rightarrow r! = 6!$$

$\Rightarrow r = 6$

अतः विकल्प (C) सही है।

10. दिया गया समीकरण है,

$$^{x}P_3 = {}^{(2x-1)}P_2$$

$$\Rightarrow \frac{x!}{(x-3)!} = \frac{(2x-1)!}{(2x-1-2)!}$$

$$\Rightarrow \frac{x!}{(x-3)!} = \frac{(2x-1)!}{(2x-3)!}$$

$$\Rightarrow \frac{x(x-1)(x-2)(x-3)!}{(x-3)!} = \frac{(2x-1)(2x-2)(2x-3)!}{(2x-3)!}$$

$$\Rightarrow x(x-1)(x-2) = (2x-1)(2x-2)$$

$$\Rightarrow x^3 - 3x^2 + 2x = 4x^2 - 6x + 2$$

$$\Rightarrow x^3 - 7x^2 + 8x - 2 = 0$$

$$\Rightarrow (x-1)(x^2 + 6x + 2) = 0$$

जिससे $x = 1$ और:

$$x^2 + 6x + 2 = 0$$

द्विघात सूत्र का उपयोग करने पर जहाँ,

$$a = 1, b = 6, \text{ और } c = 2$$

$$x = \frac{-b \pm \sqrt{b^2 - 4ac}}{2a}$$

$$x = \frac{-6 \pm \sqrt{6^2 - 4(1)(2)}}{2(1)}$$

$$x = \frac{-6 \pm \sqrt{36 - 8}}{2}$$

$$x = \frac{-6 \pm \sqrt{28}}{2}$$

$$x = \frac{-6 \pm 2\sqrt{7}}{2}$$

$$x = \frac{-6}{2} \pm \frac{2\sqrt{7}}{2}$$

$$x = -3 \pm \sqrt{7}$$

$$x = -0.354249$$

$$x = -5.64575$$

x के अधिकल्पित मान आयेंगे जो कि अमान्य हैं, क्योंकि $x \geq 3$ और $x \in N$।

अतः विकल्प (B) सही है।

11. माध्य के लिए सूत्र का प्रयोग करने पर:

$$\frac{x_1 + x_2 + \cdots + x_{10}}{10} = 30$$

$$\Rightarrow x_1 + x_2 + \cdots + x_{10} = 300$$

अब फिर से समान सूत्र का प्रयोग करने पर, $x_1 + 5, x_2 + 10, \ldots x_{10} + 50$ का माध्य निम्न होगा:

$$\text{माध्य} = \frac{(x_1 + 5) + (x_2 + 10) + \cdots + (x_{10} + 50)}{10}$$

$$= \frac{(x_1 + x_2 + \cdots + x_{10}) + (5 + 10 + \cdots + 50)}{10}$$

$$= \frac{(x_1 + x_2 + \cdots + x_{10}) + 5(1 + 2 + \cdots + 10)}{10}$$

$$= \frac{300 + 5 \times \frac{10 \times 11}{2}}{10}$$

$$= \frac{300 + 275}{10} = 57.5$$

अतः विकल्प (B) सही है।

12. दिया गया है कि $b_{yx} = -\frac{3}{2}$ and $b_{xy} = -\frac{1}{6}$

$$\text{सहसम्बन्ध गुणांक (r)} = \sqrt{b_{yx} \times b_{xy}} = \sqrt{-\frac{3}{2} \times -\frac{1}{6}} = \pm \frac{1}{2}$$

चूँकि b_{yx} और b_{xy} दोनों ऋणात्मक हैं, इसलिए सहसम्बन्ध गुणांक भी ऋणात्मक होगा।

अतः r $= -\frac{1}{2}$

अतः विकल्प (C) सही है।

13. दिया गया,

$$\frac{(469 + 174)^2 - (469 - 174)^2}{(469 \times 174)} = ?$$

हम वह जानते हैं,

$$4ab = (a + b)^2 - (a - b)^2$$

$$\therefore \frac{(469 + 174)^2 - (469 - 174)^2}{(469 \times 174)}$$

$$= \frac{4 \times 469 \times 174}{469 \times 174}$$

$$= 4$$

अतः विकल्प (B) सही है।

14. फूलों की घाटी की खोज का श्रेय ब्रिटिश पर्वतारोही फ्रैंक एस स्मिथे, आर एल होलड्सवर्थ और एरिक शिप्टन को जाता है, जो 1931 में माउंट केमेट के एक सफल अभियान के बाद संयोग से इस घाटी में पहुंच गए थे। स्मिथे ने 1938 में "द वैली ऑफ फ्लावर्स" पुस्तक लिखी।

- फूलों की घाटी समुद्र तल से 3,658 मीटर की ऊंचाई पर भुइंदर घाटी में स्थित है।

- फूलों की घाटी नेशनल पार्क नंदा देवी बायोस्फीयर रिजर्व का दूसरा मुख्य क्षेत्र है।

- फूलों की घाटी नेशनल पार्क एक भारतीय राष्ट्रीय उद्यान है, जो उत्तराखंड राज्य में उत्तरी चमोली और पिथौरागढ़ में स्थित है, और यह स्थानिक अल्पाइन फूलों और वनस्पतियों की विविधता के लिए जाना जाता है।

- फूलों की घाटी को वर्ष 1982 में भारत का राष्ट्रीय उद्यान घोषित किया गया था और अब यह यूनेस्को का विश्व धरोहर स्थल है।

अत: विकल्प (D) सही है।

15. प्रेमचंद शर्मा को 2021 में कृषि में नवाचार के लिए पद्म श्री पुरस्कार मिला।

- वह उच्च गुणवत्ता वाले फल, सब्जियां और अनाज को व्यवस्थित रूप से बढ़ाकर खेती में विविधता लाने पर ध्यान केंद्रित कर रहे हैं।
- उनका फार्म उत्तराखंड के हीआतल-सैंज गांव में है।
- शर्मा ने स्कूल छोड़ दिया और छोटी उम्र से ही खेती में अपनी रुचि का अनुसरण किया।
- 2020 में, उन्होंने उच्च उपज वाले अनार उगाने के लिए एक नर्सरी विकसित की और उन्हें अपने राज्य में 350 किसानों के बीच वितरित किया।

अत: विकल्प (A) सही है।

16. दिया गया है,

समद्विबाहु त्रिभुजाकार मेज की दो बराबर भुजाओं में से एक भुजा = 100 सेमी

त्रिभुजाकार मेज का परिमाप = 360 सेमी

माना a = 100 सेमी

समद्विबाहु त्रिभुज का परिमाप = 2a + b

$\Rightarrow 2a + b = 360$

$\Rightarrow 2 \times 100 + b = 360$

$\Rightarrow 200 + b = 360$

$\Rightarrow b = 360 - 200$

$\Rightarrow b = 160$ सेमी

समद्विबाहु त्रिभुज का क्षेत्रफल $= \frac{b}{4} \times \sqrt{(4a^2 - b^2)}$

$= \frac{160}{4} \times \sqrt{(4 \times 100^2 - 160^2)}$

$= 40 \times \sqrt{(4 \times 10000 - 25600)}$

$= 40 \times \sqrt{(40000 - 25600)}$

$= 40 \times \sqrt{(14400)}$

$= 40 \times 120$

$= 4800$ सेमी ^{2}

$\therefore$ त्रिभुजाकार मेज का क्षेत्रफल 4800 सेमी ^{2} है।

अत: विकल्प (D) सही है।

17. दिया गया है,

त्रिभुज BCD का क्षेत्रफल समानांतर चतुर्भुज ACDE के क्षेत्रफल का 28% है।

माना कि समानांतर भुजा AB और DE की लम्बाई क्रमशः 'a' इकाई और 'b' इकाई है और समानांतर चतुर्भुज AF की ऊंचाई 'h' इकाई है, जैसा नीचे दर्शाया गया है।

माना कि समानांतर चतुर्भुज ACDE का क्षेत्रफल x वर्ग इकाई है।

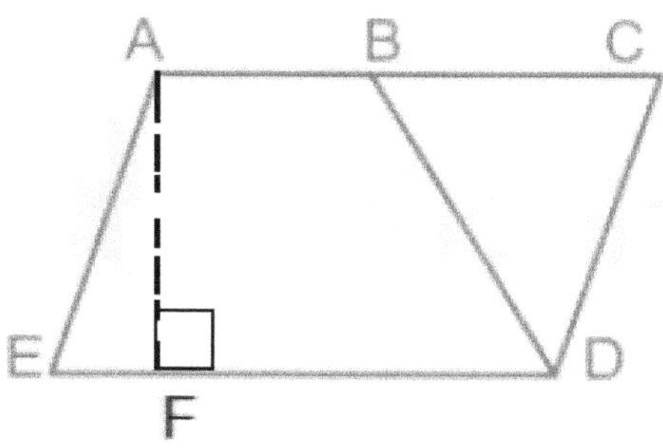

समानांतर चतुर्भुज का क्षेत्रफल = आधार × समानांतर चतुर्भुज की ऊंचाई

$\Rightarrow$ समानांतर चतुर्भुज ACDE का क्षेत्रफल = DE × AF = bh वर्ग इकाई

समलम्ब चतुर्भुज का क्षेत्रफल = $\frac{1}{2} \times$ समानांतर भुजाओं का योग $\times$ समानांतर भुजाओं के बीच की लंबवत दूरी

समलम्ब चतुर्भुज ABDE का क्षेत्रफल $= \frac{1}{2} \times (a + b) \times h = \frac{(ah+bh)}{2}$ वर्ग इकाई

अब,

समलम्ब चतुर्भुज ABDE का क्षेत्रफल = समानांतर चतुर्भुज ACDE का क्षेत्रफल – त्रिभुज BCD का क्षेत्रफल

प्रश्नानुसार,

त्रिभुज BCD का क्षेत्रफल = x का 28%

त्रिभुज BCD का क्षेत्रफल $= \frac{7x}{25}$

समलम्ब चतुर्भुज ABDE का क्षेत्रफल $= x - \frac{7x}{25}$

समलम्ब चतुर्भुज ABDE का क्षेत्रफल $= \frac{18x}{25}$

$\Rightarrow \frac{(ah+bh)}{2} = \left(\frac{18}{25}\right) \times bh$

$\Rightarrow 25ah + 25bh = 36bh$

$\Rightarrow 25ah = 11bh$

$\Rightarrow 25a = 11b$

$\Rightarrow \frac{a}{b} = \frac{11}{25}$

$\therefore$ समलम्ब चतुर्भुज ABDE के समानांतर भुजाओं की लम्बाइयों का अनुपात = 11 : 25

अतः विकल्प (A) सही है।

18. दिया हुआ,

मूलधन $(P) = 2304$ रुपये

राशि $(A) = 2500$ रुपये

समय $(t) = 2$ वर्ष

जैसा कि हम जानते हैं,

$$A = P\left(1 + \frac{r}{100}\right)^t$$

$$\Rightarrow 2500 = 2304\left(1 + \frac{r}{100}\right)^2$$

$$\Rightarrow \frac{2500}{2304} = \left(1 + \frac{r}{100}\right)^2$$

$$\Rightarrow \sqrt{\left(\frac{2500}{2304}\right)} = 1 + \frac{r}{100}$$

$$\Rightarrow \frac{50}{48} = 1 + \frac{r}{100}$$

$$\Rightarrow \frac{25}{24} \times 100 = 100 + r$$

$$\Rightarrow \frac{625}{6} - 100 = r$$

$$\Rightarrow \frac{625-600}{6} = r$$

$$\Rightarrow \frac{25}{6} = r$$

$$\therefore r = 4\frac{1}{6}\%$$

अतः विकल्प (A) सही है।

19. दिया हुआ,

योग 9 गुना 2 वर्षों में हो जाता है।

माना P मूलधन है।

$$\therefore A = 9P$$

जैसा कि हम जानते हैं,

$$A = P\left(1 + \frac{r}{100}\right)^t$$

$$\therefore 9P = P\left(1 + \frac{r}{100}\right)^2$$

$$\Rightarrow 9 = \left(1 + \frac{r}{100}\right)^2$$

$$\Rightarrow \sqrt{9} = 1 + \frac{r}{100}$$

$$\Rightarrow 3 = 1 + \frac{r}{100}$$

$$\Rightarrow 3 - 1 = \frac{r}{100}$$

$$\Rightarrow 2 = \frac{r}{100}$$

$$\Rightarrow r = 200\%$$

$\therefore$ ब्याज दर 200% है।

अतः विकल्प (C) सही है।

20.

नाम	रासायनिक सूत्र	रासायनिक नाम
बेकिंग पाउडर	$NaHCO_3$	सोडियम बाइकार्बोनेट
विनेगर	CH_3COOH	एसिटिक एसिड
ब्लीचिंग पाउडर	$Ca(ClO)_2$	कैल्शियम हाइपोक्लोराइट
चाक	$CaCO_3$	कैल्शियम कार्बोनेट

अतः विकल्प (B) सही है।

21.

- नेफ़थलीन एक कार्बनिक यौगिक है, जिसका सूत्र $C_{10}H_8$ है।
- यह एक सुगंधित हाइड्रोकार्बन है और इस प्रकार इसमें बेंजीन के छल्ले का एक फ्यूज़्ड जोड़ा होता है।
- नेफ़थलीन, कोल-तार का सबसे प्रचुर मात्रा में पाया जाने वाला एकल घटक है।
- आम तौर पर कोल-तार में लगभग 10% नेफ़थलीन होता है।

अतः विकल्प (A) सही है।

22. दिया गया है:

दो पूरक कोणों के बीच का अंतर 15° है।

गणना:

माना दो पूरक कोण क्रमशः ∠x और ∠y हैं।

∠x - ∠y = 15°   ----(i) (दिया गया है।)

∠x + ∠y = 90°   ----(ii) (दो पूरक कोणों का योग 90° है।)

(i) से, ∠y = 15 + ∠x   ----(iii)

(ii) से, ∠y = 90 - ∠x   ----(iv)

(iii) और (iv) से y के मानों की तुलना करने पर हमें प्राप्त होता है,

15 + ∠x = 90 - ∠x

⇒ 2∠x = 75

⇒ ∠x = 37.5

इसलिए, ∠y = 90 - 37.5 = 52.5

चूंकि, ∠x = 37.5 और ∠y = 52.5

इसलिए, बड़ा कोण : छोटा कोण = ∠y : ∠x

⇒ 52.5 : 37.5 = 7 : 5

∴ अभीष्ट अनुपात 7 : 5 है।

अतः विकल्प (A) सही है।

23. भारत में 11 नवंबर को राष्ट्रीय शिक्षा दिवस मनाया जाता है।

इस दिन को मौलाना अब्दुल कलाम आजाद के सम्मान के रूप में मनाया जाता है।

वह एक स्वतंत्रता सेनानी और स्वतंत्र भारत के पहले शिक्षा मंत्री (1947 से 1958 तक सेवारत) थे। वह उर्दू, फारसी और अरबी के प्रख्यात विद्वान थे। उन्हें 1992 में भारत रत्न से सम्मानित किया गया था।

अतः विकल्प (D) सही है।

24. हिंदी दिवस भारत में प्रतिवर्ष 14 सितंबर को मनाया जाता है क्योंकि 14 सितंबर 1949 को हिंदी को भारत की आधिकारिक भाषाओं में से एक घोषित किया गया था।

हिंदी को आधिकारिक भाषाओं में से एक घोषित करने वाला प्रस्ताव 1950 में भारत के संविधान के तहत अपनाया गया था।

अतः विकल्प (A) सही है।

25. माना कुल निवेश = x रुपये

मुकुल का निवेश $= x \times \dfrac{2}{7}$

बाकी निवेश $= x - x \times \dfrac{2}{7} = \dfrac{5x}{7}$

माना अतुल का निवेश = a रुपये

राहुल का निवेश = b रुपये

राहुल का निवेश + अतुल का निवेश $= \dfrac{5x}{7}$

$$a + b = \dfrac{5x}{7}$$

$$b = \dfrac{5x}{7} - a \dots 1$$

प्रश्न के अनुसार,

$$\dfrac{2x}{7} + a = b$$

$$\Rightarrow \dfrac{5x}{7} - a = \dfrac{2x}{7} + a \ (b \text{ का मान समीकरण 1 से लेने पर})$$

$$\Rightarrow \dfrac{5x}{7} - \dfrac{2x}{7} = a + a$$

$$\Rightarrow \dfrac{3x}{7} = 2a$$

$$\Rightarrow a = \dfrac{3x}{14} = \text{अतुल का निवेश}$$

राहुल का निवेश $= x - \dfrac{3x}{14} - \dfrac{2x}{7}$

$$= \dfrac{14x - 3x - 4x}{14}$$

$$= \dfrac{7x}{14} = \dfrac{x}{2}$$

निवेश अनुपात,

मुकुल : अतुल : राहुल $= \dfrac{2x}{7} : \dfrac{3x}{14} : \dfrac{x}{2}$

$$= 4 : 3 : 7$$

अतुल के लाभ के रूप में = 1530 रुपये

कुल लाभ $= \dfrac{1530}{3} \times 14$

= 7140 रुपये

अतः विकल्प (C) सही है।

26. The best expresses the meaning of the Idiom/Phrase **fold like a cheap suitcase** is **to submit or give up easily**.

The idiom **fold like a cheap suit** means To offer little resistance; to submit easily.

For example, I think this team's defense will **fold like a cheap suitcase** if we just put a little more pressure on them.

Hence, the correct option is (C).

27. The best expresses meaning of the Idiom/Phrase **to take to task** is **to reprimand**.

The idiom **take to task** means to scold or criticize someone. The word "reprimand" also means to scold or to criticize someone.

For example, He's been **taken to task** for his habitual lack of punctuality.

Hence, the correct option is (D).

28. He knew that an apple should not be plucked while it is green.

The V2 verb in the first part of the sentence indicates that there should be a past form of the verb in the second part of the sentence too. Should is the only verb that is in the past form. So 'should' is the correct choice.

Hence, the correct option is (A).

29. You haven't many teeth left, but the few you have are sharp enough to make me shudder.

A few means some. It has a positive meaning. The few means not many, but all of those. Here we are talking about all the teeth that are left, so 'the' is the correct choice here.

Hence, the correct option is (D).

30. I can always tell when my friend is lying because she bites her lip.

Lie- be in or assume a horizontal or resting position on a supporting surface.

Forms- Lie, Lay, Lain

Lie- to say an intentionally false statement.

Forms- Lie, Lied, Lied

Lay- put (something) down gently or carefully.

Forms- Lay, Laid Laid

The lie is a verb that means 'to be in or put yourself into a flat position'. The lie can also mean 'say something which is not true'. Here lie is used in the second context and lying in the correct form to be put in this blank.

Hence, the correct option is (A).

31. The given sentence is in active form of simple past tense. The structures for active/passive voices are:

Active: Subject + verb (IInd form) + object.

Passive: Object + was/were + verb (IIIrd form) + by + subject.

For the given sentence, the verb "interest" will take the preposition "in" with it in passive voice. So, with the help of the above structures, we can convert the given sentence into passive voice:

The boy was interested in stamp collection.

Hence, the correct option is (D).

32. The passive voice of imperative sentences that suggest order, suggestion or request, etc can be made in two ways:

Active: Verb + object

Passive: 1. Let + object + be + past participle

 2. You are requested/ordered/suggested/supposed + to + verb (Ist form) + object

So, going by the second type of passive voice, the given sentence would be written in the passive voice as:

You are supposed to make tea at eleven O'clock.

Hence, the correct option is (C).

33. जैसा कि हम जानते हैं कि,

यदि किसी संख्या की किसी संख्या या वर्ग को उसी संख्या से विभाजित किया जाता है, तो दोनों स्थितियों में शेषफल समान होता है।

अतः किसी संख्या के वर्ग को 6 से भाग देने पर शेषफल 3 प्राप्त होता है।

अतः विकल्प (D) सही है।

34. 74 से पहले की सभी प्राकृत संख्याओं को AP बनाने के लिए व्यवस्थित किया जा सकता है, जहाँ

a=2

a_n=74

d=2

a_n=a+(n-1)d

74=2+(n-1)2

72=(n-1)2

36=n-1

n=37

$S_n = (\frac{n}{2})[2a +(n-1)d]$

$= (\frac{37}{2})[2 \times 2+(37-1)2]$

$= (\frac{37}{2}) \times (4+72)$

$=(\frac{37}{2}) \times (76)$

$= 37 \times 38$

S_n=1406

अतः विकल्प (B) सही है।

35. कंपनी C की कुल आय = 30 करोड़

कंपनी C का कुल खर्च = 27 करोड़

जैसा कि हम जानते हैं,

लाभ % = (आय - खर्च/खर्च) × 100

$\therefore$ लाभ % $= \left(\frac{30-27}{27}\right) \times 100$

$= \frac{100}{9}$

= 11.11% लाभ

अतः विकल्प (D) सही है।

36. पाँचों कंपनियों का कुल खर्च

$= (12 + 18 + 27 + 25 + 20) = 102$ करोड़

पाँचों कंपनियों की कुल आय

$= (15 + 15 + 30 + 20 + 16) = 96$ करोड़

आवश्यक प्रतिशत = आय - व्यय/व्यय $\times 100$

$= \frac{96-102}{102} \times 100$

$= -5.88\% \approx 5.9\%$ हानि

अतः विकल्प (A) सही है।

37. लाभ प्रतिशत = (आय - व्यय/व्यय) $\times 100$

A का लाभ प्रतिशत $= \frac{(15-12)}{12} \times 100$

=25% लाभ

B का लाभ प्रतिशत $= \frac{(15-18)}{18} \times 100$

=-16.67% हानि

C का लाभ प्रतिशत $= \frac{(30-27)}{27} \times 100$

=11.11% लाभ

D का लाभ प्रतिशत $= \frac{(20-25)}{25} \times 100$

=-20% हानि

E का लाभ प्रतिशत $= \frac{(16-20)}{20} \times 100$

20% हानि

इसलिए, A का लाभ अधिकतम है।

अतः विकल्प (A) सही है।

38. माना 2016 में कंपनी C का खर्च x करोड़ था। तो, 2017 में कंपनी C का खर्च $= \left(\frac{120}{100}\right) \times x$ करोड़ वर्ष 2017 में कंपनी C का खर्च $= 27$

$\therefore \frac{120x}{100} = 27$

$\Rightarrow x = \frac{27 \times 100}{120}$

$\Rightarrow x = 22.5$

इसलिए, 2016 में कंपनी C का खर्च $= 22.5$ करोड़ माना 2016 में कंपनी C की आय y करोड़ थी।

दिया गया, 2016 में लाभ $= 12\%$

$\therefore \frac{(y-22.5)}{22.5} \times 100 = 12$

$y - 22.5 = \frac{12 \times 22.5}{100}$

$y = 22.5 + 2.7$

$y = 25.2$

2016 में कंपनी C की आय

= 25.2 करोड़

अत: विकल्प (C) सही है।

39. माना वर्ष 2016 में कंपनी A की आय x करोड़ है। तो, वर्ष 2016 में कंपनी की आय $= \dfrac{90x}{100}$

$$\Rightarrow \dfrac{90x}{100} = 15$$

$$\Rightarrow x = \dfrac{50}{3}$$

वर्ष 2016 में कंपनी A की आय $= \dfrac{50}{3}$ करोड़

हम जानते है की,

आय = लाभ + खर्च

लाभ = 2016 में आय का 10%

2016 में खर्च, आय का 90% होगा।

$$\text{खर्च} = \left(\dfrac{90}{100}\right) \times \left(\dfrac{50}{3}\right) = 15 \text{ करोड़}$$

∴ वर्ष 2016 में कंपनी A का खर्च 15 करोड़ है।

अतः विकल्प (B) सही है।

40. श्रीलंका को श्रीनगर से अधिक विकिरण मिलता है क्योंकि यह धार क्षेत्र में स्थित है।

तापमान विशेषताओं के आधार पर पृथ्वी को तीन क्षेत्रों में विभाजित किया गया है,

1. **उष्ण क्षेत्र:** कर्क रेखा और मकर रेखा के बीच का उष्ण कटिबंध
2. **समशीतोष्ण क्षेत्र:** आर्कटिक वृत्त के बीच कर्क रेखा और मकर रेखा
3. **ध्रुवीय क्षेत्र:** ध्रुव के लिए आर्कटिक वृत्त के बीच

अत: विकल्प (B) सही है।

41. एक महान वृत्त कोई भी वृत्त है जो पृथ्वी को प्रसारित करता है और पृथ्वी के केंद्र से गुजरता है। एक महान वृत्त हमेशा पृथ्वी को आधे भाग में विभाजित करता है, इस प्रकार भूमध्य रेखा एक महान वृत्त (लेकिन कोई अन्य अक्षांश) नहीं है और देशांतर की सभी रेखाएँ महान वृत्त हैं।

महान वृत्त से जुड़ी विशेषताएं:

- भूमध्य रेखा एकमात्र पूर्व-पश्चिम रेखा है जो एक महान वृत्त है।
- एक महान वृत्त हमेशा पृथ्वी को आधे, उत्तरी गोलार्ध और दक्षिणी गोलार्ध में विभाजित करता है।
- भूमध्य रेखा 23.5° उत्तर से 23.5° दक्षिण के बीच स्थित है।
- इस प्रकार भूमध्य रेखा एक महान वृत्त है (लेकिन कोई अन्य अक्षांश नहीं) और देशांतर की सभी रेखाएं महान वृत्त हैं।
- पृथ्वी पर किसी भी दो बिंदुओं के बीच की सबसे छोटी दूरी एक महान वृत्त के साथ है।
- पृथ्वी के घूमने की गति महान वृत्त के साथ सबसे बड़ती है।
- पृथ्वी की परिधि 40-डिग्री उत्तर = 30,600 किलोमीटर पर।

- एक चक्कर= 24 घंटे पूरा करने का समय।
- परिभ्रमण की गति 40 उत्तर = दूरी / समय = 30,600 किमी / 24 घंटा = 1280 किमी / घंटा।
- भूमध्य रेखा वह व्रत है जो उत्तरी ध्रुव और दक्षिणी ध्रुव से समान दूरी पर है।

अत: विकल्प (D) सही है।

42. तकनीकी उन्नति ने भूगणित के उपयोग का आविष्कार किया, जो पृथ्वी के आकार, गुरुत्वाकर्षण और घूर्णन को मापने का विज्ञान है। भूगणित सटीक माप प्रदान करता है जो दिखाती है कि पृथ्वी गोल है। जीपीएस और अन्य उपग्रहों के साथ, वैज्ञानिक पृथ्वी के आकार और आकृति को एक सेंटीमीटर के भीतर माप सकते हैं।

अंतरिक्ष से आने वाली तस्वीरें भी दिखाती हैं कि पृथ्वी चांद की तरह गोल है। भले ही हमारा ग्रह एक क्षेत्र है, लेकिन यह एक आदर्श क्षेत्र नहीं है। पृथ्वी के घूमने पर होने वाले बल के कारण उत्तरी और दक्षिणी ध्रुव थोड़े सपाट होते हैं। पृथ्वी का घूमना, डगमगाने वाली गति और अन्य बल ग्रह परिवर्तन को बहुत धीरे-धीरे आकार दे रहे हैं, लेकिन यह अभी भी आस-पास है। गोलाकार सतह में एक क्षितिज होता है जो कम ऊंचाई से देखने पर बंद हो जाता है। उपग्रह का दृश्य यह सिद्ध करता है कि पृथ्वी की सतह स्थानीय रूप से उत्तल है।

यदि वक्रता की डिग्री पृथ्वी की सतह पर हर जगह समान है, और यह सतह काफी बड़ी होने के लिए निर्धारित की गई है, तो निरंतर वक्रता दिखाती है कि पृथ्वी गोलाकार है।

अत: विकल्प (C) सही है।

43. The first part of the sentence ends with a complete sentence, which means that the next part must begin a new sentence. The new part must begin with or contain conjunction. 'That' is conjunction given by part P, which means P is the first part of the answer. P ends with the preposition 'despite', which means it must be followed by a noun or adjective (and its corresponding article). Only Q begins with an article. So, PQ is the correct sequence, as shown by option (D).

Hence, the correct option is (D).

44. मास्को रूस की राजधानी है। यह रूस में सबसे अधिक आबादी वाला शहर है। मास्को को रूसी संघीय शहर का दर्जा प्राप्त है। यह पूरे यूरोपीय महाद्वीप का सबसे बड़ा शहर है। मास्को रूस के केंद्रीय संघीय जिले में मोस्का नदी के तट पर स्थित है। यह शहर अपनी वास्तुकला, विशेष रूप से ऐतिहासिक इमारतों के लिए प्रसिद्ध है। मास्को रूस और पूर्वी यूरोप का एक प्रमुख राजनीतिक, आर्थिक, सांस्कृतिक और वैज्ञानिक केंद्र है।

अतः विकल्प (A) सही है।

45. गायत्री मंत्र सूर्य को संबोधित आध्यात्मिक उत्तेजना के लिए प्रार्थना है। इसे विश्वामित्र ने बनाया था।

यह मंत्र ऋग्वेद के तीसरे मंडल से लिया गया है। गायत्री मंत्र, जिसे सावित्री मंत्र के रूप में भी जाना जाता है, वैदिक देवता सावित्री को समर्पित ऋग्वेद (मंडला 3.62.10) का एक अत्यधिक पूजनीय मंत्र है।

अतः विकल्प (C) सही है।

46. The given sentence is grammatically correct.

Hence, the correct option is (D).

47. दिया गया है,

$$x + \left(\dfrac{1}{x}\right) = 3$$

तो, $\dfrac{(3x^2-4x+3)}{(x^2-x+1)}$

$\Rightarrow \dfrac{3x\left\{x-\left(\frac{4}{3}\right)+\left(\frac{1}{x}\right)\right\}}{x\left\{x-1+\left(\frac{1}{x}\right)\right\}}$

$= \dfrac{3\left[\left\{x+\left(\frac{1}{x}\right)\right\}-\left(\frac{4}{3}\right)\right]}{\left\{x+\left(\frac{1}{x}\right)\right\}-1}$

समीकरण (i) से,

$= \dfrac{3\left\{3-\left(\frac{4}{3}\right)\right\}}{3-1} = \dfrac{3\left(\frac{5}{3}\right)}{2}$

$= \dfrac{5}{2}$

अतः विकल्प (C) सही है।

48. हम जानते हैं कि,

W = q×V

जहाँ q आवेशित होता है, वहाँ W काम करता है और V संभावित अंतर है।

दिया है,

q = 4 कूलम्ब

V = 12 वोल्ट

सूत्र से,

W = 4×12

W = 48 J

अतः विकल्प (A) सही है।

49. ऊंचाई पर द्रव्यमान की वस्तु में उपस्थित ऊर्जा स्थितिज ऊर्जा होगी।

दिया गया है, द्रव्यमान $(m) = 10$ किग्रा, $g = 9.8$ मी से $^{-2}$ और ऊंचाई $(h) = 8$ मी

हम जानते हैं कि,

किसी वस्तु की स्थितिज ऊर्जा $= mgh$

$= 10 \times 8 \times 9.8 = 784$ जूल

अतः विकल्प (A) सही है।

50. दिया है:

$\dfrac{3.8}{1.25}$

हर में 10 बनाने के लिए $\dfrac{8}{8}$ से गुणा करने पर,

$\Rightarrow \dfrac{3.8}{1.25} \times \dfrac{8}{8}$

$\Rightarrow \dfrac{30.4}{10}$

$\Rightarrow 3.04$

अतः विकल्प (B) सही है।

51. दिया है-

$\left(\dfrac{\sqrt{180}\times\sqrt{18}\times\sqrt{5}\times\sqrt{3}}{\sqrt{96}\times 5}\right)^{-2} + \sqrt[3]{4\dfrac{12}{125}}$

$\Rightarrow \left(\dfrac{6\sqrt{5}\times 3\sqrt{2}\times\sqrt{5}\times\sqrt{3}}{4\sqrt{6}\times 5}\right)^{-2} + \sqrt[3]{\dfrac{512}{125}}$

$\Rightarrow \left(\dfrac{9}{2}\right)^{-2} + \dfrac{8}{5}$

$\Rightarrow \dfrac{4}{81} + \dfrac{8}{5}$

$\Rightarrow \dfrac{20+648}{405}$

$\Rightarrow \dfrac{668}{405}$

अतः विकल्प (C) सही है।

52. कथासरित्सागर' सोमदेव द्वारा लिखा गया है।

कथासरित्सागर को कहानियों के महासागर के रूप में भी जाना जाता है, यह भारतीय किंवदंतियों, परियों की कहानियों और लोक कथाओं का प्रसिद्ध 11वीं शताब्दी का संग्रह है, जिसे सोमदेव ने संस्कृत में लिखा है।

अतः विकल्प (D) सही है।

53. राजस्थान सरकार की इंदिरा गांधी मातृत्व पोषण योजना के तहत 6,000 रुपये की सहायता दी जाएगी।

इंदिरा गांधी मातृत्व पोषण योजना:

- इस योजना का शुभारंभ मुख्यमंत्री श्री अशोक गहलोत ने किया था।
- इसे 19 नवंबर, 2020 को शुरू किया गया था।
- यह योजना राज्य के महिला एवं बाल विकास विभाग के तत्वावधान में आती है।
- यह योजना मातृ एवं शिशु पोषण संकेतकों की रैंकिंग के आधार पर उदयपुर, प्रतापगढ़, बांसवाड़ा और डूंगरपुर जिलों में शुरू की गई थी।

अतः विकल्प (B) सही है।

54. Rhetoric-the art of effective or persuasive speaking or writing, especially the exploitation of figures of speech and other compositional techniques.

Hence, the correct option is (B).

55. Susceptibility-the state or fact of being likely or liable to be influenced or harmed by a particular thing.

Sensitivities - The quality or condition of being sensitive: sensitivity to the concerns of others.

Hence, the correct option is (D).

56. Antagonistic- showing or feeling active opposition or hostility towards someone or something. corresponding-analogous or equivalent in character, form, or function; comparable.

Hence the correct option is (D).

57. The meaning of the phrase "at loggerheads", as used in the passage opposite to each other.

Hence, the correct option is (D).

58. To highlight the steps and caution to be taken about the entry of foreign media.

Hence, the correct option is (C).

59. 'लाख बख्श' कुतुब-उद-दीन ऐबक को दी गई उपाधि थी।

ऐबक मुहम्मद गौरी का गुलाम था, जिसने उसे अपनी भारतीय संपत्ति का राज्यपाल बनाया। उसने दिल्ली के पास अपना सैन्य मुख्यालय स्थापित किया और उत्तर भारत पर कब्जा कर लिया। उनके उदार दान के कारण, मुस्लिम लेखकों ने उन्हें लाख बख्श कहा।

अत: विकल्प (A) सही है।

60. भारत की सेवा क्षेत्र के निर्यात में महत्वपूर्ण उपस्थिति है। यह 2019 में वाणिज्यिक सेवाओं में शीर्ष दस व्यापारिक देशों में रहा, जो विश्व सेवाओं के निर्यात का 3.5 प्रतिशत है। महामारी के मद्देनजर होने वाले झटके के बावजूद, भारत का सेवा क्षेत्र व्यापारिक वस्तुओं की तुलना में अपेक्षाकृत लचीला बना रहा। सेवा क्षेत्र का लचीलापन मुख्य रूप से सॉफ्टवेयर सेवाओं द्वारा संचालित था, जो कुल सेवाओं के निर्यात का 49 प्रतिशत (सबसे बड़ा घटक) था। इसलिए, कथन 1 सही नहीं है।

आर्थिक सर्वेक्षण 2020-21 के अनुसार, शुद्ध पूंजी प्रवाह H1: FY 2020 में US $ 16.5 बिलियन था, जबकि US $ 40.0 बिलियन के मुकाबले HI: FY 2019-20, मुख्य रूप से बाहरी वाणिज्यिक उधारों के शुद्ध पुनर्भुगतान के हिसाब से था। (ईसीबी) और बैंकिंग पूंजी में गिरावट। अप्रैल-अक्टूबर, 2020 के दौरान, शुद्ध एफडीआई प्रवाह 2019-20 के पहले सात महीनों की तुलना में 27.5 बिलियन अमेरिकी डॉलर, 14.8 प्रतिशत अधिक है। आरबीआई के आंकड़ों के अनुसार, यह कहा जा सकता है कि भारत हाल के वर्षों में पूंजी खाता अधिशेष बनाए हुए है। इसलिए, कथन 2 सही नहीं है।

अत: विकल्प (A) सही है।

61. इस्पात के घरेलू उत्पादन को बढ़ाने के लिए आत्मनिर्भर अभियान के तहत कई पहल की हैं:

- उत्पादन से जुड़े प्रोत्साहन (पीएलआई) योजना के तहत प्रोत्साहन के लिए चार अलग-अलग उत्पाद श्रेणियों को शामिल करते हुए 'खासकर स्टील' को शामिल करना; इसलिए, कथन 1 सही है।

- एमएसएमई को स्टील की पेशकश करना जो डीजीएफटी के ड्यूटी ड्रा बैक योजना के तहत निर्यात समता मूल्य पर इंजीनियरिंग निर्यात संवर्धन परिषद के सदस्य हैं; इसलिए, कथन 2 सही है।

- सरकारी खरीद में घरेलू रूप से उत्पादित लोहे और इस्पात को वरीयता प्रदान करने के उपाय, जहां कुल लोहे और इस्पात उत्पादों का अनुमान 25 करोड़ रुपये से अधिक है; इसलिए, कथन 3 सही है।

- उचित उपचारात्मक उपायों के माध्यम से अनुचित व्यापार से उद्योग की रक्षा करना जिसमें डंपिंग रोधी शुल्क लगाना और उन उत्पादों पर प्रतिकारी शुल्क शामिल है जिसमें अन्य देशों द्वारा अनुचित व्यापार प्रथाओं को अपनाया गया था।

अत: विकल्प (D) सही है।

62. The passage begins with the sentence that introduces the topic at hand - it talks about the Indian Civil Service and how it has been developed into one of the world's finest civil services. This is followed by sentence S which talks about how the members of the Indian Civil Services hold vast power and this is followed by sentence P which talks about how these members with vast power often participated in policymaking. This is followed by sentence R which talks about how these members went onto to develop certain traditions that are specifically mentioned in sentence Q - independence, integrity and hard work. This is followed by the last sentence which talks about how

these traditional qualities workes towards serving the British more than Indians.

Hence, the correct option is (D).

63. सऊदी अरब दुनिया का ऐसा देश है जहां कोई सिनेमाघर नहीं है।

खालिद द्वारा खोबर में एक आईमैक्स थिएटर के अपवाद के साथ, 1983 से 2018 तक सऊदी अरब में कोई सिनेमाघर नहीं थे, हालांकि कभी-कभी मूवी थिएटर खोलने की बात होती थी, और 2008 में सम्मेलन कक्ष कॉमेडी मेन्नाही दिखाने के लिए किराए पर लिए गए थे।

अत: विकल्प (A) सही है।

64. सचिन तेंदुलकर को उनकी उत्कृष्ट खेल उपलब्धि के लिए 1994 में अर्जुन पुरस्कार, 1997 में खेल रत्न पुरस्कार, भारत का सर्वोच्च खेल सम्मान और 1999 और 2008 में पद्म श्री और पद्म विभूषण पुरस्कार, भारत का चौथा और दूसरा सर्वोच्च नागरिक पुरस्कार मिला था।

अत: विकल्प (B) सही है।

65. 1930 में हैमिल्टन में पहला राष्ट्रमण्डल खेल आयोजित हुआ।

- राष्ट्रमण्डल खेल एक बहुराष्ट्रीय खेल आयोजन है जिसमें राष्ट्रमण्डल देशों के एथलीट शामिल होते हैं।

- अगले राष्ट्रमण्डल खेल 2022 में इंग्लैंड के बर्मिंघम में आयोजित किए जाएंगे।

अत: विकल्प (D) सही है।

66. दिया गया:

X, Y और $Z = 10: 12: 15$ के वेतन का अनुपात

प्रतिशत $=$ (वास्तविक/कुल) $\times 100$

वेतन वृद्धि के बाद वेतन

$$\Rightarrow Y = 12x + 50\% \text{ का } 12x = 18x \Rightarrow Z = 15x + 60\% \text{ का } 15x = 24x$$

$$X, Y \text{ और } Z = 14x: 18x: 24x$$

$$\Rightarrow 7: 9: 12 \text{ के नए वेतन का अनुपात}$$

अत: विकल्प (B) सही है।

67. दिया गया:

बैग में कुल पैसा = 30 रु.

कुल मूल्य = सिक्कों की संख्या प्रति सिक्का मूल्य

	25p	50p	1 रु.
प्रति सिक्के का मूल्य	1	2	4
सिक्कों की संख्या	8	4	1
कुल मान	8	8	4

कुल मूल्य = 30

$$\Rightarrow 20x = 30$$

$$\Rightarrow x = 1.5$$

$50p$ सिक्कों का मूल्य $= 8x = 8 \times 1.5 =$ रु.12

सिक्कों की संख्या $= 12 \times 2 = 24$

∴ 50 पैसे के सिक्कों की संख्या 24 है।

अतः विकल्प (D) सही है।

68. The correct sequence is- SPRQ

Thus the correct sentence is- Events in our childhood have a great influence on our adult lives and they often shape our personality.

Hence, the correct option is (A).

69. The word 'bounces back' means to regain a former or normal state.

The word 'relapse' means a deterioration in someone's state of health after a temporary improvement.

Hence, the correct option is (A).

70. The word 'execute' means to carry through (as a process) to completion.

The word 'accomplish' means to achieve or complete successfully.

Thus, we can say that 'accomplish' is nearest in meaning to the given word.

Hence, the correct option is (C).

71. दी गई संख्या को नीचे दिखाए अनुसार गुणनखंडन किया जा सकता है:

16384 = 2×2×2×2×2×2×2×2×2×2×2×2×2×2

16384 का वर्गमूल = 2×2×2×2×2×2×2 =128.

अतः विकल्प (B) सही है।

72. घोष ने वेदों के स्तोत्र ब्रह्मवादिनी की रचना की।

ब्रह्मवादिनी वे महिलाएं हैं जिन्होंने वेदों के कुछ भजनों की रचना की, जिनमें लोपामुद्रा, विश्ववारा, सिक्ता, घोष और मैत्रेयी प्रमुख थे।

अतः विकल्प (D) सही है।

73. रमाबाई रानाडे ने 1904 में बॉम्बे में मूल संगठन राष्ट्रीय सामाजिक सम्मेलन के अधीन महिला सामाजिक सम्मेलन (भारत महिला परिषद) की स्थापना की थी।
अतः विकल्प (A) सही है।

74. दिया है:

मैदान की लंबाई = 242 मीटर

मैदान का क्षेत्रफल = 4840 वर्ग मी

बाड़ लगाने का खर्च 1 मीटर = 10 रुपये

हम जानते हैं कि,

मैदान का क्षेत्रफल = लंबाई × चौड़ाई

मैदान का परिमाप = 2 × (लंबाई + चौड़ाई)

Calculation:

माना चौड़ाई B मीटर है।

242 × B = 4840

$B = \dfrac{4840}{242} = 20$ मीटर

मैदान का परिमाप = 2 × (242 + 20) = 524 मीटर

मैदान के चारों ओर बाड़ लगाने के लिए राशि = 10 × 524 = 5,240 रुपये

∴ मैदान के चारों तरफ बाड़ लगाने के लिए कुल 5,240 रुपये की आवश्यकता है।

अतः विकल्प (D) सही है।

75. दिया है:

गोले और गोलार्ध की त्रिज्या का अनुपात = 2 : 1

प्रयुक्त सूत्र:

गोले का कुल पृष्ठ क्षेत्रफल = $4\pi r^2$

गोलार्ध का कुल पृष्ठ क्षेत्रफल = $3\pi r^2$

Solution:

माना कि गोलार्ध की त्रिज्या x है।

⇒ तो गोले की त्रिज्या 2x है।

⇒ गोले का कुल पृष्ठ क्षेत्रफल = $4\pi r^2$

⇒ गोले का कुल पृष्ठ क्षेत्रफल = $4\pi \times (2x)^2$

⇒ गोलार्ध का कुल पृष्ठ क्षेत्रफल = $3\pi r^2$

⇒ गोलार्ध का कुल पृष्ठ क्षेत्रफल = $3\pi \times (x)^2$

अब उनके संबंधित क्षेत्रफलों का अनुपात,

$$\Rightarrow \frac{4\pi(2x)^2}{3\pi(x)^2}$$

$$\Rightarrow \frac{4(4x^2)}{3(x^2)}$$

$$\Rightarrow \frac{16}{3}$$

∴ उनके कुल पृष्ठ क्षेत्रफल का अनुपात 16 : 3 है।

अतः विकल्प (B) सही है।

76. दिया है:

कांच के पात्र का व्यास = 7 सेमी

कंचे का व्यास = 1.4 सेमी

कांच के पात्र में पानी बढ़ा = 5.6 सेमी

धारणा:

कांच के पात्र के आयतन में वृद्धि = n × एक गोलाकार कंचे का आयतन

सूत्र उपयोग किया गया:

बेलन का आयतन = $\pi r^2 h$

गोले का आयतन = $\dfrac{4}{3}\pi r^3$

गणना:

बेलनाकार कांच के पात्र की त्रिज्या = $\dfrac{7}{2}$ सेमी

चूंकि कांच के पात्र में पानी बढ़ा है 5.6 सेमी, h = 5.6 सेमी

कंचे की त्रिज्या = $\dfrac{1.4}{2}$ = 0.7 सेमी

मान लीजिए कि कांच के पात्र में 'n' पत्थर गिरा दिए गए हैं।

इसलिए,

$$\pi \times \left(\frac{7}{2}\right)^2 \times 5.6 = n \times \frac{4}{3} \times \pi \times (0.7)^3$$

$$\Rightarrow 100 \times 1.4 = n \times \frac{4}{3} \times 0.7$$

$$\Rightarrow n = \frac{420}{2.8}$$

$$\Rightarrow n = 150$$

इसलिए, 150 कंचे कांच के पात्र में गिराए गये है।

अतः विकल्प (B) सही है।

77. दिया है:

अमान्य मत = कुल मतों का 20%

अरविंद 480 मतों से जीता।

और अरविंद को मनोज से 20% अधिक मत मिले।

माना कि कुल मत x है।

अमान्य मत = x का 20% = 0.2x

मान्य मत = x – 0.2x = 0.8x

अरविंद और मनोज को 0.8x मत मिले।

अरविंद को मनोज से 20% अधिक मत मिले।

$\Rightarrow$ अरविन्द को मान्य मतों का 60% और मनोज को मान्य मतों का 40% मिलते हैं।

$$\Rightarrow \text{अरविंद को मिले मत} = 0.8x \times \frac{60}{100} = 0.48$$

$\Rightarrow$ मनोज को मिले मत = 0.8x - 0.48x = 0.32x

अरविंद के मत – मनोज के मत = 480

$\Rightarrow$ 0.48x - 0.32x = 480

$\Rightarrow$ 0.16x = 480

$\Rightarrow$ x = 3000

∴ मतदान करने वाले व्यक्तियों की कुल संख्या 3000 है।

अतः विकल्प (A) सही है।

78. दिया है:

उसके तीन-सातवें भाग में से एक संख्या घटाई जाती है = -48

माना कि संख्या x है।

प्रश्नानुसार,

$$\left(\frac{3x}{7}\right) - x = -48$$

$$\Rightarrow \frac{(3x-7x)}{7} = -48$$

$$\Rightarrow (-4x) = (-48 \times 7)$$

$$\Rightarrow x = 12 \times 7$$

$$\Rightarrow x = 84$$

अब, संख्या का 75% $= 84 \times \dfrac{75}{100}$

$$= \frac{(84 \times 3)}{4} = 63$$

∴ संख्या का 75%, 63 है।

अतः विकल्प (B) सही है।

79. परिवार प्राथमिक समूह का एक उदाहरण है।

प्राथमिक समूह उन व्यक्तिगत संबंधों को संदर्भित करता है जो प्रत्यक्ष, आमने-सामने, अपेक्षाकृत स्थायी और अंतरंग होते हैं, जैसे परिवार में संबंध, करीबी दोस्तों का समूह, इसी तरह और।

अतः विकल्प (B) सही है।

80. कक्षा के छात्र एक द्वितीयक समूह नहीं हैं।

द्वितीयक समूह बड़े समूह होते हैं जिनके संबंध अवैयक्तिक और लक्ष्योन्मुखी होते हैं। द्वितीयक समूह के लोग प्राथमिक समूह की तुलना में कम व्यक्तिगत स्तर पर बातचीत करते हैं, और उनके रिश्ते आमतौर पर लंबे समय तक चलने के बजाय अस्थायी होते हैं।

अतः विकल्प (D) सही है।

81. भारत में सेना मेडल पाने वाली पहली महिला बिमला देवी थी।

सेना पदक भारतीय सेना के सभी रैंकों के सदस्यों को प्रदान किया जाता है, "कर्तव्य या साहस के प्रति असाधारण समर्पण के ऐसे व्यक्तिगत कृत्यों के लिए जो सेना के लिए विशेष महत्व रखते हैं।" पुरस्कार मरणोपरांत दिए जा सकते हैं और सेना पदक के बाद के पुरस्कारों के लिए एक बार अधिकृत है।

अतः विकल्प (C) सही है।

82. गुर्दे में स्थित बोमन कैप्सूल में रक्त को फ़िल्टर किया जाता है।

बोमन कैप्सूल एक कप जैसी संरचना है जो गुर्दे में नेफ्रॉन में स्थित है। इसके भीतर, केशिकाओं की एक कुंडलित गेंद है जिसे केशिकास्तवक के रूप में जाना जाता है। गुर्दे की धमनियाँ वे होती हैं जो एक या दोनों गुर्दे में रक्त ले जाती हैं। पिट्यूटरी ग्रंथि एक छोटा सा अंग है जो मस्तिष्क के आधार पर पाया जाता है।

अतः विकल्प (C) सही है।

83. मोज़ेक रोग तंबाकू से संबंधित है और यह पत्तियों में क्लोरोफिल को नष्ट कर देता है। विल्ट ऑफ पोटैटो स्यूडोमोनास सोलोनैसेरियम बैक्टीरिया के कारण होता है और इसमें जाइलम के चारों ओर भूरे रंग के छल्ले बनते हैं। ब्लैक आर्म ऑफ़ कॉटन जैंथोमोनास बैक्टीरिया के कारण होता है और इसमें पत्तियों के दोनों ओर पीले-हरे रंग के धब्बे दिखाई देते हैं।

अतः विकल्प (C) सही है।

84. दिया है:
$$\sqrt{10 + \sqrt{25 + \sqrt{108 + \sqrt{154 + \sqrt{225}}}}}$$

$$= \sqrt{10 + \sqrt{25 + \sqrt{108 + \sqrt{154 + 15}}}}$$

$$= \sqrt{10 + \sqrt{25 + \sqrt{108 + \sqrt{169}}}}$$

$$= \sqrt{10 + \sqrt{25 + \sqrt{108 + 13}}}$$

$$= \sqrt{10 + \sqrt{25 + \sqrt{121}}}$$
$$= \sqrt{10 + \sqrt{25 + 11}}$$
$$= \sqrt{10 + \sqrt{36}}$$
$$= \sqrt{10 + 6}$$
$$= \sqrt{16} = 4$$

अतः विकल्प (A) सही है।

85. मीथेन गैस को पृथक करने वाला पहला व्यक्ति एलेसेंड्रो वोल्टा था। उन्होंने पता लगाया कि विद्युत् चिंगारी का उपयोग करके हवा में मिश्रित मिथेन को विस्फोट किया जा सकता है। उन्हें विद्युत् बैटरी का आविष्कार करने और संपर्क बिजली की खोज करने के लिए भी जाना जाता है।

अत: विकल्प (D) सही है।

86. निकोलस कोपरनिकस एक खगोलशास्त्री और गणितज्ञ थे जिन्होंने सबसे पहले यह पता लगाया था कि पृथ्वी सूर्य के केंद्रीय मॉडल को जन्म देते हुए इसके चारों ओर घूमती है जिसमें सूर्य ब्रह्मांड के केंद्र में होता है।

अत: विकल्प (C) सही है।

87. अंतर-अनुशासनात्मक दृष्टिकोण न केवल दो या दो से अधिक विषयों का संयोजन है, बल्कि एक अनुशासन है, जो एक या अधिक विषयों द्वारा सुगम है।

चूंकि प्रश्न में मूल्यांकन रणनीति के बारे में पूछा जाता है जो प्रोत्साहन में मदद करेगा, इसलिए हमें उन बिंदुओं को चुनना होगा जिन्हें रचनात्मक मूल्यांकन के तहत वर्गीकृत किया जा सकता है क्योंकि रचनात्मक मूल्यांकन प्रदर्शन में सुधार करने और लक्ष्यों को प्राप्त करने के लिए प्रोत्साहित करने में मदद करता है।

अतः विकल्प (A) सही है।

88. घड़ी का उपयोग करना: इससे पहले कि बच्चे समय को सार्थक तरीके से पढ़ सकें, उन्हें घड़ी के बारे में बहुत कुछ जानने की आवश्यकता है। विभिन्न प्रकार की घड़ियाँ हैं जो बच्चे अपने चारों ओर देखते हैं। अधिकतर वे पहले एक घड़ी का उपयोग करना सीखते हैं जिसमें एक मिनट और एक घंटे की सुई होती है, जिस पर 1 से 12 तक की संख्याएँ गोलाकार रूप से अंकित होती हैं।

- बच्चे समय को पढ़ने के लिए आवश्यक कौशल सीखने में समय लेते हैं।
- समय बताने के लिए वाच फेस पढ़ना समय बताने की गणितीय अवधारणाओं को फिर से लागू करने में सहायक होता है।
- उन्हें बातचीत के जरिए इस दिशा में पहल करनी चाहिए। जैसे, नौ बजे हैं, घड़ी देखो, अब हम गणित करेंगे।
- उदाहरण: शिक्षिका कक्षा 4 के बच्चों को सभी विषय पढ़ा रही थी, पूरे स्कूल समय के दौरान, सुबह 9 बजे से दोपहर 1 बजे तक, वह दिन के समय लिखे हुए कई कार्ड लेकर आई थी, जैसे 10:00, 11:15, 11:40, 12:10, 12:30, इत्यादि। दीवार पर एक घड़ी लटकी हुई थी। उन्होंने बच्चों से कहा कि माहवारी शुरू होने से पहले समय बताएं।

इसलिए, हम यह निष्कर्ष निकालते हैं कि बच्चे समय बताने की गणितीय अवधारणाओं को फिर से लागू करने के लिए वॉच-फेस पढ़ते हैं।

अत: विकल्प (B) सही है।

89. दिया है:

अंकित मूल्य = 9,40,000 रुपये

विक्रय मूल्य = 8,46,000 रुपये

प्रयुक्त सूत्र: छूट = अंकित मूल्य – विक्रय मूल्य

छूट = 9,40,000 रुपये – 8,46,000 रुपये

= 94,000 रुपये

अतः विकल्प (C) सही है।

90. दिया है:

विक्रय मूल्य = क्रय मूल्य – क्रय मूल्य का 25%

माना कि 1000 ग्राम के लिए क्रय मूल्य = 1000 रुपये

1000 ग्राम के लिए विक्रय मूल्य = 750 रुपये

लेकिन, गलत तौल के कारण

600 ग्राम का विक्रय मूल्य = 750 रुपये

600 का क्रय मूल्य = 600 रुपये

इसलिए, यहां लाभ है,

लाभ = 750 रुपये – 600 रुपये

= 150 रुपये

लाभ% = [(लाभ/क्रय मूल्य) × 100]%

$$= \left[\left(\frac{150}{600} \right) \times 100 \right] \%$$

= 25%

अतः विकल्प (C) सही है।

91. दिया है:

छूट = 50 रुपये

लाभ प्रतिशत = 25%

गणना:

माना लागत मूल्य 100x है।

इसलिए, चिह्नित मूल्य = 100x का 150% = 150x

अब, विक्रय मूल्य = मार्कअप मूल्य - छूट = 150x - 50   .....(i)

इसके अलावा, यदि लाभ 25% है, तो विक्रय मूल्य = सीपी का 125% = 125x है

समीकरण (i) से, हम प्राप्त करते हैं:

150x - 50 = 125x

⇒ 25x = 50

⇒ x = 2

∴ 125 विक्रय मूल्य = 125x = 125 × 2 = 250 रुपये

अत: विकल्प (C) सही है।

92. अनुच्छेद 312- अखिल भारतीय सेवाओं के बारे में बताता है। अनुच्छेद 310- संघ या राज्य की सेवा करने वाले व्यक्तियों के कार्यालय के कार्यकाल के बारे में बताता है। अनुच्छेद 311- संघ या राज्य के अधीन नागरिक क्षमताओं में कार्यरत किसी व्यक्ति के पद से बर्खास्तगी हटाने या घटाने के बारे में बताता है। अनुच्छेद 312 A-कुछ सेवाओं के अधिकारियों की सेवा की स्थिति को बदलने या रद्द करने के लिए संसद की शक्ति के बारे में बताता है। अनुच्छेद 313- सार्वजनिक सेवाओं के संक्रमणकालीन प्रावधानों के बारे में बताता है।

अत: विकल्प (C) सही है।

93. शुरुआत के समय हमारे संविधान में 22 भागों में 395 अनुच्छेद और 8 अनुसूचियां थीं। अब भारत के संविधान में 25 भाग और 12 अनुसूचियों में 448 अनुच्छेद हैं।

अतः विकल्प (B) सही है।

94. रचनात्मक मूल्यांकन एक प्रकार का मूल्यांकन है जो सीखने और सिखाने की प्रक्रिया के दौरान बच्चे की प्रगति की निगरानी करने के लिए संदर्भित करता है।

प्रश्नोत्तरी, समूह चर्चा, बातचीत, पोर्टफोलियो, रेटिंग स्केल और उपाख्यानात्मक रिकॉर्ड आदि रचनात्मक मूल्यांकन के लिए उपयुक्त उपकरण हैं।

अतः विकल्प (B) सही है।

95. उच्च प्राथमिक स्तर के दौरान, धीरे-धीरे बच्चों को अमूर्त अवधारणाओं से निपटने का अवसर दिया जाना चाहिए। यह वह चरण है जिस पर बीजगणित को पेश करने की आवश्यकता है। इसे वास्तविक जीवन की स्थितियों से जोड़कर और जीवन की विभिन्न समस्याओं को हल करने में इसके उपयोग के माध्यम से पेश किया जाना चाहिए। बीजगणित में, गणितीय वाक्यों, प्रतिस्थापन सेट और समाधान सेट जैसे विचारों को शामिल करने के लिए आधार को विस्तृत करके अब समीकरणों पर जोर दिया गया है।

अतः विकल्प (A) सही है।

96. जगन्नाथ मंदिर, उड़ीसा राज्य के पुरी जिले में स्थित है। इसी राज्य में प्रसिद्ध लिंगराज मंदिर भुवनेश्वर में तथा कोणार्क में सूर्य मंदिर स्थित है। ये सभी मंदिर नागर शैली में बने हैं।

अतः विकल्प (A) सही है।

97. अजंता की गुफाओं एवं लेपाक्षी मंदिर में भित्ति चित्रकला के साक्ष्य एकदम स्पष्ट हैं परन्तु सांची स्तूप में भित्ति चित्रकला के साक्ष्य स्पष्ट नहीं हैं। स्तूप के चारों ओर लगे तोरण बुद्ध के जीवन की घटनाओं तथा जातक कथाओं के चित्रों से भरे हैं और नीचे से ऊपर तक अलंकृत हैं। तोरण स्तूप के भाग के रूप में नहीं माने जा सकते हैं।

अतः विकल्प (B) सही है।

98. दिया हुआ,

श्री X 45 दिनों में एक कार्य पूरा करता है।

श्री Y 30 दिनों में एक कार्य पूरा करता है।

माना X और Y, x दिनों में एक साथ एक कार्य पूरा करते हैं।

1 दिन में श्री X और Y द्वारा किया गया कार्य $= \dfrac{1}{x}$

श्री X और Y द्वारा 1 दिन में किया गया कार्य $= \left(\dfrac{1}{45}\right) + \left(\dfrac{1}{30}\right)$

$\left(\dfrac{1}{x}\right) = \dfrac{(2+3)}{90}$

$\Rightarrow \left(\dfrac{1}{x}\right) = \dfrac{5}{90}$

$\Rightarrow \left(\dfrac{1}{x}\right) = \dfrac{1}{18}$

$\Rightarrow x = 18$ दिन

अतः विकल्प (D) सही है।

99. दिया हुआ,

पाइप A, 5 घंटे में एक टंकी भर सकता है।

पाइप Q, 12 घंटे में एक टंकी खाली कर सकता है।

टंकी की कुल क्षमता = 60 (5 और 12 का लघुतम समापवर्त्य)

1 घंटे में भरी टंकी $= \left(\dfrac{1}{5}\right) - \left(\dfrac{1}{12}\right)$

$= \dfrac{(12-5)}{60}$

$= \dfrac{7}{60}$

टंकी को भरने में लिया गया समय $= \dfrac{1}{\frac{7}{60}}$

$= \dfrac{60}{7}$

$= 8\dfrac{4}{7}$ घंटे है।

∴ टंकी को भरने के लिए पाइप A और Q द्वारा लिया गया समय $8\dfrac{4}{7}$ घंटे है।

अतः विकल्प (A) सही है।

100. शिक्षण-अधिगम सामग्री (टीएलएम), जिसे निर्देशात्मक सहायता के रूप में भी जाना जाता है, एक शिक्षक को शिक्षण अधिगम गतिविधियों को शुरू करने से पहले उसके द्वारा तैयार किए गए सीखने के उद्देश्यों को प्राप्त करने में सुविधा प्रदान करता है।

अतः विकल्प (B) सही है।

Q.1 विद्यालय नहीं जाने वाले दिव्यांग बालकों को वित्तीय सहायता (18 वर्ष से कम आयु), हरियाणा राज्य सरकार के किस विभाग की वित्तीय सहायता योजना है?

[Haryana Police Constable Commando Wing, 2021]

A. वित्त
B. महिला तथा बाल विकास
C. सामाजिक न्याय तथा अधिकारिता
D. स्वास्थ्य एवं परिवार कल्याण

Q.2 प्रतिष्ठित फ्रांसीसी फिल्म निर्माता ___________ का सितंबर 2022 में निधन हो गया।

A. हम्बर्ट बाल्सान
B. जैक्स बार
C. क्रिस्टोफ़ बैरेटियर
D. जीन-ल्यूक गोडार्ड

Q.3 निम्नलिखित में से किस देश ने "फ्रैक्टल ज्यामिति पर आधारित खाद्य कंटेनर" नवाचार से संबंधित एक 'कृत्रिम बुद्धिमत्ता प्रणाली' को पेटेंट प्रदान किया है?

A. कनाडा
B. दक्षिण अफ्रीका
C. ऑस्ट्रेलिया
D. रूस

Q.4 वर्ष 2018 का रमन मैग्सेसे पुरस्कार किसे प्रदान किया गया है?

[Super TET Paper - I, 2019]

A. भरत वाटवानी
B. ब्रूस रिटमैन
C. रॉबर्ट लांगलैंड्स
D. रिचर्ड एच० थेलर

Q.5 ______ को आमतौर पर सर्वोत्कृष्ट रक्तचाप स्तर माना जाता है।
A. 90/60 mmHg
B. 140/90mmHg
C. 120/80 mmHg
D. 100/50 mmHg

Q.6 बैक्टीरिया के कारण निम्नलिखित में से कौन-सी बीमारी होती है?
A. क्षय रोग
B. सामान्य जुकाम
C. एड्स
D. डेंगू बुखार

Ques (7-8):Directions: Each item in this section consists of a sentence with an underlined word followed by four words. Select the option that is opposite in meaning to the underlined word and mark your response accordingly.

Q.7 For <u>important</u> medical decisions, even finding a doctor you trust is not enough.

[UPSC NDA, 2020]

A. significant
B. trivial
C. basic
D. probable

Q.8 Planets <u>move</u> in their orbits.

[UPSC NDA, 2020]

A. push **B.** rotate **C.** stall **D.** flow

Ques (9-11):Directions: Each of the following items in this section consists of a sentence(s), the parts of which have been jumbled. These parts have been labelled as P, Q, R and S. You are required to rearrange the jumbled parts of the sentence and mark your response accordingly.

Q.9 P: several years ago

Q: a course on climate change at Texas A & M University
R: Professor Andrew Dessler created an introductory
S: for freshmen and sophomores

[UPSC NDA, 2020]

A. P R Q S **B.** Q R P S **C.** S Q R P **D.** P Q R S

Q.10 P: I realize that solving the climate change problem
Q: than solving
R: will be much harder
S: the ozone depletion problem

[UPSC NDA, 2020]

A. P R Q S **B.** Q R P S **C.** S Q R P **D.** P Q R S

Q.11 P: although the temperature of this layer of the
Q: when directly comparing the satellite
R: measurements of temperature
S: atmosphere should generally track the surface temperature, we must be careful

[UPSC NDA, 2020]

A. P R Q S **B.** S Q R P **C.** P R Q S **D.** P S Q R

Q.12 भारतीय इतिहास में गुप्त काल को भारतीय इतिहास का स्वर्ण युग कहा जाता है। निम्नलिखित में से कौन सा विकल्प इसके पीछे एक वैध कारण नहीं है?

A. यह काल विज्ञान, प्रौद्योगिकी, इंजीनियरिंग, कला, द्विभाषी, साहित्य, तर्क, गणित, खगोल विज्ञान, धर्म और दर्शन में व्यापक उपलब्धियों के लिए जाना जाता है।
B. इस काल ने हिंदू संस्कृति के आम तत्वों को सघन किया।
C. इस काल में कालिदास, वराहमिहिर, वत्सयान, आर्यभट्ट, विष्णु शर्मा, गौतम, पतंजलि आदि जैसे प्रतिष्ठित लोगों ने जन्म लिया।
D. सभी वैध कारण हैं

Q.13 एक त्रिभुज की भुजाएँ 12:17:25 के अनुपात में हैं और उसका परिमाप 540 cm है, तो उसका क्षेत्रफल ज्ञात कीजिए।
A. 8,000 cm ^{2}
B. 7,000 cm ^{2}
C. 2,000 cm ^{2}
D. 9,000 cm ^{2}

Q.14 एक समद्विबाहु त्रिभुज का परिमाप 30 cm है और प्रत्येक समान भुजा 12 cm है। त्रिभुज का क्षेत्रफल ज्ञात कीजिए।

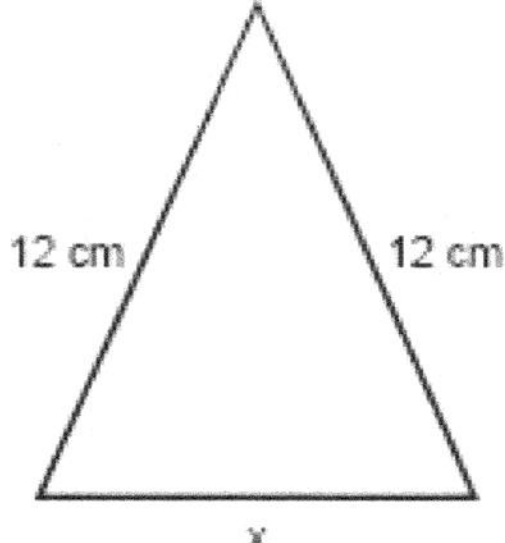

A. $8\sqrt{5}$ cm ^{2}
B. $7\sqrt{15}$ cm ^{2}
C. $7\sqrt{5}$ cm ^{2}
D. $9\sqrt{15}$ cm ^{2}

Q.15 64 cm³ आयतन वाले दो घन एक सिरे से दूसरे सिरे तक जुड़े हुए हैं। परिणामी घनाभ का पृष्ठीय क्षेत्रफल ज्ञात कीजिए।

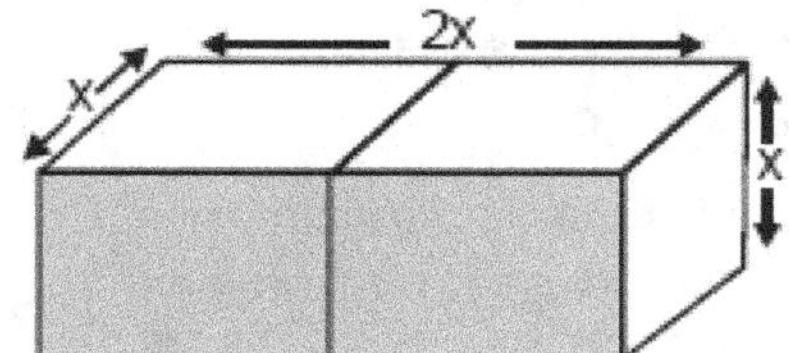

A. 150 cm²   **B.** 160 cm²   **C.** 180 cm²   **D.** 170 cm²

Q.16 राष्ट्रीय मतदाता दिवस कब मनाया जाता है?

A. 17 दिसम्बर   **B.** 17 मार्च

C. 21 जून   **D.** 25 जनवरी

Q.17 विश्व हिंदी दिवस कब मनाया जाता है?

A. 16 अगस्त   **B.** 14 सितम्बर

C. 25 जनवरी   **D.** 11 जुलाई

Q.18 एक व्यक्ति ने कुछ अंडे 5 रुपये मे 3 की दर से खरीदे और उन्हें 12 रुपये में 5 की दर से बेच दिया। यदि उसने 143 रुपये प्राप्त किये है तो अंडो की संख्या क्या थी:

A. 210   **B.** 200   **C.** 193   **D.** 195

Q.19 चावल की कीमत में 20% की कमी करने पर ग्राहकों को 800 रुपये में 12.5 किलोग्राम अधिक क्रय करने में सक्षम बनाता है, तो चावल की प्रति किलोग्राम मूल कीमत ज्ञात कीजिये?

A. 12   **B.** 15   **C.** 14   **D.** 16

Q.20 पंडित हरिकृष्ण रतूड़ी एक प्रसिद्ध ________ थे।

A. लेखक   **B.** सामाजिक कार्यकर्ता

C. राजदरबारी   **D.** पत्रकार

Q.21 भगत जवाहर मल नाम किससे जुड़ा है?

A. संथाल विद्रोह   **B.** कूका विद्रोह

C. नागा विद्रोह   **D.** रामोशी विद्रोह

Q.22 15625 का वर्गमूल ज्ञात कीजिए।

[RRB/RRC Group D, 2018]

A. 125   **B.** 145   **C.** 150   **D.** 135

Q.23 दी गई आकृति में AC ‖ EG, ∠DBC = 135° और ∠DFG = 145° है, तो ∠BDF का मान ज्ञात कीजिए।

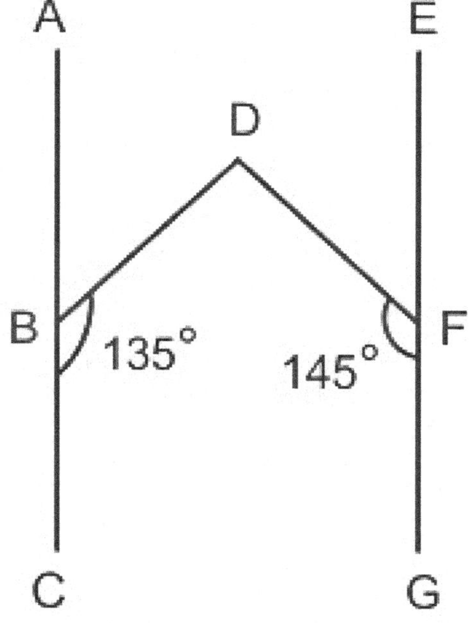

A. 60°   **B.** 70°   **C.** 80°   **D.** 85°

Q.24 "शूटिंग स्टार्स" को औपचारिक रूप से कहा जाता है?

A. उल्कापात   **B.** उल्कापिंड

C. उल्का   **D.** न्यूट्रॉन तारे

Q.25 देश की पहली सुपर फैब लैब भारत के किस राज्य में शुरू की गई थी?

A. कर्नाटक   **B.** तमिलनाडु   **C.** आंध्र प्रदेश   **D.** केरल

Q.26 वह बिंदु जिस पर सभी किरणें अभिसरित होती हैं, उसे ______ कहा जाता है।

[RRB/RRC Group D, 2018]

A. प्रमुख अक्ष   **B.** ध्रुव बिंदु   **C.** द्वारक   **D.** केंद्र

Q.27 100 वाट का एक विद्युत् बल्ब प्रति दिन 8 घंटे उपयोग किया जाता है। एक दिन में बल्ब द्वारा खपत ऊर्जा ______ इकाई है।

[RRB/RRC Group D, 2018]

A. 800   **B.** 80   **C.** 8   **D.** 0.80

Ques (28-32):Direction: Read the passage carefully.

A recent report in News Week says that in American colleges, students of Asian origin outperform not only the minority group students but the majority whites as well. Many of these students must be of Indian origin, and their achievement is something we can be proud of. It is unlikely that these talented youngsters will come back to India, and that is the familiar brain drain problem. However recent statements by the nation's policy-makers indicate that the perception of this issue is changing. 'Brain bank' and not 'brain drain' is the more appropriate idea, they suggest since the expertise of Indians abroad is only deposited in other places and not lost.

This may be so, but this brain bank, like most other banks, is one that primarily serves customers in its neighbourhood. The skills of the Asians now excelling in America's colleges will mainly help the U.S.A.. No matter how significant, what non-resident Indians do for India and what their counterparts do for other Asian lands is only a by-product. But it is also necessary to ask, or be reminded, why Indians study fruitfully when abroad. The Asians whose accomplishments News Week records would have probably had a very different tale if they had studied in India. In America they found elbow room, books and facilities not available and not likely to be available here. The need to prove themselves in their new country and the completion of an international standard they faced there must have cured mental and physical laziness. But other things helping them in America can be obtained here if we achieve a change in social attitudes, specially towards youth. We need to learn to value individuals and their unique qualities more than conformity and respectability. WE need to learn the language of encouragement to add to our skill in flattery. We might also learn to be less liberal with blame and less tight fisted with appreciation, especially.

Q.28 Among the many groups of students in American colleges, Asian students:

[DSSSB TGT Social Science, 2014]

A. Are often written about in magazines like News Week

B. Are most successful academically

C. Have proved that they are as good as the whites

D. Have only a minority status like the blacks

Q.29 The students of Asian origin in America include

_________.

[DSSSB TGT Social Science, 2014]

A. a fair number from India.

B. a small group from India.

C. persons from India who are very proud.

D. Indians who are the most hard-working of all.

Q.30 In general, the talented young Indians studying in America:

[DSSSB TGT Social Science, 2014]

A. Have a reputation for being hard working.

B. Have the opportunity to contribute to India's development.

C. Can solve the brain drain problem because of recent changes in policy.

D. Will not return to pursue their careers in India.

Q.31 There is talk now of the 'brain bank'. This idea:

[DSSSB TGT Social Science, 2014]

A. Is a solution to the brain drain problem.

B. Is a new problem caused partly by the brain drain.

C. Is a new way of looking at the role of qualified Indians living abroad.

D. Is based on a plan to utilize foreign exchange remittances to stimulate research and development

Q.32 The brain bank has limitations like all banks in the sense that:

[DSSSB TGT Social Science, 2014]

A. A bank's services go mainly to those near it

B. Small neighbourhood banks are not visible in this age of multinationals

C. Only what is deposited can be withdrawn and utilized

D. No one can be forced to put his assets in a bank

Q.33 साधारण ब्याज पर निवेश की गई राशि 5% प्रति वर्ष की दर से स्वयं का 6 गुना हो जाती है। समय अवधि ज्ञात कीजिए।

A. 50 वर्ष **B.** 100 वर्ष **C.** 125 वर्ष **D.** 150 वर्ष

Q.34 5 वर्षों के लिए एक निश्चित ब्याज दर पर एक राशि पर प्राप्त साधारण ब्याज का 20 वर्षों के लिए समान ब्याज दर पर समान राशि पर प्राप्त साधारण ब्याज से अनुपात क्या है?

A. 2:1 **B.** 1:2 **C.** 4:1 **D.** 1:4

Q.35 गोले का त्रिज्या घन की भुजा के बराबर है जिसका आयतन 216 घन सेमी है। गोले की सतह का क्षेत्रफल ज्ञात कीजिए।

A. 144 π वर्ग सेमी **B.** 116 π वर्ग सेमी

C. 242 π वर्ग सेमी **D.** 54 π वर्ग सेमी

Q.36 भारत के बाहरी ऋण के संदर्भ में, निम्नलिखित कथनों पर विचार करें:
1. देनदार भारत के नागरिकों को छोड़कर केंद्र सरकार, राज्य सरकारें, निगम हो सकते हैं।
2. पिछले 5 वर्षों में जीडीपी में बाहरी ऋण का अनुपात लगातार बढ़ रहा है।
ऊपर दिए गए कथनों में से कौन सा गलत है/हैं?

A. केवल 1 **B.** केवल 2

C. 1 और 2 दोनों **D.** न तो 1 और न ही 2

Q.37 बजट 2021-22 में वरिष्ठ नागरिकों के संबंध में प्रत्यक्ष कर प्रस्तावों के संबंध में, निम्नलिखित में से कौन सा कथन सही है?

A. 70 और उससे अधिक आयु के वरिष्ठ नागरिकों को आयकर देने से छूट दी गई है।

B. 80 और उससे अधिक आयु के वरिष्ठ नागरिकों को आयकर रिटर्न दाखिल करने से छूट है।

C. 60 और उससे अधिक आयु के वरिष्ठ नागरिक, जिनकी आय का एकमात्र स्रोत पेंशन है और ब्याज को आयकर का भुगतान करने से छूट है।

D. 75 और उससे अधिक आयु के वरिष्ठ नागरिक, जिनकी आय का एकमात्र स्रोत पेंशन है और ब्याज को आयकर रिटर्न दाखिल करने से छूट है।

Q.38 निम्नलिखित में से किसे 'लोकहितवादी' के उपनाम से जाना जाता है?

A. केशव चंद्र सेन **B.** महात्मा फूले

C. ईश्वरचन्द्र विद्यासागर **D.** गोपाल हरि देशमुख

Q.39 हल करें:

$$\frac{1.5^3+4.7^3+3.8^3-3\times1.5\times4.7\times3.8}{1.5^2+4.7^2+3.8^2-1.5\times4.7-4.7\times3.8-3.8\times1.5}=?$$

A. 0 **B.** 1 **C.** 10 **D.** 30

Q.40 किन्हीं सात क्रमिक समसंख्याओं का औसत 62 है, तो पहली और छठी संख्या के योगफल के दोयुने का चौथाई भाग है

[Joint Entrance Examination (Polytechnic), 2018]

A. 61 **B.** 62

C. 60 **D.** इनमें से कोई नहीं

Q.41 यदि दो संख्याओं का योग 25 एवं उनका गुणनफल 144 है, तो उन संख्याओं का अन्तर क्या होगा?

[Joint Entrance Examination (Polytechnic), 2018]

A. 4 **B.** 6 **C.** 7 **D.** 5

Q.42 एक समानांतर चतुर्भुज की भुजा 12 सेमी है। जबकि आसन्न भुजा की लम्बाई उसकी आसन्न भुजा की लम्बाई से 16.66% अधिक है। समानांतर चतुर्भुज के विकर्ण के वर्गों का योग क्या है?

A. 680   **B.** 1000   **C.** 1866   **D.** 1490

Q.43 दिए गए आरेख में AB = 6 सेमी, BC = 8 सेमी है, तो समलम्ब चतुर्भुज ABCD का क्षेत्रफल ज्ञात कीजिए।

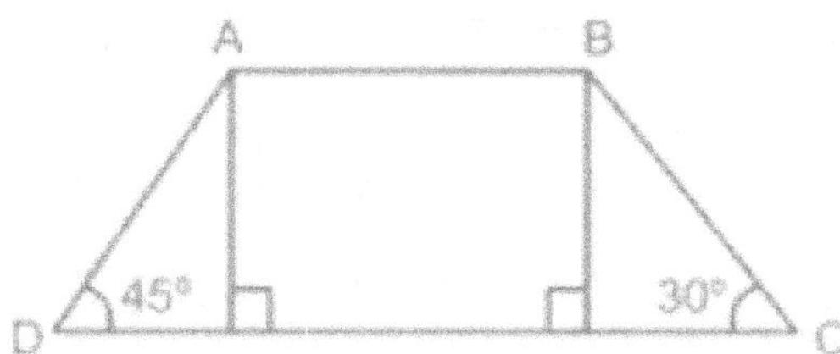

A. $(16 + 16\sqrt{3})$ सेमी²   **B.** $(24 + 8\sqrt{3})$ सेमी²
C. $(32 + 16\sqrt{3})$ सेमी²   **D.** $(32 + 8\sqrt{3})$ सेमी²

Q.44 निम्नलिखित में से कौन केंद्रीय प्रवृत्ति का माप नहीं है:

[UPSESSB TGT Mathematics, 2016]

A. माध्य   **B.** माध्यिका
C. बहुलक   **D.** मानक विचलन

Q.45 $1,3,4,5,7,4$ का माध्य m है। संख्या $3,2,2,4,3,3,p$ का माध्य $m - 1$ और माध्यक q है तो $p + q$ होगा:

[UPSESSB TGT Mathematics, 2016]

A. 4   **B.** 5   **C.** 6   **D.** 7

Q.46 मणिपुर की राजधानी है?
A. आइजोल   **B.** इम्फाल   **C.** कोहिमा   **D.** शिलोंग

Q.47 यदि $x = 2016, y = 2015$ और $z = 2013$, तो $x^2 + y^2 + z^2 - xy - yz - zx$ का मान है:
A. 7   **B.** 4   **C.** 6   **D.** 2

Q.48 Direction: In the following question, some parts of the sentence may have errors. Find out which part of the sentence has an error and select the appropriate option. If a sentence is free from error, select 'No Error'.

Neither of (1)/ them (2)/ were looking for a mate. (3)/ No error (4)
A. 1   **B.** 2   **C.** 3   **D.** 4

Q.49 भारत के निम्नलिखित भागों में से कौन सा मानसून के लौटने से वर्षा प्राप्त करता है?

[AFCAT, 2016]

A. उत्तर पूर्वी भारत   **B.** तमिलनाडु तट
C. महानदी डेल्टा   **D.** मालाबार तट

Q.50 पृथ्वी की उत्पत्ति के बारे में बाइनरी स्टार परिकल्पना को किसने प्रस्तावित किया था?
A. एच.एन.रसेल   **B.** आर. ए. लिटलटन
C. ओ. श्मिट   **D.** वॉन वीज़सैकर

Q.51 सूची I का सूची II से मिलान कीजिए।

सूची I - भूमि रूप		सूची II - डेन्यूडेशन के एजेंट	
A.	मोनाडनॉक	I.	वायु
B.	अंधी घाटी	II.	हिमनद
C.	ड्रमलिन	III.	नदी
D.	ड्रेकान्तर	IV.	भूमिगत पानी

नीचे दिए गए विकल्पों में से सही उत्तर चुनिए:
A. A-III, B-IV, C-II, D-I
B. A-II, B-III, C-IV, D-I
C. A-I, B-IV, C-III, D-II
D. A-IV, B-II, C-I, D-III

Q.52 एक दुकानदार एक वस्तु पर अंकित मूल्य पर 10% की छूट देने के बाद 17% का लाभ प्राप्त करता है। उसका लाभ प्रतिशत ज्ञात करें, यदि वस्तु को बिना किसी छूट के अंकित मूल्य पर बेचा जाये?
A. 37%   **B.** 23%   **C.** 27%   **D.** 30%

Q.53 नरेगा योजना अपने पहले चरण में राजस्थान के किस जिले में शुरू नहीं की गई थी:
A. जयपुर   **B.** उदयपुर   **C.** सिरोही   **D.** डूंगरपुर

Q.54 हरिशंकर परसाई, जो मध्य प्रदेश के निवासी थे, हिंदी साहित्य की किस शाखा में प्रसिद्ध लेखक थे?
A. हास्य व्यंग्य   **B.** शायरी
C. अनुवाद   **D.** उपन्यास

Q.55 मध्यप्रदेश के निम्नलिखित में से किस जिले में प्रत्येक वर्ष 'महामृत्युंजय का मेला' आयोजित किया जाता है?
A. नरसिंहपुर   **B.** खरगोन   **C.** शिवपुरी   **D.** रीवा

Ques (56-58):Direction: In the following question, the sentence is given with blank to be filled in with an appropriate word. Select the correct alternative out of the four and indicate it by selecting the appropriate option.

Q.56 The servant ______ the picture on the wall.
A. Hang   **B.** Hung   **C.** Hanged   **D.** Hunged

Q.57 She is one of the best _______ I know.
A. Teachers   **B.** Student   **C.** Doctor   **D.** Lawyer

Q.58 Soldiers are not prepared __________ that kind of attack.
A. At   **B.** By   **C.** For   **D.** About

Q.59 यूरोपीय संघ के बारे में निम्नलिखित कथनों पर विचार कीजिए:
1. यूरोपीय संघ 18 देशों का एक समूह है जो एक आर्थिक और राजनीतिक ब्लॉक के रूप में काम करता है।
2. यूरोपीय संघ ने कानूनों के मानकीकृत प्रणाली के माध्यम से एक आंतरिक एकल बाजार विकसित किया है जो सभी सदस्य राज्यों में मामलों में लागू होता है, जहां सदस्य एक के रूप में कार्य करने के लिए सहमत हुए हैं।
ऊपर दिए गए कथनों में से कौन सा सही है/हैं?
A. केवल 1   **B.** केवल 2
C. 1 और 2 दोनों   **D.** न तो 1 और न ही 2

Q.60 किस संगठन/संस्था ने "महामारी के समय में महिलाओं की आजीविका की रक्षा: अस्थायी बुनियादी आय और लिंग समानता का मार्ग" नामक अपनी नवीनतम रिपोर्ट में विकासशील देशों में गरीब महिलाओं के लिए एक अस्थायी आधारभूत आय (TBI) का प्रस्ताव किया गया है?
A. संयुक्त राष्ट्र विकास कार्यक्रम (UNDP)
B. ऑक्सफैम इंटरनेशनल
C. कनाडाई थिंक टैंक फ्रेजर इंस्टिट्यूट
D. यूनेस्को

Q.61 किस क्षेत्र को 'दक्षिणी भारत का उद्यान' भी कहा जाता है?
A. पश्चिमी घाट   **B.** नीलगिरी

C. कावेरी डेल्टा

D. इलायची की पहाड़ियाँ

Q.62 सरल करें: $y - [y - (x + y) - \{y - (y - x - y)\} + 2x]$

A. 0 **B.** x **C.** 4x **D.** $\frac{x}{2}$

Q.63 A और B ने क्रमशः 80000 और 60000 रुपये के निवेश के साथ एक व्यवसाय शुरू किया। वर्ष के अंत में व्यापार में कुल लाभ _______ के अनुपात में उनके बीच विभाजित किया जाएगा?

A. 2 : 1 **B.** 3 : 4 **C.** 2 : 3 **D.** 4 : 3

Q.64 जब संख्या A का 50% B में योग दिया जाता है, तो दूसरी संख्या B में 25% की वृद्धि होती है। संख्या A और B के बीच का अनुपात _____ है।

A. 2 : 3 **B.** 1 : 2 **C.** 3 : 2 **D.** 3 : 4

Ques (65-66):Direction: In the following question, a sentence has been given in Active/Passive Voice. Out of the four alternatives suggested, select the one which best expresses the same sentence in Passive/Active Voice.

Q.65 Nishu can win the prize.

A. The prize can be won by Nishu.

B. Nishu can be won by the Prize.

C. The prize can have been won by Nishu.

D. None of the above

Q.66 Do you expect your parents to come from Hyderabad today?

A. Did your parents come today from Hyderabad?

B. Is your parents expected to come today from Hyderabad?

C. Are your parents expected to come today from Hyderabad?

D. Do your parents are expected to come today from Hyderabad?

Q.67 कौटिल्य निम्नलिखित में से किस भारतीय शासक का प्रधानमंत्री था?

A. चंद्रगुप्त विक्रमादित्य **B.** अशोक

C. चंद्रगुप्त मौर्य **D.** राजा जनक

Q.68 गलत मिलान का पता लगाएं-

A. क्षैतिज समूह - शिल्प संघ

B. ऊर्ध्वाधर समूह - निगम

C. द्वितीयक समूह - निगम

D. प्राथमिक समूह - राजनीतिक दल

Q.69 पार्सन्स के अनुसार, समाज एक ऐसी प्रणाली है जिसमें चार बुनियादी कार्यात्मक पूर्वपेक्षाएँ हैं:

A. अनुकूलन, लक्ष्य-उन्मुखीकरण, एकीकरण और पैटर्न रखरखाव

B. शिक्षा, समाजीकरण, सामाजिक नियंत्रण और धर्म

C. आर्थिक संस्थान, राजनीतिक संस्थान विचारधारा और रिश्तेदारी

D. इनमें से कोई नहीं

Q.70 k का वह मान क्या है जिसके लिए $2x^2 - 2(k - 2)x - (k + 1) = 0$ के मूलों के वर्गों का योगफल न्यूनतम है?

[UPSC NDA, 2019]

A. -1 **B.** 1 **C.** $\frac{3}{2}$ **D.** 2

Q.71 यदि |x² - 3x + 2| > x² - 3x + 2 है, तो निम्नलिखित में से कौन सा एक सही है?

[UPSC NDA, 2019]

A. x ≤ 1 या x ≥ 2

B. 1 ≤ x ≤ 2

C. 1 < x < 2

D. x का कोई भी वास्तविक मान हो सकता है, सिवाय 3 और 4 के

Q.72 हाल ही में किस बैडमिंटन खिलाड़ी ने 'इंडोनेशिया मास्टर्स' का खिताब जीता है?

A. कैरोलिना मारिन **B.** रत्चानोक इंतानोन

C. पी वी सिंधु **D.** नोज़ोमी ओकुहारा

Q.73 किस भारतीय राज्य/केंद्र शासित प्रदेश ने खेलो इंडिया यूथ गेम्स चैंपियंस ट्रॉफी, 2020 जीती है?

A. हरियाणा **B.** महाराष्ट्र **C.** गुजरात **D.** कर्नाटक

Q.74 पॉलिमर किस प्रक्रिया से बनते हैं?

A. संघनन **B.** बहुलकीकरण

C. अपघटन **D.** संलयन

Q.75 "आधुनिक रसायन विज्ञान के जनक" के रूप में किसे माना जाता है?

A. रॉबर्ट बॉयल **B.** जॉन डाल्टन

C. एंटोनी लेवोज़ियर **D.** दिमित्री मेंडेलीव

Ques (76-77):Direction: In the following question, out of the four alternatives, select the alternative which best expresses the meaning of the Idiom/Phrase.

Q.76 No room to swing a cat

A. An open public area

B. To catch a cat in a closed room

C. To have a bad luck

D. To be in a very small and crowded place

Q.77 Crocodile tears

A. To feel sad for another person's misfortunes

B. To laugh so much that your eyes start to water

C. A person whose sadness is never noticed

D. Expressions of sorrow that are insincere

Q.78 प्याज की कीमत में 25% की वृद्धि की गई। सरकार को प्याज पर कितना प्रतिशत अनुदान देना चाहिए ताकि उपभोक्ताओं के लिए प्रभावी मूल्य वृद्धि केवल 10% हो?

A. 10% **B.** 12% **C.** 12.5% **D.** 20%

Q.79 यदि B, C से 20% अधिक है और A से 40% कम है, तो A, C से कितने प्रतिशत अधिक है?

A. 60% **B.** 80% **C.** 100% **D.** 120%

Q.80 'रेड डाटा बुक' _______ की दुर्लभ और लुप्तप्राय प्रजातियों का प्रलेखन है:

1. पशु

2. पौधे

3. कवक

A. केवल 1 **B.** 1 और 2

C. 2 और 3 **D.** 1, 2 और 3

Q.81 $\frac{12}{17}$ और $\frac{15}{34}$ का महत्तम समापवर्त्य क्या है?

A. $\frac{9}{68}$ **B.** $\frac{3}{17}$ **C.** $\frac{3}{34}$ **D.** $\frac{9}{17}$

Q.82 X और Y ने 4 : 1 के अनुपात में एक व्यवसाय में निवेश किया। उन्होंने लाभ का 21% एक एनजीओ को दान दिया और X का हिस्सा 31,600 रूपये है। कुल लाभ ज्ञात कीजिये।

A. 25,000 रुपये   **B.** 45,000 रुपये
C. 50,000 रुपये   **D.** 67,000 रुपये

Q.83 अंतरिक्ष में जाने वाले भारत के पहले व्यक्ति कौन थे?

A. राकेश शर्मा   **B.** रवीश मल्होत्रा
C. कल्पना चावला   **D.** उपरोक्त में से कोई नहीं

Q.84 .000216 का घनमूल है:

A. .6   **B.** 0.06   **C.** 77   **D.** 87

Q.85 किस अवधि के दौरान नटराज देवता, जिनके चार हाथ हैं, के कांस्य चिह्नों को ढाला गया था?

A. चोल काल   **B.** चेरा काल
C. शुंग काल   **D.** पांड्य काल

Q.86 उस राष्ट्रपति का नाम बताएं संसद में एक विधेयक वापस करने के लिए राष्ट्रपति की शक्ति का उपयोग करने वाले पहले व्यक्ति थें।

A. ज्ञानी जैल सिंह   **B.** ए पी जे अब्दुल कलाम
C. सर्वपल्ली राधाकृष्णन   **D.** राजेंद्र प्रसाद

Q.87 भारत के मुख्य न्यायाधीश, राष्ट्रपति और उपराष्ट्रपति के रूप में सेवा करने का गौरव किसके पास है?

A. जस्टिस एम हिदायतुल्लाह
B. जस्टिस भगवती
C. जस्टिस एच.जे.कनिया
D. जस्टिस मैहर चंद महाजन

Q.88 हीना और करण एक साथ 12 दिनों में एक कार्य पूरा करते हैं, यदि हीना अकेले कार्य करती है, तो वह 18 दिनों में पूरा करती है। करण अकेले कितने दिनों में इसे पूरा कर सकता हैं।

A. 12 दिन   **B.** 36 दिन   **C.** 14 दिन   **D.** 34 दिन

Q.89 10 व्यक्तियों ने एक साथ एक कार्य करना शुरू किया, लेकिन कुछ दिनों के बाद, 4 व्यक्ति निकल जाते हैं। नतीजतन, कार्य, जो 40 दिनों में पूरा हो सकता था, वह अब 50 दिनों में पूरा हुआ। कार्य शुरू होने के कितने दिनों के बाद चार व्यक्तियों ने कार्य छोड़ दिया?

A. 25   **B.** 24   **C.** 30   **D.** 20

Q.90 भाषा की कठिनाई वाले छात्र के लिए शिक्षक निम्न उपाय कर सकते हैं:

A. व्यक्तिगत निर्देश के साथ व्यक्तिगत प्रगति पर ध्यान केंद्रित करना
B. संक्षिप्त और सरलीकृत नोट्स प्रदान करना
C. शुरुआत में केवल पढ़ने के रूप में जानकारी देना, लिखना नहीं
D. छात्रों के लिए 'दूसरों के साथ पकड़ने' के लिए अतिरिक्त कक्षा का आयोजन

Q.91 दिए गए X = 0.456666 व्यंजक को भिन्न के रूप में लिखिए।

A. 421900   **B.** 411990   **C.** 411900   **D.** 431900

Q.92 यदि $\sqrt[3]{1 + \dfrac{x}{169}} = \dfrac{14}{13}$, तो x का मान है:

A. 1   **B.** 13   **C.** 27.02   **D.** 42.07

Ques (93-94):Direction: Out of the four alternatives, choose the one which can be substituted for the given word/sentence.

Q.93 An object or portion serving as a sample:

A. specification   **B.** spectre

C. spectacle   **D.** specimen

Q.94 An ability to express oneself well in speech

A. oracy   **B.** orthodox   **C.** versatile   **D.** foresight

Q.95 एक विद्यालय में आयोजित एक परीक्षा में, 42% छात्र गणित में अनुत्तीर्ण हुए और 52% छात्र विज्ञान में अनुत्तीर्ण हुए। 17% छात्र दोनों विषयों में अनुत्तीर्ण हुए। यदि 69 छात्र दोनों विषयों में उत्तीर्ण हुए तो परीक्षा में शामिल होने वाले छात्रों की संख्या ज्ञात कीजिये।

A. 600   **B.** 500   **C.** 400   **D.** 300

Q.96 गणित की कौन सी शाखा तार्किक सोच और प्राकृतिक डिजाइन सिखाती है?

A. बीजगणित   **B.** ज्यामिति
C. अंकगणित   **D.** त्रिकोणमिति

Q.97 निम्नलिखित कथनों पर विचार करें:

$A = $ यदि n सम है, तो n^2 सम है।
$B = $ यदि n^2 सम नहीं है, n सम नहीं है।
$C = $ यदि n^2 सम है, तो n सम है।
$D = $ यदि n सम नहीं है, तो n^2 सम नहीं है।

निम्नलिखित में से कौन से कथन सत्य हैं?

A. B, A का विलोम है।   **B.** D, A का अंतर्विरोध है।
C. C, A का विलोम है।   **D.** D, A का विलोम है।

Ques (98-100):निर्देश: तीन कंपनियों X, Y और Z द्वारा वर्षों से कागज का उत्पादन (लाख टन में)। ग्राफ का अध्ययन करें और उसके बाद आने वाले प्रश्नों के उत्तर दें।

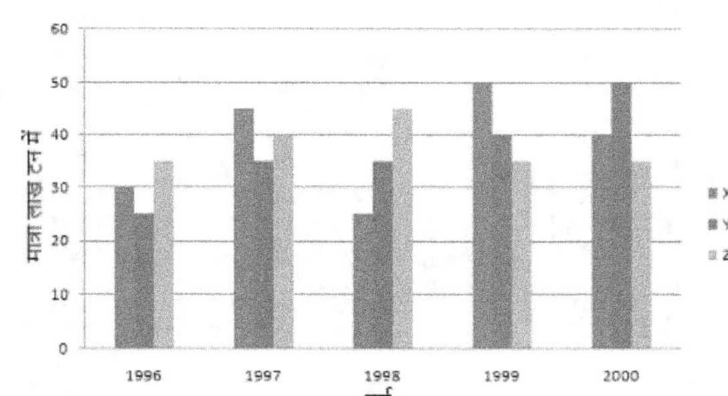

Q.98 1998-2000 की अवधि में कंपनी X के औसत उत्पादन का समान अवधि में कंपनी Y के औसत उत्पादन से अनुपात कितना है?

A. 1 : 1   **B.** 15 : 17   **C.** 23 : 25   **D.** 27 : 29

Q.99 पांच वर्षों का औसत उत्पादन किस कंपनी के लिए अधिकतम था?

A. X   **B.** Y
C. Z   **D.** X और Z दोनों

Q.100 किस वर्ष कंपनी Z के उत्पादन का कंपनी Y के उत्पादन का प्रतिशत अधिकतम था?

A. 1996   **B.** 1997   **C.** 1998   **D.** 1999

// स्मार्ट उत्तर पुस्तिका //

सही उत्तर — उन छात्रों का प्रतिशत जिन्होंने प्रश्नों का सही उत्तर दिया था।　　**छोड़ दिया** — उन छात्रों का प्रतिशत जिन्होंने प्रश्नों को छोड़ दिया था।

प्रश्न संख्या	उत्तर	सही उत्तर / छोड़ दिया	प्रश्न संख्या	उत्तर	सही उत्तर / छोड़ दिया	प्रश्न संख्या	उत्तर	सही उत्तर / छोड़ दिया	प्रश्न संख्या	उत्तर	सही उत्तर / छोड़ दिया	प्रश्न संख्या	उत्तर	सही उत्तर / छोड़ दिया	प्रश्न संख्या	उत्तर	सही उत्तर / छोड़ दिया
1	C	58.83 % / 1.2 %	18	D	42.93 % / 1.45 %	35	A	87.18 % / 0.0 %	52	D	47.47 % / 1.25 %	69	A	79.62 % / 0.0 %	86	B	22.22 % / 4.17 %
2	D	40.27 % / 1.88 %	19	D	46.64 % / 1.35 %	36	C	63.38 % / 1.17 %	53	A	81.19 % / 0.0 %	70	C	22.58 % / 4.31 %	87	A	69.78 % / 1.99 %
3	B	54.69 % / 1.77 %	20	A	22.19 % / 4.35 %	37	D	60.03 % / 1.5 %	54	A	65.9 % / 1.1 %	71	C	62.36 % / 1.45 %	88	B	44.06 % / 1.47 %
4	A	44.85 % / 1.75 %	21	B	58.79 % / 1.83 %	38	D	81.18 % / 0.0 %	55	D	61.16 % / 1.16 %	72	B	46.72 % / 1.08 %	89	A	41.8 % / 1.42 %
5	C	87.82 % / 0.0 %	22	A	47.86 % / 1.61 %	39	C	28.59 % / 4.61 %	56	B	86.45 % / 0.0 %	73	B	15.83 % / 3.54 %	90	A	59.96 % / 1.31 %
6	A	80.92 % / 0.0 %	23	C	46.66 % / 1.12 %	40	A	61.63 % / 1.38 %	57	A	89.39 % / 0.0 %	74	B	81.93 % / 0.0 %	91	C	78.14 % / 0.0 %
7	B	87.05 % / 0.0 %	24	A	44.89 % / 1.71 %	41	C	58.64 % / 1.9 %	58	C	83.91 % / 0.0 %	75	C	88.71 % / 0.0 %	92	D	41.9 % / 1.22 %
8	C	77.79 % / 0.0 %	25	D	59.25 % / 1.12 %	42	A	45.79 % / 1.15 %	59	B	28.3 % / 4.96 %	76	D	64.84 % / 1.83 %	93	D	54.28 % / 1.7 %
9	A	49.35 % / 1.27 %	26	D	84.36 % / 0.0 %	43	D	14.47 % / 4.76 %	60	A	59.71 % / 1.03 %	77	D	85.85 % / 0.0 %	94	A	49.38 % / 1.52 %
10	A	68.95 % / 1.19 %	27	D	45.69 % / 1.63 %	44	D	62.53 % / 1.25 %	61	C	56.94 % / 1.66 %	78	B	67.34 % / 1.02 %	95	D	64.46 % / 1.45 %
11	D	42.57 % / 1.93 %	28	C	51.22 % / 1.59 %	45	D	46.97 % / 2.0 %	62	C	61.19 % / 1.63 %	79	C	61.11 % / 1.94 %	96	B	18.43 % / 4.48 %
12	D	43.89 % / 1.98 %	29	A	23.97 % / 4.77 %	46	B	85.7 % / 0.0 %	63	D	68.16 % / 1.31 %	80	D	52.4 % / 1.05 %	97	A	10.57 % / 4.51 %
13	D	30.91 % / 4.37 %	30	D	29.61 % / 4.63 %	47	A	63.04 % / 1.66 %	64	B	45.02 % / 1.21 %	81	C	45.39 % / 1.86 %	98	C	66.02 % / 1.4 %
14	D	53.73 % / 1.71 %	31	C	29.09 % / 3.93 %	48	C	78.42 % / 0.0 %	65	C	40.86 % / 1.27 %	82	C	51.82 % / 1.22 %	99	D	67.65 % / 1.01 %
15	B	49.52 % / 1.72 %	32	A	31.2 % / 3.54 %	49	B	57.18 % / 1.33 %	66	C	46.22 % / 1.94 %	83	A	54.32 % / 1.38 %	100	A	16.39 % / 4.21 %
16	D	50.65 % / 1.45 %	33	B	52.81 % / 1.78 %	50	A	77.4 % / 0.0 %	67	C	12.07 % / 3.62 %	84	B	76.36 % / 0.0 %			
17	B	68.95 % / 1.01 %	34	D	78.67 % / 0.0 %	51	A	64.06 % / 1.48 %	68	D	22.71 % / 4.33 %	85	A	84.3 % / 0.0 %			

//संकेत और समाधान//

1. विद्यालय नहीं जाने वाले दिव्यांग बालकों को वित्तीय सहायता (18 वर्ष से कम आयु), हरियाणा राज्य सरकार के सामाजिक न्याय तथा अधिकारिता विभाग की वित्तीय सहायता योजना है।

सामाजिक न्याय और अधिकारिता मंत्रालय भारत सरकार का मंत्रालय है। यह अनुसूचित जाति (एससी), अन्य पिछड़ा वर्ग (ओबीसी), हाथ से मैला ढोने वाले, विकलांगों, बुजुर्गों और नशीली दवाओं के शिकार सहित समाज के वंचित और हाशिए के वर्गों के कल्याण, सामाजिक न्याय और सशक्तिकरण के लिए जिम्मेदार है।

अतः विकल्प (C) सही है।

2. प्रतिष्ठित फ्रांसीसी फिल्म निर्माता जीन-ल्यूक गोडार्ड का 91 वर्ष की आयु में स्विट्जरलैंड में निधन हो गया।

- उन्होंने 1960 में अपनी पहली फिल्म 'ब्रेथलेस' के साथ सिनेमा में क्रांति ला दी और दुनिया के सबसे मशहूर और उत्तेजक निर्देशक रहे।
- उन्होंने अपने करियर की शुरुआत 1950 के दशक में एक फिल्म समीक्षक के रूप में की थी।
- दिसंबर 2007 में, उन्हें यूरोपीय फिल्म अकादमी द्वारा लाइफटाइम अचीवमेंट अवार्ड से सम्मानित किया गया।

अत: विकल्प (D) सही है।

3. दक्षिण अफ्रीका ने, दुनिया में पहली बार, "भग्न ज्यामिति पर आधारित खाद्य कंटेनर" नवाचार से संबंधित एक 'कृत्रिम बुद्धिमत्ता प्रणाली' को पेटेंट प्रदान किया है।

इनोवेशन में इंटरलॉकिंग फूड कंटेनर शामिल हैं जो रोबोट को समझने और स्टैक करने में आसान होते हैं।

अतः विकल्प (B) सही है।

4. वर्ष 2018 का रमन मैग्सेसे पुरस्कार भरत वाटवानी को प्रदान किया गया है।

भरत वाटवानी मुंबई में एक भारतीय मनोचिकित्सक हैं। उन्हें 2018 में रमन मैग्सेसे पुरस्कार से सम्मानित किया गया था, जो हजारों मानसिक रूप से बीमार सड़क पर रहने वाले गरीबों के इलाज और उनके परिवारों के साथ पुनर्मिलन के लिए बचाव का नेतृत्व कर रहे थे। भरत वाटवानी और उनकी पत्नी ने सड़कों पर रहने वाले मानसिक रूप से बीमार व्यक्तियों को बचाने के उद्देश्य से 1988 में श्रद्धा पुनर्वास फाउंडेशन की स्थापना की; मुफ्त आश्रय, भोजन और मानसिक उपचार प्रदान करना; और उन्हें उनके परिवारों से मिलाना।

अतः विकल्प (A) सही है।

5.

- 120/80 mmHg को सर्वोत्कृष्ट रक्तचाप स्तर माना जाता है।
- रक्तचाप रीडिंग को पारा के मिलीमीटर (mm Hg) में व्यक्त किया जाता है।
- रक्तचाप को रक्तदाबमापी नामक एक उपकरण का उपयोग करके मापा जाता है।

अतः विकल्प (C) सही है।

6.

- क्षय रोग MTB, माइकोबैक्टीरियम ट्यूबरकुलोसिस बैक्टीरिया, के कारण होने वाली एक संक्रामक बीमारी है।

- MTB एक वायुवाहित रोग है, अर्थात् TB का कारण बनने वाला बैक्टीरिया वायु के माध्यम से व्यक्ति से व्यक्ति तक फैल सकता है।

अतः विकल्प (A) सही है।

7. The word 'important' means having great meaning or lasting effect.

The word 'trivial' means of little value or importance.

Thus, we can say that 'trivial' is the opposite in meaning to the given word.

Hence, the correct option is (B).

8. The word 'move' means to cause to function.

The word 'stall' means to stop or cause to stop making progress.

Thus, we can say that 'stall' is the opposite in meaning to the given word.

Hence, the correct option is (C).

9.

- The sentence 'P' is independent of any other sentences as it is giving general information about "sometime back". Hence, 'P' is the first part.
- The noun "Professor Andrew Dessler" in the sentence 'R' refers back to the sentence 'P'. Hence, 'R' follows 'P'.
- The adjective 'introductory' in the sentence 'R' is describing the noun "course" in the sentence 'Q'. Hence, 'Q' follows 'R'.
- The sentence 'S' is concluding the sentence by mentioning for whom the course is all about. Hence, 'S' makes the last sentence.

After rearranging the sentences: Several years ago Professor Andrew Dessler created an introductory course on climate change at Texas A & M University for freshmen and sophomores.

Hence, the correct option is (A).

10. The sentence 'P' is independent of any other sentences as it is giving general information about "solving the climate change". Hence, 'P' is the first part.

The future result of the sentence 'P' is described in the sentence 'R'. Hence, 'R' follows 'P'.

The adjective 'harder' in the sentence 'R' is linked with the preposition "than" in the sentence 'Q'. Hence, 'Q' follows 'R'.

The sentence 'S' is concluding the sentence. Hence, 'S' makes the last sentence.

After rearranging the sentences: I realize that solving the climate change problem will be much harder than solving.

Hence, the correct option is (A).

11.

- The sentence 'P' is independent of any other sentences as it is giving general information about the "temperature of a layer". Hence, 'P' is the first part.

- The phrase "layer of the" in the sentence 'P' is linked with the noun 'atmosphere' in the sentence 'S'. Hence, 'S' follows 'P'.
- The adjective 'careful' in the sentence 'S' is modified by the adverb "when" in the sentence 'Q'. Hence, 'Q' follows 'S'.
- The sentence 'R' is concluding the sentence. Hence, 'R' makes the last sentence.

After rearranging the sentences: Although the temperature of this layer of the atmosphere should generally track the surface temperature, we must be careful when directly comparing the satellite measurements of temperature.

Hence, the correct option is (D).

12. भारतीय इतिहास में गुप्त काल को भारतीय इतिहास का स्वर्णिम काल कहा जाता है क्योंकि यह युग विज्ञान, प्रौद्योगिकी, इंजीनियरिंग, कला, भाषा, साहित्य, तर्क, गणित, खगोल विज्ञान, धर्म और दर्शन में व्यापक उपलब्धियों के लिए जाना जाता है। इस युग ने हिंदू संस्कृति के सामान्य तत्वों को क्रिस्टलीकृत किया। काल ने कालिदास, वराहमिहिर, वात्स्यायन, आर्यभट्ट, विष्णु शर्मा, गौतम, पतंजलि आदि जैसे प्रतिष्ठित लोगों को जन्म दिया क्योंकि सभी कारण मान्य हैं।

अतः विकल्प (D) सही है।

13. त्रिभुज का परिमाप $= 540$ cm

$\Rightarrow$ त्रिभुज की अर्ध-परिधि, $s = \dfrac{540}{2} = 270$

$\therefore$ भुजाएं $12:17:25$ के अनुपात में हैं।

$\therefore a = 12x, b = 17x, c = 25x$

$\therefore 12x + 17x + 25x = 540$

$\Rightarrow 54x = 540$

$\Rightarrow x = \dfrac{540}{54} = 10$

$\therefore a = 12 \times 10 = 120$

$b = 17 \times 10 = 170$

$c = 25 \times 10 = 250$

$\Rightarrow s - a) = (270 - 120) = 150$ cm

$(s - b) = (270 - 170) = 100$ cm

$(s - c) = (270 - 250)cm = 20$ cm

$\therefore$ त्रिभुज का क्षेत्रफल $= \sqrt{s(s-a)(s-b)(s-c)}$

$= \sqrt{270 \times 150 \times 100 \times 20}$ cm ^{2}

$=$
$\sqrt{3 \times 3 \times 3 \times 10 \times 3 \times 5 \times 10 \times 10 \times 2 \times 2 \times 5}$ cm ^{2}

$= \sqrt{10^2 \times 10^2 \times 3^2 \times 3^2 \times 5^2 \times 2^2}$

$= 10 \times 10 \times 3 \times 3 \times 5 \times 2 = 9,000$

अतः त्रिभुज का अभीष्ट क्षेत्रफल $= 9,000$ cm ^{2}

अतः विकल्प (D) सही है।

14. त्रिभुज की समान भुजाएँ $= 12$ cm

माना तीसरी भुजा $= x$ cm.

चूँकि, परिमाप $= 30$ cm

$\therefore 12 + 12 + x = 30$ cm

$\Rightarrow x = 30 - 12 - 12$ cm

$\Rightarrow x = 6$ cm

अब, अर्ध-परिधि $= \dfrac{30}{2} = 15$ cm

$\therefore$ त्रिभुज का क्षेत्रफल $= \sqrt{s(s-a)(s-b)(s-c)}$

$= \sqrt{15(15 - 12)(15 - 12)(15 - 6)}$

$= \sqrt{15 \times 3 \times 3 \times 9}$

$= \sqrt{5 \times 3 \times 3 \times 3 \times 3 \times 3}$ cm ^{2}

$= \sqrt{3^2 \times 3^2 \times 3 \times 5}$

$= 3 \times 3 \times \sqrt{5 \times 3}$

$= 9\sqrt{15}$ cm ^{2}

अतः त्रिभुज का अभीष्ट क्षेत्रफल $= 9\sqrt{15}$ cm ^{2}

अतः विकल्प (D) सही है।

15. प्रत्येक घन का आयतन $= 64$ cm ^{3}

$\therefore$ दो घनों का कुल आयतन $= 2 \times 64 = 128$ cm ^{3}

माना प्रत्येक घन के सिरे की लम्बाई $= x$

$\therefore x^3 = 64 = 4^3$

$\therefore x = 4\ cm$

अब, परिणामी घनाभ की लंबाई $l = 2x$ cm

परिणामी घनाभ की चौड़ाई $b = x$

परिणामी घनाभ की ऊँचाई $h = x$ cm

$\therefore$ घनाभ का पृष्ठीय क्षेत्रफल $= 2(lb + bh + hl) = 2[(2x \cdot x) + (x \cdot x) + (x \cdot 2x)]$

$= 2[(2 \times 4 \times 4) + (4 \times 4) + (4 \times 2 \times 4)]$

$= 2[32 + 16 + 32] = 2[80]$ cm ^{2}

$= 160$ cm ^{2}

अतः विकल्प (B) सही है।

16. भारत में राष्ट्रीय मतदाता दिवस प्रत्येक वर्ष 25 जनवरी को मनाया जाता है। विश्व में भारत जैसे सबसे बड़े लोकतन्त्र में मतदान को लेकर कम होते रुझान

को देखते हुए राष्ट्रीय मतदाता दिवस मनाया जाने लगा। श्रीमती प्रतिभा देवी सिंह पाटिल ने 'राष्ट्रीय मतदाता दिवस' का शुभारम्भ किया था।

अतः विकल्प (D) सही है।

17. देश की आधिकारिक भाषाओं में से एक के रूप में देवनागरी लिपि में हिंदी को अपनाने के उपलक्ष्य में भारत हर साल 14 सितंबर को हिंदी दिवस मनाता है, जिसे हिंदी दिवस के रूप में भी जाना जाता है।

हिंदी दिवस 14 सितंबर को मनाया जाता है, क्योंकि इसी दिन 1949 में, भारत की संविधान सभा ने देवनागरी लिपि में लिखी गई हिंदी को भारत गणराज्य की आधिकारिक भाषा के रूप में अपनाया था।

अतः विकल्प (B) सही है।

18. माना अंडों की संख्या x है

3 अंडे की लागत = 5 रु

1 अंडे की लागत = $\frac{5}{3} \times x$

इसलिए, CP = $\frac{5}{3} \times x$

जिस कीमत पर अंडे बेचे जाते हैं = 12 रु

इसलिए, SP = $\frac{12}{5x}$

लाभ = SP - CP

$$143 = \frac{12}{5x} - \frac{5}{3x}$$

(हल करने के लिए, 3 और 5 का LCM लें और उसके माध्यम से हल करें)

x = 195

इस प्रकार, उन्होंने 195 अंडे खरीदे।

अतः विकल्प (D) सही है।

19. प्रश्नानुसार,

माना चावल की पुरानी दर x रु/किलो है।

अब चावल की नई दर $= x \times \frac{80}{100}$

$= \frac{4}{5}x$

अब 800 रु में ग्राहक ने 12.5 किलोग्राम अधिक खरीदा

$= \frac{800}{\left(\frac{4}{5}x\right)} - \frac{800}{x} = 12.5$

$= \frac{4000}{4x} - \frac{800}{x} = 12.5$

$= \frac{200}{x} = 12.5$

$= x = \frac{200}{12.5}$

= 16

अतः विकल्प (D) सही है।

20. पंडित हरिकृष्ण रतूड़ी एक प्रसिद्ध लेखक थे।

- हिंदी में गढ़वाल का इतिहास नामक पुस्तक उनके द्वारा लिखी गई थी।

- पुस्तक का अंग्रेजी संस्करण लंदन से कीर्ति शाह द्वारा व्यवस्थित किया गया था।

- पुस्तक पूरी होने से पहले कीर्ति शाह का निधन हो गया।

- पुस्तक की पांडुलिपि पंडित हरिकृष्ण रतूड़ी ने भी खो दी थी।

- यह पुस्तक एक बार फिर 1928 में गढ़वाल में हरिकृष्ण रतूड़ी द्वारा लिखी गई थी।

- नरेंद्र हिंदू लॉ पुस्तक 1917 में रतूड़ी द्वारा लिखी और प्रकाशित की गई थी।

- गढ़वाल वर्णन पुस्तक उनके द्वारा 1910 में प्रकाशित हुई थी।

- जून 1933 में, रतूड़ी की मृत्यु हो गई।

अतः विकल्प (A) सही है।

21. भगत जवाहर मल नाम कूका विद्रोह से जुड़ा है।

- कूका आंदोलन के संस्थापक भगत जवाहर मल थे।

- भगत जवाहर मल को 'सियान साहब' के नाम से भी जाना जाता था। प्रारम्भ में इस विद्रोह का उद्देश्य प्रचलित बुराईयों को दूर कर सिख धर्म को शुद्ध करना था। सियान साहब ने अपने शिष्य 'बालक सिंह' के साथ मिलकर अपने अनुयायियों का एक दल गठित किया। इस दल का मुख्यालय 'हजारा' में हुआ करता था।

- कूका विद्रोह को नामधारी आंदोलन के नाम से भी जाना जाता है। नामधारी आंदोलन की स्थापना बालक सिंह (1797-1862) ने की थी, जो भगवान के नाम की पुनरावृति के अलावा किसी भी धार्मिक अनुष्ठान में विश्वास नहीं करते थे।(जिस कारण संप्रदाय के सदस्यों को नामधारी कहा जाता है।)

- कूका आंदोलन के प्रसिद्ध नेताओं में से राम सिंह ने अपने अनुयायियों से ब्रिटिश सामानों, सरकारी स्कूलों और सरकारी पदों के बहिष्कार का आह्वान किया।

- 2012 में, भारत सरकार ने कूका आंदोलन के 150 वर्ष पूरे होने पर 100 रुपये का स्मारक सिक्का जारी किया।

अतः विकल्प (B) सही है।

22. $\sqrt{15625}$

$= \sqrt{(125 \times 125)}$

$= 125$

अतः विकल्प (A) सही है।

23. दिया गया है:

AC || EG

∠DBC = 135° और ∠DFG = 145°

गणना:

हम AC और EG के समानांतर एक PQ रेखा बनाते हैं।

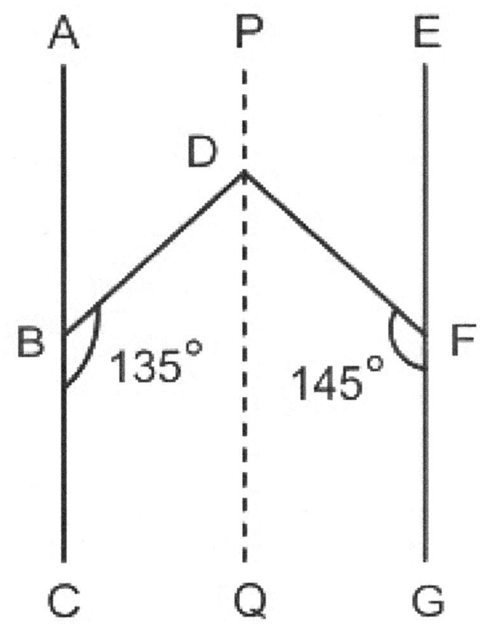

अब, AB || PQ || EG

हम जानते हैं कि समानांतर रेखाओं के एक ही ओर बने अंतः कोणों का योग 180° होता है।

∠BDQ + ∠DBC = 180°

⇒ ∠BDQ + 135° = 180°

⇒ ∠BDQ = 45° -------(1)

इसी प्रकार, हमारे पास है,

∠QDF + ∠DFG = 180°

⇒ ∠QDF + 145° = 180°

⇒ ∠QDF = 35° -------(2)

चूँकि, BDF = BDQ + QDF

अतः -(1) और (2) से BDQ और QDF के मान रखने पर हमें प्राप्त होता है,

∠BDF = 45° + 35° = 80°

∴ ∠BDF का मान 80° है।

अत: विकल्प (C) सही है।

24.

- उल्कापात - जिसे "शूटिंग सितारे" के रूप में भी जाना जाता है, वह प्रकाश घटना है जिसके परिणामस्वरूप जब एक छोटा उल्कापिंड पृथ्वी के वायुमंडल में प्रवेश करता है तो जलता है क्योंकि यह हमारे वायुमंडल से गुजरता है और वाष्पीकृत होता है।

- उल्कापिंड - एक धूमकेतु या क्षुद्रग्रह के टुकड़े हैं जो सूर्य या अंतरपणन मलबे की परिक्रमा करते हैं।

- उल्का - एक उल्कापिंड है जो पृथ्वी की सतह पर वायुमंडल और भूमि के माध्यम से इसके गिरने से बच जाता है।

- न्यूट्रॉन सितारे - वे तारे हैं जिनका द्रव्यमान 1.35 से 2.1 गुना सूर्य के बीच है।

अत: विकल्प (A) सही है।

25.

- देश की पहली सुपर फैब लैब को केरल स्टार्टअप मिशन (KSUM) के इंटीग्रेटेड स्टार्टअप कॉम्प्लेक्स में लॉन्च किया गया था।

- लैब देश में हार्डवेयर उद्योग को एक बड़ा धक्का देगा और यू.एस. के बाहर एकमात्र ऐसी सुविधा है।

- सुपर फैब लैब मैसाचुसेट्स इंस्टीट्यूट ऑफ टेक्नोलॉजी (MIT) के साथ मिलकर काम करेगा।

अतः विकल्प (D) सही है।

26. वह बिंदु जिस पर सभी किरणें अभिसरित होती हैं, उसे केंद्र कहा जाता है। सीधी रेखा जो समकोण पर लेंस के केंद्र से होकर लेंस की सतह तक जाती है, प्रमुख अक्ष कहलाती है। ध्रुव बिंदु लेंस का मध्य बिंदु है। किसी भी दर्पण के वृत्ताकार चाप को उस दर्पण का द्वारक कहा जाता है।

अतः विकल्प (D) सही है।

27. दिया गया है,

शक्ति $= 100$ वाट,

समय $= 8$ घंटे प्रतिदिन

हम जानते हैं कि,

शक्ति $=$ ऊर्जा/समय

शक्ति $= 100$ w $= 0.1$ किलोवाट

$$0.1 = \frac{E}{8}$$

ऊर्जा $= 0.8$ किलोवाट घंटा $= 0.8$ इकाई

अतः विकल्प (D) सही है।

28. Among the many groups of students in American colleges, Asian students have proved that they are as good as the whites. Asper recent report in News Week, in American colleges, students of Asian origin specially Indian origin outperform not only the minority group students but the majority whites as well and their achievement is something we can be proud of.

Hence, the correct option is (C).

29. The students of Asian origin in America include a fair number from India.

Hence, the correct option is (A).

30. In general, the talented young Indians studying in America will not return to pursue their careers in India.

Hence, the correct option is (D).

31. This idea is a new way of looking at the role of qualified Indians living abroad.

Hence, the correct option is (C).

32. The brain bank has limitations like all banks in the sense thata bank's services go mainly to those near it.

Hence, the correct option is (A).

33. दिया है-

साधारण ब्याज पर निवेश की गई राशि 5% प्रति वर्ष की दर से स्वयं का 6 गुना हो जाती है।

मान कि राशि $P = X$ रुपये है।

मिश्रधन $A = 6X$ रुपये

साधारण ब्याज $SI = A - P$

$\Rightarrow SI = (6X - X)$ रुपये

$\Rightarrow SI = 5X$ रुपये

दर $R = 5\%$ प्रति वर्ष

सूत्र के अनुसार-

$T = \dfrac{100 \times SI}{P \times R}$ [जहां T समय अवधि है]

$\Rightarrow T = \dfrac{100 \times 5X}{X \times 5}$

$\Rightarrow T = 100$ वर्ष

अतः विकल्प (B) सही है।

34. माना कि राशि $P = A$ रुपये है।

माना कि ब्याज दर $R = r\%$ है।

स्थिति 1:

समय $T_1 = 5$ वर्ष

साधारण ब्याज $SI_1 = \dfrac{A \times r \times 5}{100}$

$\Rightarrow SI_1 = \dfrac{Ar}{20}$ रुपये

स्थिति 2:

समय $T_2 = 20$ वर्ष

साधारण ब्याज $SI_2 = \dfrac{A \times r \times 20}{100}$

$\Rightarrow SI_2 = \dfrac{Ar}{5}$ रुपये

आवश्यक अनुपात $= SI_1 : SI_2$

$= \dfrac{Ar}{20} : \dfrac{Ar}{5}$

$= 1 : 4$

अतः विकल्प (D) सही है।

35. दिया है:

घन का आयतन 216 घन सेमी है और घन की भुजा गोले की त्रिज्या के बराबर है।

प्रयुक्त सूत्र:

घन का आयतन = (भुजा)³

गोले की सतह का क्षेत्रफल $= 4\pi r^2$

घन का आयतन 216 घन सेमी है।

∴ घन की भुजा = 6 सेमी

अब, घन की भुजा गोले की त्रिज्या के बराबर है।

∴ गोले की सतह का क्षेत्रफल $= 4\pi r^2$

$= 4\pi(6)^2 = 144\,\pi$ वर्ग सेमी

अतः विकल्प (A) सही है।

36. भारत का बाहरी ऋण कुल ऋण है जो देश विदेशी लेनदारों का बकाया है। कर्जदार भारत की केंद्र सरकार, राज्य सरकारें, निगम या नागरिक हो सकते हैं। इसलिए, कथन 1 सही नहीं है।

भारत में जीडीपी के लिए बाहरी ऋण का अनुपात दिखाया गया है:

2016	23.4
2017	19.8
2018	20.1
2019	19.8
2020 जून (प्रावधान)	21.8

इसलिए, यह देखा जा सकता है कि जीडीपी अनुपात में भारत के बाहरी ऋण में लगातार वृद्धि नहीं हुई। इसलिए, कथन 2 सही नहीं है।

अतः विकल्प (C) सही है।

37. सरकार ने हमारे करदाताओं और अर्थव्यवस्था के लाभ के लिए प्रत्यक्ष कर प्रणाली में विभिन्न सुधार पेश किए हैं।निगम कर दर को कम करना, लाभांश वितरण कर का उन्मूलन कुछ ऐसे सुधार हैं जिन्हें सरकार ने हाल के दिनों में लाया है।

इसी दिशा में बजट 2021-22 में सरकार ने 75 और उससे अधिक आयु के वरिष्ठ नागरिकों को राहत दी है, जिनकी आय का एकमात्र स्रोत पेंशन और ब्याज है, उन्हें आयकर रिटर्न दाखिल करने से छूट मिलती है। भुगतान बैंक उनकी आय पर आवश्यक कर में कटौती करेगा और इससे वरिष्ठ नागरिकों पर अनुपालन बोझ कम होगा।

अतः विकल्प (D) सही है।

38. गोपाल हरि देशमुख भारतीय कार्यकर्ता, विचारक, समाज सुधारक और लेखक थे जिनका संबंध महाराष्ट्र से था। 25 साल की आयु में देशमुख ने महाराष्ट्र में सामाजिक सुधार के उद्देश्य से लेख लिखना आरंभ किया। उनके लेख समाहिक पत्रिका प्रभाकर में लोकहितवादी उपनाम से प्रकाशित होते थे। उन्होंने महिलाओं की स्वतंत्रता व शिक्षा का समर्थन किया और तत्कालीन भारत में व्याप्त बाल विवाह, दहेज प्रथा एवं बहु विवाह की समस्या के विरूद्ध लेख लिखे। उन्होंने जाति प्रथा की बुराई के विरूद्ध लेख प्रकाशित किए, हिंदू धर्म की रूढ़िवादिता की निंदा की, धार्मिक मामलों और संस्कारों (ब्राह्मण पंडितों द्वारा दीर्घकाल से मान्य) के एकाधिकार पर प्रहार किया। हालांकि देशमुख स्वयं जाति से ब्राह्मण थे। उन्होंने हिंदू समाज में धार्मिक सुधार हेतु 15 सिद्धांतों का प्रतिपादन किया। अपने सामाजिक कार्य के कारण वे लोकहितवादी (एक व्यक्ति जो जनता के हितों के लिए कार्य करता है) के नाम से जाने जाते थे।

अतः विकल्प (D) सही है।

39. $\dfrac{1.5^3 + 4.7^3 + 3.8^3 - 3 \times 1.5 \times 4.7 \times 3.8}{1.5^2 + 4.7^2 + 3.8^2 - 1.5 \times 4.7 - 4.7 \times 3.8 - 3.8 \times 1.5}$

$= \dfrac{(1.5 + 4.7 + 3.8)\{1.5^2 + 4.7^2 + 3.8^2 - 1.5 \times 4.7 - 4.7 \times 3.8 - 3.8 \times 1.5\}}{\{1.5^2 + 4.7^2 + 3.8^2 - 1.5 \times 4.7 - 4.7 \times 3.8 - 3.8 \times 1.5\}}$

$\left[\because a^3 + b^3 + c^3 - 3abc = (a + b + c)\left(a^2 + b^2 + c^2 - ab - bc - ca\right)\right]$

$= 1.5 + 4.7 + 3.8$

$= 10.0$

$= 10$

अतः विकल्प (C) सही है।

40. माना कि दिए गए 7 में से पहला नंबर 'm' है।

$$m, m+2. \ m+4. \ m+6. \ m+8. \ m+10. \ m+12$$

BTP.

$$\frac{(m+m+2+m+4+m+6+m+8+m+10+m+12)}{7} = 62$$

या $\cdot \frac{(7m+42)}{7} = 62$

या. $\frac{7(m+6)}{7} = 62$

या, m $+6 = 62$

या, $m = 62 - 6$

इसलिए,

$m = 56$

छठा नंबर $= m + 10$

$= 56 + 10$

$= 66$

तब

$\frac{1}{4}2(56+66)$

$= \frac{1}{2}122$

$= 61$

अतः विकल्प (A) सही है।

41. यदि कुल दो संख्याएँ 25 हैं और इसका गुणन 144 है तो उनका अंतर है

मान लीजिए कि दो नंबर हैं

$A\&B$

$A + B = 25$

$AB = 144$

स्क्रिंग $(A + B)$

$(A + B)^2 = 25^2$

$\Rightarrow A^2 + B^2 + 2AB = 625$

$\Rightarrow A^2 + B^2 - 2AB + 2AB + 2AB = 625$

$\Rightarrow (A - B)^2 + 4AB = 625$

$\Rightarrow (A - B)^2 = 625 - 4AB$

$\Rightarrow (A - B)^2 = 625 - 4(144)$

$\Rightarrow (A - B)^2 = 625 - 576$

$\Rightarrow (A - B)^2 = 49$

$\Rightarrow A - B = \pm 7$

संख्याओं का अंतर = 7

अतः विकल्प (C) सही है।

42. दिया गया है,

समानांतर चतुर्भुज की भुजा की लम्बाई = 12

समानांतर चतुर्भुज की आसन्न भुजा की लम्बाई $= 12 \times \frac{7}{6} = 14$

जैसा कि हम जानते हैं,

$$d_1^2 + d_2^2 = 2(a^2 + b^2)$$

$$\Rightarrow d_1^2 + d_2^2 = 2(12^2 + 14^2)$$

$$\Rightarrow d_1^2 + d_2^2 = 2 \times (144 + 196)$$

$$\Rightarrow d_1^2 + d_2^2 = 2 \times 340$$

$$\Rightarrow d_1^2 + d_2^2 = 680$$

अतः विकल्प (A) सही है।

43. दिया गया है,

AB = 6 सेमी, BC = 8 सेमी

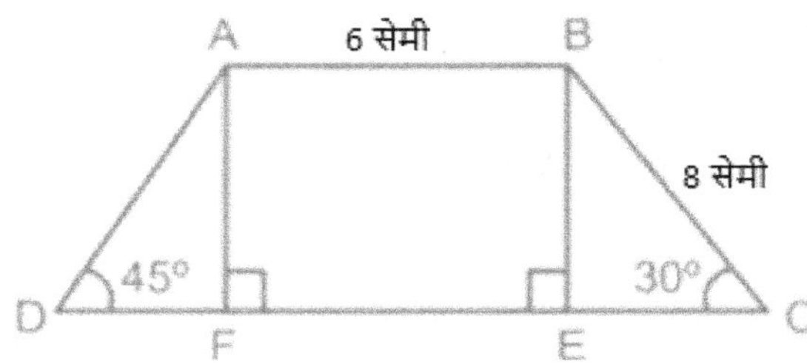

ΔBCE में:

BE = 8 sin 30° = 4 सेमी

CE = 8 cos 30° $= 4\sqrt{3}$ सेमी

चूँकि समलम्ब चतुर्भुज की दो समानांतर भुजाएं हैं: AB II CD

∴ AF = BE = 4 सेमी

ΔADF में:

Tan $45° = \frac{AF}{DF}$

$\Rightarrow DF = \frac{AF}{\tan 45°} = 4$ सेमी

हम जानते हैं कि,

समलम्ब चतुर्भुज का क्षेत्रफल $= \frac{1}{2} \times ($ समानांतर भुजाओं का योग $) \times$ ऊंचाई

∴ समलम्ब चतुर्भुज का क्षेत्रफल $= \frac{1}{2} \times (6 + 6 + 4 + 4\sqrt{3}) \times 4$

$= (16 + 4\sqrt{3}) \times 2$

$= (32 + 8\sqrt{3})$ सेमी²

अतः विकल्प (D) सही है।

44. माध्य एक डेटा सेट का अंकगणितीय औसत है। यह डेटा सेट में संख्याओं को जोड़कर और डेटा सेट में टिप्पणियों की संख्या से विभाजित करके पाया जाता है।

माध्यिका एक डेटा सेट में मध्य संख्या होती है जब संख्याओं को आरोही या अवरोही क्रम में सूचीबद्ध किया जाता है।

बहुलक प्रेक्षण का वह मान है जिसकी आवृत्ति अधिकतम होती है।

मानक विचलन फैलाव का एक उपाय है। यह एक विस्तृत क्षेत्र (केंद्रीय स्थान के बारे में कुछ भी नहीं) पर वस्तु को वितरित करने की क्रिया या प्रक्रिया है।

मानक विचलन केंद्रीय प्रवृत्ति का माप नहीं है।

अतः विकल्प (D) सही है।

45. दिया है:

संख्या का माध्य $1,3,5,4,7,4$ is m

संख्या $3,2,2,4,3,3,p$ का माध्य $m-1$ है।

सूत्र का उपयोग करने पर:

माध्य = सभी संख्याओं का योग /कुल संख्या

विषम संख्या का माध्य $= \left(\frac{(n+1)}{2}\right)$वॉं पद

माध्य $= \frac{(1+3+4+5+7+4)}{6}$

$\Rightarrow \frac{24}{6} = m$

$\Rightarrow m = 4$.......(1)

और, माध्य $= \frac{(3+2+2+4+3+3+p)}{7}$

$\Rightarrow \frac{(17+p)}{7} = m-1$

$\Rightarrow 17 + p = 3 \times 7$...... (समीकरण (1) से)

$\Rightarrow p = 4$

दिए गए आँकड़ों को आरोही क्रम में व्यवस्थित करने पर,

$2,2,3,3,3,4,4$

यहाँ, पदों की संख्या, $(n) = 7$

माध्य $= \left\{\frac{(7+1)}{2}\right\}$वॉं पद $= 4$वॉं पद

उपरोक्त आँकड़े में 4वॉं पद 3 है।

माध्य $= 3 = q$

अब, $p + q = 4 + 3 = 7$

अतः विकल्प (D) सही है।

46.

- मणिपुर की आधिकारिक भाषा मणिपुरी है।
- राजधानी: इंफाल।
- राज्य पशु: संगाई।
- राज्य पक्षी: मिसिस हूमेस तीतर।
- राजकीय वृक्ष: तून।
- राज्य फूल: शिरुई लिली।

अतः विकल्प (B) सही है।

47. दिया गया है,

$x = 2016, y = 2015, z = 2013$

$x - y = 2016 - 2015 = 1$

$y - z = 2015 - 2013 = 2$

$z - x = 2013 - 2016 = -3$

$\therefore x^2 + y^2 + z^2 - xy - yz - zx$

जैसा कि हम जानते हैं,

$(a - b)^2 = a^2 - 2ab + b^2$

अब दिए गए व्यंजक के अंश और हर में 2 से गुणा करने पर, हम प्राप्त करते है

$= \frac{1}{2}(2x^2 + 2y^2 + 2z^2 - 2xy - 2yz - 2zx)$

$= \frac{1}{2}(x^2 + y^2 - 2xy + y^2 + z^2 - 2yz + z^2 + x^2 - 2zx)$

$= \frac{1}{2} - [(x-y)^2 + (y-z)^2 + (z-x)^2]$

$= \frac{1}{2}[1 + 4 + 9]$

$= \frac{1}{2} \times 14 = 7$

अतः विकल्प (A) सही है।

48. The error lies in the third part of the sentence. The subject here is "neither of them" which is singular; thus, the singular verb "was" should be used with it.

Hence, the correct option is (C).

49.

- लौटने वाले मानसून को पूर्वोत्तर मानसून के रूप में भी जाना जाता है।
- उत्तर-पूर्वी मानसून की भूमि से समुद्र तक की यात्रा कोरोमंडल तट पर वर्षा का कारण बनती है।
- उत्तर-पूर्वी मानसून को आमतौर पर "अक्टूबर हीट" के रूप में जाना जाता है।
- तमिलनाडु और आंध्र प्रदेश में इस मौसम में भारी वर्षा होती है।
- उत्तर-पूर्वी मानसून नाम उस दिशा पर रखा गया है जिसमें यह यात्रा करता है, यह भारत के पूर्वोत्तर राज्यों से संबंधित नहीं है।
- मालाबार तट मुख्य भूमि के भारतीय उपमहाद्वीप के दक्षिण-पश्चिमी तट का एक क्षेत्र है।

अतः विकल्प (B) सही है।

50. रसेल द्वारा 1937 में पृथ्वी की उत्पत्ति के बारे में बाइनरी स्टार परिकल्पना दी गई थी। आर.ए. लिटलटन ने इस सिद्धांत पर काम किया और सुधार किया।

अतः विकल्प (A) सही है।

51.

भूमि रूप	डेन्यूडेशन के एजेंट
मोनाडनॉक	• मोनाडनॉक, आसपास के क्षेत्र के सामान्य स्तर से ऊपर स्पष्ट रूप से खड़े बेडरेक की पृथक पहाड़ी। • मोनाडनॉक को उनके अधिक प्रतिरोधी रॉक संरचना के कारण क्षणिक अवशेष के रूप में छोड़ दिया जाता है; आमतौर पर वे क्वार्टजाइट या कम संयुक्त बड़े पैमाने पर ज्वालामुखी चट्टानों से मिलकर बनते हैं। • इनसलबर्ग (द्वीप पर्वत) के विपरीत, एक समान उष्णकटिबंधीय भू-आकृतिक, आर्द्र, समशीतोष्ण क्षेत्रों में मोनाडॉन्स का निर्माण होता है।
अंधी घाटी	• अंधी घाटी एक संकरी, गहरी और सपाट तराई वाली घाटी है जिसका अचानक अंत होता है।
ड्रमलिन	• ड्रमलिन और एस्कर्स दोनों पहाड़ी ग्लेशियल भूमि रूप हैं। हालांकि, वे आकार में भिन्न होते हैं। • एस्कर्स संकीर्ण, लंबी, घुमावदार पहाड़ियाँ हैं जो ग्लेशियरों के नीचे धाराओं द्वारा जमा किए गए थे। • ड्रमलिन, इसके विपरीत, अंडाकार अंडा होते हैं - एक छोर पर खड़ी ढलान की विशेषता वाली पहाड़ियों और दूसरे पर एक कोमल झुकाव।
ड्रेकान्तर	• ड्रेकान्तर एक प्रकार का वेंटिलेशन है जो आमतौर पर रेत को उड़ाने की अपघर्षक क्रिया के कारण रेगिस्तान या पेरिगल वातावरण में बनता है। • ड्रेकान्तर तीन पवन-केंद्रित पहलुओं के साथ एक विशेषता पिरामिड आकृति का प्रदर्शन करते हैं। शब्द ड्रेकान्तर जर्मन के लिए है "तीन-धार।"

अत: विकल्प (A) सही है।

52. माना क्रय मूल्य $= 100$ रु

$\therefore$ विक्रय मूल्य $= 117$ रु

$\therefore$ अंकित मूल्य $= \frac{117}{90} \times 100 = 130$ रु

अंकित मूल्य पर बेचने के बाद लाभ प्रतिशत

$\frac{130-100}{100} \times 100 = 30\%$

इसलिए, अंकित मूल्य पर कुल लाभ प्रतिशत 30% होगा।

अत: विकल्प (D) सही है।

53. नरेगा योजना अपने पहले चरण में राजस्थान के जयपुर जिले में शुरू नहीं की गई थी।

कोरोना अवधि के दौरान प्रवासी संकट को दूर करने के लिए, सरकार ने MGNREGA के लिए 40,000 करोड़ रुपये का एक अतिरिक्त कोष आवंटित किया है, जो कि अतमा निर्भर भारत अभियान के तहत प्रोत्साहन पैकेज के हिस्से के रूप में है।

महात्मा गांधी राष्ट्रीय ग्रामीण रोजगार गुआर अधिनियम 2005 (MGNREGA):

• MGNREGA अधिनियम 2005 के तहत नरेगा देश के गरीब परिवारों को 100 दिन की गारंटी वाला रोजगार प्रदान करता है।

• प्रारंभ में, यह देश के 100 जिलों में शुरू किया गया था, जिसमें राजस्थान के छह जिले अर्थात उदयपुर, सिरोही, डूंगरपुर, झालावाड़, करौली, बांसवाड़ा शामिल हैं।

• बाद में 2008 में, इसे पूरे देश में बढ़ाया गया था।

• 2 अक्टूबर 2009 को इसका नाम बदलकर MGNREGA कर दिया गया।

अत: विकल्प (A) सही है।

54. हरिशंकर परसाई, जो मध्य प्रदेश के निवासी थे, हास्य व्यंग्य के प्रसिद्ध लेखक थे।

• निठल्ले की डायरी, अपनी अपनी बीमारी, और दो नाक वाले लोग, उनके कुछ उल्लेखनीय लेखन हैं।

• उन्होंने अपने व्यंग्यपूर्ण कार्य "विकलांग श्रद्धा का दौर" के लिए 1982 में साहित्य अकादमी पुरस्कार जीता था।

अत: विकल्प (A) सही है।

55. मध्यप्रदेश के रीवा जिले में प्रत्येक वर्ष 'महामृत्युंजय का मेला' आयोजित किया जाता है।

• रीवा में महा मृत्युंजय का मंदिर है।

• प्रत्येक वर्ष बसंत पंचमी और शिवरात्रि पर यह मेला लगता है।

• भगत पंचमी के भैरवनाथ देवतालाब बिरसिंहपुर में एक प्रसिद्ध शिव मंदिर है।

अत: विकल्प (D) सही है।

56. Hang means kill (someone) by tying a rope attached from above around their neck and removing the support from beneath them (often used as a form of capital punishment).

Forms- Hang, Hanged, Hanged.

He was hanged for murder.

Hang- to have been suspended in the air or placed on a wall

Forms- Hang, Hung, Hung.

He hung up his coat.

Hence, the correct option is (B).

57. After the phrase 'one of the', a plural noun is used. Hence, 'teachers' is the only suitable choice for this blank.

Hence, the correct option is (A).

58. 'For' is the most appropriate choice of preposition here as 'prepare for' means to make plans for a future event.

Hence, the correct option is (C).

59. यूरोपीय संघ 28 देशों का एक समूह है जो एक आर्थिक और राजनीतिक ब्लॉक के रूप में काम करता है।

• इसलिए कथन 1 सही नहीं है।

इनमें से 19 देश यूरो को अपनी आधिकारिक मुद्रा के रूप में उपयोग करते हैं।

• 9 यूरोपीय संघ के सदस्य (बुल्गारिया, क्रोएशिया, चेक गणराज्य, डेनमार्क, हंगरी, पोलैंड, रोमानिया, स्वीडन और यूनाइटेड किंगडम) यूरो का उपयोग नहीं करते हैं।

यूरोपीय संघ ने यूरोपीय देशों के बीच सदियों से चल रहे युद्ध को समाप्त करने के लिए एक एकल यूरोपीय राजनीतिक इकाई बनाने की इच्छा से विकास किया, जिसका द्वितीय विश्व युद्ध के साथ समापन हुआ और इस महाद्वीप का अधिकांश भाग समाप्त हो गया।

यूरोपीय संघ ने कानूनों के मानकीकृत प्रणाली के माध्यम से एक आंतरिक एकल बाजार विकसित किया है जो सभी सदस्य राज्यों में मामलों में लागू होता है, जहां सदस्य एक के रूप में कार्य करने के लिए सहमत हुए हैं।

• इसलिए कथन 2 सही है।

अत: विकल्प (B) सही है।

60. संयुक्त राष्ट्र विकास कार्यक्रम (यूएनडीपी) ने "महामारी के समय में महिलाओं की आजीविका की रक्षा: अस्थायी बुनियादी आय और लिंग समानता का मार्ग" नाम से एक रिपोर्ट प्रकाशित की है, जिसमें विकासशील देशों में गरीब महिलाओं के लिए एक अस्थायी आधारभूत आय (TBI) का प्रस्ताव किया गया है।

- अंतर्राष्ट्रीय महिला दिवस हर वर्ष 8 मार्च को मनाया जाता है।
- एमएचआरडी ने इतिहास की उन महिलाओं को याद किया जिन्होंने अतीत में महत्वपूर्ण योगदान दिया और चिपको एक्टिविस्ट गौरा देवी की याद में एक पौधा लगाया।

अतः विकल्प (A) सही है।

61. कावेरी डेल्टा क्षेत्र को 'दक्षिणी भारत का उद्यान' भी कहा जाता है।

कावेरी नदी जिसे दक्षिण गंगा के नाम से भी जाना जाता है, दक्षिण भारतीय क्षेत्र की प्रमुख नदियों में से एक है। बंगाल की खाड़ी के रास्ते में, कावेरी कई वितरिकाओं में बंट जाती है, जिससे कई उपजाऊ डेल्टा बनते हैं। यही कारण है कि कावेरी को 'दक्षिणी भारत का उद्यान' भी कहा जाता है।

अतः विकल्प (C) सही है।

62. 'VBODMAS' के नियम का पालन करें

चरण 1: बार के नीचे दिए गए व्यंजक को हल करें

= y-[y-(x+y)-{y-(y-x+y)}+2x]

चरण 2: हल करें () ब्रैकेट

= y-[y-(x+y)-{y-(2y-x)}+2x]

= y-[-x-{y-2y+x}+2x]

चरण 2: {} ब्रैकेट को हल करें

= y-[-x-{y-2y+x+2x}]

= y-[-x-{-y+3x}]

= y-[-x+y-3x]

चरण 3: हल करें [ ] ब्रैकेट

= y+4x-y

= 4x

इसलिए, सही उत्तर 4x है।

अतः विकल्प (C) सही है।

63. दिया है:

A का निवेश = 80,000 रु.

B का निवेश = 60,000 रु.

निवेश का समय = 1 वर्ष

उनके लाभ का अनुपात = 80,000 रु. : 60,000 रु

= 4 : 3

∴ आवश्यक अनुपात 4: 3 होगा।

अतः विकल्प (D) सही है।

64. दिया है:

संख्या A का 50% B में जोड़ा जाता है।

दूसरी संख्या B में 25% की वृद्धि होती है।

जब एक संख्या का 50% दूसरी संख्या में जोड़ा जाता है, तो दूसरी संख्या में 25% की वृद्धि होती है।

मान लीजिए एक संख्या 'x' और दूसरी संख्या 'y' है।

प्रश्नानुसार,

$$\Rightarrow 50\% \text{ of } x + y = \left(\frac{125}{100}\right) \times y$$

समीकरण को हल करने पर,

$$\Rightarrow \left(\frac{50}{100}\right)x = \left(\frac{5}{4}\right)y - y$$

$$\Rightarrow \frac{x}{2} = \frac{y}{4}$$

$$\Rightarrow \frac{x}{y} = \frac{1}{2}$$

अतः विकल्प (B) सही है।

65. The given sentence is of active voice and it uses a modal verb. The structures for active/passive voices for modal verbs are:

Active: Subject + modal verb + verb (I[st] form) + object

Passive: Object + modal verb + be + verb (IIIrd form) + by + subject

So, with the help of the above structures, we can convert the given sentence into passive voice:

The prize can be won by Nishu.

Hence, the correct option is (A).

66. The given sentence is in the active voice. It is in interrogative form of present tense. The structures for active/passive voices are:

Active: Do/does + subject + verb (I[st] form) + object?

Passive: Is/are/am + object + verb (IIIrd form) + by + subject?

So, based on the above structures, we can convert the given sentence into passive voice:

Are your parents expected to come today from Hyderabad?

Hence, the correct option is (C).

67.

- कौटिल्य एक भारतीय राजनेता और दार्शनिक, मुख्य सलाहकार और भारतीय सम्राट चंद्रगुप्त मौर्य के प्रधानमंत्री थे, जो मौर्य साम्राज्य के पहले शासक थे।
- कौटिल्य को चाणक्य और विष्णुगुप्त के नाम से भी जाना जाता था।
- उन्होंने अर्थशास्त्र भी लिखा था।

अतः विकल्प (C) सही है।

68. गलत मिलान है: प्राथमिक समूह - राजनीतिक दल

सोरोकिन, एक अमेरिकी समाजशास्त्री, ने समूहों को दो प्रमुख प्रकारों में विभाजित किया है - ऊर्ध्वधर और क्षैतिज। ऊर्ध्वधर समूह में विभिन्न स्तरों या स्थितियों के व्यक्ति शामिल होते हैं। लेकिन क्षैतिज समूह में समान स्थिति के व्यक्ति शामिल होते हैं।

सामाजिक समूहों में दो या दो से अधिक लोग शामिल होते हैं जो एकता और सामान्य पहचान की भावना को साझा करते हैं। प्राथमिक समूह छोटे होते हैं

और उनमें घनिष्ठ, व्यक्तिगत संबंध होते हैं जो लंबे समय तक चलते हैं। द्वितीयक समूहों में अवैयक्तिक, अस्थायी संबंध शामिल होते हैं जो लक्ष्य-उन्मुख होते हैं।

अत: विकल्प (D) सही है।

69. पार्सन्स के अनुसार, समाज चार बुनियादी कार्यात्मक पूर्वपिक्षाओं अनुकूलन, लक्ष्य-उन्मुखीकरण, एकीकरण और पैटर्न रखरखाव वाली एक प्रणाली है।

टैल्कॉट पार्सन्स ने समाज को एक व्यवस्था के रूप में देखा। उन्होंने तर्क दिया कि किसी भी सामाजिक व्यवस्था में चार बुनियादी कार्यात्मक पूर्वपिक्षाएँ होती हैं: अनुकूलन, लक्ष्य प्राप्ति, एकीकरण और पैटर्न रखरखाव। जीवित रहने के लिए, सामाजिक व्यवस्थाओं का अपने पर्यावरण पर कुछ हद तक नियंत्रण होना चाहिए।

अत: विकल्प (A) सही है।

70. हम जानते हैं कि,

यदि α और β द्विघात समीकरण $ax^2 + bx + c = 0$ के मूल है, तो

$$\alpha + \beta = -\frac{b}{a} \text{ और } \alpha \times \beta = \frac{c}{a}$$

दिया गया समीकरण है,

$$2x^2 - 2(k-2)x - (k+1) = 0$$

दी गई समीकरण की द्विघात समीकरण $ax^2 + bx + c = 0$ से तुलना करने पर, हमें प्राप्त होगा: $a = 2, b = -2(k-2)$ और $c = -(k+1)$

माना α और β समीकरण $2x^2 - 2(k-2)x - (k+1) = 0$ के मूल है, $\Rightarrow \alpha + \beta = -\frac{-2(k-2)}{2} = k - 2$

$$\Rightarrow \alpha \times \beta = \frac{-(k+1)}{2}$$

जैसा की हम जानते है, $a^2 + \beta^2 = (\alpha + \beta)^2 - 2a\beta$

$$\Rightarrow a^2 + \beta^2 = (k-2)^2 + (1+k)$$

$$\Rightarrow a^2 + \beta^2 = \left(k - \frac{3}{2}\right)^2 + \frac{11}{4}$$

इस प्रकार, $a^2 + \beta^2$ का न्यूनतम मान $k - \frac{3}{2} = 0 \Rightarrow k = \frac{3}{2}$ होगा।

अत: विकल्प (C) सही है।

71. यह दिया गया है कि,

$$|x^2 - 3x + 2| > x^2 - 3x + 2$$

स्थिति-1: यदि $x \geq 0$

$$\Rightarrow x^2 - 3x + 2 > x^2 - 3x + 2$$

$\therefore$ x का कोई भी वास्तविक मान उपरोक्त समीकरण को संतुष्ट नही करता है,

स्थिति- 2:- यदि $x < 0$

$$\Rightarrow -(x^2 - 3x + 2) > x^2 - 3x + 2$$

$$\Rightarrow x^2 - 3x + 2 < 0$$

$$\Rightarrow (x - 1)(x - 2) < 0$$

$$\Rightarrow 1 < x < 2$$

अत: विकल्प (C) सही है।

72. थाईलैंड की बैडमिंटन खिलाड़ी रत्चानोक इंतानोन ने हाल ही में जकार्ता में आयोजित इंडोनेशिया मास्टर्स टूर्नामेंट के महिला एकल फाइनल मैच में स्पेन की कैरोलिना मारिन को हराया। 2010 में जीत के बाद इंडोनेशियाई मास्टर्स स्पर्धा में यह उनकी दूसरी जीत है।

रत्चानोक इंतानोन 2013 में महिला एकल में विश्व चैंपियन बनीं और महिला एकल में नंबर 1 बनने वाली पहली थाई खिलाड़ी बनीं। कैरोलिना मारिन वर्तमान ओलंपिक चैंपियन और तीन बार की विश्व चैंपियन हैं।

अत: विकल्प (B) सही है।

73. महाराष्ट्र की टीम ने 78 स्वर्ण और 77 रजत सहित 256 पदकों की विशाल दौड़ के साथ दूसरी बार समग्र ट्रॉफी जीतकर खेलो इंडिया यूथ गेम्स में अपना दबदबा बनाया। पिछले साल महाराष्ट्र 228 पदकों के साथ तालिका में शीर्ष पर था। समापन समारोह के दौरान केंद्रीय खेल मंत्री किरेन रिज्जू की उपस्थिति में असम के मुख्यमंत्री सर्बानंद सोनोवाल द्वारा महाराष्ट्र को ट्रॉफी प्रदान की गई।

दूसरा स्थान हरियाणा राज्य ने 200 पदक और दिल्ली ने 122 पदक के साथ हासिल किया। असम के गुवाहाटी में पिछले 13 दिनों से खेलो इंडिया यूथ गेम्स का आयोजन किया जा रहा है।

अत: विकल्प (B) सही है।

74. बहुलकीकरण एक ऐसी प्रक्रिया है जिसके माध्यम से बहुलक बनाने के लिए बड़ी संख्या में मोनोमर अणु एक साथ प्रतिक्रिया करते हैं। बहुलकीकरण से निर्मित मैक्रोमोलेक्यूल्स में एक रेखीय या शाखित संरचना हो सकती है। वे एक जटिल, तीन-आयामी नेटवर्क का भी आकार ले सकते हैं।

अत: विकल्प (B) सही है।

75. एंटोनी लेवोज़ियर एक फ्रांसीसी रसायनज्ञ थे, जिन्हें मुख्य रूप से "आधुनिक रसायन विज्ञान के जनक" के रूप में माना जाता है, मुख्य रूप से 18 वीं शताब्दी की रासायनिक क्रांति में उनकी केंद्रीय भूमिका के कारण और रसायन विज्ञान के इतिहास और जीव विज्ञान के इतिहास पर उनका बड़ा प्रभाव था।

अत: विकल्प (C) सही है।

76. The idiom "no room to swing a cat" means a place is very small and crowded. used in reference to a very confined space.

Example:

It was described as a large, luxury mobile home, but there was barely room to swing a cat.

Hence, the correct option is (D).

77. Crocodile tears (or superficial sympathy) are a false, insincere display of emotion such as a hypocrite crying fake tears of grief.

Hence, the correct option is (D).

78. माना प्याज का प्रारंभिक मूल्य 100 रु. है।

$$\Rightarrow 25\% \text{ वृद्धि के बाद प्याज का मूल्य} = 100 + 100 \times \frac{25}{100} = 125$$

$$\Rightarrow \text{सरकार के अनुदान के बाद अंतिम मूल्य} = 100 + \frac{10}{100} \times 100 = 110$$

$$\Rightarrow \text{सरकार द्वारा दिया जाने वाला अनुदान} = 125 - 110 = 15$$

$$\Rightarrow \text{अनुदान प्रतिशत} = \frac{15}{125} \times 100 = 12\%$$

अतः विकल्प (B) सही है।

79. माना A, B और C का मूल्य क्रमशः a, b और c है।

क्योंकि B, C से 20% अधिक है

$\Rightarrow b = 1.2c$

साथ ही B, A से 40% कम है,

$\Rightarrow b = 0.6a$

उपर्युक्त दोनों वर्णनों से;

$1.2c = 0.6a$

$\Rightarrow a = 2c$

$\Rightarrow \dfrac{a}{c} = 2$

$\Rightarrow$ A, C की तुलना में दोगुना है।

$\therefore$ A, C से 100% अधिक है।

अतः विकल्प (C) सही है।

80. एक रेड डाटा बुक में उन प्रजातियों की सूची शामिल है जिनका अस्तित्व खतरे में है। प्रजातियों को कथित जोखिम की विभिन्न श्रेणियों में वर्गीकृत किया जाता है। प्रत्येक रेड डाटा बुक में आमतौर पर पशुओं या पौधों और कवकों के विशिष्ट समूह शामिल हैं। ये अब कई अलग-अलग देशों में प्रकाशित हो रही है और प्रजातियों के खतरे की स्थिति पर उपयोगी जानकारी प्रदान करती है।

अतः विकल्प (D) सही है।

81. प्रयुक्त सूत्र:

भिन्न का महत्तम समापवर्त्य = अंश का महत्तम समापवर्त्य/हर का लघुत्तम समापवर्त्य

$\left(\dfrac{12}{17}\right)$ और $\left(\dfrac{15}{34}\right)$ का महत्तम समापवर्त्य $= \dfrac{3}{34}$

$\therefore$ अभीष्ट उत्तर $\dfrac{3}{34}$ है।

अतः विकल्प (C) सही है।

82. दिया है:

X और Y ने 4 : 1 के अनुपात में एक व्यवसाय में निवेश किया।

उन्होंने एक एनजीओ को लाभ का 21% दान दिया

और X का हिस्सा 31,600 रुपये

माना कुल लाभ x रुपये है।

एनजीओ को दान = x का 21%

शेष लाभ = (x - x का 21%) रुपये

$= \dfrac{79x}{100}$

प्रश्नानुसार,

$\Rightarrow \left(\dfrac{79x}{100}\right) \times \left(\dfrac{4}{5}\right) = 31,600$

$\Rightarrow x = \dfrac{(31,600 \times 100 \times 5)}{(79 \times 4)}$

$\Rightarrow x = 50,000$ रुपये

$\therefore$ कुल अभीष्ट लाभ 50,000 रुपये है।

अतः विकल्प (C) सही है।

83. राकेश शर्मा अंतरिक्ष में जाने वाले पहले व्यक्ति थे।

विंग कमांडर राकेश शर्मा, एसी (जन्म 13 जनवरी 1949) भारतीय वायु सेना के एक पूर्व पायलट हैं जिन्होंने सोवियत इंटरकोस्मोस कार्यक्रम के हिस्से के रूप में 3 अप्रैल 1984 को सोयुज टी-11 पर उड़ान भरी थी। वह अंतरिक्ष में यात्रा करने वाले एकमात्र भारतीय नागरिक हैं, हालांकि भारतीय पृष्ठभूमि वाले अन्य अंतरिक्ष यात्री भी रहे हैं जो भारतीय नागरिक नहीं थे।

अतः विकल्प (A) सही है।

84. $(.000216)^{\frac{1}{3}} = \left(\dfrac{216}{10^6}\right)^{\frac{1}{3}}$

$= \left(\dfrac{6 \times 6 \times 6}{10^2 \times 10^2 \times 10^2}\right)^{\frac{1}{3}}$

$= \dfrac{6}{10^2}$

$= \dfrac{6}{100}$

$= 0.06$

अतः विकल्प (B) सही है।

85. चोल काल के दौरान नटराज देवता, जिनके चार हाथ हैं, के कांस्य चिह्नों को ढाला गया था।

ब्रह्मांडीय परमानंद नर्तक के रूप में, नटराज हिंदू भगवान शिव का चित्रण है। इसकी सबसे अच्छी तरह से ज्ञात अभिव्यक्तियाँ चोल काल में उभरी थीं, जो आमतौर पर चार फीट से कम की विभिन्न ऊँचाइयों के कांस्य से बनी होती थीं।

अतः विकल्प (A) सही है।

86.

- ए पी जे अब्दुल कलाम पहले व्यक्ति थे, जिन्होंने संसद में विधेयक वापस करने के लिए राष्ट्रपति की शक्ति का उपयोग किया था।
- राष्ट्रपति ज्ञानी जैल सिंह ने भारतीय डाकघर (संशोधन) विधेयक को कानून बनने से रोकने के लिए पॉकेट वीटो का प्रयोग किया।
- जैल सिंह 1982 से 1987 तक भारत के राष्ट्रपति रहे।
- एक पॉकेट वीटो किसी राष्ट्रपति को बिना किसी कार्रवाई के एक विधेयक पर शक्ति का उपयोग करने की अनुमति देता है।
- जाकिर हुसैन खान भारत के तीसरे राष्ट्रपति थे।
- ज़ाकिर हुसैन खान 1962 से 1967 तक भारत के उपराष्ट्रपति भी रहे।
- सर्वपल्ली राधाकृष्णन ने भारत के पहले उपराष्ट्रपति (1952-1962) के रूप में कार्य किया
- वह भारत के दूसरे राष्ट्रपति थे (1962-1967)।
- डॉ. सर्वपल्ली राधाकृष्णन को नोबेल पुरस्कार के लिए 27 बार नामांकित किया गया था।
- राजेंद्र प्रसाद भारत के पहले राष्ट्रपति थे।

अतः विकल्प (B) सही है।

87.

- मोहम्मद हिदायतुल्लाह (17 दिसंबर 1905 - 18 सितम्बर 1992) 25 फरवरी 1968 से 16 दिसंबर 1970 तक सेवा करने वाले भारत

के ग्यारहवें मुख्य न्यायाधीश थे और 31 अगस्त 1979 से 30 अगस्त 1984 तक काम करने वाले भारत के छठें उपराष्ट्रपति थे।

- उन्होंने 20 जुलाई 1969 से 24 अगस्त 1969 तक और 6 अक्टूबर 1982 से 31 अक्टूबर 1982 तक भारत के कार्यकारी राष्ट्रपति के रूप में भी सेवा की।

- उन्हें एक प्रतिष्ठित न्यायविज्ञानी, विद्वान, शिक्षाविद, लेखक और भाषाविद के रूप में माना जाता है।

अतः विकल्प (A) सही है।

88. दिया है:

यदि हीना और करण एक साथ काम करते हैं, तो लिए गए दिनों की संख्या = 12 दिन

हिना अकेले 18 दिनों में पूरा कार्य करती हैं।

माना किसी कार्य को पूरा करने के लिए करण द्वारा लिए गए दिनों की संख्या x है।

हीना द्वारा 1 दिन में किया गया कार्य = $\left(\dfrac{1}{18}\right)$

करण द्वारा 1 दिन में किया गया कार्य = $\left(\dfrac{1}{x}\right)$

1 दिन में किया गया कार्य जब दोनों एक साथ कार्य करते हैं = $\left(\dfrac{1}{12}\right)$

प्रश्नानुसार:

$$\left(\dfrac{1}{18}\right) + \left(\dfrac{1}{x}\right) = \dfrac{1}{12}$$

$$\Rightarrow \dfrac{1}{x} = \dfrac{(3-2)}{36} = \dfrac{1}{36}$$

$$\Rightarrow x = 36 \text{ दिन}$$

∴ करण 36 दिनों में कार्य पूरा करता है।

अतः विकल्प (B) सही है।

89. दिया है:

व्यक्तियों की संख्या = 4

कार्य पूरा करने के लिए प्रारंभिक समय = 40 दिन

कार्य पूरा करने के लिए अंतिम समय = 50 दिन

किया गया कुल कार्य = व्यक्तियों की संख्या × लिया गया समय

कुल कार्य = 10 × 40 = 400 इकाई

माना कि 4 व्यक्तियों ने x दिनों के बाद कार्य छोड़ दिया

तो, शेष व्यक्ति कार्य को (50 – x) दिनों में पूरा करेंगे

कुल कार्य = (10 × x) + 6(50 – x)

= 10x + 300 – 6x

= 4x + 300

अब, प्रश्नानुसार,

400 = 4x + 300

$\Rightarrow$ 4x = 100

$\Rightarrow$ x = 25

∴ चार व्यक्ति 25 दिनों के बाद कार्य छोड़ते हैं

अतः विकल्प (A) सही है।

90. व्यक्तिगत निर्देश: शिक्षण सामग्री के निर्देश स्व-स्थापन के सिद्धांत पर आधारित होने चाहिए। यह बच्चे की शैक्षिक क्षमता होनी चाहिए और फिर उस क्षमता के साथ सीखने की सामग्री का मिलान करना चाहिए। यदि शिक्षण इन बच्चों की आवश्यकताओं के अनुकूल हो तो वे बेहतर सीख सकते हैं।

व्यक्तिगत निर्देश के लाभ:

- यह उन्हें शिक्षार्थियों के रूप में आत्मविश्वास हासिल करने में मदद करता है।

- यह व्यक्तिगत प्रगति पर ध्यान केंद्रित करके भाषा सीखने के अंतराल को पाटता है।

- छात्रों को अपने शिक्षकों के साथ अधिक जुड़ने के लिए खोलता है।

- यह छात्रों को अपनी गति से काम करने की स्वतंत्रता प्रदान करता है।

- इस प्रकार, हम यह निष्कर्ष निकालते हैं कि शिक्षक व्यक्तिगत शिक्षा के साथ व्यक्तिगत प्रगति पर ध्यान केंद्रित करके भाषा की कठिनाई वाले छात्र के लिए उपचार कर सकते हैं।

अतः विकल्प (A) सही है।

91. दिया गया है,

X = 0.456666.... ....(i)

समीकरण (i) में 100 से गुणा करें

100X = 45 + 0.6666.... ......(ii)

समीकरण (i) में 1000 से गुणा करें

1000X = 456 + 0.6666.... ......(iii)

समीकरण (ii) को समीकरण (iii) से घटाएं

900X = 411

∴ X = 411900

अतः विकल्प (C) सही है।

92. दिया गया है,

$$\sqrt[3]{1 + \dfrac{x}{169}} = \dfrac{14}{13}$$

$$\Rightarrow 1 + \dfrac{x}{169} = \dfrac{2744}{2197}$$

$$\Rightarrow \dfrac{x}{169} = \left(\dfrac{2744}{2197} - 1\right)$$

$$\Rightarrow \dfrac{x}{169} = \dfrac{547}{2197}$$

$$\Rightarrow x = 42.07$$

अतः विकल्प (D) सही है।

93. The correct answer is the specimen.

An object or portion serving as a sample is the **specimen**.

Specimen: something used as a sample (of a group or kind of something, especially an object to be studied or to be put in a collection)

Example:

The gorgeous football player is a specimen of the perfect man.

Hence, the correct option is (D).

94. The correct answer is 'oracy'.

An ability to express oneself well in speech is **oracy**.

Oracy: the ability to express oneself fluently and grammatically in speech.

Example: Infant teachers will be urged to concentrate on reading, writing, oracy, and numeracy.

Hence, the correct option is (A).

95. दिया गया है,

गणित में अनुत्तीर्ण होने वाले छात्रों का प्रतिशत= 42%

विज्ञान में अनुत्तीर्ण होने वाले छात्रों का प्रतिशत= 52%

दोनों में अनुत्तीर्ण होने वाले छात्रों का प्रतिशत= 17%

⇒ दोनों में उत्तीर्ण होने वाले छात्रों का प्रतिशत= (100 – 42 – 52 + 17) % = 23%

माना छात्रों की संख्या $'x'$ है।

x का $23\% = 69$

$$\Rightarrow \frac{23x}{100} = 69$$

$$\Rightarrow x = 69 \times \frac{100}{23} = 300$$

∴ परीक्षा में शामिल होने वाले कुल छात्रों की संख्या 300 है।

अतः विकल्प (D) सही है।

96. गणित की एक विशेष शाखा के विकास में, गणितज्ञ मुख्य रूप से विषय वस्तु के तार्किक कठोर उपचार से संबंधित होता है, जबकि शिक्षक आमतौर पर इसके मनोवैज्ञानिक संगठन और प्रस्तुति से संबंधित होता है। यह पाठ्यक्रम आयोजक है जिसे दो हष्टिकोणों को एकीकृत करने के लिए कहा जाता है।

शुद्ध गणित की मुख्य शाखाए:

- बीजगणित : बीजगणित को सर्वप्रथम गणित की एक शाखा के रूप में स्वीकार किया जाता है। यह एक प्रकार का अंकगणित है जिसमें हम संख्याओं के साथ-साथ अज्ञात मात्राओं का प्रयोग करते हैं। इन अज्ञात राशियों को अंग्रेजी वर्णमाला के अक्षरों जैसे $X, Y, A, B,$ आदि या प्रतीकों द्वारा दर्शाया जाता है। अक्षरों का उपयोग हमें आपके द्वारा लिखे जाने वाले सूत्रों और नियमों को सामान्य बनाने में मद्द करता है और आपको बीजीय व्यंजकों और समीकरणों में अज्ञात लापता मानों को खोजने में भी मदद करता है।

- ज्यामिति : यह गणित की सबसे व्यावहारिक शाखा है जो आकृतियों के आकार और आकार और उनके गुणों से संबंधित है। ज्यामिति के मूल तत्व बिंदु, रेखाएं, कोण, सतह और ठोस हैं।

- त्रिकोणमिति: ग्रीक त्रिकोणमिति, "त्रिकोण" और मेटोन, "माप" से व्युत्पन्न, यह गणित की एक शाखा है जो त्रिभुजों की भुजाओं की लंबाई और कोणों के बीच संबंधों का अध्ययन करती है।

- कैलकुलस: यह गणित की एक शाखा है जो परिवर्तन की तात्कालिक दरों और असीम रूप से कई छोटे कारकों के योग से संबंधित है।

- सांख्यिकी और संभावना: यादृच्छिक घटनाओं को नियंत्रित करने वाले कानूनों से संबंधित गणित की शाखाए, जिसमें संग्रह, विश्लेषण, व्याख्या और संख्यात्मक डेंटा का प्रदर्शन शामिल है।

अतः विकल्प (B) सही है।

97. गणितीय तर्क गणित का एक विषय है जो किसी कथन की सत्यता और असत्य से संबंधित है। एक कथन एक वाक्य है जो या तो सत्य या गलत है, लेकिन एक ही समय में दोनों नहीं हो सकते हैं। कुछ ऐसे शब्द हैं जो गणितीय तर्क में अक्सर उपयोग किए जाते हैं:

- व्युत्क्रम: सशर्त कथन " $\sim p \to \sim q$ " को सशर्त कथन "p $\to q^n$ का विलोम कहा जाता है, जहाँ $(\sim p)$ और $(\sim q)$ का अर्थ क्रमशः 'नहीं p ' और 'नहीं q' है। उदाहरण के लिए, यदि ' n सम नहीं है, n^2 सम नहीं है तो 'यदि n सम है, n^2 सम है' का विलोम है।

- विलोम: सशर्त कथन " $q \to p''$ को सशर्त कथन "p $\to q$ " का विलोम कहा जाता है। उदाहरण, 'यदि n^2 सम है, तो n सम है', 'यदि n सम है, तो n^2 सम है' का विलोम है।

- प्रतिधनात्मक: कथन " $(\sim q) \to (\sim p)^1$ को कथन $p \to q$ का प्रतिधनात्मक कहा जाता है। उदाहरण के लिए, ' यदि n^2 सम नहीं है, तो n सम नहीं है', 'यदि n सम है, तो n^2 सम है' का प्रतिधनात्मक है।

इसलिए, हम यह निष्कर्ष निकालते हैं कि उपरोक्त संबंध अंतर्विरोध का है।

अतः विकल्प (A) सही है।

98. 1998-2000 की अवधि में कंपनी X का औसत उत्पादन =

$$\left[\frac{1}{3} \times (25 + 50 + 40)\right]$$

$$= \left(\frac{115}{3}\right) \text{ लाख टन}$$

1998-2000 की अवधि में कंपनी Y का औसत उत्पादन =

$$\left[\frac{1}{3} \times (35 + 40 + 50)\right]$$

$$= \left(\frac{125}{3}\right) \text{ लाख टन}$$

$$\text{आवश्यक अनुपात} = \frac{\left(\frac{115}{3}\right)}{\left(\frac{125}{3}\right)}$$

$$= \frac{115}{125} = \frac{23}{25}$$

∴ आवश्यक अनुपात $\frac{23}{25}$ है।

अतः विकल्प (C) सही है।

99. कंपनी X के लिए औसत उत्पादन = $\left[\frac{1}{5} \times (30 + 45 + 25 + 50 + 40)\right]$

$$= \frac{190}{5}$$

$$= 38$$

कंपनी Y के लिए औसत उत्पादन $= \left[\frac{1}{5} \times (25 + 35 + 35 + 50 + 40)\right]$

$$= \frac{185}{5}$$

$$= 37$$

कंपनी Z के लिए औसत उत्पादन $= [\frac{1}{5} \times (35 + 40 + 45 + 35 + 35)]$

$$= \frac{190}{5}$$

$$= 38$$

$\therefore$ दोनों कंपनियों X और Z के लिए अधिकतम पांच साल का औसत उत्पादन

अतः विकल्प (D) सही है।

100. विभिन्न वर्षों के लिए कंपनी Y के उत्पादन में कंपनी Z के उत्पादन का प्रतिशत हैं:

1996 के लिए,

$$= \left(\frac{35}{25} \times 100 \right) \%$$

$$= 140\%$$

1997 के लिए,

$$= \left(\frac{40}{35} \times 100 \right) \%$$

$$= 114.29\%$$

1998 के लिए,

$$= \left(\frac{45}{35} \times 100 \right) \%$$

$$= 128.57\%$$

1999 के लिए,

$$= \left(\frac{35}{40} \times 100 \right) \%$$

$$= 87.5\%$$

2000 के लिए,

$$= \left(\frac{35}{50} \times 100 \right) \%$$

$$= 70\%$$

1996 में प्रतिशत सर्वाधिक है।

अतः विकल्प (A) सही है।

// टिप्पणियाँ //

// टिप्पणियाँ //